工业智能与工业大数据系列

工业智能
方法与应用

鲍劲松　刘天元　郑　宇　著

电子工业出版社
Publishing House of Electronics Industry
北京·BEIJING

内容简介

为了促进智能制造的发展进程，本书对工业智能的方法和应用展开了详细的阐述。工业智能涉及的方法和应用极其广泛，本书从工业过程中的设计、制造、运维三大活动展开，介绍了当前工业智能领域的热点研究。

本书共 5 篇。第 1 篇（第 1、2 章）概述了智能制造的概念、参考模型及核心，引申出了工业智能的概念和典型分类。第 2 篇（第 3、4、5 章）分别从结构设计的特征识别与优化、设计文档结构化分析和装配工艺智能设计展开。第 3 篇（第 6、7、8 章）分别介绍了工业缺陷图像智能检测、人员作业行为检测与监控和制造过程的人机协同。第 4 篇（第 9、10 章）介绍了生产作业运行智能管控和设备故障诊断与预防性维修。第 5 篇（第 11、12 章）介绍了数字孪生与工业智能，以及 AI+AR 辅助下的制造知识。

本书的主要读者对象是数字化工程应用领域和智能制造领域的设计、制造、运维和管理人员，高校相关专业的研究人员，以及对工业智能技术感兴趣的专业人士。

未经许可，不得以任何方式复制或抄袭本书之部分或全部内容。
版权所有，侵权必究。

图书在版编目（CIP）数据

工业智能：方法与应用 / 鲍劲松，刘天元，郑宇著. —北京：电子工业出版社，2022.6
（工业智能与工业大数据系列）
ISBN 978-7-121-42958-3

Ⅰ. ①工… Ⅱ. ①鲍… ②刘… ③郑… Ⅲ. ①智能制造系统—制造工业 Ⅳ. ①F407.4

中国版本图书馆 CIP 数据核字（2022）第 026604 号

责任编辑：刘志红（lzhmails@phei.com.cn）　　特约编辑：黄园园
印　　刷：北京虎彩文化传播有限公司
装　　订：北京虎彩文化传播有限公司
出版发行：电子工业出版社
　　　　　北京市海淀区万寿路 173 信箱　邮编　100036
开　　本：787×980　1/16　印张：30　字数：672 千字
版　　次：2022 年 6 月第 1 版
印　　次：2023 年 8 月第 3 次印刷
定　　价：168.80 元

凡所购买电子工业出版社图书有缺损问题，请向购买书店调换。若书店售缺，请与本社发行部联系，联系及邮购电话：（010）88254888，88258888。
质量投诉请发邮件至 zlts@phei.com.cn，盗版侵权举报请发邮件至 dbqq@phei.com.cn。
本书咨询联系方式：（010）88254479，lzhmails@phei.com.cn。

前　言

　　智能制造是各国在工业 4.0 时代的统一目标。

　　随着人工智能、工业物联网、云计算、边缘计算、数字孪生等的快速发展，工业智能的实现成为可能。智能化技术以前所未有的速度推动着制造业向智能化转型，这种转型升级带来的影响可媲美 20 世纪初大规模生产所产生的推动力量，智能化影响体现在方方面面。

　　设计阶段的工业智能：当前工业产品设计过程过度依赖人工经验，工艺优化过程依赖重复性试验。这种设计模式造成了大量的人力和物力资源浪费，无法形成量化的设计目标。智能化技术的融入可对结构设计特征进行识别和优化，对设计文档进行结构化、智能化分析，对工艺进行智能优化设计，可涵盖前期研究、概念设计、方案设计、技术设计、施工设计、生产设计等流程。

　　制造阶段的工业智能：制造是工业生产的重要过程。但是生产过程中存在很多不确定因素和偶然因素，给生产质量带来了影响。因此，本书针对制造阶段的典型场景——质量检测、人员作业行为检测和面向制造的人机协同技术展开阐述，从工业智能的角度给出解决方案。

　　运维阶段的工业智能：工业过程的稳定运行及设备维护是实现智能制造的保障。人工智能技术的融入可以加强生产过程质量管控，实现透明化生产。设备是生产活动的具体执行者，基于智能化技术对设备的健康状态进行预测对于设备使用寿命和生产质量的提高至关重要。

　　工业智能热点研究：目前人工智能技术在各制造阶段的发展水平各不相同，究其原因是不同阶段的数字化程度不一。数字孪生是实现信息物理系统的重要使能技术，基于数字孪生技术对于工业过程的数字化转型、实现智能化具有重要意义。基于 AR 等辅助手段增强人对制造过程的协作程度及洞察力具有重要意义。

  我国制造业需要努力前行，对标国际科技发展的新趋势，抓住智能制造发展新机遇，以数字化、网络化、智能化转型升级为主线，切实推进工业智能的进程是我国由工业大国向工业强国转变的重要抓手。

作 者
2021 年 12 月

目 录

第 1 篇　工业智能基础

第 1 章　工业智能概述 / 002

1.1　智能制造概述 / 002
1.1.1　智能制造的概念及参考架构 / 002
1.1.2　智能制造的核心 / 009

1.2　工业智能概述 / 019
1.2.1　工业智能的概念 / 019
1.2.2　工业智能的分类 / 023

参考文献 / 029

第 2 章　工业智能基础 / 031

2.1　工业智能算法基础 / 031
2.1.1　工业智能的机器学习任务 / 031
2.1.2　常用工业智能经典算法 / 035

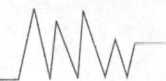

2.1.3　深度学习算法 / 042

　2.2　工业智能流程 / 045

　　　2.2.1　数据收集 / 046

　　　2.2.2　数据预处理和特征工程 / 047

　　　2.2.3　模型训练和强化 / 049

　2.3　工业智能场景 / 051

　　　2.3.1　预测性维护 / 051

　　　2.3.2　质量检验与保证 / 052

　　　2.3.3　制造流程优化 / 052

　　　2.3.4　供应链优化 / 054

　　　2.3.5　人工智能驱动的网络安全和隐私 / 054

　　　2.3.6　自动物理安全 / 054

　　　2.3.7　自动化数据管理 / 054

　　　2.3.8　智能助手 / 055

　　　2.3.9　人工智能驱动的研发 / 055

　　　2.3.10　自主资源勘探 / 055

参考文献 / 055

第 2 篇　设计阶段的工业智能

第 3 章　结构设计的特征识别与优化 / 059

　3.1　智能设计研究现状 / 060

　　　3.1.1　智能设计研究方法 / 060

3.1.2 产品智能 CAD 设计研究现状 / 062

3.2 产品智能设计框架 / 063

3.3 智能设计中的关键技术 / 064

    3.3.1 三维模型检索技术 / 064

    3.3.2 加工特征自动识别技术 / 068

    3.3.3 设计方案优化 / 070

3.4 基于点云语义分割的下颌角术前截骨规划 / 077

    3.4.1 计算机辅助技术在下颌角术前截骨规划中的应用 / 077

    3.4.2 下颌角点云语义分割网络 / 078

    3.4.3 实验设计与结果 / 080

参考文献 / 082

第 4 章 设计文档结构化分析 / 087

4.1 国内外相关技术研究现状 / 088

    4.1.1 标准电子文档文本提取及结构化相关研究 / 088

    4.1.2 航空标准电子文档关键词自动提取技术的相关研究 / 089

    4.1.3 航空标准电子文档信息检索技术相关研究 / 091

4.2 基于规则匹配的文本去噪和结构化方法 / 093

    4.2.1 航空标准电子文档数据说明 / 093

    4.2.2 航空标准电子文档文本去噪和结构化技术路线 / 098

    4.2.3 基于开源工具的航空标准电子文档的文本提取实验 / 099

    4.2.4 基于规则匹配的文本去噪方法 / 103

    4.2.5 航空标准电子文档的文本数据存储结构 / 106

4.2.6 文本树的生成方法 / 108

4.3 航空标准电子文档关键词自动提取数据预处理方法 / 110

4.3.1 中文文档关键词自动提取方法技术路线 / 111

4.3.2 中文分词模型 / 111

4.3.3 停用词过滤 / 113

4.4 关键词提取案例 / 114

参考文献 / 119

第 5 章 装配工艺智能设计 / 124

5.1 装配工艺设计进展与现状 / 124

5.1.1 装配工艺信息建模研究现状 / 124

5.1.2 装配工艺规划研究现状 / 126

5.1.3 装配工艺评价研究现状 / 127

5.2 基于知识图谱的装配工艺智能设计方法 / 128

5.2.1 基于知识图谱的装配工艺信息建模 / 128

5.2.2 基于 Bi-LSTM 的装配工艺信息模型构建方法 / 133

5.2.3 基于图嵌入的装配工艺生成方法 / 136

5.2.4 基于点云深度学习的装配干涉检测方法 / 144

5.3 某航空发动机压气机转子部件装配实例与验证 / 147

5.3.1 装配工艺知识图谱数据库自动构建 / 147

5.3.2 基于图嵌入的装配工艺自动生成 / 152

5.3.3 多装配工艺方案可行性评价 / 155

参考文献 / 158

第 3 篇 制造阶段的工业智能

第 6 章 工业缺陷图像智能检测 / 162

6.1 工业缺陷图像检测进展与现状 / 162

6.1.1 工业缺陷图像检测的定义 / 162

6.1.2 工业缺陷图像检测发展历程 / 164

6.1.3 基于深度学习的工业缺陷图像检测进展 / 165

6.2 基于卷积神经网络的铸件缺陷检测模型 / 175

6.3 基于注意力机制的细粒度铸件缺陷识别方法 / 176

6.4 基于深度学习的铸件射线图像检测案例 / 179

6.4.1 输入分析 / 179

6.4.2 训练过程分析 / 180

6.4.3 输出分析 / 182

6.4.4 模型评估 / 184

6.4.5 成果展示 / 185

6.5 面向工业缺陷识别的可解释性深度学习方法 / 186

6.5.1 工业缺陷检测过程的可解释性需求分析 / 186

6.5.2 可解释性分析研究现状 / 187

6.5.3 基于可解释性方法的焊缝缺陷检测案例 / 188

参考文献 / 189

第 7 章 人工作业行为检测与监控 / 194

7.1 作业行为检测与监控的进展与现状 / 194

7.2 作业行为检测与监控算法总体框架 / 197

7.2.1 人体姿态估计 / 197
7.2.2 行为检测 / 201
7.2.3 作业安全监控 / 205

7.3 基于深度学习的作业行为检测与监控方法 / 205

7.3.1 基于 OpenPose 的骨架提取与建模 / 205
7.3.2 基于双流 LSTM 融合网络的作业行为特征提取 / 208
7.3.3 作业行为检测识别 / 214
7.3.4 基于 GRU 的作业行为流程序列编码 / 215
7.3.5 基于规范性感知网络的作业行为规范性权重挖掘 / 217
7.3.6 基于逻辑回归的规范性判断 / 220

7.4 基于作业行为检测的人机协作装配案例 / 222

7.4.1 案例介绍 / 222
7.4.2 实验环境设置 / 225
7.4.3 功能验证 / 225

参考文献 / 227

第 8 章 制造过程的人机协同 / 231

8.1 人机协同研究进展与现状 / 231

8.1.1 研究动机 / 231

  8.1.2 目标物体检测 / 235

  8.1.3 散乱对象拾取 / 237

  8.1.4 人机协作 / 238

8.2 人机协作环境中的场景理解 / 239

  8.2.1 散乱场景的虚拟数据集构建 / 240

  8.2.2 基于视觉的物体识别与定位 / 244

  8.2.3 抓取顺序与机器人姿态调节方法 / 253

8.3 基于强化学习的人机协同 / 264

  8.3.1 机器人感知基础 / 264

  8.3.2 基于强化学习的任务决策 / 266

  8.3.3 基于强化学习的人机协同制造 / 272

8.4 案例研究 / 278

  8.4.1 散乱零件的识别与拾取 / 278

  8.4.2 发电机装配 / 282

参考文献 / 287

第 4 篇　运维阶段的工业智能

第 9 章　生产作业运行智能管控 / 293

9.1 生产作业运行智能管控进展与现状 / 293

9.2 基于知识图谱的生产作业智能管控模型 / 298

  9.2.1 生产全过程状态感知模型 / 298

9.2.2 面向生产过程的数据建模 / 299

9.2.3 面向生产全过程的知识图谱构建 / 306

9.3 数据驱动的生产作业智能管控优化技术 / 311

9.3.1 纺纱生产工艺流程设计与布局仿真优化技术 / 311

9.3.2 基于工业互联网平台的纺纱生产全流程 / 315

9.3.3 生产过程在线检测与生产状态远程监控技术 / 317

9.3.4 基于工业大数据平台的协同优化 / 323

9.4 生产作业智能管控案例 / 330

9.4.1 环锭纺纱能耗智能管控平台架构设计方案 / 330

9.4.2 基于最小量化误差的纺纱能耗智能监控与预警 / 332

9.4.3 基于状态驱动的纺纱能耗智能调控 / 333

9.4.4 基于核心影响因素的纺纱能耗分析预测 / 334

参考文献 / 336

第10章 设备故障诊断与预防性维修 / 341

10.1 设备故障诊断与预防性维修进展与现状 / 341

10.2 设备故障诊断 / 346

10.2.1 基于CNN的设备故障诊断 / 346

10.2.2 基于卷积神经网络的设备故障诊断方法 / 348

10.2.3 基于卷积神经网络的设备故障诊断案例 / 351

10.3 设备预防性维修 / 355

10.3.1 基于迁移学习的设备预防性维修 / 355

10.3.2 基于迁移学习的设备预防性维修方法 / 359

10.3.3　基于迁移学习的设备预防性维修案例 / 364

参考文献 / 370

第5篇　工业智能热点研究

第11章　设备故障诊断与预防性数字孪生与工业智能 / 376

11.1　数字孪生进展与现状 / 376

11.1.1　数字孪生发展历程 / 376

11.1.2　相关工作 / 378

11.1.3　数字孪生定义和参考模型 / 379

11.2　数字孪生装配 / 386

11.2.1　基于数字孪生的装调理论体系 / 386

11.2.2　体系方法 / 386

11.2.3　应用案例 / 394

11.3　数字孪生加工 / 396

11.3.1　面向加工的数字孪生模型 / 396

11.3.2　加工过程中的智能方法 / 400

11.3.3　数字孪生加工案例 / 406

11.4　数字孪生智能评估 / 407

11.4.1　模型智能评估思想 / 408

11.4.2　模型保真度评估方法 / 413

11.4.3　评估案例 / 418

参考文献 / 422

第 12 章　设备故障诊断与预防性 AI+AR 辅助下的制造 / 427

12.1　AR 概述 / 427
12.1.1　AR 的定义及发展 / 427
12.1.2　AR 关键技术 / 428

12.2　面向 AR 的加工过程信息多视图构建与交互 / 430
12.2.1　基于 AR 的加工过程信息集成模型描述与定义 / 430
12.2.2　面向 AR 的加工过程信息多视图构建方法 / 431
12.2.3　面向 AR 的加工过程信息多视图交互方法 / 434

12.3　基于多元信息融合的模型虚实融合方法 / 437
12.3.1　虚实融合基本思想与流程 / 438
12.3.2　梯度描述符离线学习 / 438
12.3.3　多元信息融合的在线识别与追踪 / 443
12.3.4　方法验证与讨论 / 449

12.4　基于 AR 的加工原型系统开发与案例分析 / 454
12.4.1　原型系统开发与实现 / 454
12.4.2　系统功能验证与应用实例 / 458

参考文献 / 463

第 1 篇 工业智能基础

工业智能融合了以人工智能为核心的先进技术，形成了面向工业场景的智能化解决方案，是释放工业制造潜力的重要手段，亦是工业制造转型升级的重要途径。

当前，我国工业制造正处在生存与发展的关键阶段，既面临严峻挑战，也面临加快赶超的战略机遇。尤其在智能制造、工业互联网技术等新工业数字浪潮的背景下，面向工业过程的智能化技术正在发生深刻的变革，传统研发生产过程正在拥抱新一代网络技术、人工智能技术、数字孪生技术等。系统讨论工业智能的概念、方法和应用，在当前大力推进制造业转型升级的阶段，是非常必要的。

本部分共 2 章，分别为工业智能概述和工业智能基础。

第 1 章 工业智能概述

人工智能（Artificial Intelligence，AI）技术在智能制造中的作用是当今的一个热门话题。如今在工厂车间部署的越来越多的大小型设备都配备了传感器，这些传感器可以收集/共享大量数据并捕获多种生产动作。利用 AI 的分析功能能够实时分析这些海量数据，可以改善决策制定能力，并为用户提供增强的洞察力，如最大程度减少资产停机时间、提高制造效率、实现自动化生产、预测需求、优化库存水平和提高风险管理等。

制造工业智能（Manufacturing Industry Intelligence，MII）的兴起是伴随智能制造的发展而快速发展的，智能制造的核心是智能。MII 可以实现智能且具有弹性的制造系统，并使它们能够容错，按需和自组织。其基本概念是，通过最佳地协调由 AI 方法论增强的分布式制造资源，向最终用户提供按需制造服务。本书提及的制造工业智能特指制造领域，尤其是制造业中的人工智能算法、技术和应用方法，其被定义为一门系统学科，致力于为具有可持续性能的工业应用开发、验证和部署各种机器学习算法。

1.1 智能制造概述

1.1.1 智能制造的概念及参考架构

1. 智能制造的概念

智能制造的概念是舶来品，常见的英文表述有两种，分别为 Smart Manufacturing 和

Intelligent Manufacturing。维基百科上至今还没有"Intelligent Manufacturing"词条，只有"Smart Manufacturing"词条。从学术论文和企业技术报告来看，美国学界和工业界普遍称智能制造为"Smart Manufacturing"，其他国家两个词条都有。本领域著名的国际刊物是《Journal of Intelligent Manufacturing》，我国的杨叔子院士最早发表了关于智能制造系统的论文，将其翻译为 Intelligent Manufacturing System（IMS）。至于哪个更准确，则见仁见智。单纯从 Smart 和 Intelligent 的词义上看，Intelligent 的智能含义更多一点，Smart 可直译为聪明的、敏捷的，而 Intelligent 可直译为智慧的、智能的。但是用来修饰制造（Manufacturing），就作者愚见，两者看来并没有明显差别，只是语境不同，使用习惯不一样而已，不一定需要严格区分。

智能制造有体系的研究和发展，已经有足足 30 年了。但智能制造还没有统一的定义，大家普遍接受的智能制造是指面向产品全生命周期，将物联网、大数据、云计算、深度学习等新一代信息技术，与先进自动化技术、传感技术、控制技术、数字制造技术结合，通过智能化的感知、人机交互、决策和执行技术，实现设计过程、制造过程和制造装备智能化，实现单元、车间、工厂、企业内部、企业之间运营管理和优化的新型制造系统。定义智能制造不外乎以下几个关键词：产品全生命周期，信息技术与工业技术集成，智能化方法、运营管理与优化，新型制造系统。

国内智能制造理论研究深度尚显不足，对智能制造内涵和外延的界定比较模糊，也不够清晰。周济院士给出了智能制造的 3 个阶段：数字化、网络化、智能化，清楚地指出 3 个阶段不可隔离，在不同的阶段关注点不一样。制造业智能化转型升级的影响因素首先是数字化转型，然后是网络化互联、智能化决策与经营，显然智能制造的本质就是实现数据在制造网络中的价值传递，让数据产生价值，而 VR/AR（Virtual Reality/Augmented Reality，虚拟现实/增强现实）技术则是数据实现价值传递最大化的重要载体。

2. 主流智能制造参考架构

自美国 20 世纪 80 年代提出智能制造的概念后，一直受到众多国家的重视和关注，纷纷将智能制造列为国家级计划并大力发展。目前，在全球范围内具有广泛影响的是德国"工业 4.0"战略、美国工业互联网战略和中国制造强国战略。下面介绍 4 个典型的智能制造参考架构。

（1）工业 4.0 参考架构模型。

2013 年 4 月，德国在汉诺威工业博览会上正式推出了"工业 4.0"战略，其核心是通过信息物理系统（CPS）实现人、设备与产品的实时连通、相互识别和有效交流，构建一个高度灵活的个性化和数字化的智能制造模式。工业 4.0 参考架构模型（Reference Architecture Model Industrie 4.0，RAMI 4.0）如图 1-1 所示。在这种模式下，有 3 个明显的转变。

① 生产由集中向分散转变。规模效应不再是工业生产的关键因素。

② 产品由趋同向个性的转变。未来产品都将完全按照个人意愿进行生产，极端情况下将成为自动化、个性化的单件制造。

③ 用户由部分参与向全程参与转变。用户不仅出现在生产流程的两端，而且广泛、实时参与生产和价值创造的全过程。

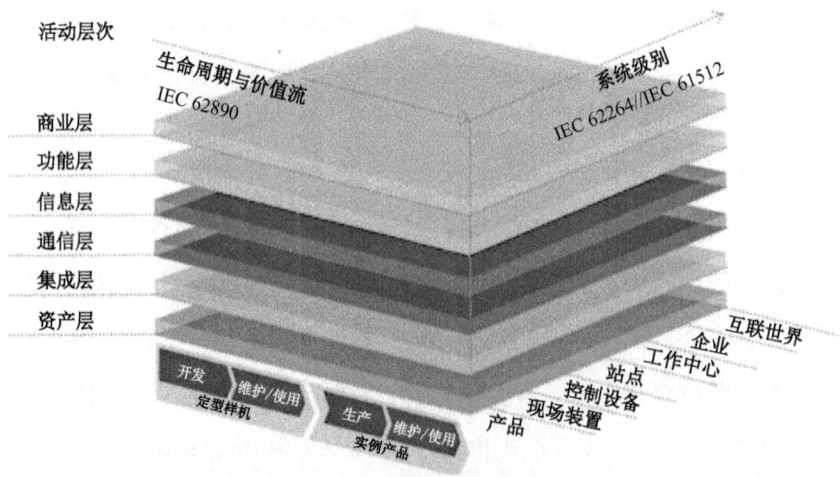

图 1-1　工业 4.0 参考架构模型

工业 4.0 参考架构模型提出了 3 个方面的特征：一是价值网络的横向集成，即通过应用信息物理系统加强企业之间在研究、开发与应用方面的协同推进，以及在可持续发展、商业保密、标准化、员工培训等方面的合作，对应了国际标准 IEC 62890；二是全价值链的纵向集成，即在企业内部通过应用信息物理系统，实现从产品设计、研发、计划、工艺到生产、服务的全价值链的数字化，对应了国际标准 IEC 62264（或 ISA-95）；三是端对端系统工程，即在工厂生产层面，通过应用信息物理系统，根据个性化需求定制特殊的 IT 结构模块，确保传感器、控制器采集的数据与 ERP（Enterprise Resource Planning，企业资源计划）系统进行有机集成，打造智能工厂。

（2）工业互联网参考架构。

工业互联网的概念最早由美国通用电气公司于 2012 年提出，与"工业 4.0"的基本理念相似，倡导将人、数据和机器连接起来，形成开放而全球化的工业网络，其内涵已经超越制造过程以及制造业本身，跨越产品生命周期的整个价值链。工业互联网和工业 4.0 相比，更加注重软件、网络和大数据，目标是促进物理系统和数字系统的融合，实现通信、控制和计算的融合，营造一个信息物理系统的环境。

工业互联网系统由智能设备、智能系统和智能决策三大核心要素构成，形成数据流、硬件、软件和智能设备的交互。由智能设备和网络收集的数据存储之后，利用大数据分析工具进行数据分析和可视化，由此产生的"智能信息"可以由决策者实时判断处理，成为大范围工业系统中工业资产优化战略决策过程的一部分。

① 智能设备是指将信息技术嵌入装备中，使装备成为可智能互联产品。为工业机器提供数字化仪表是工业互联网革命的第一步。使机器和机器交互更加智能化，得益于以下 3 个要素。一是部署成本。仪器仪表的成本已大幅下降，从而有可能以比过去更经济的方式装备和监测工业机器。二是微处理器芯片的计算能力。微处理器芯片的发展已经达到了一个转折点，即使得机器拥有数字智能成为可能。三是高级分析。大数据软件工具和分析技术的进步为了解由智能设备产生的大规模数据提供了手段。

② 智能系统是指将设备互联形成的一个系统。智能系统包括各种传统的网络系统，但广义的智能系统包括部署在机组和网络中的机器仪表和软件。随着越来越多的机器和设备加入工业互联网，可以实现跨越整个机组和网络的机器仪表的协同效应。智能系统的构建整合了广泛部署智能设备的优点。当越来越多的机器连接在一个系统中，久而久之，结果将是系统不断扩大并能自主学习，而且越来越智能化。

③ 智能决策是指在大数据和互联网基础上实时判断处理。当从智能设备和智能系统收

集到了足够的信息来促进数据驱动型学习的时候，智能决策就产生了，从而使一个小机组网络层的操作功能从运营商传输到数字安全系统。

2014年3月，美国通用电气、IBM、思科、英特尔和AT&T五家行业龙头企业联手组建了工业互联网联盟（Industrial Internet Consortium，IIC），推出工业互联网参考架构（Industrial Internet Reference Architecture，IIRA），如图1-2所示。它的目的是通过制定通用标准，打破技术壁垒，使各个厂商设备之间可以实现数据共享，利用互联网激活传统工业过程，更好地促进物理世界和数字世界的融合。工业互联网联盟已经开始起草工业互联网通用参考架构，该参考架构将定义工业物联网的功能区域、技术以及标准，用于指导相关标准的制定，帮助硬件和软件开发商创建与物联网完全兼容的产品，其最终目的是实现传感器、网络、计算机、云计算系统、大型企业、车辆和数以百计其他类型实体的全面整合，推动整个工业产业链效率的全面提升。

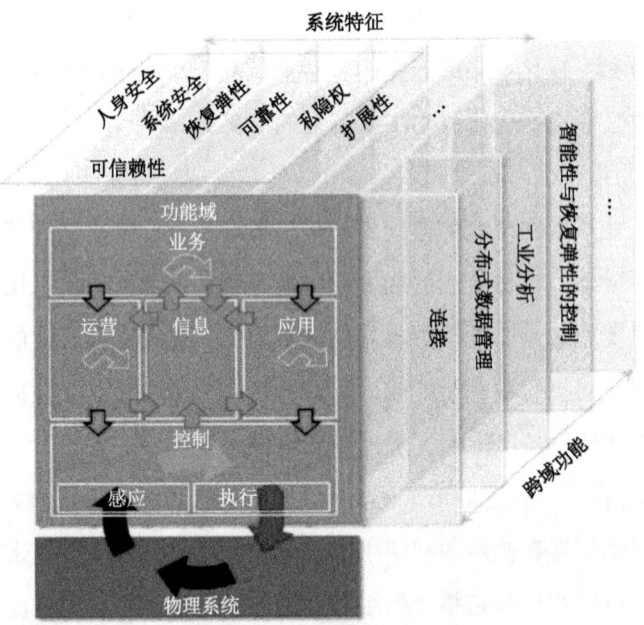

图1-2　工业互联网参考架构

目前IIRA和RAMI 4.0正在进行体系融合，如图1-3所示。

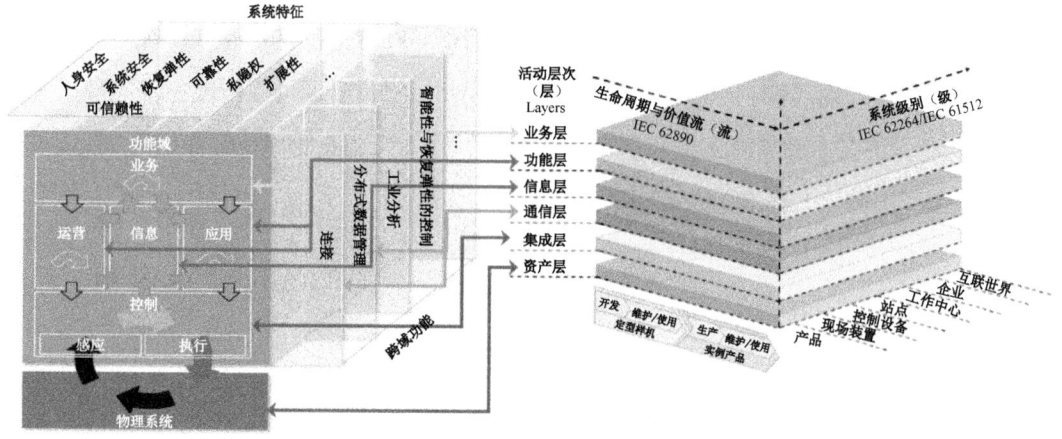

图1-3　IIRA 与 RAMI 4.0 体系融合

（3）工业价值链参考架构。

日本工业价值链促进会（Industrial Value chain Initiative，IVI）是一个由制造业企业、设备厂商、系统集成企业等发起的组织，旨在推动"智能工厂"的实现。2016 年 12 月 8 日，IVI 基于日本制造业的现有基础，推出了智能工厂的基本架构——工业价值链参考架构（Industrial Value chain Reference Architecture，IVRA），如图 1-4 所示。IVRA 与 RAMI 4.0 类似，也是一个三维架构，每一个块被称为智能制造单元（Smart Manufacturing Unit，SMU），将制造现场作为一个单元，通过 3 个轴进行判断。纵向作为资源轴，分为员工层、流程层、产品层和设备层；横向作为执行轴，分为计划（Plan）、执行（Do）、检查（Check）和行动（Action），形成 PDCA 循环；内向作为管理轴，分为质量（Quality）、成本（Cost）、交货期（Delivery）、环境（Environment），形成 QCDE 活动。

IVRA 中，通过多个 SMU 的组合，展现制造业产业链和工程链等。多个 SMU 的组合被称为通用功能块（General Function Blocks，GFB）。GFB 纵向表示企业或工厂的规模，分为企业层、部门层、厂房层和设备层；横向表示生产流程，包括市场需求与设计、架构与实现、生产、维护和研发 5 个阶段；内向表示需求与供给流程，包括基本计划、原材料采购、生产执行、物流销售和售后服务 5 个阶段。IVRA 还将 SMU 之间的联系定义为轻便载入单元，具体而言，分为价值、物料、信息和数据 4 个部分。通过掌控这 4 个部分在 SMU 间的传递准确度，来提升智能制造的效率。与 RAMI 4.0 或 IIRA 相比，IVRA 的一大特征是通过 SMU 等形式，纳入了包括具体的员工共操作等在内的"现场感"特征。日本制造业以丰田生产方式为代表，一般都是通过人力最大化，来提升现场生产能力，实现效益增长。IVI 向全世界发布的智能工厂新参考架构嵌入了日本制造业的特有价值导向，期望成为世界智能工厂的另一个标准。

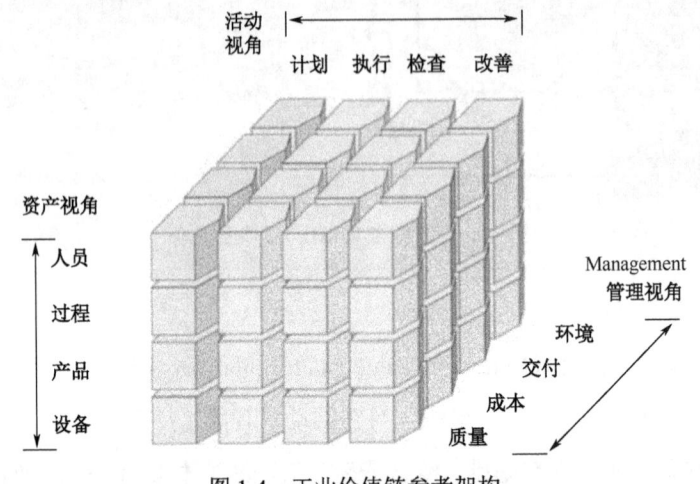

图 1-4　工业价值链参考架构

（4）中国智能制造系统架构。

借鉴德国、美国智能制造的发展经验，我国的智能制造系统相对于 RAMI 4.0 系统层级维度做了简化，将产品和设备合并为设备层级。中国智能制造系统架构（Intelligent Manufacturing System Architecture，IMSA），如图 1-5 所示。IMSA 由 3 个维度组成，分别为生命周期、系统层级和智能功能，共分为五层，第一层是生产基础自动化系统，第二层是生产执行系统，第三层是产品全生命周期管理系统，第四层是企业管控与支撑系统，第五层是企业计算与数据中心（私有云）。

生命周期是指包含一系列相互连接的价值创造活动的集成，不同行业有不同的生命周期。生命周期维度细化为设计、生产、物流、销售和服务，但忽略了样品研制和产品生产的区别。智能功能维度突出了各个层级的系统集成、数据集成、信息集成，唯一地提出了标准体系架构，重点解决当前推进智能制造工作中遇到的数据集成、互联互通等基础瓶颈问题。

第1章 工业智能概述

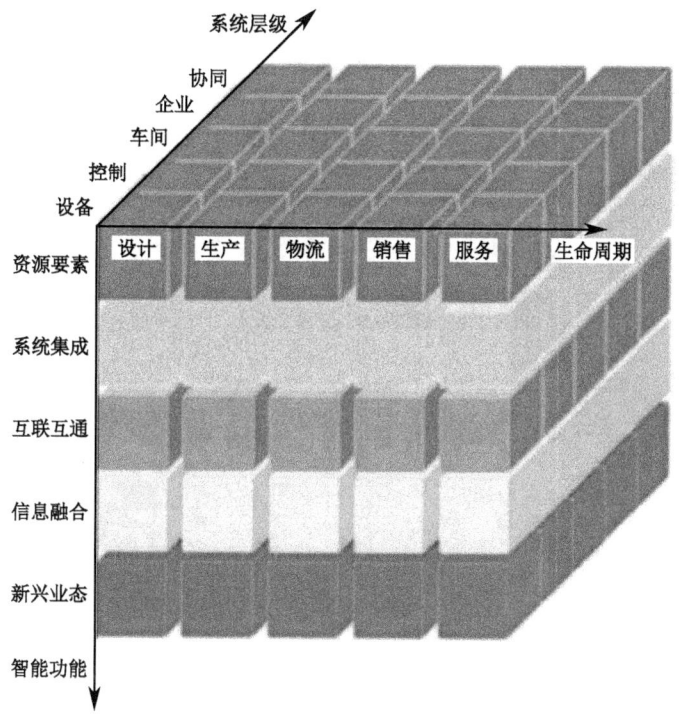

图 1-5 中国智能制造系统架构

1.1.2 智能制造的核心

智能制造的特征就是虚实融合技术的深入应用。智能制造虚实融合的方式有 4 种，分别为移动化、云化、边缘化与大数据驱动，如图 1-6 所示。

智能制造使得传统金字塔式的多层次管理结构向扁平式的网络结构转变，如图 1-7 所示。这种结构的转变能够减少层次和中间环节，使得智能制造信息物理系统发挥核心作用。

1. 信息物理系统

信息物理系统（Cyber-Physical System，CPS）通过集成先进的感知、计算、通信、控制等信息技术和自动控制技术，构建了物理空间与信息空间中人、机、物、环境、信息等要素相互映射、实时交互、高效协同的复杂系统，实现系统内资源配置和运行的按需响应、快速迭代、动态优化。可以看出，信息物理系统是工业和信息技术范畴内跨学科、跨领域、跨平台的综合技术体系所构成的系统，覆盖广泛、集成度高、渗透性强、创新活跃，是量

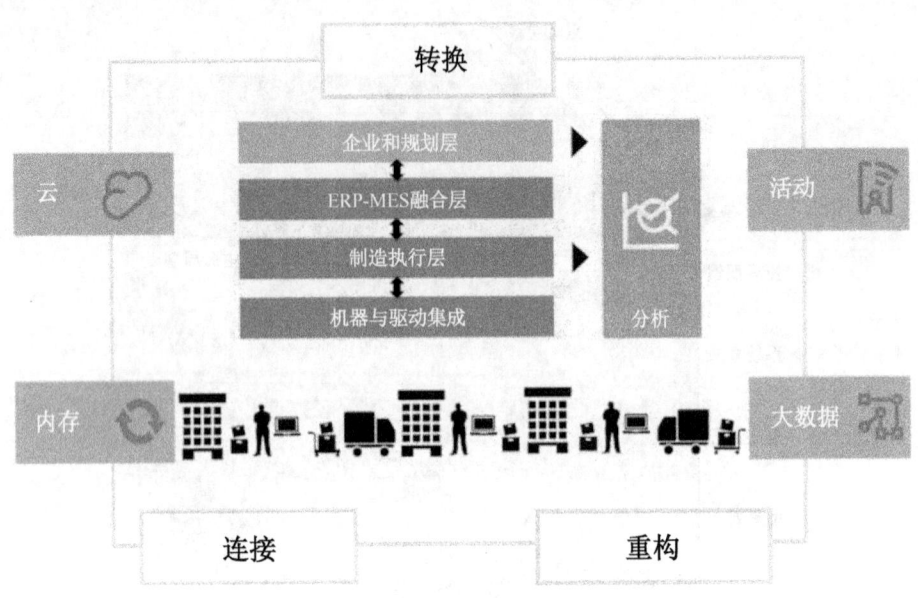

图 1-6　智能制造虚实融合方式

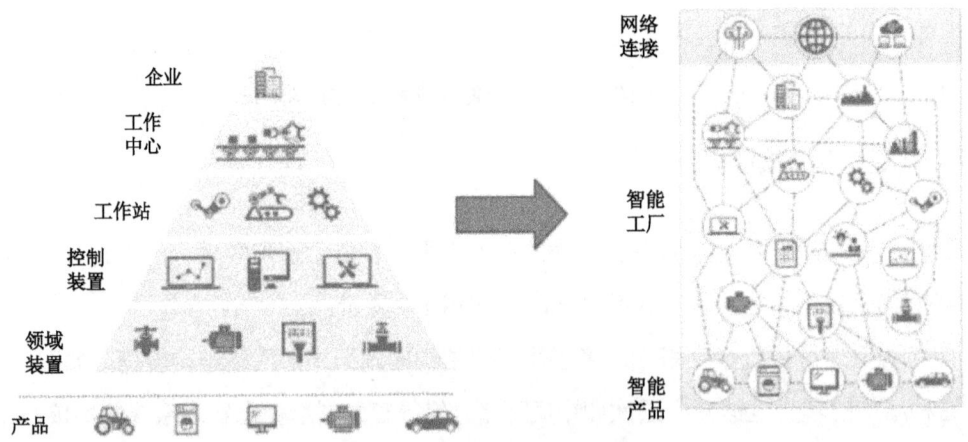

图 1-7　制造管理结构的转变

化融合支撑技术体系的集大成。信息物理系统能够将感知、计算、通信、控制等信息技术与设计、工艺、生产、装备等工业技术融合，能够将物理实体、生产环境和制造过程精准映射到虚拟空间并进行实时反馈，能够作用于生产制造全过程、全产业链、产品全生命周期，能够从单元级、系统级到系统之系统（System of System，SoS）级不断深化，实现制造业生产范式的重构。从新一轮产业变革的全局出发，结合多年来推动两化融合的实践，信息物理系统是支撑信息化和工业化深度融合的综合技术体系。

2006年美国国家科学基金会（National Science Foundation，NSF）组织召开了国际上第一个关于信息物理系统的研讨会，并对信息物理系统这一概念做出详细描述。此后美国政府、学术界和产业界高度重视信息物理系统的研究和应用推广，并将信息物理系统作为美国抢占全球新一轮产业竞争制高点的优先议题。2013年德国发布的《工业4.0实施建议》将信息物理系统作为工业4.0的核心技术，并在标准制定、技术研发、验证测试平台建设等方面做出了一系列战略部署。信息物理系统因控制技术而起、信息技术而兴，随着制造业与互联网融合迅速发展壮大，正成为支撑和引领全球新一轮产业变革的核心技术体系。

中国制造强国战略提出："基于信息物理系统的智能装备、智能工厂等智能制造正在引领制造方式变革"，要围绕控制系统、工业软件、工业网络、工业云服务和工业大数据平台等，加强信息物理系统的研发与应用。《国务院关于深化制造业与互联网融合发展的指导意见》明确提出："构建信息物理系统参考模型和综合技术标准体系，建设测试验证平台和综合验证试验床，支持开展兼容适配、互联互通和互操作测试验证。"当前，中国制造强国战略正处于全面部署、加快实施、深入推进的新阶段，面对信息化和工业化深度融合进程中不断涌现的新技术、新理念、新模式，迫切需要研究信息物理系统的背景起源、概念内涵、技术要素、应用场景、发展趋势，以更好地服务于制造强国建设。

美国国家科学基金会、美国国家标准与技术研究院、德国国家科学与工程院、欧盟第七框架计划等研究机构或科研项目对信息物理系统的定义不尽相同，但总体来看，其本质就是构建一套信息（Cyber）空间与物理（Physical）空间之间基于数据自动流动的状态感知、实时分析、科学决策、精准执行的闭环赋能体系，解决生产制造、应用服务过程中的复杂性和不确定性问题，提高资源配置效率，实现资源优化。信息物理系统主要包括以下4个方面的作用。

① 状态感知就是通过各种各样的传感器感知物质世界的运行状态。
② 实时分析就是通过工业软件实现数据、信息、知识的转化。
③ 科学决策就是通过大数据平台实现异构系统数据的流动与知识的分享。
④ 精准执行就是通过控制器、执行器等机械硬件实现对决策的反馈响应。

上述4点都依赖于一个实时、可靠、安全的网络，可以把这一闭环赋能体系概括为"一硬"（感知和自动控制）、"一软"（工业软件）、"一网"（工业网络）、"一平台"（工业云和智能服务平台），即"新四基"。"新四基"与中国制造强国战略提出的"四基"（核心基础零部件、先进基础工艺、关键基础材料和产业技术基础）共同构筑了制造强国建设之基。

工信部发布的《信息物理系统白皮书》指出，信息物理系统分为单元级、系统级、系统之系统级3个层次。具体来说，信息物理系统具有明显的层级特征，小到一个智能部件、一个智能产品，大到整个智能工厂，都能构成信息物理系统。信息物理系统建设的过程就是从单一部件、单一设备、单一环节、单一场景的局部小系统不断向大系统、巨系统演进的过程，是从部门级到企业级，再到产业链级，乃至产业生态级演进的过程，是数据流闭环体系不断延伸和扩展的过程，并逐步形成相互作用的复杂系统网络，突破地域、组织、机制的界限，实现对人才、技术、资金等资源和要素的高效整合，从而带动产品、模式和业态创新。

（1）单元级。单元级是具有不可分割性的信息物理系统最小单元。它可以是一个部件或一个产品，通过"一硬"（如具备传感、控制功能的机械臂和传动轴承等）和"一软"（如嵌入式软件）就可构成"感知—分析—决策—执行"的数据闭环，具备了可感知、可计算、可交互、可延展、自决策的功能。每个最小单元都是一个可被识别、定位、访问、联网的信息载体，通过在信息空间中对物理实体的身份信息、几何形状、功能信息、运行状态等进行描述和建模，在虚拟空间也可以映射形成一个最小的数字化单元，并伴随着物理实体单元的加工、组装、集成不断叠加、扩展、升级，这一过程也是最小单元在虚拟和实体两个空间不断向系统级和系统之系统级同步演进的过程。

（2）系统级。系统级是"一硬、一软、一网"的有机组合。信息物理系统的多个最小单元（单元级）通过工业网络（如工业现场总线、工业以太网等，简称"一网"），实现更大范围、更宽领域的数据自动流动，就可构成智能生产线、智能车间、智能工厂，实现多个单元级CPS的互联、互通和互操作，进一步提高制造资源优化配置的广度、深度和精度。系统级CPS基于多个单元级CPS的状态感知、信息交互、实时分析，实现了局部制造资源的自组织、自配置、自决策、自优化。由传感器、控制终端、组态软件、工业网络等构成的分布式控制系统和数据采集与监控系统是系统级CPS；由数控机床、机器人、AGV小车、传送带等构成的智能生产线是系统级 CPS；通过制造执行系统对人、机、物、料、环等生产要素进行生产调度、设备管理、物料配送、计划排产和质量监控的智能车间也是系统级 CPS。

（3）系统之系统级。系统之系统级，即 SoS 级，是多个系统级 CPS 的有机组合，涵盖了"一硬、一软、一网、一平台"四大要素。SoS 级 CPS 通过大数据平台，实现了跨系统、跨平台的互联、互通和互操作，促成了多源异构数据的集成、交换和共享的闭环自动流动，在全局范围内实现信息全面感知、深度分析、科学决策和精准执行。

2. 信息物理生产系统

在生产制造场景中的信息物理系统，可以被定义为信息物理生产系统（Cyber-Physical Production System，CPPS）。

（1）工业物联与互联实现 CPPS 互联互通

工业物联网的出现很大程度上推动了智能制造的发展，促进了工业的转型与升级，但是随着时代变化和技术的革新，智能制造对工业物联网也提出了越来越高的要求，因此对物联网的研究主要集中在以下 3 个方面。

① 射频识别技术（Radio Frequency Identification，RFID）。该技术通过射频信号空间耦合，不需要与被识别物品直接接触即可完成数据的输入和输出。因此 RFID 被广泛应用到物流、车辆管理、流水线作业、军事管理等领域，但是该技术在数据安全、隐私、可被复制方面面临着风险。

② 网络通信问题。靠物联网连接在一起的机器、人、产品之间的信息传输有多种方式可以选择，尤其是无线传输对物联网互联互通的实现格外重要。而无线传输又以无线传感器网络（WSN）为主，通过无线通信方式形成一个多跳的自组织系统，感知对象信息发给观察者，具有网络规模大、自组织性好、动态性能好、可靠性高等一系列优点。但是目前的物联网传感器网络在智能化传感节点技术、自身检查诊断技术以及安全加密技术等方面有待进一步的研究和加强。

③ 数据融合与智能技术。由于物联网上存在大量的传感器，在信息感知过程中，由于存在冗余信息，如果每个传感器单独传输数据至汇聚节点，那么会造成带宽和资源的浪费，

必定影响信息收集的时效性，因此要对信息进行整合；为了得到令用户满意的信息，还要使物体能够主动与用户沟通。由此可见，要真正实现物联网的智能，只有综合运用感知技术、通信技术、融合技术、智能控制技术及云计算技术，物联网才能得到市场的认可和接受。

工业物联网具有的信息感知、传输、处理、决策和施效五大功能清晰地反映出其五大显著特征，具体分析如下。

① 泛在化、互联性（信息感知）。利用RFID、传感器、定位设备等感知设备，构建面向制造车间的泛在网络，实现人员、设备、物料、产品、车间、工厂、信息系统乃至产业链所有环节的互联互通，以及资源属性、制造状态、生产过程等数据的全面感知与采集。

② 可靠性、实时性（信息传输）。将制造车间中的物理实体接入物联网，依托多种通信方式，实现网络覆盖区域内多源信息的可靠、实时交换与传输，打通制造企业端到端数据链。

③ 关联性、集成化（信息处理）。通过多种数据处理方法，对海量的感知信息进行智能分析与处理，形成可被决策层使用的标准信息，并支持来自异构传感设备的多源制造信息的集成管控。

④ 自主性、自适应性（信息决策）。根据实时采集的多源制造数据，自主分析与判断执行过程及资源自身行为，实现制造过程的动态响应，并依据相关知识、数据模型和智能算法，实现面向制造过程的动态资源能源配置与生产管控自适应决策。

⑤ 精准化、协同化（信息施效）。依据决策方案，调节制造资源或制造过程，使对象处于预期的执行状态，并通过实时数据的集成共享，实现各单元、全过程、所有环节的协同优化及精准控制。

以离散制造车间为例，制造过程描述的是通过对原材料进行加工及装配，使其转化为产品的一系列运行过程，涉及设备、工装、物料、人员、配送车辆等多种生产要素，以及生产、质检、监测、管理、控制等多项活动，针对车间资源管理、生产调度、物流优化、质量控制等不同的应用目标，虽然专家和学者提出的各种制造物联网架构层次不一、覆盖内容不同，但都可以描述为以离散车间制造数据"感知—传输—处理—应用"为主线的体系结构。具体过程描述如下。

① 物联感知层。离散制造车间中的设备、人员、物料、工具、在制品等各类生产要素及组成的生产活动所产生的状态、运行过程等实时多源数据是生产过程优化与控制的基础，针对不同生产要素的特点和数据采集与应用需求，通过在车间现场配置 RFID 标签、传感器、超宽带（Ultra Wide Band，UWB）等各类设备，实现对各类生产要素的互联互感与数据采集，确保制造车间多源信息的实时可靠获取。

② 数据传输层。离散制造车间中的生产状态、物料流转、环境参数、设备运转、质量检测等数据分布广、来源多，针对不同的传感设备所具有的不同的数据传输特点与需求，有选择性地通过互联网、工业以太网、现场总线、工业局域网、工业传感网等实现感知信息的有效传递和交换，确保车间现场生产数据的稳定传输与应用。

③ 分析处理层。离散制造车间具有强金属干扰、遮挡与覆盖等复杂环境特性，以及多品种变批量混线生产、生产工况多变、生产要素移动等复杂生产特性，因此导致制造数据的冗余性、乱序性和强不确定性。对具有容量大、价值密度低等典型特征的制造数据进行数据校验、平滑、过滤、融合、分类、关联等处理操作，将其转化为可被生产与管理应用的有效数据，并进行分类存储，通过多种智能计算与分析方法实现海量数据的增值应用。

④ 应用服务层将分析处理后的数据用于制造车间管理与生产过程的控制优化，提供车间全息数字化展示、制造资源可视化管理、制造过程实时监控、物料动态配送、生产动态调度、质量诊断与追溯等功能服务，并通过统一的数据集成接口实现与制造执行系统、企业资源计划、产品数据管理等信息系统的紧密集成，在多种可视化终端上实现制造现场的透明化，实现管理上的实时化和精准化。

（2）工业智能与软件赋能 CPPS 的计算内核

工业软件是对工业研发设计、生产制造、经营管理、服务等全生命周期环节的模型化、代码化、工具化，是工业知识、技术积累和经验体系的载体，是实现工业数字化、网络化、智能化的核心。简而言之，工业软件是算法的代码化。算法是对现实问题解决方案的抽象描述，仿真工具的核心是一套算法，排产计划的核心是一套算法，企业资源计划也是一套算法。工业软件定义了信息物理系统，其本质是要打造"状态感知—实时分析—科学决策—精准执行"的数据闭环，构筑数据自动流动的规则体系，应对制造系统的不确定性，实现制造资源的高效配置。工业软件是智能制造的思维认识，是感知控制、信息传输和分析决策背后的世界观、价值观和方法论，是智能制造的大脑。工业软件支撑并定义了智能制造，构造了数据流动的规则体系。

智能制造背后的逻辑就在于建立一套计算机信息空间和物理空间的基于数据自动流动的闭环赋能体系，解决生产过程中的复杂性和不确定性。

人工智能在工业领域的应用，可以被认为是工业智能，也有人称为工业人工智能。中国工程院发布的《人工智能2.0咨询报告》把新一代人工智能定义为"基于新的信息环境、新技术和新发展目标的人工智能"，新发展目标包括从宏观到微观的智能化新领域，如智能城市、数字经济、智能制造等。宏观地讲，工业智能的具体研究内容包括智能学习能力（如机器学习）、语言能力（如自然语言处理）、感知能力（如图像识别）、推理能力（如自动推理）、记忆能力（如知识表示）、规划能力（如自动规划）和执行能力（如机器人）等。

人工智能技术在智能制造领域正在被不断地被应用到图像识别、语音识别、智能机器人、智能驾驶/自动驾驶、故障诊断与预测性维护、质量监控等各个领域，覆盖从研发创新、生产管理、质量控制、故障诊断等多个方面。人工智能可以对复杂过程进行智能化指引。以产品研发设计为例，工业设计软件在集成了人工智能模块后，可以理解设计师的需求，还可以与区域经济、社会舆情、社交媒体等多元化数据进行对接，由此形成的数据模型可向设计者智能化推荐相关的产品设计研发方案，甚至自主设计出多个初步的产品方案供设计者选择。人工智能在生产制造管理方面发挥作用，创新生产模式，提高生产效率和产品质量。人工智能技术通过物联网对生产过程、设备工况、工艺参数等信息进行实时采集；对产品质量进行检测，对产品缺陷进行统计；在离线状态下，利用机器学习技术挖掘产品缺陷与历史数据之间的关系，形成控制规则；在在线状态下，通过增强学习技术和实时反馈控制生产过程，减少产品缺陷；同时集成专家经验，不断改进学习结果。在维护服务环节，系统利用传感器对设备状态进行监测，通过机器学习建立设备故障的分析模型，在故障发生前，将可能发生故障的工件替换，从而保障设备的持续无故障运行。以数控机床为例，用机器学习算法模型和智能传感器等技术手段监测加工过程中的切削刀、主轴和进给电机的功率、电流、电压等信息，辨识出刀具的受力、磨损、破损状态及机床加工的稳定性状态，并根据这些状态实时调整加工参数（主轴转速、进给速度）和加工指令，预判何时需要换刀，以提高加工精度、缩短生产线停工时间，并提高设备运行的安全性。人工智能驱动的智能制造如图 1-8 所示。

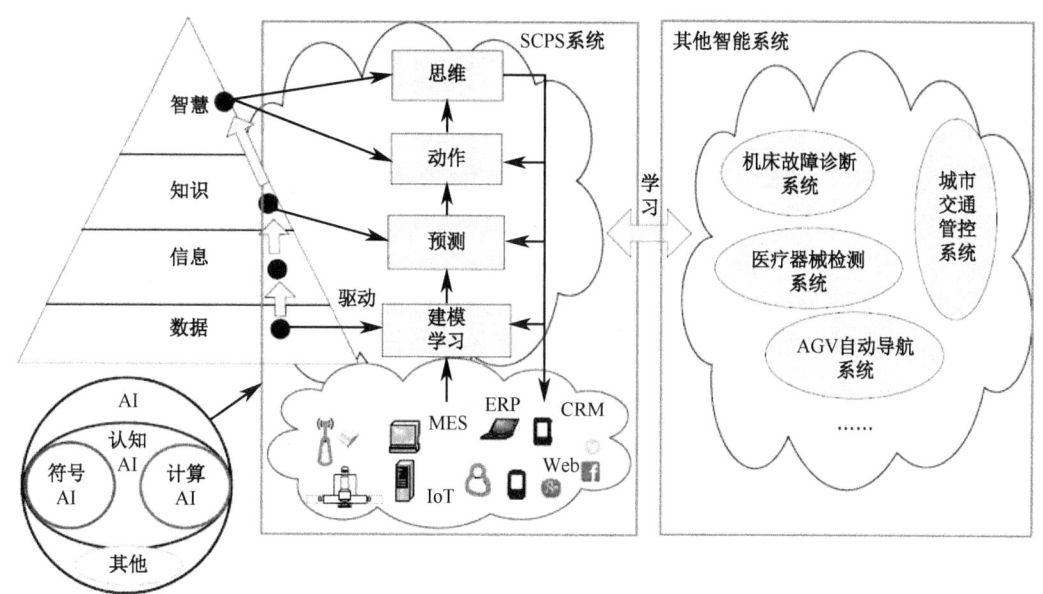

图 1-8　人工智能驱动的智能制造

（3）工业云和工业大数据平台是 CPPS 的决策与控制平台

工业云和智能服务平台是高度集成、开放和共享的数据服务平台，是跨系统、跨平台、跨领域的数据集散中心、数据存储中心、数据分析中心和数据共享中心。基于工业云和智能服务平台推动专业软件库、应用模型库、产品知识库、测试评估库、案例专家库等基础数据和工具的开发集成和开放共享，实现生产全要素、全流程、全产业链、全生命周期管理的资源配置优化，以提升生产效率，构建全新产业生态。这将带来产品、机器、人、业务从封闭走向开放，从独立走向系统，将重组客户、供应商、销售商以及企业内部组织的关系，重构生产体系中信息流、产品流、资金流的运行模式，重建新的产业价值链和竞争格局。国际巨头正加快构建工业云和智能服务平台，向下整合硬件资源、向上承载软件应用，加快全球战略资源的整合步伐，抢占规则制定权、标准话语权、生态主导权和竞争制高点。工业云和智能服务平台就像人类的大脑一样接收、存储、分析数据信息，并形成决策。

工业大数据是指在工业领域中，围绕典型智能制造模式，从客户需求到销售、订单、计划、研发、设计、工艺、制造、采购、供应、库存、发货和交付、售后服务、运维、报废或回收再制造等整个产品生命周期各个环节所产生的各类数据及相关技术和应用的总称。其以产品数据为核心，极大地延展了传统工业数据范围。工业大数据主要有 3 类。第一类是生产经营相关业务数据。主要来自传统企业信息化系统。它被收集和存储在企业信息系统中，如传统工业设计和制造类软件、企业资源计划、产品生命周期管理、供应链管理、客户关系管理和环境管理系统等。这些企业信息系统会产生大量的产品研发数据、生产性数据、经营性数据、客户数据、物流供应数据及环境数据。此类数据是传统工业领域的数据，在移动互联网等新技术应用环境下正在逐步扩大范围。第二类是设备物联数据，主要指工业生产设备和目标产品在物联网运行模式下，实时收集的涵盖操作和运行情况、工况状态、环境参数等体现设备运行和产品生产状态的数据。此类数据是工业大数据新的、增长最快的数据。狭义的工业大数据即指该类数据，即工业设备和产品快速产生的并且存在时间序列差异的大量数据。第三类是外部数据，主要指与工业企业生产活动和产品相关的来自企业外部网络的数据，例如，评价企业环境绩效的相关法规、预测产品市场的宏观经济数据等。工业大数据技术是使工业大数据中所蕴含的价值得以挖掘和展现的一系列技术与方法，包括数据采集、预处理、存储、分析、可视化和智能控制等。工业大数据技术的应用目标就是从复杂的数据集中发现新的模式与知识，挖掘出有价值的新信息，从而促进工业企业的产品创新、提升经营水平和生产效率，以及拓展新型商业模式。工业大数据具有实时性、准确性、闭环性 3 个典型的特征。

① 实时性（real-time）。工业大数据主要来源于生产制造和产品运维环节，其生产线、设备、工业产品、仪器等均是高速运转，从数据采集频率、数据处理、数据分析、异常发现和应对等方面均具有很高的实时性要求。

② 准确性（accuracy）。这主要指数据的真实性、完整性和可靠性，更加关注数据质量，以及处理、分析技术和方法的可靠性。

③ 闭环性（closed-loop）。这是指产品全生命周期横向过程中数据链条的封闭和关联，

以及智能制造纵向数据采集和处理过程中，需要支撑状态感知、分析、反馈、控制等闭环场景下的动态持续调整和优化。

除了以上3个典型特征外，业界一般认为工业大数据还具有集成性、透明性、预测性等特征。

工业大数据技术是智能制造的关键技术，主要作用是打通物理世界和信息世界，推动生产型制造向服务型制造转型。其在智能制造中有着广泛的应用前景，贯穿了产品需求获取、研发、制造、服务直至报废回收的产品全生命周期。工业大数据技术在智能化设计、智能化生产、网络化协同制造、智能化服务、个性化定制等场景中都发挥着巨大的作用。在智能化设计中，通过对产品数据分析，实现自动化设计和数字化仿真优化。在智能化生产过程中，人机交互、数字化控制、状态监测等，提高生产故障预测准确率、综合优化生产流程。在网络化协同制造中，工业大数据技术可以实现智能管理的应用，如产品全生命周期管理、客户关系管理、供应链管理、产供销一体等，通过设备联网与智能控制，达到过程协同与透明化。在智能化服务中，通过对产品运行及使用数据的采集、分析和优化，实现产品智能化及远程维修。

1.2 工业智能概述

1.2.1 工业智能的概念

近年来，随着新一代信息技术的快速发展，人工智能的浪潮正在席卷全球。机器学习和深度学习是目前人工智能领域最先进的技术，也是人工智能的核心技术。机器学习（Machine Learning，ML）是人工智能的子领域。机器学习理论主要是设计和分析一些让计算机可以自动学习的算法。深度学习（Deep Learning，DL）属于机器学习的子类。它的思想来源于人类大脑的工作方式，是利用深度神经网络来解决特征表达的一种学习过程。如果你第一次接触的机器学习方法就是深度学习，那你可能会发现深度学习就像一把"锤子"，而所有的机器学习问题看起来都像是"钉子"。因此，机器学习是实现人工智能的一种技术，而深度学习是机器学习的一个研究方向。三者的关系如图1-9所示。

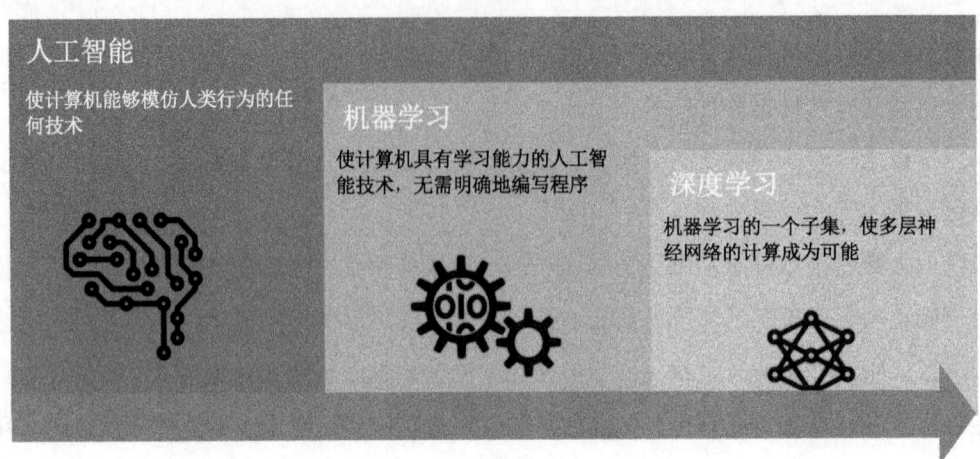

图 1-9 人工智能、机器学习和深度学习的关系

由图 1-9 可知，人工智能的研究领域很广泛，机器学习只是其中的一个分支，同时深度学习也只是机器学习的一个分支。人工智能的研究领域主要包括机器学习、专家系统、进化计算、模糊逻辑、计算机视觉、自然语言处理、推荐系统等。随着科学技术的快速发展，人工智能的研究领域越来越丰富，促进了各行各业的飞速发展，制造业就是其中一个。

人工智能在制造领域的应用称为工业智能，它是制造业向数字化、网络化、智能化转型发展的重要内容。随着人工智能技术的快速发展，结合机理模型、工程知识及工业大数据积累，形成制造领域的人工智能模型，并与工业软件、工业互联网平台集成，形成一系列融合创新的技术、产品与模式。人工智能赋能制造业，将提升生产效率、改善产品质量、降低生产成本，典型的应用场景有智能产品与装备、智能工厂与生产线、智能管理与服务、智能供应链与物流、智能研发与设计、智能监控与决策等。工业智能将促进制造业产业模式发生革命性的变化，重塑制造业价值链，极大地提高制造业的创新力和竞争力。

为了提高制造业的核心竞争力，许多国家提出了相关战略，提升工业智能化水平成为全球共识与趋势，如德国的"工业 4.0"、美国的"工业互联网"和"中国制造强国战略"等。随着这些战略的提出和推进，人工智能技术与制造业不断融合，使制造业呈现出新的制造范式——智能制造。智能制造可以让企业在研发、生产、管理、服务等方面变得更加"聪明"，它的应用能够使制造业企业实现生产智能化、管理智能化、服务智能化与产品智能化。

人工智能技术经过多次的技术变革与规模化应用的浪潮，从早期的专家系统逐渐发展到当前火热的深度学习，其理论和技术日益成熟，应用领域也不断扩大。同时随着硬件计算能力、软件算法、解决方案的快速进步与不断成熟，工业生产逐渐成为人工智能的重要探索方向，工业智能应运而生。

工业人工智能是由人工智能技术与工业融合发展形成的，贯穿于产品设计、生产、管理、服务等各环节，实现模仿甚至超越人类感知、分析、决策等能力的技术和方法。可以认为，工业智能的本质是通用人工智能技术与工业场景、机理、知识结合，实现设计模式创新、生产智能决策、资源优化配置等应用。工业智能需要具备自感知、自学习、自执行、自决策、自适应的能力，以适应时刻变幻的工业环境，并完成多样化的工业任务，最终达到提升企业洞察力、提高生产效率、改善产品性能等目的。

CPPS 的核心使能技术如图 1-10 所示。当前，第四次工业革命和产业变革蓬勃兴起，其核心内容是工业经济数字化、网络化、智能化。作为助力本轮科技革命和产业变革的战略性技术，以深度学习、知识图谱等为代表的新一轮人工智能技术呈现出爆发趋势，工业智能迎来了发展的新阶段。通过海量数据的全面实时感知、端到端深度集成和智能化建模分析，工业智能将企业的分析决策水平提升到了全新高度。随着工业智能技术与领域知识融合的不断加深，其将更加贴近行业实际需求。

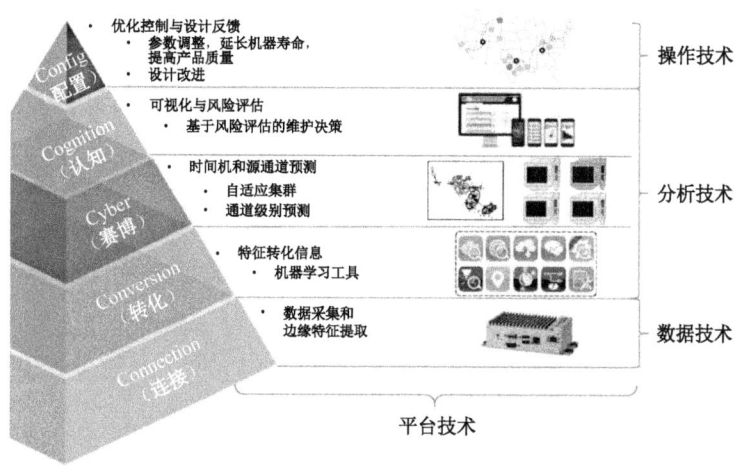

图 1-10　在制造业中实现 CPPS 的使能技术

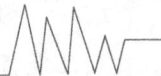

1. 数据技术

在第四次工业革命之前，人们依靠手工方法来收集数据，效率极低，极易受到人为错误的影响，无法提供操作的实时性。随着制造业竞争格局的变化，自动化收集数据对于未来的成功至关重要。例如，通过传感器对工厂车间进行检测，可以从设备捕获不同类型的信号，如切削力、振动、音量、温度、电流、压力等。数据可以是静态的（如机器 ID、过程参数、作业 ID 等，即主要的背景信息）或动态的（如机器运行状况、库存水平、资产利用率等）。数据可以在组件级别、机器级别或车间级别生成，并且可以大致分为结构化数据和非结构化数据。数据技术的目的是实时高效地跟踪、控制和记录大量、多样的制造数据流。数据的通信和管理也已成为工业智能数据技术的重要组成部分。数据通信技术应具有高数据传输速率、低等待时间、高可靠性、高安全性、精确的可追溯性和可扩展性的特征。

2. 分析技术

如今，许多企业已经在数据采集设备上进行了大量投资，从而获得和存储了大量的过程数据。之后重要的是要知道如何处理所收集的数据。分析是指将统计方法和其他数学工具应用于这些数据流以评估和改进实际生产过程。通过分析，企业可以观察生产过程中微小的变化，并超越精益生产计划。分析技术可以将生产过程细分为具体的任务或活动，以识别表现不佳或导致瓶颈的环节/组件。数据驱动的建模可以使企业发现制造系统中的隐藏模式，未知关联和其他有用信息，并将获得的信息与其他技术集成在一起，从而提高生产率和创新能力。除了数据分析之外，数据可视化工具也是分析技术的重要组成部分。如果无法将结果清晰有效地传达给工作人员，那么数据分析提供的最新实时信息将是一种浪费。易于解释且易于使用的图形、图表和报告使企业、可以更轻松地理解分析的数据，跟踪重要指标并评估距目标的距离。获得相关性和来自制造系统的其他有用信息，并将获得的信息与其他技术集成在一起，以提高生产率和创新能力。除了数据分析之外，数据可视化工具也是分析技术的重要组成部分。

3. 平台技术

平台是指在工业环境中扮演着应用程序支持角色的硬件或软件，如连接设备、数据处理（收集/提取、存储、分析和可视化）软件，并将处理好的数据传给最终的应用程序。平台在工业智能概念中处于中心地位，提供开发每个行业独有的以应用程序为中心的功能所需的工具和灵活性。平台有助于协调、集成、部署和支持各种技术，如数字孪生、数据存储、整个车间的连通性、边缘智能、机器人技术集成等。

4. 运营技术

基于分析得出的信息，运营技术与其他技术结合，旨在通过诸如产品生命周期管理、企业资源计划、制造执行系统、客户关系管理等系统来实现企业控制和优化。

1.2.2 工业智能的分类

1. 工业机器视觉

计算机视觉和机器视觉通常被认为是同一个概念。计算机视觉广义上是指图像的捕获和自动化处理，并着重于在广泛的理论和实际应用中的图像分析功能。计算机视觉系统使用软件来完成识别功能。该系统可以根据发现来触发各种设定的动作。计算机视觉和机器视觉的联系与区别如下图 1-11 所示。

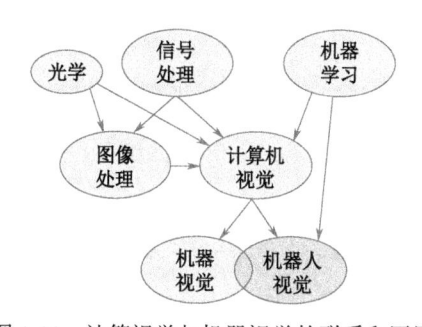

图 1-11 计算视觉与机器视觉的联系和区别

（1）信号处理。

信号处理包括处理电子信号（如消除噪声）、提取信息，然后将其输出到显示器或准备进一步的处理。可以处理的信号，包括模拟信号、数字信号、频率信号等。图像也可转换为信号，用机器人视觉来进行处理物识别。

（2）计算机视觉和图像处理。

计算机视觉和图像处理的目标不同。图像处理技术主要用于改善图像质量，将其转换为另一种格式（如直方图）或准备进一步的处理。而计算机视觉技术关心从图像中提取有用的信息。例如，可以使用图像处理技术将彩色图像转换为灰度图像，然后使用计算机视觉技术检测该图像中的对象。

（3）模式识别与机器学习。

为了能够从其图像识别对象，软件必须能够检测其看到的对象是否与先前的对象相似。因此，机器学习是计算机视觉与信号处理的父项。

但是，并非所有的计算机视觉技术都需要机器学习。你可以对不是图像的信号使用机器学习。实际上，这两个领域通常是这样组合的："计算机视觉"从图像中检测特征和信息，然后将其用作机器学习算法的输入。例如，计算机视觉会检测传送带上零件的尺寸和颜色，机器学习会根据零件的外观知识来判断这些零件是否有故障。

（4）机器视觉。

"机器视觉"与之前的术语完全不同。它指特定的应用程序，而不是技术。机器视觉是指视觉在工业上用于自动检查、过程控制和机器人引导的用途。机器视觉属于工程领域术语。

在某些方面，机器视觉可以被视为计算机视觉的子代，因为它使用了计算机视觉和图像处理的技术和算法。但是，尽管它被用于引导机器人，但它与机器人视觉并不完全相同。

（5）机器人视觉。

机器人视觉融合了前述术语中的所有技术。在很多情况下，机器人视觉和机器视觉可以互换使用。但是，有一些细微差异。某些机器视觉应用程序（例如零件检查）与机器人技术无关零件仅放置在寻找故障的视觉传感器前面。

此外，机器人视觉不仅属于工程领域的术语，更是一门具有自己特定研究领域的科学。与计算机视觉不同，机器人视觉必须将机器人学的各个方面科学理论纳入其技术和算法中，例如运动学、参考系校准及机器人对环境产生物理影响的能力。视觉伺服是可以称为"机器人视觉"而不是"计算机视觉"技术的完美求示例。它可以通过使用视觉传感器检测机器人位置反馈来控制机器人的运动。

以上各类技术的输入量与输出量对比如表1-1所示。

表1-1 各类技术的输入量和输出量对比

技　　术	输　入　量	输　出　量
信号处理	电信号	电信号
图像处理	图片	图片
计算机视觉	图片	信息/功能
模式识别/机器学习	信息/功能	信息
机器视觉	图片	信息
机器人视觉	图片	身体动作

2. 计算机视觉

计算机视觉是使用计算机及相关设备来模拟生物视觉系统的工作机制，使计算机能像人那样通过视觉观察和理解世界。它的主要任务就是通过对采集的图片或视频进行处理以获得相应场景的三维信息，使机器具有自主适应环境的能力。

计算机视觉的研究很大程度上是针对图像的内容，包括图像处理和模式识别。除此之外，它还包括空间形状的描述、几何建模及认识过程。实现图像理解是计算机视觉的终极目标。

（1）图像处理。

图像处理技术是指将输入图像转换成实际要求的一幅图像。图像处理技术一般包括图像压缩，增强和复原，匹配、描述和识别3个部分。其主要采用的方法是图像变换、图像编码压缩、图像增强和复原、图像分割、图像描述和图像分类（识别）等。在计算机视觉中主要借助图像处理技术来进行预处理和特征抽取。

（2）模式识别。

模式识别技术是指根据从图像中抽取的统计特性或结构信息，将图像分成一定的类别。日常生活中常见的模式识别是文字识别或指纹识别。在计算机视觉中主要将模式识别技术用于对图像中的某些部分进行识别和分类。

（3）图像理解。

图像理解即是对图像的语义理解。它是以图像为对象，知识为核心，研究图像中有什么目标、目标之间的相互关系、图像是什么场景，以及如何应用场景的一门学科。图像理解除了需要复杂的图像处理以外，还需要具有关于景物成像的物理规律的知识，以及与景物内容有关的知识。

随着计算机视觉和人工智能学科的发展，相关研究内容不断拓展、相互覆盖，图像理解既是对计算机视觉研究的延伸和拓展，又是人类智能的研究新领域，渗透入人工智能的研究进程。近年来计算机视觉已在工业视觉、人机交互、视觉导航、虚拟现实、特定图像分析解释及生物视觉研究等领域得到了广泛应用。

计算机视觉是人工智能的"眼睛"，是感知客观世界的核心技术。进入21世纪以来，计算机视觉领域蓬勃发展，各种理论与方法大量涌现，并在多个核心问题上取得了令人瞩目的成果。但是目前的计算视觉技术仍然具有一定的局限性，如可解释性差、对图像数据质量依赖大。但是随着信息技术的快速发展，计算机视觉技术将更加成熟。例如，目前5G速度快、容量大，其就给计算机视觉人工智能构建了一个更高的平台。

3. 工业自然语言处理

目前我们正处于大数据时代，数据量以指数级的速度倍增，但是工业中大部分数据来源广泛，结构复杂，其中仅有少部分数据是以结构化的形式存储的。大部分数据主要是以图片、视频的形式存在，而这种方式却是高度无结构化的，工业中的系统和程序无法理解和应用这类数据，因此需要开发一种新技术能够使系统和应用程序能够理解各类数据。

自然语言处理（Natural Language Processing，NLP）是计算机科学与人工智能领域中的一个重要研究方向。它是一门融语言学、计算机科学、数学于一体的科学。自然语言处理的目标就是开发能够理解人类语言的应用程序或服务，其利用计算机对自然语言的形、音、义等信息进行处理，即对字、词、句、篇章的输入、输出、识别、分析、理解、生成等的操作和加工。它对计算机和人类的交互方式有许多重要的影响。自然语言处理的研究与应用是核心问题，其架构如图1-12所示。

NLP架构主要由NLP数据、基础、技术和应用组成，且层层递进。从系统底部收集到各类数据，这些数据经过词法分析、句法分析、语义分析等处理之后采用相关的搜索、识别和理解技术，使系统软件能够理解并应用这些数据。从图1-12可以看出，NLP的研究体系越来越丰富，技术越来越成熟。但是自身还是存在一定的局限性，如过分依赖数据、句法的模糊性等。

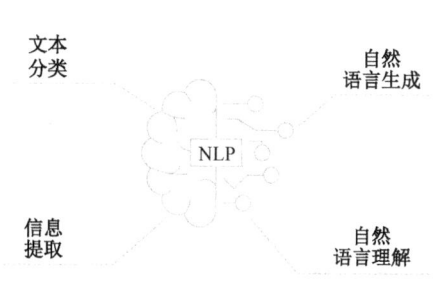

图 1-12 NLP 架构

4. 工业知识图谱

目前大部分研究还处于弱人工智能状态，如利用机器学习和深度学习的算法训练出的模型，更像是一个具有统计知识的机器，智能化程度并不高。真正的人工智能应该像人一样，具有分析和推理能力。目前知识图谱正致力于实现这个目标。

知识图谱技术是人工智能技术的重要组成部分，其本质上是一种大规模语义网络，它包含了各种各样的实体、概念及语义关系。知识图谱的技术体系如图 1-13 所示。

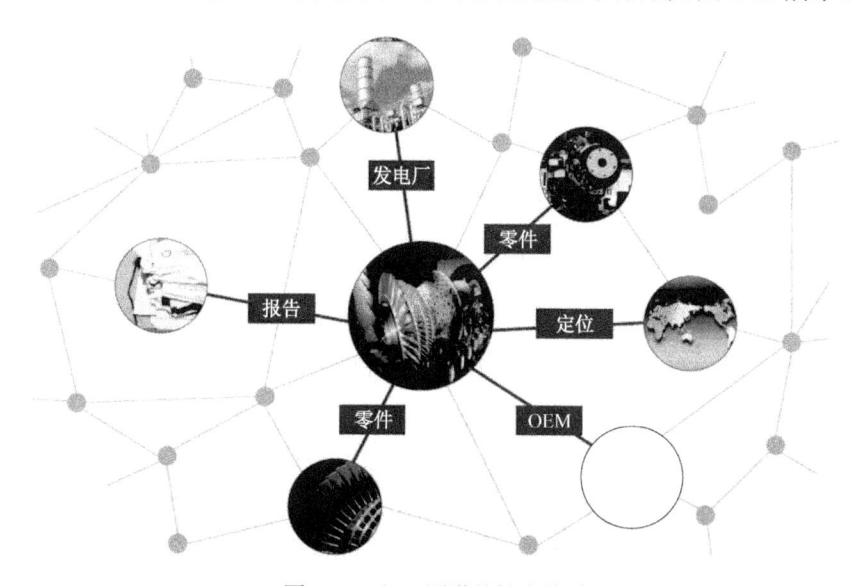

图 1-13 知识图谱的技术体系

知识图谱技术体系主要依托知识建模、知识抽取、知识融合、知识存储和知识计算五大关键环节，已形成较为成熟的技术体系。知识建模是建立知识图谱的概念模式的过程，通常采用自顶向下或自底向上两种方式。知识抽取是从不同来源、不同类型数据中进行提取，形成知识存入到图谱的过程。知识融合是将不同来源的知识进行对齐、合并的过程，形成全局统一的知识标识和关联，包含数据模式层的融合和数据层的融合。知识存储包括单一式存储和混合式存储两种方案。对于知识存储介质，可以分为原生（如 neo4j、allegrograph 等）和基于现有数据库（Mysql、Mongo 等）两类，目前尚无统一的存储方式，需要根据自身特点选择特定方案。知识计算是工业知识图谱能力输出的主要方式，以图挖掘计算和知识推理为代表。其中，图挖掘计算基于图论实现对图谱的探索与挖掘；知识推理包括基于本体的推理和基于规则的推理，一般需根据业务特征进行规则定义，并基于本体结构与所定义的规则执行推理过程并给出结果。

目前知识图谱技术体系已较为成熟，在工业领域具有通用性。知识图谱技术提供了一种更好的组织、管理和理解互联网海量信息的能力，将互联网中的信息表达成更接近于人类认知世界的形式。因此，建立一个具有语义处理能力与开放互连能力的知识库，可以在智能搜索、智能问答、个性化推荐等智能信息服务中产生应用价值。如果未来的智能机器拥有一个大脑，知识图谱就是这个大脑中的知识库。它对于大数据智能具有重要意义，将对自然语言处理、信息检索和人工智能等领域产生深远影响。

5. 工业无人系统

科学技术的进步拓宽和提升了人类认识世界、改造世界、利用世界的能力。机械化、电气化拓展和提升了人类的体能，信息化、智能化提升了人类的智能。无人系统将机械化、电气化、信息化、智能化融合为一体，将推动生产方式发生深刻、颠覆性的改变。

21 世纪以来，无人系统快速发展，从空中到深空，从陆地到海洋，从物理系统到信息系统，各种类型的智能无人系统大量涌现，如无人机、无人车、无人舰船、无人潜航器，各种无人机在工业、农业、物流、交通、教育、医疗保健、军事等领域得到了广泛应用。对于制造业而言，无人工厂就是典型的例子。大量机器人和高端智能设备的使用使现在很多工厂中需要工人参与工作的环节变少，信息物理系统的应用使制造系统具有感知、认知和自我调节的功能。随着人工智能技术的快速发展，无人工厂的数量逐年增多，如成都的西门子无人工厂。该工厂的生产设备可以自主处理 75% 的工序，只有剩余 1/4 的工作需要人工完成。自建成以来，工厂的生产面积没有扩大，员工数量也几乎未变，产能却提升了

8倍，平均1秒即可生产一个产品。同时，产品质量合格率高达99.9985%，可以看出无人工厂极大地解放了人类，同时也保证了产品质量。

无人系统正在成为新一轮科技革命和产业变革的重要着力点。目前，无人系统的发展尚处于初级阶段，还在不断发展和完善中。

参考文献

[1] 郑树泉，王倩，武智霞等. 工业智能技术与应用[M]. 上海：上海科学技术出版社，2019.

[2] KAGERMANN H, HELBIG J, HELLINGER A, et al. Recommendations for Implementing the Strategicinitiative INDUSTRIE 4.0:Securing the Future of German Manufacturing industry;final report of the Industrie 4.0 Working Group[M]. Forschungsunion, 2013.

[3] FU J Z, Development Status and Trend of Intelligent Manufacturing Equipment[J]. Journal of Mechanical &Electrical Engineering, 2014, 31(8).

[4] LI L. China's Manufacturing Locus in 2025:With a Comparison of "Made-in-China 2025" and "Industry 4.0"[J]. Technological Forecasting and Social Change, 2018, 135:66-74.

[5] 中国通信学会. 工业智能白皮书2020版[EB/OL]. [2020-12-1]. http:// www. miit. gov. cn/ n973401/ n5993937/ n5993968/ c7887033/ content.html.

[6] VERNON D. Machine Vision-Automated Visual Inspection and Robot Vision:Prentice Hall, 1991:2.

[7] Cootes T F, Taylor C J. Statistical Models of Appearance for Computer Vision[M]. World Wide Web Publication, 2004.

[8] 张学工. 模式识别[M]. 3版. 北京：清华大学出版社，2010.

[9] 李维. 自然语言系统架构简说[EB/OL]. （2016-6-1）. http://blog.sciencenet.cn/blog-362400-629730.html.

[10] 张思齐，沈钧戈，郭行，等. 智能无人系统改变未来[J]. 无人系统技术，2018, 1(3):1-7.

[11] 李昊朋. 基于机器学习方法的智能机器人探究[J]. 通讯世界，2019, 26(4):241-242.

[12] 孔怡青. 半监督学习及其应用研究[D]. 无锡：江南大学，2009.

[13] 王崇骏. 大数据思维与应用攻略[M]. 北京：机械工业出版社，2016.

[14] 邱锡鹏. 神经网络与深度学习[M]. 北京：机械工业出版社，2020.

[15] FERN X. Reinforcement Learning. In CS 434:Machine Learning and Data Mining.

第 2 章 工业智能基础

2.1 工业智能算法基础

2.1.1 工业智能的机器学习任务

机器学习是一门多领域交叉学科，涉及概率论、统计学、逼近论、凸分析、算法复杂度理论等多门学科。它专门研究计算机怎样模拟或实现人类的学习行为，以获取新的知识或技能，并重新组织已有的知识结构使之不断改善自身的性能。随着新一代信息技术的快速发展，机器学习技术体系越来越成熟。下面将介绍监督学习、半监督学习、无监督学习和强化学习这几种典型的机器学习方法。

1. 监督学习

监督学习（Supervised Learning，SL）是指利用一组已知类别的样本调整分类器的参数，使其达到所要求性能的过程，也称为监督训练或有教师学习。它是从标记的训练数据来推断一个功能的机器学习任务，其中的训练数据包括一套训练示例。在监督学习中，每个实例都是由一个输入对象（通常为矢量）和一个期望的输出值（也称监督信号）组成。

监督学习主要分为回归和分类两大类。回归是对已经存在的点（训练数据）进行分析，拟合出适当的函数模型 $y=f(x)$，这里 y 是数据的标签，而对于一个新的自变量 x，通过这个函数模型得到标签 y。回归主要针对连续型变量，如预测房屋价格。分类是通过分析输入的特征向量，对于一个新的向量得到其标签。分类和回归最大的区别在于，分类是针对离散型的，输出的结果是有限的，如估计肿瘤性质。目前被广泛使用的分类器有人工神经网络、支持向量机、最近邻法、高斯混合模型、朴素贝叶斯、决策树和径向基函数分类。

监督学习的模型通常有两种分类方式。第一种是按模型形式分类，分为概率模型（probabilistic model）和非概率模型（non-probabilistic model）。第二种是按是否对观测变量的分布建模分类，分为判别模型（discriminative model）和生成模型（generative model）。

监督学习方法是目前研究较为广泛的一种机器学习方法，如神经网络传播算法、决策树学习算法等已在许多领域中得到成功的应用。但是，监督学习需要给出不同环境状态下的期望输出，完成的是与环境没有交互的记忆和知识重组的功能，与当前环境的联系不够紧密，因此限制了该方法在复杂的优化控制问题中的应用。

2. 半监督学习

半监督学习（Semi-Supervised Learning，SSL）是模式识别和机器学习领域研究的重点问题，是监督学习与无监督学习相结合的一种学习方法。半监督学习使用大量的未标记数据，以及同时使用标记数据，来进行模式识别工作。当使用半监督学习时，将会要求尽量少的人员来从事工作，同时，又能够带来比较高的准确性，因此，半监督学习正越来越受到人们的重视。

半监督学习可进一步划分为纯半监督学习和直推学习。纯半监督学习假定训练数据中的未标记样本并非待预测的数据；而直推学习则假定学习过程中所考虑的未标记样本恰是待预测数据，学习的目的就是在这些未标记样本上获得最优泛化性能。换言之，纯半监督学习是基于"开放世界"假设，希望学得模型能适用于训练过程中未观察到的数据；而直推学习是基于"封闭世界"假设，仅试图对学习过程中观察到的未标记数据进行预测。两者的过程如图 2-1 所示。

半监督学习从产生以来，主要用于实验室中处理人工合成数据，未来的研究一方面是讨论半监督学习可以显著提高哪些学习任务的性能，拓展半监督学习在现实领域的实际应用，另一方面是制定出一个统一的令人信服的半监督学习方法的使用规程。此外，半监督学习的分类方法有许多，而对半监督学习的回归方法的研究比较有限，未来有待继续研究。

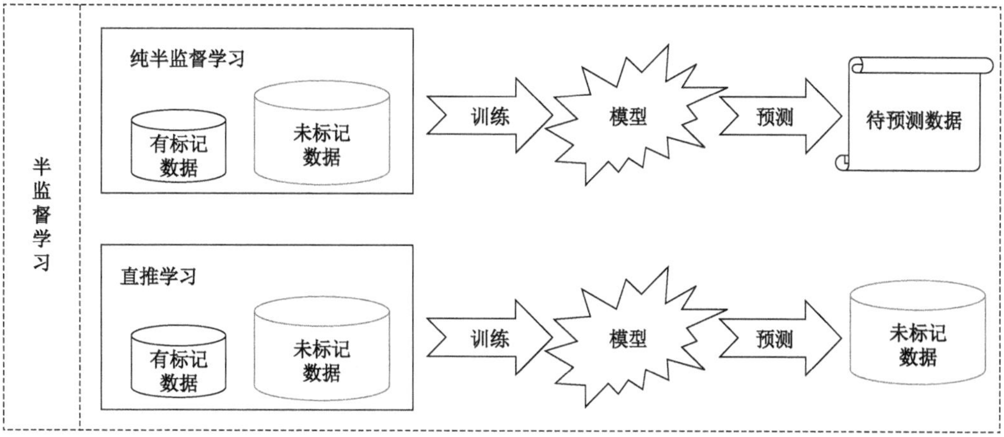

图 2-1　纯半监督学习和直推学习的过程

3. 无监督学习

无监督学习（Unsupervisde Learning，USL）是指在没有类别信息的情况下，通过对所研究对象的大量样本的数据分析实现对样本分类的一种数据处理方法。无监督学习主要有基于概率密度函数估计的直接方法和基于样本间相似性度量的间接聚类方法。

在无监督学习中，数据并不会被特别标记，学习模型是为了推断出数据的一些内在结构。无监督学习一般有以下两种思路。

第一种思路是在指导智能体时不为其指定明确的分类，而是在成功时采用某种形式的激励制度。需要注意的是，这类训练通常会被置于决策问题的框架里，因为它的目标不是产生一个分类系统，而是做出最大回报的决定，这类学习往往被称为强化学习。

第二种思路称为聚合，这类学习类型的目标不是让效用函数最大化，而是找到训练数据中的近似点。

第二种思路的无监督学习常见的应用场景包括关联规则的学习及聚类等，常见算法有Apriori算法、K-means算法、最大期望算法等。

无监督学习传递给算法的数据在内部结构中非常丰富，而用于训练的目标和奖励却非常稀少。无监督学习算法学到的大部分内容必须包括理解数据本身，而不是将这种理解应用于特定任务。这样的特性使无监督学习具有较好的应用前景。

4. 强化学习

强化学习（Reinforcement Learning，RL）又称再励学习、评价学习或增强学习，是机器学习的范式和方法论之一，用于描述和解决智能体（Agent）在与环境的交互过程中通过学习策略以达成回报最大化或实现特定目标的问题。强化学习和监督学习、无监督学习之间最大的不同就是不需要大量的数据"喂养"，而是通过自己不停地尝试来学会某些技能。

强化学习是一种机器学习方法，它使 Agent 能够在交互式环境中通过试验并根据自己的行动和经验反馈的错误来进行学习。虽然监督学习和强化学习都使用输入和输出之间的映射关系，但强化学习与监督学习不同，监督学习提供给 Agent 的反馈是执行任务的正确行为，而强化学习使用奖励和惩罚作为积极和消极行为的信号。与无监督学习相比，强化学习在目标方面有所不同。无监督学习的目标是找出数据点之间的相似性和差异性，而强化学习的目标是找到一个合适的动作模型，能够最大化 Agent 的累积奖励总额，其原理如图 2-2 所示。

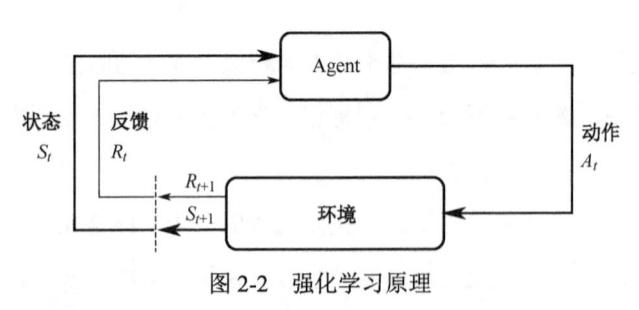

图 2-2 强化学习原理

强化学习的常见模型是标准的马尔可夫决策过程（Markov Decision Process，MDP）。按给定条件，强化学习可分为基于模式的强化学习（model-based RL）和无模式强化学习（model-free RL），以及主动强化学习（active RL）和被动强化学习（passive RL）。强化学习的变体包括逆向强化学习、阶层强化学习和部分可观测系统的强化学习。求解强化学习问题所使用的算法可分为策略搜索算法和值函数算法两类。深度学习模型可以在强化学习中得到使用，形成深度强化学习。

随着强化学习的知识体系越来越丰富，强化学习与人工智能其他研究领域的联系越来越紧密，如强化学习与数字孪生、计算机视觉和知识图像相结合，促进了制造业快速发展。

2.1.2 常用工业智能经典算法

工业智能经典算法有概率建模、核方法、决策树与随机森林、前馈与反向传播神经网络。

1. 概率建模

概率建模（probabilistic modeling）是统计学原理在数据分析中的应用。它是最早的机器学习方法之一，至今仍在广泛使用。其中最有名的算法就是朴素贝叶斯算法。朴素贝叶斯是一类基于应用贝叶斯定理的机器学习分类器，它假设输入数据的特征都是独立的。另一个密切相关的模型是逻辑回归。

（1）朴素贝叶斯

贝叶斯分类是一类分类算法的总称。这类算法均以贝叶斯定理为基础，使用概率统计的知识，通过比较样本中待分类项属于每个类型的概率来对样本数据集进行分类。朴素贝叶斯分类是基于贝叶斯定理与特征条件独立假设的分类方法。

在解决分类任务的时候，贝叶斯分类方法就是在所有相关概率都已知的理想情形下，考虑如何基于这些概率来选择最优的类别标记。在现实生活中，我们有时不能准确预知某个事物应该归属哪一类，那么就可以通过与事物分类相关事件的概率进行判断。而贝叶斯分类方法结合先验概率和后验概率，避免了只使用先验概率的主观偏见，也避免了单独使用样本信息过拟合现象，可以很好地解决逆概率问题。贝叶斯分类方法的核心算法即贝叶斯公式。

$$P(y_i|x) = \frac{P(x|y_i)P(y_i)}{P(x)} \tag{2-1}$$

在式（2-1）中，$P(y_i)$为先验概率（或边缘概率），即类别y_i出现的概率，之所以称为先验，是因为它不考虑任何x方面的因素，一般是由以往的数据分析得到的概率；$P(x|y_i)$为似然概率，即在给定的类别y_i下属性x出现的概率；$P(y_i|x)$为后验概率，一般是在得到更多信息之后再重新加以修正的概率，是在某特定条件下，某具体事物发生的概率，即x属于y_i类的概率；$P(x)$是x的先验概率（或边缘概率），也称标准化常量。式（2-1）也可以写成：

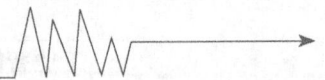

$$后验概率 = \frac{似然度 \times 先验概率}{标准化常量} \tag{2-2}$$

朴素贝叶斯分类算法是上述贝叶斯分类算法中最简单、最常见的一种。它的思想基础和贝叶斯分类算法是相同的：对于给出的待分类项，求解在此项出现的条件下，各个类别出现的概率，哪个类别的概率值最大，就认为此待分类项属于这个类别。

在贝叶斯分类算法基础上，朴素贝叶斯分类算法还需要满足"特征条件之间相互独立"的假设前提。也就是说，"朴素贝叶斯分类算法=贝叶斯公式+条件独立假设"，然后通过已给定的训练集，学习从输入到输出的联合概率分布，再基于学习到的模型，输入 X 求出使得后验概率最大的输出 Y，再根据 Y 的结果判断待分类项属于哪一类。

（2）逻辑回归

逻辑回归是属于机器学习里面的监督学习，它是以回归的思想来解决分类问题的一种非常经典的二分分类器。逻辑回归的模型简单，可并行化，并且训练后的参数有较强的可解释性。

逻辑回归其实仅为在线性回归的基础上，套用了一个逻辑函数（如图2-3所示的Sigmoid函数），通过 Sigmoid 函数引入了非线性因素，因此可以轻松处理 0/1 分类问题。

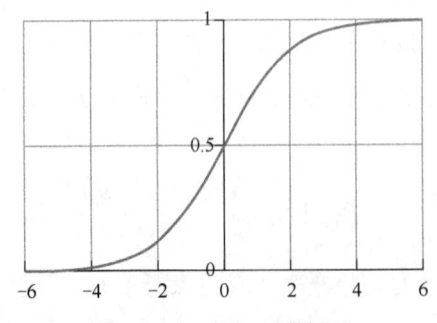

图 2-3 Sigmoid 函数图形

逻辑回归主要在流行病学中应用较多，比较常用的情形是探索某疾病的危险因素，根据危险因素预测某疾病发生的概率。例如，想探讨胃癌发生的危险因素，可以选择两组人群，一组是胃癌组，一组是非胃癌组，两组人群肯定有不同的体征和生活方式。这里的因变量就是"是否患胃癌"，即"是"或"否"，自变量可以包括很多，如年龄、性别、饮食习惯、幽门螺杆菌感染等。自变量既可以是连续的，也可以是分类的。

2. 核方法——SVM

支持向量机（Support Vector Machine，SVM）是20世纪90年代中期出现的统计学习的代表性技术。早在1963年，V.N.Vapnik率先提出了"支持向量"的概念，并在之后提出了VC维、结构风险最小化原则等统计学习理论。20世纪到了90年代中期，统计学习一跃成为机器学习的主流，以支持向量机为代表的核方法在文本分类应用中充分地体现了自身的优越性。到后来支持向量机被普遍接受，核技巧（kernel trick）也被用到了机器学习的各个方面。

如图2-4所示，给定训练样本集 D，包含A类与B类样本，分类学习希望在基于训练集 D 的样本空间找到一个划分超平面，将不同类别的样本分开。在样本空间中，划分超平面可用如下线性方程描述。

$$\boldsymbol{\omega}^T + b = 0 \tag{2-3}$$

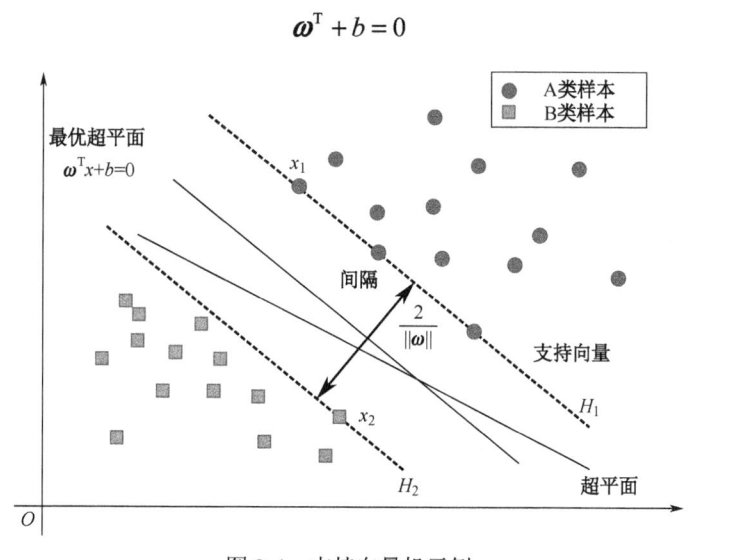

图2-4 支持向量机示例

式（2-3）中，$\boldsymbol{\omega}$ 为法向量，决定了超平面的方向；b 为位移项，决定超平面与原点之间的距离。则样本空间中任意点 x 到超平面的距离为

$$r = \frac{|\boldsymbol{\omega}^T + b|}{\|\boldsymbol{\omega}\|} \tag{2-4}$$

假设超平面($\boldsymbol{\omega}$, b)能够正确分类样本，即对(x_i, y_i)∈D，若 y_i=+1，有 $\boldsymbol{\omega}^T \boldsymbol{x}_i + b > 0$；若 y_i=-1，有 $\boldsymbol{\omega}^T \boldsymbol{x}_i + b < 0$，可得

$$y_i = \begin{cases} \omega^T x_i + b > 0, +1 \\ \omega^T x_i + b < 0, -1 \end{cases} \tag{2-5}$$

距离超平面最近的几个训练样本点使式（2-5）成立，它们被称为支持向量（support vector）。两个异类支持向量到超平面的距离之和（也称间隔）为

$$\gamma = \frac{2}{\|\omega\|} \tag{2-6}$$

想要找到最大间隔（maximum margin）的划分超平面，也就是要找到使 γ 最大时满足的约束参数 ω 和 b，也就是要最大化 $\|\omega\|^{-1}$，等价于最小化 $\|\omega\|^2$。

3. 决策树与随机森林

（1）决策树

决策树（decision tree）是一种基本的分类与回归方法，在此主要讨论用于分类的决策树，如图 2-5 所示。决策树模型呈树形结构，在分类问题中，表示基于特征对实例进行分类的过程。它可以被认为是 if-then 规则的集合，也可以被认为是定义在特征空间与类空间上的条件概率分布。其主要优点是模型具有可读性，分类速度快。决策树学习通常包括 3 个步骤：特征选择、决策树的生成和决策树的修剪。

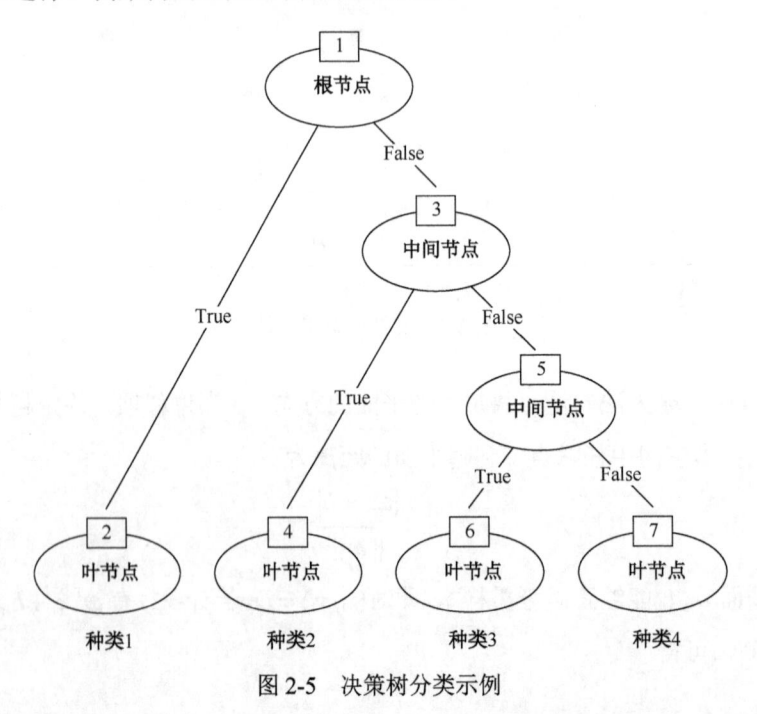

图 2-5 决策树分类示例

（2）随机森林

随机森林（random forest）则是由多个决策树所构成的一种分类器，如图 2-6 所示。更准确地说，随机森林是由多个弱分类器组合形成的强分类器。

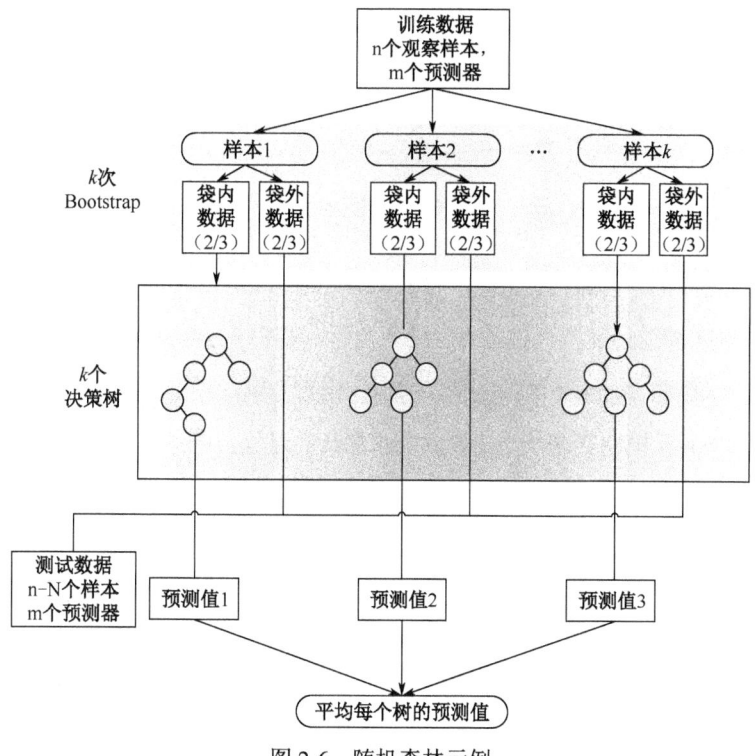

图 2-6　随机森林示例

（3）XGBoost

XGBoost 是 Boosting 算法中的一种。Boosting 算法的思想是将许多弱分类器集成在一起形成一个强分类器。如图 2-7 所示，XGBoost 是一种提升树模型，它是将许多树模型集成在一起，形成一个强分类器，所用到的树模型则是 CART 回归树模型。

4. 前馈与反向传播神经网络

机器学习中的神经网络是基于生物学中神经网络的基本原理，在理解和抽象了人脑结构和外界刺激响应机制后，以网络拓扑知识为理论基础，模拟人脑的神经系统对复杂信息的处理机制的一种数学模型。

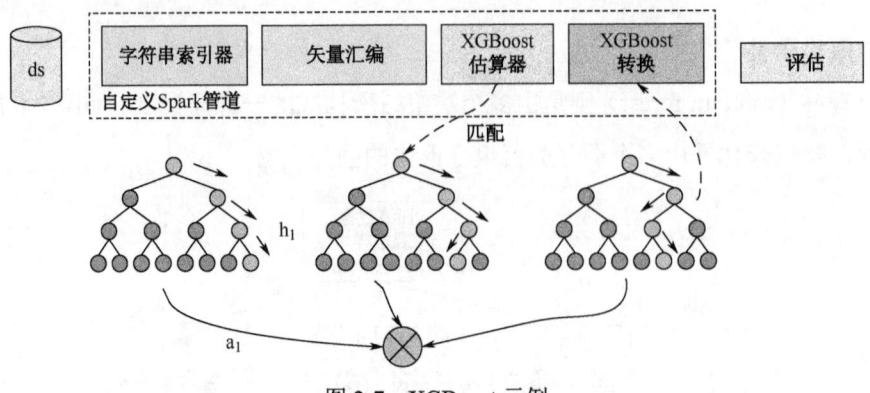

图 2-7　XGBoost 示例

神经网络最基本的单元是神经元，人脑的神经元结构如图 2-8（a）所示。1943 年 McCulloch 和 Pitts 提出的 M-P 神经元模型，如图 2-8（b）所示，其中 f 为激活函数。图 2-8（c）所示分别为激活函数 sign 函数与 Sigmoid 函数图形，以 sign 函数为例，大于 0 时取 1，小于等于 0 时取 0。可以看出，M-P 神经元模型就是一个加权求和再激活的过程，能够完成线性可分的分类问题。

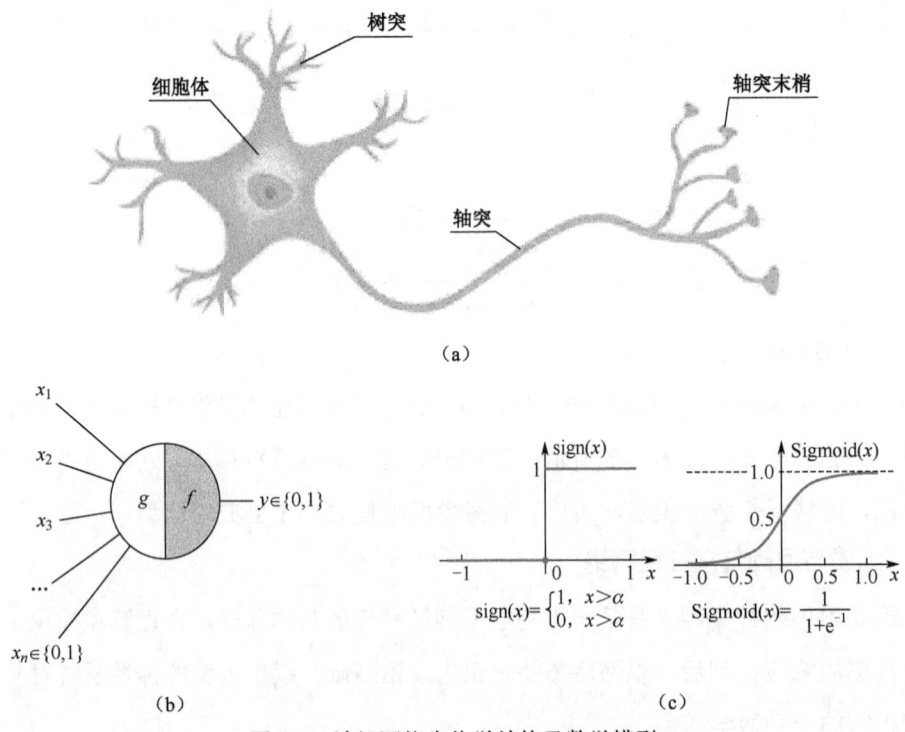

图 2-8　神经网络生物学结构及数学模型

而感知机（perceptron）则由两层神经元组成，感知机能够轻易地实现逻辑与、或、非运算，主要是由于这些问题都是线性可分的问题（存在一个线性超平面，将不同的情况分开），而当遇到线性不可分的问题如异或门，感知机便束手无策了。要实现对异或门的模拟，则需要将模拟与、或、非3种逻辑门的神经元进行连接，形成多层感知机。多层感知机（后改名为神经网络）的概念应运而生，其中除去输入层与输出层的神经元，其他各层神经元都被称为隐藏层（hidden layer），如图 2-9 所示。

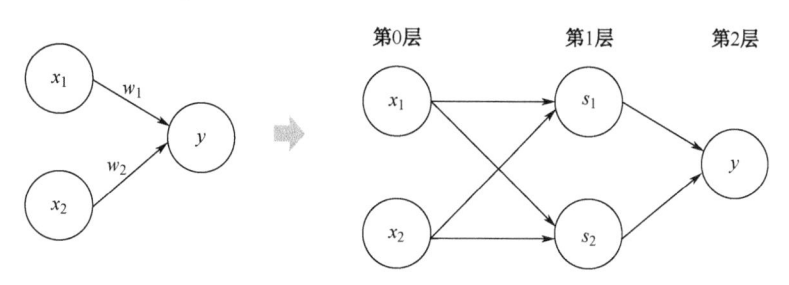

图 2-9　感知机与多层感知机

图 2-10 所示为一个单隐层前馈神经网络，圆圈表示神经网络的输入，有 "+1" 的圆圈称为偏置节点。输入层接受外界输入，并通过隐藏层与输出层对信号进行加工，并最终在输出层神经元输出结果。神经网络的学习过程，其实就是学习如何对信号进行更好的加工，使其预测得到的结果尽可能准确。

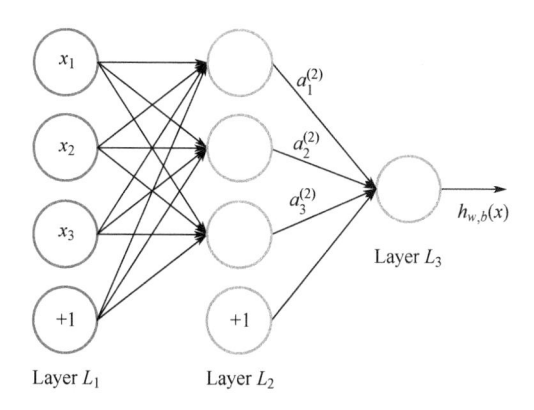

图 2-10　单隐层前馈神经网络

多层网络的学习能力强于单层感知机，但多层网络的训练也需要更强大的学习算法来实现。此时，误差反向传播（Back Propagation，BP）算法的出现为多层网络的实现带来了曙光。BP算法基于梯度下降法，主要依靠两个环节（激励传播、权重更新）反复迭代优化模型。激励传播主要指前向传播过程的网络对输入的激励响应，以及反向传播阶段隐藏层和输出层获取的相应误差。权重更新则是指反向传播过程中通过输出层的误差对连接权值与阈值进行调整，并在迭代学习中不断优化模型。

2.1.3 深度学习算法

深度神经网络是指隐藏层数目更多（更深层）的网络。机器学习算法如支持向量机或决策树都只是将数据变换到一两个连续的表示空间，还需要人为设计表示层，而深度神经网络则依靠其自身的特点将这一过程自动化。

曾经严重依赖于手工提取特征的机器学习任务（如目标检测、机器翻译和语音识别），如今都已被各种端到端的深度学习算法完成。常见的深度神经网络有适合处理图像的卷积神经网络，适合处理时序数据的循环神经网络，以及善于处理非欧式空间数据的图神经网络。

1. 卷积神经网络

卷积神经网络（Convolutional Neural Networks，CNN）是一类包含卷积计算且具有深度结构的前馈神经网络，是深度学习的代表算法之一。CNN的基本结构由输入层、卷积层、池化层、全连接层及输出层构成，如图2-11所示。卷积层和池化层一般会取若干个，采用卷积层和池化层交替设置，即一个卷积层连接一个池化层，池化层后再连接一个卷积层，依此类推。由于卷积层中输出特征面的每个神经元与其输入进行局部连接，并通过对应的连接权值与局部输入进行加权求和再加上偏置值，得到该神经元输入值，该过程等同于卷积过程，CNN由此而得名。

在20世纪90年代，LeCun等人发表论文，使用BP算法设计并训练了CNN模型，并将该模型命名为LeNet-5，LeNet-5是经典的CNN结构，可以对手写数字做分类。然而，在面对更复杂的问题时，由于当时缺乏大规模训练数据和足够的计算能力，LeNet-5的处理结果并不理想。之后，人们设计了很多方法，想要克服难以训练深度CNN的困难。其中，最著名的是Krizhevsky提出的AlexNet结构，在图像识别任务上取得了重大突破，AlexNet

与 LeNet-5 类似，但层次结构上要更加深一些。同时使用了非线性激活函数 ReLu 与 Dropout 方法，取得了卓越的效果。

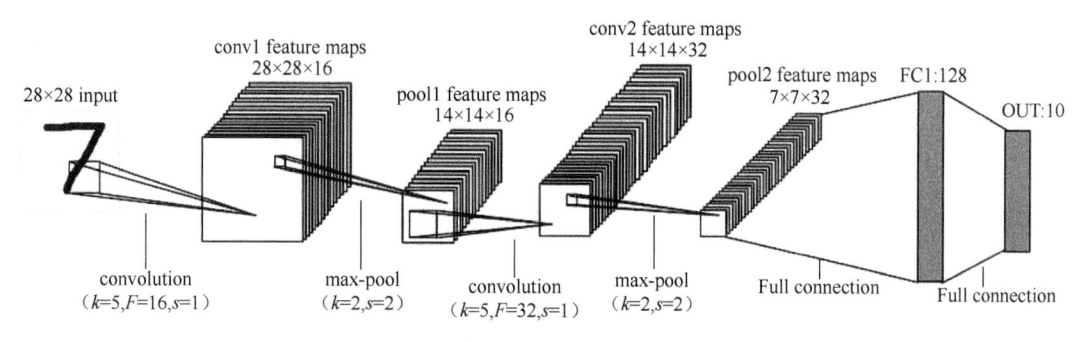

图 2-11　卷积神经网络的基本结构

AlexNet 的大获成功，掀起了卷积神经网络的研究热潮。在这之后，研究人员又提出了其他的改善方法，其中最著名的要数 ZFNet、VGGNet、GoogleNet 和 ResNet 这 4 种。从结构上看，CNN 发展的一个方向就是增加层数，获得 2015 年 ILSVRC（ImageNet Large Scale Visual Recognition Challenge，ImageNet 大规模视觉识别挑战赛）冠军的 ResNet 的层数是 AlexNet 的 20 多倍，是 VGGNet 的 8 倍多。通过增加深度，网络便能够利用增加的非线性得出目标函数的近似结构，同时得出更好的特性表征。但是，这样也增加了网络的整体复杂度，使网络变得难以优化，很容易过拟合。

2. 循环神经网络

循环神经网络（Recurrent Neural Network，RNN）是一类以序列（sequence）数据为输入，在序列的演进方向进行递归且所有节点（循环单元）按链式连接的递归神经网络，如图 2-12 所示。对循环神经网络的研究始于 20 世纪 80～90 年代，并在 21 世纪初发展为深度学习算法之一，其中双向循环神经网络（Bidirectional RNN，Bi-RNN）和长短期记忆网络（Long Short-Term Memory networks，LSTM）是常见的循环神经网络。

2017 年，Facebook 人工智能实验室提出基于卷积神经网络的 seq2seq 架构，将 RNN 替换为带有门控单元的 CNN，提升效果的同时大幅加快了模型训练速度，此后不久，Google 提出 Transformer 架构，使用自注意力机制（self-attention）代替原有的 RNN 及 CNN，进一步降低了模型复杂度。在词表示学习方面，Allen 人工智能研究所在 2018 年提出上下文

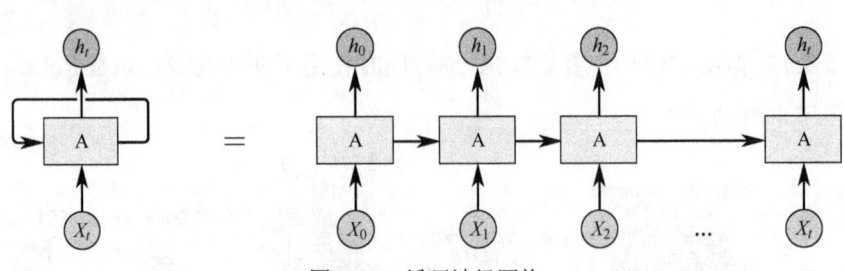

图 2-12　循环神经网络

相关的表示学习方法 ELMo，利用双向 LSTM 语言模型对不同语境下的单词学习不同的向量表示，在 6 个自然语言处理（Nature Language Process，NLP）任务上取得了提升。OpenAI 团队在此基础上提出预训练模型 GPT，把 LSTM 替换为 Transformer 来训练语言模型，在应用到具体任务时，与之前学习词向量当作特征的方式不同，GPT 直接在预训练得到的语言模型的最后一层接上 Softmax 作为任务输出层，然后再对模型进行微调，在多项任务上 GPT 取得了更好的效果。不久之后，Google 提出 BERT 模型，将 GPT 中的单向语言模型拓展为双向语言模型，并在预训练中引入了预测下一句（next sentence prediction）任务。BERT 模型在 11 个任务中取得了最好的效果，是深度学习在 NLP 领域又一个里程碑式的成果。

3. 图神经网络

图神经网络（Graph Neural Network，GNN）的概念最早是 Scarselli 等人在 2009 年提出的，它扩展了现有的神经网络，用于处理图中表示的数据，如图 2-13 所示。

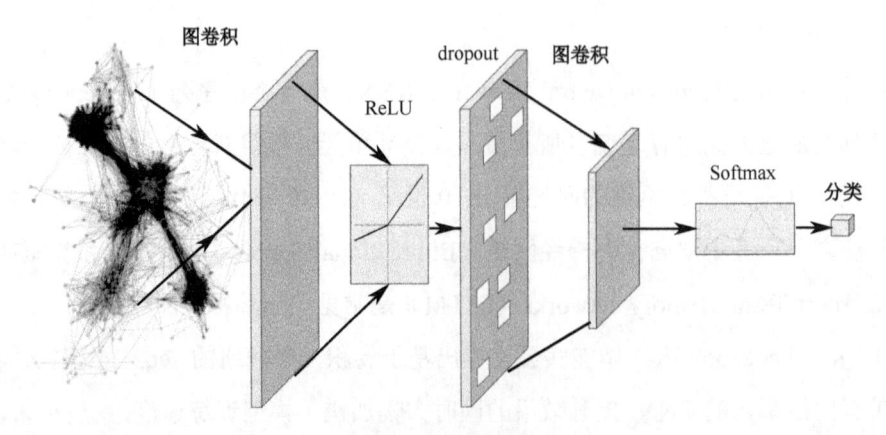

图 2-13　图神经网络

图神经网络划分为五大类别，分别是图卷积网络（Graph Convolution Networks，GCN）、图注意力网络（Graph Attention Networks，GAN）、图自编码器（Graph Autoencoders，GA）、图生成网络（Graph Generative Networks，GGN）和图时空网络（Graph Spatial-temporal Networks，GSN）。

其中，图卷积网络是许多复杂图神经网络模型的基础，包括基于自动编码器的模型、生成模型和时空网络等。图 2-13 直观地展示了图神经网络学习节点表示的步骤。GCN 方法又可以分为两大类，基于谱（spectral-based）的方法和基于空间（spatial-based）的方法。基于谱的方法从图信号处理的角度引入滤波器来定义图卷积，其中图卷积操作被解释为从图信号中去除噪声。基于空间的方法将图卷积表示为从邻域聚合特征信息，当图卷积网络的算法在节点层次运行时，图池化模块可以与图卷积层交错，将图池化为高级子结构。

上面主要介绍了目前工业智能中所涉及的一些技术和方法，但是重要的是如何利用这些技术和方法实现工业智能。因此，下面将详细介绍工业智能的实现流程。

2.2 工业智能流程

工业过程智能制造的目标是实现智能生产，其关键是实现制造流程智能化。因此，要实施工业过程运行优化控制，其内涵是通过优化与控制的智能化和集成化，感知生产条件的变化，自适应决策并跟踪控制的设定值，实现质量、效率和能耗等运行指标的最优化。机器学习的实现过程如图 2-14 所示，下面将详细介绍。

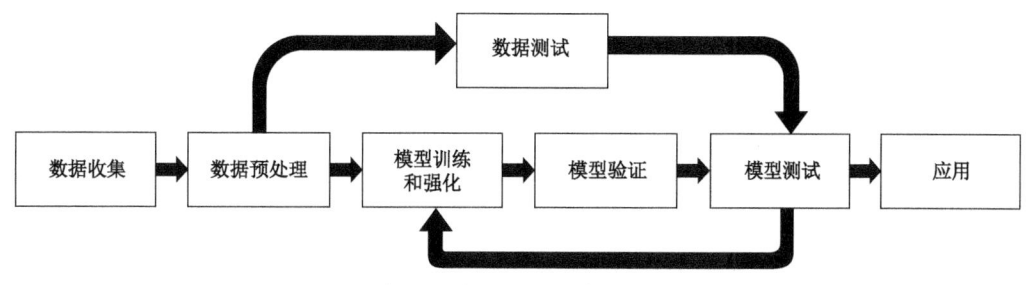

图 2-14　机器学习的实现过程

2.2.1 数据收集

机器学习的目的是使学得的模型能很好地适用于新样本，即使得模型具有泛化能力。但学习能力过于强大的模型会把训练样本本身的特有性质当成所有潜在样本都会具有的一般性质，进而导致泛化能力减小，出现过拟合的情况。欠拟合则是由于模型没有通过训练样本学习到一般性质，从而导致模型难以适用于潜在样本。

"没有测量，就没有科学"，这是科学家门捷列夫的名言。在机器学习领域中，对模型的评估同样至关重要，只有选择与问题相匹配的评估方法，才能快速地发现模型选择或训练过程中出现的问题，迭代地对模型进行优化。模型评估主要分为离线评估和在线评估两个阶段。针对分类、排序、回归、序列预测等不同类型的机器学习问题，评估指标的选择也有所不同。知道每种评估指标的精确定义、有针对性地选择合适的评估指标、根据评估指标的反馈进行模型调整，这些都是模型评估阶段的关键问题。如何划分数据集进行模型训练对于保证评估指标的准确率是极其重要的。

在使用数据集训练模型之前，需要先将整个数据集分为训练集、测试集和验证集。训练集是用来训练模型的。通过尝试不同的方法和思路使用训练集来训练不同的模型，再使用验证集通过交叉验证来挑选最优的模型，通过不断的迭代来改善模型在验证集上的性能，最后使用测试集来评估模型的性能。如果数据集划分得好，可以提高模型的应用速度。如果划分得不好，则会大大影响模型的应用部署，甚至无法应用该模型。对于不同规模的数据集，其训练集、验证集、测试集的划分会有所不同。

1. 小规模数据集划分

在传统的机器学习中，较常用的是 7∶3 的划分原则，就是指将整个数据集中的 70% 用于模型的训练也就是训练集，整个数据集中的 30% 用于模型的测试也就是测试集，其实这里的测试集被称为验证集或开发集会更适合。如果想要加入验证集，可能划分标准就改成了 6∶2∶2，也就是指将整个数据集的 60% 划分为训练集，20% 划分为验证集，20% 划分为测试集。以上的两种划分标准只适用于小规模的数据集，对于上百万甚至上亿规模的数据集则需要修改数据集的划分原则。

2. 大规模数据集的划分

在大数据时代，很多数据集的数据规模都是上百万甚至上亿的。对于这种大规模的数据集，传统的数据划分原则已经不适用了，验证集和测试集的划分可以低于30%或20%。对于百万级别的数据集，可以采用98∶1∶1的原则来划分数据集。

综上所述可知，按照一定比例把数据集随机分为训练集、验证集和测试集，然后用训练集训练模型，用验证集验证模型，根据情况不断调整模型，选择出其中最好的模型，再用训练集和验证集训练得出一个最终的模型，最后用测试集评估最终模型的性能。

2.2.2 数据预处理和特征工程

在工业智能系统中机器学习的整个过程主要有场景选择、数据预处理、特征工程、模型训练、模型评估及优化、模型融合等步骤。

在机器学习中，数据决定机器学习结果的上限，而算法只是尽可能地逼近这个上限，因此数据的好坏决定了模型的性能。机器学习过程中数据预处理和特征工程是十分重要的步骤，两者也是紧密结合在一起的。下面将详细介绍数据预处理和特征工程。

1. 数据预处理

数据预处理的目的是使原始数据更适合神经网络处理，具体步骤包括张量化、标准化和处理缺失值。

（1）张量化　神经网络的所有输入和目标都必须是浮点型张量（在特定情况下可以是整数型张量）。无论处理什么类型的数据（如声音、图像和文本），都必须首先将其转换为张量，这一步称为数据张量化。

（2）标准化　不同的特征有不同的取值范围，有些特征是较小的浮点型数据，有些特征是相对较大的整数型数据。将这些数据输入网络之前，需要对每个特征分别进行标准化，使其均值为0，标准差为1。

输入数据具有取值范围在0~1和特征取值在大致相同的范围内的特点。

（3）处理缺失值　对于神经网络来说，一般将缺失值设置为0是安全的，只要0不是一个有意义的值。网络能够从数据中学到0意味着缺失数据，并且会忽略这个值。

2. 特征工程

特征工程（feature engineering）是指在输入数据之前，利用自己关于数据和机器学习算法的知识，对数据进行硬编码变换（不是模型学到的），以改善模型的效果。其本质就是用更简单的方式表述问题，从而使问题变得更容易理解。良好的特征可以使用更少的资源，更优雅地解决问题，并且可以使用更少的数据解决问题。特征工程主要包括特征构建、特征提取、特征选择等。

（1）特征构建。

特征构建是指从原始数据中人工地构建新的特征。在构建前需要花时间观察原始数据，思考问题的潜在形式和数据结构，对数据敏感和拥有机器学习实战经验将有助于特征构建。特征构建需要很强的洞察力和分析能力，要求构建者能够从原始数据中找出一些具有物理意义的特征。假设原始数据是表格数据，一般可以使用混合属性或组合属性来创建新的特征，或是分解或切分原有的特征来创建新的特征。构建者需要有相关的领域知识和丰富的实践经验才能构建出更好的有用的新特征。特征提取是通过一些现成的特征提取方法对原始数据进行特征转换，而特征构建则需要人手构建特征，如组合两个特征，或者将一个特征分解为多个特征。

（2）特征提取。

特征提取的对象是原始数据，目的是自动构建新特征，将原始数据转换为一组具有明显物理意义（如 Gabor、几何特征、纹理特征）或统计意义的特征。一般常用的特征提取方法有降维（PCA、ICA、LDA 等），图像方面的特征提取方法有 SIFT、Gabor、HOG 等，文本方面的特征提取方法有词袋模型、词嵌入模型等。

（3）特征选择。

特征选择是指从给定的特征集合中选出相关特征子集的过程。特征可分为两类：对当前学习任务有用的属性或特征，称为相关特征。对当前学习任务没用的属性或特征，称为无关特征。

特征选择可能会降低模型的预测能力，因为被剔除的特征中可能包含有效信息，抛弃这部分信息会在一定程度上降低模型的性能。但这也是计算复杂度和模型性能之间的取舍。

如果保留尽可能多的特征，模型的性能会提升，但同时模型就变得复杂，计算复杂度也会相对提升。如果剔除尽可能多的特征，模型的性能会下降，但同时模型就变得简单，计算复杂度也会相对降低。

常见的特征选择方法有过滤式、包裹式和嵌入式。

2.2.3 模型训练和强化

不同的机器学习问题所涉及的评估指标会有所差异，但是它们也存在一些共同的评估指标，下面将介绍一些重要的评估指标。

1. 准确率

准确率是指分类正确的样本占总样本的比例。准确率是分类问题中最简单也是最直观的评估指标，但也存在明显的缺陷，当不同种类的样本比例非常不均衡时，占比大的类别往往成为影响准确率的最主要因素。例如，当负样本占99%，分类器把所有样本都预测为负样本也可以得到99%的准确率。换句话说，总体准确率高，并不代表占比小的类别的准确率高。

2. 精确率和召回率

精确率是指正确分类的正样本个数占分类器判定为正样本的样本个数的比例。召回率是指正确分类的正样本个数占真正的正样本个数的比例。精确率值和召回率是既矛盾又统一的两个指标。为了提高精确率，分类器需要尽量在"更有把握"时才把样本预测为正样本，但此时往往会因为过于保守而漏掉很多"没有把握"的正样本，导致召回率降低。在排序问题中，通常没有一个确定的阈值把得到的结果直接判定为正样本或负样本，而是采用前 N 个返回结果的精确率和召回率来衡量排序模型的性能，即认为模型返回的前 N 个结果就是模型判定的正样本，然后计算前 N 个位置上的精确率和前 N 个位置上的召回率。

3. F1分数

F1分数是精确率和召回率的谐波平均值。正常的平均值平等对待所有的值，而谐波平均值会给予较低的值更高的权重，因此，只有当召回率和精确率都很高时，分类器才能得到较高的 F1 分数。F1 分数对那些具有相近的精确率和召回率的分类器更为有利。但这并不一定能符合人们的期望，在某些情况下，人们更关注精确率，而另一些情况下，人们可能关注的是召回率。精确率与召回率的权衡将是很值得思考的问题。

4. 均方误差、根均方误差、平均绝对百分比误差

（1）均方误差

$$\text{MSE} = \frac{1}{n}\sum_{i=1}^{n}\left(y_{\text{pred}}y_i\right)^2$$

（2）根均方误差

$$\text{RMES} = \sqrt{\text{MSE}}$$

均方误差和根均方误差都会受到异常值的影响，因而影响最终的模型评估。

（3）平均绝对百分比误差

$$\text{MAPE} = \sum_{i=1}^{n}\left|\frac{\left(y_{\text{pred}} - y_i\right)}{y_i}\right|\frac{100}{n}$$

平均绝对百分比误差提高了异常值的健壮性，相当于把每个点的误差进行了归一化处理，降低了个别异常值对绝对误差的影响。

5. ROC 曲线

二值分类器是机器学习领域中最常见也是应用最广泛的分类器。评估二值分类器的指标很多，如精确率、召回率 F1 分数、P-R 曲线等，但这些指标都只能或多或少地反映模型在某一方面的性能，相比而言，ROC 曲线则有很多优点。ROC 曲线的全称为 Receiver Operating Characteristic Curve，中文翻译为受试者工作特征曲线。ROC 曲线的横坐标为假阳性率（FPR），纵坐标为真阳性率（TPR）。FPR 和 TPR 的计算公式为

$$\text{FPR} = \frac{\text{FP}}{N}$$

$$\text{TPR} = \frac{\text{TP}}{P}$$

式中，P 是真实的正样本数量；N 是真实的负样本数量；TP 是 P 个正样本中被分类器预测为正样本的个数；FP 为 N 个负样本中被预测为正样本的个数。AUC（Area Under Curve，曲线下面积）指 ROC 曲线下的面积大小，该值能够量化地反映基于 ROC 曲线衡量出的模型性能。AUC 越大，说明分类器越可能把真正的正样本排在前面，分类性能越好。ROC 曲线能够尽量降低不同测试集带来的干扰，更加客观地衡量模型本身的性能。

2.3 工业智能场景

2021年初,知名物联网研究机构 IoT Analytics 发布了 2020—2025 年工业智能市场报告,如图 2-15 所示。作为研究的一部分,分析团队确定了 33 个不同的工业智能使用案例,这些案例在与物联网连接的数据源和企业管理上都采用了人工智能工具和技术。这 33 个工业智能使用案例被分为了 10 个更广泛的应用领域,占 2019 年工业智能市场的大部分。

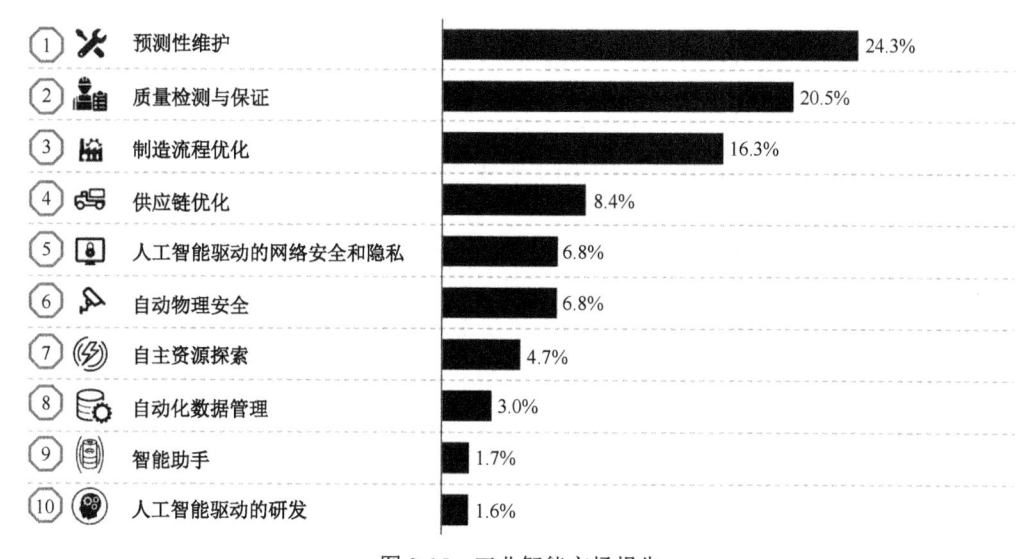

#	领域	占比
1	预测性维护	24.3%
2	质量检测与保证	20.5%
3	制造流程优化	16.3%
4	供应链优化	8.4%
5	人工智能驱动的网络安全和隐私	6.8%
6	自动物理安全	6.8%
7	自主资源探索	4.7%
8	自动化数据管理	3.0%
9	智能助手	1.7%
10	人工智能驱动的研发	1.6%

图 2-15 工业智能市场报告

2.3.1 预测性维护

工业智能使用最多的领域是预测性维护。预测性维护利用高级分析(如机器学习)来确定单个设备或整个资产集(如工厂)的状况。

预测性维护通常结合各种传感器读取数据(有时是外部数据源),再对数千个记录的事件执行预测性分析。使用有监督的机器学习方法来预测设备的剩余使用寿命是预测性维护中最常见的技术。

由图 2-16 可知,在给定的故障阈值下,该设备很可能在 9.5 天内损坏。

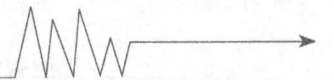

基于RUL的寿命预测方法

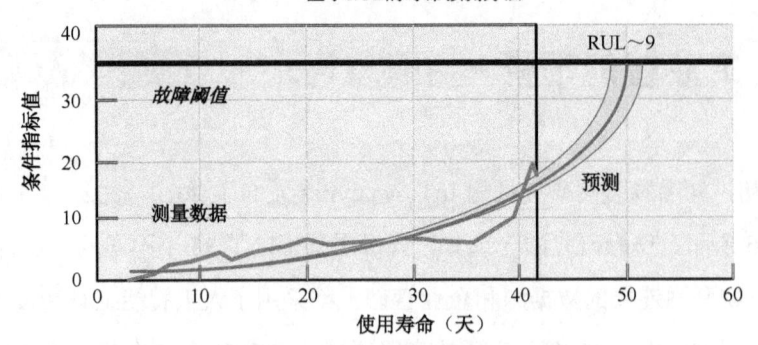

图 2-16　通过回归技术预测设备的剩余使用寿命

德国铁路运营商 Deutsche Bahn 利用铁路道岔的数据来预测故障，从而减少大规模的意外延误。日本日产公司运用智能预测维护平台对 7500 项资产进行剩余使用寿命预测，使得计划外停机时间减少了 50%，投资回收期小于 3 个月，在不增加现场产品数据管理团队工作量的情况下，将解决方案从 20 个关键资产扩展到数千个。

预测性维护的最大挑战是消除数据不平衡，因为通常没有足够的故障数据来预测所有资产。当故障数据量少于数据集的某些特定要求数量时，称为数据不平衡。为了对数据进行准确的预测，首先必须消除这种不平衡。主要有两种实现数据平衡的方法：数据采样和成本敏感的学习算法。

2.3.2　质量检验与保证

质量检查与保证是第二大工业智能应用领域。有多种方法可以进行基于人工智能的质量检查，其中自动光学检查方法使用最多。

自动化光学检查系统中的摄像机可以自动扫描被测设备的灾难性故障（如缺少零部件）和质量缺陷。计算机视觉是自动化光学检查的基础。

2.3.3　制造流程优化

制造流程优化是最常用但也是最难实现的工业智能应用。其中一种实现方式是通过自动化机器或机器人。其背后的思想是，使用自动化机器或机器人在制造过程中复制单调的人工任务，从而节省成本。在投入生产之前，自动化机器或机器人将一遍又一遍地执行相同的任务，并在此过程中不断学习直到达到足够的精度为止。强化学习技术通常用于训练自动化机器或机器人。在这种技术下，自动化机器或机器人可以相对快速地自学做某件事。这种机器或机器人的"大脑"通常是人工神经网络。

图 2-17 所示的强化学习系统复制了人类的自然学习过程：代理人（如机器人）采取某种行动，这种行动可以被环境所观察到；强化学习系统生成一定的奖励并反馈给代理人；在多次重复该过程之后，机器人的"大脑"（即人工神经网络）会优化行为以适应环境。

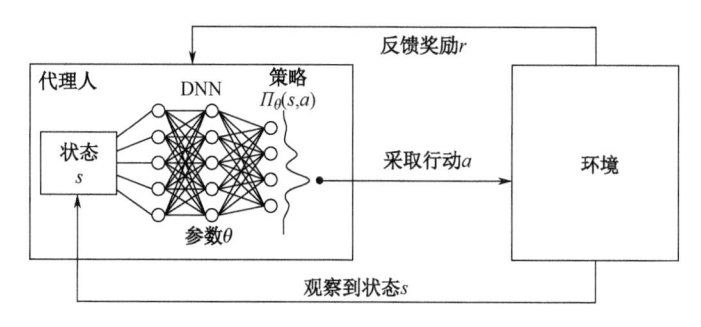

图 2-17 制造流程优化

例如，ABB 公司投资 1.5 亿美元在上海建立了一个先进、自动化和灵活的机器人工厂，如图 2-18 所示。在该工厂中，将使用机器人制造机器人。这些机器人将具有自主和协作的功能。机器人的自主权是通过使用人工智能和数字孪生技术来建立的。

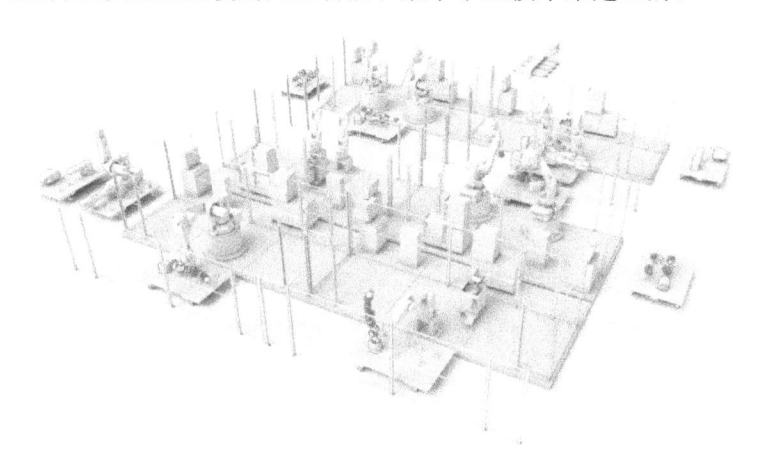

图 2-18 机器人工厂

2.3.4 供应链优化

使用人工智能技术改进库存管理是供应键优化的关键应用之一。预测性库存管理将预测性分析用于各种与库存相关的任务，包括减少库存计划时间、最小化库存成本、优化维修并找到最佳的重新订购点。对于这些任务，最常用的技术有时间序列分析、概率建模（如马尔可夫和贝叶斯模型）以及模拟（如蒙特卡洛模拟）。

例如，美国大陆航空公司已构建软件来预测其车队轮胎更换的最佳点。基础模型预测总体行驶里程并将其与基线进行比较。通过这种方式，美国大陆航空减少了轮胎库存，也提高了道路行驶安全性。

2.3.5 人工智能驱动的网络安全和隐私

人工智能驱动的网络安全和隐私涉及网络威胁检测等方面。它通常涉及观察网络基础结构和实时检测网络攻击的威胁。它还通常包括网络流量分析、端点检测和响应、恶意软件沙箱等活动。基于AI的网络威胁检测通常是较大的网络安全解决方案的一部分，该解决方案还使用了多种预防措施，如防火墙。

2.3.6 自动物理安全

检测物理威胁需要对生产现场或工人进行实时监视，以便自动检测物理安全威胁和潜在的安全隐患。

2.3.7 自动化数据管理

由于数据通常存储在多个系统和多个位置，因此难以快速、全面地访问和分析数据。因此，一些工业公司开始采用数据管理解决方案来实时执行诸如数据采集、数据过滤、数据清理和集成等任务。

2.3.8 智能助手

语音助手是制造设置中的智能助手之一。将语音助手技术集成到实时工业监控系统中，可使工作人员及时获得信息，而无须编写明确的命令或打印长状态报告。

2.3.9 人工智能驱动的研发

自动化组件设计是人工智能驱动研发中的主要用例。其目标是在给定一组预定义约束的情况下，让软件在短时间内独立开发数十种不同的设计，然后从中选择最佳设计。为此，数字孪生和模拟通常会作为补充技术。

2.3.10 自主资源勘探

自主资源勘探是一种对大量图像（如雷达、卫星或无人机拍摄的图像）进行分析和处理以检测资源提取的最佳点的技术，在采矿和采石业以及石油和天然气行业中尤为重要。人工智能在检测人类难以进入的区域（如海底或山脉）时特别有用。

参考文献

[1] 周志华. 机器学习[M]. 北京：清华大学出版社，2016.

[2] 弗朗索瓦·肖莱. Python 深度学习[M]. 张亮，译. 北京：人民邮电出版社，2018.

[3] 周飞燕，金林鹏，董军. 卷积神经网络研究综述[J]. 计算机学报，2017, 40(6):1229-1251.

[4] 杨丽，吴雨茜，王俊丽，等. 循环神经网络研究综述[J]. 计算机应用，2018, 38(S2):1-6+26.

[5] ZHOU J, CUI G, ZHANG Z, et al. Graph Neural Networks:A Review of Methods and Applications[Z]. arXiv, 2018.

[6] HINTON G E, OSINDERO S, TEH Y. A Fast Learning Algorithm for Deep Belief Nets[J]. Neural Computation, 2006, 18(7):1527-1554.

[7] KRIZHEVSKY A, SUTSKEVER I, HINTON G E. Imagenet Classification with Deep

Convolutional Neural Networks[C]. International Conference on Neural Information Processing Systems, Lake Tahoe, Nevada, USA, 2012:1097-1105.

[8] LECUN Y, BENGIO Y, HINTON G E. Deep Learning[J]. Nature, 2015, 521(7553): 436-444.

[9] ZHANG W J, YANG G S, LIN Y Z, et al. On Definition of Deep Learning[C]. IEEE World Automation Congress, Stevenson, Washington, USA, 2018:232-236.

[10] WANG J J, MA Y L, ZHANG L B, et al. Deep Learning for Smart Manufacturing:Methods and Applications[J]. Journal of Manufacturing Systems, 2018, 48(C):144-156.

[11] LECUN Y, BOTTOU L, BENGIO Y, et al. Gradient-based Learning Applied to Document Recognition[J]. Proceedings of the IEEE, 1998, 86(11):2278-2324.

[12] SIMONYAN K, ZISSERMAN A. Very Deep Convolutional Networks for Large-Scale Image Recognition[Z]. arXiv, 2014.

[13] SZEGEDY C, LIU W, JIA Y Q, et al. Going Deeper with Convolutions[C]. IEEE Conference on Computer Vision and Pattern Recognition, Boston, Massachusetts, USA, 2015:1-9.

[14] HE K M, ZHANG X Y, REN S Q, et al. Deep Residual Learning for Image Recognition[C]. IEEE Conference on Computer Vision and Pattern Recognition, Las Vegas, Nevada, USA, 2016:770-778.

[15] HOWARD A G, ZHU M L, CHEN B, et al. MobileNets:Efficient Convolutional Neural Networks for Mobile Vision Applications[Z]. arXiv, 2017.

[16] HU J, SHEN L, ALBANIE S, et al. Squeeze-and-Excitation Networks[J]. IEEE Transactions on Pattern Analysis and Machine Intelligence, 2020, 42(8):2011-2023.

[17] CUI D, WANG G Q, LU Y P, et al. Reliability Design and Optimization of The Planetary Gear by a GA Based on the DEM and Kriging Model[J]. Reliability Engineering & System Safety, 2020, 203:107074.

[18] TIAN S S, LI Y X, KANG J N, et al. Multi-Robot Path Planning in Wireless Sensor

Networks Based on Jump Mechanism PSO and Safety Gap Obstacle Avoidance[J]. Future Generation Computer Systems, 2021, 118:37-47.

[19] GUAN S Y, WANG X K, HUA L, et al. Quantitative Ultrasonic Testing for Near-Surface Defects of Large Ring Forgings Using Feature Extraction and GA-SVM[J]. Applied Acoustics, 2021, 173:107714.

[20] LU C, GAO L, PAN Q K, et al. A Multi-Objective Cellular Grey Wolf Optimizer for Hybrid Flowshop Scheduling Problem Considering Noise Pollution[J]. Applied Soft Computing, 2019, 75:728-749.

第 2 篇
设计阶段的工业智能

设计是工业产品生命周期的初始阶段,工业产品 70%以上的性能和功能基本上是在设计阶段初期就已被"固定下来"。一个完整的工业产品设计过程包含前期研究、概念设计、方案设计、技术设计、施工设计、生产设计等,是由浅入深、由粗及细、自顶向下不断深化的过程。

当前工业产品设计过程高度依赖人工经验,工艺优化过程依赖重复性试验。这种设计模式造成了大量的人力和物力资源浪费,无法形成量化的设计目标。

本部分包含 3 章,分别为结构设计的特征识别与优化、设计文档结构化分析和装配工艺智能设计。

第3章 结构设计的特征识别与优化

在以知识和信息为特征的制造业发展的新时代,产品设计越来越受到世界各国的普遍重视。随着市场需求的进一步发展,产品的功能要求日益增多,复杂性增加,产品设计也更加困难。如何实现产品设计的智能化,快速完成产品的开发和改进,成为制造业研究的重要课题。

在此背景下,智能设计的理论、方法和技术开始得到越来越多的应用。智能设计作为一门崭新的先进设计技术,主要研究如何将人工智能技术应用到产品设计中,实现机器智能,以搭建产品智能设计系统。智能设计系统进行产品设计的实质是实现产品的创新设计和快速设计,这也是企业开发新产品、赢得市场、获取生存和发展空间的有力武器。产品规划、方案设计、详细设计和改进设计是产品设计的主要过程。其中,方案设计作为产品设计的关键阶段,不但决定着产品的诸多性能,更决定着产品的创新性。由于机械产品往往由一系列零部件组成,具有多层次结构特性,可以寻求一种智能优化算法实现机械产品的方案设计。源于人工智能领域的遗传算法运用生物进化机理,模拟生物进化特性,可以实现对优化问题的求解,解决机械产品整体方案设计。基于实例推理技术作为人工智能领域的重要研究方向,为机械产品方案生成后的零部件进一步设计提供了技术支撑。基于实例推理是在丰富实例的基础上,根据检索算法,在实例库中查找出相似实例,再对相似实例根据一定规则进行修改和存储,实现对机械产品零部件的详细设计。以数值计算为基础的传统计算机辅助设计(Computer-Aided Design,CAD)技术已达不到产品设计的需求,借助数据库和专家系统,实现人工智能与CAD技术的结合,创建智能CAD系统,成为CAD

发展的主要方向。把遗传算法和基于实例推理的智能CAD系统相结合，搭建机械产品智能设计系统，进行机械产品方案智能设计，能够有效缩短产品开发周期，提高产品开发效率。

智能设计主要使用计算机替代人类专家进行知识、数据与信息的处理，使计算机在更高水平上承担复杂设计任务，实现设计的集成化、智能化、自动化。现代制造业对智能设计提出了以下3方面的要求：

（1）越来越高的设计质量。随着经济的发展和产品加工精度的提高，对产品设计质量也提出了更高的要求。

（2）越来越短的设计周期。产品的竞争是效率的竞争，智能设计应体现自动化、智能化的特点，提高生产效率，减小劳动强度。

（3）越来越复杂的设计对象和环境要求。随着市场需求的不断扩大，机械产品设备应具备更多的功能和对复杂环境更高的适应性。

3.1 智能设计研究现状

3.1.1 智能设计研究方法

智能设计并不等同于自动设计。设计是一种极其复杂的活动，目前在产品设计方面是无法运用计算机来完全地模拟和替代人类的。计算机系统与设计人员在设计方面具有互补性，通常需要设计人员参与到智能设计过程中。智能设计旨在通过对设计人员在设计活动中的认知和行为特征的模拟，使设计系统能够运用丰富的知识（如专家经验、设计手册、标准、行业规范等）进行推理、判断、决策，实现产品设计的定制化、自动化、智能化。

随着对智能设计技术的深入研究，逐步形成了一系列比较成熟的智能设计方法。比较典型的智能设计方法有面向对象的知识表示方法、基于约束满足的设计方法、基于原型的设计方法、基于规则的设计方法和基于实例的设计方法等。这些智能设计方法从不同方面模拟了人类的设计行为，为技术系统化发展和实践应用提供了理论基础与设计框架，对智能设计的发展具有重要意义。

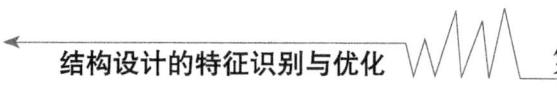

1. 面向对象的知识表示方法

面向对象的知识表示（Object-Oriented Knowledge Representation，OOKR）方法是指将知识所描述对象的属性和特征表示成某种数据结构，以便计算机进行存储和利用的一种知识表示方法[1]。

OOKR 克服了产生式规则等传统知识表示方法形式单一的缺点，能够同时表达描述性和过程性行为知识，并且对数值计算具有较强的处理能力。将面向对象的思想应用于智能设计过程中知识的表示和知识库的建立等领域，更符合人们对于问题认知和分析的习惯思维方式，并且具有更好的代码重用性与可维护性。

2. 基于约束满足的设计方法

基于约束满足的设计（Constraint-Satisfied Design，CSD）方法是指把设计问题作为约束满足问题（Constraint-Satisfied Problem，CSP）来进行求解[2]。在 AI 技术中，是通过搜索解空间中满足所有约束的解来求解 CSP。但是，在设计问题相对复杂时，往往涉及较多变量，很难通过搜索方法在巨大的解空间中找到真正的解。所以，CSD 常常是在其他智能设计方法产生设计方案之后，来判断其是否能满足各方面的约束。

3. 基于原型的设计方法

基于原型的设计（Prototype-Based Design，PBD）方法是指将设计原型作为设计解属性空间的结构来求解属性空间内容的智能设计方法[3]。设计原型（prototype）是人类针对特定设计问题归纳出的设计解的典型构造形式，设计者在遇到新的设计问题时便从这些设计原型中选取一种作为解的结构，进而采用其他设计方法求出解的具体内容。

4. 基于规则的设计方法

基于规则的设计（Rule-Based Design，RBD）方法也常称为专家系统的设计方法，是常用的智能设计方法之一[4]。它是用来模拟人类利用过程性、逻辑性或经验性的设计规则来逐步推理的设计行为，RBD 以规则的形式将问题的设计求解知识表达出来，通过推理机制获得设计问题的解。

5. 基于实例的设计方法

基于实例的设计（Case-Based Design，CBD）方法是一种比较先进的智能设计方法。

它是用来模拟人类利用长期积累的设计实例、设计知识和经验为当前设计问题提供实例参考和决策支持的设计行为[5]。

CBD从过去成功的例子中吸取成功的经验和知识并将其运用在新的方案中。与专家系统将推理的过程认为是原因导出结果过程的规则式推理方式不同CBD运用的是实例。一般来说，在CBD中，一个实例以其特征和解决问题的环境为数据模式存储在数据库中，当遇到新的需要解决的问题时，从数据库中检索出与当前问题最相似的实例，并对其进行修正，使之满足适合当前问题的求解要求。

3.1.2 产品智能CAD设计研究现状

智能设计的快速发展很重要的表现就是智能机械CAD设计的发展，在机械智能设计发展初期，与运算相关的工作主要由传统CAD系统来承担，伴随计算机集成系统CIMS的逐渐成熟，机械智能CAD设计有逐渐朝着更加智能化方向进军的趋向，不仅可以胜任常规的机械CAD设计，而且还能进行更加复杂机械产品的创造性设计，在机械设计行业逐渐得到广泛的欢迎。

作为智能设计中的实例推理技术（Case-Based Reasoning，CBR），它越来越受到广泛的关注。基于CBR技术的应用系统在各个领域也越来越多，如软件工程、机械电子设计、医疗、法律等都有CBR智能设计的影子。

北京理工大学的张田会等[6]提出了基于本体和知识组件的夹具结构方面的智能设计方法。

湖南工业大学的陈维克等[7]结合实例和规则推理确定了整个系统中主要特征参量及其相互之间的关系。张英菊[8]提出基于CBR技术的环境群体性事件的应急决策机制，通过分析环境群体性事件实例特征，设计出了环境群体性事件实例的三层架构模式。

徐元浩等[9]基于CBR智能设计构建了机床导轨智能设计框架，研究机床导轨智能设计关键技术，高效地完成了导轨的变形设计和系列化设计。

王旭磊[10]将CBR技术应用于电子商务网站建设中，解决了建设周期长的问题，效果显著。

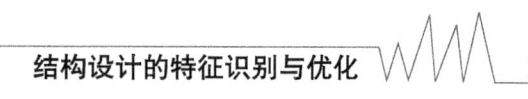

杨斌宇[11]对决策方案修正算法、相似案例检索算法进行了深入的研究和探讨，为智能决策支持系统的设计和开发提供了新的思路。

丘宏杨等[12]提出了一种两级相似性度量方法。实践证明，这种方法对冲载件外轮廓的相似性匹配具有较好的判别质量效果和较高的计算机运行效率。南京航空航天大学的刘金山等为解决复杂夹具计算机辅助设计时忽略工件几何特征、求解机制很少结合这些几何特征等问题，提出了面向夹具智能设计的 3D 模型几何分析和推理的方法。

刘爽[13]在研究了 BP、RBF 神经网络理论后，结合 CATIA 二次开发，利用 CAA 平台将神经网络算法和 CATIA 软件有效结合起来，提升了曲面重构精度，达到曲面优化的目标。

3.2 产品智能设计框架

建立产品智能设计系统主要是通过对知识的应用实现产品设计的自动化，减轻人的劳动强度，知识是设计的主题，实例库在设计中起支撑作用。产品智能设计系统一般包含硬件系统、人工智能算法、多级实例库等。产品智能设计流程如图 3-1 所示。

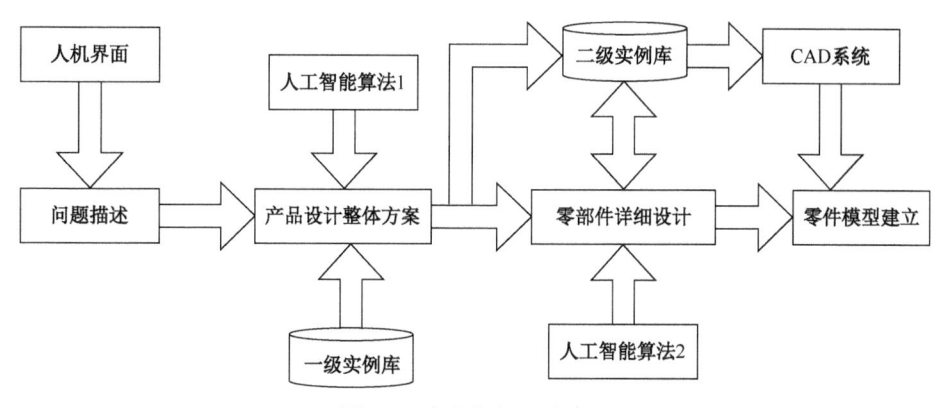

图 3-1 产品智能设计流程

由人机界面和问题描述进入系统。系统包含两级实例库：一级实例库存储着产品零部件实例，通过人工智能算法生成产品的总体设计方案；二级实例库存储的是产品零部件的功能属性参数和结构属性参数，通过人工智能算法实现零部件的进一步设计及模型建立。

交互式人机界面方便用户操作，支持对实例知识库中实例知识的增添与删除，便于维护实例知识。

3.3 智能设计中的关键技术

3.3.1 三维模型检索技术

目前基于视图的三维模型检索技术已经成为一个研究热点。该方法首先将三维模型表示为二维视图的集合，然后采用深度学习技术进行分类和检索，但是现有的方法在精度和效率方面都有待提升。卷积神经网络可以应用于三维模型检索技术，包括索引建立和模型检索两个阶段。在索引建立阶段，选择代表性视图输入到训练好的卷积神经网络（Convolutional Neural Network，CNN）中，以提取特征和分类，进而根据特征类别对特征进行组织以建立索引。在模型检索阶段，使用 CNN 和投票算法将输入模型的代表性视图分类为一个类别，然后仅选择这个类别的特征而不是所有类别的特征进行相似度匹配，因此减少了搜索空间，此外，随着用于检索的视图数量的逐渐增加，一旦可以确定三维模型，检索过程将提前终止。

1. 总体框架

三维模型检索过程共 3 步，如图 3-2 所示。

（1）在 CNN 训练阶段，首先将三维模型转换为二维视图，然后通过二维视图训练 CNN。

（2）在二维代表性视图选取和索引建立阶段，首先将三维模型转换为二维视图，然后采用 K-means 算法选择出二维代表性视图，最后将二维代表性视图作为训练好的 CNN 的输入，进行特征提取和索引建立。

（3）在模型检索阶段，输入可以是图片或三维模型。如果是图片可以直接进行检索如果三维模型。则首先要产生二维代表性视图，然后通过代表性视图进行检索。采用先分类再检索的方式，每一个视图仅在一个类别中进行相似度匹配，并且提出了一种基于视图递增的相似度匹配方法，能有效提高检索效率。

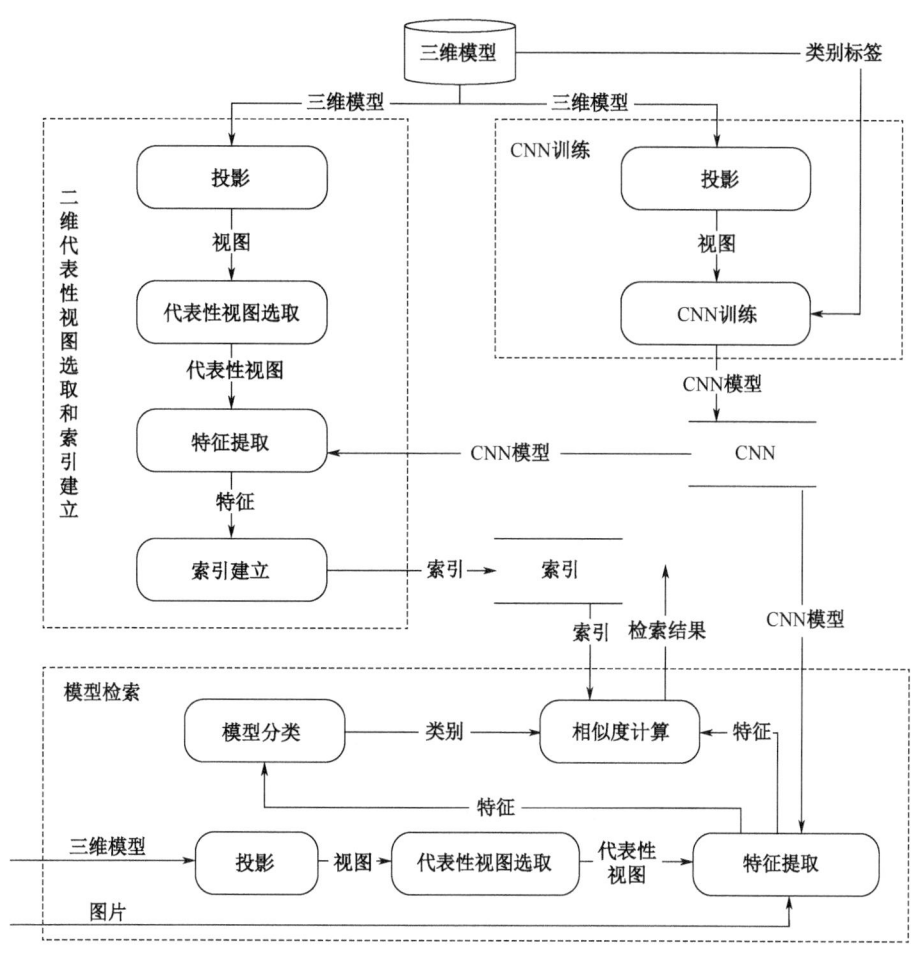

图 3-2 三维模型检索过程

2. 索引建立

二维视图的数量和投影角度对三维模型的有效表示具有重要影响。如果二维视图过多，会增加检索的时间复杂度。因此可以通过 K-means 算法得到不同数量的二维代表性视图，具体步骤如下。

（1）对每个三维模型产生 40 个二维投影视图。

（2）用 K-means 算法对每个模型的视图进行聚类。当用 K-means 算法对二维视图进行聚类时，必须先确定类别 K 的值。实验表明，10~20 个视图的匹配效果最好。因此，K 的取值范围大致为 10~20。

③ 选择最接近每个类中心的视图作为这个三维模型的代表性视图。将三维模型的二维视图划分为 K 个类别，在每个类别中通过欧式距离计算视图与该类中心的距离，取距离最小的视图作为该类的代表性视图，最终得到 K 张二维视图。

④ 将代表性视图输入训练好的 ResNet50 中，最后将输出的特征根据类别建立索引。全连接层输出的是代表性视图的深度特征，Softmax 层输出的是分类结果。索引建立过程如图 3-3 所示。

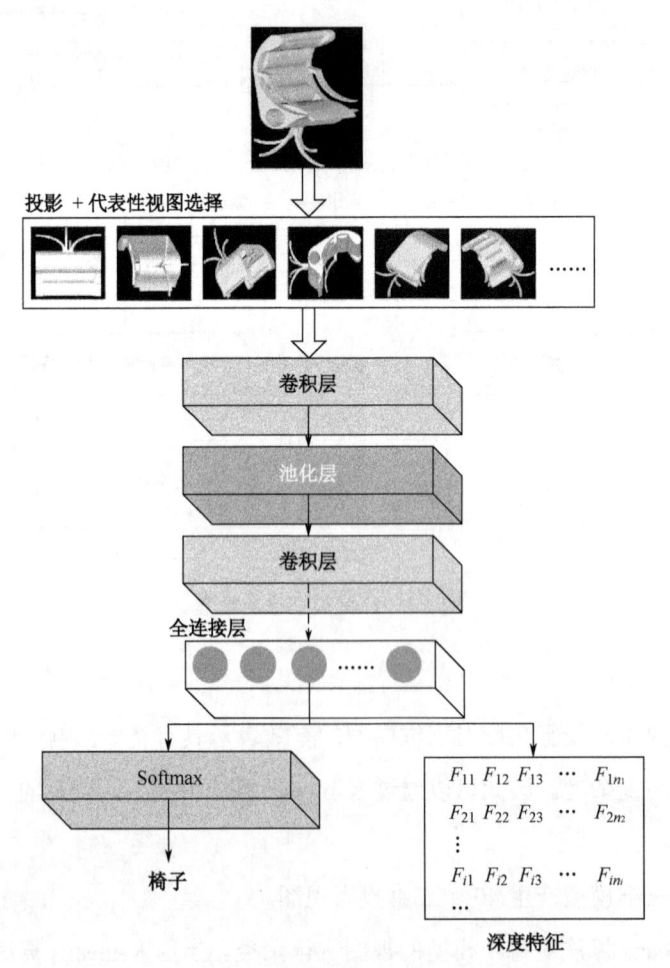

图 3-3 索引建立过程

3. 模型检索

模型检索的任务是根据输入，在模型库中找到相似或相同的模型。输入可以是图片或三维模型。如果输入是图片，则通过训练好的 CNN 确定类别并提取特征在一个类别中，通过下式得到检索结果。

$$I = \arg\min_{i,j} dis(W, F_{i,j})$$

式中，I 表示检索结果，$dis()$ 表示计算欧氏距离，W 表示输入图片的特征值，$F_{i,j}$ 表示第 i 个模型第 j 个视图的特征值，$1 \leqslant i \leqslant m$，$m$ 是一个类别中的模型个数，$1 \leqslant j \leqslant n_i$，$n_i$ 是第 i 个模型的代表性视图个数，模型 i 是检索到的结果。

如果输入是三维模型，则检索分为 3 步：①产生二维代表性视图；②将视图输入到 CNN 提取特征并分类，考虑到分类器存在误识，导致输入模型的各个视图可能无法完全分类到同一个类别中，采用投票策略确定待检索模型的类别；③在确定的类别中进行相似度匹配。

Category_Vector 表示类别向量，其中第 c 个元素表示被分到第 c 个类别中的视图数量。Category_Vector 初始化为

$$\text{Category\_Vector} = [0,0,\cdots,0]$$

其中 Category_Vector 为 c 维向量，表示模型库中的 c 类别。

当一个代表性视图被分配到第 c 类时，这个向量更新为

$$\text{Category\_Vector}[c] = \text{Category\_Vector}[c] + 1$$

最后，确定模型的类别为：

$$C = \arg\max_{c} \text{Category\_Vector}[c]$$

C 表示分类结果。若 C 不能唯一确定，则在剩下的视图中随机选择继续进行投票，直至 C 唯一确定。

通过投票策略将模型准确分类后，检索策略如下。

（1）如果一个输入视图和一个模型视图之间的距离足够小，也就是 $dis<n$ 时，就可以确定这个模型是需要的模型。

（2）当依次选取的代表性视图达到 5 张，并且这 5 张视图都被分类到同一类的同一个模型中时，可以确定这个模型是所需要的模型。

（3）如果代表性视图被匹配到同一类的不同模型中时，则计算累积距离值。如果一个

模型的累积距离值最小，则该模型就是所需要的模型。

3.3.2 加工特征自动识别技术

机械设计参数的合理选择是机械设计制造中非常重要的环节。在机械设计和机械制造工艺设计中有众多设计参数和工艺参数需要确定和选择，其中很多设计参数和工艺参数不是通过精确计算获得的准确的数值，而是需要设计工程师和工艺师根据经验在某一范围中进行选择。充分利用历史数据，并通过深度学习方法来生成新设计并对此评估，对于设计领域有着重要意义。

加工特征自动识别技术是智能化设计与制造领域中的一项核心技术和关键支撑，是计算机辅助设计与制造系统的组成单元。目前针对加工特征识别的方法有很多，传统的方法有基于图的方法、基于规则的方法、基于体积分解的方法、基于痕迹的方法和混合式方法。这些方法各有优缺点，但它们普遍存在两个问题：专注于特定类型的CAD表示，不具备学习能力；对输入CAD模型的抗噪性差。

近年来，深度学习在计算机视觉与模式识别领域取得了巨大的成功，已被广泛应用于分类、分割和目标检测等识别任务。这使得研究人员开始将深度学习应用于加工特征识别领域。FeatureNet[14]是一种以体素模型作为输入的三维卷积神经网络。该方法可以有效地识别单个加工特征，并通过连通组件标记算法和分水岭分割算法将含有多个特征的复杂零件分割成单个特征，从而实现多特征模型的特征识别。

FeatureNet通过SolidWorks二次开发接口自动生成了24种常见的加工特征数据集，如图3-4所示。这些用CAD建模软件生成的模型是通过边界表示法来表示的，由于此形式无法直接在CNN中训练，因此，将这些模型转换为二进制值的三维体素模型，其中1表示体素在形状内部，0表示体素在形状外部。使用这种方法，整个模型可以用一长串二进制数字来表示，这些二进制数字可以作为训练深度神经网络的输入。

卷积神经网络架构可以利用体素的空间结构来学习平面、曲面等简单的结构，然后通过叠加多个卷积层，可以对更复杂的结构进行分层编码，使得网络能够识别CAD模型上的复杂加工特征。用于识别三维体素模型上单个特征的FeatureNet，由8个层组成，其中包括 1 个输入层、4 个卷积层、1 个最大池、2 个完全连接层和 1 个分类输出层，其结构如图 3-5 所示。

图 3-4　FeatureNet 数据集中的 24 种常用加工特征

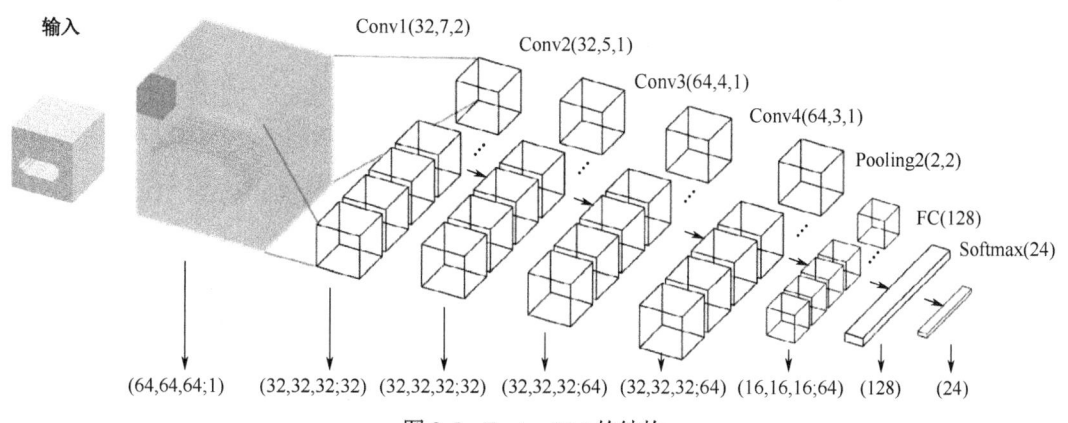

图 3-5　FeatureNet 的结构

输入层采用 64×64×64 的三维体素模型。在输入层之后有 4 个卷积层，卷积层的 3 个参数分别为卷积核的个数、卷积核的尺寸和空间步长，4 个卷积层的参数值为(32,7,2)、(32,5,1)、(64,4,1)和(64,3,1)。第四个卷积层后是一个最大池化层，该层沿空间维度对特征图进行下采样。池化层的两个参数是过滤器的尺寸和步长。池化层后面接一个全连接层，最后通过 Softmax 分类器输出每个类别的预测概率。

3.3.3 设计方案优化

1. 基于深度学习的草图三维建模方法

草图绘制和 3D 建模是工业设计的两个主要步骤。草图绘制通常是首先完成的。然后将设计草图转换为 3D 模型以用于下游工程和制造,通常使用提供高水平精度和可编辑性的 CAD 工具软件。但是,设计草图和 3D 建模通常由不同的专业人员执行,不同的技能,使设计迭代变得烦琐、昂贵和费时。因此,如何高效实现基于草图的 3D 建模便成了非常重要的研究方向。近年来,研究人员倾向于将数据驱动的方法用于计算机图形学以及基于草图的建模技术,其中深度学习技术因其强大的数据表示学习能力,被广泛应用于计算机图形学的各个细分领域。

Sketch2CAD[15]作为一个基于学习的交互式建模系统,类似于一个翻译软件,将草图绘制操作转换为相应的 3D 建模操作。用户在 3D 模型上绘制草图,系统根据草图和局部 3D 模型,推断出操作的类型及其相应参数。

(1)草图分类网络

图 3-6 所示为 Sketch2CAD 的方法整体框架。第一阶段将草图分类为可能的 CAD 操作(拉伸、切除、圆角、扫描)。除了用户草图,分类器还输入深度图和当前 3D 模型的法线图,从而提供了有关预期操作的强大上下文信息。将草图、深度图和法线图作为输入,同时进行分类任务和分割任务,得到建模操作的类型。

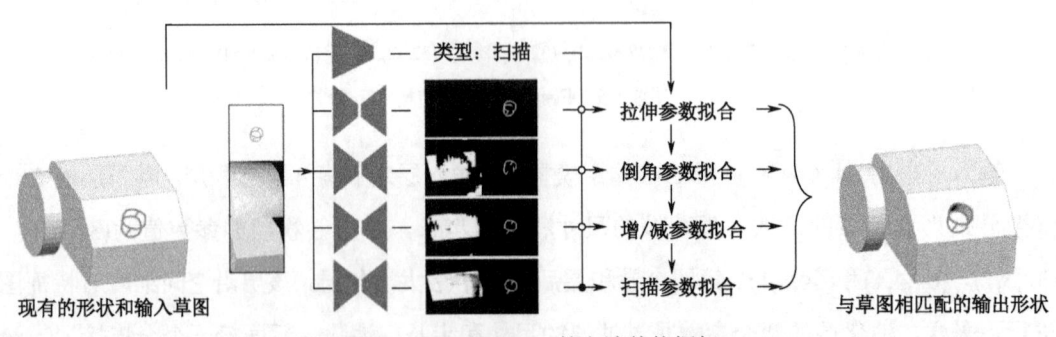

图 3-6 Sketch2CAD 的方法整体框架

第二阶段将草图和上下文信息分割为特定于目标 CAD 操作的部分。例如,将圆角操作的草图分割成它的两个轮廓曲线，而将上下文映射图分割以形成需要在其上应用倒角操作的基面，用于生成建模操作的参数。

第三阶段通过在分割的笔画上拟合参数曲线或形状并将这些笔画投影到 3D 模型的选定面上来实例化 CAD 操作。

图 3-7 所示为 Sketch2CAD 的分类网络结构图。其损失函数如下所示：

$$\mathcal{L}_{cls}(S,D,N) = -w_o \log(P_o)$$

$$w_o = 1/N_o$$

其中，O 为输入训练样本的真实操作类型，N_o 是类型为 O 的训练样本的数量，P_o 是类型为 O 的操作的预测概率。我们对不同操作类型使用权重，以避免训练中由于它们的对比频率而引起的潜在统计偏差设置。

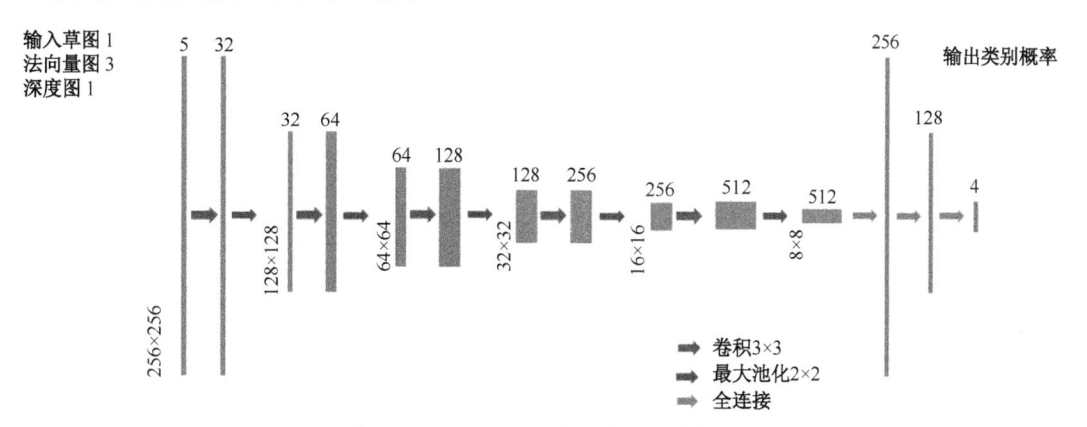

图 3-7 Sketch2CAD 的分类网络结构图

（2）草图分割网络。

图 3-8 所示为 Sketch2CAD 分割网络，其中每一个分割网络都是一个 Unet 结构。Unet 网络的典型特点是其为 U 形对称结构，左侧是卷积层，右侧是上采样层。原文的 Unet 结构中，包含 4 个卷积层和对应的 4 个上采样层。所以在实现的时候，既可以从头实现网络并进行权重的初始化，然后进行模型的训练；也可以借用现有一些网络的卷积层结构和对应的已训练好的权重文件，再加上后面的上采样层，进行训练计算，如 resnet vgg 等。因为在深度学习的模型训练中，如果能够使用已有的权重模型文件，可以大大加快训练的速度。

Unet 网络的另一个特点是，其每个卷积层得到的特征图都会堆叠到对应的上采样层，从而实现对每层特征图都有效使用到后续计算中，也就是跨层连接。这样，同其他的一些网络结构如 FCN 比较，Unet 避免了直接在高级特征图中进行监督和损失度计算，而是结合了低级特征图中的特征，从而可以使得最终所得到的特征图中既包含了高级的特征，也包含很多的低级的特征，实现了不同尺度下特征的融合，提高模型的结果精确度。

两个解码器分支输出两个图，基面的概率图 F 和曲线分割图 C，空间大小均为 256×256，通道宽度为 1。损失函数为

$$\mathcal{L}_{reg}(S,D,K) = \frac{1}{256^2}\left\|F - \tilde{F}\right\|^2 + \frac{1}{|\tilde{M}|}\tilde{M} \odot (C - \tilde{C})^2$$

损失函数的参数解释如下。

① $\tilde{F}$ 是真实的基面，前景像素值 $\tilde{F}(x,y)=1$，背景像素值为 0。

② $\tilde{C}$ 是真实的笔画图。

③ $\tilde{M}$ 是与笔画图对应的笔画像素掩膜。

④ $\odot$ 是分量乘积。

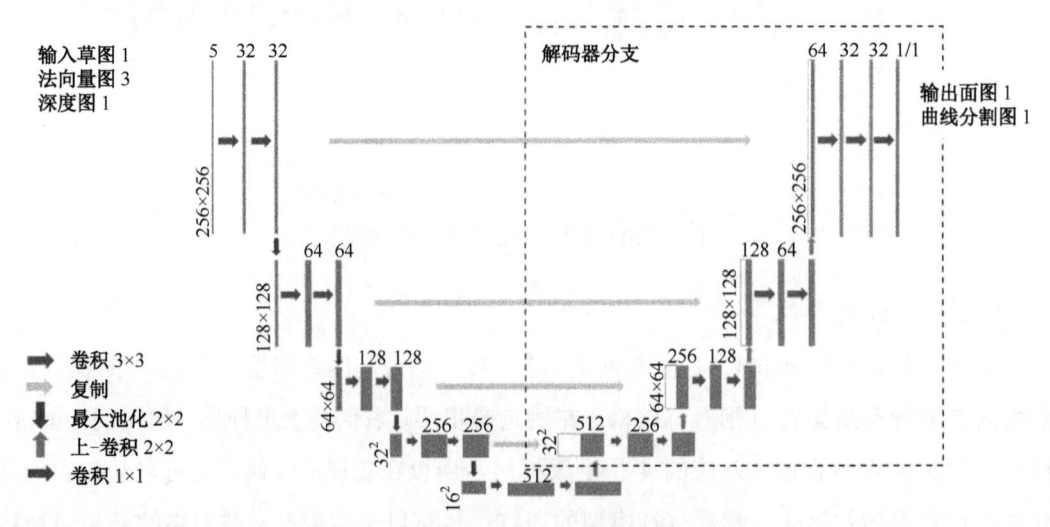

图 3-8 Sketch2CAD 的分割网络

给定预测的基面图，首先通过阈值 0.5 对基面图 F 进行二值化，然后渲染原 3D 模型，找到对应的面。不同的操作有其特定的曲线分割图 C。设计曲线映射的原则是输入/输出是

一个可学习映射。对应不同的操作，具有不同的回归细节。

2. 三维模型中加工特征的可制造性分析

面向制造的设计（Design For Manufacturability，DFM）即从提高零件的可制造性入手，使得零件和各种工艺容易制造，制造成本低，效率高，并且成本比例低。可制造性分析是指设计师在一组工具和相关知识库的帮助下，在产品设计阶段就评估出产品的可制造性，并在保证产品功能和质量的前提下修改设计，使产品的设计满足制造工艺的要求，具有良好的可制造性。

传统的 DFM 主要采用人工方式对产品的研制效率、成本、可制造性等方面进行分析，这会耗费大量的时间。目前已有研究人员将深度学习方法应用于 3D 模型的可制造性分析，通过对象边界的表面法线来增强三维体素数据，然后将其应用于三维卷积神经网络，以识别局部加工特征并分析其可制造性，并通过三维梯度类激活热力图（3D-GradCAM）来定位加工特征，使设计人员可以发现不可制造特征并进行修改。

以钻孔的可制造性为例，孔的重要几何参数是孔的直径、深度和位置。钻孔的 DFM 主要有以下几个要求。

① 孔的深度与直径之比应小于给定值。

② 孔到材料边缘应保持一定距离。

③ 不同的孔之间应该保持一定的距离。

根据孔是否符合上述规则判定其可制造性。这些规则是用于构建孔特征可制造数据集和不可制造数据集，以用于三维卷积神经网络。不同类别的加工特征可制造数据集可以通过特征网识别与行业相关的历史数据来得到。

基于深度学习的可制造性分析框架如图 3-9 所示。网络的输入是体素化的 3D 模型，通过卷积层、池化层和全连接层得到可制造性分析结果。这是一个二分类网络，即可制造和不可制造。在得到可制造性分析结果后，通过 3D-GradCAM 定位加工特征的位置并进行可视化。

为了使用 3D-GradCAM 获得特征定位图，需要计算 3D-CNN 最后一个卷积层中每个特征图的空间重要性。每个特征图的空间重要性可以解释为每个特征图的权重，即从特定类别返回的梯度的全局平均值。可视化结果如图 3-10 所示，绿色为可制造特征，红色和黄色为不可制造特征。

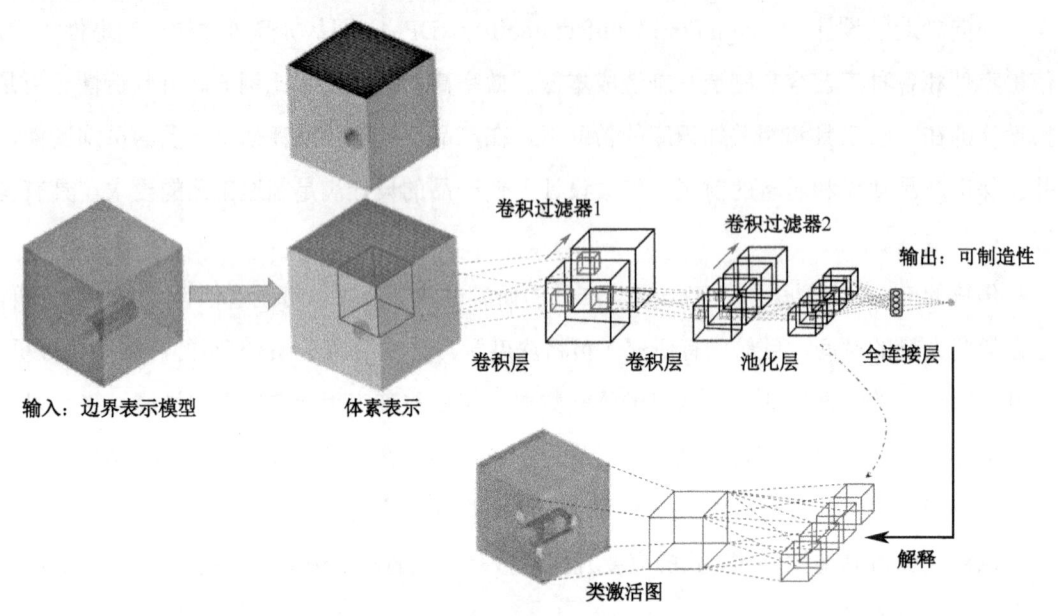

图 3-9　基于深度学习的可制造性分析框架

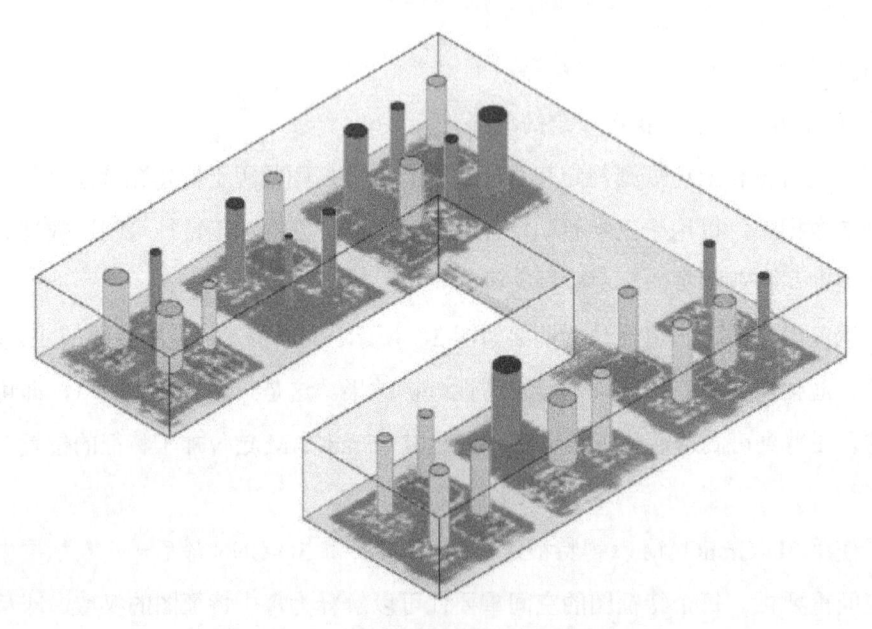

图 3-10　3D 模型可制造性分析的可视化结果

3. 设计方案的自动生成与评估

目前，深度学习已应用于设计优化的各个研究领域。研究人员集成了拓扑优化和生成模型，构建了深度生成设计框架，从而在有限的历史设计的基础上生成大量设计并筛选出良好的新设计。

拓扑优化（topology optimization）是一种根据给定的负载情况、约束条件和性能指标，在给定的区域内对材料分布进行优化的数学方法，是结构优化的一种。

生成模型是生成式对抗网络（Generative Adversarial Networks，GAN）的一个模块，它和判别模型（discriminative model）的互相博弈学习产生良好的输出。边界平衡生成式对抗网络（Boundary Equilibrium GAN，BEGAN）是一种使用自编码器作为判别器的GAN，其网络架构如图3-11所示。编码器由5个卷积层、4个下采样层和一个全连接层构成，编码器以重构误差函数为损失函数，可以有效地将相似数据重建为训练数据。解码器的结构与编码器类似，只是将子采样换成了上采样，用于还原生成的新设计。

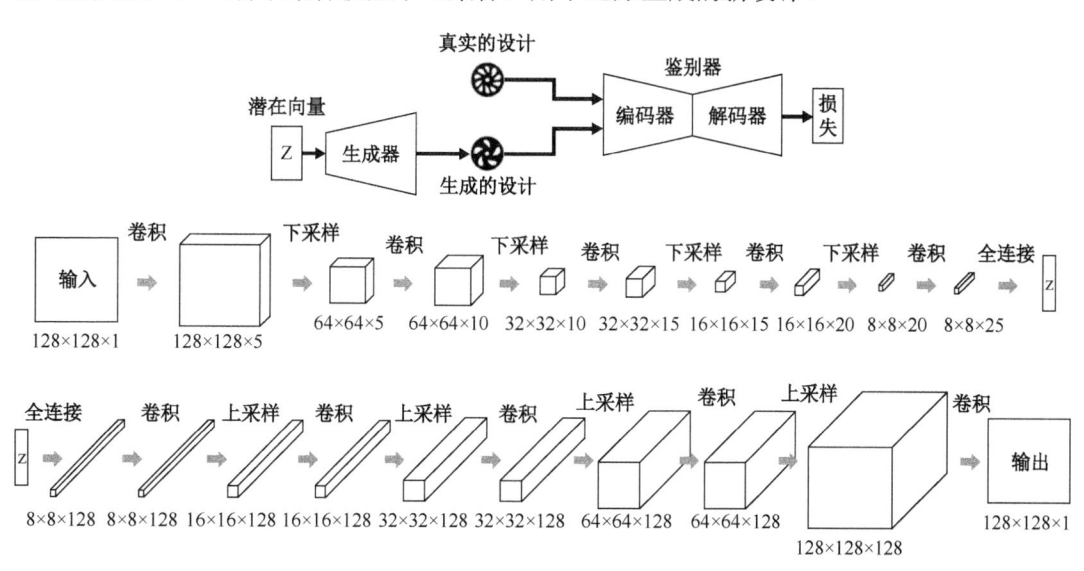

图 3-11 BEGAN 和自动编码器的网络架构

深度生成设计框架主要包括迭代设计探索和设计评估两个部分，如图3-12所示。迭代设计探索是拓扑优化和生成模型的集成，以产生新设计，而设计评估则是量化和评估新设计的新颖性和主要属性。每个阶段的解释如下。

第 1 阶段，收集市场和行业中的历史设计，作为第 2 阶段的参考设计。在本研究中，参考设计被定义为基准设计，以在拓扑优化中创建新设计。

第 2 阶段，通过基于参考设计的模型来获得新设计。在此步骤中，拓扑优化具有多个目标函数：一是工程性能；二是与参考设计之间的差异（即像素方向的 L1 距离），旨在提高美观度和多样性。

第 3 阶段，通过用户设定的相似性计算准则和阈值来过滤拓扑优化中收集到的相似设计。这个过程在第 6 阶段重复，以过滤出生成模型生成的设计。

第 4 阶段，计算当前迭代中新设计的数量与先前迭代中总设计的数量之比。如果它小于用户设定的阈值，则退出迭代设计探索并跳到第 8 阶段；否则，进入第 5 阶段。

第 5 阶段，在学习了当前迭代中的汇总设计之后，通过生成模型创建新设计。

第 6 阶段，滤除类似设计之后，将它们用作第 2 阶段的参考设计。此迭代过程的目的是从第 1 阶段中的少量历史设计开始，创建大量设计。

第 7 阶段，把第 1 阶段收集的历史设计作为训练数据，将重构误差函数作为自动编码器的损失函数。该函数可用于评估设计的新颖性，具有更高重构误差值的新设计被认为是更新颖的设计。

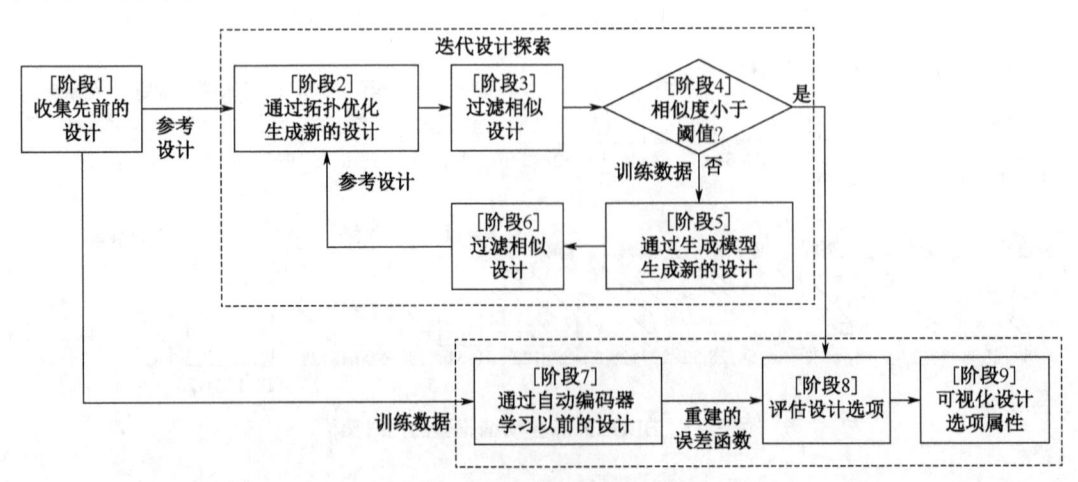

图 3-12 深度生成设计框架

第 8 阶段，基于对设计而言至关重要的各种设计属性，评估从迭代设计探索中获得的新设计。最后，属性之间的权衡表现为在设计属性的每个轴上绘制设计图，并且可以考虑到每个属性的相对重要性来选择适当的设计。

3.4 基于点云语义分割的下颌角术前截骨规划

3.4.1 计算机辅助技术在下颌角术前截骨规划中的应用

近年来，随着人们生活水平的提高，下颌角肥大的整形手术逐渐成为整形外科的主流手术之一。由于下颌角截骨成形手术历史并不长，临床医师术前只能通过全口曲面断层片进行下颌角大小的测量及截骨线的设计，而且术中要在避免下牙槽神经血管束损伤的前提下，使术后下颌角的面部轮廓曲线既柔和流畅，而且两侧大小协调对称，因此去骨量的把握是手术中的一个难点。另外该手术采用口内切口，术区深且视野狭小，加之术中出血等因素的影响，客观上增加了手术的难度。

随着数字化技术在颅颌面外科领域中的应用和发展，以及先进制造技术的进步，基于颅脑 CT 数据的颅颌面软硬组织三维重建及面部形态的数据测量，可以使临床有条件实现对于下颌角肥大患者，根据东亚女性审美标准及颜面各结构代偿关系，进行个性化的面部轮廓设计。利用逆向生成软件设计及 3D 打印的快速成型技术，还可以设计出个性化的下颌角截骨导板，来保证手术设计方案在术中的精准实施。

针对下颌角整形手术，某医学院整形外科通过 CT 三维重建技术得到患者下颌角的三维模型，然后手工标记下颌角中的重要解剖点、线、面和神经位置，作为截骨手术规划的参考。医师在考虑手术安全性的前提下，结合面部协调性和患者的美观需求，确认下颌角截骨位置，最后医生根据患者的下颌角切除区域设计相应的手术导板。截骨位置定位不理想，术中可能会发生下颌骨升支意外骨折、截骨线不流畅、双侧不对称等诸多问题。因此截骨位置的确定对于下颌角截骨整形术来说至关重要。截骨手术规划需要医师有丰富的临床经验，过程烦琐且耗时较长，平均一个病人需要花费 30 分钟左右。因此，快速准确地自动标注截骨位置对于下颌角整形手术具有重要意义。

从几何角度来看，截骨手术规划可以看成三维模型的语义分割问题，即从病人的下颌角三维模型中找到过于突出的部分。近年来，深度学习广泛应用于三维语义分割任务。目前，三维模型的语义分割可分为基于体素的方法、基于多视图的方法和基于点云的方法。由于基于体素和基于多视图的方法存在丢失空间信息的问题，而基于点云的方法能够最大限度地保留物体的空间位置信息和几何结构信息，因此本节采用基于点云的语义分割算法来实现下颌角截骨区域的智能规划。

3.4.2 下颌角点云语义分割网络

Transformer 是一种解码器/编码器结构，包含 3 个主要模块，用于输入嵌入、位置（顺序）编码和自注意力模块。自注意力模块是核心组件，它基于全局上下文为其输入特征生成精细化的注意特征。首先，自注意力将输入嵌入和位置编码的总和作为输入，并通过训练有素的线性层为每个输入单元计算 3 个向量：query、key 和 value。然后，可以通过 query 和 key 向量来获得任意两个输入单元之间的注意力权重。最后，注意力特征定义为具有注意力权重的所有值向量的加权和。显然，每个输入单元的输出注意特征与所有输入特征有关，从而使其能够学习全局上下文。Transformer 的所有操作均可并行执行且与顺序无关。从理论上讲，它可以代替卷积神经网络中的卷积运算，并且具有更好的通用性。

点云 Transformer（Point Cloud Transformer，PCT）[44]是一种适用于点云语义分割的网络。下颌骨 PCT 网络架构如图（3-13 所示。PCT 的核心思想是利用 Transformer 固有的顺序不变性，解决点云的无序性问题，并通过注意机制进行特征学习。PCT 编码器首先将输入坐标嵌入到新的特征空间中，嵌入的特征经过 4 个堆叠的注意力模块后，通过线性层生成输出特征；然后经过最大池化和平均池化得到点云的全局特征表示；最后将逐点特征与全局特征拼接在一起，得到各个点的标签。

具有点嵌入功能的 PCT 是提取全局特征的有效网络。但是，它忽略了在点云学习中必不可少的局部邻域信息。利用 PointNet++和 DGCNN 的思想来设计局部点云聚合策略，以优化点嵌入，增强 PCT 的局部特征提取能力。局部点云嵌入模块包括两个 LBR 层和两个 SG（采样和分组）层。LBR 层充当点的嵌入，使用两个级联的 SG 层来逐渐扩大特征聚集过程中的感受域。

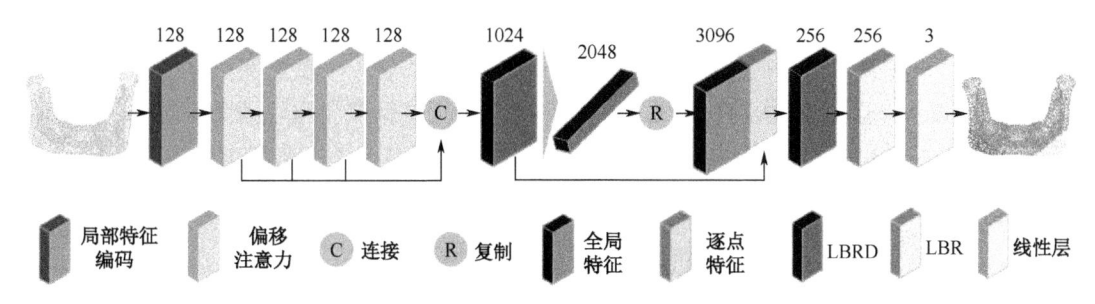

第3章 结构设计的特征识别与优化

| 128 | 128 | 128 | 128 | 128 | 1024 | 2048 | 3096 | 256 | 256 | 3 |

局部特征编码　偏移注意力　C 连接　R 复制　全局特征　逐点特征　LBRD　LBR　线性层

图 3-13　下颌骨 PCT 网络架构

自注意用于计算数据序列中不同项目之间的语义关联，设 Q、K、V 分别为输入特征的线性变化生成的查询矩阵、键矩阵和值矩阵，则

$$(Q, K, V) = F_{in} \cdot (W_q, W_k, W_v)$$

$$Q, K \in \mathbb{R}^{N \times d_a}, V \in \mathbb{R}^{N \times d_e}$$

$$W_q, W_k \in \mathbb{R}^{d_e \times d_a}, W_v \in \mathbb{R}^{d_e \times d_a}$$

其中，W_q、W_k 和 W_v 是共享可学习的线性变化，并确定查询的尾数和键向量。将 d_a 设置为 $d_e/4$，以提高计算效率。步骤如下。

（1）通过矩阵点和计算注意力权重。

$$\tilde{A} = (\tilde{\alpha})_{i,j} = Q \cdot K^{\mathrm{T}}$$

（2）将这些权重归一化，得出

$$A = (\alpha)_{i,j}$$

$$\tilde{\alpha}_{i,j} = \frac{\tilde{\alpha}_{i,j}}{\sqrt{d_\alpha}}$$

$$\alpha_{i,j} = \mathrm{softmax}(\tilde{\alpha}_{i,j}) = \frac{\exp(\tilde{\alpha}_{i,j})}{\sum_k \exp(\tilde{\alpha}_{i,k})}$$

（3）自注意力输出特征 F_{sa} 是相应的注意力权重度对值向量的加权和。

$$F_{sa} = A \cdot V$$

（4）SA 的输出特征为

$$F_{out} = \mathrm{SA}(F_{in}) = \mathrm{LBR}(F_{sa}) + F_{in}$$

卷积网络显示了使用拉普拉斯矩阵 $L = D - E$ 替换邻接矩阵 E 的优势，其中 D 是对角矩阵。将 Transformer 应用于点云时，将原始的自注意力模块替换为偏置注意力（Offset-attention，OA）模块可以增强 PCT。偏置注意力层计算出自注意力特征和输入特征之间通过元素逐项减法的偏移量。该偏移量增强了简单版本中使用的自注意力功能，将 F_{out} 修改为

$$F_{out} = \text{OA}(F_{in}) = \text{LBR}(F_{in} - F_{sa}) + F_{in}$$

$$F_{in} - F_{sa} = F_{in} - A \cdot V = F_{in} - AF_{in}W_v \approx F_{in} - AF_{in} = (I - A)F_{in} \approx LF_{in}$$

此处，W_v 被忽略了，因为它是线性层的权重矩阵。I 是与拉普拉斯矩阵的对角矩阵 D 相当的恒等矩阵，A 是与邻接矩阵 E 相当的注意力矩阵。通过修改注意力计算方式来完善归一化，得

$$\tilde{\alpha}_{i,j} = \text{softmax}(\tilde{\alpha}_{i,j}) = \frac{\exp(\tilde{\alpha}_{i,j})}{\sum_k \exp(\tilde{\alpha}_{k,j})}$$

$$\alpha_{i,j} = \frac{\tilde{\alpha}_{i,j}}{\sum_k \tilde{\alpha}_{i,k}}$$

3.4.3 实验设计与结果

1. 数据集的建立

在某医学院整形外科颅颌面数字化实验室挑选了 200 例已经完成过手术规划的下颌角截骨术患者的 CT 数据和设计规划方案点云数据。下颌骨点云数据中每个点的信息包括其三维坐标和标签(0,1,2)，其中，非截骨区的点标记为 0，左截骨区和右截骨区分别标记为 1 和 2。通过最远点采样将每个点云的点数下采样至 4096 个点。神经作为分割结果的安全性评价参考标准，不参与点云分割。下颌骨点云和神经点云的可视化如图 3-14 所示。

在下采样后对每个点云进行归一化处理：将点云的重心平移至坐标原点；将点云 x、y、z 方向上的最值缩放至(-1,1)之间。

2. 实验结果

实验在配置有 RTX1080Ti 显卡的计算机上运行，采用 Pytorch 实现所述网络框架。使用 Adam 优化器，初始学习率为 0.001，使用余弦学习率衰减，迭代次数为 200 次。

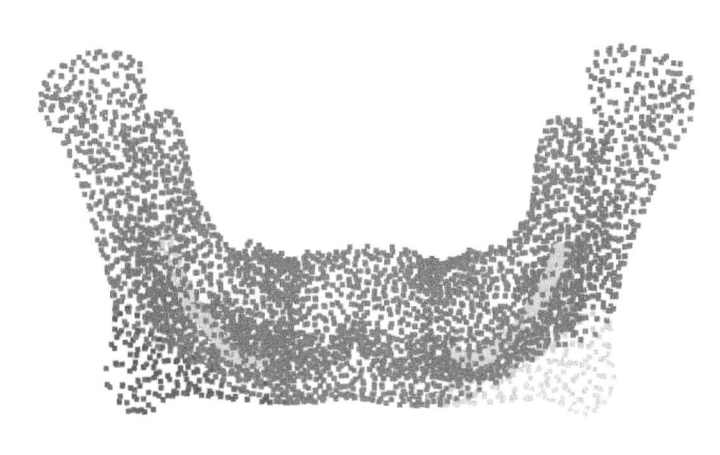

图 3-14　下颌骨点云和神经点云的可视化

PCT 算法在下颌骨语义分割数据集上的训练过程如图 3-15 所示。由于正负样本个数差别很大，本实验的初始准确率在 90%以上。当迭代次数达到 150 次后，损失曲线趋于平缓。

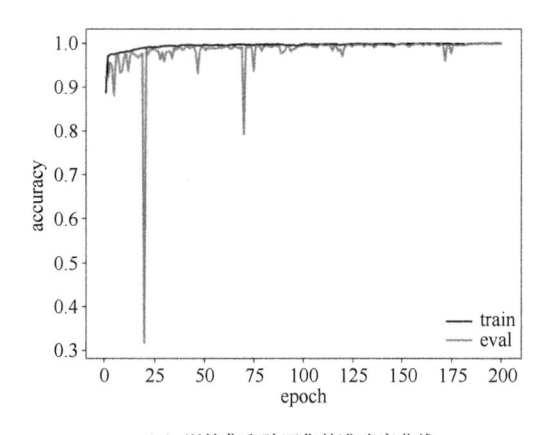

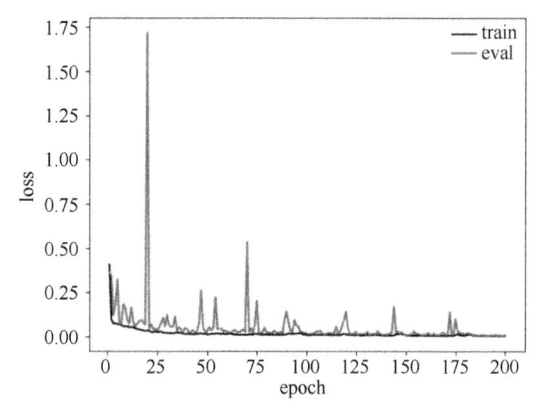

（a）训练集和验证集的准确度曲线　　　　　　（b）训练集和验证集的损失曲线
图 3-15　PCT 算法在下颌骨语义分割数据集上的训练过程

训练后的模型在测试集上的精确率、准确率、召回率和 F1 值分别为 99.80%、98.78%、98.72%、98.75%。从测试集中选取几个病例，下颌角截骨区的预测结果如表 3-1 所示。

实验结果表明，本方法能够实现有效的下颌角截骨术前手术规划。相比于人工截骨手术规划耗时 30min 以上相比，采用智能规划算法只需要 2.8s。

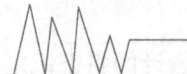

表 3-1 下颌角截骨的预测结果

真实值（Ground Truth）	预 测 结 果

参考文献

[1] 周梦杰，蒋国璋. 面向对象混合知识表示方法在钢铁一体化生产中的应用[J]. 现代制造工程，2016(7):30-34.

[2] 华如海，王俊普，郑全，等. 基于约束满足的智能组卷方法的研究与实现[J]. 计算机应用研究，2000(11):20-22.

[3] 余从刚，季铁. 基于语义分层链接结构的产品原型设计方法[J]. 机械设计，2019, 36(11):139-144.

[4] 江颉，张杰，陈德人. 基于推理的上下文感知 RBAC 模型设计和实现[J]. 浙江大学学

报（工学版），2009, 43(9):1609-1614.

[5] 胡东方，雷若楠. 基于实例推理与人工免疫系统的工程产品设计方法[J]. 计算机集成制造系统，2018, 24(1):146-153.

[6] 张田会，张发平，阎艳，等. 基于本体和知识组件的夹具结构智能设计[J]. 计算机集成制造系统，2016, 22(5):1165-1178.

[7] 陈维克，范微微，李忠群. 基于混合推理的大型机床零件切削数据库系统[J]. 中国机械工程，2015, 26(7):923-928.

[8] 张英菊. 案例推理技术在环境群体性事件应急决策中的应用研究[J]. 安全与环境工程，2016, 23(1):94-99.

[9] 徐元浩，殷国富，许德帮，等. 基于CBR的机床导轨智能设计研究[J]. 西南大学学报（自然科学版），2014, 36(12):177-186.

[10] 王旭磊. 基于CBR的电子商务网站智能设计系统的研究[D]. 青岛：青岛大学，2005.

[11] 杨斌宇. 基于案例的推理在智能决策支持系统中的应用[D]. 长春：吉林大学，2004.

[12] 丘宏扬，刘辉. 冲裁模智能设计CBR系统中的零件识别技术[J]. 锻压技术，2005(3):76-79.

[13] 刘爽. 基于CAA平台的神经网络曲面重构优化技术[D]. 长春：长春理工大学，2014.

[14] MATURANA D, SCHERER S. VoxNet:A 3D Convolutional Neural Network for Real-time Object Recognition[C]. IEEE/RSJ International Conference on Intelligent Robots and Systems (IROS), 2015:922-928.

[15] WU Z, SONG S, KHOSLA A, et al. 3D ShapeNets:A Deep Representation for Volumetric Shapes[C]. IEEE Conference on Computer Vision and Pattern Recognition (CVPR), 2015: 1912-1920.

[16] QI C R, SU H, MO K, et al. PointNet:Deep Learning on Point Sets for 3D Classification and Segmentation[C]. The 30th Ieee Conference on Computer Vision and Pattern Recognition (CVPR), 2017:77-85.

[17] QI C R, YI L, SU H, et al. PointNet++:Deep Hierarchical Feature Learning on Point Sets in

a Metric Space[J]. Advances in Neural Information Processing Systems, 2017, 30:5099-5108.

[18] SU H, MAJI S, KALOGERAKIS E, et al. Multi-view Convolutional Neural Networks for 3D Shape Recognition[C]. IEEE International Conference on Computer Vision (ICCV), 2015:945-953.

[19] FENG Y, ZHANG Z, ZHAO X, et al. GVCNN:Group-View Convolutional Neural Networks for 3D Shape Recognition[C]. IEEE/CVF Conference on Computer Vision and Pattern Recognition, 2018:264-272.

[20] WEI X, YU R, SUN J. View-GCN:View-Based Graph Convolutional Network for 3D Shape Analysis[C]. IEEE/CVF Conference on Computer Vision and Pattern Recognition (CVPR), 2020:1847-1856.

[21] LIU A-A, NIE W-Z, GAO Y, et al. Multi-Modal Clique-Graph Matching for View-Based 3D Model Retrieval[J]. IEEE Transactions on Image Processing, 2016, 25(5):2103-2116.

[22] KRIZHEVSKY A, SUTSKEVER I, HINTON G E. ImageNet Classification with Deep Convolutional Neural Networks[J]. Communications of the ACM, 2017, 60(6):84-90.

[23] 汤磊, 丁博, 何勇军. 基于卷积神经网络的高效三维模型检索方法[J]. 电子学报, 2021, 49(1):64-71.

[24] BABIC B, NESIC N, MILJKOVIC Z. A Review of Automated Feature Recognition with Rule-Based Pattern Recognition[J]. Computers in Industry, 2008, 59(4):321-337.

[25] ZEHTABAN L, ROLLER D. Automated Rule-Based System for Opitz Feature Recognition and Code Generation from STEP[J]. Computer-Aided Design and Applications, 2016, 13(3):309-319.

[26] 施建飞, 李迎光, 刘旭, 等. 基于属性边点图的飞机结构件筋特征识别方法[J]. 计算机集成制造系统, 2014, 20(3):521-529.

[27] JIAN C, LI M, QIU K, et al. An Improved NBA-Based STEP Design Intention Feature Recognition[J]. Future Generation Computer Systems, 2018, 88:357-362.

[28] FOUGERES A-J, OSTROSI E. Intelligent Agents for Feature Modelling in Computer Aided Design[J]. Journal of Computational Design and Engineering, 2018, 5(1):19-40.

[29] WOO Y, SAKURAI H. Recognition of Maximal Features by Volume Decomposition[J]. Computer-Aided Design, 2002, 34(3):195-207.

[30] 赵鹏，盛步云. 基于切削体分解组合策略的工艺特征识别方法[J]. 华南理工大学学报（自然科学版），2011, 39(8):30-35.

[31] HAN J, REQUICHA A A. Integration of Feature Based Design and Feature Recognition[J]. Computer-Aided Design, 1997, 29(5):393-403.

[32] 王军，欧道江，舒启林，等. 基于STEP-NC的相交特征识别技术[J]. 计算机集成制造系统，2014, 20(5):1051-1061.

[33] WOO Y, WANG E, KIM Y S, et al. A Hybrid Feature Recognizer for Machining Process Planning Systems[J]. CIRP Annals, 2005, 54(1):397-400.

[34] 刘雪梅，贾勇琪，陈祖瑞，等. 缸体类零件加工特征识别方法[J]. 计算机集成制造系统，2016, 22(5):1197-1204.

[35] 魏涛，张丹，左敦稳，等. 面向薄壁多腔类结构件加工特征识别方法[J]. 计算机集成制造系统，2017, 23(12):2683-2691.

[36] YANG C, SETHI M, RANGARAJAN A, et al. Supervoxel-Based Segmentation of 3D Volumetric Images[C]. Asian Conference on Computer Vision, 2016.

[37] LIU Y, FAN B, XIANG S, et al. Relation-Shape Convolutional Neural Network for Point Cloud Analysis[C]. 2019 IEEE/CVF Conference on Computer Vision and Pattern Recognition (CVPR), 2019:8887-8896.

[38] MENG H Y, GAO L, LAI Y K, et al. VV-Net:Voxel VAE Net With Group Convolutions for Point Cloud Segmentation[C]. Proceedings of the IEEE/CVF International Conference on Computer Vision. 2019:8500-8508.

[39] WANG Y, SUN Y, LIU Z, et al. Dynamic Graph CNN for Learning on Point Clouds[J]. ACM Transactions on Graphics, 2018, 38.

[40] ZHANG Z, JAISWAL P, RAI R. FeatureNet:Machining Feature Recognition Based on 3D Convolution Neural Network[J]. Computer-Aided Design, 2018, 101:12-22.

[41] LI C, PAN H, BOUSSEAU A, et al. Sketch2CAD:Sequential CAD Modeling by Sketching in Context[J]. ACM Transactions on Graphics, 2020, 39(6):1-14.

[42] GHADAI S, BALU A, SARKAR S, et al. Learning Localized Features in 3D CAD Models for Manufacturability Analysis of Drilled Holes[J]. Computer Aided Geometric Design, 2018, 62:263-275.

[43] OH S, JUNG Y, KIM S, et al. Deep Generative Design:Integration of Topology Optimization and Generative Models[J]. Journal of Mechanical Design, 2019, 141(11).

[44] GUO M H, CAI J X, LIU Z N, et al. PCT:Point Cloud Transformer[Z]. ARXIV, 2020.

第 4 章 设计文档结构化分析

  企业通常存有大量的设计文档，基于设计文档形成的知识管理系统对于提高企业效益以及合理利用企业内部知识资源有着重要价值[1]。标准文档是最典型的文档形式之一，通常以电子文档的形式存储在企业内部知识管理系统数据库中。本章主要介绍航空标准文档的结构化分析方法，在产品设计、工艺设计、技术评审、适航审查等过程中为相关技术人员提供大量的查阅引用工具。例如，在编写航空产品装配大纲时，技术人员需要查阅相关的工艺规范文档，在编写文件中引用相应的标准文档以及标准规范文档中的具体内容（如零件表、工艺参数），而现有知识管理系统缺少相关的智能化应用。例如，技术人员在查阅某篇航空标准时需要通过文档名或文档分类从数据库中进行人工筛选，在检索到正确的文档后亦需要对长达数十页的标准文档进行全文浏览，以最终确定所查找内容的具体位置，费时费力。

  航空标准文档通常以电子文档形式存储。由于文档的来源与编写机构不一致，航空标准电子文档的文件格式多样，主要以 Word 格式、PDF 格式或图片格式存储。图片格式即文档中的文字通过图片展示，部分非内部制定的标准文件或早期的标准文件可能通过图片格式存储。同时由于早期对标准文档的编写缺乏统一标准，标准电子文档编写格式亦随编写人员、制定机构的不同而变化，如不同部门编制的标准文档格式大多有一定的差异。航空标准电子文档的文本数据中包含大量与文档内容无关的文本，即噪声文本，如企业标识、保密申明、页眉页脚、乱码文本等。除此之外，航空标准文档与一般文档有着显著的差异，航空标准文档通常具有鲜明的文档结构，包含大量的技术词汇，具有较长的篇幅。

将知识文档中的文本数据提取并结构化，最终存储为合适的数据格式是制造企业进行智能化应用研究（如语义检索、个性化推荐）的基础。除此之外，标准文档与自然语言处理任务中的常用文本如网络新闻、网络评论、医疗文件等相比有较大的差异。标准文档为结构化文档（即有明确文章章节脉络的文档），具有包含大量专业技术名词、篇幅较长、包含大量的图表等特点。以上特点致使针对航空标准文档的智能化应用研究具有一定特殊性，具有必要的研究价值。

4.1 国内外相关技术研究现状

4.1.1 标准电子文档文本提取及结构化相关研究

随着自然语言处理相关研究的发展，自然语言处理算法逐渐应用到各行业的文档任务中，针对特定的电子文档提取有效文本的研究逐步出现。朱振广等以 Microsoft Office 2007 软件存储的电子文档为研究对象，设计基于状态机的电子文档文本提取方法，该方法在对 docx、xml、ppt 等多种 Office 电子文档格式的文本提取实验中呈现了较高的提取正确率[2]。刘现营针对医疗相关的 PDF 文档进行文本提取及结构化研究，通过 PDF 文档解析、txt 文本生成 xml 文本数据，最终解析出可以用于语义分析的文本[3]。李雪驹等提出一种结合规则匹配及支持向量机的 PDF 论文文本提取方法，利用支持向量机算法挖掘 PDF 文档中文本抽取规律结合既定规则进行 PDF 文档的文本提取，实验验证其具有良好的文本提取效果[4]。于波涛针对电子文档中公式的提取，应用规则匹配的方法定位数学表达式在电子文档中的所在区域[5]，并根据数学表达式排版特点，还原数学表达式，在实验中呈现良好的提取效果。潘军以包含复杂表格的图像文档为研究对象，通过区域定位算法、邻接图算法进行图像文档中表格的检测，根据表格检测结果优化文档文本的提取，在病历表图像和快递单图像文档上取得了较好的效果[6]。

现有的电子文档文本提取及结构化方法大多是针对某一具体应用场景下某一特定文档类型的特点进行研究的。而航空标准电子文档的专业技术名词较多、文档编写格式不一、噪声文本较多等特点也使得一般的文本提取方法难以适用，因此需要针对航空标准电子文档的特点，基于常用的文本提取工具，设计航空标准电子文档文本提取及去噪方法，研究并设计合理的数据结构存储文本数据。

4.1.2 航空标准电子文档关键词自动提取技术的相关研究

在提取出航空标准电子文档的文本数据之后，需要针对航空标准电子文档建立合适的模型，自动提取出文档的关键词。关键词为能够概括某篇文档主要内容及特点的词语。关键词自动提取算法包括根据既定规律构建模型的无监督关键词自动提取算法，以及构建机器学习模型并通过已标注语料进行训练的有监督关键词自动提取算法。

无监督的关键词自动提取算法通常根据既定规则构建文档及词汇的数学模型，在模型基础上人工设定词汇对文档重要度的量化指标，依据量化指标编写公式计算文档中出现的每个词的权重，并依据这些权重对文档中的候选词排序，最后按照排序结果选取出权重最高的 k 个候选词，即是最终的提取结果。无监督方法无须大量标注好的语料库，是相关研究中的重点，基于无监督方法的关键词自动提取算法主要可归纳为以下 3 种模型：主题生成模型、基于图的模型、基于统计量的模型。基于主题生成模型的关键词提取方法通过文档库构建主题模型，其中主题是单词集合上的概率分布。主题生成模型通过文档库观察到统计量估计潜在随机变量[7]，假设文档—主题和主题—词语符合一定的概率模型，在模型的训练过程中得到不同超参的估计，如隐含狄利克雷分布（Latent Dirichlet Allocation，LDA）模型、概率潜在语义分析（probabilistic Latent Semantic Analysis，pLSA）模型[9]。翁伟通过构建 LDA 主题模型，计算文档主题概率及词语被分配为不同主题的次数计算词语重要度，最终根据分数排序选取关键词，经过实验验证该方法可行并较好的效果[10]。基于图的模型将文档构建为图结构，图结构中的顶点为在文档中出现的词，节点之间的距离通过其所对应的词语在文档中的共现关系衡量。之后通过计算图节点重要性等指标计算词语的分数选取关键词。TextRank 是最为经典的基于图的模型，构建思路类似于 PageRank[11]。TextRank 算法通过所构建图中节点重要度量化节点所对应词语的重要度[12]。Florian 通过词图中节点中心度量化词语重要度并实验了多种图节点中心度计算方法，基于图节点中心度的量化方法在短文档的关键词提取任务上取得比 TextRank 更好的效果[13]。夏天在构建词图模型后，在计算图节点概率转移矩阵时添加量化覆盖影响力、位置影响力和频度影响力的统计量，迭代求解得到节点重要度分数后选取关键词[14]。基于统计量的模型通过对文档库中词语的统计量人工构建公式量化词语的重要度。其中，词频—逆文本频率指数（Term Frequency-Inverse Document Frequency，TF-IDF）算法通过计算候选词的词频以及逆文本频率的乘积作为量化词语的重要度，TF-IDF 的计算简单便捷，可解释性强。夏天等利用皮尔森卡方检验统计量优化 TF-IDF 的计算，并通过实验证明了方法的有效性[15]。Qin P 尝试在 TF-IDF 公式中利用反例信息，提出基于 TF-IDF 的负采样方法，在实验中取得较好的关键词提取准确率[16]。近期亦有较多研究尝试将不同的模型进行组合。顾益军等结合 TextRank 与 LDA 的优点构建模型，经实验验证该算法在文本集主题分布规律明显时可以显著提高算法效果[17]。同样，刘啸剑首先利用 LDA 主题模型量化文档中不同词语的相似度，并将词图模型中的节点距离通过计算出的词相似度量化，实验证明该模型优于部分已有关键词提取模型[18]。无监督学习方法通过构建模型以及文档中词语的相关统计量量化词语的重要度，具有较好的可解释性，而基于一定规则设计的无监督学习算法会因文档特征变化在不同的数据上有着不同的应用效果。

有监督学习的关键词自动提取算法往往构建机器学习模型，并利用大量标注文本训练模型，在训练过程中通过模型拟合关键词的抽取规律[19]。有监督学习的关键词自动提取算法将关键词抽取任务转化为分类问题，即识别关键词和非关键词的二元分类问题。机器学习模型的输入特征通常为一些常用的统计特征或词语语义特征，所适用的机器学习模型包括支持向量机模型、最大熵模型、隐马尔可夫模型、条件随机场模型[20]等。Witten 等提出了 KEA 算法选择 TF-IDF 值以及词首次在文章中出现的位置作为输入特征，应用朴素贝叶斯方法作为分类器[21]。Turney 提出 GenEx 算法，其选择词频和词性信息作为输入特征，应用决策树作为分类器。Hulth[22]在 Frank[23]等的基础上添加了语言学知识作为特征训练关键词提取模型，实验证明所提出的方法明显地提高了论文摘要中关键词的提取效果。早期基于有监督学习的关键词提取算法大多利用传统的统计特征，如词频、逆文本频率、词性等特征作为模型输入，难以有效地利用词语本身的语义特征以及上下文联系。随着多种词向量模型的出现以及深度学习模型的发展，应用词向量模型以及深度学习模型融合较为传统的统计方法，为关键词自动提取中利用语义信息、上下文关系等问题提供了较好的解决方法，常见的词向量模型有 Word2vec[24]、Glove[25]、ELM[26]、BERT[27]等，常用于自然语言处理的深度学习模型包括 LSTM[28]、Transformer[29]等，Wen 等利用 Word2vec 模型计算词语对应的词向量以获取词语的语义信息，同时将词向量之间的相似度作为节点权重的转移概率改进 TextRank 算法[30]。陈伟等将 BiLSTM-CRF 模型应用于较短文本的关键词自动抽取，在短视频标题的关键词提取应用场景下取得了较好的效果[31]。有监督学习的关键词自动提取算法通常利用更全面的文档信息构建更为复杂的模型，往往具有更高的提取准确率。然而基于有监督学习的算法一般需要大量高质量的已标注数据，模型复杂度的增加也同时提加了算法应用的软硬件要求。

4.1.3 航空标准电子文档信息检索技术相关研究

由于航空标准电子文档具有数量众多、篇幅较大、专业技术性较强等特点，使得用户通过文件名及文件分类手动检索信息较为困难，针对航空标准文档构建合适的信息检索系统研究尤为重要。信息检索（Information Retrieval，IR）即对信息进行数学表示、存储、组织，优化用户获取所需信息的速度与准确率[32]。信息检索通常对查询信息与文档信息进行数学表示，并基于查询信息与文档信息的数学表示计算各文档的匹配得分，按照匹配得分返回各文档排序结果。文档信息亦可为商品信息、视频内容信息等，包括文档检索、商品推荐、视频内容推荐等都属于信息检索。航空标准电子文档信息检索即属于文档检索。

信息检索通常包括用户查询信息数学表示、检索信息（文档信息）的数学表示，以及查询信息与检索信息的匹配。传统的信息检索模型通过用户查询中词或字与文档中词或字进行匹配进行信息检索，包括布尔模型、向量空间模型、概率模型等。其中，布尔模型通过查询词对于某篇文档出现过的词的匹配关系（词存在于文档中为 1，不存在为 0）构建布尔表达式表示查询信息[33]。向量空间模型通过词袋模型表示文档，即文档表示为记录不同词汇的出现次数的向量，通过计算查询表示向量与文档表示向量之间的相似度匹配文档与查询文本，如 Salton 等构建 SMART 检索系统即是基于此模型，在实际应用中取得了优异的结果[34]。概率模型将文档词以及查询词表示为概率模型并依此计算文档与查询文本的相关概率[35]。经过不断地技术研究和工程应用，旋转归一化向量空间模型[36]、BM25 模型[37]、狄利克雷先验语言模型[38]具有较好的检索效果。经过优化后，以上 3 种模型的算法通常具有相似的性能[39]。其中 BM25 算法是一种基于概率检索模型提出的算法，将用户输入文本以及文档进行切分后，通过每个查询词与文档的相关性、逆文本频率与查询词与查询文本的相关性，计算用户输入与某篇文本的相关度。BM25 算法较为简单同时具有较好的应用效果，一直以来有较多基于 BM25 算法的研究。Géry 等将 XML 标签加权到原有 BM25 算法的词频计算中并提出 BM25t 算法，对于带有结构意义的标签如标题，或者特殊语义的标签如加粗的词汇，赋予不同的权重以改进 BM25 算法[40]。Lv 等提出通过修改原 BM25 算法中文档长度相关计算避免对文本长度的过度惩罚[41]。基于字词匹配的相关检索模型无法处理用户在进行信息检索过程中输入查询文本可能无法与文档准确匹配的问题。基于语义分析的模型较好地解决了这一问题。潜在语义分析通常将基于词频[42]的文档用（高维）向量空间表示，并通过降维将高维数据投影到低维空间，在低维空间中的文档与查询文本对应的向量在即使没有共同词汇的情况下也可拥有较高的相似度。降维方法基于相应术语/文档矩阵的奇异值分解[43]。概率潜在语义分析算法[9]基于似然原理定义了适当的文档生成模型，通过概率潜在语义分析获得的因子表示法可以处理多义词，并明确区分不同含义和不同类型的单词。

互联网以及信息技术的发展产生了大量信息检索数据，包括用户查询文本以及用户最终点击文档，用户的点击即可视为标签，在拥有大量标注好的数据的情况下，基于深度学习的检索算法应运而生并取得飞速发展[44]。深度结构化语义模型（Deep Structured Semantic Model，DSSM）算法[46]同时基于标注好的用户查询与点击数据训练语义模型进行信息检索。经过实验验证，该算法的效果远高于之前的无监督算法。DSSM 算法及后续算法通过神经网络将查询文本和文档投影到公共的低维空间中，并根据低维的文本向量表示计算查询文本与文档相关性计算为两者之间的距离[47]。DeepCrossing 算法[50]在深度模型中加入嵌入层，嵌入层可以实现高维数据到低维向量的映射，并将低维的特征向量拼接，拼接后的向量作为残差全连接单元为基础单元的深层网络的输入。深度兴趣网络（Deep Interest Network，DIN）算法[51]引入了注意力（Attention）机制的深度神经网络，在模型的嵌入层和特征合并层之间加入了注意力机制，在推荐任务上取得了更好的效果。通过网络去理解文档的方法受限于神经语言相关模型，如难以直接处理长文本而使基于神经网络的全文检索成为挑战[52]。

4.2 基于规则匹配的文本去噪和结构化方法

航空标准电子文档多以 PDF、Word 等格式分类存储。企业内部用户需要对航空标准电子文档库中的文档进行大量的查阅引用。以 PDF、Word、图片格式存储的电子文档难以直接应用程序进行处理，在对航空标准电子文档进行智能化应用前，需要通过电子文档解析工具提取电子文档中的文本数据并存储为合适的数据结构。由于现有的航空标准电子文档大多具有不同的存储格式，直接应用现有的文本提取工具获得的文本数据会出现乱码等多种噪声，且无法提取出原有的文档结构信息，因此需要在初步的文本提取结果上进行文本去噪方法研究。本节分别针对 PDF 文档、Word 文档以及以图片形式存储的文档，测试选用合适的开源工具做初步的文档数据提取，在此基础上针对初步的提取文本数据中出现的噪声文本规律进行归纳总结，并基于规则匹配进行去噪，最后得到较为完好的文本数据。

航空标准电子文档大多为结构化文档（文档有清晰的章节结构），文档结构特征鲜明，但提取出的文本数据丢失了原有的文章结构信息，因此本节针对航空标准电子文档的结构特点，基于树结构设计文本树存储提取出的数据，从而保持原有的文档结构信息。

4.2.1 航空标准电子文档数据说明

航空标准电子文档主要以 PDF、Word 格式存储。其中部分 PDF 文档中无法提取出文本，文本以图片形式存储，以下称此类型的文档为图片文档。一般的 PDF 文档和 Word 文档可以分为中文文档、英文文档。部分航空标准文档如图 4-1～图 4-3 所示。

本节所采用的数据集包括航空标准电子文档共 1000 篇，大部分电子文档以 PDF 格式存储，其余以 Word 格式存储，其中 PDF 文档占比 85.6%。电子文档中包含中文文档、英文文档和图片文档，其中中文文档占 86.1%，因此后续的关键词自动提取方法以及信息检索方法主要针对中文文档进行研究。航空标准电子文档数据集中包含中文文档 861 篇、英文文档 81 篇、图片文档 58 篇。

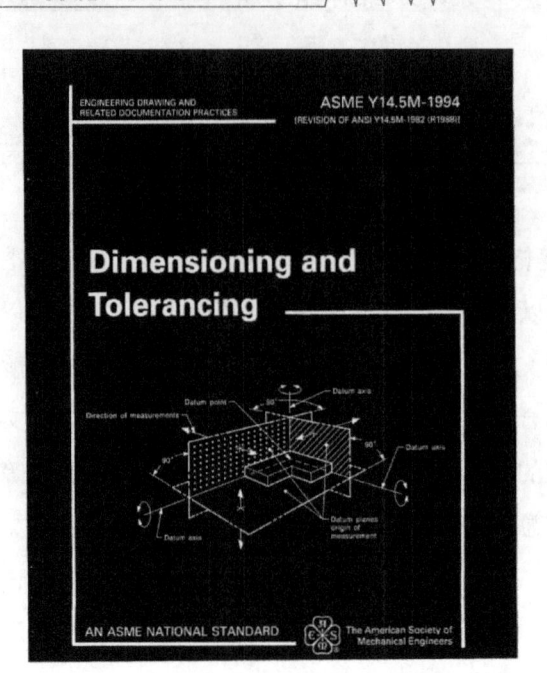

图 4-1　图片文档

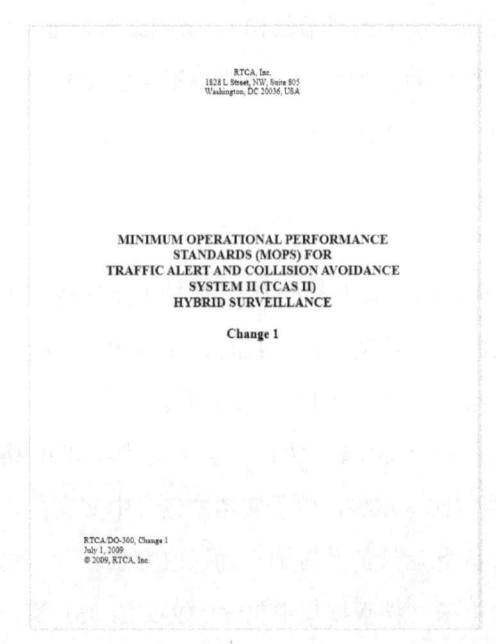

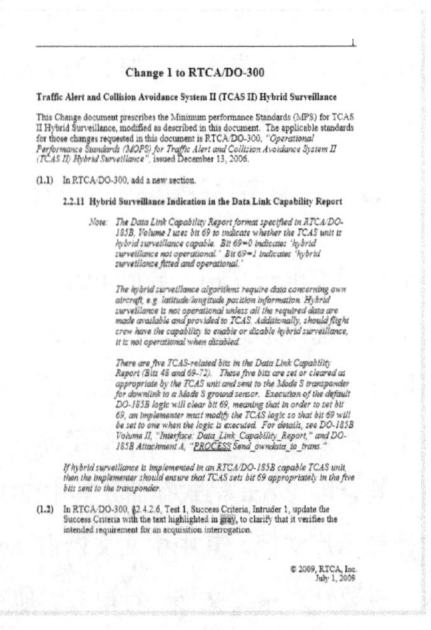

图 4-2　英文文档

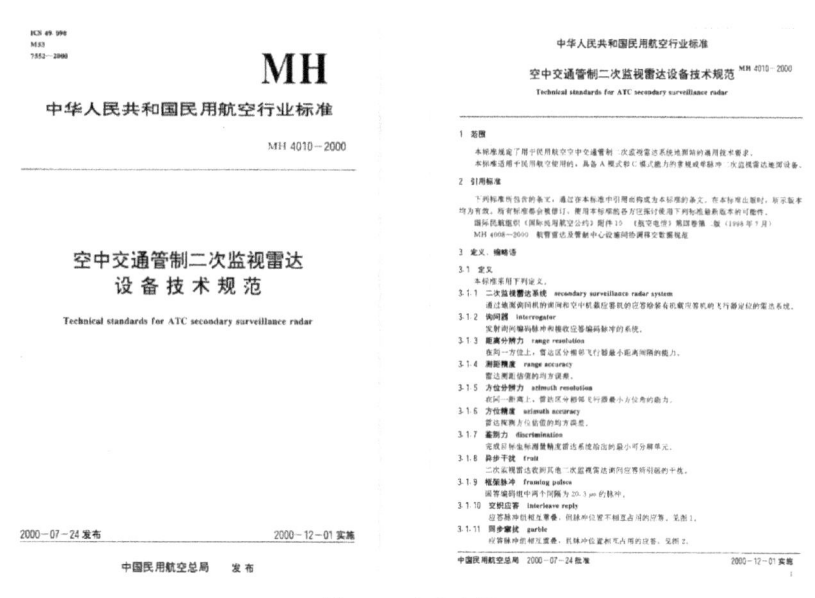

图 4-3 中文文档

相比于其他自然语言处理任务中的文档（如网络新闻、医疗文档、法律文件等），航空标准电子文档具有以下特点。

1. **结构化**

航空标准电子文档包含清晰明确的文章脉络，其结构为多级章节结构，即文档的文本由标题及直属文本、各子章节文本构成，而各子章节文本又由主要小标题文本及直属文本，以及其所属的更低一级的子章节文本组成。航空标准文档电子的结构示例如图 4-4 所示。

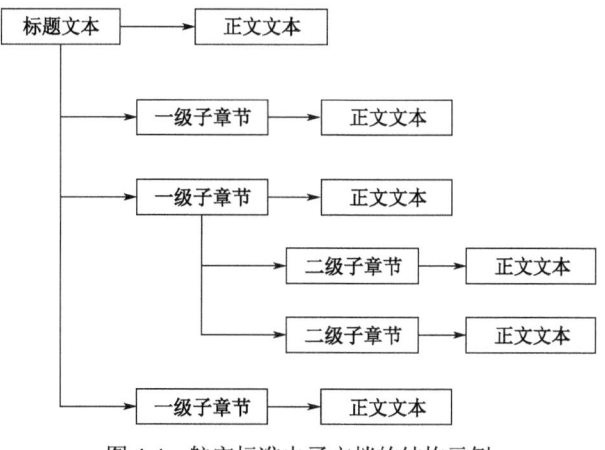

图 4-4 航空标准电子文档的结构示例

2. 专业性

航空标准电子文档主要是航空与制造相关的技术性文档，文档的结构和内容与常规文档大相径庭，其中最为显著的特点是航空标准电子文档的文本中包含大量专业技术词汇，如民用飞机、模型、复合材料、可靠性等词在航空标准电子文档中较为常见，而一些常见词汇反而在专业技术文档中出现较少，如生活、经济、期望等。除此之外，航空标准电子文档的文本中会出现大量的中英文缩写，如 SR（航班可靠度）、SIR（航班中断率）、MMEL（主最低设备清单）、MTBF（平均失效间隔时间）等。作为专业技术性较高的文档，航空标准电子文档中还包含大量的表格和图片，以及其对应的表格名和图片名。

3. 篇幅较大

航空标准电子文档大多篇幅较长，在几十页甚至上百页，较大的篇幅对应用于文档的相关算法设计及任务要求提出了更大的挑战，如文档检索精确到某篇文档的精度对于长达数十页的航空标准电子文档难以适用。

4. 文档编写格式不一

由于标准类型、编写机构的不同，航空标准电子文档的编写格式较为杂乱。以中文航空标准电子文档（PDF 格式存储）为例，截取两页不同编写格式文档的封面及附录如图 4-5 所示。

图 4-5　不同编写格式的航空标准电子文档

5. 存在大量噪声文本

相比于其他电子文档，航空标准电子文档中存在大量的噪声文本。噪声文本指文档中与主要内容无关或是与理解文档内容几乎没有关系的文本，如页眉/页脚、文档声明等。这些噪声文本对于理解文档中的内容没有实际意义，夹杂在提取出的文本数据中反而会影响文本内容的连续性。航空标准电子文档中的部分噪声文本示例如图 4-6 所示。

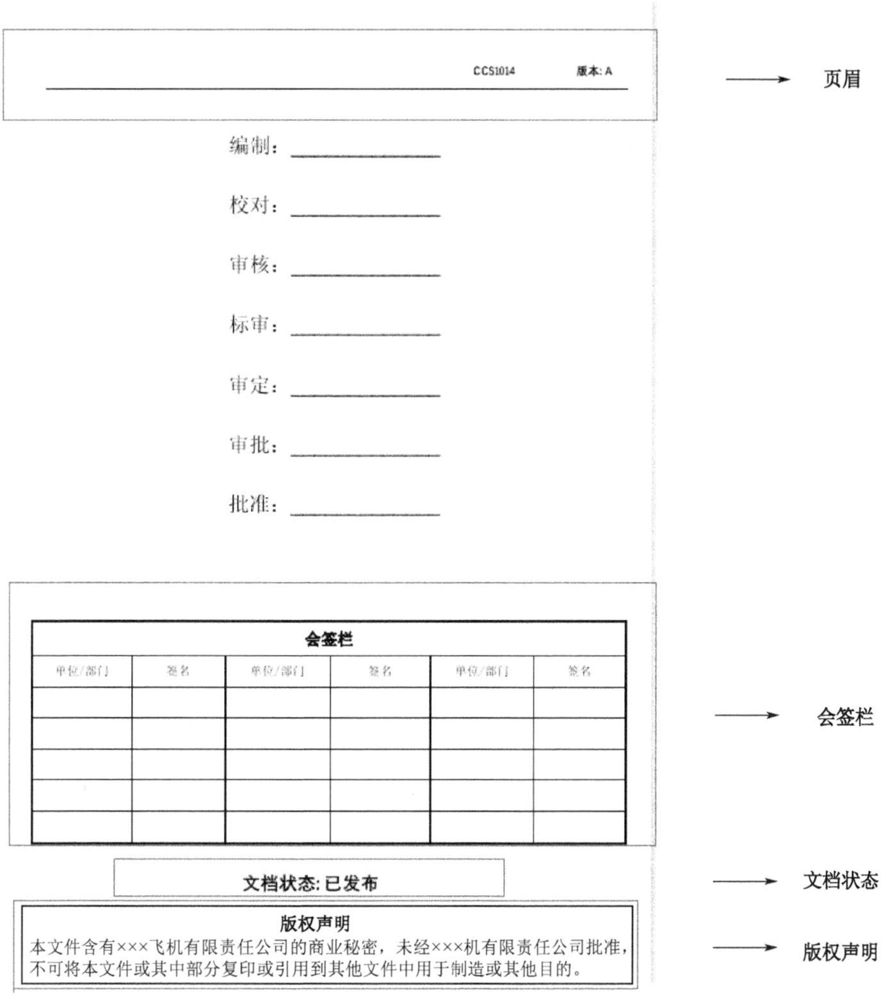

图 4-6　噪声文本示例

4.2.2 航空标准电子文档文本去噪和结构化技术路线

航空标准电子文档文本去噪和结构化技术路线如图 4-7 所示，主要包括基于开源工具的电子文档文本提取、基于规则匹配的文本去噪、基于树结构的文本结构化三部分。首先利用开源工具对所有的航空标准电子文档进行文本的初步提取，通过电子文档的文件类型进行初步分类。针对 PDF 格式的电子文档再通过是否能提取出文本将其分成图片文档和一般 PDF 文档。接着按照不同的文档类型分别应用不同的文本提取工具得到初步的文本提取结果。考虑到文本提取结果中包含大量噪声文本，因此针对初步提取出的文本数据可应用

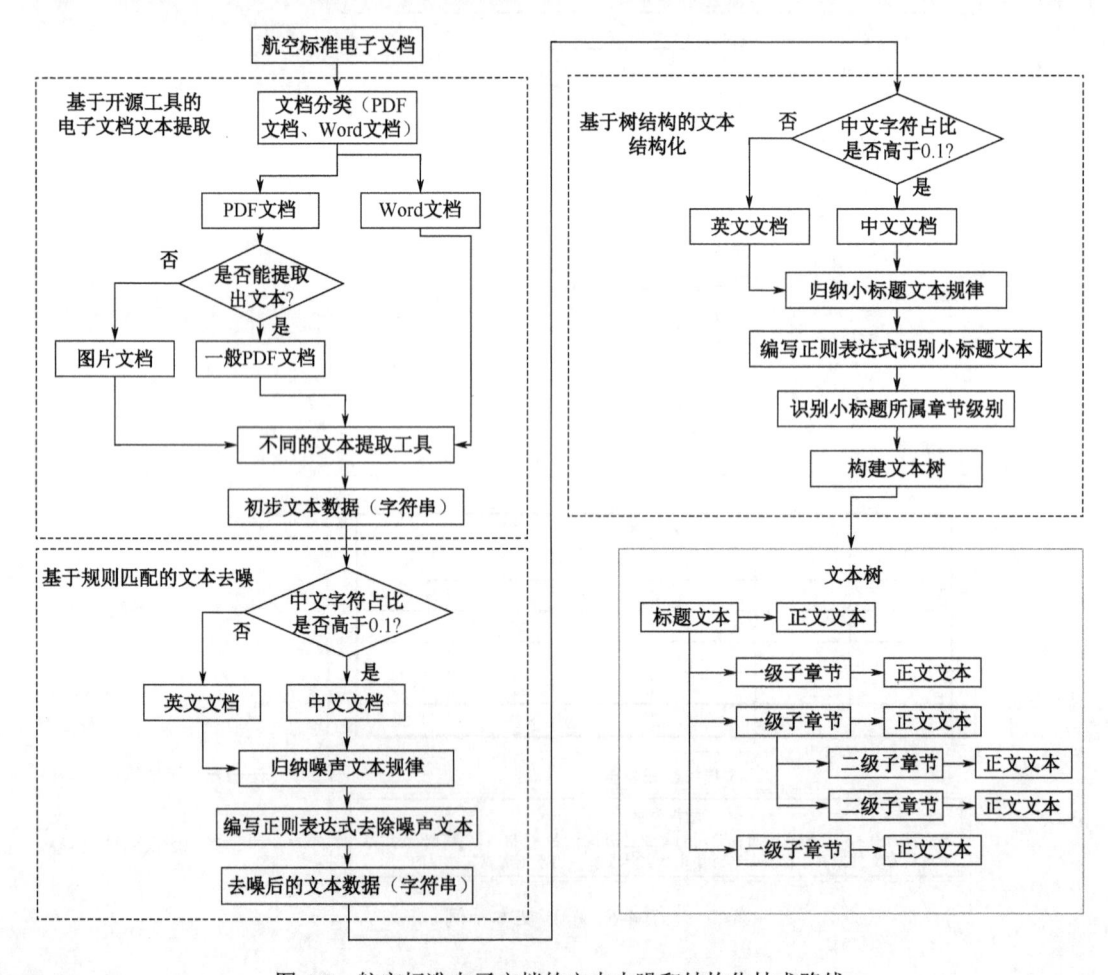

图 4-7 航空标准电子文档的文本去噪和结构化技术路线

基于规则匹配的文本去噪方法。按照文本中中英文字符比例分为中文文档和英文文档后，归纳不同类别噪声文本的特点，编写正则表达式进行文本去噪（本节主要针对中文文档进行研究）。得到较为准确的文本数据后，为了保留原有文档结构特征，应用基于树结构的文本结构化方法将文本数据结构化为文本树。文本树即基于树结构设计的航空标准电子文档文本数据的数据结构。

4.2.3 基于开源工具的航空标准电子文档的文本提取实验

航空标准电子文档文本提取即从电子文档中提取出有效文本。针对 PDF 文档、Word 文档以及图片文档的文本提取问题，分别有不同的程序提取工具及处理方法。本节分别调研现有的 Python 及 Java 文本提取工具，并对 3 种类型的文档选取典型文件进行文本提取实验，分析各个工具的优缺点并从中选出最为合适的文本提取工具。

不同文本提取工具的评价标准如下。

（1）文本提取准确性。文本提取工具需要能够完整地提取出文档中所有有效文本，同时尽量减少乱码等情况。

（2）文本所在位置。考虑到后续相关智能应用的研究，在提取出文本时需要能够记录文本所在文档具体位置，即页码。

（3）提取速度。考虑到在企业内部知识管理平台大量应用，文本提取工具应该尽量简单便捷。

（4）开源工具。考虑到后续的优化处理，所使用的文本提取工具应为开源工具，且可以二次开发。

本节所选用的文本提取工具以及对应的文档提取实验分析如表 4-1 所示。

表 4-1 不同文本提取工具实验分析

文本提取工具	适用文档类型	程 序 语 言	实 验 分 析
PDFminer	PDF 文档	Python	可以提取除表格、公式外的文本数据，在实验中部分文档无法提取页眉。提取结果中常常会出现同一行文本被前后分到两行的现象。可以提取出各段文本所在页码
Itext	PDF 文档	Java	可以提取除表格、公式外的文本数据，在实验中能够提取到页眉。可以提取出各段文本所在页码

续表

文本提取工具	适用文档类型	程序语言	实 验 分 析
Free Spire	PDF 文档	Java	能够提取除表格、公式外的所有文本数据，包括页眉等。部分文档中表格和图片内容会变为乱码，提取的文本中会出现较多的无故空行
Python-docx	Word 文档	Python	基本可以提取出除公式、表格外的文本内容。可以提取出各段文本所在页码
Tesseract	图片文档	Python	对于清晰的图片能很好地提取段落，但会有一定的错字，对于模糊的图片识别率低，有较多错字。可以提取出各段文本所在页码

根据实验分析，PDFminer 工具可以提取出除公式、表格外的文本，同时无法提取页眉等噪声文本，满足提取要求。因此选择基于 Python 语言的 PDFminer 工具提取 PDF 文档中的文本。Tesseract 及 Python-docx 足以满足本节提出的文本提取要求，因此选择这两种工具分别作为图片文档和 Word 文档的文本提取工具。

使用 PDFminer、Tesseract、Python-docx 工具提取 PDF 文档、图片文档、Word 文档的实验结果示例如下。

1. 使用 PDFminer 工具提取 PDF 文档文本实验

PDFminer 工具提取文本主要应用 PDFParser 类及 PDFDocument 类。PDFParser 类用以从文件中提取数据，PDFDocument 类用以保存数据。在实验中按照页读取 PDF 中内容并提取出文本数据。PDF 实验文档如图 4-8 所示。

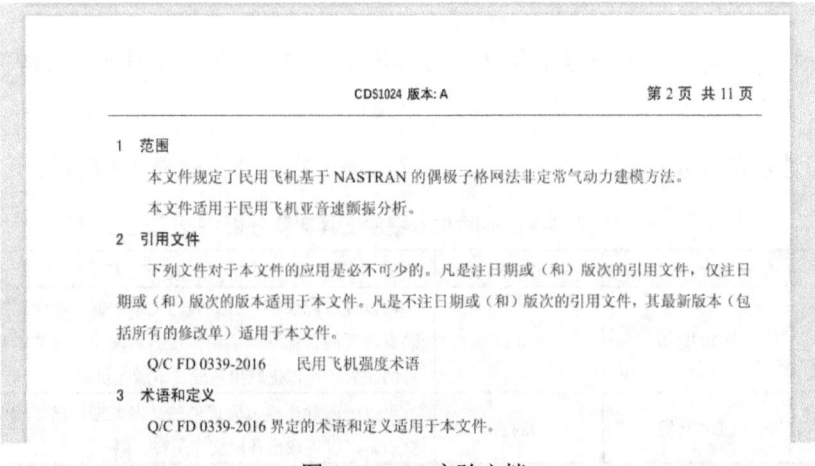

图 4-8 PDF 实验文档

提取出的文本数据如图 4-9 所示。

```
CDS1027 版本: B
第 4 页 共 28 页
1 范围

民用飞机复合材料结构强度设计准则
本文件规定了民用飞机复合材料结构强度设计要求，给出了为满足复合材料结构完整性及
适航符合性所必需的验证项目。
本文件适用于民用飞机复合材料结构强度设计和适航符合性验证。
2 引用文件
下列文件对于本文件的应用是必不可少的。凡是注日期或（和）版次的引用文件，仅注日
期或（和）版次的版本适用于本文件。凡是不注日期或（和）版次的引用文件，其最新版本（包
括所有的修改单）适用于本文件。
CCAR-25-R4       运输类飞机适航标准
AC 20-107B       COMPOSITE AIRCRAFT STRUCTURE
```

图 4-9　PDF 文档文本提取结果

2. 使用 Tesseract 工具提取图片文档文本实验

Tesseract 工具通过连通成分分析等方法得到图片中的文本行，并寻找基线将文本行按字词切分，对每个字词图片应用训练好的单词分类器识别字词，从而提取出图片中的文本。在应用 Tesseract 工具前需要通过 PDF2image 工具将 PDF 文档转化为图片。图片实验文档如图 4-10 所示。

图 4-10　图片实验文档

提取出的文本数据如图 4-11 所示。

```
HB 8473-2014
民用飞机肺式氧气调节器

1 范围
    本标准规定了民用飞机肺式氧气调节器（以下简称调节器）的技术要求、验证及交货准备等。
    本标准适用于调节器的设计、制造和验收。
2 规范性引用文件
    下列文件对于本文件的应用是必不可少的。凡是注日期的引用文件，仅所注日期的版本适用于本文件。
凡是不注 日期的引用文件，其最新版本（包括所有的修改单）适用于本文件。
```

图 4-11　图片文档文本提取结果

3. 使用 Python-docx 工具提取 Word 文档文本实验

Python-docx 工具基于 Python 语言可以实现对 Word 文档的文本提取、编辑等功能。通过 Python-docx 工具遍历 Word 文档中的每一个段落，并依次提取段落中的文本完成文本提取工作。Word 实验文档如图 4-12 所示。

```
2 引用文件
    下列文件对于本文件的应用是必不可少的。凡是注版本的引用文件，仅该版本文件适用于
本文件。凡是不注版本的引用文件，其最新版本（包括所有的修改单）适用于本文件。
3 文件签署
3.1 签署流程
3.1.1 签署流程可分为三类：
```

图 4-12　Word 实验文档

提取出的文本数据如图 4-13 所示。

```
引用文件
下列文件对于本文件的应用是必不可少的。凡是注版本的引用文件，仅该版本文件适用于本文件。
凡是不注版本的引 用文件，其最新版本（包括所有的修改单）适用于本文件。
中国商用飞机有限责任公司型号档案管理办法      中飞办（2011）252号
文件签署
签署流程
```

图 4-13　Word 文档文本提取结果

从以上的实验结果可以看出，本节选用的 PDFminer、Tesseract、Python-docx 文本提取工具可以有效地提取出航空标准电子文档中的文本数据。

4.2.4 基于规则匹配的文本去噪方法

由于航空标准电子文档本身的格式问题，以及文本提取工具的局限性，经过文本提取工具初步提取得到的文本数据中包含大量噪声文本。这些噪声文本主要包括乱码、格式错误（如错误换行、空格字符），以及额外文本内容（页眉/页脚等）。航空标准电子文档初步提取结果中的噪声存在一定的规律，因此可以考虑通过规则匹配的方法编写正则表达式匹配出这些噪声并进行去除。基于规则匹配的文本去噪的流程如图 4-14 所示。

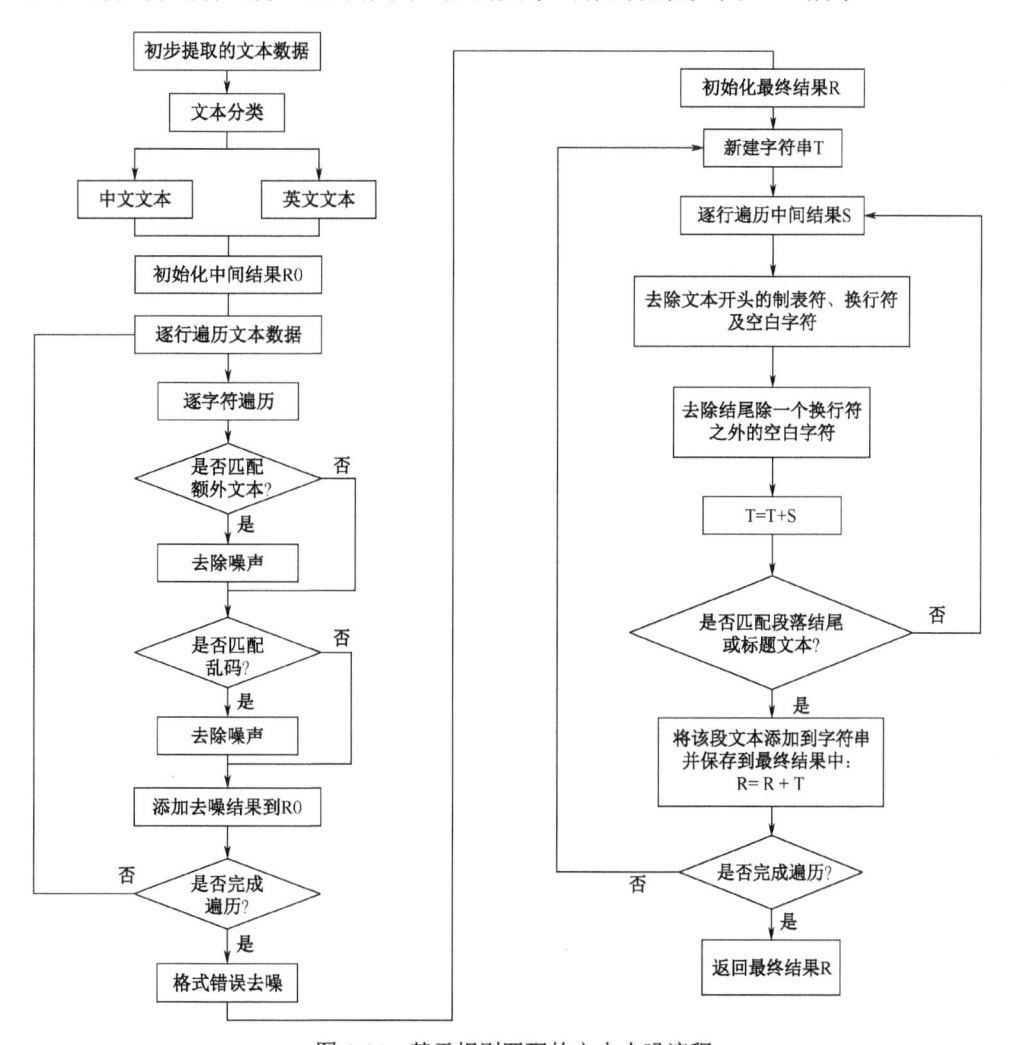

图 4-14 基于规则匹配的文本去噪流程

如图 4-14 所示，由于中文文本与英文文本的文本编写格式有显著差别，初步提取出的中文文本与英文文本中存在的噪声有一定差别，因此需要先对文本按照中文文本及英文文本进行简单的分类。文本的分类可以通过文本数据中中文字符的占比完成。在分类后针对不同的噪声类型归纳噪声规律，先初始化中间结果 R0 以记录要去除的额外文本及乱码的噪声，再逐行遍历文本，通过编写正则表达式依次匹配额外文本及乱码噪声，将初步去噪后的文本添加到中间结果 R0 中直至遍历结束。在完成额外文本及乱码噪声的去除之后，进入格式错误去噪环节。格式错误在 PDF 文档中极为常见，主要表现为多余的制表符、空白字符、换行符等。首先初始化文本去噪最终结果 R，然后新建变量 T 以存储当前处理的段落中的文本，接着逐行读取中间结果记为 S。对 S 去除头尾多余的空白字符后，判断 S 结尾的换行符前的第一个字符是否符合常理或 S 是否为标题文本，不满足以上条件则显然目前的换行符是多余的，将其删除；满足条件则将目前结果 T 保存并添加到最终结果，重新初始化 T。重复以上步骤直到遍历完成即可完成错误格式噪声去除。在完成格式噪声去除之后即可得到最终的去噪后文本数据。不同噪声的识别主要通过编写正则表达式进行规则匹配得到，其中格式错误的噪声文本规则较为简单，只需匹配不同的格式字符即可。额外文本及乱码噪声文本匹配规则设计如下。

1. 额外文本噪声的文本匹配规则

额外文本即是与文本内容无关的文本，如表示文档格式的文本（如页眉/页脚、页码等）和声明类文本（如版权声明，文档状态等）。额外文本噪声在初步提取的文本数据中的规则包括文本出现位置（pos）、文本格式（format）、重复次数（num）三部分。pos 是文本在整篇文档中的所处位置，以及文本在其所在页上的出现位置，表示方式如下。

$$\mathrm{pos} = (\mathrm{pos}_d, \mathrm{pos}_p) \tag{4-1}$$

其中，pos_d 表示文本出现在电子文档中的第几页；pos_p 表示文本出现在其所在页的第几行。例如，pos=(3，2)表示文本出现在电子文档的第三页第二行。

format 是对应的字符串正则表达式。num 是符合位置及文本格式条件的相似文本（除了数字之外字符完全相同）在整个文档中的重复次数，用整数表示。额外文本噪声分类及对应的规律如表 4-2 所示。

表 4-2　额外文本噪声分类及对应的规律

噪声类型	pos	format	num
页眉	$pos_p = 1$（需去除空行），即页眉出现在每页文本的第一行	文本去除空白字符总数少于 15	Num≥4 或 num≥n_page–3 n_page 表示电子文档的总页数，即文本需要在超过 4 页或大于总页数减 3 的页上重复
页脚	$pos_p = n\_row - 1$（需去除空行），其中 n_row 表示该页文本的总行数	文本去除空白字符总数少于 15	Num≥4 或 num≥n_page–3
会签栏、签字处及更改记录	$pos < pos_{ml}$，pos_{ml} 表示目录文本，即出现在目录文本之前	对于文本目录以上的内容仅提取出文章名即可以，其他文本都可以舍弃	无
版权声明	$pos_p > n\_row - 3$（需去除空行），即页眉出现在每页文本的倒数最多前两行	"版权声明" + 换行符+ "…"+换行符，其中 "…" 表示任意字符串	无

额外噪声文本的文本匹配规则即同时满足任一种额外噪声文本类型所对应的 pos、format、num 条件的文本。

2. 乱码噪声的文本匹配规则

产生乱码的主要原因是知识文本中的公式、表格或特殊的字符无法识别，在文本数据中主要体现为不符合常规的符号、数字、字母组合。此类文本对理解文档的作用不大，因此考虑通过符号组合是否符合常规的方式判别乱码文本，并直接对这部分乱码内容进行删除。本节归纳的乱码噪声主要包括格式乱码和表格乱码。格式乱码由多种原因产生，表现为不合理的标点符号、数字及字母的组合。文档中的表格因为存在大量的换行符，所以在初步提取的文本数据中通常表现为乱码，即表格噪声，同时表格噪声中的内容通常只有表格名称对文本的理解有帮助，因此选择去除表格名称之外的表格乱码。乱码噪声可以直接通过文本格式匹配（format），具体匹配规则及示例如表 4-3 所示。

表 4-3　乱码噪声匹配规则及示例

噪声类型	示　　例	format
格式乱码	'ta\uf065\nxya\uf067\n', ' \n\uf06d\uf065\n', 'ca\uf065\n \n\uf06d\uf065\n', '4500\n\uf03d\n', '\uf03d\n', '6000\n',	非正常的字母、数字、符号组合，如连续的符号加字母、字母加数字与非标点符号（非句号或逗号）结尾的组合

续表

噪声类型	示例	format
格式乱码	'\uf03d\n', '3300\n',	
表格乱码	'表 1　复合材料结构强度适航相关条款\n 适用的适航条款 \n', '示。\n', '适航审定要点 \n', '环境设计 \n', '材料许用值和设计值 \n', '结构静强度 \n', 'CCAR25 \n 第 25.603 条　材料(c) \n',	"表"+数字+" "+ 非全为数字的文本 + 无标点短文本，小于 15 个字符以及多段换行符

基于以上文本去噪方法的文本去噪示例如图 4-15 所示。从示例中可以看出，文本去噪方法可以有效去除噪声文本。

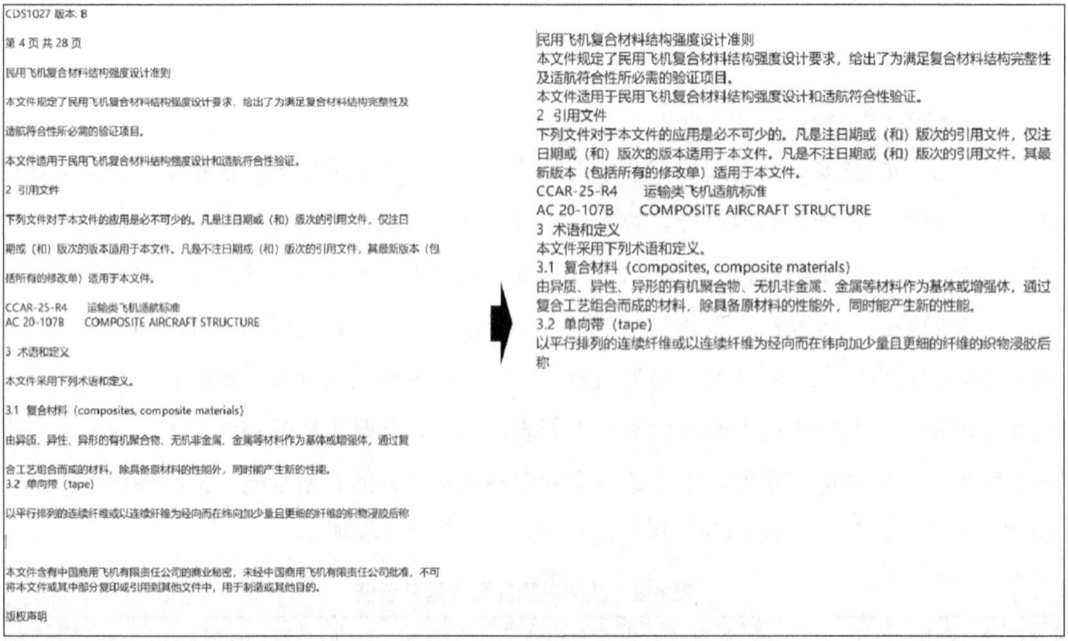
CDS1027 版本: B

第 4 页 共 28 页

民用飞机复合材料结构强度设计准则

本文件规定了民用飞机复合材料结构强度设计要求，给出了为满足复合材料结构完整性及

适航符合性所必需的验证项目。

本文件适用于民用飞机复合材料结构强度设计和适航符合性验证。

2　引用文件

下列文件对于本文件的应用是必不可少的。凡是注日期或（和）版次的引用文件，仅注日

期或（和）版次的版本适用于本文件。凡是不注日期或（和）版次的引用文件，其最新版本（包

括所有的修改单）适用于本文件。

CCAR-25-R4　　运输类飞机适航标准
AC 20-107B　　COMPOSITE AIRCRAFT STRUCTURE

3　术语和定义

本文件采用下列术语和定义。

3.1　复合材料（composites, composite materials）

由异质、异性、异形的有机聚合物、无机非金属、金属等材料作为基体或增强体，通过复

合工艺组合而成的材料，除具备原材料的性能外，同时能产生新的性能。
3.2　单向带（tape）

以平行排列的连续纤维或以连续纤维为经向而在纬向加少量且更细的纤维的织物浸胶后称

本文件含有中国商用飞机有限责任公司的商业秘密，未经中国商用飞机有限责任公司批准，不可
将本文件或其中部分复印或引用到其他文件中，用于制造或其他目的。

版权声明

民用飞机复合材料结构强度设计准则
本文件规定了民用飞机复合材料结构强度设计要求，给出了为满足复合材料结构完整性及适航符合性所必需的验证项目。
本文件适用于民用飞机复合材料结构强度设计和适航符合性验证。
2　引用文件
下列文件对于本文件的应用是必不可少的。凡是注日期或（和）版次的引用文件，仅注日期或（和）版次的版本适用于本文件。凡是不注日期或（和）版次的引用文件，其最新版本（包括所有的修改单）适用于本文件。
CCAR-25-R4　　运输类飞机适航标准
AC 20-107B　　COMPOSITE AIRCRAFT STRUCTURE
3　术语和定义
本文件采用下列术语和定义。
3.1　复合材料（composites, composite materials）
由异质、异性、异形的有机聚合物、无机非金属、金属等材料作为基体或增强体，通过复合工艺组合而成的材料，除具备原材料的性能外，同时能产生新的性能。
3.2　单向带（tape）
以平行排列的连续纤维或以连续纤维为经向而在纬向加少量且更细的纤维的织物浸胶后称

图 4-15　文本去噪示例

4.2.5　航空标准电子文档的文本数据存储结构

航空标准电子文档通常为结构化文档，即有着清晰的文本脉络（包括标题、章节内容

多级小标题)。航空标准电子文档的结构多为多级标题结构，类似于树结构。文档的结构信息一定对理解文章内容有着重要作用，而常规通过字符串存储的文本数据无法体现航空标准电子文档的结构特征。因此本节提出基于树结构的航空标准电子文档文本数据结构即文本树，以保留文档本身的结构信息，最终基于文本树完成文本数据的结构化。

航空标准电子文档的文档结构通常为树状结构，即可看成以文章标题及下属文字为根节点，一级子章节为其子节点，二级子章节为对应的一级子章节的子节点的文本树。文本树中各节点即文本各级章节，各节点的节点值即该子章节所包含的文字序列为该章节的标题文本直至下一个标题文本前的文字序列，文本树结构如图4-16所示。

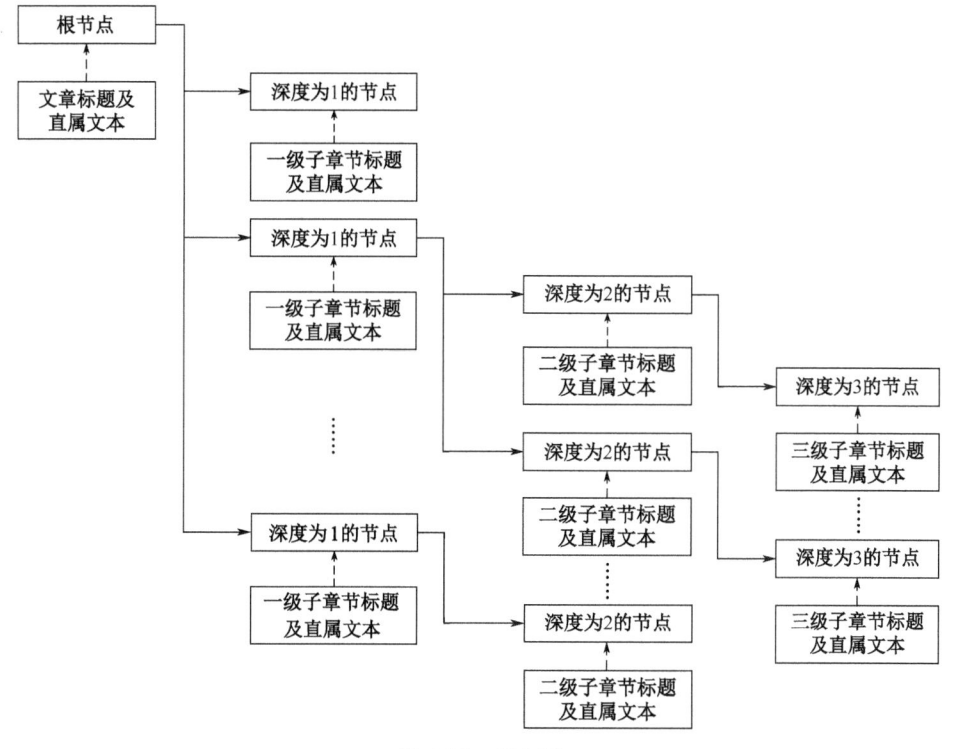

图 4-16　文本树

文本树中的每一个节点的节点值包括标题文本和所属章节文本，如图4-17所示。

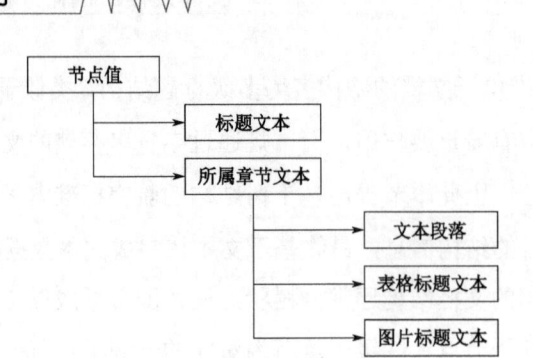

图 4-17　文本树中的节点值

4.2.6　文本树的生成方法

经过文本提取及去噪后得到的文本数据为简单的文本序列。文档的原有结构信息蕴含在文本语义中，可以查找标题文本从文本序列中还原文章结构，从而从简单的文本序列中提取出含有文章结构的文本树。文本树的构建流程如图 4-18 所示。

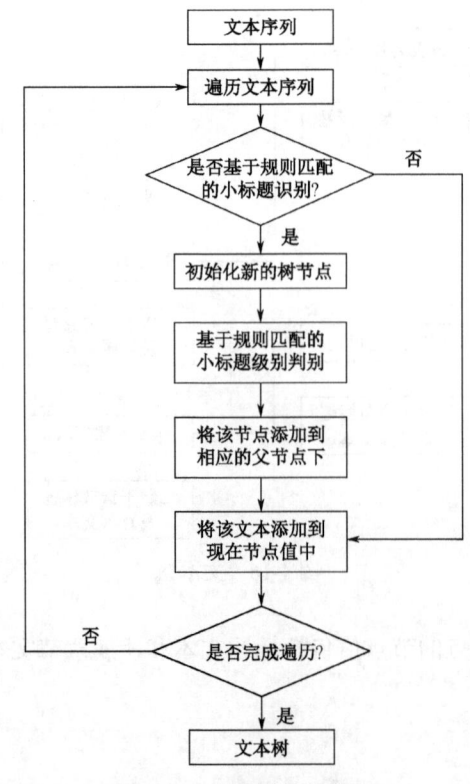

图 4-18　文本树构建流程

对文本序列进行逐段遍历，对每一段文本，应用基于规则匹配的方法识别该文本是否为标题或小标题，若为标题或是小标题文本，则新建节点，将文本添加到节点值的标题文本中，同时通过规则匹配的方法识别节点的级别得到其对应的父节点，将该节点添加到相应的父节点下；若不是标题或小标题文本，则将文本添加到当前节点的所属章节文本即正文文本下。如此直至遍历结束完成文本树的生成。文本树中具体标题及小标题的匹配规则介绍如下。

假设构建文本树的示例文本如图 4-19 所示。

```
3 术语和定义
DESIGN CONSIDERATIONS FOR MINIMIZING HAZARDS CAUSED BY UNCONTAINED
TURBINE ENGINE AND AUXILIARY POWER UNIT ROTOR FAILURE 产品结构创建与维护-定义
视图 MBD 装配数据集组织要求下列术语和定义适用于本文件。
3.1 非包容性发动机转子失效（UERF）
当发动机发生转子失效时，发动机某些轮盘和叶片会断裂，产生不同尺寸的转子碎片，这些碎片具有
不同的能量，相当一部分具有很高能量的碎片可击穿发动机舱，并沿不同的飞散角飞散出来，对飞机
结构和系统形成威胁，这类事件被称为非包容性转子失效。根据其他机型的运营经验，尽管发动机供
应商和制造商采用很多办法降低非包容性转子失效发生的概率，但是飞机实际运营期间非包容性转子
失效事件仍然经常发生。
```

图 4-19　构建文本树的示例文本

1. 标题文本匹配规则

根据归纳，标题文本=小标题级别+文本标题+换行符，如示例文本中的某一段：

3.1 非包容性发动机转子失效(UERF)= 3.1+非包容性发动机转子失效（UERF）+'\n'

小标题级别由数字（中文数字或英文数字）以及数字之间的"."组成，标题文本通常为不超过 20 个字符的不全为数字的文本。

2. 父节点匹配规则

根据文本的一般规律，当前子章节的父节点即为上一个低一级的节点，如示例文本中二级子章节 3.1 章节的父节点即为文档的第三章节。

根据以上匹配规则生成的文本树示例如图 4-20 所示。

图 4.20 左侧为文本数据（进行过简化），右侧为根据左侧文本数据生成的文本树。其中 T 表示标题文本，M 表示正文文本，None 表示空字符串。由此可以看出本节所提出的方法完好地还原了文章的原本结构。

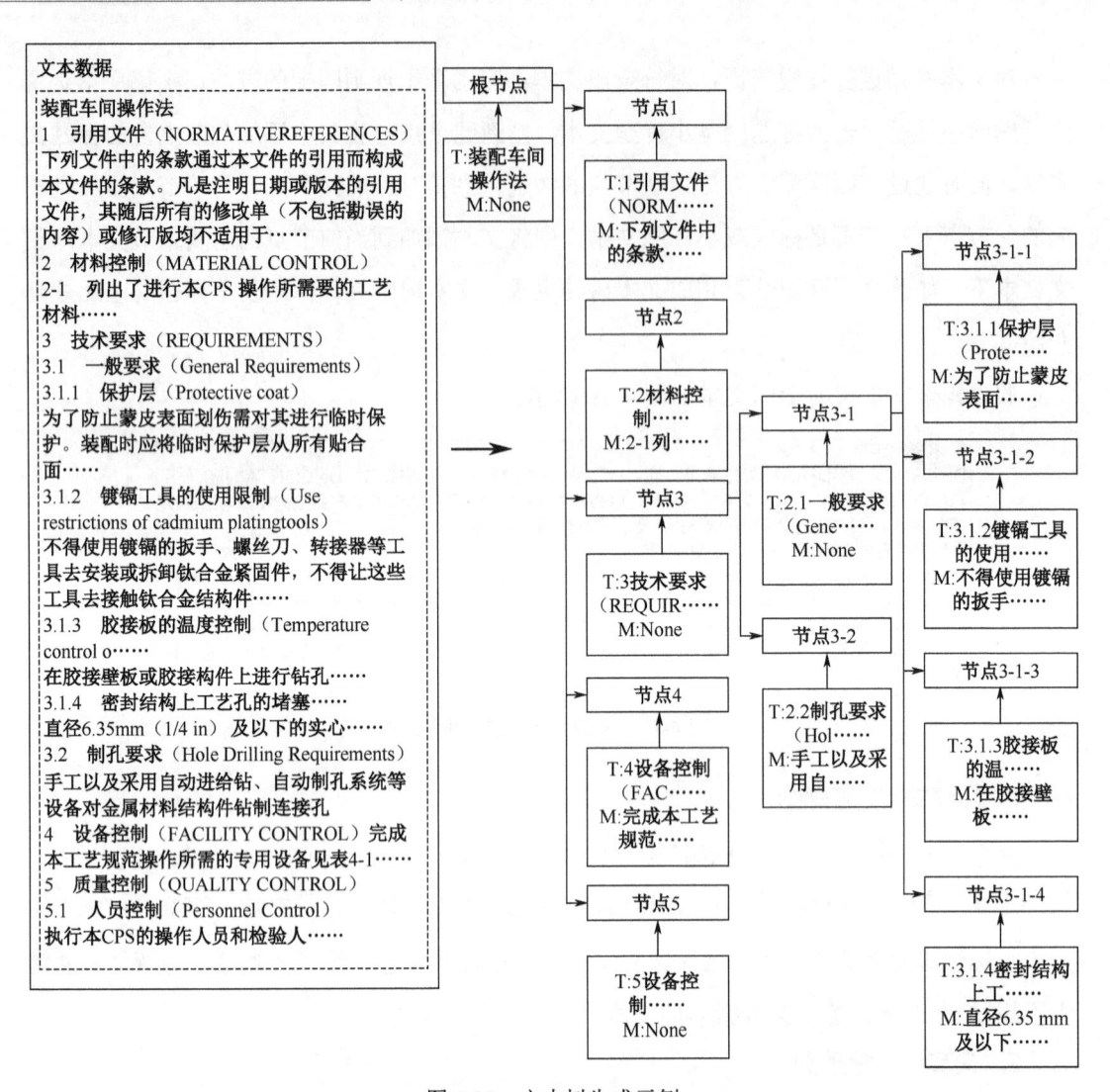

图 4-20 文本树生成示例

4.3 航空标准电子文档关键词自动提取数据预处理方法

航空标准电子文档关键词自动提取算法研究主要针对中文文档，在应用关键词提取算法处理中文文档前，需要通过分词、停用词过滤等方法将以中文字序列表示的文本转化为中文词语序列。

4.3.1 中文文档关键词自动提取方法技术路线

中文文档关键词自动提取方法技术路线如图 4-21 所示。常规的中文文本数据表示为中文文本序列，针对中文文本序列需要应用合适的中文分词模型进行分词，从而转换成中文词语序列。考虑到中文分词结果中存在大量语气词、标点符号等与文章内容无关的词语，因此需要选用合适的停用词库过滤掉无意义的停用词，剩下的词语即为关键词候选词集。在完成预处理后，设计合适的关键词提取算法对关键词候选词集中的每一个词语计算评价权重（即词语对于文档的重要度），最终根据候选词集中各个词的评价权重进行排序，选取前 k 个词语作为关键词，或者选取评价权重高于一定阈值的词语作为关键词。

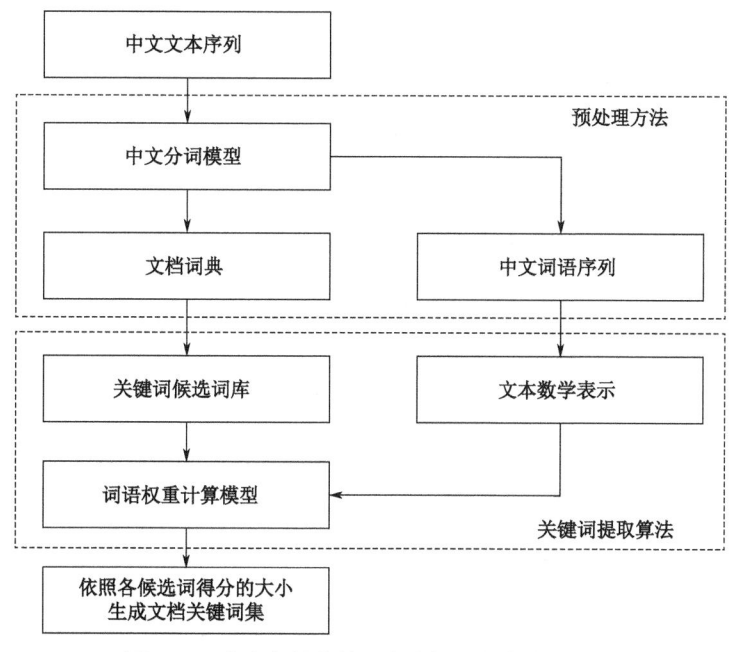

图 4-21 中文文档关键词自动提取方法技术路线

4.3.2 中文分词模型

中文文本中文字以直接连接的形式构成词，词即中文中表示语义的最小单元（在本节中标点符号也视为单个词），词以直接连接的形式形成中文文本。因此不同于单词以及分隔单词的空格符组成文本序列的英文文本，中文文本需要通过分词模型切分出词语。中文分词模型即将原来的中文文字序列中切分出中文最小语义单位——词语，理解中文文本需要通过中文分词模型将中文文本切分为词语序列。

中文分词模型是中文自然语言处理任务中重要的研究点。中文分词模型包括基于规则匹配的分词模型和基于统计学的分词模型。基于规则匹配的分词模型主要是通过人工设立词库，按照人工制定的方式进行匹配切分。基于统计学的分词模型在新词发掘等场景具有更好的效果，是近期相关研究中的热点。但是基于统计学的分词较依赖应用统计方法的语料库质量及数量。考虑到航空标准电子文档在数量及质量上难以满足分词算法要求，因此本节主要选择现有的成熟算法。现有的中文分词算法应用于航空标准文本通常存在以下问题。

1. 中文歧义性

中文字符在不同语境下往往具有不同的语义，甚至同一字符串在不同的上下文背景中分词方法不尽相同。同时在分词时选择不同的词语粗细粒度，不同的分词工具也会有不同的划分结果，因此需要通过实验选择最合适的分词算法。

2. 未被词典收录的词

航空标准文本中存在大量的专业名词，随着科学技术的进步，航空标准文本中还会加入大量的新词，新词被词典收录的效率却很低。如何识别新词及专业名词会对分词精度造成很大的影响。

表 4-4 列出了常见的中文分词工具及特点分析。

表 4-4 常见中文分词工具及特点分析

分词工具	特点分析
中科院 NLPIR	开源项目，支持 Java、Python 和 C++等语言。NLPIR 支持提取新词、导入本地词库等功能
jieba 分词器	开源项目，支持 Java、Python 和 C++等语言。jieba 使用前缀词典的词图扫描，支持提取新词、导入本地词库等功能
Hanlp 分词器	基于最短路径的求解，原始模型用的训练语料来自人民日报，训练语料多，在实体边界的识别上有一定优势
清华大学 THULAC	开源项目，支持 Java、Python 和 C++等语言
哈工大分词器	可以通过主页的接口调用，但由于对接口调用请求有限制，因此不适合本节的研究

在上述分词工具中,哈工大分词器和 Hanlp 分词器的安装配置相比于其他 3 种分词器更加复杂,迁移性较弱,因此本节不将哈工大分词器和 Hanlp 分词器纳入备选分词工具考虑,而应用其他 3 种分词器进行实验比较。

测试文本选自上海商飞提供的航空标准文本中的节选语句,分词效果比较如表 4-5 所示。

表 4-5 不同分词工具的分词效果比较

分 词 工 具	输 入 语 句	分 词 结 果
中科院 NLPIR	"民用飞机测压风洞试验指南" "装配车间操作法"	"民用""飞机""测压""风洞""试验""指南" "装配""车间""操作法"
清华大学 THULAC		"民用""飞机""测压""风洞""试验""指南" "装配""车间""操作法"
jieba 分词器		"民用飞机""测压风洞""试验指南" "装配车间""操作法"

从表 4-5 可以看出,中科院 NLPIR 和清华大学 THULAC 分词器的分词粒度较细,航空标准文本中的多数专业名词被错分成难以恢复语义的简单字词,分词效果非常不理想。而相比较而言,jieba 分词器的分词粒度较粗,对于组合词的分辨能力较强,更适合本航空标准文本的应用。

因此,在文本预处理的中文文本分词阶段,采用相对分词效果显著更优的 jieba 分词器进行分词。

4.3.3 停用词过滤

在对文本做进一步挖掘分析之前,通常将中文词语序列中部分对文本理解重要度较低的某些字词或符号过滤掉,以提高效率。这种被过滤掉的字词符号称为停用词。一般停用词可以分为一些与文章主要内容无关的功能词,以及在所有文档中被频繁使用的常用词,如语气词、限定词等。在航空标准电子文档关键词提取任务中,去除相关的停用词可以有效地过滤掉与文章主要内容无关的词语。因此本节会采用由常见标点符号、语气词、限定词及部分常用词的中文停用词表进行停用词过滤。常用的中文停用词如表 4-6 所示。

表 4-6 常用的中文停用词

类　型	示　例
标点符号	","。";"!"?"
限定词	"的""地""着""这""那"
语气词	"哈哈""啊""呀"
常用词	"希望""期望""看见""得到"

航空标准文本的预处理方法示例如下。

原文本如下面的倾斜文字所示。

针对一个已划分好的面元,使用 MSC.Nastran 软件 CAERO1 卡片建立气动网格,需要从结构数模测量获取关键点的坐标和关键边的弦长以定义该面元的位置和大小。

分词及去除停用词后得到的词语序列如下面的倾斜文本所示。

"划分""面元""使用""MSC.Nastran""软件""CAERO1""卡片""建立""气动网格""结构数模""测量""获取""关键点""坐标""关键边""弦长""定义""面元""位置""大小"

4.4 关键词提取案例

TF-IDF 是一种常见的通过统计特征提取关键词的方法。TF 指词频(Term Frequency),可以通过词语出现的次数来量化词语对文本主要内容的概括能力,IDF 指逆文本频率(Inverse Document Frequency),通过文本库中文档总数与出现该词的文档数的比值的对数表示,可以量化某词区分文本间差异性的能力。TF-IDF 方法即将词语对文档的重要性通过 TF 值和 IDF 值进行量化。

1. 基于外部语料库及位置权重的算法改进

对于航空标准电子文档,原有的 TF 值和 IDF 值的量化方法忽略了专业技术文档词语分布与常规文本差异较大的特点,如"飞机""装配""螺栓"等词在航空标准电子文档中具有较高的分布,而如"日志""期望"等词在航空标准电子文档中具有极小的分布,根据传统 IDF 的量化方法，"日志""期望"相比于"飞机""装配""螺栓"会有更高的权重，显然这是不符合需求的，航空标准电子文档的关键词提取应当倾向于提取航空知识领域的相关词汇。因此本节通过利用外部语料库改进 IDF 值的计算解决此问题。另外，航空标准文档中结构信息具有重要的作用，如标题文本比正文文本具有更高的重要性。因此本节通过设计位置权重利用文档的结构信息改进 TF 值的计算，最终提出基于外部语料库及位置权重改进的 TF-IDF 算法。

2. 航空标准电子文档的数学表示

针对文本树结构存储的航空标准文档，假设 $\{D_i\}$ 为航空标准文档库中文档的集合，T_i 代表第 i 个文档对应的文本树，文本树中各节点的节点值即为该章节的所属文本，经过分词及停用词过滤的预处理流程后，各节点的节点值即为词语序列。假设文本树 T_i 各节点的节点值集合表示为 $\{N_{ij}\}$，其中单个节点值 N_{ij} 假设为词语序列 $N_{ij} = \{x_{ij1}, x_{ij2}, \cdots, x_{ijnum_{ij}}\}$，其中 num_{ij} 表示节点值中对应词语序列的长度。在改进的 TF-IDF 算法中文档通过词袋模型表示，假设为文本向量 $V_i \in R^n$，其中 V_i 即文档 D_i 对应的文本向量，文本向量 V_i 的生成方法如下。

（1）构建文档集合 $\{D_i\}$ 中出现的词语集合，称为词典 Dic。假设每个节点值 N_{ij} 中出现的词语的集合为 dic_{ij}，则 $Dic = \sum_i \sum_j dic_{ij}$，此处的求和表示集合的合并运算，最终得到词典 Dic。

（2）初始化文本向量 $V_i = \{0, 0, \cdots\}$，$V_i \in R^n$。

（3）依次遍历文本树 T_i 中各节点值中词语 x_{ijk}，$V_i[\text{index}(X_{ijk})] = V_i[\text{index}(x_{ijk})] + 1$，$\text{index}(x_{ijk})$ 表示词语 x_{ijk} 在词典 Dic 中的索引。

假设词典 Dic 为{"民用飞机"，"软件"，"测压风洞"，"获取"，"试验"，"指南"}，语句"民用飞机测压风洞试验指南"经过预处理后对应的词语序列为{"民用飞机"，"测压风洞"，"试验"，"指南"}。上述语句对应的文本向量 V_i 即为[1, 0, 1, 0, 1, 1]。

3. 基于位置权重的 TF 值计算

传统 TF 值的计算仅仅通过文章中某个候选词出现的次数即词频，量化该词概括文本内容的能力，简单的词频作为量化指标忽略了词语所处位置不同对词语重要度的影响。例如，文章标题中的文字对文档有较高的重要度，因此标题中出现的词语应享有更大的 TF

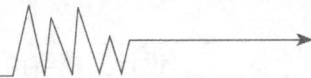

值。基于以上考虑，本节设计基于位置权重的 TF 值计算方法。

（1）对于文档 D_i，构建对应的文本向量 V_i，同时将文本树的中标题文本单独看成一篇文档构建对应的标题文本向量 Vt_i。

（2）计算文档 D_i 中 t 词的 TF 值为

$$\text{TF}_{t,\ i} = \frac{V_i\big[\text{index}(t)\big] + \varepsilon \cdot Vt_i\big[\text{index}(t)\big]}{\text{SUM}(V_i)} \qquad (4\text{-}2)$$

其中，$\text{SUM}(V_i)$ 表示文本向量 V_i 的各元素之和，$\text{index}(t)$ 表示词语 t 在 D 中的索引，ε 为标题位置权重。

4. 基于外部语料库的 IDF 值的计算

传统 IDF 值的计算为出现候选词的文本数与总文本数比值的对数。由于航空标准电子文档主题集中在航空及制造相关，如"装配""车间""复合材料"等词具有较高的出现频率，而一些日常用词如"天""生活"等反而拥有较小的出现频率。基于航空标准电子文档的词语分布，传统的 IDF 计算方法会将航空及制造的相关词汇赋予较低的权重，而部分日常用词反而享有更高的权重，这样的方法不符合任务的需要，因为航空标准文档之间的特异度更多是通过航空制造领域词汇衡量。针对以上问题，本节设计应用外部语料库 IDF 值算法以降低日常用词的权重，即在 IDF 值计算的过程中，将外部的通用语料库加入航空标准文档语料库，即在计算 IDF 值时的语料库为外部的通用语料库和航空标准文档语料库的集合。针对词语 t 加入外部语料库的 IDF 值计算公式如下。

$$\text{IDF}_t = \log \frac{\big|\{D_i\} \cup \{d_i\}\big|}{\big|D : t \in D \text{ and } D \in \{D_i\} \cup \{d_i\}\big|} \qquad (4\text{-}3)$$

其中，$\{D_i\}$ 表示产品研发文档集合，$\{d_i\}$ 表示外部语料库文章集合，$\big|\{D_i\} \cup \{d_i\}\big|$ 表示原语料库与外部语料库并集中的文档总数，$\big|D : t \in D \text{ and } D \in \{D_i\} \cup \{d_i\}\big|$ 表示原语料库与外部语料库集合中出现 t_i 词的文档数目。

5. TFI-DF 值的计算

TF-IDF 值即 TF 值与 IDF 值的乘积

$$\text{TFIDF}_{t,i} = \text{TF}_{t,i} \times \text{IDF}_t \qquad (4\text{-}4)$$

6. 实验及结果分析

下面对本章所设计的无监督关键词提取算法进行实现并在航空标准电子文档上进行试验。

（1）语料库。

此处使用的语料库为上海商飞提供的 1000 份航空电子标准文档中的 800 份中文文档。考虑到原有文档数据没有标签，在实验中随机抽取其中一部分文档（100 份）请相关专家打上标签用以测试模型效果。语料库的标签即该文本的关键词数量，平均关键词数量为 5.87 个。除此之外，在之前提出的方法中本实验需要使用外部语料库。外部语料库仅在计算 IDF 值时使用，用于平衡航空标准文档词语分布不均导致航空制造相关词汇获得较低 IDF 值的问题。外部语料库需要包含多种主题，且文档数量需要较多。考虑以上要求，本实验选取 THUCNews 数据集中部分文本作为外部语料库，选取的文本集由包含多个主题的超过 100000 份新闻文档组成。

（2）评测方法。

衡量关键词提取算法的效果采用算法的准确率、召回率和 F1 分数这几个指标。考虑到所使用分词算法的局限性，所提取的关键词往往是简单词，实际关键词多为复杂词，因此本实验做了以下修改。

① 准确率（Precision）。准确率（P）在本实验中是指算法提取出来的关键词有多少是准确的。在本实验中如果提取出的关键词是实际关键词的一部分，则可视为提取准确，P 值越高，则说明关键词提取改进算法的效果越好。计算公式如下。

$$P = \frac{\text{提取出的正确关键词个数}}{\text{提取出的关键词个数}} \qquad (4\text{-}5)$$

② 召回率（Recall）。召回率（R）在本实验中是指一篇文档中被算法提取出来的正确关键词有多少。在本实验中如果提取出的关键词中的某一个是其中一个实际关键词的一部分，则可视为该实际关键词被提取出，R 值越高，则说明关键词提取改进算法的效果越好。计算公式如下。

$$R = \frac{\text{提取出的正确关键词个数}}{\text{文本自身的关键词个数}} \qquad (4\text{-}6)$$

③ F1 分数（F1-score）。为了防止准确率和召回率两种指标对算法效果的评估出现不

一致的情况，引入了综合考虑两者评估值的度量值，即 F1 分数。F1 值越高，算法效果越好。计算公式如下。

$$F1 = \frac{2PR}{P+R} \tag{4-7}$$

（3）关键词提取算法实验结果分析。

使用上文所介绍的提取算法对除测试语料之外的所有文档进行训练，最终应用于测试集中的 100 篇文档。考虑到航空标准电子文档中每篇文档的关键词大部分在 4~8 个，因此对于每篇文档算法的结果选取前 7 个作为关键词。本实验针对 TF-IDF 和改进的 TF-IDF 分别进行测试，其中改进的 TF-IDF 中的标题位置权重 ε 选取为 4。算法中部分词汇的主题分布如下。

电气：(0.13885699，0.58825904，0.13668555，0.13619839)

黏合剂：(0.5813283，0.13910204，0.1400031，3，0.13956657)

针对以上不同算法提取结果如表 4-7 所示。

表 4-7　关键词提取结果比较

指　标	改进的 TF-IDF	TF-IDF
准确率	0.428	0.366
召回率	0.546	0.453
F1 分数	0.480	0.405

实验结果中，经过外部语料库及位置权重改进的 TF-IDF 算法取得更好的提取效果。

部分测试文档的关键词提取结果如表 4-8 所示。

表 4-8　关键词提取结果示例

文　档　名	实际关键词	改进的 TF-IDF
CAD 或 CAM 质量工作流程	CAD、CAM、质量管控、CMM、测量机、数字化	测量、检验、CAM、CAD、表格、数字化、测量机
120℃固化的复合材料用结构胶粘剂	结构胶粘剂、复合材料、固化胶膜、热压罐、胶接、材料要求、PCD	试验、PCD、材料、要求、胶粘剂、供应商、days
PMMEL 编制及修订管理程序	PMMEL、编制、修订、管理程序、流程图	PMMEL、支援、飞行、部门、运行、客服、中心

从表 4-8 中也可以看出改进的 TF-IDF 算法在实验中表现更好。而上文列举的关键词提取算法仍存在部分缺点，如对于一些容易提取出非航空制造相关的专业词汇，如"天""days"

"表格""中心"等词，其中部分词汇如"天"在通过外部语料库的改进方法中可以有效地规避，而"days""表格"等词难以通过这样的方法规避。除此之外，改进的 TF-IDF 算法能够更好地利用标题出现过的词，如《CAD 或 CAM 质量工作流程》这篇文章，但对于文章本身的结构信息还有应用不全之处。

参考文献

[1] 潘星，王君，刘鲁. 一种基于 Web 知识服务的知识管理系统架构[J]. 计算机集成制造系统，2006, 12(8):1293-1299.

[2] 朱振广，何慧，张宏莉，等. 一种基于状态机的文档文本自动提取方法[J]. 计算机应用与软件，2012, 29(12):54-57.

[3] 刘现营. 面向医疗知识的 PDF 文本内容提取系统设计与实现[D]. 哈尔滨：哈尔滨工业大学，2018.

[4] 李雪驹，王智广，鲁强. 一种规则与 SVM 结合的论文抽取方法[J]. 计算机技术与发展，2017, 27(10):24-29.

[5] 于波涛. 基于文档属性的 PDF 数学表达式信息获取[D]. 石家庄：河北大学，2015.

[6] 潘军. 复杂表格文档预处理与文本提取算法研究[D]. 北京：北京交通大学，2017.

[7] TURNEY P D. Learning Algorithms for Keyphrase Extraction[J]. Information Retrieval, 2000, 2(4):303-336.

[8] BLEI D M, NG A Y, JORDAN M I, et al. Latent Dirichlet Allocation[J]. Journal of Machine Learning Research, 2003:993-1022.

[9] HOFMANN T. Probabilistic Latent Semantic Indexing[C]. International ACM SIGIR Conference on Research and Development in Information Retrieval, 1999, 51(2):50-57.

[10] 翁伟，王厚峰. 基于 LDA 的关键词抽取方法[C]. 第五届全国青年计算语言学研讨会（YWCL 2010），2010.

[11] PAGE L, BRIN S, MOTWANI R, et al. The PageRank Citation Ranking:Bringing Order to

the Web[J]. Stanford Digital Library Technologies Project,1998.

[12] MIHALCEA R, Tarau P. TextRank:Bringing Order into Texts[C]. Proceedings of EMNLP-04 and the 2004 Conference on Empirical Methods in Natural Language Processing, 2004.

[13] BOUDIN F. A Comparison of Centrality Measures for Graph-Based Keyphrase Extraction [C]. Proceedings of the 6th International Joint Conference on Natural Language Processing, 2013.

[14] 夏天. 词语位置加权 TextRank 的关键词抽取研究[J]. 现代图书情报技术，2013, 29(9): 30-34.

[15] XIA T, CHAI Y. An Improvement to TF-IDF:Term Distribution Based Term Weight Algorithm[J]. Journal of Software, 2011, 6(3):252-255.

[16] QIN P, XU W, GUO J. A Novel Negative Sampling Based on TFIDF for Learning WORD Representation[J]. Neurocomputing, 2016, 177:257-265.

[17] 顾益军，夏天. 融合 LDA 与 TextRank 的关键词提取研究[J]. 现代图书情报技术，2014, 30（Z1):41-47.

[18] 刘啸剑，谢飞，吴信东. 基于图和 LDA 主题模型的关键词抽取算法[J]. 情报学报，2016, 35(6):664-672.

[19] 刘知远. 基于文档主题结构的关键词抽取方法研究[D]. 北京：清华大学，2011.

[20] 赵京胜，朱巧明，周国栋，等. 自动关键词抽取研究综述[J]. 软件学报，2017(9).

[21] WITTEN I H, PAYNTER G W, FRANK E, et al. KEA:Practical Automatic Keyphrase Extraction[C]. The Fourth ACM Conference on Digital Libraries, 1999.

[22] HULTH A. Improved Automatic Keyword Extraction Given more Linguistic Knowledge[C]. Empirical Methods in Natural Language Processing, 2003:216-223.

[23] FRANK E, PAYNTER G W, WITTEN I H, et al. Domain-Specific Keyphrase Extraction [C]. International Joint Conference on Artificial Intelligence, 1999:668-673.

[24] MIKOLOV T, CORRADO G, CHEN K, et al. Efficient Estimation of WORD Representations in Vector Space[C]. Proceedings of the International Conference on Learning Representations,

2013.

[25] PENNINGTON J, SOCHER R, MANNING C. Glove:Global Vectors for WORD Representation[C]. Conference on Empirical Methods in Natural Language Processing, 2014.

[26] PETERS M, NEUMANN M, IYYER M, et al. Deep Contextualized WORD Representations [C]. Proceedings of the 2018 Conference of the North American Chapter of the Association for Computational Linguistics:Human Language Technologies, 2018.

[27] DEVLIN J, CHANG M W, LEE K, et al. BERT:Pre-training of Deep Bidirectional Transformers for Language Understanding[C]. Proceedings of the 2019 Conference of the North American Chapter of the Association for Computational Linguistics:Human Language Technologies, 2019.

[28] GERS F A, SCHMID H J, CUMMINS F, et al. Learning to Forget:Continual Prediction with LSTM[J]. Neural Computation, 2000, 12(10):2451-2471.

[29] VASWANI A, SHAZEER N, PARMAR N, et al. Attention Is All You Need[J]. arXiv, 2017.

[30] WEN Y, YUAN H, ZHANG P, et al. Research on Keyword Extraction Based on Word2vec Weighted TextRank[C]. IEEE International Conference Computer and Communications, 2016:2109-2113.

[31] 陈伟，吴友政，陈文亮，等．基于 BiLSTM-CRF 的关键词自动抽取[J]．计算机科学，2018, 45（S1):104-109, 126．

[32] BAEZAYATES R, RIBEIRONETO B. Modern Information Retrieval[M]. 北京：机械工业出版社，2004．

[33] 王雪彦．基于文档内位置关系的检索方法研究[D]．武汉：华中师范大学，2020．

[34] SALTON, G. The SMART Retrieval System—Experiments in Automatic Document Processing [M]. Prentice-Hall Series in Automatic Computation, 1971. 156.

[35] MARON M E, KUHNS J L. On Relevance, Probabilistic Indexing and Information Retrieval[J]. Journal of the ACM (JACM), 1960, 7, 216-244.

[36] SINGHAL A, BUCKLEY C, MITRA M. Pivoted Document Length Normalization[C]. Proceedings of the 1996 ACM SIGIR Conference on Research and Development in Information Retrieval, 1996:21-29.

[37] ROBERTSON S, WALKER S. Some Simple Effective Approximations to the 2-Poisson Model for Probabilistic Weighted Retrieval[C]. Proceedings of SIGIR, 1994:232-241.

[38] ZHAI C, LAFFERTY J. A Study of Smoothing Methods for Language Models Applied to Ad Hoc Information Retrieval[C]. Proceedings of SIGIR, 2001:334-342.

[39] ZHAI CX. A Brief Review of Information Retrieval Modesl[EB/OL]. [2020-1-1]. http://sifaka.cs.uiuc.edu/course/ds/irmod.PDF.

[40] MATHIAS Géry, LARGERON C. BM25t:a BM25 Extension for Focused Information Retrieval[J]. Knowledge and Information Systems, 2012.

[41] LV Y, ZHAI C X. When Documents are Very Long, BM25 Fails![C]. Proceeding of the 34th International ACM SIGIR Conference on Research and Development in Information Retrieval, 2011:25-29.

[42] DEERWESTER S, DUMAIS S T, FURNAS G W, et al. Indexing by Latent Semantic Analysis[J]. Journal of the Association for Information Science and Technology, 1990, 41(6):391-407.

[43] DILLON M. Introduction to Modern Information Retrieval[J]. Information Processing and Management, 1983, 19(6):402-403.

[44] GAO J, HE X, NIE J-Y. Clickthrough-based Translation Models for Web Search:from WORD Models to Phrase Models. In CIKM.

[45] GAO J, TOUTANOVA K, YIH W T. Clickthrough-Based Latent Semantic Models for Web Search[C]. Proceeding of International ACM SIGIR Conference on Research & Development in Information Retrieval, 2011.

[46] HUANG P, HE X, GAO J, et al. Learning Deep Structured Semantic Models for Web Search Using Clickthrough Data[C]. Conference on Information and Knowledge Management, 2013:2333-2338.

[47] MITRA, B. Exploring Session Context Using Distributed Representations of Queries and Reformulations[C]. Proceedings of the 38th International ACM SIGIR Conference on Research and Development in Information Retrieval, 2015:3-12.

[48] MITRA B, CRASWELL N. Query Auto-Completion for Rare Prefixes[C]. Proceedings of the 24th ACM International on Conference on Information and Knowledge Management, 2015:1755-1758.

[49] SONG Y, ELKAHKY A M, HE X. Multi-Rate Deep Learning for Temporal Recommendation [C]. Proceedings of the 39th International ACM SIGIR Conference on Research and Development in Information Retrieval, 2016:909-912.

[50] SHAN Y, HOENS T R, JIAO J, et al. Deep Crossing:Web-Scale Modeling without Manually Crafted Combinatorial Features[C]. Knowledge Discovery and Data Mining, 2016:255-262.

[51] ZHOU G, MOU N, FAN Y, et al. Deep Interest Evolution Network for Click-Through Rate Prediction[J]. arXiv:Machine Learning, 2018.

[52] ZHANG, Ye & Rahman, et al. Neural Information Retrieval:A Literature Review[J]. arXiv, 2018.

第 5 章 装配工艺智能设计

5.1 装配工艺设计进展与现状

20 世纪 90 年代以来，随着自动化、信息化技术的大力发展，装配执行效率与装配检验效率得到了明显提高。但是，装配过程的耗时主要存在于装配工艺设计阶段，可达装配过程总耗时的 60%~80%，并且传统的自动化、信息化技术在装配工艺设计阶段表现出较大的局限性，因此装配工艺设计需要更为智能的技术加以改进。目前针对装配工艺设计的研究主要包括三个方面：装配工艺信息建模、装配工艺规划以及装配工艺评价。

5.1.1 装配工艺信息建模研究现状

产品的装配工艺信息包括零件的几何信息与装配工艺过程的非几何信息。装配工艺信息模型的本质为这些信息的组织形式，建立可清晰表达产品装配工艺信息的模型对于装配工艺知识与经验在装配工艺设计阶段至关重要。目前国内外的学者主要从面向对象的思想、XML 语言、Petri 网及本体论四个角度设计装配工艺信息模型。

Xu 等[1]提出一种面向对象的装配工艺信息模型，对装配工艺中复杂的装配关系进行抽象、封装，可简化复杂产品的装配工艺描述，有利于解决复杂产品装配工艺信息模型的组合爆炸问题。Cheng 等[2]基于面向对象思想设计装配工艺元模型，并使用元模型建立航空发动机装配工艺的信息对象体。李坤等[3]为了集成装配生产准备数据与装配生产过程数据，提出一种面向对象的装配工艺信息模型,以数据单元为核心实例化,有利于解决装配数据结构化程度低的问题。

张燕宁等[4]针对虚拟装配系统中各模块的信息交互问题,提出一种基于 XML 的装配工艺信息模型,侧重于表达装配结构信息。田力[5]基于 XML 语言对 STEP 模型中的装配信息进行结构化描述,使 XML 描述成为装配设计与仿真的中间格式,有助于装配设计与仿真的信息交互。Bao 等[6]提出基于 XML 语言的装配工艺描述方式,由于其底层为面向对象思想,所以不仅具有面向对象模型的优点,也解决了信息交互问题。

王青等[7]针对飞机总装过程的生产线最优调度问题,建立基于 Petri 网的总装工艺模型,使用 Petri 网进行描述,有利于装配工艺流程的清晰表达与优化。Yang 等[8]基于 Petri 网建立虚拟装配模型,描述装配工艺之间的串行、并行,以及同步关系,有利于工艺过程的表达。Yang 等[9]提出一种面向装配/拆卸过程的 Petri 网描述方法,有利于按节点执行装配碰撞检测。

美国国家标准技术研究所较早提出基于本体论的装配工艺通用模型(open assembly model),并用本体语言描述装配关系、定义装配规则,可实现基于规则的装配工艺推理。乔立红等[10]基于本体论建立产品几何信息在装配工艺中的数据结构,并使用本体语言描述产品几何信息、装配工艺信息,以及两者的关系。Sayed 等[11]等将故障信息与误差信息集成到本体模型中,构建基于本体论的专家知识系统,用于制造过程的状态诊断。

对以上文献进行分析,可以总结出各种装配工艺信息模型的优缺点,如表 5-1 所示。不难发现,基于本体论的装配工艺信息模型是目前更好的方法,但还需改善描述形式以脱离规则化的语义表达,便于装配工艺知识的自动重用。

表 5-1 各种装配工艺信息模型的优缺点

装配工艺信息模型类型	优 点	缺 点
面向对象的装配工艺信息模型	抽象性、稳定性、可重用性	难以满足异构系统间的信息交互
基于 XML 语言的装配工艺信息模型	可以满足异构系统间的互操作要求	仅对装配工艺的结构进行描述,难以表达装配工艺所蕴含的语义信息
基于 Petri 网的装配工艺信息模型	稳定性、可重用性,较面向对象模型表达更为清晰	不利于异构系统间的互操作
基于本体论的装配工艺信息模型	具有规范的描述语言,有利于描述装配语义,有利于异构系统间的交互	描述语言复杂,通过规则表达语义

5.1.2 装配工艺规划研究现状

产品的装配工艺规划包括装配序列规划与装配路径求解。针对复杂部件的装配工艺设计主要涉及装配序列规划的研究，即在完成装配体结构设计后，对其所组成零部件的装配顺序进行推理。目前，国内外学者对装配序列规划方法进行了大量研究，可分为基于装配约束优先的装配序列规划、基于几何约束优先的装配序列规划、基于知识的装配序列规划和基于拆卸的装配序列规划。

Homen 等[12]率先提出装配体结构信息的装配关联 AND/OR 图，并通过人机交互的方式建立装配语义约束，得出可行的装配序列，但效率较低。Raju 等[13]提出基于装配关联 AND/OR 图的装配序列排除算法，考虑配合优先级与装配稳定性，通过人机交互的方式排除不可行的装配序列。

Csaba 等[14]根据装配体几何约束建立装配关联图，采用动态更改优先级队列的割集算法，实现装配序列规划。Lin 等[15]将装配体的几何约束拓展到三维空间，根据装配角度进行装配工艺规划，但是该方法将三维空间分为上千个方向，容易产生计算爆炸的问题。

钟艳如等[16]将装配序列规划所需的知识和经验语义抽象为本体模型，并以本体语言描述形成装配规则，实现本体推理对装配序列合理性的判断，该方法解决了传统方法难以表达装配知识与经验的问题，但泛化性有待提高。Kashkoush 等[17]提出基于知识的混合整数编程模型，该方法通过构建装配序列树，搜索与待规划装配序列的最相似装配序列树，该方法有助于装配序列的自动生成。黄潇[18]采用一种基于本体推理的装配序列规划方法，将常见的装配体结构与装配序列建成知识库，然后使用本体语言进行装配序列推理。

胡龙[19]基于快速扩展随机树求解产品的拆卸序列，通过对拆卸序列求逆，得到装配序列，该方法可以用于任意几何形状的装配体，但当装配体组成零件较多时，容易产生组合爆炸问题。潘福星[20]将遗传算法与拆卸法组合，首先通过遗传算法求解出可行的拆卸序列，然后求逆得到装配序列，同样存在组合爆炸问题。Sierla 等[21]基于拆卸法思想，对装配优先关系进行定义，可减少拆卸序列的生成量，能够一定程度上解决组合爆炸的问题。

对以上文献进行分析，可以总结出各种装配序列规划方法的优缺点，如表 5-2 所示。

表 5-2 各种装配序列规划方法的优缺点

装配序列规划方法类型	优　点	缺　点
基于装配约束优先的装配序列规划	通常基于非几何约束,计算简单、可靠性较好	需要人机交互,效率低,不适于复杂装配体
基于几何约束优先的装配序列规划	可脱离人机交互,减少人为失误	当几何约束较多,或者装配体复杂时,容易产生计算爆炸问题
基于知识的装配序列规划	重用工艺知识和经验,对同类型对象适用性较好	本体知识库构建效率低,基于规则的推理方法泛化性较低
基于拆卸的装配序列规划	可用于任意几何形状装配体的装配序列规划	当装配体复杂时,容易产生组合爆炸问题

综上所述,目前的装配序列规划需要解决计算爆炸与组合爆炸问题。更好的方法是基于知识的装配序列规划,但其一般通过预先定义装配规则实现,故泛化性不高,究其原因是没有对装配语义进行更好的描述。因此,需要改进基于知识的装配序列规划方法的装配语义描述方式。

5.1.3 装配工艺评价研究现状

针对复杂部件的装配工艺评价,主要是对其多装配序列进行评价。目前,国内外学者对装配序列评价进行了大量研究,根据所选评价指标的不同,可以分为定性评价、定量评价,以及同时考虑两者的综合评价。

张嘉易等[22]从工装夹具要求出发,提出整体性与单元级相结合的装配性能评价函数,该方法对工装夹具的要求基于经验进行分级,受主观因素影响。马红占等[23]基于人因仿真分析模型,建立装配序列的定性评价体系,对装配序列进行评价。马绍兴等[24]考虑装配操作方便性、工艺简单性和装配可行性装配序列定性评价指标,获取最优的装配序列。

Muslim 等[25]通过求最短装配路径所需的装配时间,对装配序列进行评价。袁宝勋等[26]通过对装配体点云数据的测量与分析,实现装配过程的干涉性分析,从而对装配序列进行评价。Lazzerini 等[27]通过仿真软件得到装配精度仿真结果,并采用遗传算法对装配序列进行评价。

王跃[28]通过装配仿真得到装配性能稳定性、装配过程可靠性、装配工艺简单性的定性评价结果,以及装配精度、装配成本的装配定量评价结果,建立装配质量评价体系,从而

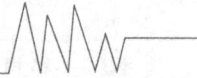

对装配序列进行评价。Ni 等[29]考虑装配路径长度与装配精度建立评价矩阵,并基于蚁群算法求解,实现装配序列的评价。Zhao 等[30]从装配时间和装配精度出发,结合改进遗传算法进行装配序列评价。

对以上文献进行分析,可以总结出各种装配序列评价的优缺点,如表 5-3 所示。综上所述,装配序列定性评价的评价准则来源于设计经验与装配操作,一般包含工装夹具要求、人因工程分析、操作方便性、工艺简单性等;装配序列定量评价的指标一般包括装配路径、装配干涉性、装配精度、装配时间等,通常基于装配仿真结果获得。各种评价方法各有优缺点,面对实际问题需要在效率和有效性上做出平衡。针对复杂部件多装配序列的评价,为了快速筛选出部分不合理的装配工艺方案,可从装配干涉性的角度对装配序列进行评价。

表 5-3　各种装配序列评价的优缺点

装配序列评价类型	优　　点	缺　　点
装配序列定性评价	对于简单装配体,装配序列评价效率更高	依赖人工经验,受主观因素影响,评价体系不完善
装配序列定量评价	量化评价指标与评价结果,客观性好	求解过程一般较复杂,效率较低
装配序列综合评价	评价体系相对完善,评价结果更具参考性	评价体系复杂,求解效率较低

5.2　基于知识图谱的装配工艺智能设计方法

5.2.1　基于知识图谱的装配工艺信息建模

1. 模型架构与基础定义

定义 5-1:基于知识图谱的装配工艺信息模型(Knowledge Graph Assembly Model,KGAM)是根据知识图谱的信息组织方式,通过"类—关系类—类""类—属性—值"定义装配工艺文档与 CAD 模型所描述装配工艺信息表示方式的方法。

根据定义 5-1,分析装配工艺文档与 CAD 模型所包含的装配工艺信息,将基于知识图谱的装配工艺信息模型表示为

$$KGAM = \{E \cup P \cup O \cup T \cup D \cup C \cup S\} \quad (5\text{-}1)$$

其中：

$$S=\sum_{i,j=1}^{n} \text{Has}((E_i,P_j),(O_i,D_j),(O_i,T_j),(O_i,E_j),(O_i,P_j),(O_i,C_j),(O_i,O_j)) \cup$$

$$\sum_{i,j=1}^{n} \text{HasPart}((E_i,E_j)) \cup \sum_{i,j=1}^{n} \text{PartOf}((E_j,E_i)) \cup \sum_{i,j=1}^{n} \text{Close}((E_i,E_j)) \cup$$

$$\sum_{i,j=1}^{n} \text{HasAssembly}((E_i,E_j)) \cup \sum_{i,j=1}^{n} \text{SubAssemblyOf}((E_j,E_i)) \cup$$

$$\sum_{i,j=1}^{n} \text{Sequence}((O_i,O_j)) \cup \sum_{i,j=1}^{n} \text{Parallel}((O_i,O_j)) \cup \sum_{i,j=1}^{n} \text{Recycle}(O_i)$$

(5-2)

式中，E 表示装配要素信息，P 表示装配特征信息，E、P 属于 CAD 模型信息；O 表示操作信息，T 表示工具信息，D 表示设备信息，C 表示要求信息，S 表示语义关系，它们构成装配工艺信息。语义关系 S 包括 Has、HasPart、PartOf、HasAssembly、SubAssemblyOf、Close、Sequence、Parallel、Recycle。部分语义关系定义与描述如表 5-4 所示。

表 5-4 语义关系定义与描述

关系类型	关系名称	关系定义	关系描述
结构关系	Has	装配要素与装配特征间的包含关系，以及操作与设备、工具、装配要素、装配特征、要求、操作间的包含关系。例如，Has(E_i,F_j) 表示装配要素 E_i 包含装配特征 F_j；Has(O_i,D_j) 表示操作 O_i 包含设备 D_j	$E_i \xrightarrow{\text{Has}} P_j$ $O_i \xrightarrow{\text{Has}} D_j$ $O_i \xrightarrow{\text{Has}} T_j$ $O_i \xrightarrow{\text{Has}} E_j$ $O_i \xrightarrow{\text{Has}} P_j$ $O_i \xrightarrow{\text{Has}} C_j$ $O_i \xrightarrow{\text{Has}} O_j$
	HasPart	装配要素间包含关系的一种。例如，HasPart(E_i,E_j) 表示子装配体 E_i 包含零件 E_j	$E_i \xrightarrow{\text{HasPart}} E_j$
	PartOf	装配要素间包含关系的一种。例如，PartOf(E_j,E_i) 表示零件 E_j 包含于子装配体 E_i	$E_j \xrightarrow{\text{PartOf}} E_i$

续表

关系类型	关系名称	关系定义	关系描述
结构关系	HasAssembly	装配要素间包含关系的一种，例如：HasAssembly(E_i,E_j)表示子装配体 E_i 包含子装配体 E_j	E_i —HasAssembly→ E_j
结构关系	SubAssemblyOf	装配要素间包含关系的一种，例如：SubAssemblyOf(E_j,E_i)表示子装配体 E_j 包含于子装配体 E_i	E_j —SubAssemblyOf→ E_i
结构关系	Close	零件（子装配）与零件（子装配）之间的相邻关系，表示它们存在直接接触的面或线，例如：Close(E_i,E_j)表示零件（子装配）E_i 与零件（子装配）E_j 直接接触	E_i —Close→ E_j
序列关系	Sequence	装配工序之间或装配工步之间序列关系的一种，例如：Sequence(O_i,O_j)表示 O_i 在前、O_j 在后	O_i —Sequence→ O_j
序列关系	Parallel	装配工序之间或装配工步之间序列关系的一种，例如：Parallel(O_i,O_j)表示 O_i、O_j 为并行结构，无顺序关系	O_i —Parallel→ O_j
序列关系	Recycle	装配工序之间或装配工步之间序列关系的一种，例如：Recycle(O_i)表示 O_i 重复一次，若重复 n 次，则为 Recycle$^n(O_i)$	Recycle ⟲ O_i

根据定义 5-1、式（5-1）和式（5-2），设计 KGAM 的组成结构。为确保装配要素信息、装配特征信息、操作信息、工具信息、设备信息、要求信息及语义信息的独立性与确定性，将它们抽象为工件、特征、操作、关系、要求、设备、工具 7 个类，然后通过继承建立子类，得到 KGAM 的组成结构，如图 5-1 所示。其中，零件、子装配体子类继承自工件类，装配特征、组合特征子类继承自特征类，工步、工序子类继承自操作类，Has、HasPart、PartOf、HasAssembly、SubAssemblyOf、Close、Sequence、Parallel、Recycle 子类继承自关系类，几何要求、非几何要求子类继承自要求类，零件、子装配体子类继承自基体与非基体子类，几何要求子类继承自尺寸公差与位置公差子类，装配特征、组合特征子类继承自基体特征与非基体特征子类。

KGAM 中类的属性包括公有属性与私有属性，私有属性为各个实例所有，公有属性为类所有，所有实例共享公有属性。特殊属性的取值与定义如表 5-5 所示。

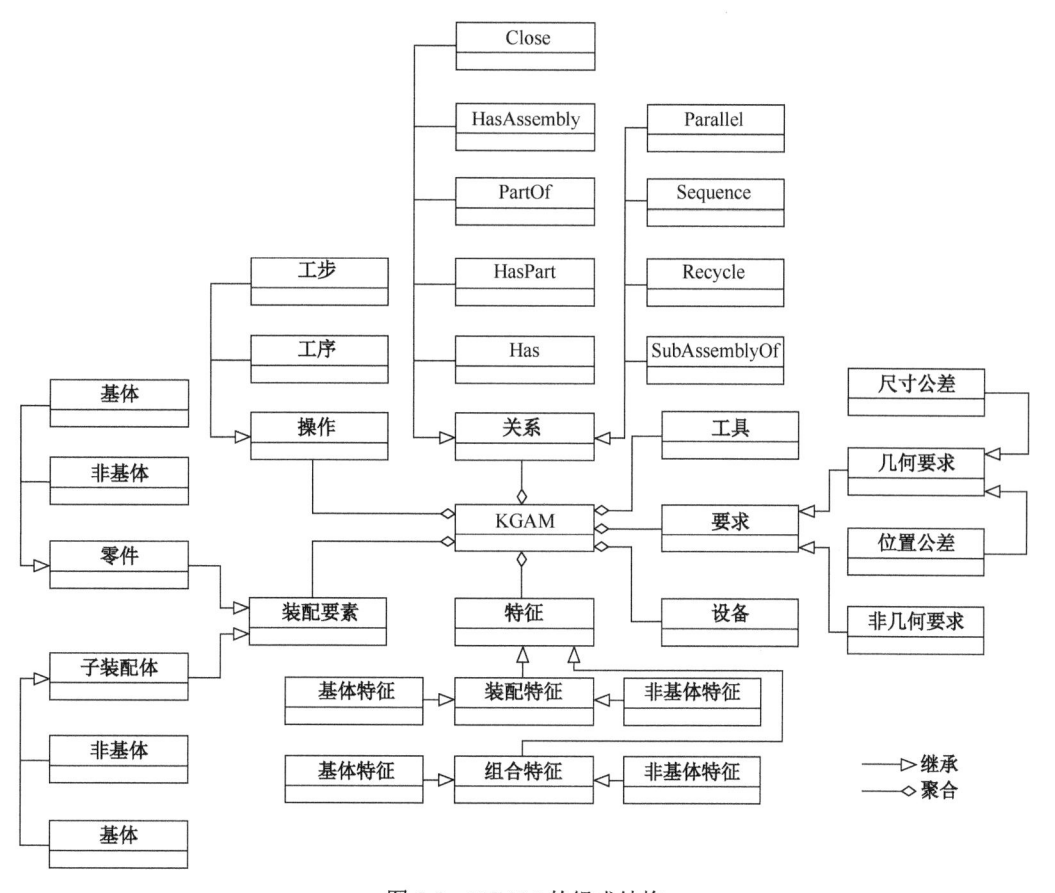

图 5-1 KGAM 的组成结构

表 5-5 特殊属性取值及定义

属性取值	属性定义
基体	表示具有用来确定装配关系所依据的点、线或面的零件或子装配体
非基体	表示不具有用来确定装配关系所依据的点、线或面的零件或子装配体
虚拟子装配	表示由两个装配要素组成，但装配工艺文档中未明确定义的子装配体
实际子装配	表示由两个或多个装配要素组成，且装配工艺文档中明确定义的子装配体
装配特征	表示与建立装配关系直接相关的某一几何特征
组合特征	表示与建立装配关系相关的一系列几何特征
基体特征	表示具有用来确定装配关系所依据的点、线或面的特征
非基体特征	表示不具有用来确定装配关系所依据的点、线或面的特征

2. 模型组成

在装配工艺信息模型架构与基础定义的基础上，设计 KGAM 模式层。模式层为基于知识图谱模型的核心。为了清晰描述装配工艺复杂的语义信息，将 KGAM 的模式层分为装配结构模式层、装配工步模式层与装配工序模式层。

（1）装配结构模式层。

装配结构模式层描述子装配体类、零件类、基体特征类、非基体特征类、组合特征类的属性信息，以及它们之间的装配结构语义，如图 5-2 所示。

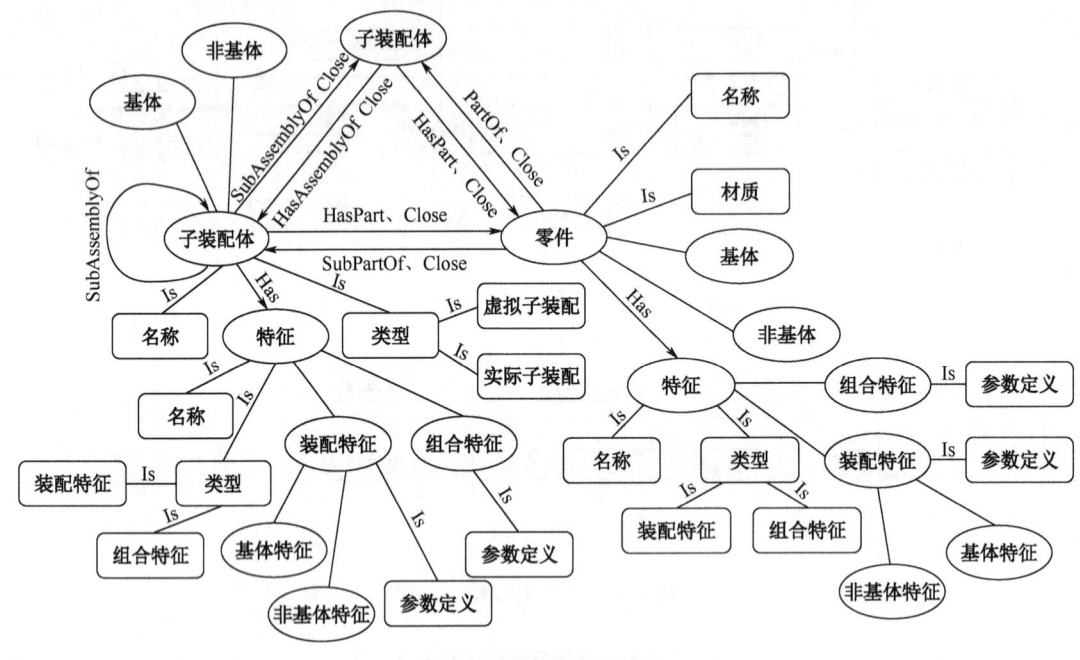

图 5-2 装配结构模式层

（2）装配工步模式层。

装配工步模式层主要描述工步类的属性信息，以及工步类之间的装配序列语义，如图 5-3 所示。

（3）装配工序模式层。

装配工序模式层主要描述工序类的属性信息，以及工序类之间的装配序列语义，如图 5-4 所示。

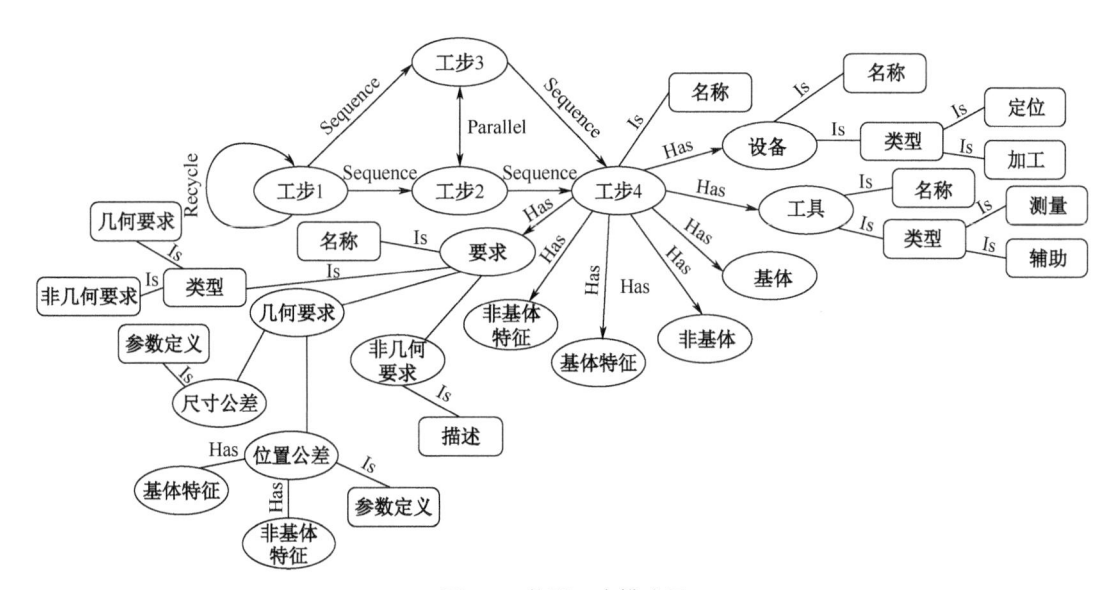

图 5-3 装配工步模式层

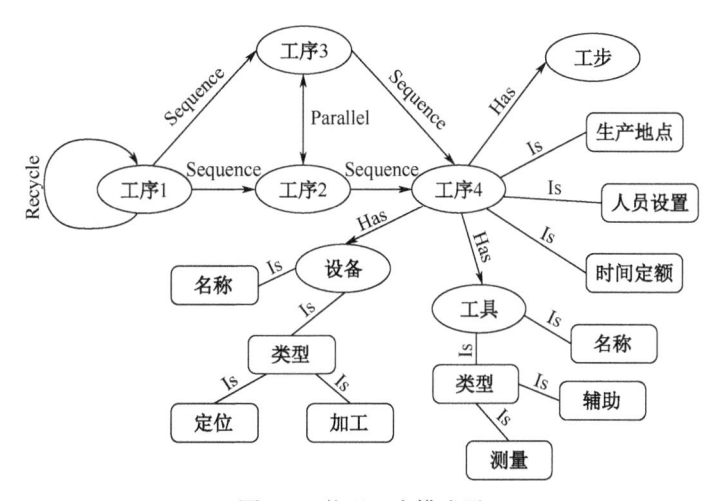

图 5-4 装配工序模式层

5.2.2 基于 Bi-LSTM 的装配工艺信息模型构建方法

由于装配工艺的过程信息多以自然语言的形式存在于装配工艺文档中，因此需要从非结构化的文本中识别装配语义实体及关系，然后与 CAD 系统中的装配要素、装配特征建立联系，以形成装配工艺知识图谱。图 5-5 所示为基于双向长短时记忆（Bi-directional Long Short-Term Memory，Bi-LSTM）的装配语义识别模型，包括装配语素分解、装配词素分类与装配关系构建。装配语素分解将连续的装配工艺语句分解为非连续的词序列；装配词素分类对非连续词序列的类别进行识别，从而判断出"工具设备名称"、"装配对象名称"、"装配动作词"、"装配特征词"、"装配序列语义词"、"装配结构语义词"与"量词"；关系构建将装配词素分类结果与装配要素属性信息、装配特征信息建立关联。

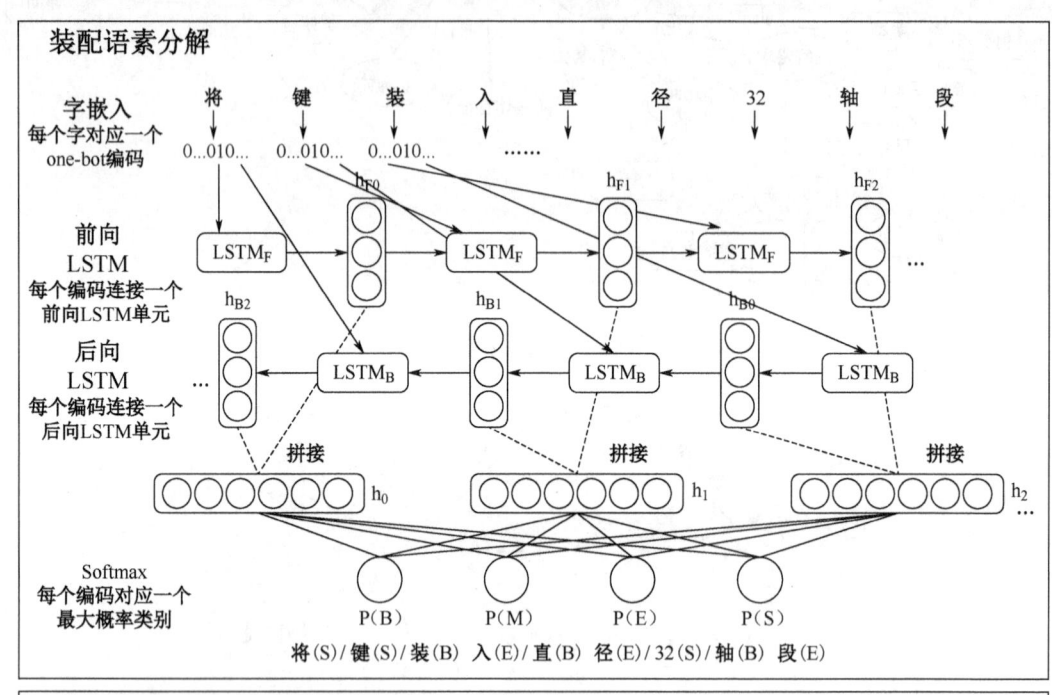

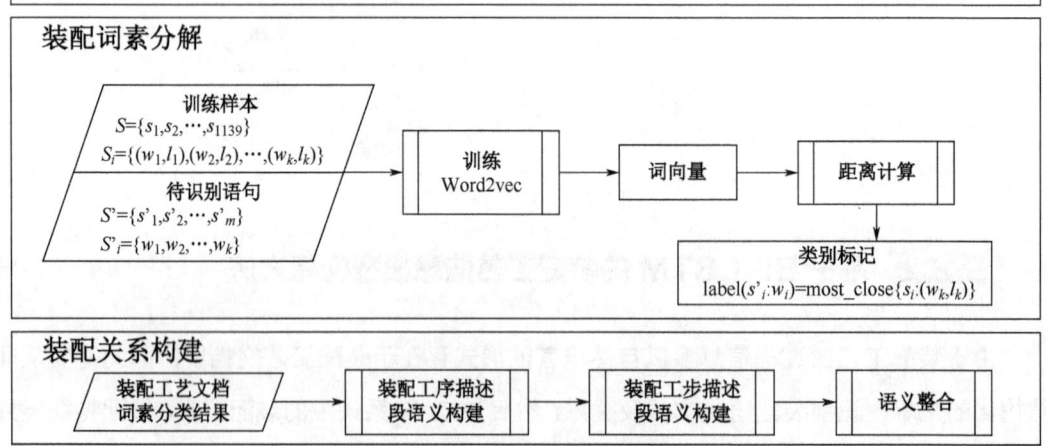

图 5-5 基于 Bi-LSTM 的装配语义识别模型

1. 装配语素分解

装配语素分解的输入为连续的装配工艺语句，输出为非连续的词序列，通过字标注的方式实现。标注 S、B、M、E 标签，S 表示单个汉字词、B 表示词的首汉字、M 表示词的中间汉字、E 表示词的末尾汉字。例如，输入装配工艺语句"将键装入直径 32 轴段"，输出结果为"将（S）/键（S）/装（B）入（E）/直（B）径（E）/32（S）/轴（B）段（E）"，详细流程如图 5-6 所示。首先，通过字嵌入将汉字转换为可计算的数字编码；将句子拆分成字的集合。然后根据字的出现频率由大到小编号，得到每个字的 one-hot 编码。该编码即为字嵌入结果，作为 Bi-LSTM 层的输入。

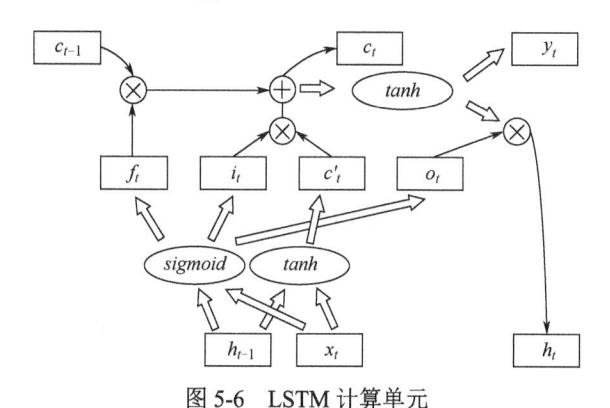

图 5-6　LSTM 计算单元

Bi-LSTM 由前向 LSTM 与后向 LSTM 组成，其基本组成单元为 LSTM，如图 5-6 所示。图中 f_t 为遗忘门，i_t 为记忆门，c'_t 为临时细胞状态，c_t 为当前细胞状态，o_t 为输出门，隐层状态 h_t 沿前向与后向流动。它们的计算过程如下：

$$f_t = \sigma(w_f \cdot [h_{t-1}, x_t] + b_f) \tag{5-3}$$

$$i_t = \sigma(w_i \cdot [h_{t-1}, x_t] + b_i) \tag{5-4}$$

$$c'_t = tanh(w_c \cdot [h_{t-1}, x_t] + b_c) \tag{5-5}$$

$$c_t = f_t c_{t-1} + i_t c'_t \tag{5-6}$$

$$o_t = \sigma(w_o \cdot [h_{t-1}, x_t] + b_o) \tag{5-7}$$

$$h_t = o_i \cdot tanh\sigma(c_t) \tag{5-8}$$

2. 装配词素分类

装配词素分类用于判断词序列的类别，其流程如图 5-5 所示。首先，使用 word2vec 得到词向量；然后通过计算词向量间的空间距离得到词与词的相似度，将与待识别词距离最小的训练样本词的类别作为待识别词类别。在计算词向量间的空间距离时，需要考虑向量方向与绝对距离大小，将词向量间的空间距离定义为式（5-9）。其中，w_1、w_2表示两个词向量，n为词向量维度，w_{1i}表示第1个词的第i维，w_{2i}表示第2个词的第i维。

$$d = same(\boldsymbol{w}_1, \boldsymbol{w}_2) = [\sum_{i=1}^{n}(w_{1i} - w_{2i})^2]^{0.5} \cdot \frac{\sum_{i=1}^{n} w_{1i} w_{2i}}{[(\sum_{i=1}^{n} w_{1i}^2)(\sum_{i=1}^{n} w_{2i}^2)]^{0.5}} \quad (5-9)$$

3. 装配关系构建

装配关系构建将装配工艺文档词素分类结果与装配要素属性信息、装配特征信息建立关联，其流程如图5-7所示。

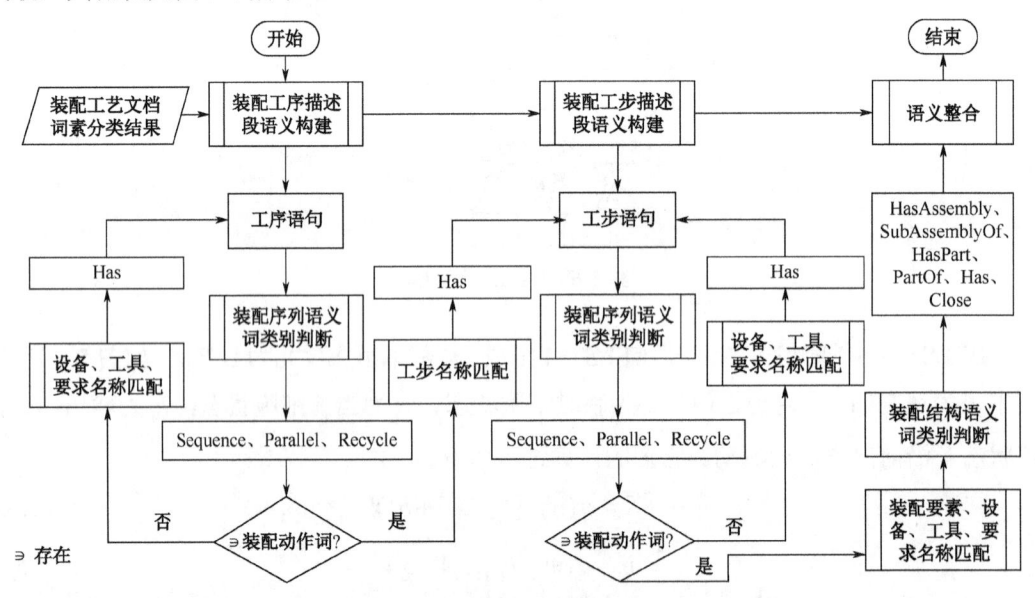

图5-7 装配关系构建流程

5.2.3 基于图嵌入的装配工艺生成方法

目前，人工智能正在朝认知智能发展，而装配工艺生成是典型的认知智能过程。传统的基于知识的装配工艺生成方法，大多是基于本体建立装配工艺知识库，再将属性、规则等信息用符号描述，这种符号化表示虽然可以清晰地表示节点和边，但无法度量节点或边之间语义的关联性，难以从装配工艺知识图谱的上下文角度使用已有的装配知识与经验。鉴于此，本章在装配工艺知识图谱数据库的基础上，首先研究装配工艺知识图谱的图嵌入方法，将装配工艺知识图谱数据库中不同的节点与边表示为具有对应语义信息的嵌入向量。然后从设计装配体的装配结构树出发，将其转化为"实体—关系—实体""实体—属性—值"的三元组形式，得到仅包含零件组成、零件间"Close"语义关系以及实际子装配与零件间"HasPart"语义关系的设计装配体的初始装配工艺知识图谱。最后比较设计装配体的初始装配工艺知识图谱与装配工艺知识图谱数据库子图的语义相似性，对设计装配体的初始装配工艺知识图谱进行节点补全与边补全，从而实现装配工艺的自动生成。基于图嵌入的装配工艺生成过程如图 5-8 所示。

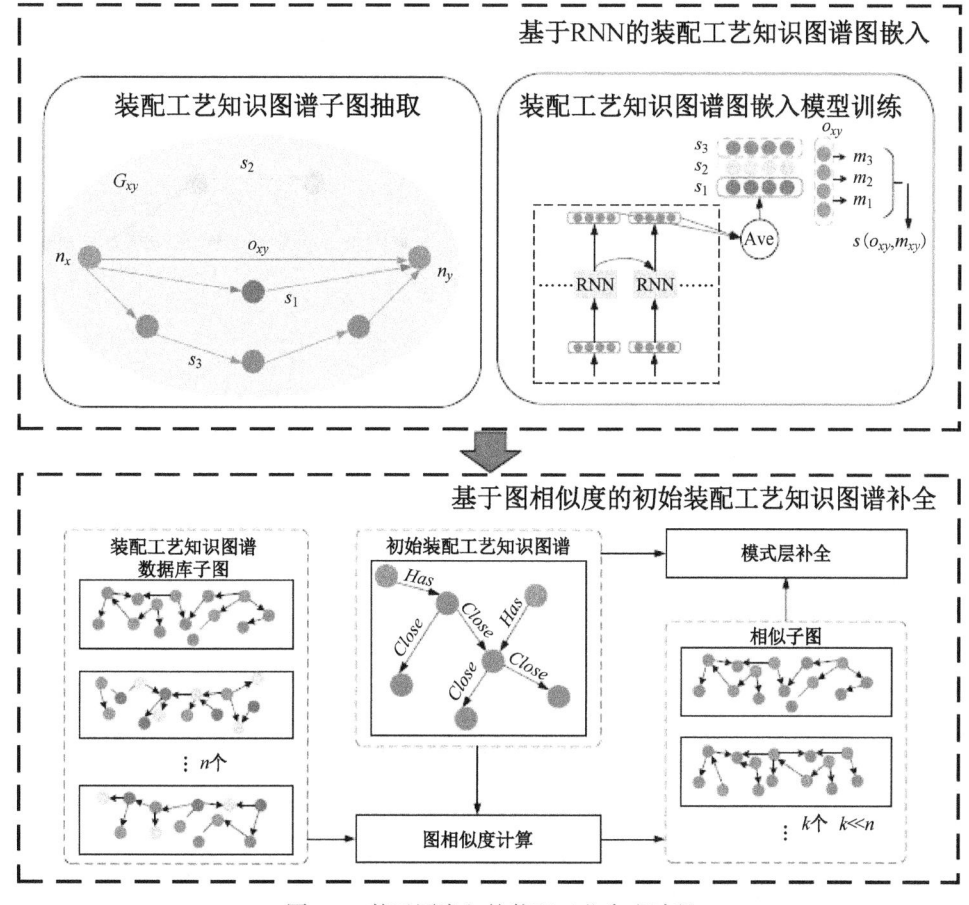

图 5-8 基于图嵌入的装配工艺生成过程

1. 基于 RNN 的装配工艺知识图谱图嵌入

通过分析 KGAM 的内容与架构，不难得出装配工艺知识图谱具有多关系性的特点。多关系性的定义如下所示。针对装配工艺知识图谱的图嵌入，由于节点与边具有不同的类型，所以需要同时对不同类型的节点和边进行向量嵌入。

定义 5-2：装配工艺知识图谱的多关系性。设存在装配工艺知识图谱 G，$G=(N,L,T)$，其中，N 为 n 个节点的集合，L 为 l 条边的集合，T 为 t 种边的类型，且 $1<t\leqslant l$，将这一特性称为装配工艺知识图谱的多关系性。

基于 RNN 的装配工艺知识图谱图嵌入方法对装配工艺知识图谱的节点和边同时进行嵌入计算，其架构如图 5-9 所示。

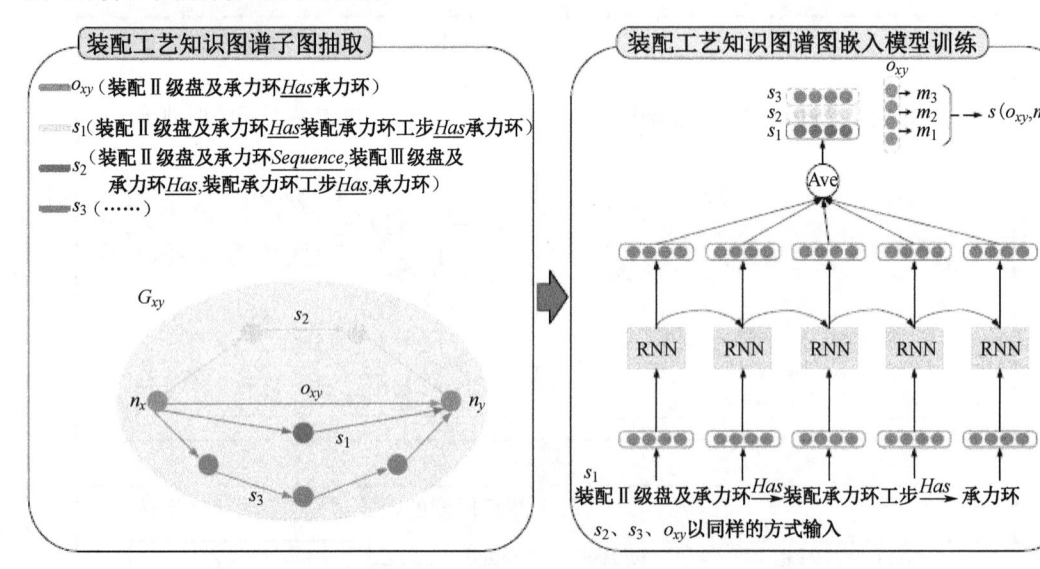

图 5-9 基于 RNN 的装配工艺知识图谱图嵌入架构

2. 子图抽取

抽取装配工艺知识图谱子图的关键在于单跳序列与多跳序列的确定，定义如下。

定义 5-3：装配工艺知识图谱子图。设装配工艺知识图谱 G 存在节点 n_x、n_y，则子图 $G_{xy}\in G$ 定义为 $o_{xy}\cup m_{xy}$，其中 $o_{xy}=(n_x,r,n_y)$ 是直接边类型为 r 的单跳序列，$m_{xy}=\{s_1,s_2,\cdots,s_q\}$ 是节点 n_x、n_y 之间的多跳序列集合，m_{xy} 中多跳序列

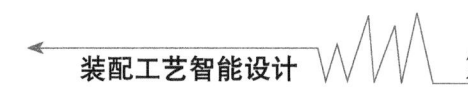

$s_i = (n_x, r_1, n_1, \cdots, r_j, n_j, \cdots, n_y)$。特别地，若两节点 n_x、n_y 之间没有直接边相连，则规定 $G_{xy} = \varnothing$，即此时两节点的子图不存在。

对于单跳序列，直接搜索节点 n_x、n_y 的关系即可得到。而对于多跳序列，从非直接边开始搜索，搜索指定跳数获得长度不同的多跳序列。因为获得节点 n_x、n_y 之间所有的多跳序列效率很低，且最大跳数过大时语义相关性会降低，所以设置变量 $b_{\max}$ 为最大跳数，将多跳序列的数量控制在合理范围，获取多跳序列的算法如表下。

算法功能：获得装配工艺知识图谱中任意两个节点间的多跳序列。
算法输入：装配工艺知识图谱，任意选取的两个节点。
算法输出：装配工艺知识图谱中被选取的两个节点的多跳序列。

$n_x \leftarrow n_1$，$n_y \leftarrow n_2$，$b_{\max} \leftarrow 3$，list $\leftarrow$ List<MultiJump>　　　//初始化
for $b_i \leftarrow 1$ to $b_{\max}$ **do**
if $b_i == 1$ **do**
　　if GetNeighborNode(n_x)!=n_y **do**　　　　　　　　　//最近邻节点判断
　　$n_1 \leftarrow$ GetNeighborNode(n_x)
　　if GetNeighborNode(n_1)==n_y **do**
　　　　$r_1 \leftarrow$ GetRelationship(n_x,n_1)
　　　　$r_2 \leftarrow$ GetRelationship(n_1,n_y)
　　　　list.Add(n_x,r_1,n_1,r_2,n_y)　　　　　　　　　//多跳序列存储
　　end if
　end if
end if
if $b_i == 2$ **do**
　　if GetNeighborNode(n_x)!=n_y **do**　　　　　　　　　//最近邻节点判断
　　$n_1 \leftarrow$ GetNeighborNode(n_x)
　　if GetNeighborNode(n_1)!=n_y **do**
　　$n_2 \leftarrow$ GetNeighborNode(n_1)
　　if GetNeighborNode(n_1)==n_y **do**

```
        r₁ ← GetRelationship(nₓ, n₁)
        r₂ ← GetRelationship(n₁, n₂)
        r₃ ← GetRelationship(n₂, n_y)
        list.Add(nₓ,r₁,n₁,r₂,n₂,r₃,n_y)              //多跳序列存储
       end if
      end if
     end if
    end if
  end for
```

（2）图嵌入模型训练。

装配工艺知识图谱图嵌入模型的训练需要依次输入子图的单跳序列与多跳序列，对单跳序列与多跳序列的节点和边执行交替运算，以此训练得到不同的 RNN 隐层状态，再对各隐层状态求均值，该均值便为该子图的图嵌入结果。这样的图嵌入结果考虑了子图中每个单跳序列和多跳序列对嵌入向量的影响，有助于子图局部结构特性与全局结构特性的保存。

将单跳序列 o_{xy} 和多跳序列 $s_i \in m_{xy}$ 输入到图 5-9 所示的基于 RNN 的知识图谱图嵌入模型中。其中，该嵌入模型的 RNN 计算单元如图 5-10 所示，以多跳序列 $s_i = (n_x, r_1, n_1, \cdots, r_j, n_j, \cdots, n_y)$ 为例，在正向传播过程中，第 t 阶隐层状态的计算遵循式（5-10）。

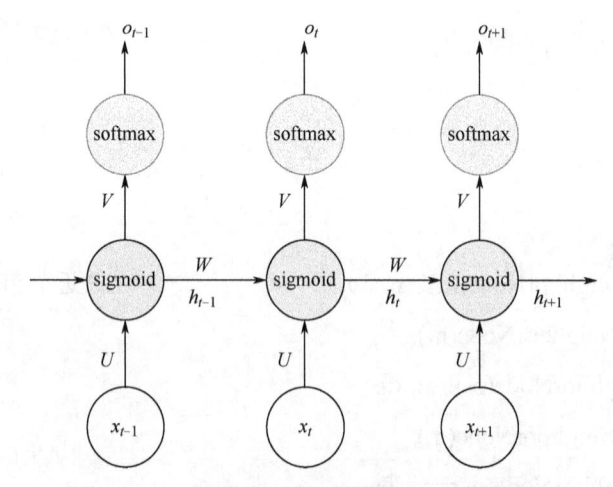

图 5-10　知识图谱图嵌入模型的 RNN 计算单元

$$h_t = \text{sigmoid}(Ux_t + Wh_{t-1}) \tag{5-10}$$

其中，x_t 为节点或边类型的嵌入向量，U 和 W 为权重矩阵。输入序列 o_{xy} 和 m_{xy} 的不同元素将得到每一阶不同的隐层状态，按照式（5-11）对每一阶的隐层状态求平均值。

$$\bar{h} = (h_1 + \cdots + h_T)/T \tag{5-11}$$

其中，T 表示序列 o_{xy} 和 m_{xy} 中所有元素的个数。

以上为基于 RNN 的图嵌入模型的正向计算过程，接下来设计其损失函数。损失函数可用于反向传播过程，以优化其隐层状态，并将优化过后的隐层状态作为最终的嵌入向量。由于子图中单跳序列与多跳序列存在结构特性上的相似性，因此基于最大化单跳序列与多跳序列的语义相似性，设计训练过程的损失函数。

首先，假设存在单跳序列 o_{xy}、多跳序列 $s_{xy} \in m_{xy}$，单跳序列与多跳序列的相似性由式（5-12）计算。其中，o_i^T、s_i 为单跳序列、多跳序列的嵌入向量。

$$s(o_{xy}, s_{xy}) = o_i^T s_i \tag{5-12}$$

对于任意子图，一般存在多个多跳序列，假设子图 G_{xy} 存在 x 个多跳序列 $\{s_1, s_2, \cdots, s_x\}$，则单跳序列 o_{xy} 和子图 G_{xy} 之间的相似性由式（5-13）计算。

$$g(o_{xy}, G_{xy}) = \log(\sum_{i=1}^{x} \exp(s_i)) \tag{5-13}$$

将子图相似性视为多跳序列 $\{s_1, s_2, \cdots, s_x\} = m_{xy}$ 条件下单跳序列 o_{xy} 出现的概率，概率由式（5-14）计算。G_{ij} 为图 G 的子图，o_{ij} 为子图 G_{ij} 的单跳序列，μ 为训练过程待优化的参数（节点和边的嵌入向量、RNN 网络的权重参数）。

$$p_u(o_{xy}/S_{xy}) = \frac{\exp(s(o_{xy}, S_{xy}))}{\sum_{G_{ij} \in G} \exp(g(o_{ij}, G_{ij}))} \tag{5-14}$$

对式（5-14）中的参数（节点和边的嵌入向量、RNN 网络的权重参数）进行优化，最终设计的损失函数如式（5-15）所示。

$$L = \sum_{S_{xy} \in G_{xy}} \sum_{o'_{xy} \in \Delta'_{o_{xy}}} \max[0, \alpha - p_u(o_{xy}/S_{xy}) + p_u(o'_{xy}/S_{xy})] \tag{5-15}$$

其中，α 为常数，表示节点的间隔值，$\max[0, \cdots]$ 为铰链损失[67]，$\Delta'_{o_{xy}}$ 为负样本单跳序列集合，通过替换 o_{xy} 的任一元素可以获得 $\Delta'_{o_{xy}}$。

综上所述，可以得到基于 RNN 的图嵌入模型的训练算法。首先，对装配工艺知识图谱的节点和边初始化。训练过程为：(1) 节点嵌入向量与边嵌入向量的归一化；(2) 从子图 G_{xy} 中随机抽取 batch 大小的三元组，以及对应的多跳序列；(3) 求解三元组负样本；(4) 更新损失函数值，对节点与边的嵌入向量进行优化。

2. 基于图相似度的装配工艺知识图谱补全

基于图嵌入的装配工艺生成方法，其输入为待进行装配工艺生成的设计装配体与装配工艺知识图谱数据库。其中，设计装配体来自 CAD 系统，其零件组成及零件之间的连接关系通过装配结构树表达，因此输入设计装配体的本质为输入装配结构树。装配结构树是装配体零件从属关系的一种图表达，将其转化为"实体—关系—实体""实体—属性—值"的三元组形式，得到设计装配体的初始装配工艺知识图谱，其定义如下。

> **定义 5-4：** 设存在设计装配体 A，在 CAD 系统中 A 对应装配结构树 A_T，从装配结构树 A_T 获取零件的名称（ID）信息、子装配与零件之间的 HasPart 结构语义，以及零件之间的 Close 结构语义（相关语义定义及属性定义见表 5-4 和表 5-5），将这些信息组成的装配工艺知识图谱称为初始装配工艺知识图谱。

对于初始装配工艺知识图谱与装配工艺知识图谱数据库，图之间的相似性关系广泛存在，简称图相似性。图相似性取决于图中单跳序列与多跳序列的相似度，在计算序列相似度之前，首先需要采用基于 RNN 的装配工艺知识图谱图嵌入方法获得初始装配工艺知识图谱的节点与边的嵌入向量，然后分别求得单跳序列与多跳序列相似度、多跳序列与多跳序列相似度以及单跳序列与单跳序列相似度。图相似度 $same(G_1, G_2)$ 反映了图 G_1 的单跳序列 $a1_{so}$、集合 $s1_{so}$ 中的多跳序列与图 G_2 的单跳序列 $a2_{so}$、集合 $s2_{so}$ 中的多跳序列的相似度，计算公式如下。

$$same(G_1, G_2) = \log(\sum_{i=1}^{q} \exp(f(a1_{so}, a2_{so})) \cdot \sum_{i=1}^{q} \exp(f(a1_{so}, s2_i))$$
$$\sum_{i=1}^{q} \exp(f(a1_{so}, s2_i)) \cdot \sum_{i=1}^{q} \exp(f(s1_i, a2_{so})))$$

(5-16)

其中，$f(a1_{so}, a2_{so})$ 用来计算单跳序列 $a1_{so}$ 和单跳序列 $a2_{so}$ 之间的相似性；$f(a1_{so}, s2_i)$、$f(s1_i, s2_i)$、$f(s1_i, a2_{so})$ 分别计算各自括号中序列之间的相似性；$f(x)$ 为余弦相似性计算

函数，计算公式如下。

$$f(a1_{so}, a2_{so}) = a1_{so}^T a2_{so} \tag{5-17}$$

$$f(a1_{so}, s2_i) = a1_{so}^T s2_i \tag{5-18}$$

$$f(s1_i, s2_i) = s1_i^T s2_i \tag{5-19}$$

$$f(s1_i, a2_{so}) = s1_i^T a2_{so} \tag{5-20}$$

虽然初始装配工艺知识图谱包含"零件—名称（ID）—值"信息、"零件—Close—零件"与"实际子装配—HasPart—零件"结构语义信息，但欠缺工步信息、工序信息、子装配信息等装配工艺信息。因此可从图相似度出发，比较初始装配工艺知识图谱与装配工艺知识图谱数据库子图的结构语义相似性，并参考与初始装配工艺知识图谱语义相近的装配工艺知识图谱数据库子图，实现初始装配工艺知识图谱的自动补全，从而完成装配工艺自动生成。在进行知识图谱补全的过程中，基本补全逻辑为：首先输入包含基本节点与关系的初始知识图谱（为包含"零件—名称（ID）—值"信息、"零件—Close—零件"与"实际子装配—HasPart—零件"结构语义信息的初始装配工艺知识图谱），然后补全某类型的节点，再补全该类型节点所涉及的边，之后判断所有类型的节点是否补全，当所有类型的节点均补全时，输出补全的知识图谱，当未补全时，继续对当前的知识图谱进行补全，如此循环直到完成所有类型节点的补全，如图 5-11 所示。

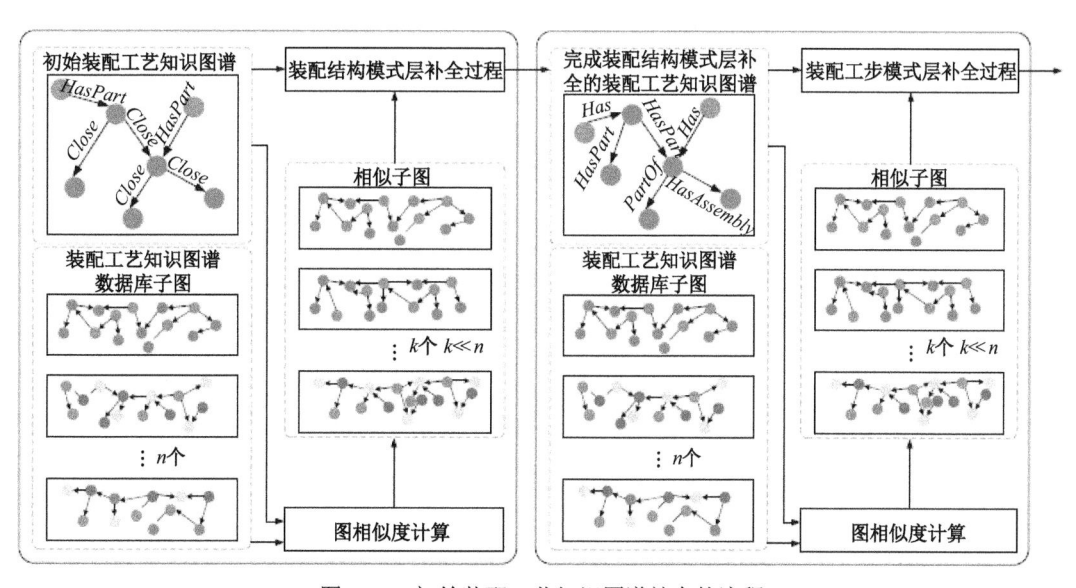

图 5-11 初始装配工艺知识图谱补全的流程

5.2.4 基于点云深度学习的装配干涉检测方法

基于图嵌入的装配工艺规划根据语义相似度在一定阈值范围内匹配装配工艺知识图谱数据库子图，以此得到多装配工艺方案。这些多装配工艺方案并不都是合理的，需要对它们进行评价。对于多装配工艺方案的评价，目前主要从装配序列可行性分析的角度展开，并通过人机交互的方式实现，当存在大量装配序列时，效率极低。鉴于此，为了减少人工工作量，提高装配工艺评价的效率，本章提出一种能够快速从多装配工艺方案中过滤不可行方案的方法，从装配干涉性出发评价装配序列的可行性。

1. 装配特征识别

为实现某一步装配过程的干涉检测，需首先确定基体与被装配体相互配合的装配特征。在三维模型点云化的基础上，装配特征识别可以转换为零件点云数据的点云特征识别，通过计算零件点云数据中每个点的类别实现。

装配特征识别过程的核心为基于卷积神经网络的点云特征识别模型。图 5-12 所示为该模型的结构图。其中，输入层为 $n \times 3 \times 1$ 的矩阵，n 表示点云所包括点的总量，3 表示点的坐标值 (x, y, z)，1 表示原始点云的通道数；第一个卷积层采用 64 个 1×3 卷积核对原始点云 ($n \times 3 \times 1$) 进行卷积操作，输出 $n \times 3 \times 64$ 大小的矩阵；其他卷积层采用多个 1×1 卷积核；池化层采用 MaxPooling 对特征进行抽样；输出层采用 Softmax 实现零件点云中各点的分类。点云特征识别模型的损失函数选用交叉熵函数，如下式所示。

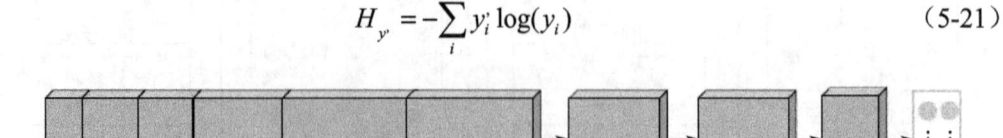

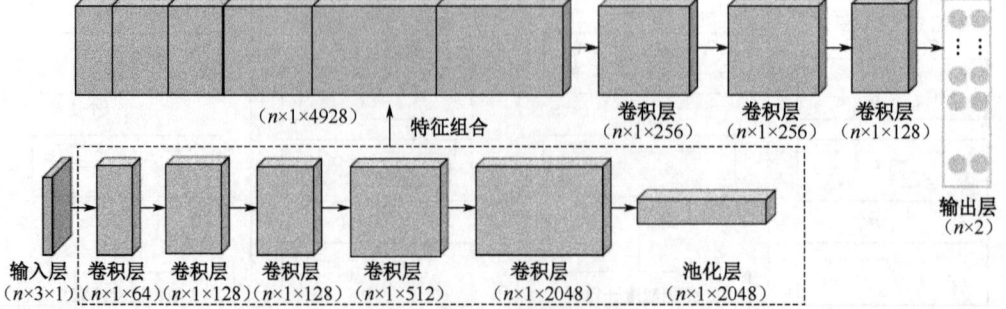

$$H_y = -\sum_i y_i' \log(y_i) \tag{5-21}$$

图 5-12 装配特征识别模型结构图

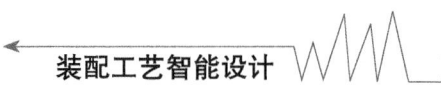

2. 装配干涉检测

通过零件点云数据的装配特征识别，可以从基体与被装配体点云中获得装配特征点云。求解基体装配特征点云与非装配特征点云在 xOy 平面、yOz 平面、xOz 平面的投影区域，完成装配干涉检测，其方法流程如图 5-13 所示。

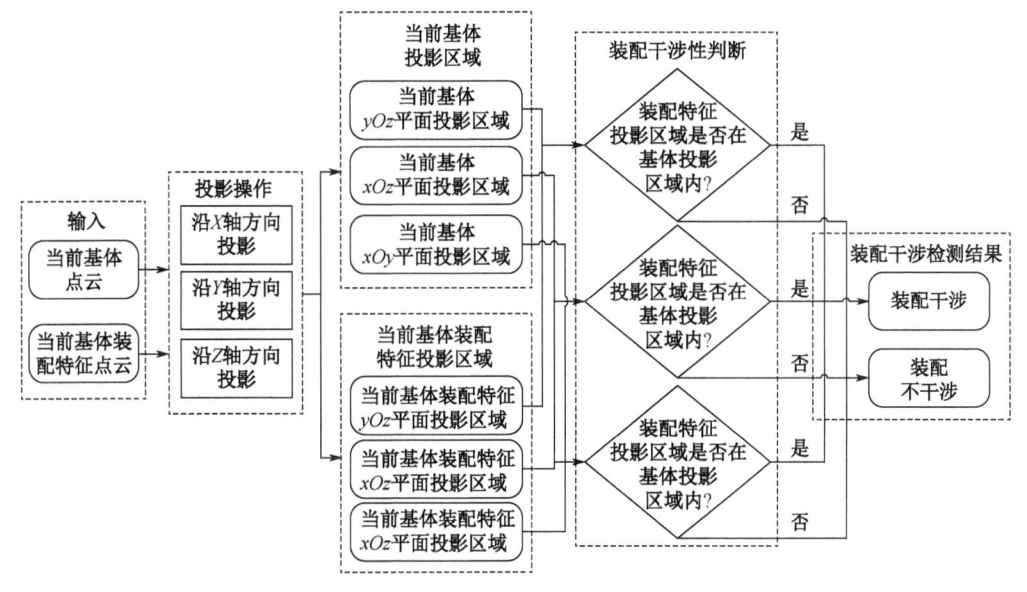

图 5-13 装配干涉检测流程

通过对补全的装配工艺知识图谱进行分析，不难得出装配工艺方案中的装配序列表达了两个零件或子装配的装配关系，将其中一个视为基体，另一个视为被装配体。在被装配体与基体相互装配的过程中，由于基体配合区域所处空间位置的不合理，可能会造成装配空间的不足，进而导致装配干涉发生，如图 5-14 所示。

随着装配序列的进行，零件（子装配）间的装配关系逐渐形成，基体在不断发生变化，基体配合区域的环境点云也在发生变化，将当前装配序列装配关系建立前的基体视为当前基体。装配干涉检测基于当前基体的点云数据展开，如图 5-15 所示。通过对其装配特征进行识别，将当前基体点云分为装配特征点云和非装配特征点云，分别沿空间 x 轴、y 轴、z 轴方向对当前基体点云与当前基体装配特征点云做投影，得到当前基体点云与当前基体装配特征点云在 yOz 平面、xOz 平面、xOy 平面上的投影区域。装配干涉性的判断方法为：当基体装配特征点云在 yOz 平面、xOz 平面、xOy 平面上的投影区域总是处于当前基体点

云在 yOz 平面、xOz 平面、xOy 平面上的投影区域内部时,一定会发生装配干涉;当前基体装配特征点云在 yOz 平面、xOz 平面、xOy 平面上的投影区域总是不处于当前基体点云在 yOz 平面、xOz 平面、xOy 平面上的投影区域内部时,则不会发生装配干涉。该方法适用于不合理装配序列的快速过滤,但不能用于判断当前基体装配特征点云在 yOz 平面、xOz 平面、xOy 平面上的投影区域不总是处于当前基体点云在 yOz 平面、xOz 平面、xOy 平面上的投影区域内部时的装配干涉性。

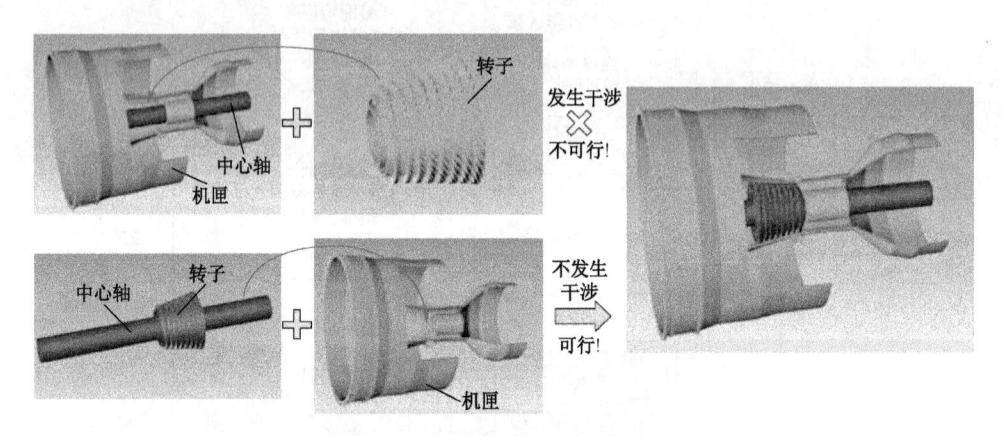

图 5-14 装配干涉的产生情况

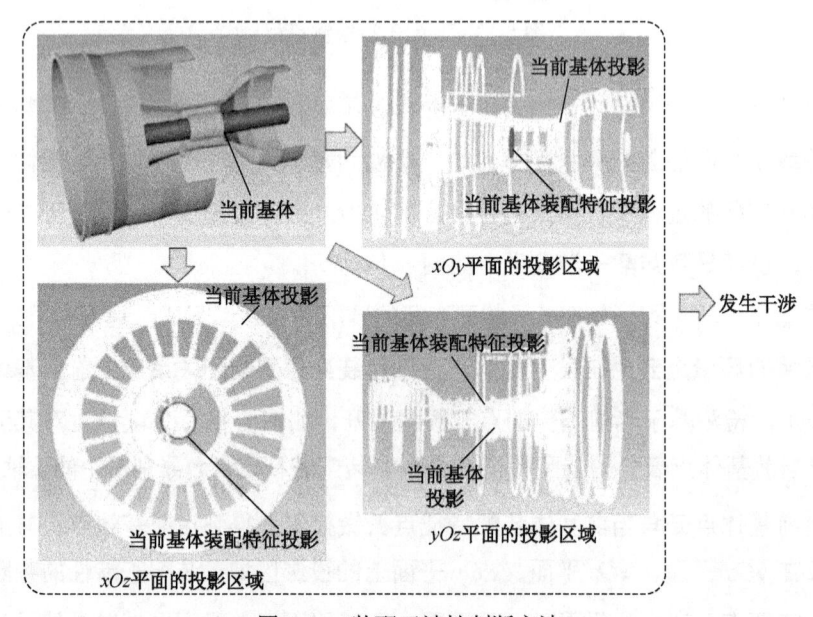

图 5-15 装配干涉性判断方法

5.3 某航空发动机压气机转子部件装配实例与验证

某航空发动机压气机转子部件由轮盘、轴、叶片等零件组成，是航空发动机的核心部件之一，如图 5-16 所示。目前其装配工艺规划为装配工艺人员基于现有二维装配工艺文档与三维装配体模型展开，工作量大、效率低。同时，在评价装配工艺的有效性时，主要是基于虚拟装配系统与试装配过程进行评估。其中虚拟装配通过人机交互方式实现，当存在大量装配工序时，工作量大且容易出错。因此，本节首先通过基于 Bi-LSTM 的装配工艺语义识别方法自动构建某航空发动机装配车间的装配工艺知识图谱数据库。然后，对装配工艺知识图谱数据库与实例对象的初始装配工艺知识图谱进行节点嵌入与边嵌入，通过图相似度计算完成初始装配工艺知识图谱的补全，实现该航空发动机压气机转子部件多装配工艺方案的自动生成。最后，基于面向装配干涉的装配序列评价方法开发装配工艺自主分析系统，输入多装配工艺方案 RDF/XML 文件与零件三维模型，快速过滤出不合理的装配工艺方案。

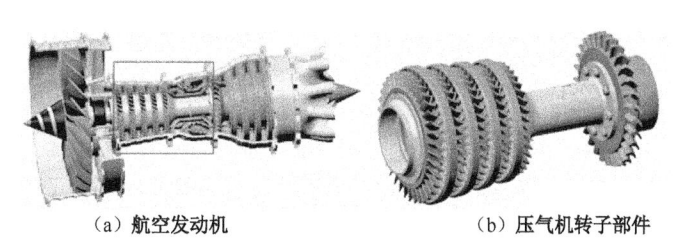

(a) 航空发动机　　　　　　(b) 压气机转子部件

图 5-16　某航空发动机压气机转子部件

5.3.1　装配工艺知识图谱数据库自动构建

1. 装配工艺语料集建立

以某航空发动机装配车间的涡轮、传动装置、燃烧室部件的装配工艺文档为原始数据构造装配工艺语料集。首先为每条装配工艺语句标注 S、B、M、E 字标签，得到装配语素分解语料集。图 5-17 所示为装配语素分解语料集的截图。其中，S 表示单个汉字词、B 表示词的首汉字、M 表示词的中间汉字、E 表示词的末尾汉字。

图 5-17 装配语素分解语料集截图

然后标注每个词的类别,装配词素分类语料集的说明如表 5-6 所示。

表 5-6 装配词素分类语料集说明

语料场景	某航发企业部分装配工艺文档
总语句数	1139
总词数	12256
工具设备名称词数	162
装配对象名称词数	977
装配动作词词数	1096
装配特征词词数	1557
装配序列语义词词数	1456
装配结构语义词词数	593
量词词数	615

2. 装配语素分解模型训练

在不同字维数与句子长度下对装配语素分解模块进行训练,如图 5-18 所示。由图 5-18 可以发现,将字维数为 50、句子长度为 20、batch 大小为 20×2^5 作为参数时,训练效果较好,迭代训练约 100 次至收敛,总耗时约 81min。

将该语素分解模型同经典的 CRF++分词模型、LSTM 分词模型比较,均使用构造的训练语料集,考查常用的精确率 P、召回率 R 和 F 值,得到如图 5-19 所示的模型训练 loss 曲线。表 5-7 所示为 3 种分词模型的评测指标,可得出基于 Bi-LSTM 的装配语素分解模型相较于其他方法 loss 更低,且 P、R、F 值更优。

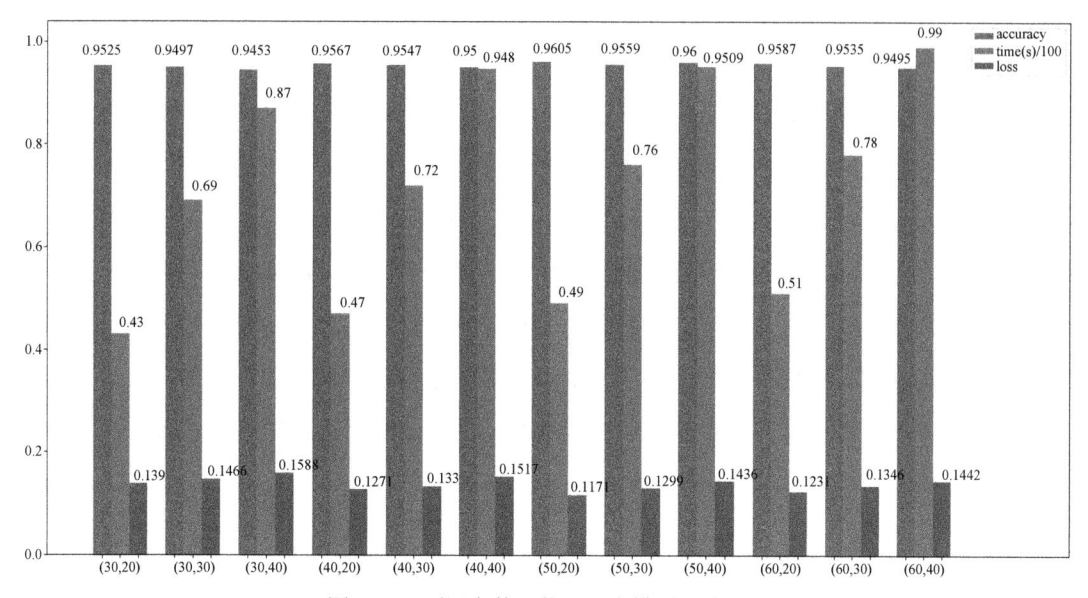

图 5-18 不同参数下装配语素模型训练结果

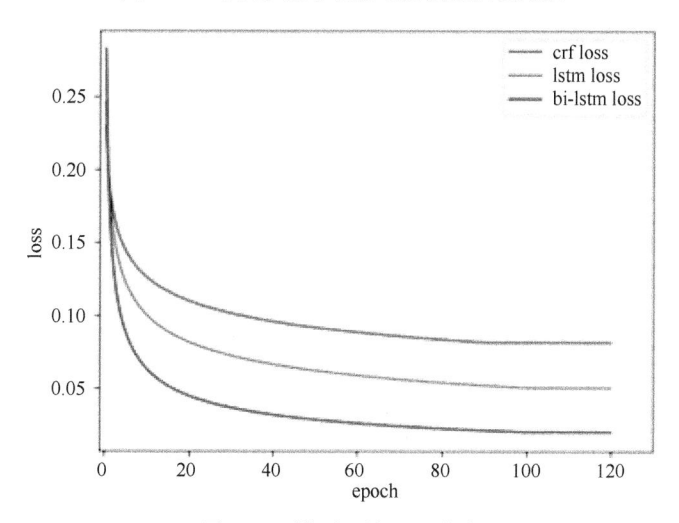

图 5-19 模型训练 loss 曲线

表 5-7 3 种分词模型评测指标对比

模　型	某航发企业部分装配工艺文档		
	P	R	F
CRF++	0.933	0.929	0.931
LSTM	0.958	0.953	0.955
Bi-L STM	0.964	0.960	0.962

3. 装配词素分类模型训练

使用构造的装配词素分类语料集训练 Google 开源项目 Word2vec（选择 Skip-gram），得到词向量。在同装配语素分解模型所用配置相同的计算机上训练，指定输出词向量的维数为 128，训练窗口大小为 5，学习率为 0.001，最低频率为 3，其余参数使用默认值。图 5-20 所示为将高维词向量降维至二维空间所得的词向量分布图。其中，黑色表示工具设备名称，黄色表示装配对象名称，红色表示装配动作词，深绿色表示装配特征词，蓝色表示装配序列语义词，紫色表示装配结构语义词，浅绿色表示量词。由训练数据集训练得到词向量后，采用增量训练方式得到测试数据集的词向量，测试结果如表 5-8 所示。

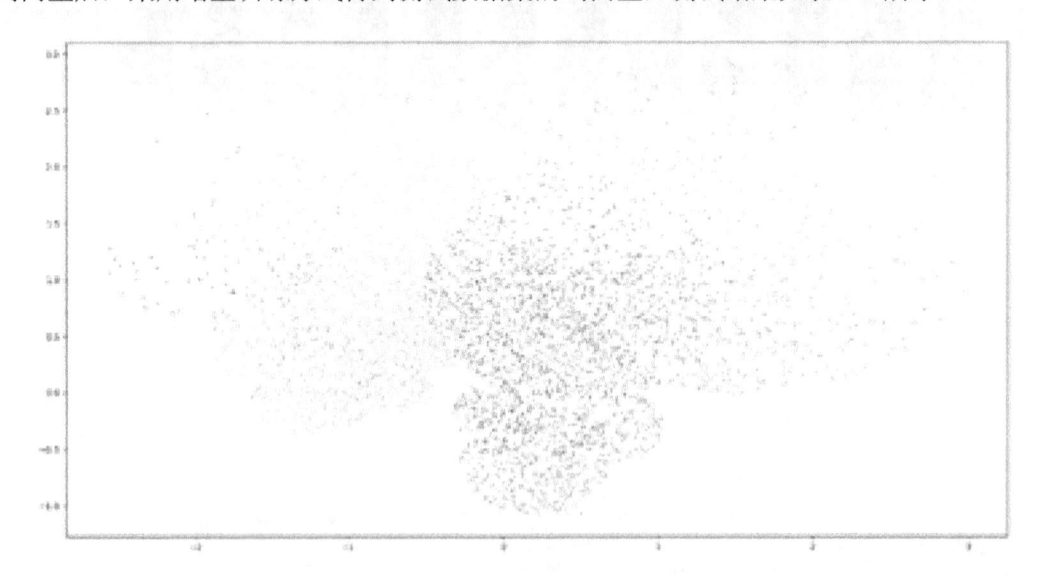

图 5-20 词向量分布图

表 5-8 装配词素分类测试结果

参与分类的总词数	中文分词 F 值	正确分类词数	Q
3679	0.962	3587	0.975

4. 装配实体与装配关系建立

使用上述训练得到的装配语素分解模型与装配词素分类模型，对该航空发动机装配车间的部分装配工艺文档进行装配工艺语义识别，识别结果如图 5-21 所示。部分知识图谱的可视化效果如图 5-22 所示。表 5-9 所示为该装配工艺知识图谱数据库节点与边的分布情况。

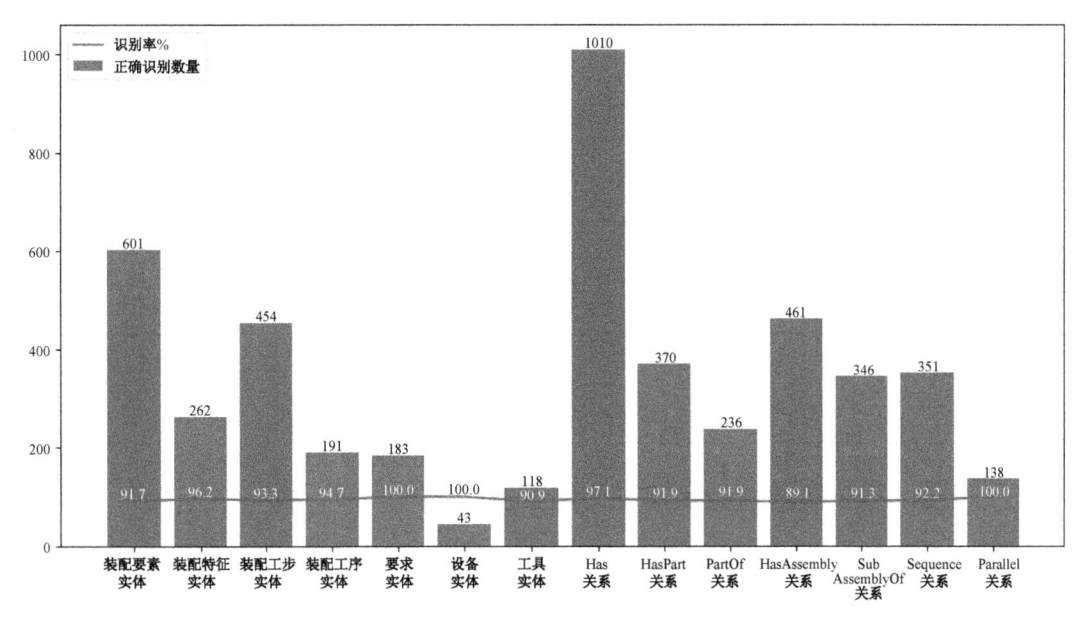

图 5-21　部分装配工艺文档的装配工艺语义识别结果

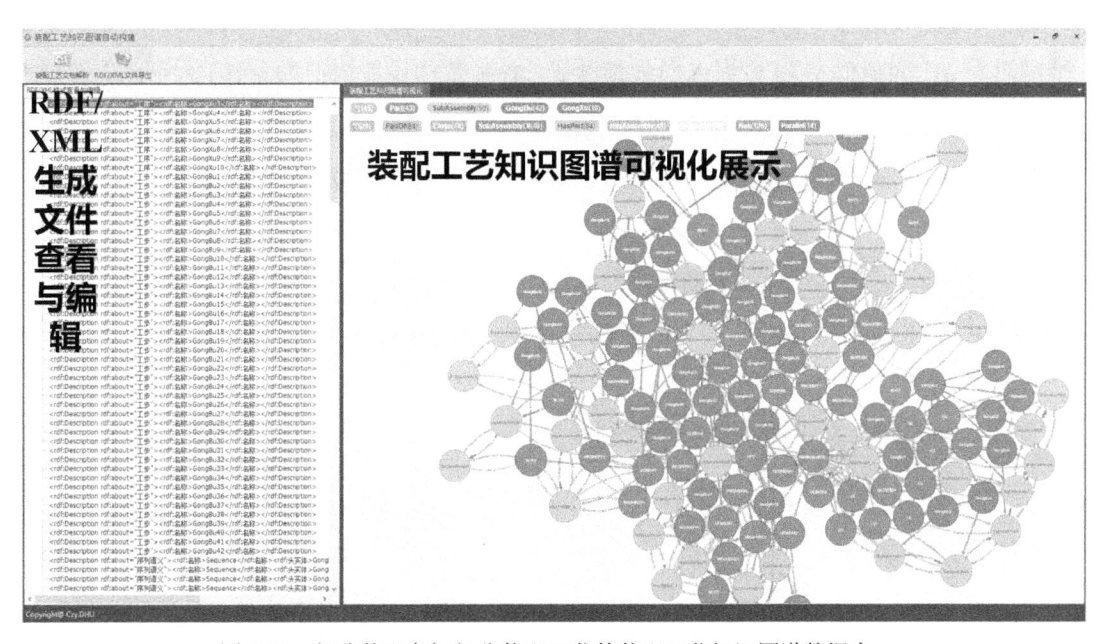

图 5-22　部分装配车间部分装配工艺的装配工艺知识图谱数据库

表 5-9　装配工艺知识图谱数据库节点与边的分布情况

节点分布		关系分布	
类型	规模	类型	规模
零件	1651	Has	1987
子装配	336	HasPart	551
		part of	551
工步	921	HasAssembly	214
工序	344	SubAssmblyOf	214
要求	53	Sequence	887
设备	31	Parallel	34
工具	56		
合计	3422	合计	4438

5.3.2　基于图嵌入的装配工艺自动生成

1. 装配工艺知识图谱图频

首先，基于 5.2.3 节所设计的获取多跳序列算法从装配工艺知识图谱数据库中共获取 139 个子图。将每个子图的节点与边分别输入图嵌入模型进行训练，训练过程的超参数包括学习率 a、间隔值 γ_1 和 γ_2 嵌入向量维度 d。各参数的设置情况如表 5-10 所示。在 CPU 为 Intel Xeon E5-2630、显卡为 GTX1080 8G 的计算机上训练，得到训练过程的 loss 曲线如图 5-23 所示。由此得到装配工艺知识图谱数据库的节点与边的嵌入向量。

表 5-10　装配工艺知识图谱图嵌入模型训练参数设置

学习率 a	间隔值 γ_1	间隔值 γ_2	嵌入向量维度 d
0.001	0.3	0.3	50

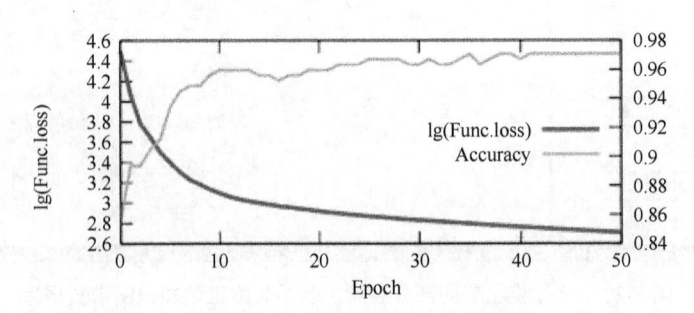

图 5-23　训练过程的 loss 曲线

2. 初始装配工艺知识图谱补全

在得到装配工艺知识图谱数据库与初始装配工艺知识图谱的节点向量与边向量后，计算初始装配工艺知识图谱与装配工艺知识图谱数据库子图的相似度，完成初始装配工艺知识图谱的补全，依次对装配结构模式层、装配工步模式层与装配工序模式层进行节点补全与边补全。其中，对于装配结构模式层，补全虚拟子装配节点及 HasPart、HasAssembly、PartOf、SubAssemblyOf 边；对于装配工步模式层，补全工步节点以及 Has、Sequence、Parallel 边；对于装配工序模式层，补全工序节点以及 Has、Sequence、Parallel 边。具体过程如下。

由于初始装配工艺知识图谱仅包含零件信息三元组、零件间的 Close 边，以及实际子装配与零件间的 HasPart 边。因此，对于初始装配工艺知识图谱与装配工艺知识图谱数据库子图相似度的计算，仅计算零件节点、实际子装配节点，以及包含 Close 边与 HasPart 边的单跳序列与多跳序列相似度。从 139 个子图中选取相似度最大的 2 个子图，它们的节点与边分布情况如表 5-11 所示。根据最相似的 2 个子图的节点与边分布情况，得到初始装配工艺知识图谱装配结构模式层的 2 种补全结果，如图 5-24 所示。其中，补全的子装配节点为黄色，HasPart 边为棕色，PartOf 边为绿色，HasAssembly 边为淡蓝色，SubAssemblyOf 边为深蓝色。

表 5-11 相似度最大的 2 个子图的节点和边分布情况

名称	装配结构模式层节点分布		装配结构模式层关系分布	
	类型	规模	类型	规模
子图 1	零件	43	Close	74
			HasPart	84
			PartOf	84
	子装配	50	HasAssembly	48
			SubAssemblyOf	48
子图 2	零件	43	Close	74
			HasPart	84
			PartOf	84
	子装配	50	HasAssembly	49
			SubAssemblyOf	49

将上述补全结果作为当前装配工艺知识图谱。计算当前装配工艺知识图谱与装配工艺知识图谱数据库子图的零件节点、实际子装配节点、虚拟子装配节点，以及包含 Close、HasPart、HasAssembly、PartOf、SubAssemblyOf 边的单跳序列与多跳序列相似度。同样从

139 个子图中选取相似度最大的 2 个子图,由于装配结构模式层有 2 种补全结果,故可得到装配工步模式层的 2×2 种补全结果,它们的节点与边分布情况如表 5-12 所示。

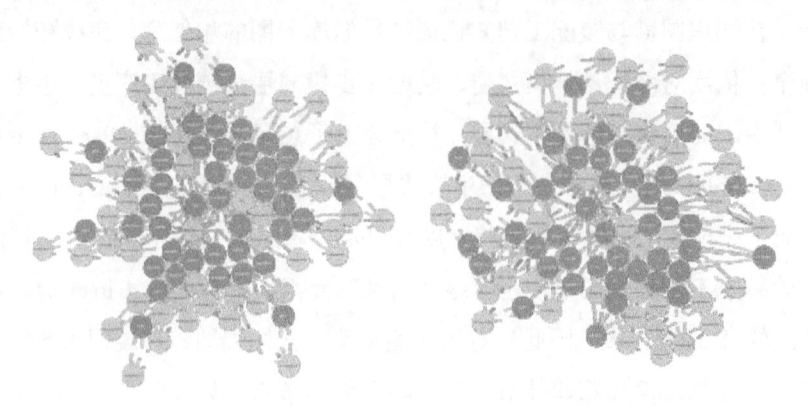

(a)补全结果 1　　　　　　　　　　(b)补全结果 2

图 5-24　初始装配工艺知识图谱装配结构模式层补全结果

表 5-12　装配工步模式层 4 种补全结果的节点与边分布情况

名　称	装配工步模式层节点分布		装配工步模式层关系分布	
	类　型	规　模	类　型	规　模
装配工步模式层补全结果 1 (基于装配结构模式层补全结果 1)	工步	42	Has	84
			Sequence	41
			Parallel	7
装配工步模式层补全结果 2 (基于装配结构模式层补全结果 1)	工步	44	Has	90
			Sequence	43
			Parallel	9
装配工步模式层补全结果 3 (基于装配结构模式层补全结果 2)	工步	43	Has	85
			Sequence	42
			Parallel	9
装配工步模式层补全结果 4 (基于装配结构模式层补全结果 2)	工步	43	Has	87
			Sequence	45
			Parallel	8

与装配工步模式层的补全原理类似,但计算相似度时仅计算零件节点、实际子装配节点、虚拟子装配节点、工步节点,以及包含 Close、HasPart、HasAssembly、PartOf、SubAssemblyOf、Has、Sequence、Parallel 边的单跳序列与多跳序列相似度。通过装配结构模式层、装配工步模式层及装配工序模式层的补全,得到初始装配工艺知识图谱的 2×2×2 种补全结果,对应 8 种装配工艺方案,如图 5-25 所示。其中,装配工序模式层补全的工序

节点为深绿色，*Has* 边为紫色，*Sequence* 边为淡黄色，*Parallel* 边为红色。

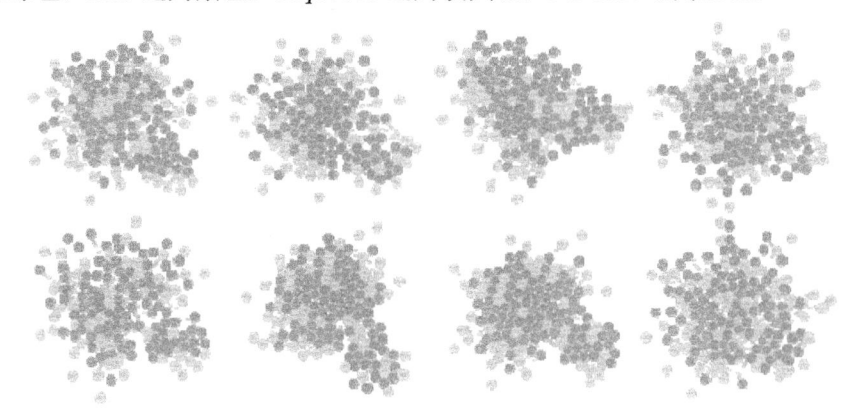

图 5-25　初始装配工艺知识图谱的 8 种补全结果

5.3.3　多装配工艺方案可行性评价

1. 装配工艺仿真系统

图 5-26 所示为基于 HOOPS 的装配工艺自主分析系统架构。其中，基础层是该系统架构的核心，包括 HOOPS/3dAF、装配工艺方案 RDF/XML 文件解析、装配特征识别、点云干涉检测、装配关系构建。HOOPS/3dAF 提供模型读取及点云化的支持；装配工艺方案 RDF/XML 文件解析实现装配序列的自主读取；装配特征识别实现零件点云中装配特征点云的自动识别；点云干涉检测通过对基体点云数据、基体装配特征点云数据的运算，实现逐装配序列的装配干涉性自主分析；通过装配关系构建方法将零件装配转换为点云拼接，实现两零件（子装配）装配关系自动构建。接口层为业务层各模块间数据的交互通道。其中，RDF/XML 为装配序列与系统分析过程的交互通道，HOOPS Parasolid Bridge 为零件 CAD 模型与 HOOPS 三角面片渲染模型的数据转换通道。支持层包括模型库与过程库。其中，模型库存储零件、标准件等装配仿真过程需要的三维模型，过程库存储逐装配序列的装配体构建结果。业务层为装配工艺自主分析系统的所有功能模块，包括三维模型读取与点云化模块、装配工艺方案 RDF/XML 文件解析模块、装配特征识别模块、点云干涉检测模块、装配关系自动构建模块与装配序列评价结果输出模块。交互层为用户界面。

2. 多装配工艺方案评价流程

装配工艺自主分析系统从装配工艺文件 RDF/XML 中获得装配序列信息，然后逐一对装配序列进行干涉性求解，最后得出分析结果。以 8 个装配工艺方案为例，说明多装配工艺方案评价流程。

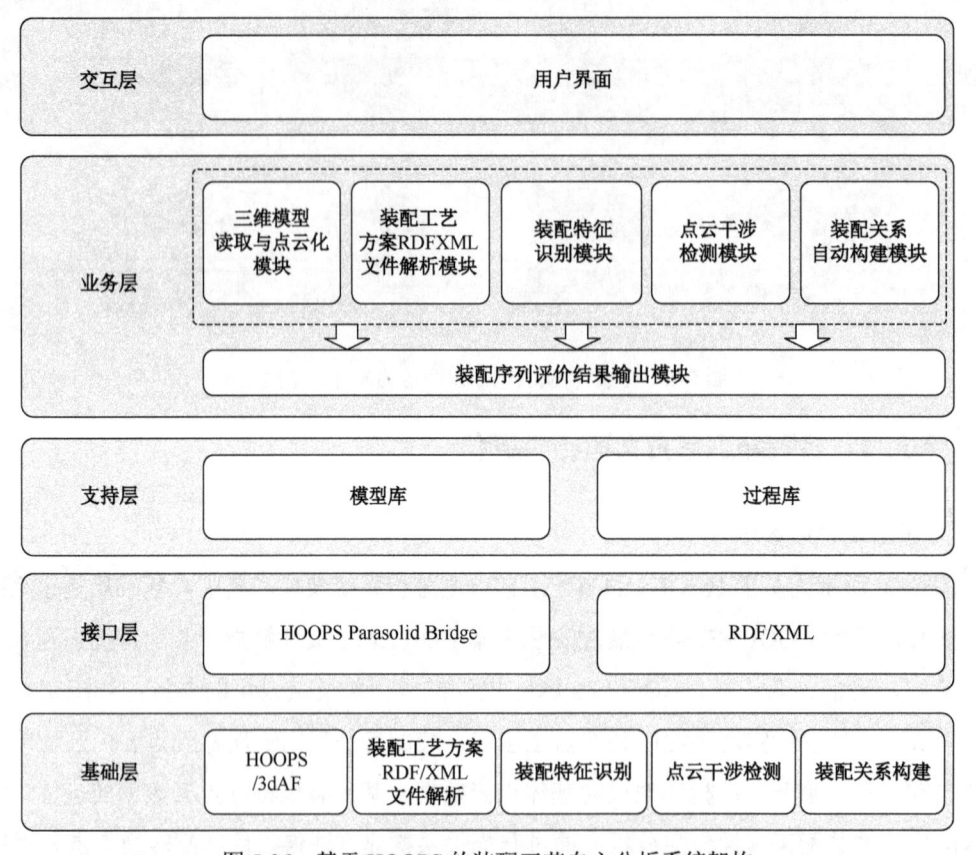

图 5-26　基于 HOOPS 的装配工艺自主分析系统架构

首先基于链表结构存储装配工序节点与装配工步节点，实现装配工艺方案 RDF/XML 文件的解析。图 5-27 所示为装配工艺方案 RDF/XML 文件解析界面。

图 5-28 所示为装配序列某一步装配操作的干涉性分析界面。当对某一步装配操作完成干涉性分析之后，将自动更新当前装配体点云并读取零件三维模型，进行该装配序列下一步装配操作的干涉性分析。通过顺序分析装配序列某装配操作的方式，完成装配序列的干涉性分析，得到装配序列自主评价流程所述的装配序列干涉向量。逐一输入 8 个装配工艺方案的 RDF/XML 文件至装配工艺自主分析系统中，得到 8 个装配序列的干涉向量。

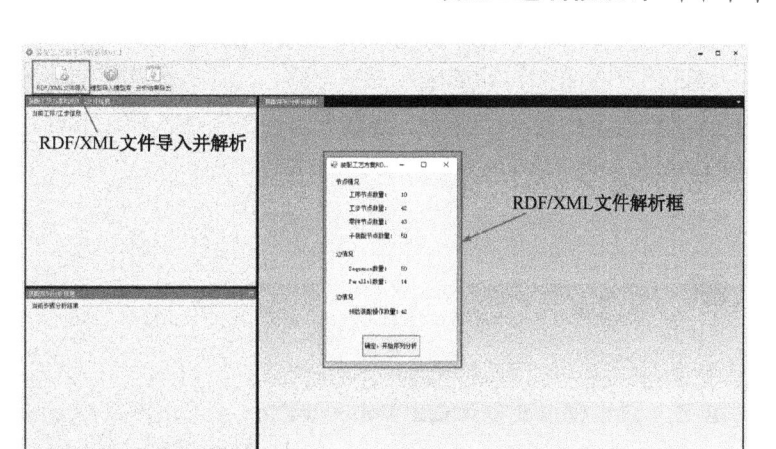

图 5-27 装配工艺方案 RDF/XML 文件解析界面

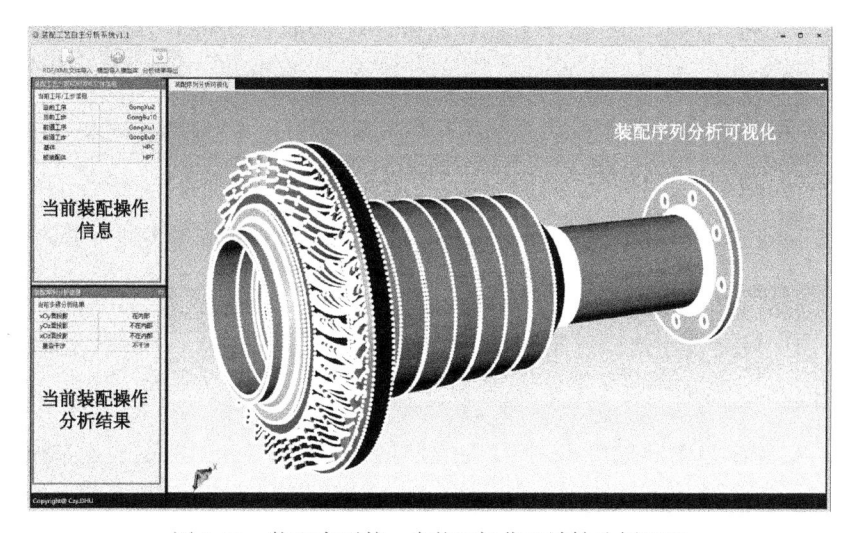

图 5-28 装配序列某一步装配操作干涉性分析界面

$$装配序列干涉矩阵 = \begin{bmatrix} 1111111111111111111111111111111111111 \\ 110110110110111100111101101101111011 \\ 1111111111111111111111111111111111111 \\ 11010110111111111011011101011111101 \\ 11010111101111011101111111101111011 \\ 11110110111101111010110111101110111 \\ 110101011011011110110110110111011101 \\ 110101101101111101111010101111101101 \end{bmatrix}$$

工艺方案 1 与工艺方案 3 为可行的装配工艺方案。为了验证工艺方案 1 与工艺方案 3 的可行性，将它们用于车间的试装配过程，结果表明均能完成该航空发动机压气机转子部件的装配。

参考文献

[1] WANG C, BI Z, et al. Object-Oriented Templates for Automated Assembly Planning of Complex Products[J]. IEEE Transactions on Automation Science and Engineering, 2014, 11(2):492-503.

[2] CHENG E W, HONG Y U, WEN L Z, et al. Object-oriented Aero-engine Assembly Patternls[J]. Computer Integrated Manufacturing Systems, 2010, 2(3/4):354-364.

[3] 李坤，莫蓉. 航空发动机装配数据结构化建模及应用[J]. 航空制造技术，2014(8):57-60, 88.

[4] 张燕宁，杨兆建，丁华，等. 基于 XML 技术的虚拟装配信息表达及其应用[J]. 机械设计与制造，2014(9):205-207.

[5] 田力. 面向装配设计的信息建模与一体化仿真技术研究[D]. 上海：上海交通大学，2015:10-26.

[6] BAO J S, WU D L, CHENG Q H, et al. Information Patternling and Visualization of Assembly Fat Patternl for Large-Scale Product[J]. Key Engineering Materials, 2013, 579-580:711-718.

[7] 王青，温李庆，李江雄，等. 基于 Petri 网的飞机总装配生产线建模及优化方法[J]. 浙江大学学报（工学版），2015, 49(7):1224-1231.

[8] YANG L, JIAO Z G, LIN H B. Modeling and Applied Research in Petri Net of Virtual Assembly Program Control[J]. Advanced Materials Research, 2012, 482-484:264-269.

[9] YANG X, HAN J, PAN Y. Virtual Training System of Assembly and Disassembly Based on Petri Net[J]. Advances in Intelligent Systems and Computing, 2014, 250:205-212.

[10] 乔立红，朱怡心，ANWER N. 几何增强的装配工艺本体建模[J]. 机械工程学报，2015，51(22):202-212.

[11] SAYED M S, LOHSE N. Ontology-driven Generation of Bayesian Diagnostic Patternls for Assembly Systems[J]. The International Journal of Advanced Manufacturing Technology, 2014, 74(5-8):1033-1052.

[12] HOMEM D M L S, SANDERSON A C. AND/OR Graph Representation of Assembly Plans[J]. IEEE Transactions on Robotics and Automation, 1990, 6(2):188-199.

[13] RAJU B M V A, BISWAL B B. Liaison Concatenation-A Method to Obtain Feasible Assembly Sequences from 3D-CAD Product[J]. Sadhana, 2016, 41(1):67-74.

[14] CSABA K, JÓzsef V. Mixed-initiative Assembly Planning Combining Geometric Reasoning and Constrained Optimization[J]. CIRP Annals Manufacturing Technology, 2014, 4:1-4.

[15] LIN X, SHENG J Z, CHEN Y J. An Efficient Method of Automatic Assembly Sequence Planning for Aerospace Industry Based on Genetic Algorithm[J]. International Journal of Advanced Manufacturing Technology, 2017, 90(5-8):1-9.

[16] 钟艳如，姜超豪，覃裕初，等. 基于本体的装配序列自动生成[J]. 计算机集成制造系统，2018, 24(6):1345-1356.

[17] KASHKOUSH M, ELMARAGHY H. Knowledge-based Patternl for Constructing Master Assembly Sequence[J]. Journal of Manufacturing Systems, 2015, 34:43-52.

[18] 黄潇. 知识驱动的飞机脉动总装线建模仿真研究[D]. 南京：南京航空航天大学，2017:10-38.

[19] 胡龙. 计算机辅助装配工艺规划方法研究[D]. 合肥：合肥工业大学，2015:21-53.

[20] 潘福星. 基于遗传算法的医疗显示器支架虚拟装配技术研究[D]. 合肥：合肥工业大学，2017:24-43.

[21] SIERLA S, KYRKI V, AARNIO P, et al. Automatic Assembly Planning Based on Digital Product Descriptions[J]. Computers in Industry, 2018, 97:34-46.

[22] 张嘉易，王成恩，马明旭，等. 产品装配序列评价方法建模[J]. 机械工程学报，2009，

45(11):218-224.

[23] 马红占, 褚学宁, 刘振华, 等. 基于人因仿真分析的装配序列评价模型及应用[J]. 中国机械工程, 2015, 26(5):652-657.

[24] 马绍兴, 何朝晖, 张日升, 等. 分子泵整机装配工艺过程的综合评价[J]. 组合机床与自动化加工技术, 2016(9):145-148.

[25] MUSLIM M T, SELANMAT H, MUKPED J A A. Optimizing Assembly Sequence Time Using Particle Swarm Optimization (PSO)[J]. Applied Mechanics and Materials, 2013, 315:88-92.

[26] 袁宝勋, 褚学宁, 李玉鹏, 等. 基于产品设计数据的装配序列定量化评价方法[J]. 计算机集成制造系统, 2014, 20(4):807-816.

[27] LAZZERINI B, MARCELLONI F. A Genetic Algorithm for Generating Optimal Assembly Plans[J]. Artificial Intelligence in Engineering, 2000, 14(3):319-329.

[28] 王跃. 飞机装配工艺综合评价技术研究[D]. 南京：南京航空航天大学, 2016:8-36.

[29] NI J, TANG W C, PAN M, et al. Assembly Sequence Optimization for Minimizing the Riveting Path and Overall Dimensional Error[J]. Institution of Mechanical Engineers, 2018, 232(14):1-11.

[30] ZHAO L P, LI B H, CHEN H G, et al. An Assembly Sequence Optimization Oriented Small World Networks Genetic Algorithm and Case Study[J]. Assembly Automation, 2018, 38(4):387-397.

第 3 篇
制造阶段的工业智能

工业智能的落地在于制造，工业智能的难点也在制造阶段。

工业制造过程存在偶然和不确定性因素，致使产品加工结果中存在缺陷问题。尤其是在对安全敏感的领域，在加工完成后对产品进行检测是反馈调整制造工艺的重要途径。但是目前的工业产品缺陷检测过程过度依赖熟练的工人，在多品种、小批量的制造趋势下，难以满足检测过程的高效性、可靠性和检测质量一致性，有必要开展基于人工智能的缺陷检测方法研究。此外，当前制造过程的自动化程度仍然不高，很多场景需要人的参与，人的行为具有很大的不确定性，很难在设计阶段进行保证。因此，一方面需要开展工人作业行为监测的研究，另一方面需要开展面向制造过程的人机协作方法研究。

本部分包括 3 章，分别是工业缺陷图像智能检测、人工作业行为检测与监控和制造过程的人机协同。

第 6 章 工业缺陷图像智能检测

中国是一个制造大国,每天都要生产大量的工业产品。用户和生产企业对产品质量的要求越来越高,除要求满足使用性能外,还要有良好的外观,即良好的表面质量。但是,在制造产品的过程中,表面缺陷的产生往往是不可避免的。不同产品的表面缺陷有着不同的定义和类型。一般而言,表面缺陷是产品表面局部物理或化学性质不均匀的区域,如金属表面的划痕、斑点、孔洞,纸张表面的色差、压痕,玻璃等非金属表面的破损、污点,等等。表面缺陷不仅会影响产品的美观度,而且会对其使用性能带来不良影响,所以生产企业对产品的表面缺陷检测非常重视,以便及时发现,从而有效控制产品质量;还可以根据检测结果分析生产工艺中存在的某些问题,从而杜绝或减少缺陷品的产生;同时防止潜在的贸易纠纷,维护企业荣誉。目前,基于机器视觉的表面缺陷检测装备已经在各工业领域广泛替代人工肉眼检测,包括在汽车、家电、机械制造、半导体及电子、化工、医药、航空航天、轻工等行业。

6.1 工业缺陷图像检测进展与现状

6.1.1 工业缺陷图像检测的定义

在机器视觉任务中,缺陷是倾向于人类经验上的概念,而不是一个纯粹的数学定义。对缺陷模式认知的不同,会导致两种截然不同的检测手段。以布匹表面缺陷检测为例,如

图 6-1 所示。第一种是有监督的缺陷检测方法，体现在利用标记了标签（包括类别、矩形框或逐像素等）的缺陷图像输入到网络中进行训练。此时"缺陷"意味着标记过的区域或图像。因此，该方法更关注缺陷特征，如在训练阶段将包含大片黑色范围的区域或图像标记为"异色"缺陷用于网络训练。在测试阶段，当布匹图像中检测到大片黑色的特征时，即认为出现了"异色"缺陷。第二种是无监督的缺陷检测方法，通常只需用正常无缺陷样本进行网络训练。该方法更关注无缺陷（正常样本）特征，当缺陷检测过程中发现没有见过的特征（异常特征）时，即认为检测出缺陷。此时"缺陷"意味着异常，因此该方法也被称为异常检测（Anomaly Detection）。

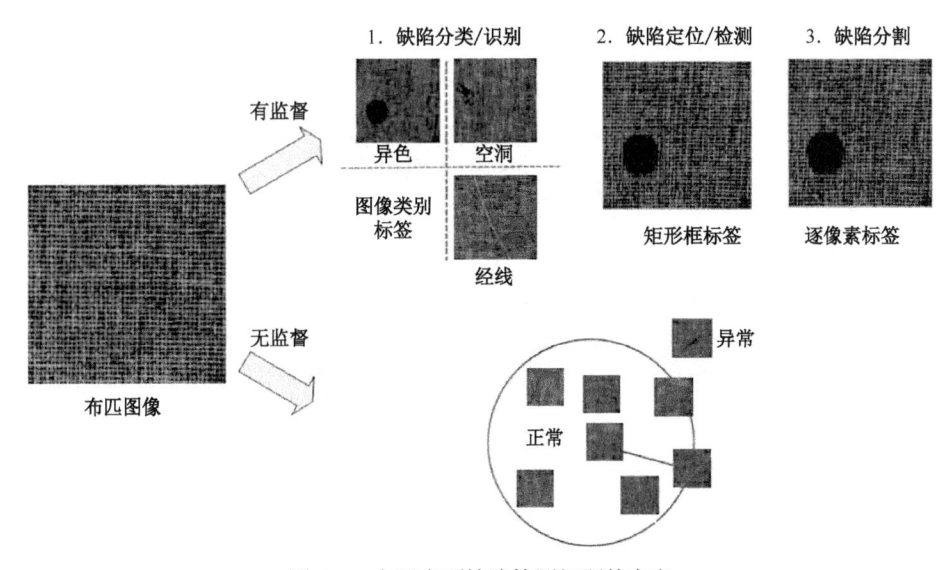

图 6-1　布匹表面缺陷检测问题的定义

对比计算机视觉中明确的分类、检测和分割任务，缺陷检测的需求非常笼统。实际上，其需求可以划分为 3 个不同的层次：缺陷是什么、缺陷在哪里和缺陷是多少。第一阶段"缺陷是什么"对应计算机视觉中的分类任务，如图 6-1 中的 3 种缺陷类别，异色、空洞和经线。这一阶段的任务可以被称为缺陷分类，仅仅给出图像的类别信息。第二阶段"缺陷在哪里"对应计算机视觉中的定位任务。这一阶段的缺陷定位才是严格意义上的检测，不仅获取图像中存在哪些类型的缺陷，而且也给出缺陷的具体位置，如图 6-1 中将异色缺陷用矩形框标记出来。第三阶段"缺陷是多少"对应计算机视觉中的分割任务，如图 6-1 中缺陷分割的区域所示，将缺陷逐像素从背景中分割出来，并能进一步得到缺陷的长度、面积、位置等一系列信息，这些信息能辅助产品高一级的质量评估，如优劣等级的判断。虽然缺陷检测的 3 个阶段的功能需求和目标不同，但实际上 3 个阶段互相包含且能相互转换。例如，第二阶段的"缺陷定位"包含第一阶段的"缺陷分类"这一过程，第三阶段的"缺陷分割"同时也能完成第二阶段的"缺陷定位"，第一阶段的"缺陷分类"也能通过一些方法实现第二阶段和第三阶段的目标。因此，下文还是按照传统工业习惯统称为缺陷检测，只是在针对不同网络结构和目标功能时，才有所区分。

6.1.2 工业缺陷图像检测发展历程

基于视觉的工业缺陷检测系统的发展主要经历了如图 6-2 所示的 3 个阶段。

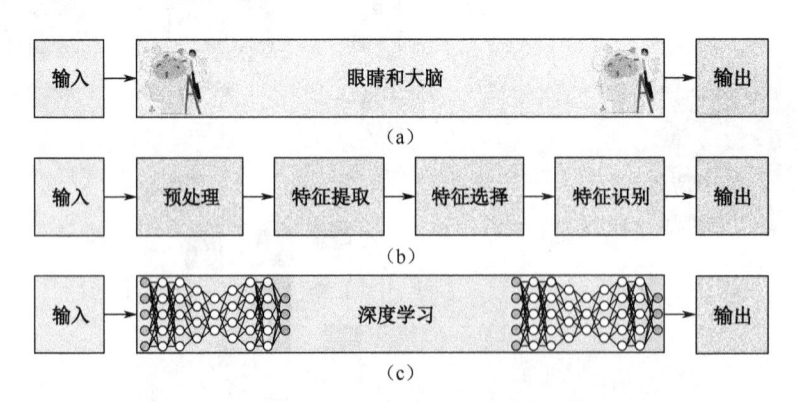

图 6-2 基于视觉的工业缺陷检测系统的发展阶段

第一阶段，通过人眼获取视觉信号并由人的大脑处理，该阶段虽然由于人的参与会有比较高的灵活性，但是效率和质量一致性比较低。

第二阶段，基于传统机器学习方法的工业图像模式识别。该阶段主要遵循从图像预处理到特征提取到特征选择再到特征识别的流程。该阶段由人为主导特征的设计、提取和选择的过程，因此模型可解释性比较高，在固定场景下的可靠性也比较高。但由于中间步骤过多导致以下几点不足。第一，每一个中间任务的处理结果都将影响最终结果，而且子任务的最优解并不意味着全局问题的最优解。第二，每一个步骤都是一个独立的子任务，这

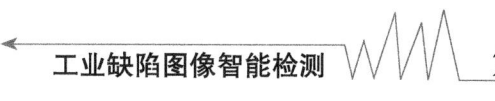

严重影响了工业图像模式识别的整体效率，难以适应复杂多变的生产环境。第三，由于人类先验知识有限，导致数据价值无法充分发挥。

第三阶段，基于深度学习的工业图像模式识别。该阶段的主要思路是在获取图像数据集后，根据学习算法从假设空间中选取某一假设函数作为最终模型。深度学习模型可以获取工业图像的深层抽象信息从而对图像模式进行更好的表达。这种端到端的建模方式也大大提高了工业图像模式识别的效率。

6.1.3 基于深度学习的工业缺陷图像检测进展

虽然深度学习方法在工业图像检测领域得到了广泛的应用，但是因为工业图像本身的一些特点导致深度学习方法在工业图像检测中的深度应用受到限制。通过分析可以发现工业图像主要有以下几个特点。

（1）小样本。首先，由于工业 4.0 刚刚起步，工业界对于数据的重视和积累也刚刚开始；其次，由于生产工艺的相对成熟，缺陷样本并不是经常出现；最后，由于工业细分领域多，对数据的标注需要专业人员才能进行且数据标注过程费时费力，这使得带标签的数据比较少。

（2）不平衡。如上所述，缺陷样本在工业生产中并不经常出现，这就导致正常样本和缺陷样本之间的数据量严重不平衡的问题；其次，在缺陷样本内部，不同缺陷类型的发生也不尽相同，这又导致缺陷样本内部的不平衡问题；此外，不同类别的特征模式不一样，这导致了同一个深度学习模型对不同类别的学习能力的不平衡问题。

（3）强干扰。工业环境比较复杂，生产过程一般涉及复杂的理化反应，伴随着光照变化、振动变化、运动模糊等问题的发生，这些干扰严重阻碍了深度学习模型对有效模式的挖掘。

（4）小目标。工业产品一般由许多小的元器件组成，且工业产品的缺陷相对于产品本身一般也是比较小的。由于深度学习的骨干网络（VGG 系列和 Resnet 系列）都有多次下采样处理，导致小目标在特征图中的尺寸基本上只有个位数的像素大小，这严重限制了深度学习模型对小目标的描述效果。

（5）细粒度。由于工业生产中的图像分析一般是在一个细分领域内的应用，因此就导致不同图像之间的宏观差异很小，而由于偶然情况的发生，同一类别内部的差异却很大。这在以往是需要熟练的工人才能仔细区分的。这对于深度学习模型来说是一个很大的挑战，必须要找到细粒度图像间最具有鉴别性的抽象特征。

更为不幸的是，在实际应用中上述问题往往同时出现。

对工业图像的特点进行对比分析可以发现，小样本问题和不平衡问题是针对样本空间而言的。强干扰问题、小目标问题、细粒度问题是针对样本本身而言的。根据计算学习理论的知识可知，小样本的特点会导致样本空间中的信息不足，以至于深度学习模型缺乏归纳偏好；数据集的不平衡特点会导致归纳偏好远离实际问题。来自数据本身的特点则会导致图像模式复杂，因此需要更大的假设空间去寻找最优解。进一步来说，来自样本空间的特点会引发深度学习模型的经验误差可以趋近于 0，但是泛化误差与经验误差的差距比较大的问题；而样本本身的特点会导致深度学习模型的经验误差难以趋近于 0，且测试误差与训练误差仍相距较大的问题。这两种问题导致深度学习的可行性降低，从而使实际应用中的泛化效果变差。

为了提升深度学习方法在工业图像检测中的可行性和泛化能力，对样本空间进行丰富、对假设空间进行限制是两种基本的思路。

1. 丰富样本空间

样本是深度学习的基石。从广义上来说，对样本空间进行丰富就是对其中包含的信息量进行扩充。对样本空间进行丰富是提高基于深度学习的工业图像检测可行性和泛化能力的根本方法。目前的思路主要从样本量和样本特征两方面对样本空间进行丰富，从而使深度学习模型可以有更明确合理的归纳偏好。

（1）交叉验证。

在深度学习的过程中，一般将数据集分为训练集、验证集和测试集三部分。其中，验证集主要是用于对训练过程的观察从而优化超参数。深度学习领域中的交叉验证一般有 K 折交叉验证、留一法交叉验证、分层 K 折交叉验证 3 种。K 折交叉验证是工业领域最常用的。如图 6-3 所示，K 折交叉验证一般将原始数据集分割成 k 个子样本，一个单独的子样本被保留作为验证模型的数据,其他子样本用来训练。交叉验证重复 k 次,每个子样本验证一次,平均 k 次的结果或使用其他结合方式,最终得到一个单一估测。这个方法的优势在于可以实现对有限样本空间的最大化利用,并且在最大程度上消除数据干扰。

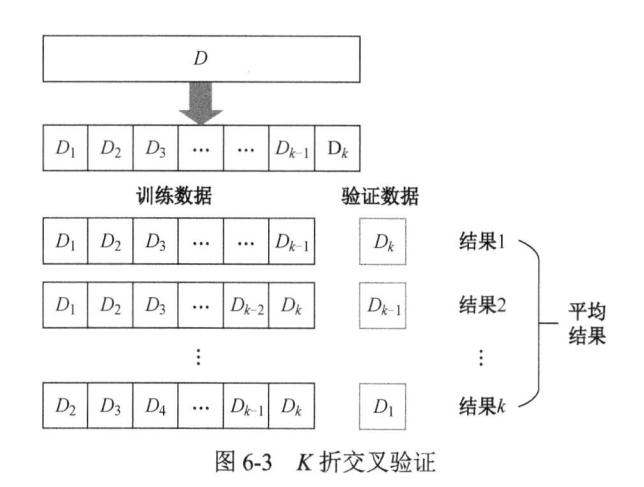

图 6-3　K 折交叉验证

（2）半监督学习。

由于工业图像的标注需要专业知识,因此获得大规模标注数据比较困难且成本很高。虽然该问题严重限制了深度学习方法在工业图像模式识别中的应用,但是该问题也意味着实际中还存在很多无标签的样本。综合使用带标签样本和无标签样本的半监督学习方法为解决此问题提供了可行途径。其中标注数据用于模型训练,而未标记的样本可用于帮助改善模型性能。深度学习领域的半监督学习方法主要有如图 6-4 所示的几大类。但是半监督学习方法在工业图像模式识别领域的应用还不多。

（3）数据增广。

针对样本空间信息不足的问题,数据增广是最根本和最直接的方法。如图 6-5 所示,在深度学习中,常用的图像数据增广方法主要有基本图像处理法和深度学习法两大类。其中,基本图像处理法包括几何空间和像素空间的操作。

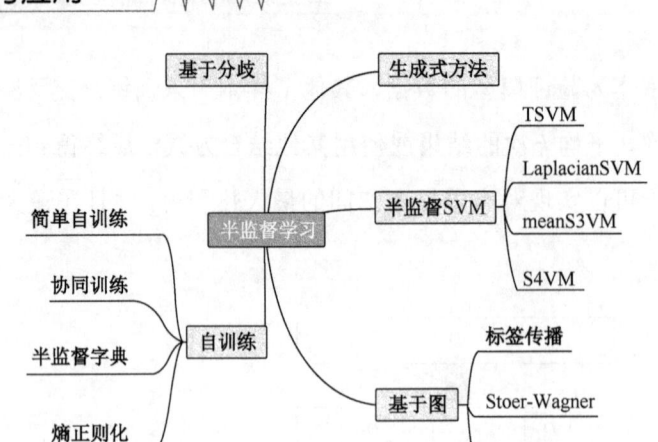

图 6-4 半监督学习的分类

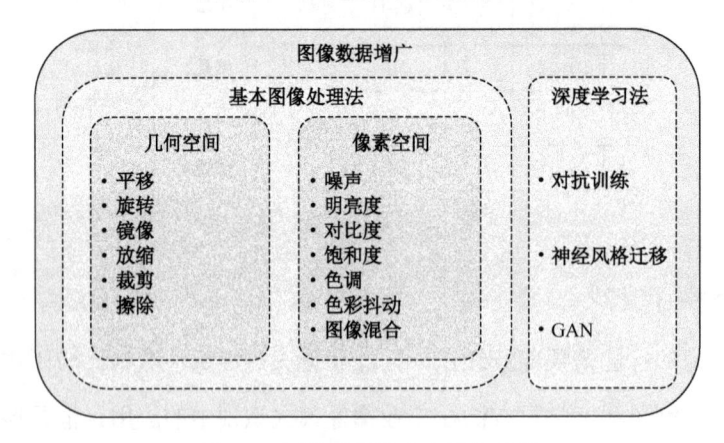

图 6-5 图像数据增广方法的分类

（4）多尺度学习。

通过对图像模式进行多尺度表示，相当于往样本空间引入了多尺度信息，使经过训练的深度学习模型具有尺度不变性，这对于提升图像模式识别具有重要作用。在工业图像中常用的有几何空间的多尺度和高斯空间的多尺度。不同几何尺度的特征可以通过以下 3 种方式获取。在输入阶段输入不同尺寸的图像，如图 6-6（a）所示；通过池化操作（或卷积操作）来获取不同分辨率的特征，如图 6-6（b）所示；通过不同大小的卷积核来获取多种感受野，如图 6-6（c）所示；不同的高斯尺度则通过对原图像进行不同程度的高斯模糊得到，如图 6-6（d）所示。

(a)

(b)

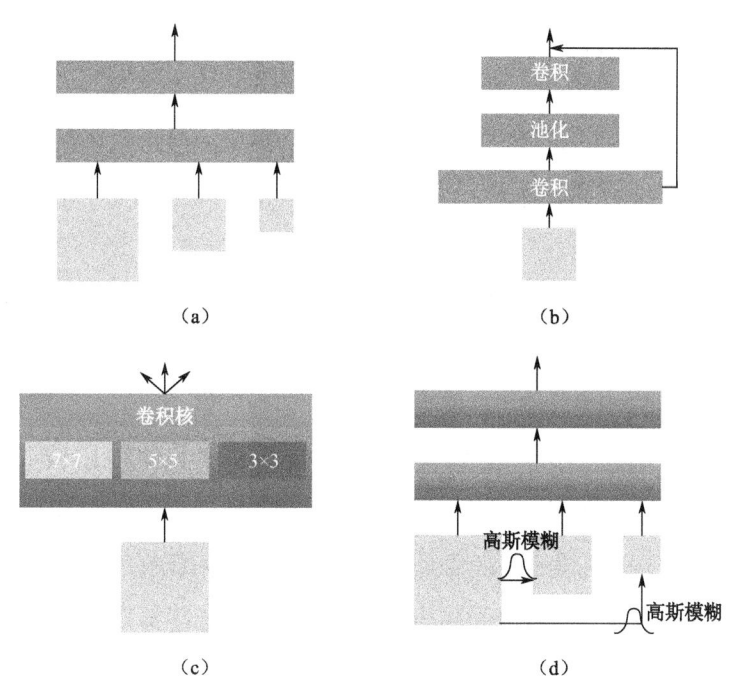

(c)

(d)

图 6-6　多尺度学习方法

（5）注意力机制。

注意力机制是模仿人类的思维方式而出现的。由于图像的空间像素是对物体的冗余表达，通过多个卷积核获取的特征通道是对特征的冗余表达，注意力机制可以很好地针对这个问题去提高深度学习网络的准确性和效率。如图 6-7 所示，工业图像领域常用的主要是

(a)

(b)

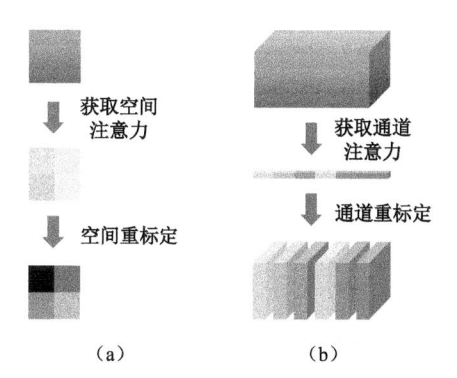

图 6-7　基于位置和基于通道的柔性注意力机制

基于位置和基于通道的柔性注意力机制。因此注意力机制可以认为是往样本空间中加入了"图像中不同空间位置重要性不一样、特征张量中不同的通道重要性不一样"这样的先验信息，使深度学习模型具有更强的归纳偏好，从而促使深度学习模型朝着先验知识的方向被训练。

（6）迁移学习。

如图 6-8 所示，迁移学习是指给定了源域（Source Domain）、源任务（Source Task）、目标域（Target Domain）、目标任务（Target Task），并利用源域在解决源任务中获得的一些知识来提升目标任务的一种算法。迁移学习放宽了训练数据必须与测试数据独立同分布的假设。通过迁移学习从源域中获取的知识对目标域起到了扩充的作用。深度学习领域的迁移学习方法有基于样本的迁移、基于模型的迁移、基于特征的迁移和基于关系的迁移四大类。在工业领域广泛应用的是基于特征的迁移方法。基于特征的迁移学习可根据源域和目标域数据特征的相似程度进一步分为同构迁移学习和异构迁移学习。

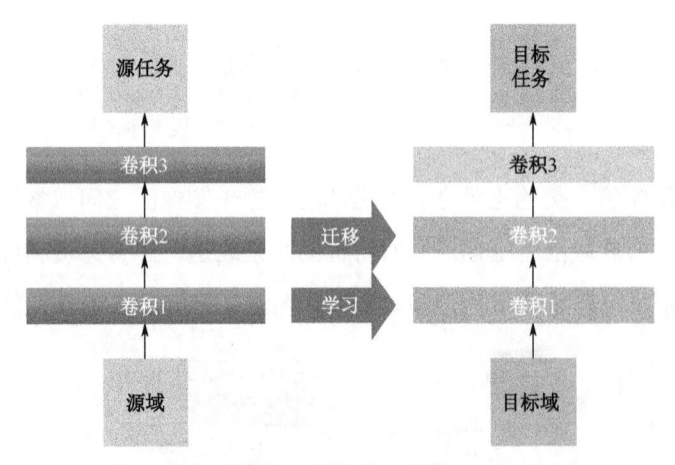

图 6-8　迁移学习过程

（7）特征先验。

深度学习的过程是对原图像的特征模式进行逐层抽取，在网络的底层抽取的是边缘、色彩等基本特征，在网络的高层提取的是一些深层次抽象特征。在样本空间信息量不足的情况下，是无法有效提取到可靠特征的。因此，特征先验的思路即是人为地往样本空间中加入一些特征信息，以简化网络的学习难度。特征先验的来源方面主要有手工特征和基于深度学习的自动特征两种。在参与方式方面，特征先验主要参与特征提取和特征分类这两个阶段。在工业图像领域引入特征先验主要有如图 6-9 所示的 3 种思路：第一种是人为地对图像进行深度标注，该思路通过对图像的深度标注信息来执行与目标相关的任务，然后将相关任务的结果作为目标任务的先验特征；第二种则是将人为提取的特征作为卷积神经网络的输入；第三种是人为特征直接参与基于卷积神经网络的特征分类过程。

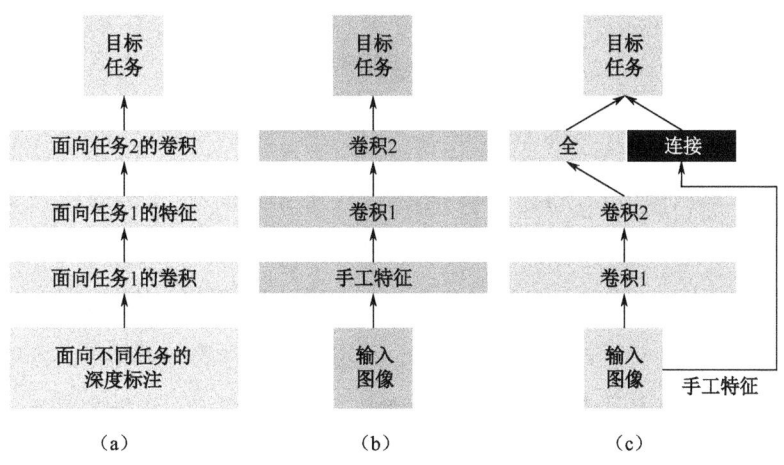

图 6-9　工业领域引入特征先验的 3 种思路

2. 限制假设空间

（1）参数正则化。

参数正则化是对假设空间进行限制的常用方法。其本质是对权重参数的分布情况进行限制，从而起到缩小假设空间的作用。参数正则化的形式描述如下。

$$Loss = L0 + a \cdot f(w)$$

其中，a 为正则项系数；$f(w)$ 为参数正则化项。$f(w)$ 是一个关于参数 w 的表达式，常用的有 L1 范数正则化和 L2 范数正则化。其中，L1 范数正则化对权重参数的分布引入了符合拉普拉斯分布这样的先验知识，L2 范数正则化对权重参数的分布引入了符合高斯分布的先验知识。如图 6-10 所示，L1 范数正则化的作用是使权重参数变得稀疏化，L2 范数正则化的作用是使权重参数更小更平滑。

(a) L1 范数正则化　　　　　(b) L2 范数正则化

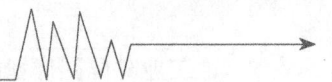

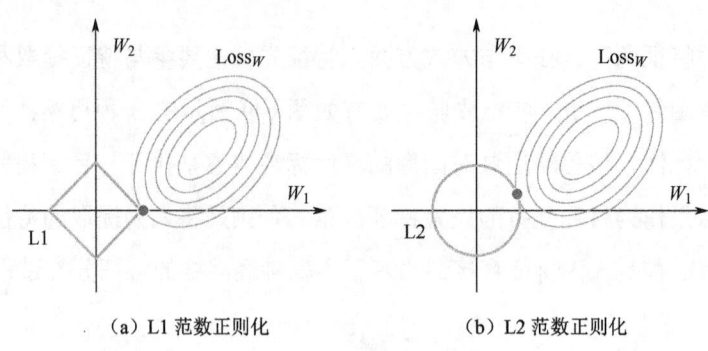

图 6-10　参数正则化方法

(2) 随机丢弃。

随机丢弃（Dropout）是在神经网络中使用的一种随机技术。在深度学习中常用的随机丢弃方法有标准随机丢弃、面向 CNN 的随机丢弃、面向 RNN 的随机丢弃。如图 6-11 所示，标准随机丢弃是在深度学习网络前向传播的时候，让某个神经元的激活值以概率 p 停止工作，把得到的损失结果按照该网络反向传播，没有停止工作的神经元得到更新，然后再重复这一过程。该方法可以大大缩小参数搜索空间。这种情况下，权值的更新不再依赖于有固定关系的隐含节点的共同作用，阻止了某些特征仅仅在其他特定特征下才有效果的情况，而每一次不同的神经元被选择丢弃，最终得到的模型相当于多个简单模型的平均，因此可以让网络学习到更健壮性的特征。

(a) 全连接　　　　　(b) 标准随机丢弃

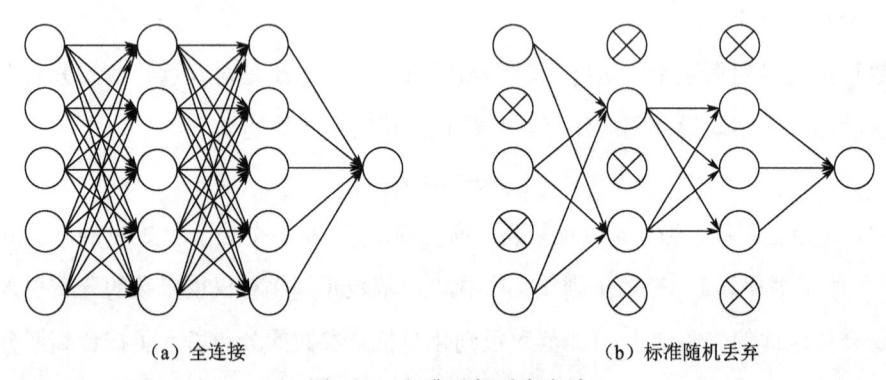

图 6-11　经典随机丢弃方法

(3) 高效模块。

如图 6-12 所示，深度可分离卷积通过将标准卷积操作分解为深度卷积和逐点卷积。这种方式暗含了数据的空间位置高度相关但不同通道之间相互独立的先验信息。深度可分离卷积相对于普通卷积会大大减少参数，因此可以在保持网络精度大体不变的情况下降低假设空间的大小。

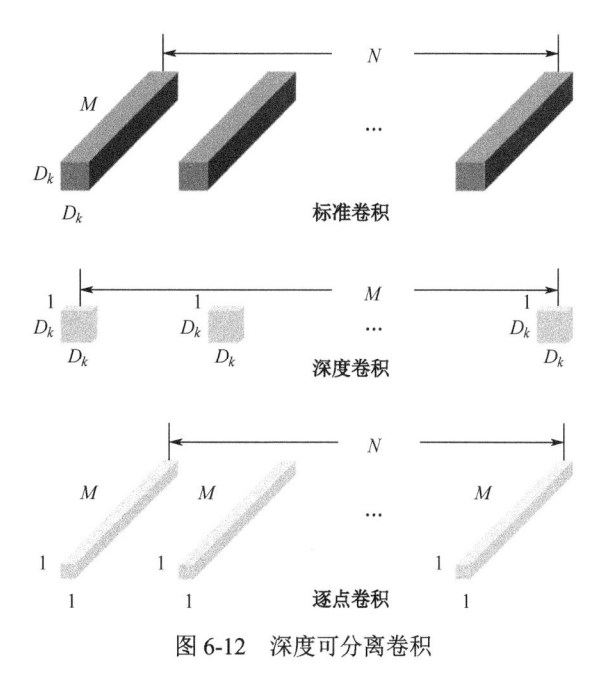

图 6-12 深度可分离卷积

（4）图像归一化。

图像中的每一个像素可以看成是一个特征点，图像中不同像素点的波动范围往往差异较大。对输入图像进行归一化是为了让各个像素点的特征尺度在一个范围内，使各个特征点的反向传播误差不至于区别过大，从而使假设空间得到压缩，以至于深度学习模型可以更容易地收敛到最优解，隐式地起到了类似 L2 范数正则化的功能。

（5）早停法。

对于很多用于深度学习网络训练的最优化算法（如梯度下降法），损失函数是一个关于迭代次数的递减函数。然而在独立的验证集上的误差却通常先减小，然后由于模型过拟合而逐渐增大。如图 6-13 所示，早停法的基本思想就是当模型在验证集上的表现开始下降（可以自定义）的时候停止训练。这样可以得到一个具有较好泛化性能的模型。常用的停止规则有 3 种：第一种是当泛化损失超过一定阈值时停止训练；第二种完全依赖泛化损失的变化,即当泛化损失在连续 s 个周期内增长时停止训练;第三种是由泛化损失和损失的变化速度共同决定。从对解空间限制的角度,可以认为该方法将优化过程的参数空间限制在了初始参数的小邻域内,因此可以起到和 L2 范数正则化类似的效果。

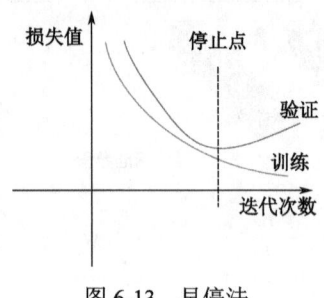

图 6-13　早停法

(6) 多任务学习。

多任务学习(Multi-Task Learning,MTL)的主要目标是利用隐含在多个相关任务的训练信号中的特定领域信息来提高泛化能力,所学习的模型更强调多任务之间共同的表示。如图 6-14 所示,深度学习中常见的多任务学习模式有硬性参数共享机制和柔性参数共享机制。相关任务中的共享表示使深度学习模型对某些假设具有更强的归纳偏好,因此可以起到限制假设空间的作用,从而提高深度学习模型的泛化能力。

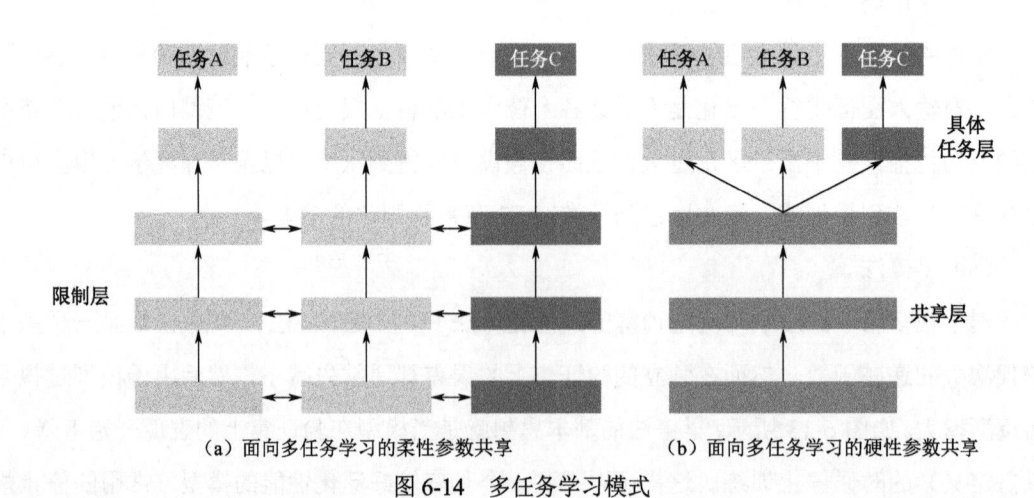

(a) 面向多任务学习的柔性参数共享　　(b) 面向多任务学习的硬性参数共享

图 6-14　多任务学习模式

6.2 基于卷积神经网络的铸件缺陷检测模型

传统铸造流程中，会在铸造完成后对加工区域进行探伤，但是这种探伤是有选择性的。究其原因，一方面是因为部分区域相对来说不是特别重要，另一方面是因为探伤结果一般由人工观看和判断，以确定是否有铸件缺陷及缺陷类型。这种操作对观看人员的熟练程度要求较高，会消耗大量的人力和时间，最重要的是容易遗漏和误判。但是工业领域尤其是航空航天、自动驾驶等对安全敏感的领域对产品质量要求极高，有必要对加工区域进行密集型探伤。因此，作者提出了基于卷积神经网络的铸件缺陷检测模型，以实现铸件射线图像的自动化判读。铸件缺陷检测模型的总体框架如图 6-15 所示。

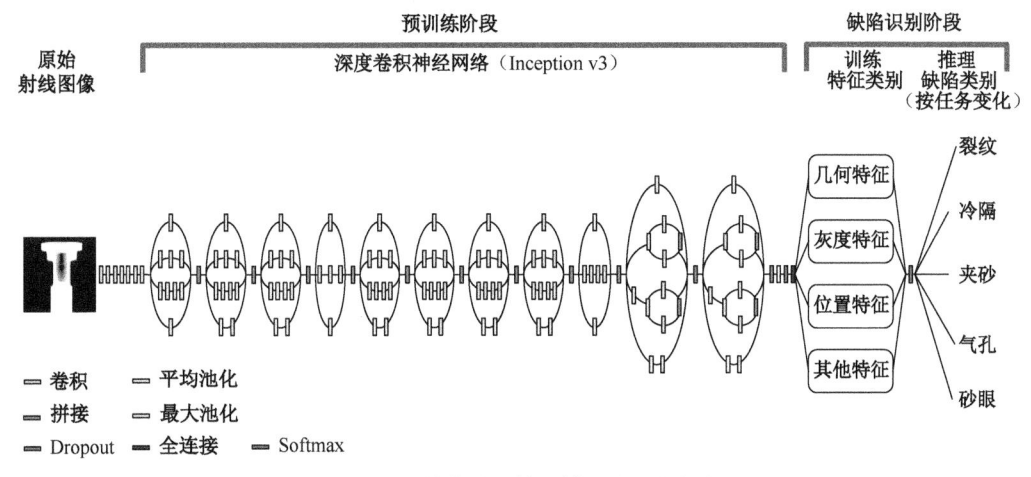

图 6-15 铸件缺陷检测模型的总体框架

1. 预训练阶段

以往基于机器学习的射线图像缺陷识别方法在缺陷特征提取阶段有两种思路。思路一是手动提取特征，经过降维等预处理变换送入神经网络分类器。该思路的主要问题是需要人为预先定义并提取特征信息，这种思路依赖于人为设定先验知识，对图像高层次特征描述不足，大大降低了识别的准确率和效率。思路二是利用 CNN 强大的特征自适应提取能力自动获取熔池图像特征，然后送入分类器得出识别结果。该思路从整体识别效率上来说比手动提取特征大为提高，但是识别准确率受限于网络宽度和深度。因此，本节在预训练阶段采用迁移学习方法由 GoogleNet InceptionV3 网络对原始射线图像进行特征映射，即采用不同尺寸的卷积核提取原始射线图像不同尺度的特征并进行融合，然后将融合特征映射到高维空间获取更抽象的特征集。

2. 缺陷识别阶段

将人工识别的历史数据集进行划分，部分数据集用于训练，部分数据用于交叉测试以对本模型的参数进行优化，将预测分类结果与历史数据进行比较，计算误差值，误差值最小的模型就是最优的模型。通过本深度卷积神经网络模型，可以对铸造产品的探伤结果进行预测，为人工决策提供参考与支持，使用深度卷积神经网络方法对铸件缺陷进行智能分类。

将网络预训练阶段提取的特征信息进行初分类，大致可分为几何特征、灰度特征、位置特征及其他高维抽象特征。然后利用 Softmax 分类器对卷积网络提取的特征信息进行推理，并将推理结果即缺陷类型（如裂纹、冷隔、夹砂、气孔、砂眼等）以概率的形式表达出来。其中，假设有一个数组 V，V_i 表示 V 中第 i 个元素，那么这个元素的 Softmax 值为

$$S_i = \frac{e^{V_i}}{\sum_j e^{V_j}}$$

与其他方法相比，本深度卷积神经网络模型所需要的先验干预较少，有效避免"冷启动"问题，也可以在学习过程中避免人为因素对预测结果的影响。此外，对于具有一定复杂性和冗余性的铸造数据，深度卷积神经网络有助于抓住关键样本、去除大量冗余样本，同时该方法框架清晰，具有较好的健壮性。

铸件缺陷识别结果可用于人工判断的参考，也可以作为对铸造技术的预评价，为技术的改进等提供了有效的数据支持。而专家完成的成果也可以定义为业务规则，保存在历史数据和模型中，作为未来分析及应用的重要参考。

6.3 基于注意力机制的细粒度铸件缺陷识别方法

相对于普通的目标检测任务，铸件射线图像的检测任务存在更精细的检测要求。具体来说，铸件射线检测具有更小的检测目标、更微细的特征、更强的细粒度特点、更严格的

可信度要求。在计算机视觉领域，针对小目标、细粒度要求的任务，往往采用多尺度训练、注意力机制、数据集增广等方式来提升性能，其中以注意力机制的提升最为明显，是对高可信度、细粒度图像任务的最主要提升手段。

注意力机制是人类视觉所特有的大脑信号处理机制。人类视觉通过快速扫描全局图像，获得需要重点关注的目标区域，然后抑制其他无用信息，极大地提高了视觉信息处理的效率与准确性。注意力模型在图像领域被广泛使用，它借鉴了人类的注意力机制，在对图像的处理过程中，始终关注感兴趣的部分区域，因此在建立提取图像特征模型的过程时，注意力机制扮演着将图像信息进一步提取为有效信息的角色，学习不同局部的重要性。注意力机制在数学形式上可以理解为加权求和，常用的激活函数有 Softmax 和 Sigmoid 等，并通过引入新的参数来弥补模型的拟合能力。常用的注意力机制分为空间注意力与通道注意力。

1. 空间注意力机制

空间注意力模块更加侧重于关注判别性部位的空间位置信息，如缺陷所在区域的图像特征，其融合过程如图 6-16 所示。

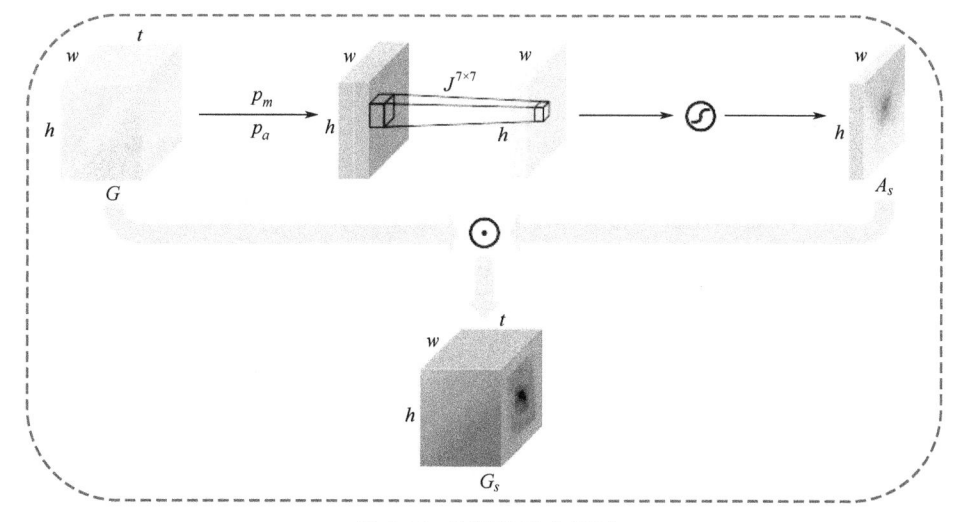

图 6-16 空间注意力机制

（1）将卷积特征图作为原始输入 G，$G \in \mathbf{R}^{w \times h \times t}$，其中 $w \times h$ 表示 G 的空间维度大小，t 表示通道数量，将 G 沿通道轴方向进行压缩提取空间注意力信息，一列通道值被压缩为一个通道,这一步通过通道维度的池化实现。

(2) 同样采取多尺度的池化方式,用最大池化函数 p_m 和平均池化函数 p_a 对 G 进行降维,得到两个 $w×h×1$ 大小的特征图,将两个特征图沿通道轴方向使用对应元素求和方法进行拼接,得到一个 $w×h×2$ 大小的新特征图。

(3) 使用一个 7×7 的卷积核对拼接后的特征图进行卷积,将其大小压缩为 $w×h×1$,对卷积后的特征图使用 Sigmod 激活函数进行映射,生成空间注意力图 A_s,$A_s \in R^{n×h×1}$。

(4) 最后将空间注意力图 A_s 与原特征图 G 使用对应元素点乘方法进行特征融合,得到融合后的空间注意力特征图 G_s,$G_s \in R^{w×h×t}$,用 G_s 替换原始输入特征 G,实现空间维度的注意力提取。

2. 通道注意力机制

在细粒度图像模式识别问题中,每个特征通道可能表示图像中不同的信息,其中一些通道包含无关的图像背景信息,存在冗余。因此,将注意力集中在包含判别性部位信息的特征通道上,赋予其更高的权重分布,能够有效地提升细粒度分类效果。其融合过程如图 6-17 所示。

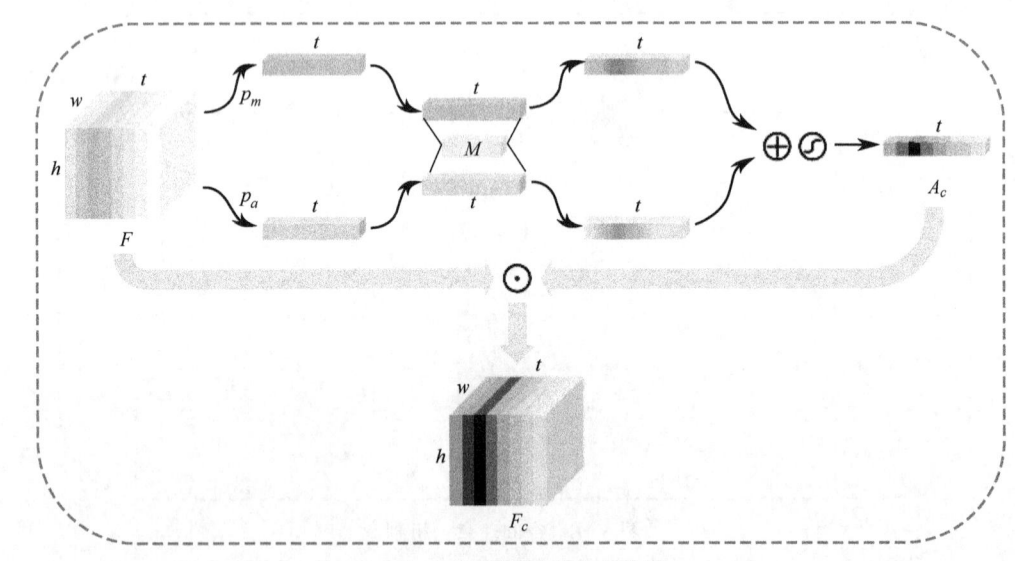

图 6-17 通道注意力机制

（1）将卷积特征图作为原始输入 F，设 $F \in \mathbf{R}^{w \times h \times t}$，其中 $w \times h$ 表示 F 的空间维度大小，t 表示通道数量。为了有效提取通道注意力，将 F 在空间维度上进行压缩，同一通道的特征被压缩为一个实数，这一步可通过池化操作实现。

（2）采取一种多尺度的池化方式：分别使用最大池化函数 p_m 和平均池化函数 p_a 对 F 进行降维，得到两个 $1 \times 1 \times t$ 大小的特征向量，将两个向量输入同一个共享网络中以获取通道维度的注意力权重分布，共享网络由包含一个隐藏层的多层感知机组成。

（3）将重新分配注意力权重后的两个输出向量进行对应元素求和运算，并使用 Sigmoid 激活函数对合并后的特征向量进行映射，生成通道注意力权重 $A_c, A_c \in \mathbf{R}^{1 \times 1 \times t}$。

最后将注意力权重 A_c 与原特征图 F 进行特征融合，这里采用一种对应元素相乘的融合方法，最终得到融合后的注意力特征图 $F_c, F_c \in \mathbf{R}^{w \times h \times 1}$，实现通道维度的注意力提取。

6.4 基于深度学习的铸件射线图像检测案例

6.4.1 输入分析

本节采用深度学习方法作为铸件缺陷检测的基础模型，由于采用深度学习方法进行图像处理时，多数采用读取数字图像的形式（如.jpg、.png、.bmp 格式）作为深度学习网络的输入，因此将原始的射线图像格式（.dcm）统一规范为.jpg 格式，以保证所有采集的铸件射线图像可以被批量读取与处理。

在深度学习模型训练过程中，受卷积核的卷积运算以及池化运算等条件的限制，要求输入图像具有统一的规格，不同尺寸大小的内镜图片无法同时输入到深度学习模型中。为了实现输入内镜图片的批量加载，需要保证同时输入的深度学习模型的内镜图片尺寸大小一致。

这种格式包括了任意一幅图像所需的信息：将由射线检测系统拍摄得到的铸件射线图像转换为.jpg 的数字图像格式后，统一将图片像素规范为 1024×1024pt 大小，通道数为 1，其大小约为 130kB。此外，还应有与图像文件名相对应的 XML 文件作为输入，如图 6-18 所示。该 XML 文件应包含对应图像的类别和缺陷位置属性。

```xml
<?xml version="1.0" ?>
<doc>
    <path>F:\Desktop\新建文件夹\img0003.png</path>
    <outputs>
        <object>
            <item>
                <name>气孔</name>
                <bndbox>
                    <xmin>504</xmin>
                    <ymin>646</ymin>
                    <xmax>545</xmax>
                    <ymax>686</ymax>
                </bndbox>
            </item>
        </object>
    </outputs>
    <time_labeled>1557924843270</time_labeled>
    <labeled>true</labeled>
    <size>
        <width>1024</width>
        <height>1024</height>
        <depth>3</depth>
    </size>
</doc>
```

图 6-18　XML 文件内容

6.4.2　训练过程分析

1. 训练方式

为了使得模型具有识别特征与分类样本图片的能力,充足的样本图片是必不可少的,同时,还需利用已知标签的样本图片进行检测,以较好地验证模型性能与预测精度。鉴于铸件射线图像标注数据少,在训练过程中为了防止深度学习模型过拟合,本节采用 10 折交叉验证方式,即利用 10 组不同的训练集/验证集划分来对模型做多组不同的训练/验证,以此应对单独测试结果过于片面及训练数据不足的问题。

2. 训练内容

针对铸件缺陷的位置识别任务，训练内容应包含以下部分。

（1）无监督的预训练。由于铸件缺陷的标注数据少，本节在预训练阶段采用迁移学习方法来获得一个初始的权重。

（2）有监督的调优训练。该阶段在前一步骤的网络架构和初始化参数的条件下加入标注数据进行网络的调优训练。

（3）特征分类器训练。待检测图像的每一个建议区域经过特征提取步骤将得到一个高维特征向量，将这个向量分别放入每一个分类器中进行二值分类，并输出对每一个建议区域的得分。

（4）位置回归器训练。对于每一类目标，应训练一个线性回归器进行位置精修。对于窗口一般使用四维向量(x,y,w,h)来表示，分别表示窗口的中心点坐标和宽、高。如图 6-19 所示，红色的框 P 代表原始建议框，绿色的框 G 代表目标的标定检测框，我们的目标应是寻求一种关系使得输入的原始建议框 P 经过映射得到一个跟标定检测框 G 更接近的预测检测框 G'，即给定(P_x,P_y,P_w,P_h)，寻求一种映射 f，使得

$$f(P_x,P_y,P_w,P_h)=(G_x',G_y',G_w',G_h')\approx(G_x,G_y,G_w,G_h)$$

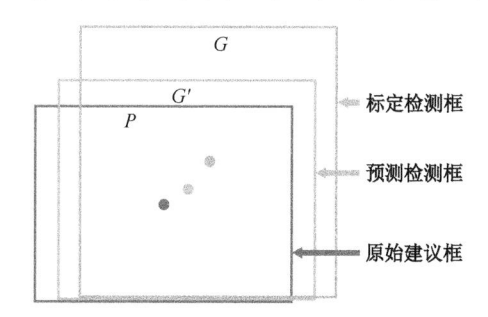

图 6-19 检测框精确位置回归示意图

3. 训练停止条件

为了保证深度学习模型的性能，在对模型进行训练时需要保证模型具有一定的训练次数，但训练次数过大又可能导致模型过拟合等情况。选择合适的训练次数不仅有利于控制训练的时间，同时也能更好地保证模型性能。综合考虑相关因素，本节对于深度学习模型训练的次数采用 1000 次。

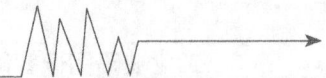

在深度学习模型训练时,为了使模型的性能不断提高,需要对模型的性能进行评价,我们将评价的方式称为损失值,即模型的损失值越小则模型的性能越高。常见的损失函数为交叉熵损失,给定两个概率分布 p 和 q,通过 q 来表示 p 的交叉熵为:

$$H(p,q) = -\sum_{x} p(x) lnq(x)$$

已训练模型的损失值随着训练次数的增加而不断降低。通常训练次数为 1000 次,当出现样本数据较为简单,无须对模型训练 1000 次时,则通过损失值来判断模型是否继续训练。当模型的损失值低于 0.05 时,模型性能较优,无须继续训练,此时即可停止进一步训练。

4. 训练时间

为了使得深度学习模型切实应用到实际检测环境,同时保证深度学习模型具有识别与分类能力,对于深度学习模型训练的时间应达到以下要求。

深度学习模型通常会由于实际检测环境变化而需要进行重新训练。为了使得模型更具使用价值,对于模型的训练时间需要进行限制,较长的训练时间会导致深度学习模型的实际应用价值较低,无法满足实际的检测环境。鉴于铸件射线图像检测系统不单涉及图像的分类,还包括具体的位置框定,因此综合考虑上述因素,本节对于铸件缺陷识别模型的训练时间控制在 120 分钟内。

5. 训练环境

考虑到实际应用场景中,由于计算机的差异,对于铸件缺陷识别模型的训练环境要求具有差异性。由于深度学习模型的高运算量与高的特征维度,在对深度学习模型进行训练的时候,计算机内存的性能决定训练的速度。如今计算机的性能普遍较高,所以对于深度学习的训练模型而言,在进行模型训练时,其训练所占的内存占总计算机内存大小应不超过 45%。这样既能保证训练模型的速度,又能保证计算机其他程序的正常运行。在训练深度学习模型的同时,对于其他的程序也有较好的保证,从而提高计算机的使用效率。

6.4.3 输出分析

1. 输出类别

根据实际铸件缺陷检测需求,在深度学习模型检测过程中,模型的输出规定由三部分

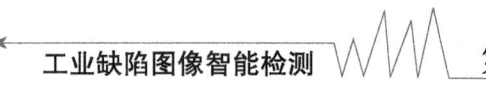

组成：缺陷位置，缺陷类别，缺陷面积。

缺陷位置包括 4 个数值：预测框中心点横坐标，预测框中心点纵坐标，预测框长度，预测框宽度。

缺陷类别包括两种：气孔、裂纹。

2. **输出方式**

对铸件缺陷类型的检测结果应用 Softmax 函数将该图像铸件缺陷检测类型用概率描述，概率最大的那一类即是最终的预测结果。如图 6-20 所示，等号左边就是全连接层做的事情，W 是全连接层的参数，X 是全连接层的输入（也称为特征），该特征即是由全连接层前面的多个卷积层和池化层处理后得到的。假设全连接层前面连接的是一个卷积层，这个卷积层的输出是 100 个特征图，每个特征图的大小是 4×4，那么在将这些特征输入给全连接层之前会将这些特征拉伸成 $N×1$ 的向量（这个时候 N 就是 100×4×4=1600）。W 是全连接层的参数，是一个 $T×N$ 的矩阵，这个 N 和 X 的 N 对应，T 表示类别数，在本节中即对应着气孔、裂纹两个分类，那么 T 就是 2。Softmax 函数的输入是 $T×1$ 的向量，输出也是 $T×1$ 的向量（也就是图中的 prob[$T×1$]，这个向量的每个值表示这个样本属于每个类的概率）。Softmax 函数的计算公式如下所示，可以发现 Softmax 函数输出的向量的每个值的大小范围为 0 到 1 且所有类别的概率之和等于 1。

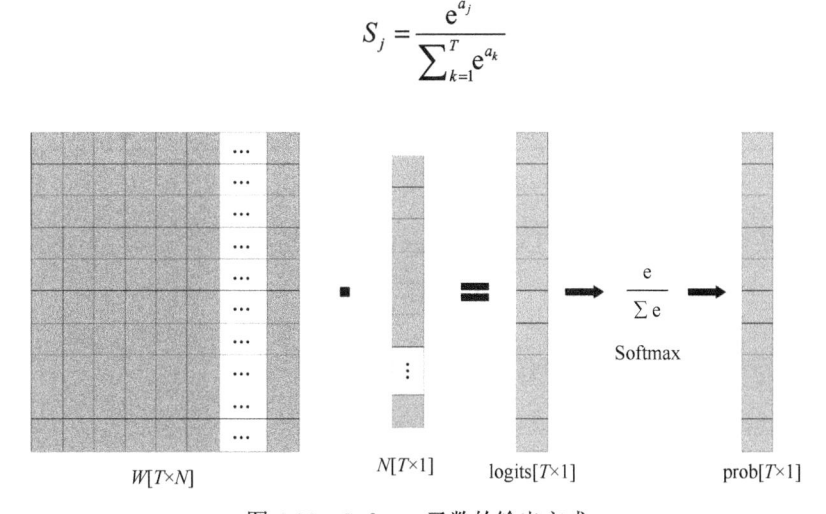

$$S_j = \frac{e^{a_j}}{\sum_{k=1}^{T} e^{a_k}}$$

图 6-20 Softmax 函数的输出方式

6.4.4 模型评估

1. 精度评估

铸件缺陷检测模型的好坏需要一系列量化指标来进行评价。在模型评估时，准确率、敏感度、特异度等都可作为模型的评价指标。

铸件缺陷检测分类模块是一个二分类模型，类别检测结果可能为气孔或裂纹中的一种。在对其进行分类时，首先需保证整体的准确率与每一类的准确率。

（1）整体准确率为

$$P = \frac{判断正确样本数量}{总体样本的数量}$$

代表铸件缺陷检测分类模块中预测类别正确占整个样本的比例。根据实际诊断需求及历史诊断统计，本节将其规范化为95%以上。

（2）每一类的准确率为

$$P = \frac{正确判断出这一类的样本数量}{这一类样本的总数量}$$

代表铸件缺陷检测分类模块中预测某一类别正确占此类整个样本的比例。根据实际诊断需求及历史诊断统计，本节将其规范化为如表6-1所示。

表6-1 铸件缺陷识别要求

缺 陷 类 别	识别准确率
气孔	≥95%
裂纹	≥95%

同时需要对预测位置进行量化评价。如图6-21所示，以IOU值作为位置的评价指标，它表示产生的建议框与原标记框的交叠率。其计算公式如下。

$$IOU = \frac{G \cap G'}{G \cup G'}$$

其中，G为真实位置；G'为预测位置。

根据实际检测需求，将IOU值规范化为90%以上。

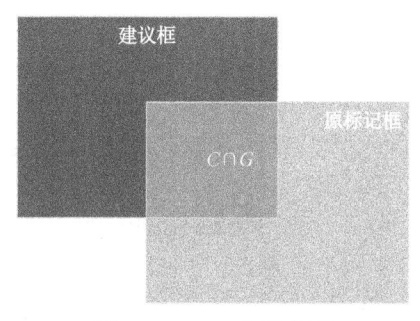

图 6-21　IOU 值示意图

2. 稳定性评估

铸件缺陷检测模型从建立到应用是一个不断训练更新的过程，模型的稳定性尤为重要。因此在训练过程中，需训练模型多次，本节给出 30 次模型训练结果的方差作为其判断模型稳定性的指标。其计算过程为：

$$S = \frac{\sqrt{\sum X - \overline{X}}}{N}$$

根据实际检测需求，本节将其规范化在 0.05 以内。

6.4.5　成果展示

作者开发的系统功能主要包括以下几点。

（1）通过打开按钮读取待判读的铸件射线图像。

（2）置信度是用于调节被当成缺陷目标的概率。

（3）交并比是用于调节两个缺陷检测框重叠的比例。

（4）检测结果区域是用于显示缺陷类别及位置。

（5）缺陷信息区域是用于统计缺陷并显示缺陷面积。

如图 6-22 所示，系统的主要功能是在界面的左边选取待判读的铸件射线图像，然后在界面右边显示铸件射线图像检测的具体结果，在界面下方显示缺陷的面积及数量等统计信息。

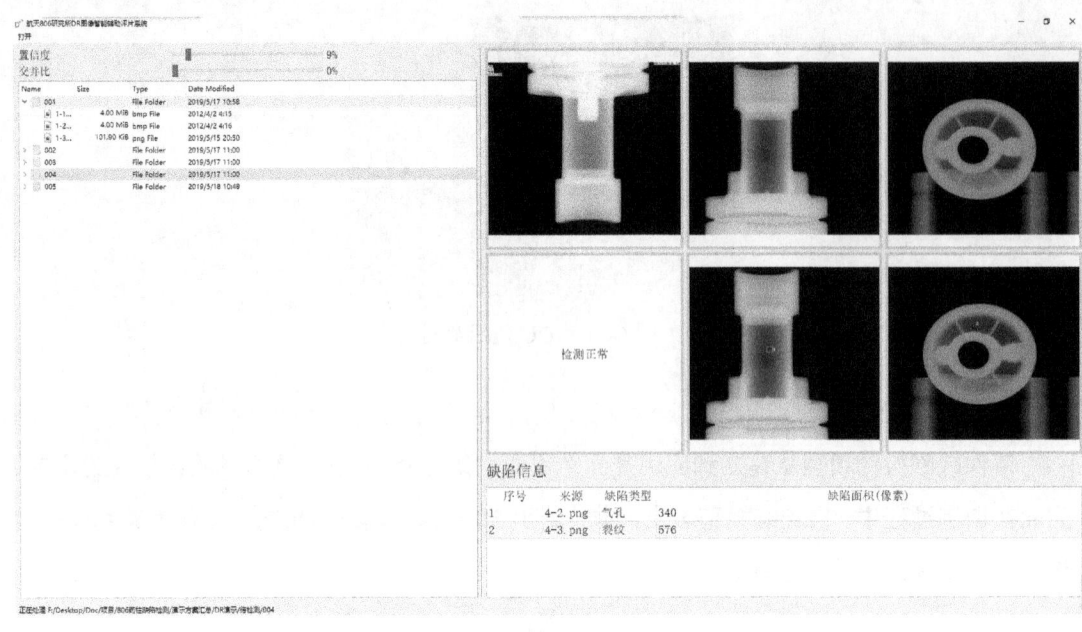

图 6-22 铸件缺陷图像检测系统操作界面

6.5 面向工业缺陷识别的可解释性深度学习方法

6.5.1 工业缺陷检测过程的可解释性需求分析

虽然深度学习模型可以在测试集上表现良好，但是在实际应用中仍面临以下问题。第一，由于训练深度学习模型的数据集中存在偏差（如不符合独立同分布的假设），无法通过测试集上的准确性来保证模型决策的可靠性[29]，这种单一的评价指标是不足以完整描述很多现实任务的[30]。第二，深度学习方法得出的准确性是一个概率统计意义下的概念。第三，随着时间的推移，环境中的各种因素会导致模型的概念漂移，深度学习的性能也会发生变化。在工业界中，深度学习的主要焦点应该更偏向于以"应用"的方式解决复杂的工业界问题，而不是在理论上将深度学习模型应用于正确的数据。但是在目前的工业应用中，深度学习模型对于一线普通用户而言如同黑盒，即给定一个输入，其输出一个决策结果，但深度学习模型的决策依据是什么以及决策是否可靠却无从知晓。缺乏可解释性严重限制了其在对安全敏感的任务如自动驾驶、航空航天等工业领域中的广泛应用。另外，不可解释也意味着不安全，即不能有效抵抗对模型的攻击。因此，缺乏可解释性已经成为深度学习在工业图像中的进一步发展和应用的主要障碍之一[31]。

可解释深度学习（eXplainable Deep Learning，XDL）是研究者对黑盒模型做出人们所能理解的解释，以确保深度学习模型的可靠性因为可解释性而得到保障[32]。利用可解释性模型和相关解释方法对模型的可靠性进行更细粒度的评估和验证，这使使用者更加透明地了解模型为何做出某些决策及可能出现的问题。并且随着时间的推移它有助于建立使用者和这些深度学习模型之间的信任，消除模型在实际部署应用中的安全隐患。一般来说，深度学习模型越复杂，其表达能力越强，但是模型的可解释性将越来越弱，而且由于工业图像特点的限制会导致深度学习模型的可行性和泛化能力也越来越弱。深度学习的可解释性研究面向的是人与模型之间的交互，这种交互过程会引入人类的先验信息，因此 XDL 可以帮助学术界优化模型以提高深度学习模型的可行性和泛化能力。

6.5.2 可解释性分析研究现状

Interpretable 和 Explainable 是文献中经常出现的两种表述。文献[33]指出 Interpretable AI 是使本就透明的模型（白盒）通俗易懂；而 Explainable AI 则是研究者对于黑盒模型的行为做出人们所能理解的解释。就深度学习而言，显然更适合用 Explainable 描述。关于可解释性的定义还没有完全形成一致，与 XDL 相关的定义有以下几种。文献[34]中的定义为，可解释能力是以人类能理解的方式解释或表达的能力。"文献[35]中的定义为，人工智能系统的一个关键组成部分是能够解释由它做出的决定、建议、预测或行动，以及它们的制定过程。"文献[36]说"在机器学习系统中，我们强调向人类提供解释，即以可理解的术语向人类解释或呈现。"文献[37]中文定义为"解释是向人类提供解释的过程。可解释性不是为了一个明确的目标（像是一个待优化的目标函数）而存在，而是为了确保一些方面因为可解释性本身而得到保障。文献[38]的定义为，可解释性是一线使用人员和决策模型之间的接口，它既是决策模型的准确代理，又是人类可以理解的上述定义中的一个关键点就是 XDL 需要提供人类可以理解的方式。但是这里的"人类"更倾向于指代学术界而不是工业界。

学术界将可解释性方法分为事前可解释和事后可解释两大类[39,40]。事前可解释指构建本身具有可解释性的白盒模型，如朴素贝叶斯、线性回归、决策树、基于规则的模型等。事后可解释指通过开发可解释性技术对训练好的深度学习模型进行解释。就深度学习而言，更适用事后可解释方法。根据解释目的和解释对象的不同，事后可解释又可以分为全局可解释（global explaination）和局部可解释（local explaination）。全局可解释旨在帮助人们从整体上理解模型背后的复杂逻辑以及内部的工作机制。例如，模型是如何学习的、模型从训练数据中学到了什么、模型是如何进行决策的等。这要求我们能以人类可理解的方式来表示一个训练好的复杂学习模型。典型的全局可解释方法包括规则提取[41]、模型蒸馏[42]、激活最大化[43]等。局部可解释旨在帮助人们理解深度学习模型针对每一个特定输入样本的决策过程和决策依据。与全局可解释不同的是，局部可解释以输入样本为导向，通常可以通过分析输入样本的每一维特征对模型的最终决策结果的贡献来实现。实际应用中，由于模型算法的不透明性，模型结构的复杂性以及应用场景的多元性，提供对深度学习模型的全局可解释通常比提供局部可解释更困难，因而局部可解释的研究更加广泛也更加常见。常见的局部可解释方法有敏感性分析、局部近似、反向传播、特征反演、类激活映射等[44]。

6.5.3 基于可解释性方法的焊缝缺陷检测案例

可解释性方法对于开发者人员理解深度学习模型的决策依据并优化深度学习模型至关重要。以一个包含气孔和未焊透缺陷的焊缝射线图像检测为例。图 6-23 展示了基于反向传播得到的显著性图和基于特征反演得到的特征图。其中，基于反向传播的解释性方法的核心思想是利用反向传播机制将模型的决策信号从输出层逐层传播到模型的输入层，以推导输入样本中的显著性区域。特征反演则可以充分利用模型的中间层信息以提供对模型决策行为的解释。

从图 6-23 可以看出，经过训练的深度学习模型在对缺陷类别进行决策时，反向传播方法可以推断出输入图像中的重要区域，特征反演方法则可以较为准确地定位输入实例中的用于模型决策的重要特征。虽然各种方法的出发点不同，但是均可以帮助开发者理解深度学习模型的决策过程。图 6-23（b）和图 6-23（d）显示的是对一个性能一般的深度学习模型的决策行为的解释，从中可以看出此时的模型容易受到噪声影响且对灰度变化不明显的未熔合区域关注不足。在对深度学习模型添加注意力机制之后，从图 6-23（c）和图 6-23（e）可以看出，此时的模型已经基本将决策依据放在了气孔和未熔透这两处缺陷区域。

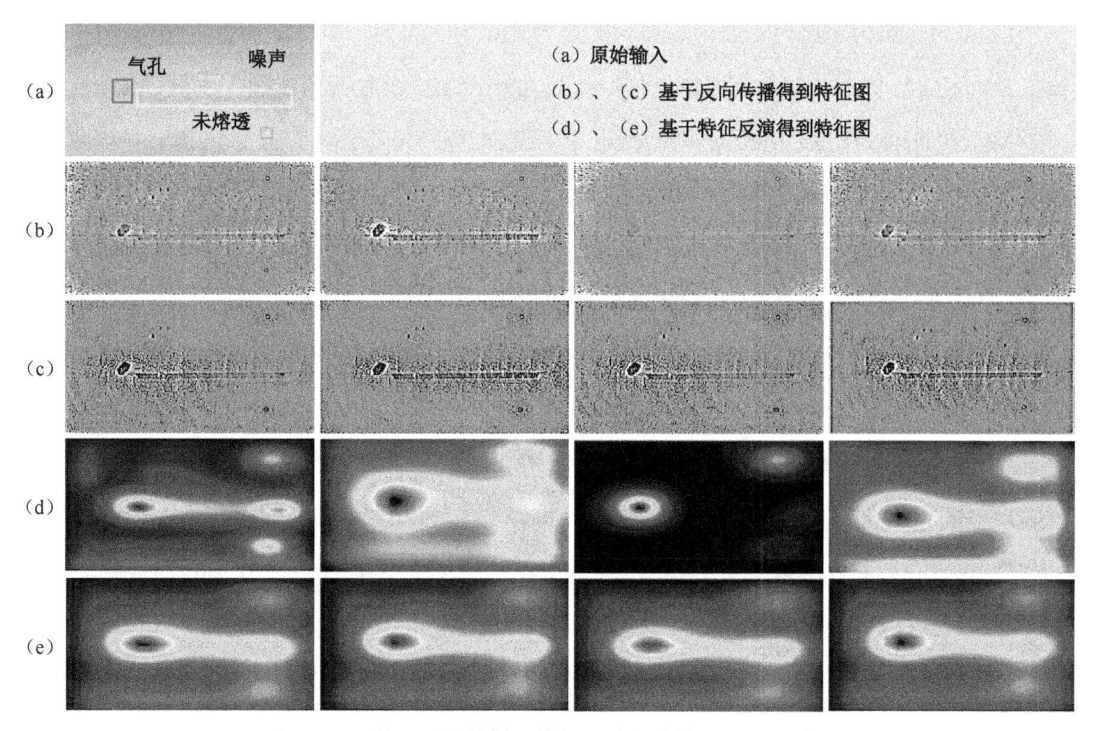

图 6-23　基于反向传播和特征反演方法的可解释方法

参考文献

[1] SIMONYAN K, ZISSERMAN A. Very Deep Convolutional Networks for Large-Scale Image Recognition[Z]. arXiv, 2014.

[2] SZEGEDY C, LIU W, JIA Y Q, et al. Going Deeper with Convolutions[C]. IEEE Conference on Computer Vision and Pattern Recognition, 2015:1-9.

[3] HE K M, ZHANG X Y, REN S Q, et al. Deep Residual Learning for Image Recognition[C]. IEEE Conference on Computer Vision and Pattern Recognition, 2016:770-778.

[4] HUANG G, LIU Z, VAN D M L, et al. Densely Connected Convolutional Networks[C].

IEEE Conference on Computer Vision and Pattern Recognition, 2017:4700-4708.

[5] HU J, SHEN L, SUN G. Squeeze-and-Excitation Networks[C]. IEEE/CVF Conference on Computer Vision and Pattern Recognition, 2018:7132-7141.

[6] ZHANG X Y, ZHOU X Y, LIN M X, et al. Shufflenet:An Extremely Excient Convolutional Neural Network for Mobile Devices[C]. IEEE/CVF Conference on Computer Vision and Pattern Recognition, 2018:6848-6856.

[7] HOWARD A G, ZHU M, CHEN B, et al. Mobilenets:Excient Convolutional Neural Networks for Mobile Vision Applications[Z]. arXiv, 2017.

[8] CHEN F C, JAHANSHAHI M R. NB-CNN:Deep Learning-based Crack Detection Using Convolutional Neural Network and Naive Bayes Data Fusion[J]. IEEE Transactions on Industrial Electronics, 2017, 65(5):4392-4400.

[9] PARK S, BANG S, KIM H, et al. Patch-Based Crack Detection in Black Box Images Using Convolutional Neural Networks[J]. Journal of Computing in Civil Engineering, 2019. 33(3):04019017.

[10] FENG C, LIU M Y, KAO C C, et al. Deep Active Learning for Civil Infrastructure Defect Detection and Classiffication[C]. International Workshop on Computing in Civil Engineering (IWCCE), 2017:298-306.

[11] LONG J, SHELHAMER E, DARRELL T. Fully Convolutional Networks for Semantic Segmentation[C]. IEEE Conference on Computer Vision and Pattern Recognition, 2015: 3431-3440.

[12] HE K, GKIOXARI G, DOLLÁR P, et al. Mask R-CNN[C]. IEEE International Conference on Computer Vision. Venice, 2017:2961-2969.

[13] SINGH J, SHEKHAR S. Road Damage Detection And Classiffication In Smartphone Captured Images Using Mask R-CNN[Z]. arXiv, 2018.

[14] FERGUSON M K, RONAY A K, LEE Y T T, et al. Detection and Segmentation of Manufacturing Defects with Convolutional Neural Networks and Transfer Learning[J].

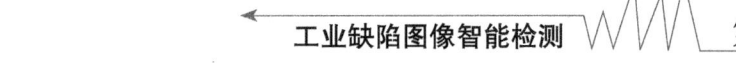

Smart and Sustainable Manufacturing Systems, 2018, 2:1-43.

[15] TAHERITANJANI S, SCHOENFELD R, Bruegge B. Automatic Damage Detection of Fasteners in Overhaul Processes[C]. The 15th International Conference on Automation Science and Engineering (CASE). 2019:1289-1295.

[16] LIONG S T, GAN Y S, HUANG Y C, et al. Automatic Defect Segmentation on Leather with Deep Learning[Z]. arXiv, 2019.

[17] RACKI D, TOMAZEVIC D, SKOCAJ D. A Compact Convolutional Neural Network for Textured Surface Anomaly Detection[C]. IEEE Winter Conference on Applications of Computer Vision (WACV), 2018:1331-1339.

[18] MAYR M, HORMANN M, MAIER A, et al. Weakly Supervised Segmentation of Cracks on Solar Cells Using Normalized Lp Norm[C]. International Conference on Image Processing (ICIP), 2019:1885-1889.

[19] TABERNIK D, SELA S, SKVARC J, et al. Segmentation-based Deep-Learning Approach for Surface-Defect Detection[J]. Journal of Intelligent Manufacturing, 2019, 31:759-776.

[20] SILVÉN O, NISKANEN M, KAUPPINEN H. Wood Inspection with Non-supervised Clustering[J]. Machine Vision and Applications, 2003, 13(5-6):275-285.

[21] HE Y, SONG K, MENG Q, et al. An End-to-end Steel Surface Defect Detection Approach via Fusing Multiple Hierarchical Features[J]. IEEE Transactions on Instrumentation and Measurement, 2020, 69(4):1493-1504.

[22] FERGUSON M, AK R, LEE Y T T, et al. Automatic Localization of Casting Defects with Convolutional Neural Networks[C]. International Conference on Big Data, 2017:1726-1735.

[23] HUANG Y, QIU C, GUO Y, et al. Surface Defect Saliency of Magnetic tile[C]. The 14th International Conference on Automation Science and Engineering (CASE), 2018:612-617.

[24] GAN J, LI Q, WANG J, et al. A Hierarchical Extractor-based Visual Rail Surface Inspection System[J]. IEEE Sensors Journal, 2017, 17(23):7935-7944.

[25] YANG X, LI H, YU Y, et al. Automatic Pixel-Level Crack Detection and Measurement

Using Fully Convolutional Network[J]. Computer-Aided Civil and Infrastructure Engineering, 2018, 33(12):1090-1109.

[26] LI L F, MA W F, LI L, et al. Research on Detection Algorithm for Bridge Cracks Based on Deep Learning[J]. Acta Automatica Sinica, 2019, 45(9):1727-1742.

[27] BERGMANN P, FAUSER M, SATTLEGGER D, et al. MVTec AD-A Comprehensive Real-World Dataset for Unsupervised Anomaly Detection[C]. IEEE Conference on Computer Vision and Pattern Recognition, 2019:9592-9600.

[28] 纪守领，李进锋，杜天宇，等. 机器学习模型可解释性方法、应用与安全研究综述[J]. 计算机研究与发展，2019, 56(10).

[29] ZHANG Q S, Wang W G, ZHU S C. Examining CNN Representations with Respect to Dataset Bias[Z]. arXiv, 2017.

[30] DOSHI-VELEZ F, KIM B. Towards a Rigorous Science of Interpretable Machine Learning[Z]. arXiv, 2019.

[31] IBRAHIM M, Louie M, Modarres C, et al. Global Explanations of Neural Networks:Mapping the Landscape of Predictions[Z]. arXiv, 2019.

[32] RIBEIRO M T, SINGHS, Guestrin C. "Why Should I Trust You?":Explaining the Predictions of Any Classifier[Z]. arXiv, 2016.

[33] LECUE C. On the Role of Knowledge Graphs in Explainable AI[J]. Semantic Web, 2019, 11(1):1-11.

[34] KIM B, DOSHI-VELEZ F. Interpretable Machine Learning:The fuss, the Concrete and the Questions[C]. The 34th International Conference on Machine Learning, 2017.

[35] BIRAN O, COTTON C. Explanation and Justification in Machine Learning:A Survey[C]. The 26th International Joint Conference on Artificial Intelligence, 2017.

[36] DOSHI-VELEZ F, KIMB. Explainable and Interpretable Models in Computer Vision and Machine Learning:Considerations for Evaluation and Generalization in Interpretable Machine Learning[M]. Cham:Springer, 2018.

[37] KIM M, LEE M, ANM, et al. Effective Automatic Sefect Classification Process Based on CNN with Stacking Ensemble Model for TFT-LCD Panel[J]. Journal of Intelligent Manufacturing, 2019, 31:1165-1174.

[38] GUIDOTTI R, Monreale A, Ruggieris, et al. A Survey of Methods for Explaining Black Box Models[J]. ACM Computing Surveys, 2018, 51(5):1-42.

[39] LIPTON Z C. The Mythos of Model Interpretability[J]. Communications of the ACM, 2018, 61(10):36-43.

[40] DOŠILOVIĆ F K, BRCIC M, Hlupic N. Explainable Artificial Intelligence:A Survey[C]. The 41st International Convention on Information and Communication Technology, Electronics and Microelectronics, 2018.

[41] FU L M. Rule Generation From Neural Networks[J]. IEEE Transactions on Systems, Man, and Cybernetics:Systems, 1994, 24(8):1114-1124.

[42] HINTON G E, Vinyals O, Dean J. Distilling the Knowledge in a Neural Network[Z]. arXiv, 2015.

[43] SIMONYAN K. Vedaldi A, ZISSERMAN A. Deep Inside Convolutional Networks:Visualising Image Classification Models and Saliency Maps[Z]. arXiv, 2013.

第 7 章 人工作业行为检测与监控

7.1 作业行为检测与监控的进展与现状

随着制造业的自动化发展推进以及智能化转型升级，越来越多的自动化设备和工业智能机器人参与到车间生产作业当中，并逐渐取代了部分车间工人的工作，在现代化生产中扮演着愈发重要的角色。尽管车间工人的数量在事实上相对有所减少，但这并不意味着机器人在短期内可以大幅甚至完全取代人类在车间作业中的作用。人员作业行为涉及计算视觉的应用，本章介绍基于人员姿态估计的人员作业行为方法。

现阶段，大多数类型的自动化机器人只能按照预先编排的指令执行工作，如码垛机器人、焊接机器人等，如图 7-1 所示。这些机器人从事的工作一般有着大规模、单调性、机械性、重复性的需求或特点，既可以作为高强度作业或高危恶劣环境作业的人员替代品，也有部分智能化机器人通过集成多源传感器和内嵌智能算法等技术获得了一定的"感知"和"判断"能力，如用于自动化柔性生产装配线中的智能分拣机器人、协同装配机器人等。但其操作的智能化和柔性化程度仍然与人类有着较大差距，在一些工艺流程较复杂、精细化程度要求偏高等的制造场合中，依然无法完成高质量的工作。

汽车产品的生产装配车间是目前工业领域中自动化程度最高的制造车间。自动化流水线这一经典的生产模式便来源于汽车制造业，配件的标准化和模块化、装配工艺的先进化等条件都大大推进了其自动化水平。然而即便如此，其中仍旧有超过 20%的装配工作必须由人工完成[1]，短期内机器人仍无法达到人工作业的质量水平，而这些只能由人工完成的作业（如装配模块的调试等，见图 7-2），往往又是生产过程中的核心工艺环节。又如，在火工产品的生产车间中，由于大多数工艺作业需要直接与火药等材料接触，所以机器人作业需要的复杂电力设备是重大安全隐患，导致火工品产业至今仍是以人工作业为主。

图 7-1　码垛机器人和焊接机器人在车间内作业

图 7-2　汽车生产装配车间内的人工调试作业

所以，即便如今工业智能化水平已经发展到相当的高度，但人类仍是目前最高等级的智能单元体，在现阶段的大部分车间生产作业中依然占据着主导地位，尤其在一些工艺流程离散、工序流程复杂、精细化程度高、自动化成本高、工艺要求高的产品生产线或装配线中，人工作业更是无法被替代[2]。

机器人在进行其能力范围内的工作时，即使是连续高强度的作业情况，也可以保质保量地生产输出。而与之相比较，人类则有着无法规避的生理缺陷，导致在长时间工作后易出现注意力涣散、身心疲劳、情绪波动等状况，使得人工作业行为变得多样和不可控[3]。虽然工人都会被要求严格遵循既定的生产行为规范，但仍旧可能由于上述的主观或客观因素，导致工人在实际操作过程中，无法按照标准进行操作，进而可能引起作业行为的不规范问题。

而工人在生产作业中的行为规范与否，重要性不言而喻。一方面，不规范的操作行为在很大程度上可能会导致产品的质量下降，甚至是不合格。另一方面，在一些高危作业车间，如上文提到的火工产品生产车间中，工人动作行为的不规范也是潜在的安全隐患，可能会导致燃爆等高危事故的发生。

综上所述，一方面，在多数产业的核心生产工艺或工序环节中，人工作业的作用不可替代；另一方面，人类的固有缺点可能会导致作业过程中出现肢体行为或行为流程上的不规范，进而引起质量或安全问题。鉴于此可得出结论，对生产车间中人工作业行为的规范性进行研究十分必要，而这也是生产管理科学的重要研究方向之一[4]。

在车间生产作业的工艺或工序要求背景下，以此过程中工人的作业行为为研究对象，分析判断其规范性，其研究需求可分为以下两种。

（1）针对单个行为的规范性分析。即对某个已知的作业行为，或是对未知行为进行识别后，根据行为动作的标准程度或执行到位情况，对其规范性进行判断分析。这类研究可以用于作业行为的教学示范、KPI 分析等。

（2）针对连续行为的规范性分析。在许多生产场景中，由于生产工艺规程或工序规程的存在，因而对工人的连续行为也有着流程性的规范要求，作业流程上的不规范容易导致产品质量问题，而在火工产品、化工品生产中，作业流程不规范还是事故的潜在导火索。因此，对于连续行为这一序列型任务进行规范性判断同样重要，且流程规范的要求和现实特点使得其往往兼具严格性、非规律性和冗余性。判断时存在一定难度，主要包括以下几点。

① 严格性。工人需尽量严格地按既定工艺或工序规程的顺序执行各项作业行为，而对于其中的核心工艺行为不能出现缺失和乱序。

② 非规律性。生产工艺或工序中常见的返工现象会导致作业行为流程的复杂化，出现部分行为的非规律性反复。返工行为的存在使得作业流程更加灵活多变，也使得其规范与否的界定变得更为复杂。

③ 冗余性。工人在生产作业过程中还会穿插一些过渡行为，如走路、坐下、伸懒腰等，这些过渡行为造成作业行为流程的冗余化。大多数情况下，过渡行为在流程规范性分析中意义不大，但有时也不能完全忽略。

7.2 作业行为检测与监控算法总体框架

要实现人工作业行为检测与监控主要有人体姿态估计、行为检测及作业安全监控三大步骤。

7.2.1 人体姿态估计

人体姿态作为人体行为的高级语义信息，对人体行为的识别有着至关重要的作用，基于人体姿态信息的行为识别方法相较于基于图像的行为识别方法往往有较高的准确率。目前，人体骨架的信息一般通过3种方式采集获取：基于穿戴式设备、基于深度相机和基于人体姿态估计的捕捉。

1. 基于穿戴式设备的捕捉技术

采用穿戴式设备进行人体骨架信息捕捉的技术一般也称动作捕捉技术。其思路是在人体的关键部位（一般为各关节点处）安装传感器或特殊标记进行运动跟踪，可以获得关节点坐标、运动速度、角速度、运动朝向等数据，并基于此进行行为重构，用于人机交互、虚拟现实、电影特技等场景。

常用的动作捕捉系统可以根据传感器类型的不同分为光学式、机械式、声学式、惯性导航式等。其中,光学式捕捉系统采用立体视觉和标记跟踪法,在连续图像序列中识别每个关键身体节点的空间运动轨迹,如图 7-3 所示,其精度高、实时反馈好,是目前技术较为成熟且应用广泛的方案之一。

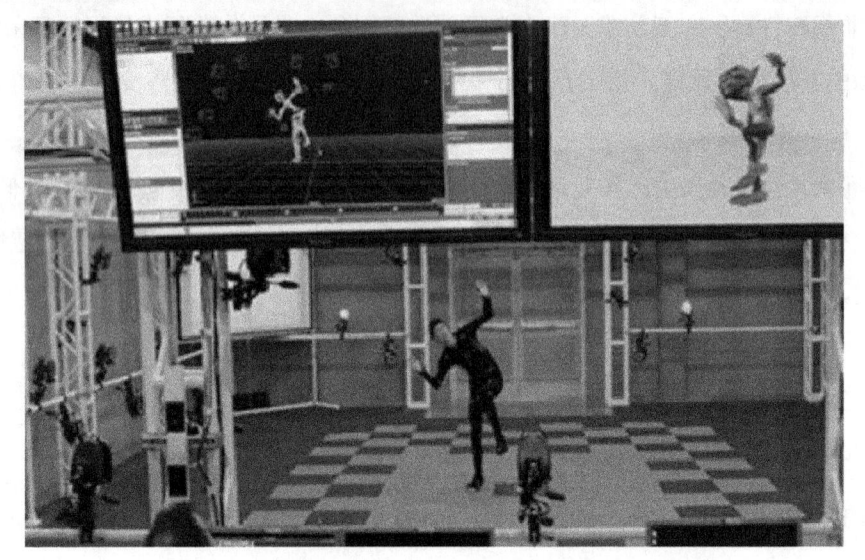

图 7-3 光学式捕捉系统获取人体姿态并应用于动画特技

但是此类人体骨架捕捉系统主要存在两个缺点:一是只适用于在较为理想的科研场地或摄影棚等特定区域内使用,并且穿戴式设备的佩戴使得人员的行为和着装受到一定程度的限制,无法在工业车间环境下落地应用;二是其成本较高,一般多为大型科技公司或科研机构研究使用,普通企业难以负担,更遑论将其用于车间内的大范围工人监控。

2. 基于深度相机的捕捉技术

深度相机可以在避免佩戴穿戴或设备的情况下,获取人体的骨架节点信息。其原理是,利用红外脉冲等测距技术,在传统光学相机获得的 RGB 图像中添加深度图(Depth Map)信息,获得 RGB-D 图像,最后经由算法进行关节点聚合,得到人体骨架。

Kinect 是深度相机中较为流行的产品,在娱乐、教育等许多领域都有应用。Shotton 等人详细介绍了其原理:首先,根据 RGB 信息,通过边缘检测算法将人体轮廓分割出来,并根据 RGB-D 图像中的信息进行部位分割,通过计算各像素点之间的距离判断人体部位的分布；然后，对每个像素点进行分类，可采用随机森林分类器，分类标签为人体的 32 个部位，这一过程把人体姿态捕捉的问题变为 RGB-D 图像中的像素分类问题；最后，根据人体部位标签，将同一类型的像素点聚合为相应的关节点坐标即可。图 7-4 所示为该过程的示意。

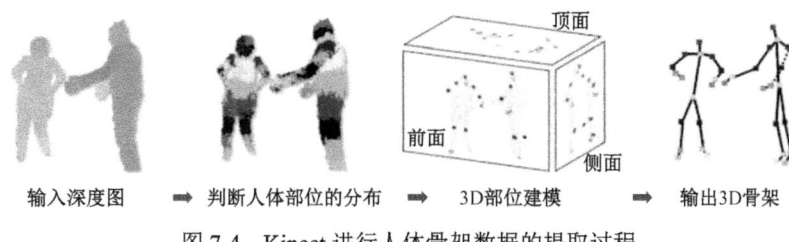

图 7-4 Kinect 进行人体骨架数据的提取过程

深度相机也有其缺陷，Kinect 的摄像捕捉范围受限，其舒适距离为 0.8～2.5m，物理极限距离不超过 3m。若在工业车间内布置深度相机，其必然靠近工人，但这可能影响工人作业行为的执行，甚至在火工产品等高危车间内形成安全隐患（深度相机会发射红外线），而且工人的作业行动范围可能会超过深度相机的物理距离限制，使得获得的骨架序列信息存在缺失。

3. 基于人体姿态估计的捕捉技术

人体姿态估计（Pose Estimation，PE）是指从普通图片或视频中，直接定位出其中的人体关节点坐标，形成骨架信息。其效果如图 7-5 所示。

传统的姿态估计算法主要基于图结构模型，其主要思路是，先对人体各部位之间的外观特征进行检测，然后对不同部位之间的关联约束情况进行建模，最后构造能量函数进行优化求解，得到各关节点的坐标定位。

该方法的主要问题有两个：一是其基于手工设计特征，依赖于先验知识和手工调参，并没有很好地利用图像中的全局信息，导致泛化能力不足；二是对于比较复杂的人体姿态，其求解能力和表达能力十分有限，但恰恰人体姿态自由度很高，若不能精确地进行姿态建模，其实用价值便会大打折扣。

由于传统姿态估计算法的局限性不易克服，学者们开始尝试将深度学习的方法迁移到这一任务中，想要通过深度学习的自主特征挖掘能力从图像中提取出更优的显式或隐式特征，避免人工的特征选择和调参过程。

图 7-5　人体姿态估计捕捉技术效果

随着卷积神经网络的提出，姿态估计技术的发展有了重大突破。Toshev 等人[6]提出 DeepPose 模型，首次使用卷积神经网络进行关节点坐标的回归，并进行多阶修正，该模型在当时超越所有传统方案达到最优性能。随后 Tompson 等人[7]提出用回归热力图（Heat Map）的定位方式代替直接进行关节点回归，热力图通过概率的形式定位关节点，间接得到坐标，在避免了全连接层的大量参数计算的同时也使得训练过程更快、训练精度更高，后续研究大多数也是基于热力图回归的思路展开。Newell 等人[8]在 2016 年提出了堆叠沙漏（Stacked Hourglass）网络，将卷积层与解卷积层交叉到网络模型中，这种反复的编码—解码操作使得模型更好地混合了全局和局部信息，进一步提升了预测精度。总体来说，目前基于深度学习的姿态估计技术的效果远高于传统算法。

基于人体姿态估计的捕捉技术可以直接在视频图像中提取出人体骨架信息，即不需要穿戴设备，也避免了深度相机的距离限制问题。当前的生产车间内一般都已配有视频监控系统，这样利用人体姿态估计技术获取工人的姿态骨架就无须额外添加硬件设施，既节省了成本，也保证了车间不会因为监测任务的升级而出现新的不确定因素。故在本章将采用

基于人体姿态估计的方案进行工人骨架信息获取与建模。卡内基一梅隆大学的团队将多项姿态估计技术的研究结合后，开发了 OpenPose 开源框架，其支持在线的多人骨架关节点提取和跟踪。因此，在本章将使用 OpenPose 处理并获取工人姿态骨架信息，具体介绍见 7.3.1 节。

7.2.2 行为检测

行为检测则是人工作业行为检测监控的另一重要步骤，因为要对作业行为流程的规范性进行判断，所以首先要检测出工人在生产工艺或工序中依次执行的各项作业行为。而由于作业过程的连续性，该问题不同于行为异常与否的分类问题，而是需要高精度地对每一时刻的行为进行识别，再将其归并序列化，以获得准确的作业行为流程信息。

1. 人体语义识别

人体行为的语义识别在现实中有着广泛的应用场合，如人机交互、教学、医疗以及本章的智能监控，正因为如此，其也是计算机视觉研究持续数十年的热门领域[5-7]。目前，根据输入特征的不同，行为语义识别方法可以分为基于 RGB 信息的方法和基于骨架信息的方法。

（1）基于 RGB 信息的方法。

自从相机和视频录像设备出现，基于 RGB 信息的行为语义识别方法便层出不穷，这些传统方法大多继承于两类思路：① 基于时空域特征的方法，通过提取空间维度上的人员姿态位置信息，以及其在时间维度上的角度变化信息，构成时空域特征描述子，并基于此进行分类识别；② 基于运动轨迹特征的方法，从视频流甚至是压缩视频中直接抽取出运动轨迹特征，形成轨迹流，并将其用于行为语义识别。然而，基于 RGB 信息的人体行为识别具有多方面的缺陷，如在复杂背景场景中、有自遮挡或互遮挡情况下、存在光照条件和尺度变化等，这些都会对识别带来很大的困难，这些问题限制了基于 RGB 信息的识别效果。后来随着传感器技术迅速发展，深度相机的应用逐渐普及，其可以提供 RGB-D（深度）图像。普通 RGB 信息可看成三维空间在二维平面上的投影图，而 RGB-D 包含了深度信息，以一种 2.5D 的形式提供了对象的空间几何信息。

传统机器视觉算法思路是提取序列 RGB-D 图像中的局部高维特征,从而得到每一帧中或密集或稀疏的兴趣点,再将特征集合在时域上对齐并形成视觉词袋,最终通过分类器训练与预测。而基于卷积神经网络的思路则是通过模型自动学习提取上下文信息。可以说,在基于视频流的行为识别领域,融合 RGB-D 图像时域和空间域特征的深度学习方案精度高、泛化性强,代表了目前的顶尖水准。但是依然存在短期内无法规避的缺陷,具体如下:

① 训练成本大。虽然 RGB-D 特征图减少了图像输入尺寸,但参数量依然巨大,基于 UCF101 数据集对 3D-CNN 模型进行训练需要 3 到 4 天,这使得模型框架的优化搜索变得困难并且极易过拟合。

② 实时性不足。同样由于输入图像向量的庞大规模以及网络模型权重参数的海量性,即便网络训练完成,其在一般的计算硬件上进行在线的推断过程,或者说是预测时,仍易出现卡顿、延迟现象,在实际车间生产中落地应用仍有困难。

(2) 基于骨架信息的方法。

部分生物学研究发现,人体行为动作的描述可以仅基于一些关键身体节点的动态变化而进行。这些关键节点的组合变形成了骨架信息,其便于对行为进行快速有效识别。图 7-6 所示为打高尔夫动作的骨架行为描述。

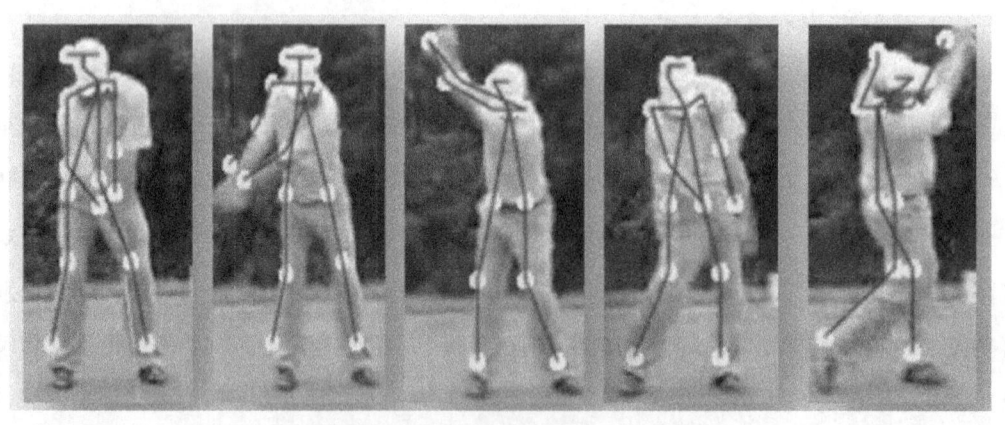

图 7-6 打高尔夫动作的骨架行为描述

对于一般的人体行为动作来说,只需要捕捉 10~20 个关键节点即可较为准确地表示其任意时刻的静态姿态,再对连续的静态姿态信息进行追踪,形成时序动态行为特征,便能准确地对其进行描述，而且不容易受尺度、光照等变化的影响，表达的健壮性更强。

相较于 RGB，骨架信息仅仅是一组关节点坐标的集合，其数据维度很小，大大减少了行为识别的计算复杂度，是人体行为的高层次表达。相较于 RGB-D 数据，基于骨架数据的行为识别虽然舍弃了深度图中的部分空间上下文信息，但其在许多方面仍具有独特的优点。

① 数据规模显著下降，特征描述简练，运算复杂度下降，速率更高，更贴近实时性的需求，这也是其最大的优点。

② 骨架序列信息能更精准地反映出，人的肢体几何形态在时域上的动态变化，对于特定动作的识别效果更好，并且不易受到光照、场景变化的影响。

③ 骨架数据的精炼特征适用于进一步的行为评价研究，基于关节点几何特征信息（如位置、速度、轨迹）的评价体系，与人类肉眼的评价方法内核更加相近。

基于骨架特征的行为语义识别方法同样受到许多学者的关注。这些方法按照特征提取方式的不同可以分为两种。

① 基于人工提取特征的方法，手动设计若干特征值或特征向量来捕捉关节的行为动态。

② 基于深度学习的方法，依据特征抽取模型的不同可分为基于 RNN 和基于 CNN 两种。循环神经网络（RNN）及其变体被广泛用于时序信息的特征挖掘，可以有效学习上下文关系。微软亚洲研究院基于此开展研究，并取得不错效果，但其过分强调时序信息，在训练数据不足的情况下，过拟合现象较为严重。卷积神经网络（CNN）同样可以进行上下文信息挖掘，在识别任务中效果甚至优于 RNN 模型。

2. **人体行为检测**

行为检测也是目前视频理解方向的主要研究热点，因为该任务更加贴近生活，在监控安防中有潜在的巨大价值。但是相比于行为分类，行为检测难度更高，不仅需要定位视频中可能存在行为动作的视频段，还需要将其分类。而定位存在行为动作的视频段是一个更加艰巨的任务。

因为行为检测任务有点类似于目标检测任务，都是需要先定位目标，然后识别目标。

行为检测识别方法主要可分为两类。

（1）滑动窗口算法。

通过定义一个显式的固定时域窗口尺寸，对整体流程的序列帧信息进行遍历，并基于窗口内信息（RGB、骨架）进行识别，然而窗口尺寸大小的定义十分困难，并且计算冗余十分严重，如图7-7所示。

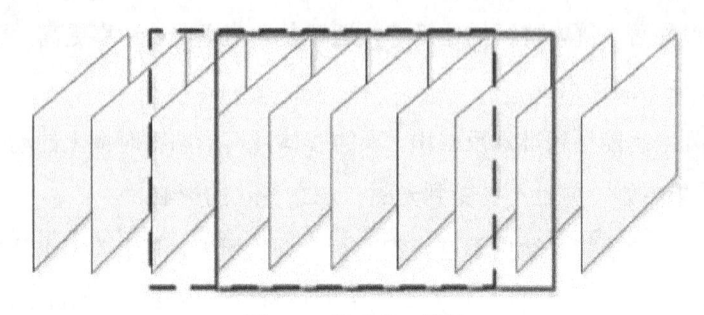

图 7-7　滑动窗口算法

（2）行为候选域提议算法。

目前很多行为检测方法都是借鉴于目标检测，主要思想基本上是行为候选域提取（见图7-8），然后进行分类与回归操作。这类方法包括利用 Faster R-CNN 框架思路、利用 SSD 框架思路、基于 TAG 网络等。还有一类方法是基于 C3D 做帧分类（Frame Label），然后预测存在行为的视频段并分类，如2017年 ICCV 的 CDC 网络。除以上两种思路外，利用 RNN（LSTM）在序列模型上的优势，通过帧级别的行为分类，也可高质量地同步完成检测与识别任务。

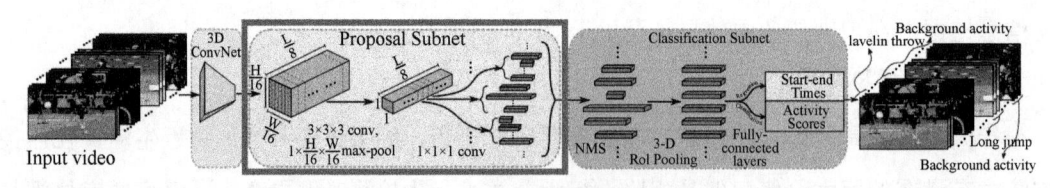

图 7-8　行为候选域提取算法

考虑到人工作业行为特点，本章基于 RNN 提取作业行为特征，利用 Softmax 进行单帧行为识别，并对多帧识别结果进行序列化处理。该部分详细内容在7.3.2节、7.3.3节中进行介绍。

7.2.3 作业安全监控

对于作业安全监控，已知在既定的工艺/工序背景下，作业行为流程一般由多个相对固定的作业行为按时间顺序序列化形成，同时兼有严格性、非规律性和冗余性的特点，所以对其规范性进行判断并不是简单的序列匹配问题。对此类复杂序列信息的分析判断依赖于人工经验，智能判断方法需要学习到经验中所蕴含的深层机理知识，挖掘出面向流程规范性的强判断性特征。

针对上述问题，我们采用门控循环单元（Gated Recurrent Unit，GRU）进行基础的作业行为流程编码。此外，作业行为流程的规范性判断有类似特点：特定工艺中工人执行的每一类生产行为的重要性可能不同，并且多次出现的同一类作业行为的重要性可能也不一致。本章提出一种规范性感知网络（Normativity-Aware Network，NAN），挖掘学习作业行为流程中各项作业行为的规范性语义权重，并基于此获得高层特征，进行高效的作业行为流程规范性判断。此外，考虑到注意力向量是规范性判断任务中整个作业行为流程的高层次表达，可作为规范性判断的强判断性特征，其可以用于进行高精度的规范性判断。本章采用逻辑回归算法，将注意力向量作为输入特征，进行规范性判别的分类，即规范或不规范。该部分的详细内容将在 7.3.4～7.3.6 节中介绍。

7.3 基于深度学习的作业行为检测与监控方法

7.3.1 基于 OpenPose 的骨架提取与建模

1. OpenPose 骨架提取原理

OpenPose 是典型的自底向上（Bottom Up）类型的姿态估计算法，即先将图像中所有人的关节点坐标全部检测出来，再通过分配算法将每个关节点对应到正确的人。使用 OpenPose 进行姿态估计的流程如图 7-9 所示。

图 7-9　OpenPose 进行姿态估计的流程

  OpenPose 首先使用骨架网络，从图像中提取特征。然后将提取到的特征图分成两个分支，分别传入两个平行的卷积模块。其中一个分支用来预测图中所有的肢体关节点（包括坐标位置、类型和置信度），输出一组肢体置信热力图（Part Confidence Maps，PCM），组中的每一张热力图包含一类关节点的信息。第二个分支预测肢体亲和场（Part Affinity Fields，PAF），用来描述不同人体之间的各关节点之间的关联程度。该算法将人的每一个肢体看成是一个二维向量场，分别代表某一关节至其相邻关节的 x 方向与 y 方向矢量，而不在肢体上的像素点的矢量值都为 0，这样的向量场同样由深度神经网络训练得出。

  通过两个分支得到了图像中的骨架关节点集合和各关节点间的关联程度，而后便是匹配问题。基于二分图和匈牙利算法，设计一种以最小限度边数为约束的生成树，在进行关节相连时，通过 PCM 与 PAF 得出的结果进行偶匹配，生成最终的关节连接，可以将其分配给正确的人，构建正确的人体骨架结构，获得人体姿态骨架信息。

2. 人体骨架特征建模

人体的每一个动态作业行为都是由一系列静态的姿态按时序组合而成的。本章定义每一帧中的人体静态骨架信息为姿态特征向量 P。

采用不同方法和不同骨架格式所获取的人体姿态特征有所不同，如 Kinect 深度传感器会捕捉人体 25 个关节点的坐标。本章采用 MS-COCO 骨架数据格式，提取人体 18 处关节点，其中对应关系为 0—鼻子、1—颈、2—右肩、3—右肘、4—右手腕、5—左肩、6—左肘、7—左手腕、8—右胯、9—右膝、10—右脚腕、11—左胯、12—左膝、13—左脚腕、14—右眼、15—左眼、16—右耳、17—左耳，如图 7-10 所示。

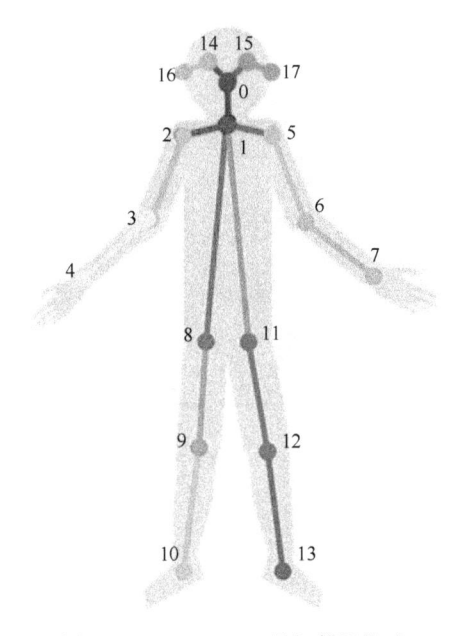

图 7-10 MS-COCO 骨架数据格式

使用 OpenPose 提取出每一帧图像中人体各关节的像素点的位置信息 $(\tilde{x}, \tilde{y})$，原点为图像左上角点。由于不同的视频画面可能存在不同的图像大小，会对关节位置的判断产生影响；同时原位置信息的数值较大，若直接进行训练会产生数值溢出等问题。基于以上两点，本章提出了比例位置来代替原位置，即对于大小为 $w\times h$ 的图像，进行如下变换。

$$\begin{cases} x = \tilde{x}/w \\ y = (h-\tilde{y})/h \end{cases}$$

转换过后，原点变为左下角点，得到的比例坐标(x, y)的值均处于 0 到 1 之间，实现了归一化；并且取值与图像大小无关，只与关节点所处的空间位置相关。实验证明该方法具有较好的效果。此时，人体姿态特征向量 P 可表示为

$$P = \{(x_1, y_1), (x_2, y_2), \cdots, (x_{18}, y_{18})\}$$

其中，(x_1, y_1) 表示第 i 个关节点的坐标。定义整体生产行为流程中的工人姿态特征序列为 S，可表示为

$$S = [P_1, P_2, P_3, \cdots, P_t]$$

其中，t 表示整体生产行为流程的时序帧数。图 7-11 所示为搬运行为执行时，通过人体骨架信息的姿态特征序列表示，可以看出其有完整表达作业行为和作业行为流程中工人行为动作的能力。

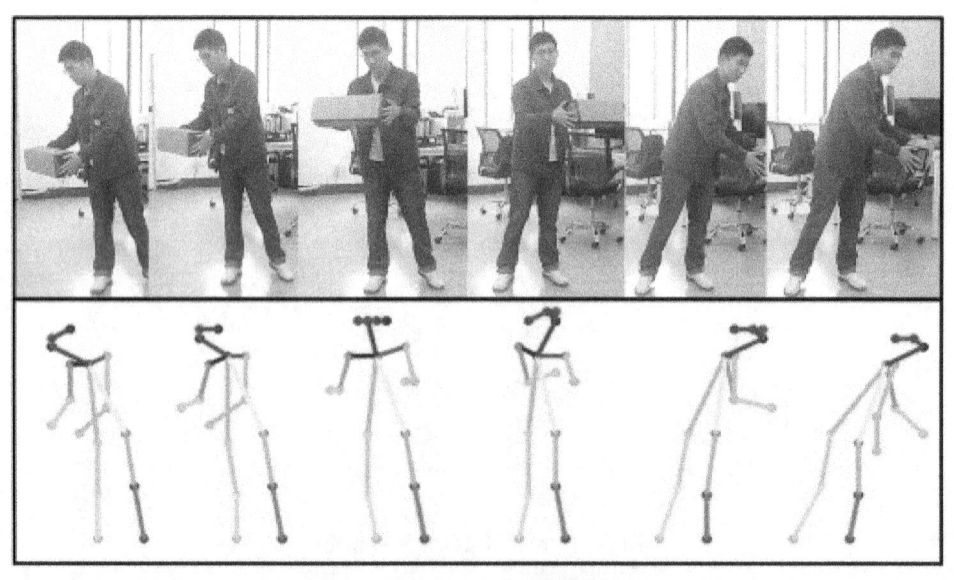

图 7-11 搬运行为的骨架姿态特征序列

7.3.2 基于双流 LSTM 融合网络的作业行为特征提取

经上一步得到工人在工序/工艺生产过程中完整精确的骨架姿态序列，接下来就需要据此对工人生产过程进行作业行为特征提取，以进行最后的检测识别。目前根据特征提取思路与方法的不同，主要可分为以下几类。

1. 滑动窗口（Sliding Window）算法

通过定义一个显式的固定时域窗口尺寸，对整体流程的序列帧信息进行遍历，并分别将窗口内信息作为一个整体输入进行识别。该方法存在两个问题。

① 窗口尺寸难定。不同行为动作的持续时长不同，以相同的窗口尺寸滑动可能无法囊括某些行为的整体持续时长，也有可能将行为帧以外的多余信息包含进去，造成特征欠缺或特征冗余。

② 计算冗余。由于窗口移动每次只进行一帧，使得很多计算过程重复出现，多做无用功。

2. 行为候选域提议（Region Proposal）算法

在整体流程序列中直接抽取出含有行为语义的片段，再对片段中的行为进行识别。Heilbron 基于稀疏字典进行行为分割；Zhou 等提出多阶段卷积方案。该思路充分利用了全局的时序上下文信息进行特征提取，但候选区的提取质量并不能得到很好的保证，时序行为的边界信息往往不是明确划分出来的。

3. 循环神经网络

除以上两种思路外，RNN 采用与传统神经网络相似的输入层到隐藏层，再到输出层的结构。不同的是，其隐藏层状态信息不仅受到当前输入信息的影响，也受到历史隐藏状态信息的影响。RNN 的结构如图 7-12 所示，在序列信息建模时，这种结构也可以有效挖掘时序上下文关系，将当前和历史信息有机选择，通过帧级别（frame wise）的行为分类，也可高质量地同步完成检测与识别任务。

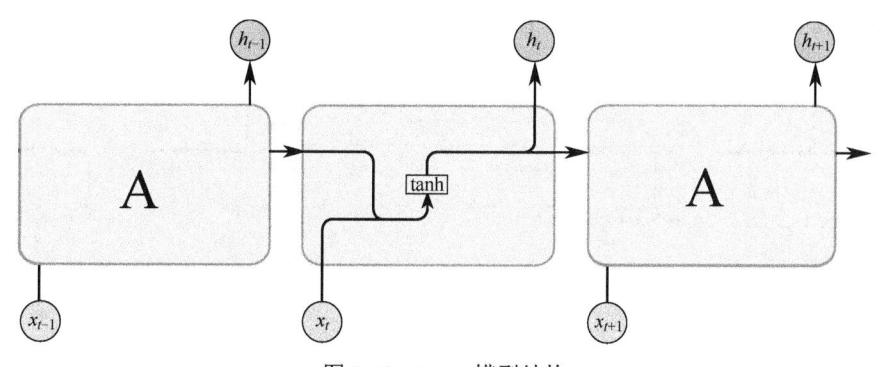

图 7-12　RNN 模型结构

但 RNN 网络在反向传播过程中容易产生梯度消失等问题,而其单元结构的变体——长短期记忆网络（Long Short-Term Memory，LSTM）的提出大大改善了这一问题。其在 RNN 网络的基础上引入了门的概念,用来避免梯度消失问题。

本章同样在此结构基础上,设计并提出了一种双流 LSTM 融合网络模型（Two-LSTM Fusion Network，TFN）,在充分解析当前输入的编码姿态信息的同时,高效挖掘学习包括"半可预测顺序"信息在内的长短期序列关系,并在线进行信息融合,获得帧级别的特征输出,用于支持最终检测与识别模块的工作。

（1）长短期记忆模型。

长短期记忆模型由 Sepp Hochreiter 和 Jürgen Schmidhuber 提出,是一种时间递归神经网络,适合于处理具有时间依赖的序列问题,它通过精心设计的 3 个门限结构可以对特征张量进行选择性地遗忘、输入及输出,可以对序列中的空白信息、相似信息、不必要信息进行筛选和融合,从而将有效特征信息长期存储在单元状态中。其单元结构如图 7-13 所示。

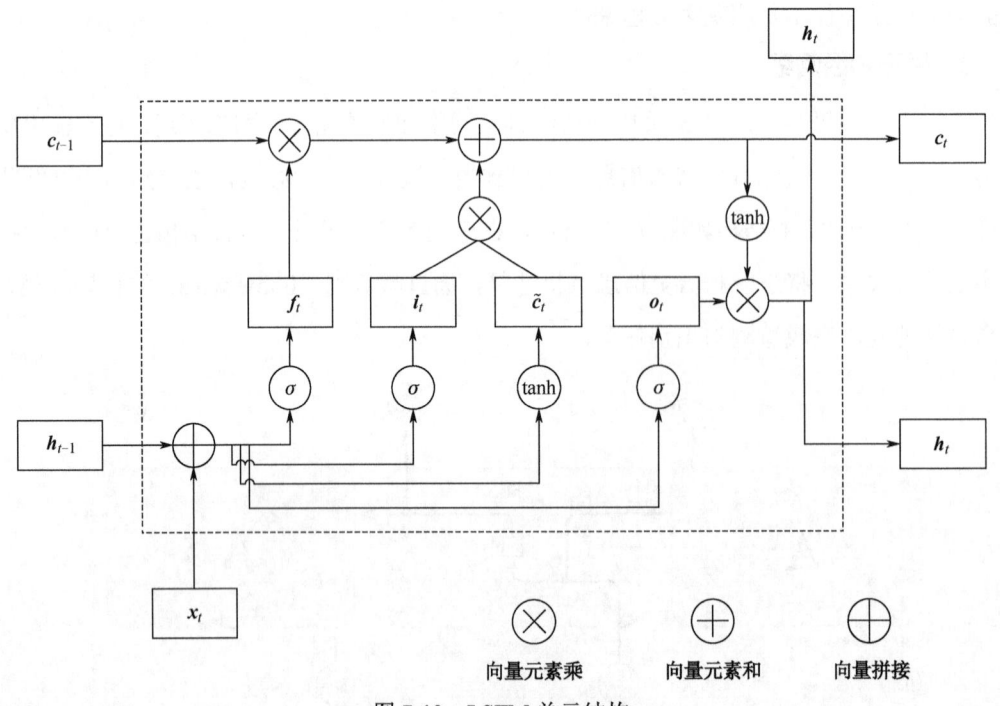

图 7-13　LSTM 单元结构

由图 7-13 可以看出，通过门结构来控制保存长期记忆的单元状态。c_t 对应长时记忆，$\tilde{c}_t$ 对应短时记忆。由遗忘门 f_t 决定历史信息有多少可以保留在长时记忆 c_t 中；用 $\tilde{c}_t$ 描述当前输入的短时记忆；输入门 i_t 决定当前网络输入信息有多少可以加入长时记忆 ct 中；输出门 o_t 控制的是汇总后的信息有多少是可以作为当前输出的信息。

总体来说，输入门负责将当前输入中的重要信息引入，遗忘门负责将历史状态中的重要信息保留，输出门对二者进行汇总并决定当前输出。它们的计算原理如下。

$$i_t = \sigma(W_i \cdot [h_{t-1}, x_t] + b_i)$$
$$f_t = \sigma(W_f \cdot [h_{t-1}, x_t] + b_f)$$
$$o_t = \sigma(W_o \cdot [h_{t-1}, x_t] + b_o)$$

短时记忆单元和长时记忆单元的计算原理如下。

$$\tilde{c}_t = \tanh(W_c \cdot [h_{t-1}, x_t] + b_c)$$
$$c_t = f_t \circ c_{t-1} + i_t \circ \tilde{c}_t$$

隐含层的预测结果为

$$h_t = o_t \circ \tanh(c_t)$$

以上就是信息正向传播过程中关键阶段的实现公式。其中"$\cdot$"表示矩阵乘法，"$\circ$"表示按相同位置的元素相乘，x^t 为第 t 时间步的信息输入，h^t 为上一时刻的隐含层信息，W 和 b 为权重矩阵参数，在训练中不断更新，σ 代表 Sigmoid 函数。

每一个时刻，LSTM 都会基于当前输入和历史信息做一次预测，模型取依次输出作为最终的预测结果。在训练阶段，网络采用随时间反向传播法（Back Propagation Trough Time）对各权重和偏置进行迭代更新，直至满足迭代次数为止。

（3）双流 LSTM 融合网络。

从理论上分析，LSTM 网络确实十分适合序列形式信息的特征提取，但用于解决本课题中的行为检测识别任务时则存在一定的不足。

LSTM 在处理序列信息时，需要进行两个方面的建设工作：一个是对当前时间步的输入向量的解析（对当前信息的捕获）；另一个是对序列中的长短期时序关联性的挖掘（对历史记忆信息的筛选）。Roeland 曾研究发现，常规 LSTM 的效果并不总是理想的：对于输入特征信息较为简单、维度较低的任务（如温度预测等），LSTM 能够比较好地完成这两方面的工作,因为每一时间步的输入在解析时所需占用的神经元计算资源较少,单元结构可以兼顾到长短期时序关系的捕捉;但对于人体骨架信息这样比较复杂、维数较高的输入表征(本章中18个骨架节点坐标,36维的输入向量),那么输入信息的解析就会成为LSTM单元的"工作重点",而相对"忽略"对序列中关联关系的挖掘。

已知在既定的工艺/工序作业过程中,工人的作业行为流程均在一定程度上遵循着工序规程,各项作业行为的执行符合一种半可预测顺序,尤其是有生产语义的作业行为,其相互之间存在一定互依赖性,是一种较为特有的序列内关联关系。这种存在于作业行为间的特殊上下文关系是高价值信息,所以在进行特征抽取时,除了常规的序列长短期依赖以外,对半可预测顺序的挖掘也很重要。

综上所述,在处理序列信息时,一般需要对输入向量和序列关联性二者同时进行特征建模和提取。然而在本章任务中,高维骨架信息的在线解析和序列中的半可预测顺序等关联关系的挖掘,难以在常规LSTM网络中同时得到兼顾,此时若依然仅通过常规LSTM网络去进行作业行为的特征提取,就很可能会受限于性能的不足,导致效果不佳。为解决此问题,本章设计了一种双流LSTM融合网络,整体结构如图7-14所示。其主要思想是通过两层LSTM分别进行输入解析和序列关系挖掘,并在线进行信息融合以获得帧级别的输出特征,该特征包含了高质量的当前和历史信息。

进行姿态编码后获得的骨架特征序列,先按照时间步顺序送入第1层(低层)LSTM,该层负责解析每个时间步的输入姿态骨架信息;第2层(高层)LSTM在每个时间步的输入则为第1、2层的隐式输出经融合后获得的融合向量,其用于学习序列信息中的长短期时序关联性;两者的隐式输出在线进行信息融合,并输出向量作为当前时间步的特征输出,用于后续的作业行为识别。

图7-14中,$h_{i,t}$表示第i层LSTM的第t个隐藏状态输出,h_0为一个初始化值,C表示信息融合单元。作业行为特征是由两层LSTM的相应隐藏状态输出导入信息融合单元C计算得到。融合通过加权求和的方式进行。

$$C_t = W_1 h_{1,t} + W_2 h_{2,t}$$

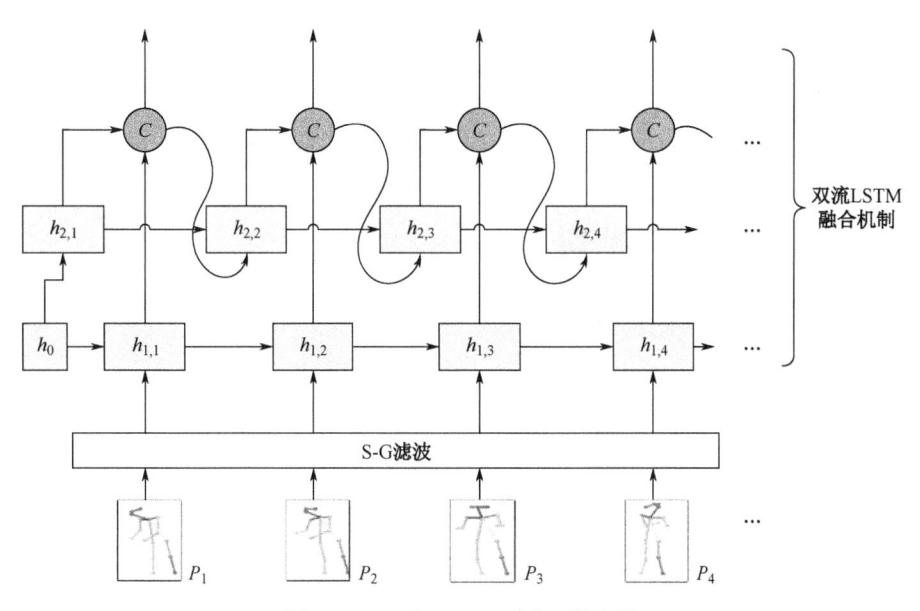

图 7-14 双流 LSTM 融合网络架构

其中，W_1 和 W_2 为各层 LSTM 单元状态输出的合并权重参数，在训练过程中同步学习获得；C_t 是第 t 时间步的合并结果。

（3）双流 LSTM 融合机制的特征提取模式。

将修正过后的姿态序列 S' 中的每个姿态向量，按照时间步分别输入第 1 层 LSTM 中。该层的 LSTM 单元将工人姿态信息映射到另一特征维度进行解析表达（由单元内部神经元数量及激活函数来决定），同时该过程还能进行一定程度的短期时序关联性学习。

第 2 层 LSTM 用于整体姿态信息序列的长短期关联关系挖掘，包括半可预测性在内，其每个时间步的输入为上一时间步进行作业行为特征抽取得到的高层次特征。此输入信息的维度低、可解释性强，十分适合进行序列上下文的关联信息建模。

在这个模型中，融合单元的加权求和操作可以使得其自主地去分配当前输入特征（包括一定的短期时序关系）和包括半可预测性在内的长短期序列关系的计算比重。如果输入特征复杂而序列内关联特征简单，那么第 2 层 LSTM 的数据流相对会被"忽略"，网络学习的重点会放在输入的姿态信息解析；如果输入特征简单而序列关联性特征较复杂，那么第 1 层 LSTM 的数据流则一定程度上被"忽略"，网络会着重进行序列内复杂依赖关系的挖掘。通过这种机制，模型在训练过程中，可以自行选择更着重于输入信息建模，还是序列中关联关系的特征挖掘。

这样有机地对两层 LSTM 的状态信息进行融合，可以在训练过程中充分挖掘到两种类型的特征重要性和互依赖性，从而输出更有健壮性且更有表征性的作业行为特征。

7.3.3 作业行为检测识别

1. 基于 Softmax 的单帧行为识别

Softmax 函数又称归一化指数函数，其能以概率的方式给出分类结果，是常用的二分类激活函数 Sigmoid 在多分类任务上的一种推广形式。其表达式为

$$p(y|x) = \frac{\exp(W_y, x)}{\sum_{n=1}^{N} \exp(W_n, x)}$$

其中，x 为原始的分类结果；W_y 为指定 y 类的参数权重，W_n 为各类的参数权重，两者均通过训练得到。Softmax 函数将多分类结果转换为概率的方式，可以分两步看。首先是通过指数函数将每一个原始分类输出（实数形式）映射到 $(0,+\infty)$，然后将所有映射结果相加，逐个进行归一化。

双流 LSTM 网络中的信息融合单元 C，其内部的计算分为两个子步骤。第一步是上文提到的加权求和方式的融合操作；第二步是基于融合后的信息对当前时间步（帧）进行作业行为的识别，采用 Softmax 函数进行预测并获得帧级别的分类结果。信息融合单元 C 的结构如图 7-15 所示。

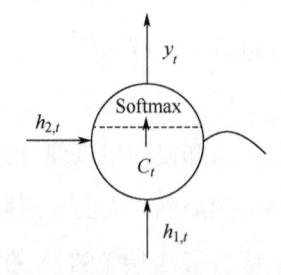

图 7-15 信息融合单元 C 的结构

每一帧的作业行为的分类可表示为

$$y_t = \text{Softmax}(W_c C_t + b_c)$$

其中，W_c 和 b_c 同样为训练参数，y_t 为第 t 帧的作业行为识别结果。

2. 多帧识别结果的序列化处理

由于分类结果是帧级别的，需要将分类结果相同的连续帧合并为一个作业行为，获得作业行为流程信息，如图 7-16 所示。

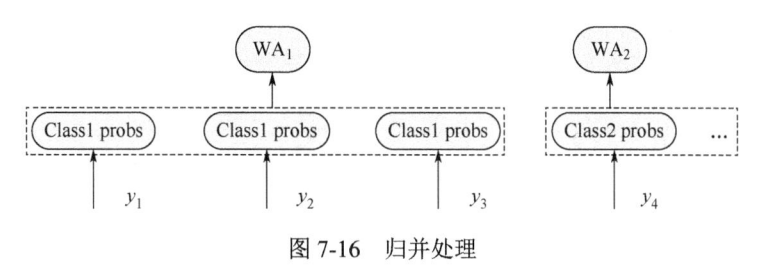

图 7-16 归并处理

用公式可表示为

$$[WA_1, WA_2, WA_3, \cdots, WA_n] = f([y_1, y_2, y_3, \cdots, y_t])$$

其中，f 表示归并操作，WA_i 表示作业行为流程中的第 i 个作业行为（共 n 个，$n<t$）。另外，考虑到双流 LSTM 网络进行作业行为识别过程中，同样可能存在识别误差，如在作业行为 WA_1 的执行时间帧内，有一帧识别为另一作业行为，毫无疑问此为噪声。为了进一步排除噪声，根据研究和测试，本章规定仅将连续出现 5 帧以上的同类识别结果作为一个作业行为，而出现帧数少于 5 帧的作业行为直接筛除。随后按顺序排列得到作业行为集合，便得到了序列形式的作业行为流程信息。

7.3.4 基于 GRU 的作业行为流程序列编码

采用 GRU 进行基础的作业行为流程编码。GRU 是 RNN 模型的另一种演化，其内部结构如图 7-17 所示。

与 LSTM 网络模型不同的是，GRU 只有两个门控机构——更新门 r_t 和重置门 z_t，常被用于神经语言程序学领域任务的序列编码工作。其工作原理是：当前的状态特征 h_t 由该时刻的输入 x_t 和上一时间步状态单元的隐藏状态信息 h_{t-1} 综合获得，是当前信息与历史信息选择性记忆的结果。

图 7-17 GRU 内部结构

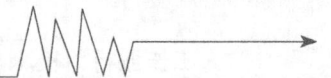

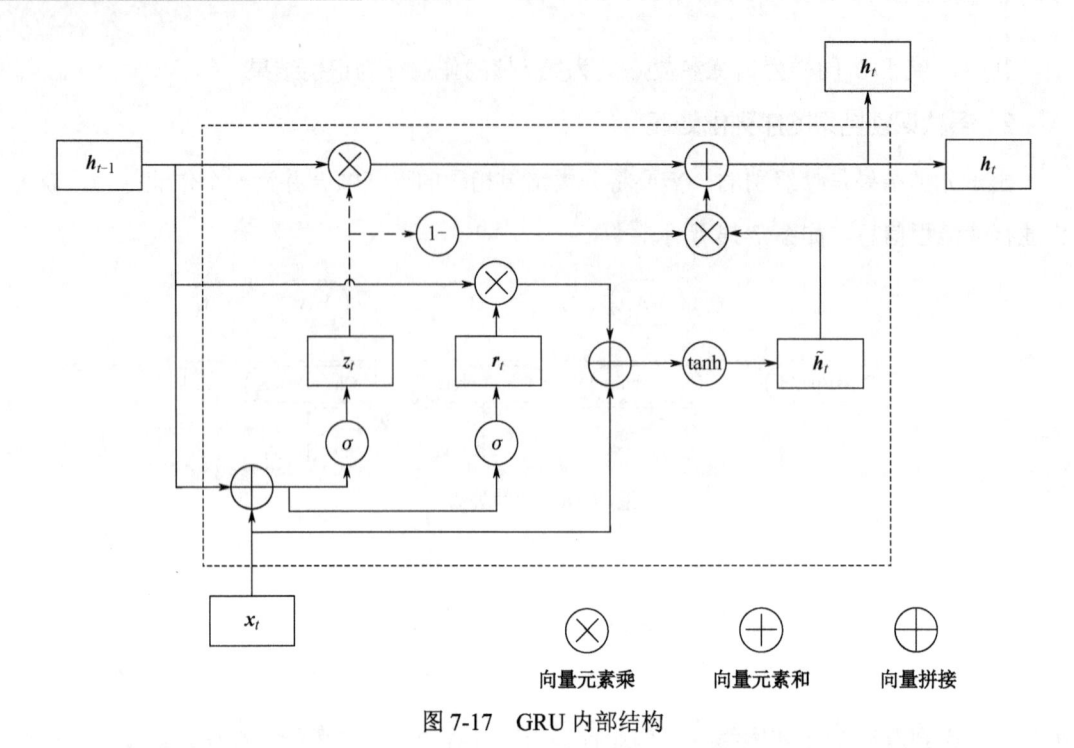

重置门 z_t 可以权衡二者的权重，根据当前状态信息与历史信息关联程度，有选择地丢弃不重要的历史信息；而更新门 r_t 则是通过对 $t-1$ 时刻的隐藏状态信息和当前 t 时刻更新后的隐藏状态信息进行把控，对历史信息和当前输入进行最终的选择性输出。更新门的输出值越接近 1，则当前时刻的状态输出中，历史信息比重越大；更新门的输出越接近 0，则当前时刻的状态输出中，当前时刻输入的信息比重越大。通过这样的机制，不仅可以避免梯度消失的问题，还因更少的参数量使得训练过程收敛速度更快。

针对作业行为流程这一序列信息，具体的编码过程如图 7-18 所示。

$$h_t = (1-z_t) \circ h_{t-1} + z_t \circ \tilde{h}_t$$

其中，"∘"指矩阵元素按位相乘，h_{t-1} 是前一时刻所输出的已执行作业行为集的状态信息，$\tilde{h}_t$ 是由当前输入作业行为信息后计算得出的新的候选状态信息，更新门 z_t 则决定历史信息和当前输入新信息这两者的取舍。z_t 和 $\tilde{h}_t$ 的更新方式为

$$z_t = \sigma(W_z \cdot WA_t + U_z \cdot h_{t-1} + b_z)$$
$$\tilde{h}_t = \tanh(W_h \cdot WA_t + r_t \circ (U_h \cdot h_{t-1}) + b_h)$$

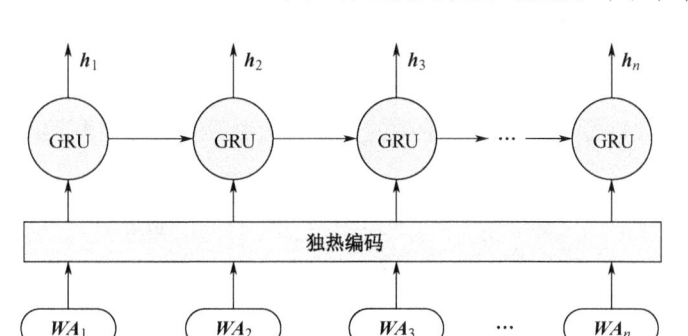

图 7-18 作业行为流程的序列编码过程

其中，A_t 是时间步 t 的输入向量；W_z 和 U_z 是权重矩阵，b_z 是偏置参数，三者在穿越时间梯度下降（BPTT）中训练得到；σ 代表 Sigmoid 函数；重置门 r_t 决定着过去执行过的作业行为集对候选状态信息的影响程度，若其置零，则表示忽略历史行为，直接由当前作业行为的信息对候选状态进行重置，通过这一方式可以丢弃掉那些被推断为在后续时域中无用的信息。r_t 的更新方式为

$$r_t = \sigma(W_r \cdot WA_t + U_r h_{t-1} + b_r)$$

同样地，W_r、U_r 及 b_r 是训练过程参数。经过以上过程，作业行为流程信息完成编码工作，每个作业行为个体均会被编码解析成为状态信息 h_t，同时学习到作业行为之间的部分时序关联信息。

7.3.5 基于规范性感知网络的作业行为规范性权重挖掘

1. 注意力机制

注意力机制（Attention Mechanism）的提出是源于对人类大脑的信息处理机制的思考。人类在获取大量信息时可以快速地从中筛选出重点信息，忽略无关信息，这种机制有助于在分析问题时既减少无效计算，又能提高准确率。

例如，当人类看到图 7-19（a）时，其视觉注意力一定会放在"两只鸟"上，而忽略"天空"这一背景信息，因为大脑在处理时会明确前者是图像的重点，即便其在图像中的区域占比远小于后者。但当使用卷积神经网络等智能算法去提取图像特征时，每一个区域都是被"等价处理"的，这样对图像信息的理解自然存在一定程度的不足。同理，人类在面对序列信息时也有着类似的思考机制，如对电影评论进行分类时会集中注意力于其中的形容词或副词，根据其褒贬性进行分类，而评论中的主语、谓语等一般为重要性不高的无关信息。

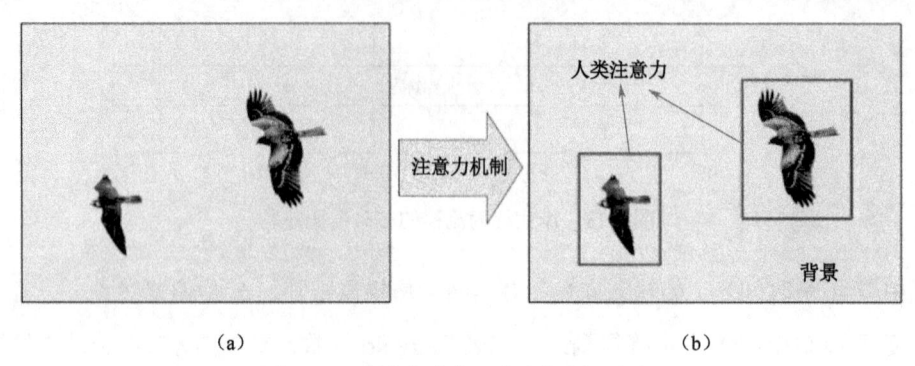

图 7-19 人类大脑的注意力机制示意图

自注意力机制被提出，其理念的先进性和实用性便引起许多领域学者的关注。而伴随着深度学习研究的不断推进，注意力机制成功被嵌入深度学习方法中，并且在不同任务中都取得了进展，如文本翻译、图像分类、语音识别等。

注意力机制的数学思想可以通过图 7-20 表示。其中，Query 表示查询，Key 表示关键字，Value 表示权重值，Attention 表示注意力数值，Source 表示输入数据源。注意力机制的本质是将一个查询（Q）映射为一系列键（K）—值（V）对。其计算过程一般可分为 3 步。

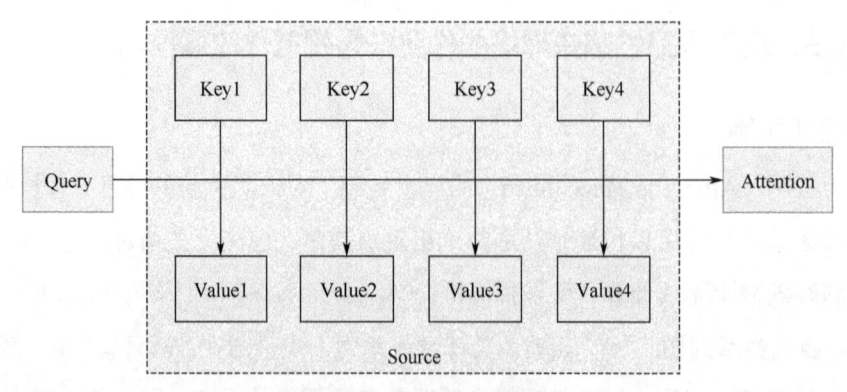

图 7-20 注意力机制思想

（1）计算每个 Q 和各个 K 的相似度，得到 K 和 V 的权重系数，常用的相似度计量函数有点积法、余弦法等。

$$f(Q,K) = \sum_{i=1}^{i=n} \text{similarity}(Q,K_i)$$

（2）对权重进行归一化，可采用 Softmax 函数，这一步可以更加突出重要信息的权重，降低无关信息的权重。

$$a_i = \text{soft max}(f(Q,K)) = \frac{\exp(f(Q,K_i))}{\sum_j f(Q,K_j)}$$

（3）最后将键值和重分配后的权重进行加权求和，得到加载注意力的特征向量 A。

$$A(Q,S) = \sum_{i=1}^{i=n} \alpha_i V_i$$

2. 规范性感知网络模型

本章通过引入注意力机制的思想，设计了一种规范性感知网络，挖掘并量化作业行为流程的序列中各作业行为对于规范性判断的重要程度，按照重要性予以各作业行为的关注权重，抽取关键作业行为信息，以获得更具辨识性的高层特征向量。模型结构如图 7-21 所示。

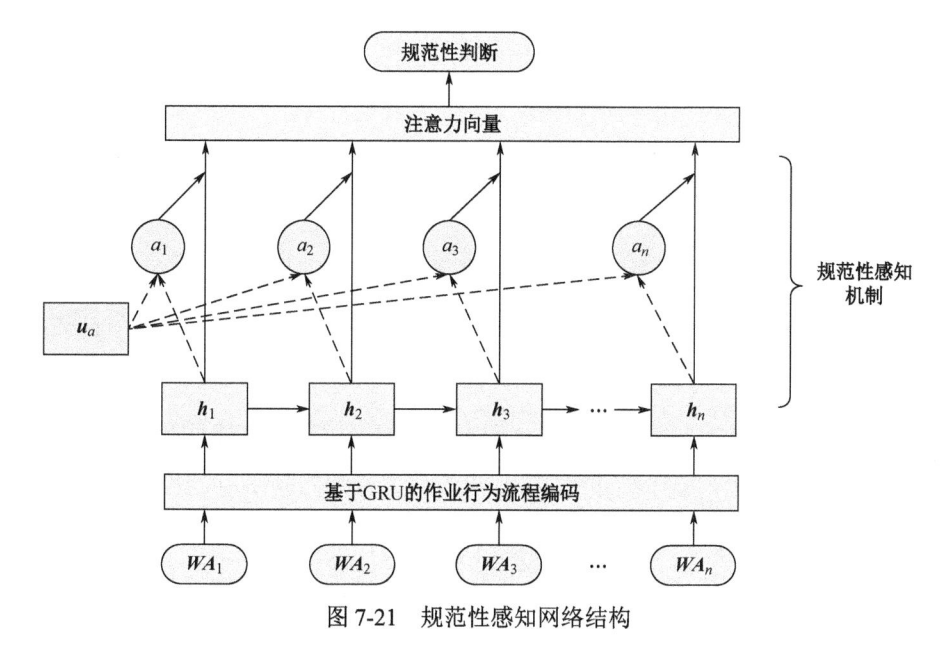

图 7-21 规范性感知网络结构

规范性感知注意力机制是为了获取流程中作业行为与作业行为之间的重要程度信息，

即作业行为的权重。其处理过程如下。

（1）对于上一步进行作业行为流程编码所得到的每一时间步的状态信息，将其经由一个简单的多层感知器神经网络处理，得到新的隐性表示。如下式所示，其中，u_i 是处理后获得的信息的隐性表示，W_s 和 b_s 是训练过程参数。

$$u_i = \tanh(W_s h_2 + b_s)$$

（2）采用 Softmax 函数对各隐性表示信息进行权重的分配。其中，α_i 为分配得到的权重，以概率形式表示，其可衡量序列中某个作业行为与当前作业行为流程规范性的关联性大小；u_s 是随机初始化的权重向量，在训练中同步学习获得。

$$\alpha_i = \frac{\exp(u_i^\top u_s)}{\sum_i \exp(u_i^\top u_s)}$$

（3）对获得的权重与编码得到的状态信息分别对应进行加权计算，即可得到注意力向量 v。

$$v = \sum_i \alpha_i h_i$$

规范性感知网络挖掘出作业行为流程中各作业行为的规范性权重，并将其嵌入分配到原始特征中，是一种有着更强辨识性的高层次信息表征。

7.3.6 基于逻辑回归的规范性判断

注意力向量是规范性判断任务中整个作业行为流程的高层次表达，可作为规范性判断的强辨识性特征，其可以用于进行高精度的规范性判断。本章采用逻辑回归算法，将注意力向量作为输入特征，进行规范性判断的分类，即规范或不规范。

逻辑回归（Logistic Regression）是一种常用的分类模型，其通过 Sigmoid 函数对输入特征进行处理，并将预测值映射到(0,1)区间内，变成直观的概率值，从而进行分类。逻辑回归算法的本质决定其更常用于二分类问题。其公式如下，曲线如图 7-22 所示。

$$Y(x) = \frac{1}{1 + e^{-(\theta x + b)}}$$

其中，$Y(x)$ 表示预测值，x 表示输入的特征值，e 为自然底数，θ 和 b 是线性变换的参数。

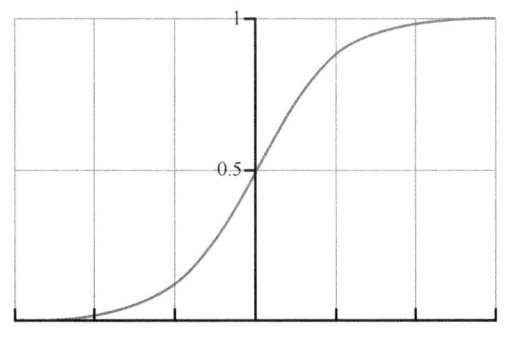

图 7-22 逻辑回归的 Sigmoid 函数曲线

由图 7-22 可知，预测值 Y 的值域为(0,1)，并且其曲线呈中心对称。基于这些特性，将预测值大于等于 0.5 的对应输入特征划分为正样本，将小于 0.5 的划分为负样本，便可对数据进行二分类操作。在本章中，行为流程规范性的判断函数可以由下式表示，其中 $\hat{y}$ 表示预测的规范性类别。

$$\hat{y} = \begin{cases} 1 & Y(v) \geqslant 0.5 \\ 0 & Y(v) < 0.5 \end{cases}$$

并且由于 Y 是一个概率分布函数，离中心点越远的特征，其属于相应类别的可能性就越大。其代价函数 C 如下，其中 y 表示为真实的规范性类别标签（Ground Truth Label）。

$$C = \begin{cases} -\log Y(v) & y = 1 \\ -\log(1 - Y(v)) & y = 0 \end{cases}$$

针对某标签值 y 为 1 的输入特征为 x，若其预测值越接近于 1，则代价越小；反之则代价越大。对于标签值为 0 的情况，也是同理。

将所有 M 个样本的代价值累计求平均值，即可得到模型的损失函数 L，其公式如下。

$$L = \frac{1}{M} \sum_{i=1}^{M} C_i$$

由于 y 的取值仅为 0 或 1，结合以上各式可得到完整的损失函数表达式。

$$L = \sum_{i=1}^{M} y_i \log \hat{y}_i + (1 - y_i) \log(1 - \hat{y}_i)$$

通过梯度下降法对损失函数 L 进行最优化求解，收敛后即可得到作业行为流程规范性判断的最优模型。

7.4 基于作业行为检测的人机协作装配案例

7.4.1 案例介绍

本节采用涡轮蜗杆减速器的装配案例来进一步说明上述方法的可行性。对于一个涡轮蜗杆减速器来说，其主要零件有涡轮、传动轴、蜗杆、轴承、上端盖、前端盖、后端盖、基座。为了简化零件—行为装配树的复杂度，在实验阶段，将轴承先行固定在蜗杆上组成蜗杆组件，将传动轴与轴承固定在涡轮上组成涡轮组件，后端盖预先固定在基座上。简化后装配体的基础零件包括涡轮组件、蜗杆组件、前端盖、后端盖、基座。

根据涡轮蜗杆减速器的可行装配序列，可构建得到如图 7-23 所示的装配体零件—行为

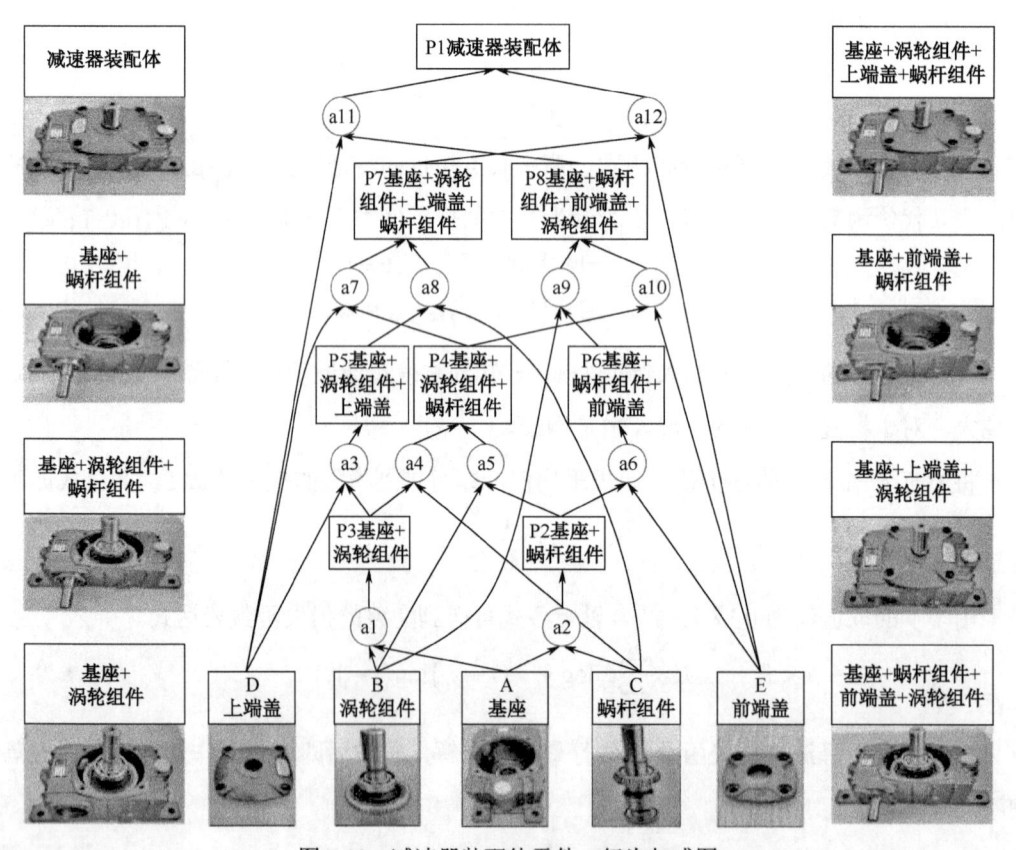

图 7-23 减速器装配体零件—行为与或图

与或图。其中共包含 5 种基础零件、8 种中间零件状态和 12 种装配行为。针对图中可能存在的零件装配状态以及装配行为，构建零件表与行为表，如表 7-1、7-2 所示。

表 7-1 减速器零件表

标 号	数 量	父 节 点	装 配 行 为	备 注
P1	0	-1	a1, a2	减速器装配体
P2	0	a5, a6	a2	基座+蜗杆组件
P3	0	a3, a4	a1	基座+涡轮组件
P4	0	a7, a10	a4, a5	基座+涡轮组件+蜗杆组件
P5	0	a8	a3	基座+涡轮组件+上端盖
P6	0	a9	a6	基座+蜗杆组件+前端盖
P7	0	a11	a9, a10	基座+涡轮组件+上端盖+蜗杆组件
P8	0	a12	a7, a8	基座+蜗杆组件+前端盖+涡轮组件
A	1	a1, a2	-1	基座
B	1	a1, a5, a9	-1	涡轮组件
C	1	a2, a4, a8	-1	蜗杆组件
D	1	a3, a7, a11	-1	上端盖
E	1	a6, a10, a12	-1	前端盖

表 7-2 减速器行为表

标 号	次 数	所需零部件	生成零部件
a1	0	A, B	P3
a2	0	A, C	P2
a3	0	P3, D	P5
a4	0	P4, E	P2
a5	0	P2, B	P4
a6	0	P2, E	P6
a7	0	P4, D	P7
a8	0	P5, C	P7
a9	0	P6, B	P8
a10	0	P4, E	P8
a11	0	P8, D	P1
a12	0	P7, E	P1

针对涡轮蜗杆减速器的装配案例，构建如图 7-24 所示的数据集。

固定 RealSense 摄像头于工人的前上方，使其能对工人的装配肢体行为及零件的装配状态进行清楚的拍摄。设置相机的分辨率为 640×480，帧率为 30 帧/秒。根据零件—行为与或图的序列关系进行人工装配，共得到 200 组视频数据，每段视频时长为 16~24 秒，包含 4 个不同的装配行为，每一组的装配行为可能不同，共计 12 种装配行为。

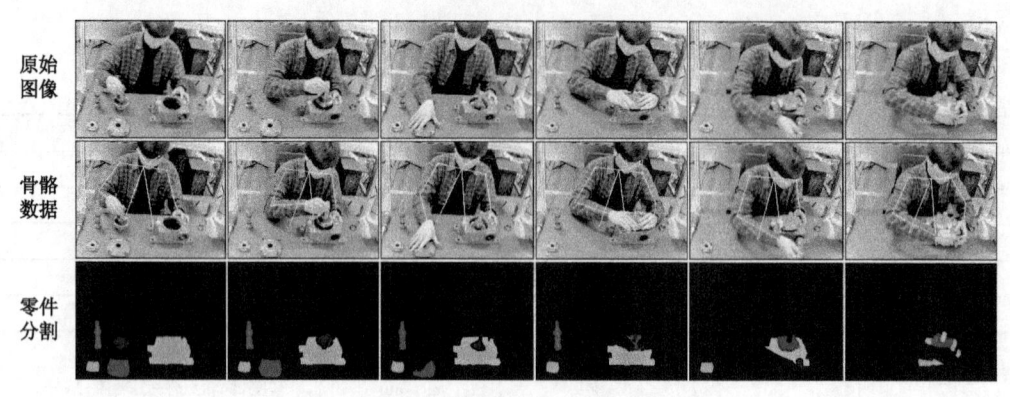

图 7-24　减速器装配行为数据集

如图 7-25 所示，按照数据流动过程，方法可分为以下 3 部分。

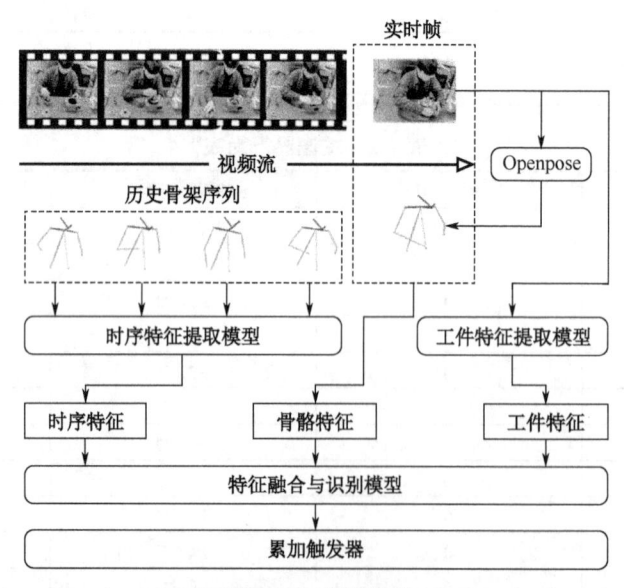

图 7-25　方法流程

（1）装配行为特征描述与提取。对于一个装配行为，最重要的特征就是工人肢体的装配行为，所以要对工人的装配行为进行识别，需对工人肢体进行数学建模来提供高质量的人体特征。其次，工人的操作对象对行为的识别有着引导作用，需对工件、工具等装配物件进行识别并通过数字化向量来表达。最后，装配行为是一个动态过程，需要分析时序信息，采用自注意力模型来提取时序特征。

（2）特征融合与帧级别的装配行为分类。由于人机协作的在线实时性要求，装配行为的分类不能采用行为检测+行为识别的模式，因此提出了一种基于特征融合的自注意力模型来对视频流中的帧进行实时的分类。其次，由于行为是连续性的，并且存在过渡不可辨别的行为，因此采用软标签的方法来对数据进行标注以提高模型性能。

（3）分类结果的实时融合处理。帧级别的分类结果不能直接反映工人的装配行为，需对结果进行融合后处理，将连续的单帧结果合并为一个装配行为，从而触发机器人的协助行为。本章采用累积阈值触发机制来完成行为的触发，保证连续的单个行为只触发一次，并且对抖动的识别结果进行平滑处理。

7.4.2 实验环境设置

装配行为检测识别方法的实验环境为一台安装有 Windows 10 64 位操作系统的计算机，配置为 Intel I7 8700 处理器、英伟达 RTX2060 显卡、16GB 内存、RealSense D435 深度相机。软件环境为 Python 3.6。使用两台 RealSense 深度相机分别对工人位置和零件位置进行检测；加入了 UR5 六轴机械臂机器人用于提供机器人的辅助操作，使用机器人操作系统（Robot Operating System，ROS）通信的方式完成计算机与机器人的通信。其中，深度相机与机器人的位置关系如图 7-26 所示。整个实验平台可划分为零件区和装配区两个区域，零件区用来识别零件进行抓取，装配区用来完成装配并识别装配行为。

7.4.3 功能验证

1. 人机协作场景识别功能验证

对于人体深度相机获得的彩色图像，经 Openpose 实时处理后可获得人体各骨骼关键点的图像坐标，通过对彩色图像和深度图像的配准，将关键点映射到深度图像中，并通过逆运算可以得到相机坐标系下关键点的空间三维坐标。如图 7-27 所示，可以看到人体骨骼的三维坐标可以基本反映人体各关节的位置，机器人通过骨骼坐标位置寻找工人的位置进行辅助或是避障。

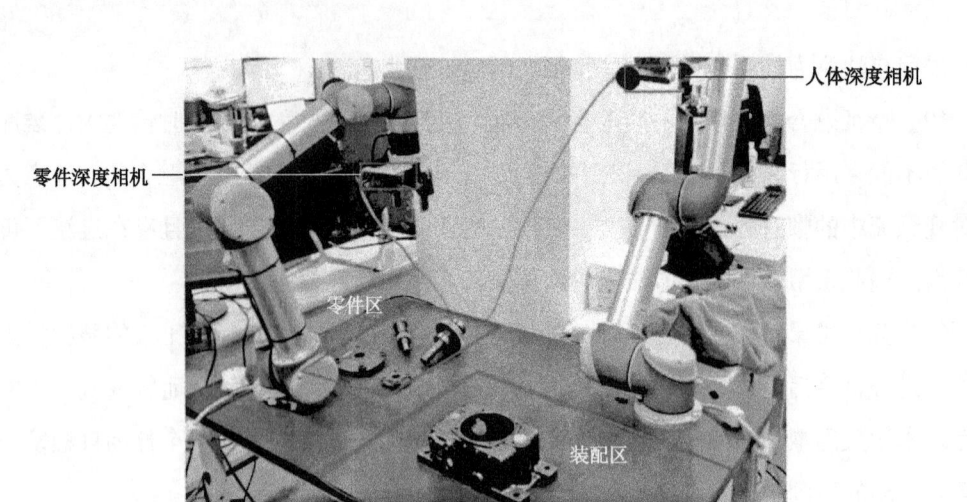

图 7-26　深度相机与机器人的位置关系

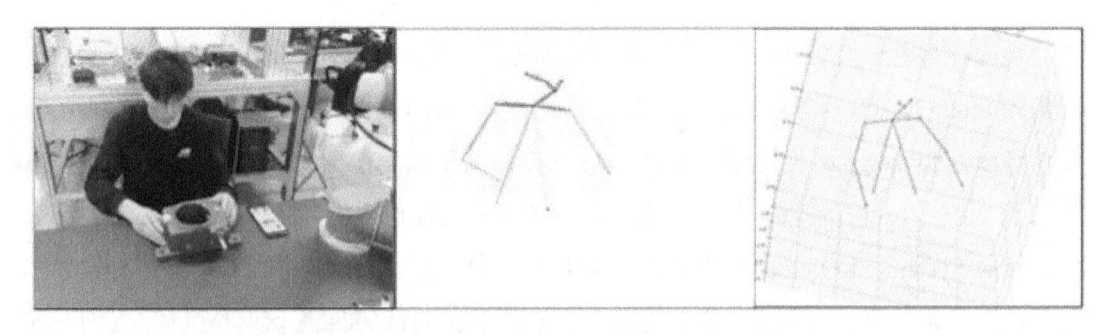

图 7-27　通过深度相机与 Openpose 获取人体三维坐标

对于零件深度相机获取的零件彩色图像和深度图像生成点云信息，通过预训练过的 VoteNet 对输入点云进行检测识别，可得到如图 7-28 所示的各个零件位置三维边界框与类别信息。零件三维边界框可以基本反映零件的位置及姿态。在本章中机械手的抓取姿态等并不是主要研究方法，因此采用简单的短边垂直抓取来完成机器人的抓取任务。

机器人通过将人体骨骼关键点坐标与零件位置边界框坐标映射到机器人基坐标来完成坐标统一。对于某个具体的抓取任务，机器人移动到零件位置的短边进行抓取，并将零件移动到腕关节所在位置的后方完成辅助抓取任务。

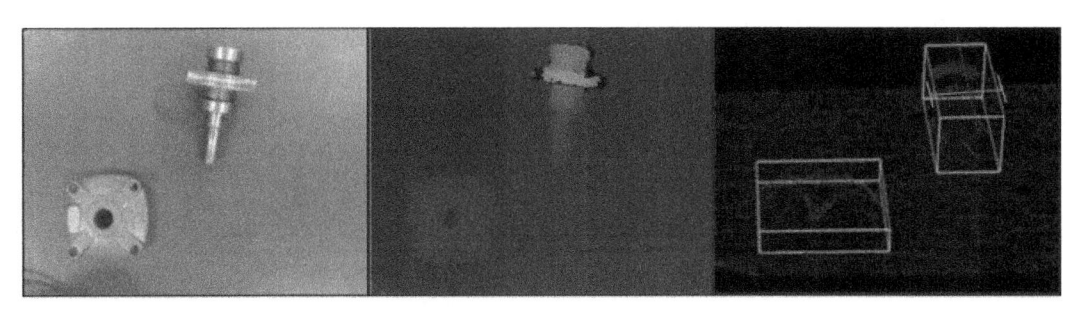

图 7-28 通过深度相机与 VoteNet 获取零件三维位置信息

2. 动态人机协作装配功能验证

计算机负责通过计算机视觉技术对人机协作中的场景进行理解，包括工人装配行为、零件位姿、工人位姿等，识别结果在行为表与零件表上动态更新零件。计算机根据动态查询更新方法，获得当前装配行为与下一步可行装配路线，选取目标零件，将场景中的零件位姿与工人位置信息进行坐标换算至机器人坐标，并将指令发送至机器人端，机器人端根据指令执行相应的辅助行为。

参考文献

[1] 刘庭煜,陆增,孙毅锋,等. 基于三维深度卷积神经网络的车间生产行为识别方法[J]. 计算机集成制造系统，2019:1-20.

[2] RUDE D J, ADAMS S, BELING P A. Task Recognition from Joint Tracking Data in an Operational Manufacturing Cell[J]. Journal of Intelligent Manufacturing, 2018, 29(6): 1203-1217.

[3] 黄河. 运动疲劳实时监测系统的研究[D]. 成都：电子科技大学，2018.

[4] WANG P, LIU H, WANG L, et al. Deep Learning-based Human Motion Recognition for Predictive Context-aware Human-Robot Collaboration[J]. CIRP Annals, 2018, 67(1):17-20.

[5] SHOTTON J, FITZGIBBON A, COOK M, et al. Real-Time Human Pose Recognition in Parts from Single Depth Images[M]. Berlin:Springer, 2013.

[6] TOSHEV A, SZEGEDY C. DeepPose:Human Pose Estimation via Deep Neural Networks

[J]. IEEE, 2013.

[7] TOMPSON J, JAIN A, LECUN Y, et al. Joint Training of a Convolutional Network and a Graphical Model for Human Pose Estimation[Z]. Arxiv, 2014.

[8] NEWELL A, YANG K, JIA D. Stacked Hourglass Networks for Human Pose Estimation[C]. European Conference on Computer Vision, 2016.

[9] ZHE C, SIMON T, WEI S E, et al. Realtime Multi-person 2D Pose Estimation Using Part Affinity Fields[C]. IEEE Conference on Computer Vision and Pattern Recognition (CVPR), 2017.

[10] POPOOLA O P, WANG K. Video-Based Abnormal Human Behavior Recognition—A Review[J]. IEEE Transactions on Systems, Man, and Cybernetics, Part C (Applications and Reviews), 2012, 42(6):865-878.

[11] YANG X, TIAN Y L. EigenJoints-based Action Recognition Using Nave-Bayes-Nearest-Neighbor[C]. IEEE Computer Society Conference on Computer Vision and Pattern Recognition Workshops, 2012:14-19.

[12] LI W, ZHANG Z, LIU Z. Action Recognition Based on a Bag of 3D Points[C]. IEEE Computer Society Conference on Computer Vision and Pattern Recognition-Workshops, 2010:9-14.

[13] JI S W, XU W, YANG M, et al. 3D Convolutional Neural Networks for Human Action Recognition[J]. IEEE Transactions on Pattern Analysis and Machine Intelligence, 2013, 35, 1, 221-231.

[14] KARPATHY A, TODERICI G, SHETTY S, et al. Large-Scale Video Classification with Convolutional Neural Networks[C]. IEEE Computer Sooiety Conference on Computer Vision and Pattern Recognition. IEEE, 2014.

[15] SIMONYAN K, ZISSERMAN A. Two-Stream Convolutional Networks for Action Recognition in Videos[Z]. arXiv, 2014.

[16] FEICHTENHOFER C, PIN A, ZISSERMAN A. Convolutional Two-Stream Network Fusion for Video Action Recognition [C]. CVPR, 2016:1933-1941.

[17] YI Z, LAN Z, NEWSAM S, et al. Hidden two-stream convolutional Networks for Action Recognition[J]. 2017.

[18] FAYAZ J, XIANG Y, ZAREIAN F. Ground Motion Spectral Estimation Using Recurrent Neural Network (RNN)[C]. The 17th World Conference on Earthquake Engineering, 2020.

[19] ANVARIPOUR M, KHOSHNAM M, MENON C, et al. FMG-and RNN-Based Estimation of Motor Intention of Upper-Limb Motion in Human-Robot Collaboration[J]. Frontiers in Robotics and AI, 2020, 7.

[20] Department of Human. Learning System for Emotion Estimation and Emotional Expression Motion Generation Based on RNN with Russell's Circumplex Model[J]. Journal of Japan Society for Fuzzy Theory and Intelligent Informatics, 2016, 28(4):716-722.

[21] COSTANTE G, MANCINI M, VALIGI P, et al. Exploring Representation Learning With CNNs for Frame-to-Frame Ego-Motion Estimation[J]. IEEE Robotics & Automation Letters, 2015, 1(1):18-25.

[22] GRASSI G. Object-Oriented Image Analysis via Analogic CNN Algorithms. I. Motion Estimation[C]. IEEE International Workshop on Cellular Neural Networks & Their Applications, 2002.

[23] KOSKINEN L, PAASIO A, HALONEN K A I. Motion Estimation Computational Complexity Reduction with CNN Shape Segmentation[J]. IEEE Transactions on Circuits & Systems for Video Technology, 2005, 15(6):771-777.

[24] BUDAGAVI, M. "Method and Apparatus for Determination of Motion Estimation Search Window Area Utilizing Adaptive Sliding Window Algorithm. US20110069751 AI [P].

[25] REN S, HE K, GIRSHICK R, et al. Faster R-CNN:Towards Real-Time Object Detection with Region Proposal Networks[J]. IEEE Transactions on Pattern Analysis & Machine Intelligence, 2017, 39(6):1137-1149.

[26] LIU W, ANGUELOV D, ERHAN D, et al. SSD:Single Shot MultiBox Detector[M]. Switzerland:Springer, 2016.

[27] SHOU Z, CHAN J, ZAREIAN A, et al. CDC:Convolutional-de-Convolutional Networks for Precise Temporal Action Localization in Untrimmed Videos[C]. IEEE Conference on Computer Vision and Pattern Recognition, 2017:5734-5743.

[28] SWAYAMDIPTA, S, THOMSON S, DYER C, et al. Frame-semantic Parsing With Softmax-Margin Segmental RNNs and a Syntactic scaffold. 2017.

[29] CHO, K, MERRIENBOER B V, GUICEHRE C, et al. Learning Phrase Representations using RNN Encoder-Decoder for Statistical Machine Translation[J]. Cornputer Science, 2014.

[30] LI Z, BAO J, LIU T, et al. Judging the Normativity of PAF Based on TFN and NAN[J]. 上海交通大学学报：英文版，2020, 25(5):569-577.

[31] OHASHI T, IKEGAMI Y, YAMAMOTO K, et al. Video Motion Capture from the Part Confidence Maps of Multi-Camera Images by Spatiotemporal Filtering Using the Human Skeletal Model[C]. IEEE/RSJ International Conference on Intelligent Robots and Systems (IROS), 2018.

[32] ZHE C, SIMON T, WEI S E, et al. Realtime Multi-Person 2D Pose Estimation Using Part Affinity Fields[C]. IEEE Conference on Computer Vision and Pattern Recognition (CVPR)，2017.

[33] GAMMULLE H, DENMAN S, SRIDHARAN S, et al. Two Stream LSTM:A Deep Fusion Framework for Human Action Recognition[C]. IEEE Winter Conference on Applications of Computer Vision, 2017.

[34] HOCHREITER S, SCHMIDHUBERJ, et al. Long Short-Term Memory[J]. Neural Computationk, 1997.

[35] 曾杰，谌先敢，高智勇，等．模拟初级视皮层注意机制的运动对象检测模型[J]．计算机工程，2014（6）．

[36] KING I K, ARBIB M. Motion Interpretation of Trochoid Paths with a Rotational Motion Sensitive Network and Attention Mechanism. 1994.

第 8 章 制造过程的人机协同

智能制造并不追求无人化，人在复杂制造过程的角色可能永远也无法被取代。"人工智能+制造"的智能化过程，与过去制造业追求的"自动化"过程有着本质上的区别。"自动化"追求的是机器自动生产，本质是机器替代人工，强调大规模的机器生产；而"智能化"追求的是机器的柔性生产，本质是"人机协同"。强调机器能够主动配合人的工作，自主适应环境变化。

8.1 人机协同研究进展与现状

8.1.1 研究动机

"人工智能+制造"不是简单的机器换人，而是将工业革命以来极度细化的工人流水线工作，拉回到"以人为本"的组织模式，让机器和人分别从事自己更擅长的事，机器承担更多重复、枯燥和危险的工作，人类承担更多创造性的工作。

制造业是一个高度复杂的产业，一件产品动则有数十种原料投入，由数百万个零部件构成；生产同一个产品，不同企业具有不同的生产工艺、生产设备和零部件投入。由于生产工艺不同、设备接口不同、数据格式不同，不但会造成供应链上下游的数字化连接困难重重，而且每个企业的数字化改造都要另起炉灶，费时费力。因此，采用全人工或全机器的制造尚且存在较大的困难，而采用人机协同进行智能化生产制造才是当下的发展趋势。

由中国社会科学院工业经济研究所、腾讯研究院共同研究编制的《"人工智能+制造"产业发展研究报告》也同样指出：对于复杂的制造业来说，互联网的定位更应该是"助力者"而非"颠覆者"，帮助制造企业加快转型升级的步伐。总之，通过"人工智能+制造"实现高水平的人机协同，能够推动制造业的质量变革、效率变革、动力变革，为人类创造更美好的生活。

1. 机器感知助力人机协同

在实现人机协同的第一步，首先需要机器人具有智能化感知环境、感知任务的能力，机器人只有在实现智能化感知目标工件，获取目标工件的姿态信息及位置信息时，才能准确地拾取工件，以与人类进行协同作业。在人与智能机器人的协同制造作业中，机器人借助特定的感知设备来实现机器人对环境的感知过程是开展人机协同制造作业的前提。其中，机器人的感知能力主要通过多传感信息融合的手段来实现。所使用的传感器主要包括视觉传感器、力觉传感器及红外测距传感器等。

首先，机器人通过深度相机来感知环境中所包含的物体并进行精确定位，进而使得机器人能够主动地配合人类操作人员去抓取相应的工件等。对于特定的子装配作业任务，需要分析该任务所用到的工件，然后借助深度相机获取作业环境中待拾取工件的三维点云数据。然后，采用相应的神经网络算法对获取到的环境点云进行分割处理。提取出待拾取工件的点云特征。

在整个生产制造作业开始之前，这些工件往往是散乱地堆叠在工件箱内或作业平台上，采用手工拾取并进行安装或装配、焊接等任务的方式效率低，精度差，且安全性得不到保障。因此，采用机械手进行工件拾取成为必然。

在目前的工业应用中，主要将此类散乱零部件的拾取问题归结为 Bin-Picking 问题。Bin-Picking 问题是指机器人如何识别并拾取散乱、堆叠的目标物体。Bin-Picking 是一门系统性学科，主要包括场景分析、位姿估计、抓取策略及运动规划等。其中，场景分析需要知道图像场景中有哪些目标？这些目标之间的空间位置分布如何？图像中的目标存在遮挡如何判断？位姿估计则是对场景中物体计算其在相机坐标系下的位置和姿态。抓取策略则指采用怎样的方法对场景中的物体进行抓取。运动规划则涉及机器人的运行学正逆解，以及避障和路径规划。

在现实场景中，对于散乱零件的获取，其具有数据成本高、操作烦琐且数据采集速度慢等特点，而采用虚拟场景快速搭建方案，模拟搭建真实环境下的散乱情形，将深度相机获取的深度图像转换为点云图像，基于特征匹配的方法进行物体定位，构建多约束下的抓取目标函数构建最优的抓取顺序。

在散乱零件识别方面，基于机器学习的方法一般会采用经典的监督学习算法，结合描述子的人工特征来解决点云分割问题。由于点云数量庞大，为了从点云中获取关键点特征，就必须要牺牲算法的速度来保证分类精度，所以具有泛化能力差的缺点。此外，当要检测的物体处于散乱重叠的场景时，特征提取耗时，且检测效果较差，易发生错误检测的现象，同时算法的实时性也比较差。

基于深度学习的方法一般分为基于体素、基于点方法、无监督学习方法及基于投影和视图的方法。其中，无监督学习方法利用无标签的数据来进行聚类学习，可以实现不同数据类型之间的跨越，减少了数据集的标记工作。而基于投影和视图的方法，顾名思义是将三维点云坐标投影到二维平面坐标上，这样减少了一个维度的数据量，再使用二维图像处理的方法来研究。

机器人拾取主要可以分为传统机器人拾取方法、深度学习拾取方法、强化学习拾取方法3种。传统的拾取方法主要包括对末端执行器进行优化处理以及传感器的选择；针对环境中的物体是否可知，机器人抓取可以分为对已知物体和对未知物体的抓取。对于已知目标物体抓取通常采用基于模型的方法，将建模获得的物体模型或点云模型作为比照条件进行抓取；对于未知物体的抓取，现阶段通常采用深度学习或迁移学习的形式，进行相同类别物体的抓取模型训练，调节相关阈值来适应未知环境中的抓取，一般是边抓取边训练。

2. 强化学习提升协同能力

随着人工智能的发展，合理并且有效地利用人工智能将会大幅度地提升制造效率和制造精度。现阶段，监督学习与无监督学习等方法已经陆续在工业界进行了实践。而强化学习作为一种与前两者并行的人工智能方法暂时还没有得到广泛应用。在实际的制造环境中大量标记工件数据将存在耗时耗力、难度大等特点。因此，考虑将强化学习应用到制造过程的人机协同中以实现智能体在已有经验和知识积累上面巧妙地进行逻辑推理。人机协同是区别于传统手工装配的一种新的制造模式，但这种模式使得人们在设计系统的时候要充分考虑到操作人员的安全性和制造效率的高低。

强化学习作为机器学习领域的一个研究热点，已经广泛应用于工业制造、仿真模拟、机器人控制、优化和调度、游戏博弈等领域。它的基本思路是通过最大化智能体从环境中获得的累积奖励值，以学习到完成目标的最优策略。强化学习的问题一般可以建模成马尔科夫决策过程来处理，包含了一个典型的四元组<S,A,P,R>。其中，马尔科夫决策过程用于在系统状态具有马尔科夫性质的环境中模拟智能体可实现的随机性策略和回报。因此，将环境简单设置成具有马尔科夫性质的环境能够使得智能体的下一时刻状态只与当前时刻状态有关，而与前面时刻的状态无关。深度强化学习则是在强化学习的基础上加入了深度神经网络，以提升原有模型的感知能力。制造环境中包含了各种类型的制造活动，如工件加工、工件焊接、工件喷涂、工件装配等，如何提升制造过程中机器人的认知推理能力将会对人机协作性能产生比较大的影响。

通常，将制造环境作为强化学习智能体与之交互的场所，能够产生众多的交互数据，如环境中各类对象的位置数据和姿态数据等。然后将有关机器人的作业计划或控制数据作为动作值，建立机器人与制造环境之间的强化学习迭代框架。通过大量的学习过程，最终机器人将获取到最佳的动作策略。由于人类操作员作为协同制造过程中动态变化的要素，其状态和空间定位都会随着时间的推演而发生一定程度的变化。这对于人机协同的制造过程产生的影响主要有以下几个方面：（1）导致协同制造的日常进展会随着人类状态变化而变化；（2）导致人机协作会因为人类状态变化而产生误差；（3）导致制造计划在规定时间和实际完工时间之间产生偏差。为了降低人类协作者的种种状态变化带来的差异，需要根据人类状态的偏差值来调整机器人协作者的性能，进而达到人机协同性能的动态平衡过程。

当然，除了弥补人类协作者状态变化带来的差异之外，还需要根据人类协作者姿态的变化来强化机器人对于人类行为的识别过程。在这个过程中，将人类动作识别网络与强化学习框架相结合的方式可以达到最终的目标。对于人体行为的识别功能，主要有两种实现方法：（1）基于RGB视频序列的动作识别方法；（2）基于人体骨架的动作识别方法。相比之下，基于人体骨架的动作识别方法受到空间遮挡问题的影响更小。因此，可以在识别当前人体动作的基础上，推断人类协作者下一时刻的任务类型。然后机器人将根据该协同任务类型提前采取辅助准备，并且协助人类操作者完成相应的制造任务。可以将Kinect视觉传感器获取到的人体骨架信息作为输入放进训练好的动作识别网络，得到对应的动作标签。然后根据动作—任务映射表推断接下来的人机协作任务信息。在强化学习框架中，根据机器人协作任务的完成状况定义相对应的状态值，同时将机器人的六关节角度值定义为动作值。在输入当前状态之后，将进一步输出控制机器人运动的策略。随着机器人动作策略的执行，将形成新的环境状态值和一个评估当前动作策略优劣的奖励值。随着学习时间的推演，机器人将最终获取到完成协作任务的最佳动作策略。强化学习的这个过程可以看成是机器人的认知推理过程，对于实现机器人的智能辅助起到了促进作用。

强化学习使得机器人在无外部监督的情况下实现了自我增强。帮助机器人在自我推理的基础上提升智能化水平并辅助人类开展各类协作任务。在获取到人类行为的基础上，经过任务推理模块来确定机器人接下去要完成的协作任务，并且进一步规划机器人自身的运动和姿态。由于人类状态在时间尺度方面具有可变性，机器人将通过调整自身的工作计划和状态来弥补人类状态变化带来的协同和制造偏差，最终驱使人机协同达到动态平衡。所以，强化学习在制造过程中的人机协同方面有直接且重大的应用价值。

8.1.2 目标物体检测

目标物体检测技术一直以来就是计算视觉的研究重点和难点。通常情况下，目标物体检测要完成物体识别与定位，其中物体识别是该项技术中的重要组成部分。近年来，神经网络的快速发展使得目标物体检测技术运用广泛，越来越多的方法被提出来，包括支持向量机[1]、卷积神经网络[2]和人工神经网络[3]。以卷积神经网络为原理的各种目标检测算法在各种识别竞赛中效果优异。

由于深度学习的快速发展，解决目标检测问题的最优方法基本上是卷积神经网络模型结构。目前研究的各种物体识别检测算法都离不开卷积神经网络原理,针对不同的适用场景,因地制宜地提出了不同检测算法。目标检测算法主要分为以下两种:一种是以区域建议(Region Proposal)为原理的目标检测算法,包括 R-CNN[4]、Fast R-CNN[5]、Faster R-CNN[6]等;另一种是基于回归的目标检测算法,包括 YOLO[7]、SSD[8]、OverFeat[9]等。

基于区域建议的目标检测算法思想最重要的地方就是注意力机制[4]。该方法的主要流程分为特征提取与分类。其中,特征提取是使用搜索算法对图片进行遍历搜索,得到大量的候选区域,在使用卷积神经网络对候选区域进行特征提取时,这些特征会被分类器作为分类任务的相关标准[8]。

针对回归方法相关研究人员做了大量的研究。Redmon 等[7]提出了 YOLO 方法,该方法打破了之前目标检测都是用分类器来实现检测任务的方式。YOLO 将目标检测等效为类别概率回归问题,直接从图像中构建边界盒,以及使用概率进行分类来完成目标的检测。YOLO 使用全图信息进行预测,检测速度最快可以达到每秒 150 帧,比 Fast RCNN 的分类成功率提升了近一倍,而且模型健壮性较好,但 YOLO 对目标的尺度比较敏感。OverFeat 是 Sermanet 等[9]提出的基于 AlexNet 的识别算法。OverFeat 充分利用卷积神经网络的特征提取,将分类获得的特征多重利用到检测和定位中,不需要对网络进行大规模调参就可以实现不同任务场景。该算法性能优异,在识别、检测场景中应用广泛,但其缺点就是识别的准确率不高。

模板匹配是最具代表性的图像处理方法,该方法也可用于物体的位姿获取,但应用最广泛的还是物体检测。该方法只需要准备好标准模板库,不像深度学习那样通过采集海量的数据集来进行训练。这类算法主要分为两个阶段:OffLine 阶段和 OnLine 阶段。OffLine 阶段主要是准备阶段,包括获取带有目标物体的图片集,针对图片的相关参数对训练参数进行调整;而 OnLine 阶段为检测阶段,使用确定的模板匹配区域进行模板匹配,当匹配成功时,目标物体则被检测出来。Hinterstoisser 等[10]提出的 Linemod 算法是模板匹配中的经典算法。Linemod 算法可以解决散乱堆叠场景下的三维物体的识别与定位,主要用到 RGB 图像信息和深度信息。算法核心步骤包括彩色图像梯度计算、特征图发散、响应图预处理。Linemod 算法速度快、检测效果优异,是同期算法中实时性最好的。

8.1.3 散乱对象拾取

一般来说，工厂环境中的物体通常是处于散乱、重叠的状态，针对此类散乱拾取情况，相关机器人领域的公司做了大量的研究：

例如，日本发那科公司的机器人拾取系统[11]，可以对散乱加工件进行识别抓取。其主要原理为：使用 3D 传感器，通过红外线投射到物体表面，构建当前场景下的结构图，处理视觉信息来获取零件的位姿信息，可对目标场景中的物体进行有效的识别；结合 iRvision 2DV 技术，对抓取时机器人的运动误差进行补偿，保证每次抓取都能准确无误。

瑞典的 ABB 机器人公司开发了一套基于 TrueView 视觉的机器人抓取系统[12]，能够完成散乱场景中的物体识别与抓取。该公司自主开发的 TrueView 视觉系统可以适配不同机器人、不同相机，具有很高的泛化性，能满足大部分工业场景需求。TrueView 里面集成了机器人运动学算法，能完成不同场景下的机器人运动规划，同时也配置了最先进的视觉处理算法，不论是二维处理还是三维点云处理，均可以获取场景中物体的位姿还搭载了适配大部分机器人的运动控制器。该系统提供了一整套机器人抓取方案，大大地缩减了研发人员的开发周期。

除此之外，其他的机器人或视觉厂商都有自主开发的解决方案。较知名的公司方案有丹麦优傲公司的 UR 系列协同机器人解决方案，美国 Intel 公司的 Realsense 系列的视觉解决方案，丹麦 Scape 公司的 Bin-picking 系统等[13]。

散乱对象拾取的研究除了在工业上有所建树外，在日常生活中也运用广泛。但是不同于工业场景，日常环境散乱对象拾取由于对象种类繁多，背景复杂，物体可拾取性低等特点[14,15,16]，抓取困难，且不利于泛化使用。针对日常生活的散乱物体抓取，国内对这方面的研究也越来越多，不少公司、研究所都开发出了针对散乱对象进行抓取的原型系统。例如，华南理工大学的党希超[17]以目标物的三维尺寸为基础，来配准获取目标物体的位姿，再对机器人进行逆解来抓取物体。哈尔滨工业大学的佐立营[18]使用 Kinect 相机获取目标物体的位姿，成功地实现了散乱零件的识别与位姿计算。

8.1.4 人机协作

对于复杂灵活的装配任务，机器人缺乏独立处理的能力。提高装配系统柔性的有效方法是将人的柔性和机器人的效率结合起来。基于人机顺畅交互和意图识别功能，人机协作可以达到自适应水平。Liu 等[19]将产品的装配任务先建模为人体运动序列，然后机器人可以被控制并通过预测人类的运动意图来辅助人类完成装配任务。由于网络物理生产系统的高度自主性和互操作性，它被广泛应用于产品制造过程。Yao 等[20]引入了功能块并提高了任务规划、监控和控制的效率。Darvish 等[21]提出了一个灵活的人机协作装配框架，将传感、表达、规划和控制集成在一起，在识别人体行为后应用在线推理模块可进一步提升人机协作装配性能。针对多模态人机交互现状，Wang 等[22]为探索共享工作空间中的人机协作指明了研究方向。

数字孪生（Digital Twin，DT）最早由 Grieves[23]提出，它是一个多学科、多物理量、多尺度、多概率的实时仿真及优化过程。Tao 等[24]在三维模型的基础上，提出了包含物理实体、虚拟设备、服务、数据传输和连接的五维模型。DT 具有功能全面的特点，在许多场合都得到了应用和研究。Sierla 等[25]从数字产品描述中获取 DT，然后自动实现装配规划和资源分配过程。Sun 等[26]研究了高精密产品的装配调试过程。基于总装全要素模型，实现了总装可装配性预测和总装优化。Guo 等[27]提出了一种数字孪生毕业设计智能制造系统（DT-GiMS）来解决固定岛屿的装配问题。该框架集成了物理层、数字层和服务层，可为管理者提供可视化信息。在人机协作装配中，装配过程反映了装配顺序和操作方法。Yi 等[28]不仅提出了装配过程智能规划的决策支持模型，而且为基于决策支持的三层装配提供了一个应用框架。

在人机协作中，由于机器人操作的不确定性，人的安全很难得到保证。因此对可变空间和人体的描述尤为重要。DT 可以通过在物理空间采集实时数据并在虚拟空间中进行还原，为用户提供可视化的控制功能。Droder 等[29]在 DT 中研究了机器学习对控制机器人行为的作用，发现机器人可以用机器学习的方法自动避开障碍物。Oyekan 等[30]建立了 DT 车间，分析人类对机器人可预测和不可预测运动的反应。真实场景中人对机器人行为的反应与虚拟场景中人对机器人行为的反应是相关的，这表明虚拟现实技术可以为安全的人机交互提供信息。在 DT 的驱动下，人与机器人的互动会变得顺畅而频繁。Ma 等[31]利用五维 DT 模型，并设计了人机界面，实现了便捷的人机交互。DT 为人机交互提供了高保真虚拟模型、产品生命周期数据和服务的丰富信息，使人机协作更加高效。Wang 等[32]将可视化问答技术应用于 DT 中，实现了高效的人机协作。与传统基于静态图像的方法相比，所提出的可视化问答方法能够更好地理解视频信息，更适用于动态人机协作场景。

由于 DT 具有监控、预测和优化功能，可以为人机协作装配提供有效的协作策略。Malik 等[33]使用镜像自物理零件的数字模型来模拟装配计划。所提出的分布式测试框架可以进行在线或离线实验，避免了实际生产中的经济损失和人身伤害。Bilberg 等[34]为柔性装配单元建立了相应的 DT 模型，并将仿真模型的使用扩展到实时控制、任务分配、任务排序和程序开发等多个层面。该框架可以避免相关的经济损失和人身伤害，提高人机协作效率。Kousi 等[35]在生产系统中使用数字建模技术，通过共享环境和过程感知实现系统重构。实验结果表明，DT 的应用可以适应不同的场景，提高了人机协作装配系统的灵活性。Baskaran 等[36]利用西门子公司开发的 Tecnomatix 套件建立了人类和机器人的 DT 模型，以探索人机工程学和装配任务之间的关系。在人机协作装配过程中，虚拟空间中的机器人为人类提供了物理帮助，并对装配结果进行有效评估。

8.2 人机协作环境中的场景理解

随着制造模式从大批量流水线生产向小批量定制化生产发生转变，制造商的生产柔性和生产效率都需要得到提升。传统的制造模式由于其自适应性较差，难以满足柔性的生产制造要求。而在协作环境中开展的人机协作将有效提升制造系统的灵活性，实现自适应的生产制造。为了实现智能化的人机协作，提出了一个由强化学习驱动的人机协作框架，如图 8-1 所示。根据生产制造过程建立起马尔科夫决策过程，并且利用强化学习来使得机器人在与环境交互的过程中提升认知水平。

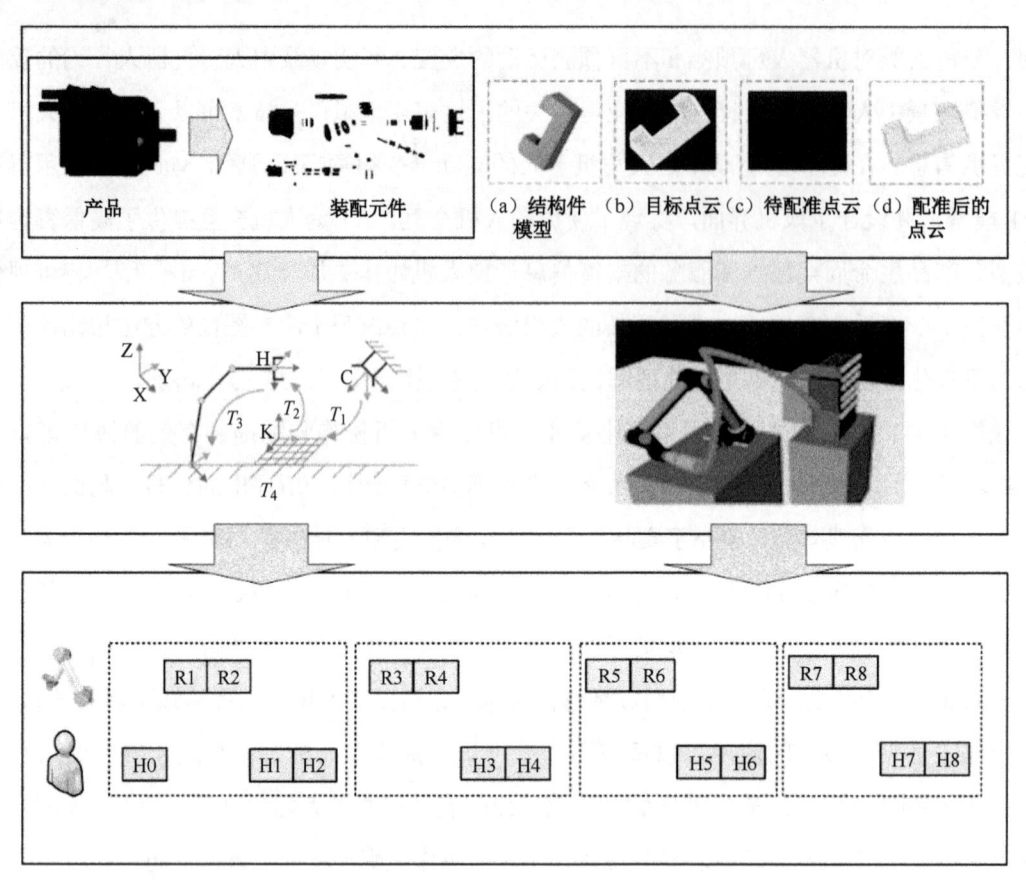

图 8-1　由强化学习驱动的人机协作框架

8.2.1　散乱场景的虚拟数据集构建

在实际工作环境中，待拾取工件常处于无序且散乱的状态，如图 8-2 所示。对于工件数量多且杂乱无章、散乱堆叠的状态，采用深度学习网络训练通常需要大量的数据集，而网络模型能力越强，其对应的超参数越多，对数据集的数量和质量要求也就越高。针对该方案所存在的现实世界场景搭建成本高昂，工件数据集采集和标注耗时耗力，而且通常会认为采集的不可控因素会影响工件数据集的质量，而采用虚拟物理引擎进行场景搭建，这种场景搭建随机性强、效率高且标注更容易。

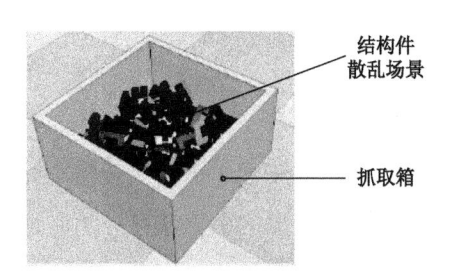

图 8-2 工件散乱场景示意图

在采用 VREP 仿真软件进行场景模拟时，考虑到深度相机获取的图像分辨率低且相关边缘信息像素存在丢失现象，需要对获取的图像数据集进行数据增强操作。如图 8-3 所示，可以采用局部优化和全局优化两种方法进行深度图像增强。

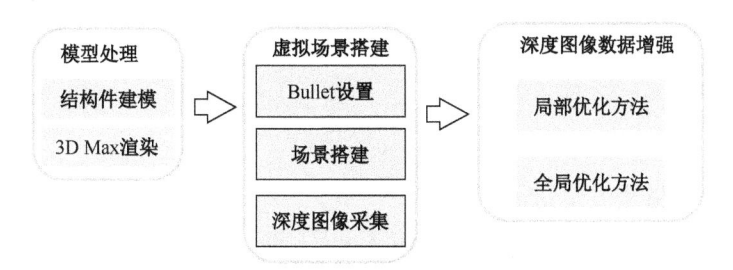

图 8-3 虚拟数据集构建总体方案

1. 虚拟数据集构建

虚拟数据集的设计主要包括模型建模、材料渲染、场景搭建等内容，具体通过 Inventor、3D Max、VREP 等建模优化仿真软件来完成，主要步骤如下。

（1）使用 Inventor 按照真实零件大小 1∶1 构建标准结构件模型块，得到 Stp 三维模型文件。

（2）使用 3D Max 对标准结构件模型块进行材质、纹理渲染，使其更加贴近真实结构件表面状态，得到保存好的 obj 模型文件、mtl 材质文件、tga 贴图文件。

（3）将 obj 模型文件导入 VREP 中，并根据 mtl、tga 设置 VREP 相关参数，设置 Bullet 引擎参数，完成单个物体参数设置。

（4）重复导入若干结构件置于 Z 轴上 200mm 处，物理引擎工作后，结构件在重力的作用下自由落体运动并发生碰撞，最终形成散乱堆叠场景。

2. 深度图像数据增强

VREP 中使用 Kinect 获取的深度图像，具有低分辨率、边缘信息丢失等特点，为了使深度图像符合实际应用，需要对 VREP 中获得的深度图像进行数据增强，使其质量得到提升，满足后续研究的质量要求，深度图像的数据增强方法有很多种，本节主要研究基于局部和全局优化的深度图像增强方法。

（1）基于局部优化。

深度图像的局部优化原理[37]为，图像中某个像素点的特征由该点范围内的点的特征来共同决定。为了对图像中丢失的像素点进行修补和重整，设图像中需修补区域为 Ω，其边界为 $R(\Omega)$，边界上任意一点为 $P(R)$，在该点 $P(R)$ 选择一个以 δ 为半径的区域 $H(P)$。那么可以用区域 $H(P)$ 的像素点 $Q(R)$ 估计得到 $P(R)$ 的像素值。当半径参数 δ 选取合理时，那么像素点 $P(R)$ 的一阶估计为

$$I_P = I_Q + \nabla I_Q(P(R) - Q(R)) \tag{8-1}$$

像素点 $P(R)$ 的像素估计公式为

$$I_P = \frac{\sum_{Q \in R(\Omega)} k(P,Q)[I_Q + \nabla I_Q(P(R) - Q(R))]}{\sum_{Q \in R(\Omega)} k(P,Q)} \tag{8-2}$$

对 VREP 中获取的深度图像数据集进行局部优化后的效果如图 8-4 所示。从图中可以看出，VREP 中获取的原始深度图像，结构件的边缘信息处于丢失状态，使用局部优化方法后，结构件的边缘信息得以重建，效果优异，可用于后续的点云转换。

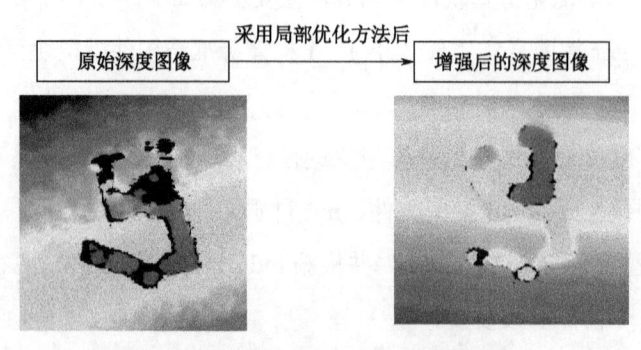

图 8-4 深度图像局部优化后的效果图

（2）基于全局优化。

深度图像处理不仅仅可以使用局部优化方法来进行图像增强，使用一种满足一定约束的全局方法来进行图像增强也是可行的。在全局图像增强方法中，基于无向概率图的方法增强效果一般，本节主要使用马尔科夫随机场模型[38]，将低分辨率的深度图像与高分辨率的 RGB 图像结合完成高分辨率的深度图像增强。该方法可作为后续处理的深度图像预处理方法。

假设 VREP 中 Kinect 的测量深度为 D，估计深度为 Z，根据贝叶斯理论，在测量深度 D 不变的情况下，Z 的后验概率 $P(Z|D)$ 可以通过估计深度的先验概率 $P(Z)$ 与最大似然估计概率 $P(D|Z)$ 组合得到。

$$P(Z|D)=\frac{P(D|Z)\cdot P(Z)}{P(D)} \tag{8-3}$$

其中，$P(D)=\int_Z P(D|H)\cdot P(H)$，对该式进行对数操作得

$$-\log P(Z|D)=-\log P(D|Z)-\log P(Z)+\log P(D) \tag{8-4}$$

再进行能量最小化求解得

$$E(Z|D)=E(D|Z)+E(Z)+E(D) \tag{8-5}$$

使用全局优化后的效果图如图 8-5 所示。将低分辨率的深度图像与高分辨率的彩色图像进行全局优化，原始点云图的边缘信息丢失等问题在使用全局优化方法后得到了很好的解决。

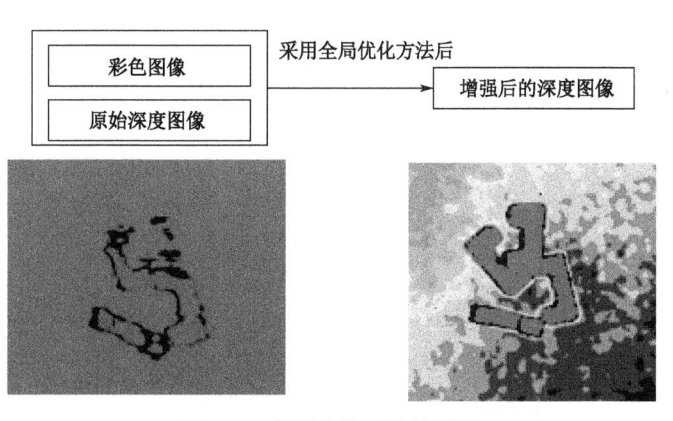

图 8-5　全局优化后的效果图

8.2.2 基于视觉的物体识别与定位

在获取到深度图像数据集后,对其进行点云图像转换和数据集划分;然后针对结构件识别,分别使用现阶段相关网络模型进行模型训练,之后进行性能评估得到最优模型,最后采用基于特征匹配的物体定位方法,对场景中的结构件进行定位和姿态估计。

将前一节获取的虚拟深度图像数据集进行点云图像转换,并划分训练集与验证集。分别使用现阶段性能优异的PointNet++、ShapeNet、3DCNN进行模型训练,使用相关评价指标进行模型评估,最后进行结构件分类实验验证和分析,选取识别效果最好的模型方法作为本节方法。其次提出基于特征匹配的物体定位方法,对场景中的结构件进行定位和姿态估计,为下一节的抓取研究提供结构件的精确位姿数据,研究路线如图8-6所示。

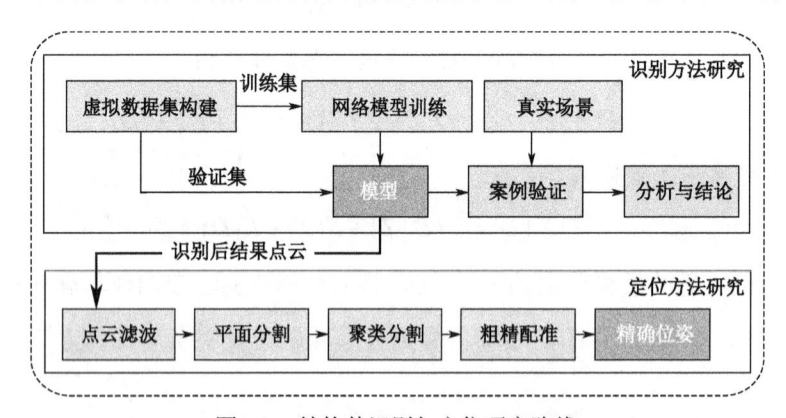

图8-6 结构件识别与定位研究路线

1. 深度图转化为点云图像

由前一节获取到散乱状态下结构件的深度图像数据集,而现阶段一般使用点云数据作为深度学习的数据集。因此,为了便于后续相关模型的训练,需要将数据集进行处理,并划分训练集与验证集。

深度图像的成像原理主要是获取图像中各个点的距离,将距离作为像素值来生成一幅距离图像。深度图像可以反映图像中物体的轮廓信息和位置信息。由于后续研究均基于点云来进行,本节将研究深度图像和点云图像的转换关系。

一般来说,相机的移动过程可以看成一个具有6自由度的刚体运动,可以用变换矩阵 P

来表示。

$$P = \begin{bmatrix} R_{3\times3} & t_{3\times1} \\ 0 & 1 \end{bmatrix} \quad (8-6)$$

其中，$R_{3\times3}$、$t_{3\times1}$ 分别表示相机的旋转和位移矩阵。

相机中任意一点 p_u 可以通过式（8-7）转换为世界坐标系下的坐标 q_u。

$$q_u = P \cdot p_u = R_{3\times3} \cdot p_u + t_{3\times1} \quad (8-7)$$

在每个时间点，均可用相机获取深度图像，深度图像中的像素点的位置用齐次坐标可以表示为 $V=(x,y,1)^T$，深度值表示为 $D=Z_i(V)$，该点在点云坐标系下表示为 $P=(X,Y,Z,1)^T$，设相机的内参矩阵为 K，像素点的投影方程如下。

$$n = u(P) = \frac{1}{D}[K,\vec{0}]P \quad (8-8)$$

为了将深度图像转换为点云图像，需要对式（8-8）进行逆解，通过投影方程反解得到该点在相机坐标系下的点云坐标，反解公式如下。

$$m = u^{-1}(P) = D(V)K^{-1}n \quad (8-9)$$

对深度图像中的每个像素点都进行反向投影到相机坐标系后，得到了一张对应的三维顶点图 W_i，在三维顶点图中，可以利用邻近点之间的关系计算每个顶点的法向量，从而生成一幅对应的顶点法向量图 E_i。顶点的法向量 e_i 与对应顶点坐标 $w(x,y)$ 的关系为

$$e_i = (w_i(x+1,y) - w_i(x,y)) \cdot (w_i(x,y+1) - w_i(x,y)) \quad (8-10)$$

顶点图和法向量图代表深度图像中的像素点在相机坐标系下的空间位姿，之后将每个顶点和对应的法向量转换至点云世界坐标系下，就完成了深度图像到点云图像的转换。图 8-7 所示为深度图像转换为点云图像。

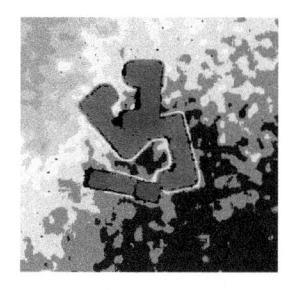

(a) 深度图像 　　　　　　　　　　　(b) 点云图像

图 8-7　深度图像转换为点云图像

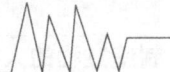

2. 基于深度学习的物体识别方法

近年来，深度学习已经成为计算机视觉方向最热门的研究方向，关于场景下物体姿态估计、物体识别、目标定位已经有了大量的研究。本节将用虚拟结构件数据集来训练 PointNet++、ShapeNet、3DCNN 三种模型，通过相关指标评估选择性能最优的模型，最后使用最优模型进行现实场景实验验证。

（1）预处理与参数设置。

现阶段的 PointNet++、ShapeNet、3DCNN 使用的公用数据集，如果要训练自己的点云数据集，需要进行以下预处理步骤。

① 对点云格式进行转换。在 TensorFlow 框架下，将获取的 PCD 格式的场景点云数据转换为 HDF5 标准输入格式。使用 PCL 库批处理 PCD 文件转换为格式为 PLY 文件，然后使用 Python 中的 plyfile 模块将 PLY 文件格式转换为 H5 文件格式。

② 由于训练过程中，点云的数据越多导致的计算成本也越高，需要对 train.py 中的 NUM_POINT 进行适当修改，根据文本数据集特点，设置降采样，将 H5 数据集一次遍历降采样更新。一般来说，点云的尺度空间包含了点云的所有尺度，这些尺度上的信息可以通过进一步处理得到点云的主要特征。对点云的所有尺度都进行分析，理论上模型的性能会更好，但是需要牺牲时间复杂度来完成，模型运行时的时间和内存超乎预期，反而得不偿失。因此，可以适当地选择有限的尺度来加快模型训练的速度，对 3 种方法选择合适的训练尺度来加快训练时间，提高模型的性能，尺度参数将根据实际点云有所区别。3 种方法的尺度参数如表 8-1 所示。

表 8-1　尺度参数设置

模　型	PointNet++	ShapeNet	3DCNN
识别尺度设置	0.2	0.3	0.1

在模型训练过程中，合适的网络参数会加强模型的识别能力，减少网络训练时间，在一定程度上可以提高网络模型的性能。一般来说，批处理（batch_size）的大小可以决定梯度下降和收敛速度的快慢，batch_size 越大，损失函数下降得就越快，收敛速度也就越快，但是 GPU 的显存会急剧上升，可以选择适当的 batch_size 来使得当前训练环境能持续进行下去。例如，PointNet++训练时的网络参数设置如表 8-2 所示。

表 8-2　PointNet++网络参数设置

参　　数	值	参　　数	值
优化器	Adam	Dropout	0.4
激活函数	ReLu	batch_size	32
学习率	0.002	正则化	无

（2）网络模型。

PointNet++是针对 PointNet 网络在复杂的场景识别分割任务中存在泛化能力不足，无法对训练过程中产生的局部特征进行捕获和处理而提出的。其基本思想还是沿用 PointNet 网络，首先对场景点云进行分层采样处理，分层后的点特征跳过串联连接层，直接进入分割层，采样后的结果作为网络的下一层输入，主要结构如图 8-8 所示[39]。PointNet++网络模型主要解决 3 个问题：一是如何提取局部区域中的特征；二是局部区域如何划分产生；三是如何能够提取不同密度下的局部特征。

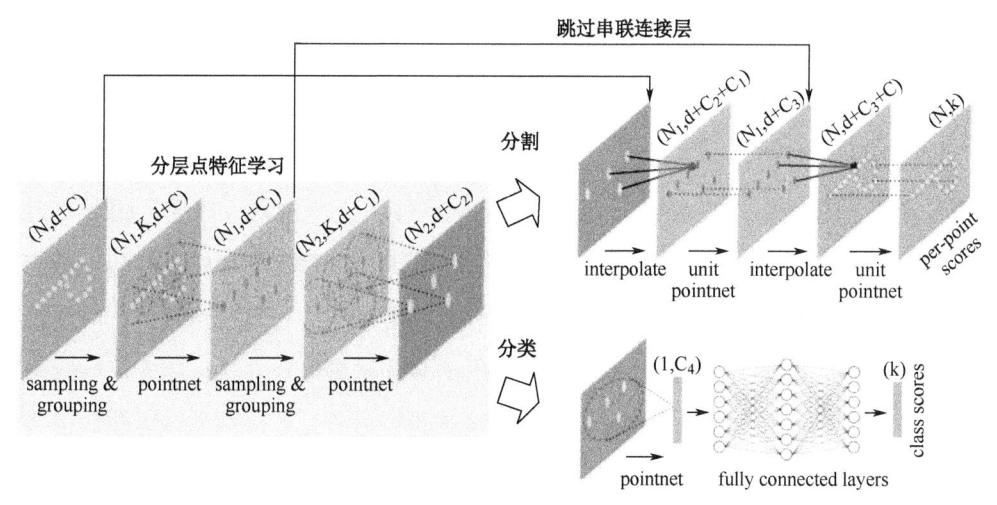

图 8-8　PointNet++网络结构

针对前两个问题中的局部区域中的特征如何划分产生和提取，PointNet++设计了一个 set abstraction 层来对点云进行多层分割和局部特征提取，主要由三层网络结构组成，包括 sampling 层（采样层）、grouping 层（分组层）和 pointnet 层。sampling 层主要是对划分的多个局部区域选择一些点作为局部区域的中心；grouping 层则是对上一步产生的带有中心的局部区域进行最近邻聚类，从而实现了对整体点云的局部区域划分；pointnet 层则是提取局部区域的特征。当一个场景点云经过上述三步处理后，就能提取场景点云之间的局部特征信息。

针对第三个问题，如何提取不同密度下的局部特征，实际上由于点云数据的密度很难保持均匀化，因此在 grouping 层中，局部区域聚类后点数越多，密度越大，所能提取出来的特征信息也就越多，而将多分辨率、多尺度组合融入 PointNet++ 网络中，便可以实现在不同密度下的点云分组聚类方法。

图 8-9 所示为多尺度组合和多分辨率组合示意图。

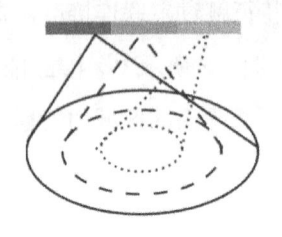

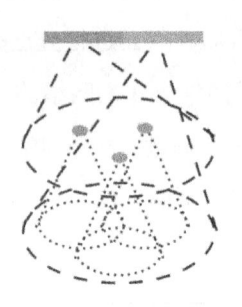

(a) 多尺度组合　　　　　　　　　　(b) 多分辨率组合

图 8-9　多尺度组合与多分辨率组合示意图

多尺度组合是指将点云中某一关键点的不同半径下产生的立体球形范围，然后使用 pointnet 层对不同半径下产生的特征进行特征提取，再将上述的多尺度特征打包组合起来作为下一层网络层的输入，之后重复执行上述操作，但是该方法计算成本较大，时间消耗较长。为了提高特征提取的效率，PointNet++ 提出了多分辨率组合方法，该方法提取不同分辨率下的局部特征，再将高层次特征与低层次特征进行融合，这样算法就能获取更多的局部信息。例如，网络的某一层为 $\{X_i\}$，如果使用多分辨率组合方法，则该层的局部特征是由局部特征 $\{X_{i-1}\}$ 和使用 pointnet 层直接处理 $\{X_i\}$ 融合形成。其中，如果前一个特征因为采样不足而不如后一个特征，此种情况要想融合后有较好的性能，需要对后一个特征设置更高的偏置权重，反之亦然。多分辨率组合的主要优点是减少了网络低层对点云进行多尺度特征采样处理，能够很好地随着点云密度的变化而变化，计算方面也比多尺度组合更加高效。

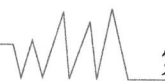

(3) 性能评估。

为了验证训练的模型性能,通常使用以下几种参数进行分析。

① 总体准确度。

总体准确度(oAcc)是深度学习中最简单的度量方法,表示预测正确的数量占总体数量的比例。假设分割示意如下:设有 $n+1$ 个类别,T_{ij} 表示第 i 类但被分到第 j 类的点,T_{ii} 表示正确分为第 i 类的点,同理,T_{ji} 表示第 j 类但被分为第 i 类的点。公式表示如下。

$$oAcc = \frac{\sum_{i=0}^{n} T_{ii}}{\sum_{i=0}^{n} \sum_{j=0}^{n} T_{ij}} \tag{8-11}$$

② 平均类交并比。

平均类交并比(mIoU)定义为:首先计算成功预测的类别的数量,然后求预测值与真实值之间的交集,最后计算所有类的平均值。平均类交并比通常用于二维图像识别分割评估,其原理同样也适用于三维点云场景分割评估,其中的参数与总体准确度一致。公式表示如下。

$$mIoU = \frac{1}{n+1} \sum_{i=0}^{n} \frac{T_{ii}}{\sum_{j=0}^{n} T_{ij} + \sum_{j=0}^{n} T_{ji} - T_{ii}} \tag{8-12}$$

3. 基于特征匹配的物体定位方法

PointNet++不仅可以实现工件的识别与分类,而且也可以通过相关计算获取结构件的粗略位姿。但粗略位姿误差会在坐标系转换操作中无限放大,无法得到结构件的精确位姿。

而基于多维特征的物体定位方法,首先对识别后的场景点云进行预处理和场景分割,其次是采用夹角余弦来获取匹配点对,完成点云粗精配准,最后实现位姿估计,获取到结构件的精确位姿。该方法适用于小规模样本、低实时性的场合。

(1) 场景点云预处理与分割。

由于虚拟数据集经过人为加噪处理,因此目标物体表面的性质会发生变化。此外,由于视线遮挡、障碍物等因素,不可避免地会产生一些噪点和离群点。因此,将点云滤波作为整个预处理的第一步,将噪声点以及离群点或空洞去除,后续才能更好地进行点云分割与配准。

常见的点云滤波方法有中值滤波、高斯滤波、均值滤波等。此外，在图像处理中，采用双边滤波方法对整个图像加权平均，使用某个范围内的像素加权平均代表该范围内某一点的像素值，使用基于高斯分布的加权平均，可以实现降噪的效果。

点云分割可以根据场景点云的形状、空间等特征，对点云进行划分，从而使得划分的点云具有类似的特点。点云分割是点云配准的前提条件，只有将场景点云中不同类别的点云进行聚类，才能取得更好的特征。下面将以随机采样一致性算法（RANdom SAmple Consensus，RANSAC）进行平面分割来介绍。

定义平面点云的方程为 $ax+by+cz+d=0$，从场景点云中分割一定阈值范围内的点，使得场景点云变为平面点云和结构件点云堆。RANSAC 算法表达为

$$\begin{bmatrix} x_1 & y_1 & z_1 & 1 \\ x_2 & y_2 & z_2 & 1 \\ x_3 & y_3 & z_3 & 1 \end{bmatrix} \begin{bmatrix} a \\ b \\ c \\ d \end{bmatrix} = \vec{0} \tag{8-13}$$

使用 RANSAC 算法进行平面分割的步骤如下。

① 初始化平面参数 $a_0=0$，以及样本内点数 $\max(n)=0$，初始化阈值 δ。

② 随机选择 3 个不共线的样本内点 $p(x_i,y_i,z_i)$，其中 $i=1,2,3$，记为平面模型 M。

③ 对场景点云中的每一个数据点 $P(x_j,y_j,z_j)$，其中 $j=1,2,\cdots,n$，计算点 P 到平面模型 M 的距离 $|P\cdot A'|$，若 $|P\cdot A'|<\delta$，则点 P 为平面样本内点，否则为外点。

④ 重复迭代步骤②和③，直到达到最大迭代次数 $k_{\max}$，即找到分割平面 A。

其中，对于参数 δ，需要根据实验来进行调参确定。

对场景点云分割完平面后得到堆叠的散乱结构件点云堆，还需要对结构件点云堆进行分割操作，采用欧式聚类的方法来进行分割。欧式聚类分割是使用欧式距离来定义点与点之间的亲疏聚类关系，主要步骤如下。

① 获取点云曲率特征，再提取出目标点云边界线，获得边界范围内的点云集群 $P\{\phi\}$。

② 创建 KD 树，并表示点云集群 $P\{\phi\}$ 的关系。

③ 构建验证队列 Quene，创建一个空聚类集合 $S\{0\}$。

④ 将 $P\{\phi\}$ 中的任意一点 p_i,排入验证队列 Quene 中。

⑤ 搜索 p_i 中半径小于 r 的点,构成邻域集合 $K\{\phi\}$,如果邻域集合内的点 p_{ik} 被上述步骤处理过,则将其加入集合 $S\{\phi\}$,否则放入 Quene 中,直到验证队列中的所有点全被处理完并放入聚类集合 $S\{\phi\}$ 中,且设置验证队列 Quene 为空集。

⑥ 重复步骤③、④、⑤,直到点云集群 $P\{\phi\}$ 全被处理完。

（2）匹配点构建与关键点采样。

点云分割完后则是对点云进行配准。点云配准的基本原理是求得一个旋转矩阵和平移矩阵来使得两块点云可以进行互相转换。假设一块为目标点云,另一块为待配准点云,该算法就是计算旋转和平移矩阵,使得两块点云尽可能重合,计算公式如下。

$$\begin{bmatrix} \grave{x}_j \\ \grave{y}_j \\ \grave{z}_j \end{bmatrix} = \boldsymbol{R} \begin{bmatrix} x_j \\ y_j \\ z_j \end{bmatrix} + \boldsymbol{T} \tag{8-14}$$

其中,$\boldsymbol{R} = \begin{bmatrix} r_{11} & r_{12} & r_{13} \\ r_{21} & r_{22} & r_{23} \\ r_{31} & r_{32} & r_{33} \end{bmatrix}$,$\boldsymbol{T} = \begin{bmatrix} t_1 & t_2 & t_3 \end{bmatrix}^{\mathrm{T}}$。

根据两块点云数据,进行计算可以获取旋转矩阵 $\boldsymbol{R}$ 和平移矩阵 $\boldsymbol{T}$,但是深度数据转为点云数据集时深度距离信息存在一定的随机性误差,获得的点云数据由于误差的原因不能匹配对照,因此需要建立匹配点对,本节将采用向量余弦作为匹配点对。

用向量余弦作为匹配条件,可以提高匹配点的精度和准确性,主要步骤如下。

① 初始化待配准点云集 M 和目标点云集 N。

② 对目标点云集 N 中任意一点 p_i,获得该点的多重特征曲率 k_1 和 k_2,计算高斯曲率 k_G 和平均曲率 k_a。

③ 计算该点 p_i 到结构件物体的重心距离 L,法向量夹角平均值 θ_a。

④ 构建该点的多重特征向量 $\vec{P}_i = (\vec{p}_{i1}, \vec{p}_{i2}, \vec{p}_{i3}, \vec{p}_{i4}, \vec{p}_{i5}, \vec{p}_{i6})$,其中,$\vec{p}_{i1} = k_1$,$\vec{p}_{i2} = k_2$,$\vec{p}_{i3} = k_G$,$\vec{p}_{i4} = k_a$,$\vec{p}_{i5} = L$,$\vec{p}_{i6} = \theta_a$。

⑤ 求得点 p_i 在待配准点云 M 中对应的 K 近邻点 q_j。使用同样的方式获得该点的多重特征向量 $\vec{Q}_j = (\vec{q}_{j1}, \vec{q}_{j2}, \vec{q}_{j3}, \vec{q}_{j4}, \vec{q}_{j5}, \vec{q}_{j6})$,相似度采用余弦公式,如式（8-15）所示。

$$F(p_i,q_j)=\frac{\sum_{k=1}^{n}(p_{ik},q_{jk})}{\sqrt{\sum_{k=1}^{n}p_{ik}^2}\sqrt{\sum_{k=1}^{n}q_{jk}^2}} \qquad (8\text{-}15)$$

⑥ 通过计算目标点云中的 p_i 与其邻域 q_j 的余弦特征相似度 $F(p_i,q_j)$，匹配点为最大 $F(p_i,q_j)$ 的对应点。

对于关键点的采样，三维点云局部区域起伏程度的高低与场景点云中的点附近法向量的变化有关，局部变化可以用法向量的夹角余弦来度量。本节使用多分辨率关键点采样方法来提取结构件点云的关键点。

在进行点云配准时，要选取特征信息丰富的关键点来作为初始配准点。由于 K 近邻法向量的夹角 θ_i 可以反映点云中的点的起伏程度。

$$\theta_i=\frac{1}{k}\sum_{j=1}^{k}\arccos(\frac{\vec{n}_i\cdot\vec{n}_j}{|\vec{n}_i|\cdot|\vec{n}_j|}) \qquad (8\text{-}16)$$

使用式（8-16）求得所有点法向量夹角，并将所有点分为 n 等份，则第 i 等份点的取值范围为

$$F_i=\frac{\max(\theta)-\min(\theta)}{n} \qquad (8\text{-}17)$$

其中，$\max(\theta)$、$\min(\theta)$ 为点云中所有点的法向量夹角的最大值和最小值。

在配准过程中，首先使用低等的数据点进行配准，然后依次提高配准分辨率，最后完成配准。

（3）基于多分辨率采样的 ICP 配准算法。

点云配准可以看成是求解两个坐标系之间的映射关系。现阶段针对配准的算法有很多，如经典的 ICP 迭代配准[40]，基于局部描述子（PFH，FPFH）配准[41]，基于概率分布（NDT）的配准[42]等。下面将在传统的 ICP 配准基础上，结合前文的多分辨率采样进行配准，可以提高配准效率和配准收敛性，基于多分辨率采样的 ICP 配准步骤如下。

① 根据向量夹角 θ_i 将待配准点云 M 与目标点云 N 分为 n 等份，初始化迭代过程中的最大分辨率为 n，并根据当前分辨率 n_i 进行点云数据采样，初始化配准阈值 δ。

② 当 $n_i<n/3$ 时，此时进入粗配准阶段，使用余弦特征相似度 $F(p_i,q_j)$ 进行匹配点

采样。

③ 当 $n/3 < n_i < n$，此时进入精配准阶段，使用 K 近邻获得匹配对应点。

④ 对匹配点进行 SVD 分解，求得待配准点云 M 与目标点云 N 之间的映射关系，计算得出旋转矩阵 **R** 和平移矩阵 **T**。

⑤ 使用旋转矩阵 **R** 和平移矩阵 **T** 对待配准点云 M 进行配准变换，获得点云集 M'。

⑥ 当第 k 次迭代后，计算这一次的均方误差 $E_k(\boldsymbol{R},\boldsymbol{T})$，并与 k-1 次的均方误差 $E_{k-1}(\boldsymbol{R},\boldsymbol{T})$ 做差值，若 $|E_k(\boldsymbol{R},\boldsymbol{T})-E_{k-1}(\boldsymbol{R},\boldsymbol{T})|<\delta$，则退出循环，完成配准，否则继续迭代。

（4）目标物体姿态估计。

每一个待配准点云与目标点云通过配准后会获得旋转矩阵 **R** 和平移矩阵 **T**，其中 **R** 和 **T** 就代表了物体的姿态信息。因此，需要将该配准关系映射到机器人末端坐标系下，一般是通过点云坐标系—相机坐标系—机器人末端坐标系转换。

为了表示物体的姿态，旋转矩阵参数较多；欧拉角存在万向节现象；四元数虽然避免了万向节现象，但是理解困难，表示抽象，在此将使用旋转矩阵来表示目标物体姿态。

8.2.3 抓取顺序与机器人姿态调节方法

针对散乱结构件的最优抓取顺序，首先分析抓取过程中的 4 种约束条件，通过构建多约束下的抓取模型，结合改进的粒子群来进行优化。获取最优抓取顺序，同时根据结构件的使用约束确定对应的抓取形式。

首先分析机器人抓取过程中的 4 种约束条件：时效约束、物理约束、工作空间约束和不完整度约束。通过构建多约束下的抓取模型，并结合高斯变异算子和混沌算子等来对粒子群进行优化。通过对抓取场景下的目标函数进行优化，获得最优抓取顺序，并进行算法性能验证和实验验证。通过多分辨率采样的 ICP 配准算法和姿态估计方法，可以得到场景下每个结构件的位姿信息，位姿信息将作为机器人抓取的依据。针对结构件最终焊接姿态提出基于姿态匹配的调节算法，使得机器人通过姿态调节来满足抓取，方法路线如图 8-10 所示。

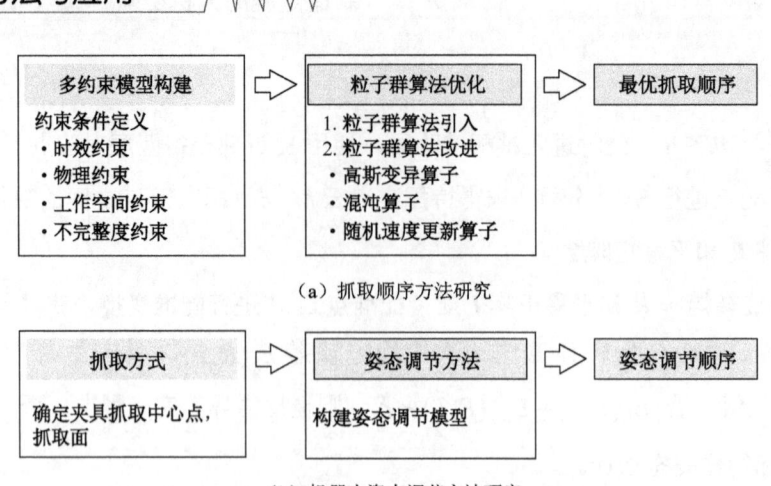

```
┌─────────────────┐      ┌─────────────────┐      ┌──────────────┐
│  多约束模型构建  │  ⇨  │  粒子群算法优化  │  ⇨  │  最优抓取顺序 │
│  约束条件定义    │      │ 1. 粒子群算法引入│      └──────────────┘
│  • 时效约束      │      │ 2. 粒子群算法改进│
│  • 物理约束      │      │   高斯变异算子   │
│  • 工作空间约束  │      │   混沌算子       │
│  • 不完整度约束  │      │   随机速度更新算子│
└─────────────────┘      └─────────────────┘
```

(a)抓取顺序方法研究

```
┌────────────┐      ┌─────────────────┐      ┌──────────────┐
│  抓取方式  │  ⇨  │  姿态调节方法    │  ⇨  │ 姿态调节顺序 │
│确定夹具抓取│      │ 构建姿态调节模型 │      └──────────────┘
│中心点,抓取面│      └─────────────────┘
└────────────┘
```

(b)机器人姿态调节方法研究

图 8-10　抓取顺序，姿态调节方法路线

1. 基于粒子群优化的抓取顺序方法

当目标工件处于散乱堆叠的状态下时，机器人抓取工件的顺序会受到多种因素的影响，如要优先抓取最上层物体、机器人是否与其他结构发生干涉、机器人运动过程中关节限位要求等。因此，可以将最优抓取策略看成是一种多约束优化问题。

多约束优化问题求解一般是用某种算法来对涉及的多个约束进行最优求解。这些约束条件时常会产生相互影响，一般分为正向增益影响和负向增益影响，当一种约束变化引起另一种约束效果向好的方向发展时，称为正向增益关系；反之，当一种约束变化引起另一种约束效果向坏的方向发展，称为反向增益关系。在解决多约束优化问题时，所有的约束条件不可能同时收敛到最优，必须从中找到一个符合动态平衡的实际最优解，尽可能在满足所有约束条件的情况下，对目标约束进行均衡优化。

一般假设决策变量为 N 维，那么具有 M 个约束的优化的模型可以定义如下，其中 x 和 y 为决策和目标空间。

$$\min/\max\ y = (f_1(x), f_2(x), \cdots, f_M(x)) \tag{8-18}$$

$$\text{subject to}\ x = (x_1, x_2, x_3, \cdots, x_N) \tag{8-19}$$

$$y = (y_1, y_2, y_3, \cdots, y_M) \tag{8-20}$$

机器人抓取时机器人本身与抓取物体之间具有相对位置关系，出于加工安全性、加工可靠性、绿色节能加工等方面考虑，必须满足以下几点要求。

① 在确定抓取目标时，机器人夹具移动相同距离时的能耗最少和时间最短。

② 物体需要在机器人的工作空间内，需要避免产生奇异位姿，提高机器人整体的可操作性。

③ 在抓取时，场景为层叠、散乱堆叠时，机器人抓取需要避免与其他物体产生碰撞，以免对抓取结构件造成二次损害。

④ 机器人的速度、加速度必须在规定范围内，不允许产生突变，以免对机器人相关部件产生损伤。

目前的研究也有针对多约束下的最优解问题求解，但很难满足上述4点要求。本节为了获取最优抓取顺序，将上述4点要求分为4种约束条件，分别为时效约束、物理约束、工作空间约束、不完整度约束。其中，时效约束为在实际抓取过程中，对消耗的时间、能量的要求；物理约束是针对机器人抓取过程中对每个关节的限位、速度、加速度进行约束，在满足抓取任务的同时，又能增加机器人的使用寿命，是一种可持续性研究；工作空间约束为机器人抓取过程中，机器人本身是否能够抓取到物体，或者加工环境中如何避障来防止碰撞；不完整度约束反映物体抓取的可能性。本节将综合以上约束条件，使用性能优异的粒子群算法作为优化算法，对抓取物体和机器人之间的抓取顺序进行全局最优适应度的寻优求解。

（1）时效约束。

效率衡量的最好方法就是时间评估。时间指标是机器人抓取作业中的重要指标，机器人抓取物体时的循环时间的长短影响加工效率的高低。本节的抓取约束是抓取放置的位置点已确定，待抓取物体处于不同位置时，机器人完成抓取时间最短。时间评估如式（8-21）。

$$t = \max_{i=1,\cdots,n} \frac{|l_{end} - l_{start}|}{v_{mi}} \tag{8-21}$$

通过计算各个关节在最大速度下的关节运动时间 t_i，以及第 i 个关节的移动距离 $|l_{end} - l_{start}|$，计算出移动最慢的关节的时间，也就得到了整体机器人的运动时间。对运动最慢的轴进行速度优化，则加快了机器人整体的运动时间。

除了时间约束外，机器人的关节运动中产生的能耗也同样影响机器人的抓取效率。机器人在抓取过程中，通常分为两种运动模式：一种为连续运动模式，不仅知道机器人

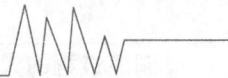

的起始点和终止点,还知道机器人的运动路径轨迹,其工作产生的能耗与机器人所走的路径有关,能量值可通过路径来计算;另一种为间断运动模式,也称点对点运动,已知机器人的起始点和终止点。本节将以机器人运动过程中产生的力矩所消耗的能量来定义能耗。

$$E = \int_0^{t_f} \left(\sum_{i=1}^n \left| \boldsymbol{T}_i \cdot \dot{\theta}_i \right| \right) dt \qquad (8\text{-}22)$$

其中,$\boldsymbol{T}_i$ 为关节 i 的力矩,第 i 个关节的关节速度为 $\dot{\theta}_i$。

(2)物理约束。

机器人的物理约束中的最基本的约束为关节限位约束。机器人生产过程中由于适用环境,驱动电机,关节结构等原因,对机器人的每个自由度的运动范围需要加以限制,而且,每个关节轴运动过程中所能达到的最大速度和加速度也不尽相同,也需要对关节轴的速度和加速度加以限制,防止电机产生速度畸变,导致机器人抓取过程中发生抖动,影响机器人的使用寿命,物理约束如式(8-23)。

$$\begin{cases} \min(\theta_i) \leqslant \theta_i \leqslant \max(\theta_i) \\ |\omega_i| \leqslant \max(\omega_i) \\ |a_i| \leqslant \max(a_i) \quad i = 1, 2, \cdots, 6 \end{cases} \qquad (8\text{-}23)$$

其中,$\min(\theta_i)$、$\max(\theta_i)$、$\max(\omega_i)$、$\max(a_i)$ 分别为第 i 个关节的最小关节角度、最大关节角度,最大角速度,最大角加速度。为了将该约束成为目标函数的条件,需要将上式归一化到无量纲的[0,1]中,归一化后如式(8-24)。

$$\begin{cases} \theta_i = \dfrac{\left| \theta_i - (\max(\theta_i) + \min(\theta_i)) \right|}{(\max(\theta_i) - \min(\theta_i))} \leqslant 1 \\ \omega_i = \dfrac{|\omega_i|}{\max(\omega_i)} \leqslant 1 \quad i = 1, 2, \cdots, 6 \\ a_i = \dfrac{|a_i|}{\max(a_i)} \leqslant 1 \end{cases} \qquad (8\text{-}24)$$

(3) 工作空间约束。

机器人的工作空间决定了机器人在空间中的可达性。末端执行器能够到达的点的集合构成机器人的工作空间，可反映机器人运动的灵活程度。实际上由于关节限位、机械结构等原因，机器人工作空间不是一个完整的球形结构，因此，在进行抓取时要考虑抓取物体是否在机器人的工作空间内。

当前主流的研究方法有图解、数值和解析法。但图解和解析法会随着机器人自由度的增加而越来越复杂。数值法则通过选择不同的关节值的集合，使用正运动学、数值积分来求出工作空间，数值法中的蒙特卡洛法相对其他算法性能优异。蒙特卡洛法是一种将统计概率融合起来的数学方法[43]，使用一定范围内的随机数来解决问题，本节将使用蒙特卡洛法进行分析。

用蒙特卡洛法来解决机器人工作空间问题主要有以下 3 个步骤：首先根据关节限位来确定各个关节的运动范围；然后对各个关节的运动范围进行正运动学计算，计算后得到机器人运动点的集合，将这些点绘制出来；最后形成机器人的工作空间。

一般串联机器人的工作空间求解的主要步骤如下。

对机器人进行运动学分析，通过正运动学计算，依次求解得到机器人末端的位姿矩阵，其中位姿向量可以表示为 $[L_x, L_y, L_z]^T$。

使用随机函数 $Rand(i), i=1,\cdots,n$ 随机产生 n 个随机值，归一化为$[0,1]$。再将随机数与机器人的各个关节运动范围的最小值和最大值进行积运算，得到关节的运动随机值为

$$\theta_i = \max(\theta_i) + (\max(\theta_i) - \min(\theta_i)) \cdot Rand(i) \tag{8-25}$$

根据上一步得到的 N 个随机关节变量值，使用运动学求解，得出机器人运动的位姿矩阵，N 值反映工作空间范围的真实性。

最后在绘制机器人的工作空间点云图。

2. 基于高斯核混沌算子的粒子群算法

传统的智能优化算法求解一般的优化问题是可行的，但对于复杂的多约束优化问题求解，传统的优化算法一般是将所有约束等效为一个约束，并对其中的约束进行附加权重，

但该类方法具有很强的先验性。粒子群算法是群智能算法中的一种，具有编码简单、优化参数少、收敛速度快等优点，是一种随机搜索算法。本节将基于粒子群优化算法来对结构件的抓取顺序进行优化求解，并针对粒子群算法易陷于局部最优等问题，将结合高斯变异算子和混沌算子来进行粒子群优化。

由于粒子群优化算法在迭代收敛时易陷入局部最优，因此需要对传统的粒子群算法做出以下调整。

（1）高斯（Gauss）变异算子[44]。粒子群优化过程中，变异操作使用高斯概率来进行，并将原粒子替换为变异后的粒子，即

$$\text{Mutation}(X) = X(1 + G(\delta)) \tag{8-26}$$

$$x_{ij} = z_{ij}(1 + G(\delta)) \tag{8-27}$$

其中，$G(\delta)$ 为高斯变异系数。

（2）混沌算子[45]。在传统粒子群算法中，初始粒子初始化一般是随机的，具有很强的盲目性。传统粒子群算法随机初始化的过程有很大的不确定性，而混沌状态方程可以解决不确定性问题，由一系列确定性方程求解出随机性的粒子运动状态称为混沌状态。可以使用混沌方程的遍历性来解决传统粒子群算法的随机性，使得粒子多样性更高，增强算法的搜索能力。其具体描述如下。

$$z_{k+1} = \mu z_k (1 - z_k), z_k \in (0,1) \tag{8-28}$$

其中，z_k 为实数序列，μ 为范围参数。

（3）速度算子。为了提高算法的优化速度，在原先的速度迭代公式中增加一项用随机变量生成的速度值，公式表示如下。

$$m_i(x+1) = \omega m_i(x) + p_1 r_{i1}(T_i^{tb}(x) - t_i(x)) + p_2 r_{i2}(T_i^{gb}(x) - t_i(x)) + p_3(R_i(x) - t_i(x)) \tag{8-29}$$

其中，$R_i(x)$ 表示迭代 x 次时的第 i 个粒子产生的点，p_3 为多样性参数。

（4）适应度函数。对种群数量、精英解集等参数的确定在可取的范围内，初始化粒子群，选择较好的粒子构成精英解集。精英解集中的粒子在粒子群优化过程中起着引导其他粒子运动的作用。第 i 个粒子的适应度定义如下。

$$Y(i) = \begin{cases} 1 - (\dfrac{d(i,j)}{\sigma_s})^\alpha & d(i,j) < \sigma_s \\ 0 & 其他 \end{cases} \tag{8-30}$$

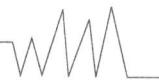

其中，$d(i,j)$ 为粒子 i 与 j 的欧氏距离，σ_s 一般为常数，$\alpha=1$。

本算法使用混沌状态方程来初始化粒子，在保持粒子的混沌序列性的同时维持了一定的随机性。得到初始粒子后，对粒子进行高斯变异操作，提高了初始粒子的多样性。粒子进行速度更新时，对速度算子进行随机更新，提高了粒子全局搜索能力，对于适应度值相近的粒子进行概率变异操作，可以避免算法陷入局部最优。通过以上改进策略，保证了粒子的多样性和算法的收敛性，具体步骤如下：

（1）对种群进行初始化，使用随机方法对整体种群产生一个 n 维向量 $z_1=(z_{1,1},z_{1,2},\cdots,z_{1,n})$，$z_{1,j}=rand()$，$j=1,2,\cdots,n$，使用式（8-28）求解得出 N 个初始向量 $z_1,z_2,\cdots,z_N$。并使用式（8-27）求解出 N 个初始粒子 $x_1,x_2,\cdots,x_N$。使用一定范围内的随机数生成 N 个初始速度。最后计算目标适应度函数值，根据式（8-30）求解各个粒子的目标函数值，将最优的解作为初始解。

（2）根据式（8-29）来迭代计算所有粒子的位置和速度，再进行求解适应度函数值，将满足精英解的粒子加入精英解集。

（3）若迭代次数 $k<\max(k)$，则重复执行以下步骤（4）～（7），否则结束算法。

（4）获取精英解集中的所有粒子的适应度值，并对适应度值进行全局极值 $T_i^{tb}(x)$ 求解，并按照式（8-29）来更新粒子的位置与速度，最后求解每个粒子的目标函数值。

（5）重复步骤（2），若精英解集中的粒子适应度值 $m(i)<$ 阈值 (M)，将该粒子剔除精英解集，保证精英解集中的粒子在一定的容量范围内。

（6）如果第 i 个粒子的位置优于第 i 个之前的最优位置 $T_n^{tb}(x)$，$n<i$，则将最优位置 $T_n^{tb}(x)$ 替换为当前位置；如果当前位置与之前最优位置相差小于一定阈值范围，则按照随机替换概率来替换或保持最优位置 $T_n^{tb}(x)$；如果当前粒子劣于最优位置 $T_i^{tb}(x)$，则按照 5%的高斯变异概率进行初始化变异操作。

（7）所求精英解即为最优解。

3. 目标函数构建

将粒子群优化算法应用于机器人抓取物体的选择顺序时，可将问题转化为机器人要完成的运动路径轨迹，设路径轨迹为 n 条，每条路径要对 m 个物体进行抓取，设物体编号为 $[1,m]$，则每次抓取时顺序为 $[1,m]$ 的任意排序组合为

$$N = \{n_1, n_2, \cdots, n_i\} \tag{8-31}$$

$$\begin{cases} n_1 = \{4, 2, \cdots, m_i\} \\ \quad\quad\quad \vdots \\ n_i = \{7, 1, \cdots, m_i\} \end{cases} \tag{8-32}$$

计算抓取路径中的物体在机器人基坐标系下的坐标，再将每个坐标用运动学逆解出各个关节的转动角度，针对关节空间中的运动轨迹使用多项式插值进行描述。

根据上述分析以及将多种约束条件结合一起，定义目标函数为

$$F = \begin{cases} k_3 \cdot \mathrm{cdt}(3) & \mathrm{cdt}(3) \geqslant 1 \\ \max(k_1 \cdot \mathrm{cdt}(1), k_2 \cdot \mathrm{cdt}(2), k_3 \cdot \mathrm{cdt}(3), k_4 \cdot \mathrm{cdt}(4)) & \mathrm{cdt}(3) < 1 \end{cases} \tag{8-33}$$

其中，k_1、k_2等为权重因子，权重因子的设定如式（8-34）所示；$\mathrm{cdt}(1)$代表时效约束值，$\mathrm{cdt}(2)$代表物理约束值，$\mathrm{cdt}(3)$代表工作空间约束值，$\mathrm{cdt}(4)$代表不完整度值。

$$k_i = \begin{cases} 0 & \mathrm{cdt}(i) \text{比} \mathrm{cdt}(j) \text{重要}, j \neq i \\ 0.5 & \mathrm{cdt}(i) \text{与} \mathrm{cdt}(j) \text{同样重要}, j \neq i \\ 1 & \mathrm{cdt}(j) \text{与} \mathrm{cdt}(i) \text{同样重要}, j \neq i \end{cases} \tag{8-34}$$

找到满足$F<1$的解即是最优的可行抓取解，并使用改进粒子群算法进行全局最优解搜索。

4. 机器人姿态调节方法

以某航天飞行器壳体的工件加装焊接为例，其结构件焊接的最终位姿如图8-11所示。这里实际要求机械手末端执行器必须处于垂直状态，因为后续焊接时，焊接平面不得与机械手末端平面重合，防止产生误焊。

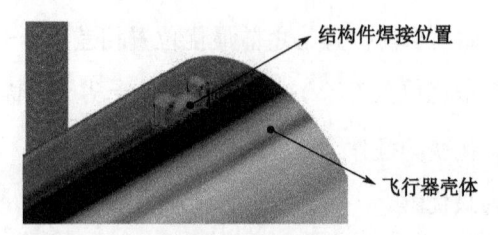

图8-11 最终位姿

（1）工件抓取方式。

以Robotiq85二指夹具为例，当使用二指夹具对结构件进行抓取时，除了需要结构件

的位姿、结构件的抓取顺序以外，还需要考虑以怎样的方式进行抓取，机器人的姿态如何调节来满足抓取形式。

一般来说，对于规则形状的三维物体的抓取方式有两种：一种是以物体的重心为抓取中心点，使用夹具加持最短的边；另一种是直接抓取可见边。考虑到本节结构件的最短边为 20mm，结构件物体重心位于最短边上，Robotiq85 的抓取范围为[5mm,85mm]，因此采用以结构件的重心作为抓取中心点，如图 8-12 所示。

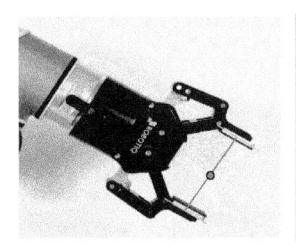

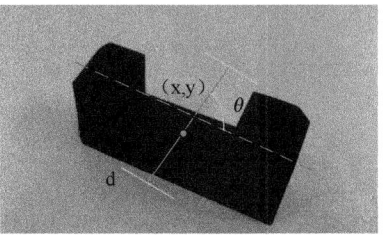

图 8-12 结构件抓取示意图

（2）基于姿态匹配的抓取姿态调节方法。

机器人在对结构件进行抓取时，将结构件分解成特征面集合。特征面集合是结构件在三维空间下不同姿态仿射变换形成的，基本保留了主特征和特征向量。该结构件可以分为 4 个主特征面($F1,F2,F3,F4$)，以及 2 个虚主特征面($F5,F6$)，每种主要特征面对应一个特征面集合 $\{\phi_1,\phi_2,\phi_3,\phi_4\}$。该结构体共有 12 个特征平面，如图 8-13 所示。

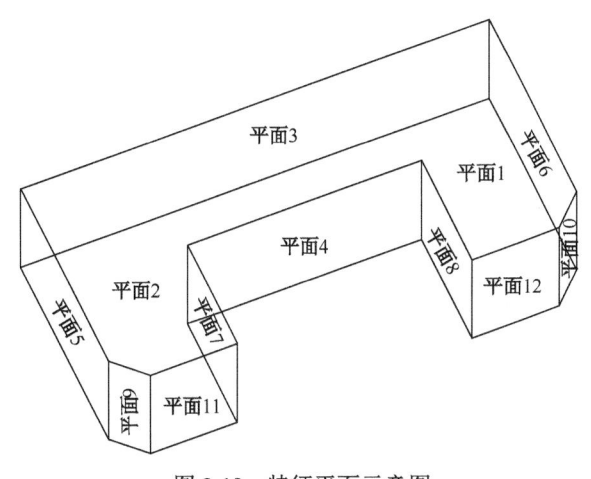

图 8-13 特征平面示意图

1）采用最小二乘法来构建所有平面的法向量 $n_i, i=1,2,\cdots,12$，然后将所有法向量分解计算得到 4 个主特征面的法向量 $\{n_{F1}, n_{F2}, n_{F3}, n_{F4}\}$。

$$n_{F1} = n_1 \text{ or } n_2 \tag{8-35}$$

$$n_{F2} = n_5 + n_3 \cdot \cos(\pi/4) \tag{8-36}$$

$$n_{F3} = n_4 + n_{11} + n_{12} + 2n_9 \sin(\pi/4) \tag{8-37}$$

$$n_{F4} = n_3 \tag{8-38}$$

2）计算结构件质心 b 到每个特征平面 $P(n_i, d_i)_i, i=1,2,\cdots,12$ 的距离 $x_i, i=1,2,\cdots,12$，方向均为质心指向特征平面。质心 b 为

$$b = \frac{\int_\Omega \rho(x) x \mathrm{d}\sigma}{\int_\Omega \rho(x) \mathrm{d}\sigma} \tag{8-39}$$

其中，ρ 为该结构件的密度函数，结构件的材料不同其密度函数也不同。

在特征平面上任取一点 p_{ij}, $p_{ij} \in P(n_i, d_i)i$，计算距离 $|x_i| = |\overrightarrow{bp_{ij}} \cdot n_i|/|n_i|$，之后再将距离归一化到 $(0,1)$ 之间。

$$|x_i^*| = (|x_i| - \mu)/\sigma, |x_i^*| \in (0,1), \quad i=1,2,3,4 \tag{8-40}$$

其中，μ 为所有距离数据的均值，σ 为所有距离数据的标准差。

3）构建 4 个主特征面的特征权向量为

$$m_i = n_{Fi} \cdot x_i^*, i=1,2,3,4 \tag{8-41}$$

特征权向量 m_i 的大小反映了该特征面的抓取权重的比例，将 4 个主特征面抓取量化，有利于后续实验验证。

4）在相机坐标系下，将特征权向量 m_i 空间分解为分量 $\{m_{ix}, m_{iy}, m_{iz}\}$，并寻找最大的空间分量 $m_{i\max}$，以其作为抓取集合的初始姿态，如果出现第三特征权向量 m_3 的空间分量为最大时，这时第一姿态就是最终姿态。

如图 8-14 所示，通过上述方法获取结构件的第一姿态后，就可将第一姿态作为运动规划中路径的第一个节点，但是第一姿态不一定就是最终姿态，还需要对其进行姿态调节，为了使机器人能自动根据当前第一姿态来动态调节，需要构建姿态匹配库。主要算法过程如下。

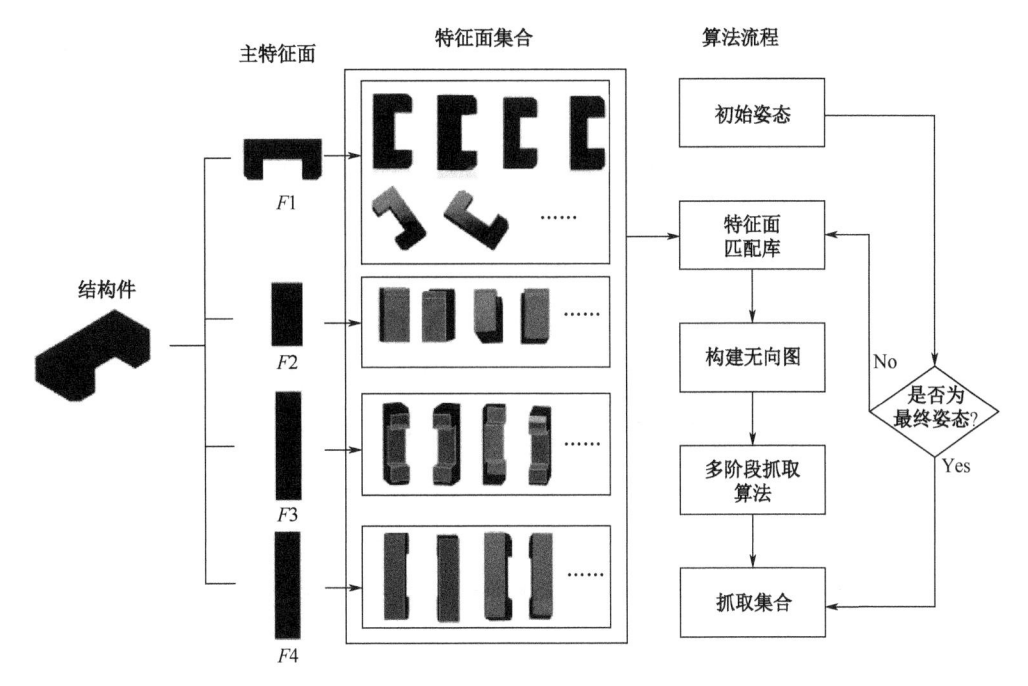

图 8-14 姿态匹配流程图

1）上述方法中有 4 个主特征面($F1,F2,F3,F4$)，由于结构件具有旋转对称性，剩下的 2 个虚主特征面($F5,F6$)并未加以考虑，但构建无向图 $G=(V,E)$ 时，结构件的所有特征面均需要考虑，根据六面体每次只旋转 90°来构建姿态转换无向图，以及姿态转换图的邻接矩阵，如图 8-15 所示。

(a) 姿态转换无向图　　　　　(b) 姿态转换无向图的邻接矩阵

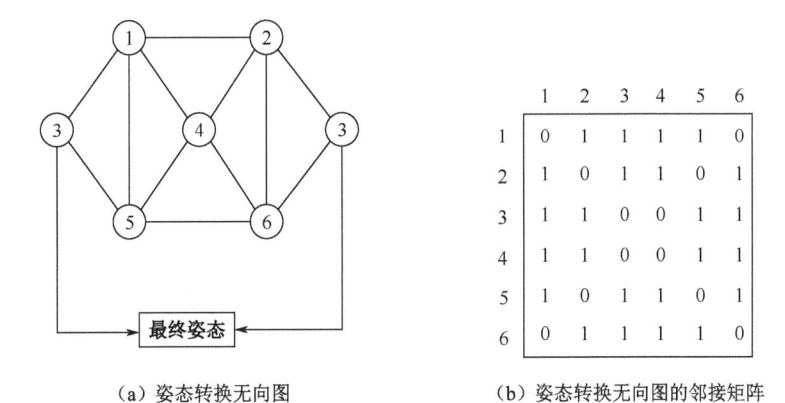

图 8-15 姿态转换无向图以及邻接矩阵

2)可将该图论问题等效为最小生成树法的特解形式,姿态转换无向图有 n 个节点(其中 1 个主节点和 $n-1$ 个次节点),某些节点之间可以形成回路,回路形成是需要代价的,不同回路代价不同,最少花费多少代价值可以连接这 n 个节点,并从任意一个节点出发能到达主节点。设定每条回路的权重值为 w_{ij},其中 $i,j=1,2,\cdots,6$。每条回路的权重代表从这个特征面变换到另一个特征面的难易程度,采用特征权向量 $\vec{m}_i$ 之间的内积来表示权重值。

$$w_{ij} = \vec{m}_i \cdot \vec{m}_j, \quad i,j = 1,2,\cdots,6 \text{ and } i \neq j \tag{8-42}$$

3)首先设定抓取面集合 U,将第一姿态 a_{strat} 作为集合 U 的第一个元素,在无向图里面寻找与第一姿态连接的最小权重的节点 $a_{s\to 1}$,这样集合 U 就有 $U(a_{start}, a_{s\to 1})$。然后再寻找与 a_{start} 和 $a_{s\to 1}$ 关联的边中,权重最小的边,每次集合 U 中加入新元素时判断是否为最终位置 a_{end},如果是则将集合 U 输出作为抓取姿态集合,否则继续寻找下一姿态。

4)根据当前结构件的姿态得到了一个抓取集合 U,机械手依次按照集合 U 内的抓取姿态进行调节,直至到达最终抓取姿态。

8.3 基于强化学习的人机协同

8.3.1 机器人感知基础

对于环境的感知是机器人协助人类完成各类任务的基础。传统的制造过程分成了加工、焊接、喷涂、装配等多项工艺。因此,不同的制造环境具备了不同的环境特点。以协作装配场景为例,机器人需要感知环境中制造对象的位置和结构,同时也需要关注制造主体(即人类)的当前姿态和行为意图。如图 8-16 所示,利用 Kinect 视觉相机可以获取环境中对象的 RGB 图像和深度图像。其中,装配零部件的位置数据、姿态数据可以通过 CNN 的方法进行提取。此外,还将获取装配零件的结构数据(主要表现为装配接口数据)以约束装配序列的生成过程。

除了装配场景中零件的识别过程之外,机器人还将实时检测人体模型。在虚拟环境中形成人体的数字化模型,并生成人体模型的 3D 边界框。该边界框将呈现人体活动范围,并且将所有动作都约束在 3D 边界框的内部。生产制造系统在规划机器人运动轨迹的时候将以人体运动区域作为障碍物区域进一步优化轨迹数据。当然，除了生成无障碍轨迹之外，机器人还将识别人类的动作意图，并做出相应的协助行为。通过 Kinect 相机的骨架流模块可以轻松提取并跟踪人体骨架，再将人体骨架数据输入到动作识别网络中就可以得到人类相应的动作类别。为了实现精确的机器人协助行为，需要对人体姿态进行估计。常用的人体姿态估计算法包括 Openpose 等开源算法，能够实现高效的姿态估计过程。综合人类动作识别和姿态估计技术，机器人就能够高效地开展与人类操作员之间的协同作业。

当然，人机协作系统在运行的过程中会产生大量的内部运行数据，包括功率信号、电磁信号及振动信号等。监听这些内部数据将有助于人机协作状态的分析处理。当协作环境中内部数据出现超出额定阈值或安全范围的状况时，将被视为是一种运行故障，需要技术人员及时维修方能正常运行。

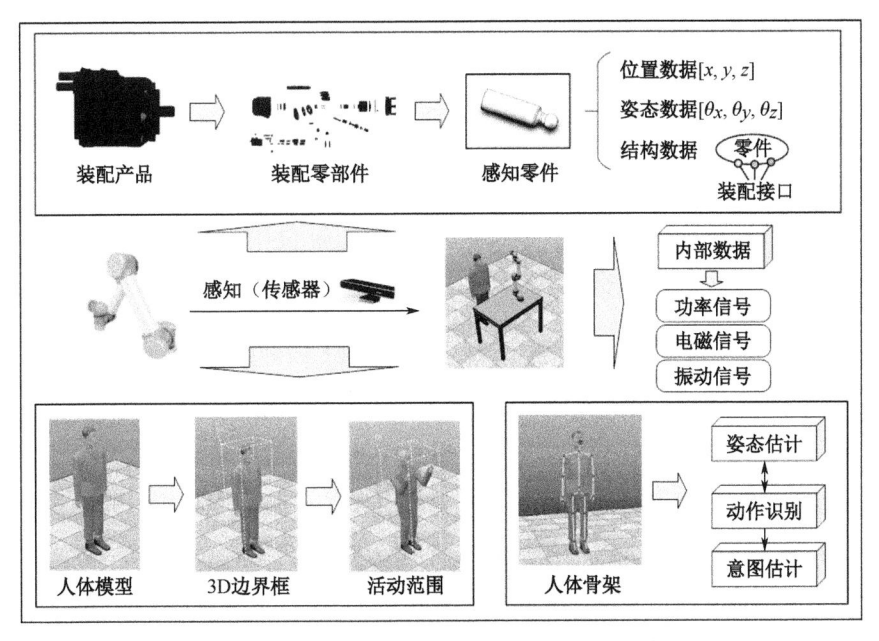

图 8-16　人机协作环境下的机器人感知操作

制造过程由于其复杂性和动态性，所开展的人机协作也要求有较高的灵活性和安全性。强化学习通过智能体与环境之间的交互过程来不断提升智能体的智能化水平，在提升机器人本身的适应性方面具有促进作用。因此，人机协作的开展首先需要机器人识别其周围环境，并且在此基础上，利用强化学习方法学习到处理相关任务的技能。在实际生产过程中，人的工作性能是存在重大变化的，如长时间的工作导致人体疲劳，进而降低人的工作效率，产生更多的人工失误。为了充分弥补人体性能变化带来的生产性能变化，机器人需要通过调整自身工作计划来降低人机协作生产过程中的偏差。

因此，下面将分两部分内容来深入讲解强化学习下的人机协同：一是基于强化学习的任务决策；二是基于强化学习的人机协同制造。

8.3.2 基于强化学习的任务决策

在传统的制造过程中，机器人决策过程的智能化水平并不是很高，无法满足弹性的生产需求。尤其是在一些特殊时期，特定产品的需求量得到了大幅提升，但是制造车间的传统生产模式无法有效应对生产计划的快速变化。强化学习能够让智能体与环境之间进行不断的交互，然后提升智能体的智能化水平。这对于人机协作的生产过程而言具有重要的意义。以生产制造中典型的装配场景为例，其强化学习的应用主要分成三个阶段展开：基于强化学习的装配序列生成；基于强化学习的机器人抓取路径规划；基于强化学习的人机协作装配。

1. 基于强化学习的装配序列生成

图 8-17 展示了基于强化学习的装配序列生成过程。由于人机协作装配是一个可以动态调整和优化的过程，可以针对装配场景构建马尔科夫决策过程。马尔科夫决策过程包含了四大要素：状态、动作、转移概率、奖励。智能体感知到当前系统的状态，选择动作策略来改变环境的状态，从而获得新的环境状态值和奖励值，其中奖励随时间的积累被称为回报。在图 8-17 中，机器人作为智能体采取不同的装配序列（动作）来改变当前的装配环境。由于装配产品本身就是由多个不同结构的装配零件所构成，它们之间的装配序列也会因为选取不同的零件而呈现出不同的特点。装配环境中将分阶段完成装配序列的生成、任务分配过程，并且最终驱动整个人机协作装配过程。对于获取到的环境状态数据将被进一步分类和分析，形成状态空间中所包含的各类数据。状态空间中主要包含 3 类数据：装配数据、协作数据、产品数据。装配过程的效率、精度和安全性反映了当前装配序列下的人机协作装配状态。除此之外，人机协作的效率、精度和安全性则代表了相关的协作状态。当然，

在该装配序列引导下的装配产品的状态主要由其性能来表示。例如，功能效果表示了该产品的功能复原度；运行特征重点反映了该产品使用的稳定性；人因评估则从人类使用者的角度分析了该产品在使用过程中的舒适度。根据动作空间和状态空间之间的相互作用关系，强化学习将驱动装配性能朝着更好的方向发展。奖励函数的合理设置在整个强化学习过程中发挥了核心作用。在图8-17中，使用奖励函数来串接装配序列与装配效果之间的关系。在特定的装配序列下，当部分零件装配成功时，设置奖励值为+m；当完整的产品装配完成之后将设置较大的奖励值为+M；当产品装配失败时将设置相应的惩罚值为-N。

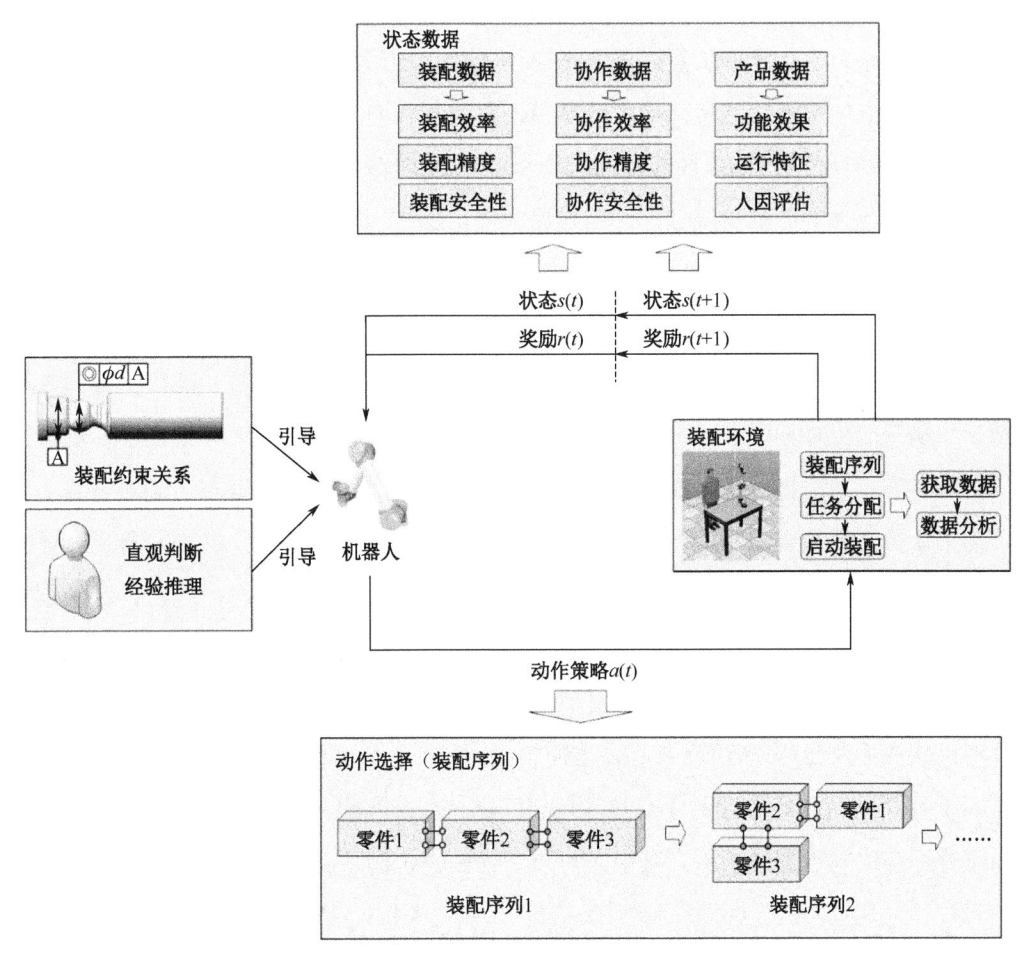

图8-17 基于强化学习的装配序列生成过程

除此之外，由于需要评估特定装配序列下的装配效率，还需要单独设置一个连续的奖励函数 f 来反映装配速度。人类直观判断和经验总结可以作为关键要素来引导机器人的动作选择过程。装配零件之间原本的装配约束关系也可以作为引导条件来限制随机的装配序列生成，使得装配成功率得到显著提升。最终，通过强化学习可以获取到特定产品的最优装配序列。

2. 基于强化学习的机器人抓取路径规划

图 8-18 展示了基于强化学习的机器人抓取路径规划过程。在复杂的装配环境中实现机器人路径的自适应生成存在着众多难题。对于智能体，其凭借视觉相机所获取到的环境信息相对比较复杂，包含零件位置、姿态信息及人体运动信息等。在机器人抓取零件的过程中需要准确获取的数据信息是环境中的零件位置信息和姿态信息。借助 Kinect 相机可以轻松获取到环境中物体的 RGB 图像和点云图像。利用 CNN 来处理获取到的 RGB 图像就可以得到图像中物体的三维包围盒，进而可以提取出该包围盒的体中心坐标和旋转角度。为了提升机器人零件抓取的智能化水平，引入强化学习作为数据驱动的方法来提升抓取性能。因此，机器人与装配环境之间会存在着大量的交互数据以训练智能体处理问题的能力。通常控制机器人的参数主要是其六关节角度值，定义好这 6 个数值就可以确定机器人末端执行器在环境中的位置和姿态。在实际的工业应用中，采用 TCP 点的坐标来代表末端执行器的位置和姿态，并且将机器人的六关节角度值与 TCP 点的坐标建立起一一对应关系。

为了使得在复杂装配环境中能够安全、顺利地抓取待装配零件，机器人需要进行大量的随机试错过程。通过调整机器人的六关节角度值来形成不同的动作。然后将这些不同的动作作为输入量传输到机器人控制器上，以控制机器人的具体行为。装配环境的状态将会因为机器人的每次动作而发生一定程度的更改。为了更清晰地呈现出当前动作下的抓取效果，将机械夹爪 TCP 点和待抓取零件之间的 6d 姿态差作为观测状态。另外一个方案是利用 Kinect 相机获取到的点云图像来实现点云匹配。点云匹配的思想主要是根据点云空间形成的可见约束来判断抓取状态。其中，可以考虑的评价因素有平行度、接触角和抓取偏差值等。

在形成新状态的同时该系统还将生成新的奖励值，用于评估当前动作策略的性能效果。

当累积奖励达到最大值的时候，就能够对应形成最佳的抓取路径。奖励函数要能反映出抓取的效率、是否抓取成功等关键要素。若机器人单次动作是一个正向动作时，给予一个较小的奖励+m；若机器人在一个运行周期后能够成功地抓取零件，则给予一个较大的奖励+M；若机器人虽未能成功地抓取零件，但是其处在一个可以调整的范围内，则给予一个奖励+$N(N<M)$；若机器人未能成功抓取零件，同时还处在一个无法调整的状态，则给予一个较大的惩罚值-Q。

随机初始化操作将提升机器人抓取的泛化能力，使得机器人能够适应更复杂的抓取场景。除此之外，设置一定的终止条件能够规范机器人尝试的步数，使得机器人在规定的次数内完成抓取动作。而范围约束则可以将机器人试错的范围限定在一个事先设定好的数值内，避免机器人运行时超出抓取范围，对人类安全构成威胁。

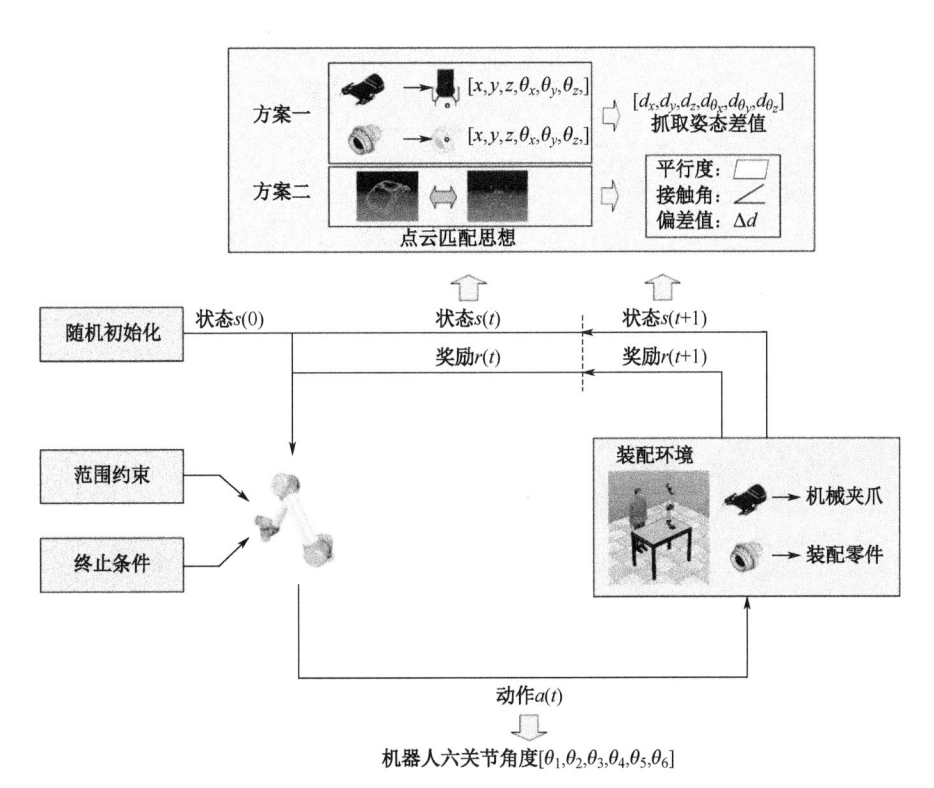

图 8-18 基于强化学习的机器人抓取路径规则过程

3. 基于强化学习的人机协作装配

当机器人完成零件抓取后将进一步选择是否将零件传递给人类,以及辅助人类完成装配过程。那么,如何选择传递时机以及以何种方式传递给人类都将是值得思考的。对人体动作的识别可以进一步使机器人认知到人类的动作意图。图 8-19 展示了人机协作过程中的零件传递操作。在人机协作过程中机器人需要将抓取到的零件转交给人类,为此,机器人首先需要感知人类的当前状态和运动趋势。安装在机械臂上的 Kinect 传感器可以直接获取人体的骨架数据流。然后利用由多个 LSTM 单元搭建而成的动作识别网络来处理输入的人体骨架,并且输出人类当前的动作类型,如举起双手或伸出手掌等。当人类伸出手掌准备向机器人索要装配零件时,机器人能够凭借识别出来的当前动作对人类操作意图进行评估。在接收到辅助命令之后,机器人将主动定位人体手部位置,以方便控制机器人将夹持的装

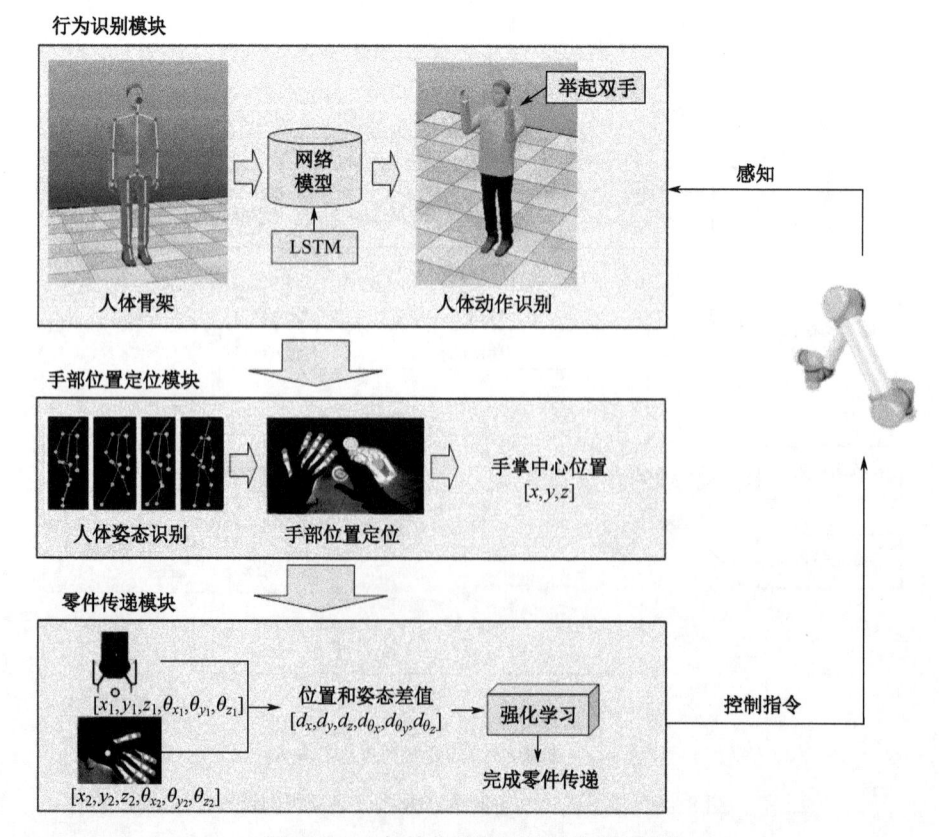

图 8-19 人机协作过程中的零件传递操作

配零件放到人类的手掌中心。该定位功能可以由人体姿态估计算法来实现，重点关注人体手部关键点所在的位置。接着就可以驱动机器人将零件传递到人类手掌中。在该模块中同样使用强化学习作为核心模型来进行处理。设定人体手掌中心和机器人 TCP 的位置和姿态差作为观测状态，同时设定机器人的六关节坐标值为动作信号，构建机器人与人类所在环境的强化学习框架。采用合适的强化学习算法，如 DDPG、A3C 算法进行模型训练。通过机器人的随机尝试，最终成功将所夹持的零件传递到人类手掌中心。

当机器人完成零件传递之后，需要协同人类将零件固定在主件上面。图 8-20 展示了人机协作过程中的零件固定操作。由于待装配的零件与主件之间存在复杂的装配约束，需要将所有装配接口都识别出来。通常零件与零件之间的装配接口以点、线、面的形式存在，而且多种不同类型的装配接口会交织在一起。机器人同样需要利用行为识别网络来对当前的人体动作进行识别。对人体动作识别的智能方法主要分成两种：一是基于 RGB 视频序列

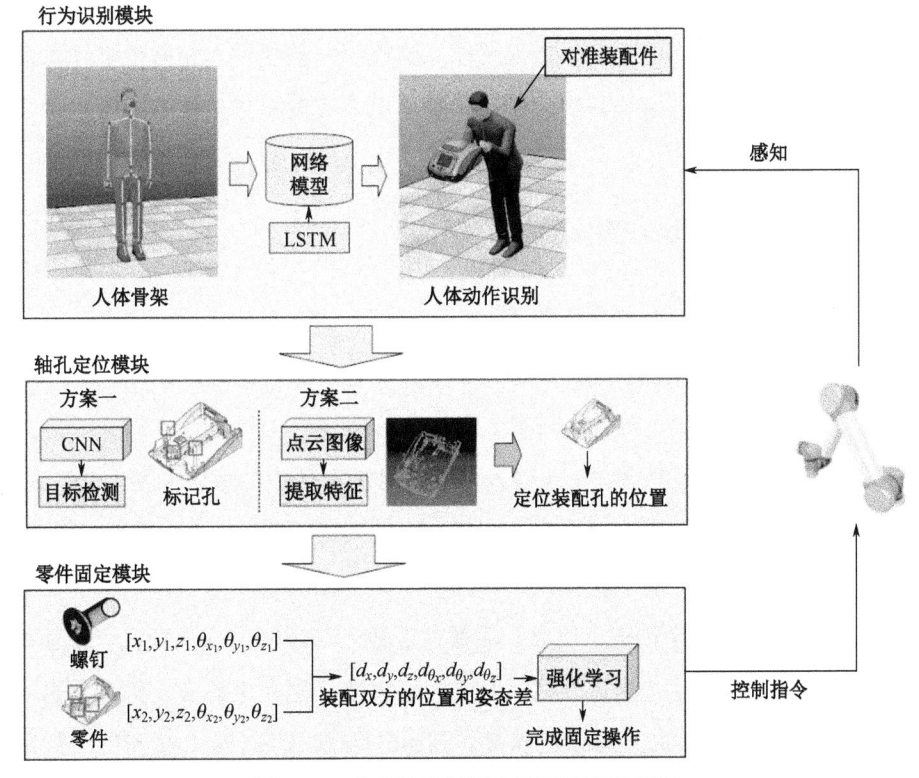

图 8-20　人机协作过程中的零件固定操作

的动作识别；二是基于人体骨架的动作识别。RGB 视频序列会存在一定程度的遮挡现象，导致人体动作呈现不完整性。因此，基于 RGB 视频序列的动作识别效率会存在很大的干扰。相反，人体骨架在空间、时间维度上都具有唯一性，能够清晰地表述当前的人体动作。动作识别网络主要由时序性很好的 LSTM 单元拼接而成，可以分别从时间序列和空间序列两个角度搭建网络模型。在图 8-20 中，当人类在对齐两个有装配关系的零件时，系统会自动识别出其动作类别，同时估计人类的动作意图。例如，人类对准装配零件则可以推理获得控制指令"机器人来协助完成零件固定过程"。在接收到控制指令后，需要定位带有装配孔的结构件的布孔位置。方案一是利用传统的目标检测算法来进行结构件上小孔位置的标记过程，常用的神经网络模型有 Yolo 系列目标检测模型、Efficient 模型等。方案二则是借助 Kinect 相机所采集到的点云图像来提取点云特征。借助 Pointnet 等网络模型可以有效地从点云图像中提取主要特征。当装配孔的位置定位完成之后，机器人需要在拾取螺钉的基础上，将螺钉准确地固定在结构件的装配孔上。同样使用强化学习作为机器人策略优化的关键模型，在机器人与装配环境之间构建迭代图。将螺钉装配接口与待装配零件接口之间的位置和姿态差作为观测状态来执行训练过程。最终机器人就可以将螺钉固定在结构件上，完成协作过程。

8.3.3 基于强化学习的人机协同制造

1. 基于强化学习的人机协同制造过程

产品的基本生产过程包含了毛坯制造、零部件制造、整机装配等多个步骤。除此之外，制造工艺又包含了机械加工、喷涂、焊接、装配等多种工艺类型。为了增强机器人在这些领域的协同制造能力，需要考虑进一步提升机器人对制造环境的适应能力。在制造过程中，人的性能会受到工作时间的影响。通常，在长时间的持续工作之后，人类的工作积极性会显著下降，同时也会产生更多的操作失误。因此，为了在长时间的工作状态下依旧能够维持生产制造的产量，Oliff 等[50]重点研究了人类性能随工作时间的变化情况，并且利用强化学习来提升机器人的适应性。通过强化学习方法能够使机器人主动去调整自身的运行状态来弥补人类协作者的性能变化所导致的偏差。图 8-21 展示了基于强化学习的人机协同制造过程。传统的制造流程包含了一系列操作步骤，如产品加工、产品焊接、产品喷涂、产品

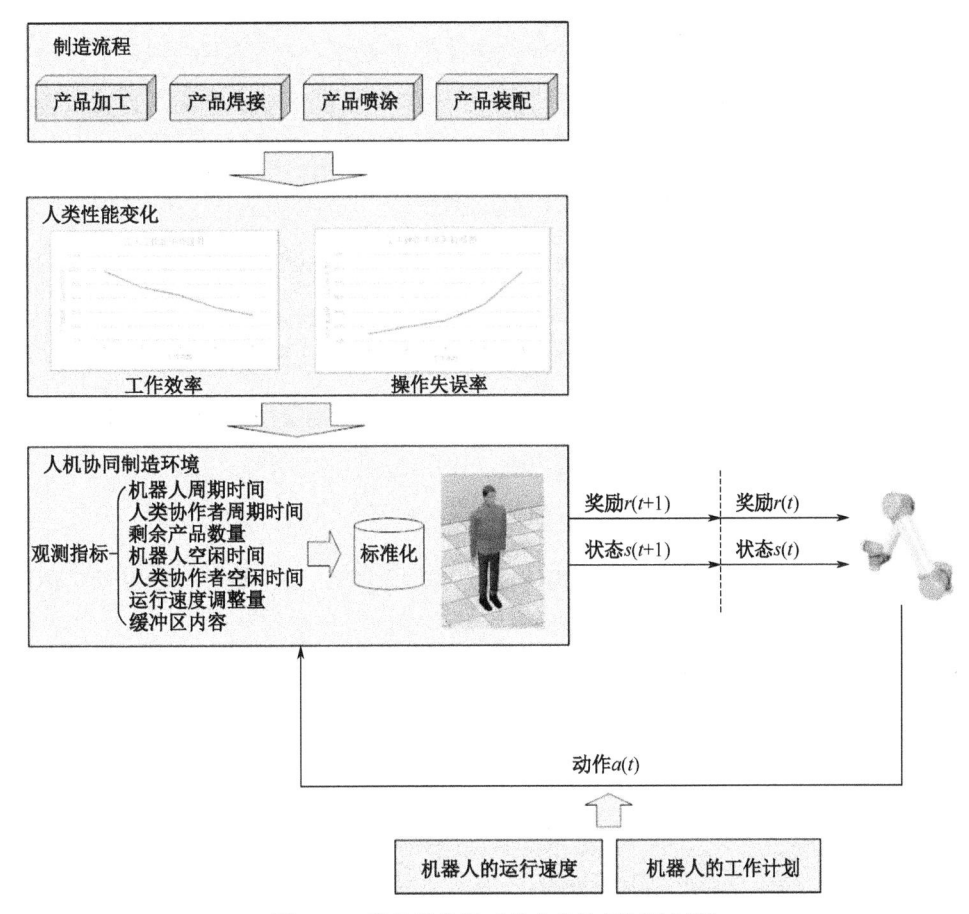

图 8-21 基于强化学习的人机协同制造过程

装配等。对于其中的每一个制造环节，人类长时间的操作都将影响人类的操作性能，主要表现为工作效率及操作失误率两方面。为了能够更好地表征制造环境中人机协同的制造状态，采取一系列观测指标来使得协同制造环境可评估化。其中，观测指标主要包含机器人周期时间、人类协作者周期时间、剩余产品数量、机器人空闲时间、协作者空闲时间、运行速度调整量、缓冲区内容等。接着对这些观测指标进行标准化处理，也就是将数值限制在 0~1 之间。当机器人采取一定的动作，即一定的运行速度和生产计划时，将进一步改变协同制造环境的状态信息。生成的新状态和奖励值将重新返回到智能体，以调整下一次机器人的动作选择。设计特定的奖励函数使得机器人在接下去的动作选择（生产计划）中能够朝着减少人类协作者和机器人空闲时间的方向发展。最终实现人机协作制造性能的大幅提升。在不同的工作日中人类的操作性能也是存在波动的，这给协同制造带来的最直接影响是生产效率下降。为了减小每日人机协同制造过程中的制造能力差别，调整机器人方面的生产速度来弥补人类操作性能下降带来的生产影响。

2. 人机协同制造与改进型 Actor-Critic 框架

Actor-Critic 框架[46]是基于值和策略的强化学习框架，能够实现在连续动作中选取合适的动作并完成单步更新。而机器人的运动过程正好是一个连续的动作过程，故 Actor-Critic 框架非常适合于处理机器人的控制问题。但是，传统的 Actor-Critic 框架存在一个比较明显的问题是其收敛性能较差。故考虑在原始的 Actor-Critic 框架上做结构修改，以提高其收敛性。修改的方法主要有 3 种：经验回放机制，使用经验池来存储 $<s,a,r,s'>$ 元组[47]；采取多线程的方式来更新主网络参数[48]；采用双 Actor 和双 Critic 网络[49]。

（1）添加了经验回放机制的 Actor-Critic 框架使得 Actor 在更新策略的时候不仅仅考虑相近时刻的状态—动作对，还会采样存储在经验池中的历史数据来进行训练，如图 8-22 所示。这降低了样本数据之间的相关性，使得训练过程更加容易收敛。该优化方式的代表性强化学习算法是 DQN 算法。

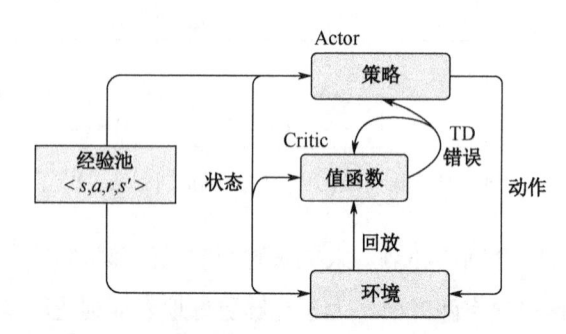

图 8-22 添加经验回放机制的 Actor-Critic 框架

（2）多线程的 Actor-Critic 框架如图 8-23 所示。其设置多个强化学习子模块，即操作者与制造环境之间进行交互，同时设置一个共享的公共部分，以与每个子网络之间构成连通关系。每个神经网络都具有相同的网络结构，也都包含了 Actor 和 Critic 两部分网络。每个线程独立地和制造环境进行交互来获取相关的经验数据，彼此之间也不存在干涉影响。当每个线程和环境交互到一定量的数据之后，就开始计算自己线程里的神经网络损失函数梯度。本地 Actor 和 Critic 的梯度计算公式如下。

Actor: $$d_\theta \leftarrow d_\theta + \nabla_{\theta'} \cdot \log \pi_{\theta'}(s_i, a_i)(Q(s,i) - V(s_i, \omega')) + c\nabla_{\theta'} H(\pi(s_i, \theta')) \quad (8\text{-}43)$$

Critic: $$d_\omega \leftarrow d_\omega + \frac{\partial(Q(s,t) - V(s_v, \omega'))^2}{\partial_{\omega'}} \quad (8\text{-}44)$$

进而更新全局神经网络的模型参数，更新公式如下。

$$\theta = \theta - \alpha d_\theta, \omega = \omega - \beta d_\omega \quad (8\text{-}45)$$

所有线程内的神经网络损失函数梯度回传到全局网络中完成全局网络的参数更新之后，将输出公共部分的神经网络参数 θ 和 ω。并且所有的子线程网络都将共享公共网络的参数来完成本网络参数的更新。该方法的代表性算法是 A3C 算法。

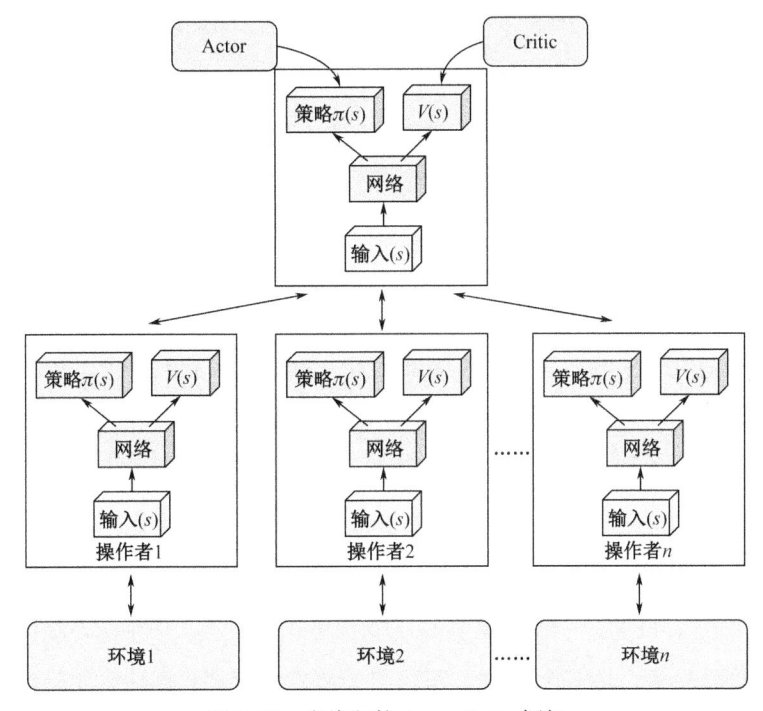

图 8-23 多线程的 Actor-Critic 框架

（3）基于双网络的 Actor-Critic 框架如图 8-24 所示。双网络结构，即 Actor 网络和 Critic 网络都包含了当前网络和目标网络。其中，Actor 当前网络负责策略网络与环境之间交互并实现参数 θ 的迭代更新。Actor 目标网络则负责根据经验回放池中采样到的下一状态选择最优动作策略，其参数 θ' 由当前网络参数 θ 复制。而 Critic 当前网络负责价值网络参数 ω 的迭代更新并且计算当前 Q 值。Critic 目标网络则负责计算目标 Q 值中 Q' 值，进而得到目标

Q' 值，其参数 ω' 由当前网络参数 ω 复制。Actor 和 Critic 网络的损失函数如下。

Actor：
$$J(\omega) = \frac{1}{m}\sum_{j=1}^{m}\left(y_j - Q(\phi(S_j), A_j, \omega)\right)^2 \qquad (8\text{-}46)$$

Critic：
$$J(\theta) = -\frac{1}{m}\sum_{j=1}^{m}Q(s_i, a_i, \omega) \qquad (8\text{-}47)$$

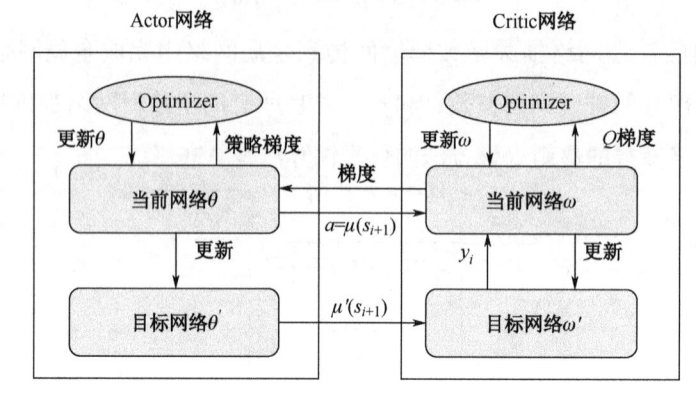

图 8-24 基于双网络的 Actor-Critic 框架

当使用以上改进型的 Actor-Critic 框架时，人机协同制造的强化学习过程将更加容易收敛。只需要将制造阶段中的协作状态作为输入量，然后输入到改进型 Actor-Critic 框架中，就可以获取相对应的状态值。在这里，因为要衡量的是在人机协作过程中的多个状态值，所以采用多线程的方式将使得整个强化学习的过程更快收敛。因此，将多线程应用到 DDPG 上形成新的强化学习框架。将 DDPG 原本的经验回放机制、双网络结构和 A3C 的多线程思想结合在一起，能够提升学习的收敛速度和学习效果。其中，多线程 DDPG 模型框架如图 8-25 所示。每一个 DDPG 子网络都将与制造环境进行交互，来获取环境中的状态信息并更新机器人的动作策略。每一个 DDPG 子网络的策略梯度都将回传到主网络中以更新主网络的参数。当主网络完成更新之后将参数复制到每个 DDPG 子网络中，使得每个子网络都能够单独地与环境进行交互。

人机协同制造中，状态空间包含了多个维度：机器人周期时间（T_R）、人类协作者周期时间（T_H）、机器人空闲时间（S_R）、剩余产品数量（N_P）、人类协作者空闲时间（S_H）、运行速度调整量（N_S）、缓冲区内容（B_C）。而对于机器人的控制量则主要是其运行速度的快慢。所以，可以定义智能体的动作空间是 <V_R-, V_R+>。

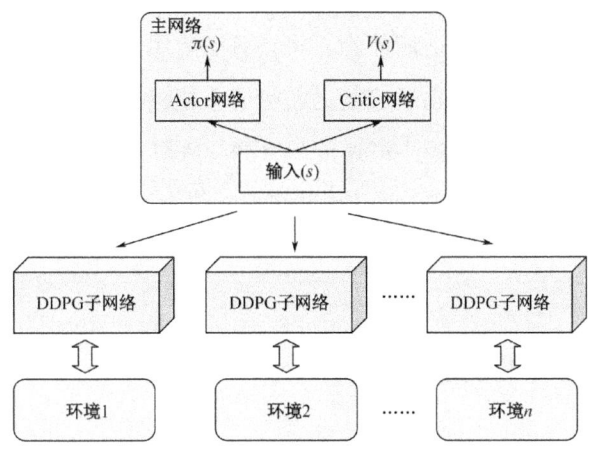

图 8-25 多线程 DDPG 模型框架

人机协同制造中，状态空间包含了多个维度：（1）机器人周期时间（T_R）；（2）协作者周期时间（T_H）；（3）机器人空闲时间（S_R）；（4）剩余产品数量（N_P）；（5）协作者空闲时间（S_H）；（6）运行速度调整量（N_S）；（7）缓冲区内容（B_C）。而对于机器人的控制量则主要是其运行速度的快慢。所以，可以定义智能体的动作空间是 $<V_R-, V_R+>$。

将状态空间中的各个观测量作为评价指标来评定当前情况下机器人的生产运行速度调整量的合理性。并且利用多线程模式来提升模型训练的收敛速度。多线程 DDPG 算法的伪代码如图 8-26 所示。通过多个线程的辅助更新作用，最后主网络将获得最佳的更新参数，

```
Multi-thread DDPG algorithm:
Randomly initialize all critic network Q(s,a|θ^Q) and actor μ(s|θ^μ) with weights θ^Q and θ^μ.
Initialize all target network Q' and μ' with weights θ^Q' ← θ^Q, θ^μ' ← θ^μ
Initialize all replay buffer R
For each thread do
    for episode=1, M do
        Initialize a random process N for action exploration
        Receive initial observation state s=[T_R, T_H, S_R, S_H, N_P, B_C]
        for t=1, T do
            Select action a_t = μ(s_t|θ^μ) + N_t according to the current policy and exploration noise
            Execute action a_t and observe reward r_t and observe new state s_{t+1}
            Store transition (s_t, a_t, r_t, s_{t+1}) in R
            Sample a random minibatch of N transitions (s_i, a_i, r_i, s_{i+1}) from R
            Set y_i = r_i + γQ'(s_{t+1}, μ'(s_{t+1}|θ^μ')|θ^Q')
            Update critic by minimizing the loss: L = 1/N Σ_i(y_i - Q(s_i, a_i|θ^Q))^2
            Update the actor policy using the sampled policy gradient:
                ∇_{θ^μ} J ≈ 1/N Σ_t ∇_a Q(s,a|θ^Q)|_{s=s_i, a=μ(s_i)} ∇_{θ^μ} μ(s|θ^μ)|_{s_i}
            Update the target networks:
                θ^Q' ← τθ^Q + (1-τ)θ^Q'
                θ^μ' ← τθ^μ + (1-τ)θ^μ'
        End for
    End for
Perform asynchronous update of θ^Q'_{main} and θ^μ'_{main} in main model:
    θ^Q'_{main} ← dθ^Q'_1 + dθ^Q'_2 + dθ^Q'_3 + ⋯
    θ^μ'_{main} ← dθ^μ'_1 + dθ^μ'_2 + dθ^μ'_3 + ⋯
```

图 8-26 多线程 DDPG 算法的伪代码

进而控制子网络提升自身的环境适应能力。将该算法应用于人机协同制造环境，可以实现快速的机器人学习过程和较强的自适应能力。机器人能够根据人类性能的变化实时调整自己的动作策略，也就是调整自己的生产速度，来减少人机协同性能的误差值。

8.4 案例研究

8.4.1 散乱零件的识别与拾取

1. 实验环境

因结构件焊接过程中需要机器人进行辅助抓取定位，因此选择协作型机器人 UR5，该机器人安全性高，适用环境广，编程接口丰富。考虑到结构件的夹取形式，末端执行器选择 Robotiq85，UR5 机器人各个轴的相关参数如表 8-3 所示。

表 8-3　UR5 机器人相关参数

关节轴名	运动上限	运动下限	最大速度	功率/W
底座	-360°	360°	120°/s	55
肩膀	-85°	85°	240°/s	65
手肘	-170°	170°	240°/s	70
手腕 1	-170°	170°	240°/s	70
手腕 2	-360°	360°	240°/s	50
手腕 3	-360°	360°	300°/s	20
末端执行器	5mm	85mm	100mm/s	30

工业场景下相机一般要求环境适应性好，本案例选择的相机为 Intel 的 Realsense D435 相机。D435 相机使用最新的 USB 3.0 数据传输协议，数据传输更快，包括彩色模块和深度模块，深度模块使用的是 D400 系列。D435 相机具备一套完整的光学解决方案，配套有完善的 SDK，非常适合原型设计和二次开发。D435 相机的主要参数如表 8-4 所示。

表 8-4　D435 相机的主要参数

型　号	Realsense D435
有效范围	0.3～6m
工作电压	16～32V
数据接口	USB 3.0 数据传输协议
分辨率	[1920,1080]

真实环境包括 UR5 机械臂、D435 相机和结构件堆。结构件采用 3D 打印，无纹理黑色块状，符合真实焊接场景。

本案例的机器人抓取实验平台如图 8-27 所示，主要由 UR5 机器人、D435 相机、Robotiq 夹具和结构件堆组成。其中，UR5 机器人有 6 个自由度，定位精度为 0.05mm，机器人基座是固定在场景中的；机器人末端安装有 Robotiq 夹具，可进行二指夹取，手指最大夹取距离为 85mm，夹取力在 10 到 110N 之间；D435 相机位于机器人侧前方，正对着抓取场景，抓取系统包括 Ubuntu16.04、ROS-Kinetic 控制系统、Rviz-Gazebo 仿真环境、Vrep-ros 仿真平台。

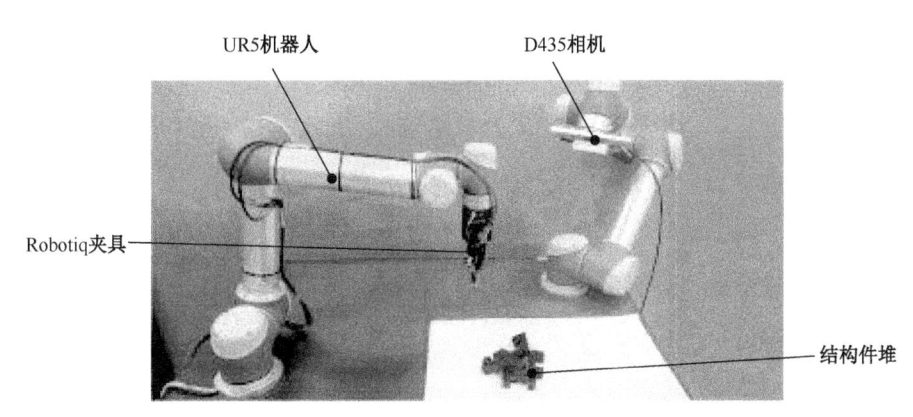

图 8-27 机器人抓取实验平台

2. 实验设计

结构件识别定位方法及抓取顺序方法所使用的输入点云均在相机坐标系下进行，为了使机器人能直接获取场景中结构件的位姿，必须要对相机进行标定及手眼标定。相机标定是指相机在使用过程中，为确定相机中某一点与其坐标系对应关系，需要分析相机的成像原理，通过实验和计算来得到相机的内外参数。手眼标定是为了确定相机坐标系与机器人末端坐标系之间的对应转换关系，从而使机器人能够知道物体在机器人坐标系的准确位姿。

在搭建好的平台上完成标定工作后，便可以进行实际的机器人抓取实验。先对场景中散乱堆叠的结构件进行识别、定位，获取结构件的精确位姿，再使用抓取顺序方法获得场景中结构件的抓取顺序序列。确定抓取结构件后，结构件的位姿会通过手眼标定坐标系转换到机器人基坐标系下的位姿，之后根据结构件姿态匹配库确定机器人姿态调节序列，最

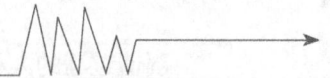

后完成抓取实验。实验中各个坐标系之间的具体转换关系如图 8-28 所示。

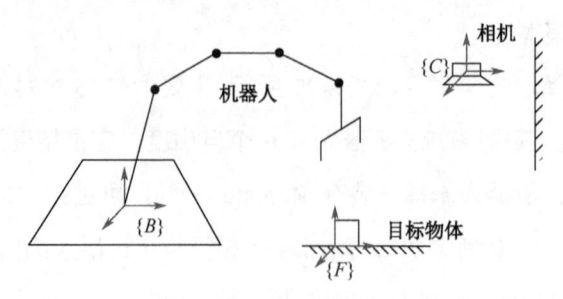

图 8-28 坐标转换关系

图 8-28 中，坐标系{B}为 UR5 机器人基坐标系，坐标系{C}为 D435 相机坐标系，坐标系{F}为物体的真实坐标系。这 3 个坐标系的位置关系如下。

$${}_{C}^{B}T = {}_{F}^{B}T\, {}_{C}^{F}T$$

由此可以得到物体{F}相对于 UR5 基坐标系{B}的关系如下。

$${}_{F}^{B}T = {}_{C}^{B}T\, {}_{C}^{F}T^{-1}$$

其中，${}_{C}^{B}T$ 表示相机手眼标定矩阵，${}_{C}^{F}T$ 表示物体位姿估计矩阵。

机器人抓取实验的主要步骤如下。

（1）将多个结构件堆叠放置在相机视野域内，相机收集到结构件场景的深度图像后传入 ROS-Rviz 中转换为点云图像，之后使用 Python 脚本运行训练好的模型得到结构件场景点云的分类点云，运行 C++脚本对分类点云进行双边滤波、RANSAC 分割、欧式聚类分割，以及多分辨率采样的 ICP 精确配准，最后获得结构件的精确位姿。

（2）通过获取的结构件点云计算相关约束条件，使用基于高斯和混沌算子的粒子群算法获得当前场景下的最优抓取顺序，获取要抓取的结构件和位姿后，经过计算可以得到机器人姿态调节序列。

（3）将机器姿态调节序列输入到 ROS-Control 中，控制机器人抓取结构件到焊接位置，焊接完成后，机器人回到初始姿态，场景点云更新。

依次重复步骤（1）～（3），直至场景中无待抓取机构件，完成实验。图 8-29 为某一结构件的抓取过程。

制造过程的人机协同　第8章

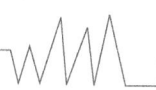

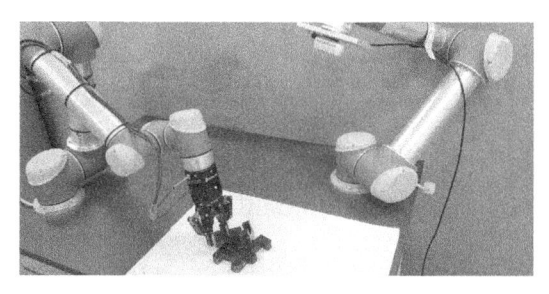

(a) 机器人根据结构件位姿和抓取顺序移动到目标

(b) 机器人根据姿态调节序列进行姿态调节

(c) 放置,准备调节后续姿态

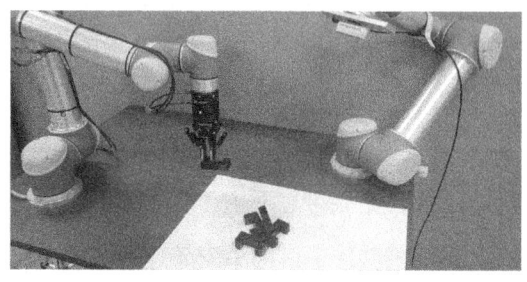

(d) 姿态调节完毕

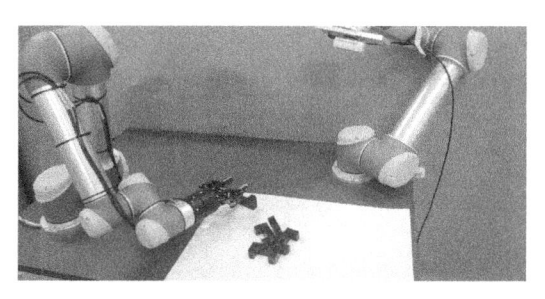

(e) 再次根据姿态调节序列调节姿态

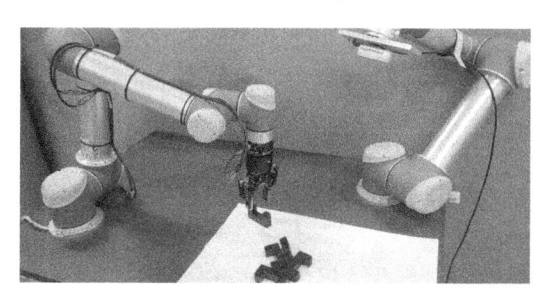

(f) 调节完毕,进行抓取

(g) 完成最终姿态抓取

(h) 移动到焊接位置进行辅助焊接

图 8-29　结构件抓取过程

3. 实验结果

对堆叠场景进行重复抓取 50 次实验，分别评价抓取时间、抓取精度、抓取误差、抓取成功率。抓取时间表示结构件被抓取到最终焊接位置，完成焊接的循环时间；抓取精度表示机器人在抓取结构件时夹具中心点与结构件中心点位置的偏差度；抓取误差表示结构件的重心相对抓取中心点的偏差；抓取成功率表示结构件被抓取的成功率。

其中，堆叠场景结构件数目为 5 个，得到的实验结果如表 8-5 所示。

表 8-5　重复抓取实验结果

评价指标	结构件 1	结构件 2	结构件 3	结构件 4	结构件 5
平均抓取时间	18.3s	15.7s	18.7s	16.3s	14.8s
平均抓取误差	2.3mm	2.8mm	1.7mm	1.5mm	2.5mm
平均抓取成功率	100%	100%	98%	98%	100%

从实验结果可以看出，50 次实验中 5 个结构件的平均抓取时间均在 20s 之内，现阶段人工抓取辅助焊接时间至少要 30s，使用机器人辅助焊接效率至少提高了 30%以上；重复实验的平均抓取误差均在 3mm 以下，完全满足最终焊接误差阈值 5mm 的要求；平均抓取成功率均在 98%以上，表明 50 个结构件中有 49 个能够完成抓取辅助焊接，没被抓取的结构件是在姿态调节的过程中由于夹持摩擦力的不足而掉落，后续可以更换摩擦性能更强的夹具垫片来解决该问题。总体来说，使用机器人结合计算机视觉处理方法来进行结构件的辅助焊接是可行的，可以起到替代人工的作用。

8.4.2　发电机装配

1. 实验环境

为了验证人机协作装配的性能，搭建如图 8-30 所示的人机协作装配环境。人机协作装配环境包括虚拟环境及物理环境两部分。其中，虚拟环境即是指与物理装配空间相映射的孪生空间。人机协作装配空间是复杂的，由多个要素组成：工人、协作机器人及控制柜、视觉或触觉传感器、装配零件、装配工具、工作台等。物理装配环境中的元素信息将会通过传感器传入数据管理系统，进而更新虚拟空间的状态信息。图 8-30（a）展示了用于人机协作装配的数字孪生系统，在该系统中包含了 4 个主要模块：环境搭建模块、虚拟装配模块、控制模块、统计及分析模块。每个模块的作用如下：

（1）环境搭建模块：可以在界面中添加或修改装配元素，形成新的装配环境。

（2）虚拟装配模块：人机协作装配过程在三维模型的虚拟空间中执行，该仿真过程用于测试人机协作的效果，其与物理场景的同步过程用于实时交互。

（3）控制模块：用于在确认装配环境安全后，工人可以控制装配过程。

（4）统计及分析模块：用于显示和分析装配结果，如成功率、装配质量和异常数据，进而对人机协作装配过程进行优化。

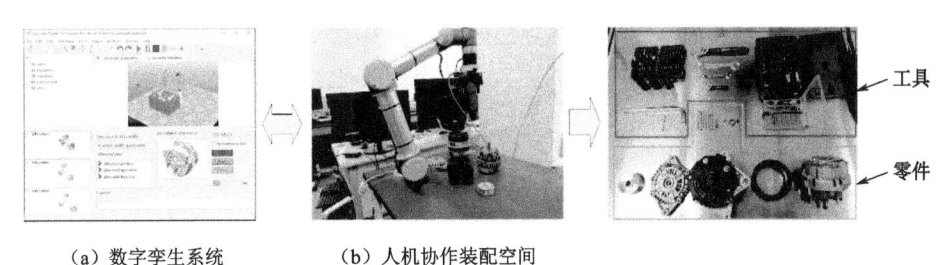

（a）数字孪生系统　　（b）人机协作装配空间

图 8-30　人机协作装配环境

2. 实验设计

人机协作装配实验从人机协作动作序列、零件抓取、协同装配 3 个方面分别建立实验组。实验中采用的方法主要有两种：一是基于数字孪生的装配模式；二是基于固定编程的装配模式。在第一个实验中，研究了用数字孪生人机协作模型来生成动作序列或手工设计动作序列。而在第二个和第三个实验中，这两种装配模式用来完成零件抓取并辅助机器人固定零件。其中，实验过程中的主要观测指标是操作时间、成功率和碰撞率。实验组数设置成 5 组，实验结果均采用所有平行组的平均值。实验中的装配对象为某型号交流发电机，由 16 个不同的零件组成。根据装配约束矩阵，人机协作装配过程一共包括 15 个装配任务。在任务评估及初始分配完成后，装配系统的虚拟空间将验证分配结果的性能。在任务分配过程中，装配任务将被划分成不同的类别，即以机器人为主的任务与以人为主的任务。

3. 实验结果

（1）装配序列。

两种装配模式下的装配性能对比如图 8-31 所示。由此得到以下两个结论。

1）在基于数字孪生的装配模式下，人机协作装配总时间达到了 412s，但在基于固定编程的装配模式下，总装配时间达到了 550s。

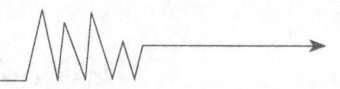

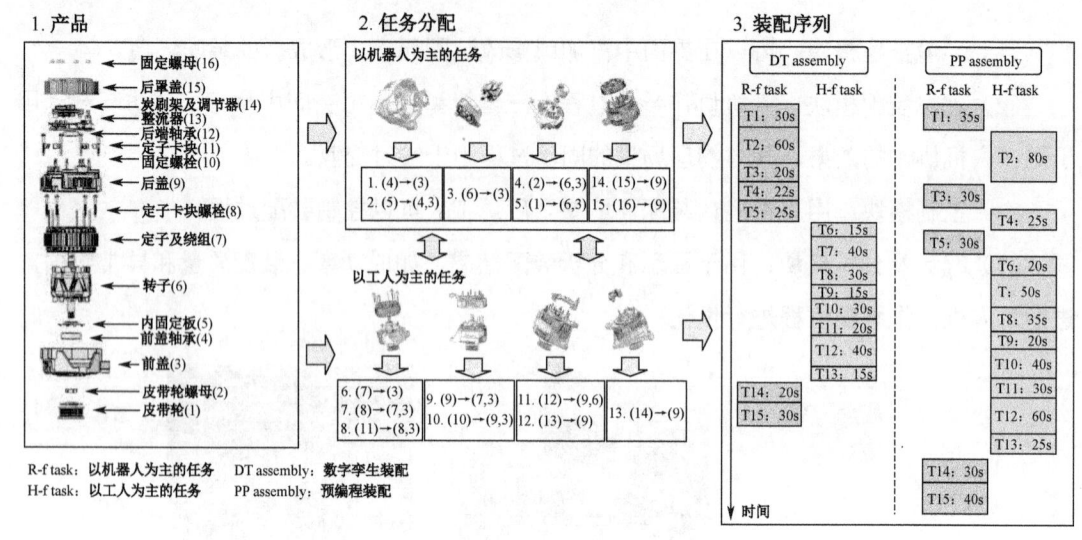

图 8-31　两种装配模式下的装配性能对比

2）在基于固定编程的装配模式下，以人为主的任务占据整个装配过程的 70%，但在基于数字孪生的装配模式下仅占到 49.76%。

（2）零件抓取。

在零件抓取阶段，对比了数据管理系统中不同的规划方法：预编程的方法、DDPG 模型、D-DDPG 模型（包含两层 RL）。在开始训练前，DDPG 和 D-DDPG 模型的回合数设置为 1000，单回合的步数为 10 步，回放缓冲区的容量为 5000，探索噪声初始化为 0.1。在机器人能力范围内来确定要抓取的待装配零件，测试结果均为所有组的平均值。

表 8-6 给出了不同规划方法的抓取性能对比。其中，采用 D-DDPG 模型来抓取特定零件只需要大约 14.832s，而用 DDPG 模型则需要耗时 16.354s。但与上述两种模型进行对比，预编程的方法需要耗费 25.645s。造成该现象的原因是，预编程的方法可能使机器人在冗余的路径上运行。而在碰撞方面，预编程的方法对应的碰撞率达到了 5.208%，远高于 DDPG 模型的 1.563% 和 D-DDPG 模型的 0.521%。造成该现象的原因是，传统方法并不能在动态环境中为机器人提供安全的运行路径。此外，零件抓取精度由 TCP 点和零件中心点间的位置偏差来确定。预编程方法的抓取偏差为 2.447mm，大于 DDPG 模型的 1.875mm 和 D-DDPG 模型的 0.895mm。造成该现象的原因是，当物体位置发生变化时，机器人并不能以固定的程序进行抓取姿态的调整。

表8-6 不同规划方法的抓取性能对比

规 划 方 法	抓取时间/s	碰撞率/%	抓取精度/mm
预编程	25.645	5.208	2.447
DDPG	16.354	1.563	1.875
D-DDPG	14.832	0.521	0.895

（3）协同装配。

在协同装配阶段，则比较了多LSTM层的动作识别模型及时空注意机制。对于特定的装配行为，时间注意机制会将注意权重分配给不同的时间步长。例如，对于某具体的装配行为，在图8-32（a）中显示时间步长为8时对应的注意力权重最大，人体骨骼上的关键点的关注度也会根据不同关键点的重要性来进行分配，在图8-32（b）中显示关键点11对应的关注度最高。图8-32（c）则显示了不同动作识别模型的准确性。在这种情况下，识别模型的准确性会随着训练阶段的增加而提高。同时，动作识别模型的准确性与LSTM的层数之间有一定关系。当LSTM层数为4时，识别精度达到了最大值（0.912453）。该精度明显低于精度为0.966006的时空注意力模型。图8-32（d）显示了机器人在协作任务中的平均等待时间。对于不同的实验组，每组都测试了10个装配任务。期间，机器人的灵敏度通过计算机器人识别人体动作后的等待时间来进行定义。从图8-32（d）中可看出，机器人在转移零件及协同装配时的平均等待时间大约在4s之内。根据该实验结果可知，机器人的等待时间说明了目前基于数字孪生的高性能机器人装配可满足高效率的需求。

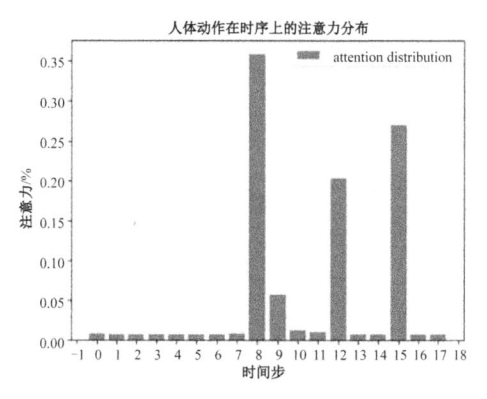

（a）时间尺度上的注意力分析 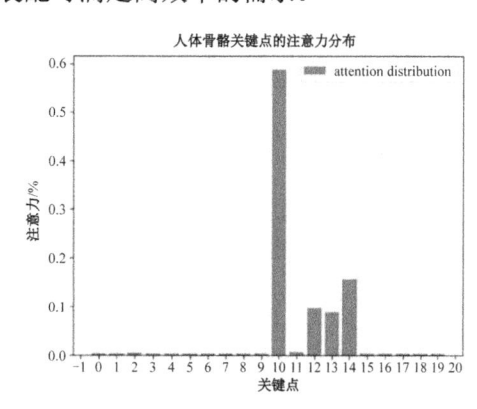 　　（b）空间尺度上的注意力分布

图8-32 人机协作装配实验结果

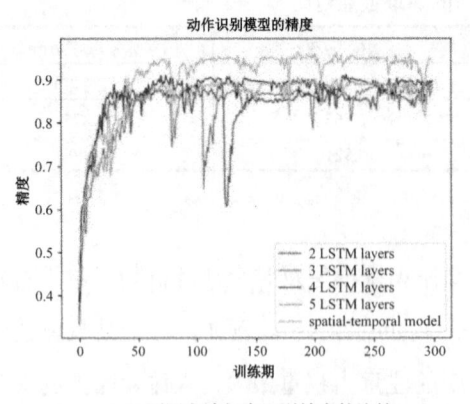

（c）不同方法行为识别精度的比较 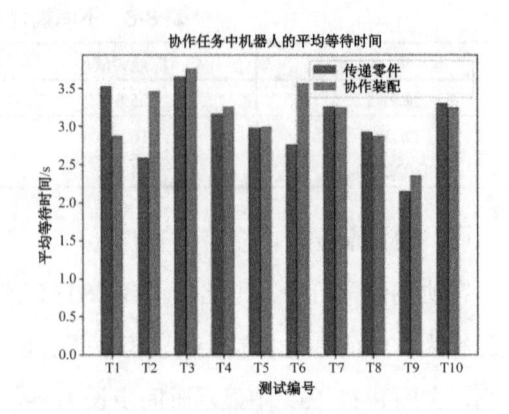　　　　　　（d）机器人的等待/反应时间

图 8-32　人机协作装配实验结果（续）

表 8-7 从装配时间、碰撞率和装配精度 3 方面给出了不同规划方法的协同装配性能对比。从装配时间来看，利用 D-DDPG 模型仅需要 12.453s 即可完成单个装配任务，而完成相同的任务，利用 DDPG 模型则需要耗费 14.564s。与以上两种模型相比，采用预编程的方法需要使用 24.845s 来完成任务。造成该现象的原因是，当人类的位置发生变化时，机器人会沿着固定的路径行走而无法动态调整。从碰撞角度出发，预编程的方法会导致较高的碰撞率（5.128%），该数值远高于 DDPG 模型（1.538%）和 D-DDPG 模型（0.513%）。造成该现象的原因是，机器人无法根据人体姿态变化自适应地调整机器人自身姿态。装配偏差与装配精度之间有着较大的关系，用 D-DDPG 模型可将装配偏差降低到 0.587mm，但是用 DDPG 模型的装配偏差最大可达 0.964mm，而预编程方法的偏差值甚至高达 1.884mm。造成以上现象的原因是，机器人无法在预编程模式下对装配任务做出快速响应。

表 8-7　不同规划方法的协同装配性能对比

规划方法	装配时间/s	碰撞率/%	装配精度/mm
预编程	24.845	5.128	1.884
DDPG	14.564	1.538	0.964
D-DDPG	12.453	0.513	0.587

参考文献

[1] [1] Ou Y, Liu G, Xu T. A learning-from-demonstration based framework for robotic manipulators sorting task[C]//2018 IEEE International Conference on Cyborg and Bionic Systems (CBS). IEEE, 2018: 42-47.

[2] CRUZ J P, et al. Object Detection by Shape and Color Pattern Recognition Utilizing Networks[C]. International Conference of Information and Communication Technology, 2013:140-144.

[3] 谢春生. 基于物体颜色和尺寸特征的机器人视觉算法[J]. 机械科学与技术, 2014, 33(11):1643-1647.

[4] GIRSHICK R, DONAHUE J, DARRELL T, et al. Rich Feature Hierarchies for Accurate Object Detection and Semantic Segmentation[C]. IEEE Conference on Computer Vision and Pattern Recognition, 2014:580-587.

[5] HE K, ZHANG X, REN S, et al. Spatial Pyramid Pooling in Deep Convolutional Networks for Visual Recognition[J]. IEEE Transactions on Pattern Analysis and Machine Intelligence, 2014, 37(9):16-21.

[6] 孙铁强, 贺颖. 基于Faster R-CNN的辅助驾驶相关检测[J]. 华北理工大学学报（自然科学版）, 2018, 40(4):112-119.

[7] REDMON J, DIVVALA S, GIRSHICK R, et al. You Only Look Once:Unified, Real-Time Object Detection[C]. IEEE Computer Society Conference on Computer Vision and Pattern Recognition, 2015:779-788.

[8] LIU W, ANGUELOV D, ERHAN D, et al. SSD:Single Shot Multi Box Detector[C]. European Conference on Computer Vision. 2016:21-37.

[9] Pierre S, et al. OverFeat:Integrated Recognition, Localization and Detection using Convolutional Networks[C]. International Conference on Learning Representations, 2013.

[10] HINTERSTOISSER S, et al. Gradient Response Maps for Real-Time Detection of Textureless Objects[J]. IEEE Transactions on Pattern Analysis and Machine Intelligence, 2011, 34(5):876-888.

[11] 发那科 FANUC M-20iA 机器人 3D Bin-picking 技术锻件机加中应用[EB/OL]. [2014-2-5]. http://www.robotsbase.com/AppPortal/market/robots/news/detail.html?iid=11956.

[12] CHEN H, FUHLBRIGGE T, ZHANG G, et al. Integrated Robotic System for High Precision Assembly in a Semi-structured Environment[J]. Assembly Automation, 2007, 27(3):247-252.

[13] Random Picking[EB/OL]. [2018-5-9]. http://www.isravision.com/en/robot-vision/shapescan3d.

[14] CHITTA S, JONES E G, CIOCARLIE M, et al. Mobile Manipulation in Unstructured Environments:Perception, Planning, and Execution[J]. IEEE Robotics and Automation Magazine, 2012, 19(2):58-71.

[15] HORNUNG A, PHILLIPS M, JONES E G, et al. Navigation in Three-Dimensional Cluttered Environments for Mobile Manipulation[C]. IEEE International Conference on Robotics and Automation (ICRA), 2012:423-429.

[16] 杨扬. 基于机器视觉的服务机器人智能抓取研究[D]. 上海：上海交通大学，2014．

[17] 党希超. 基于视觉导向的机械手抓取定位技术研究[D]. 广州：华南理工大学，2013．

[18] 佐立营. 面向机器人抓取的散乱零件自动识别与定位技术研究[D]. 哈尔滨：哈尔滨工业大学，2015．

[19] LIU H, WANG L. Human Motion Prediction for Human-Robot Collaboration[J]. J Manuf Syst, 2017, 44:287-94.

[20] YAO B T, ZHOU Z D, WANG L H, et al. A Function Block Based Cyber-Physical Production System for Physical Human-Robot Interaction[J]. J Manuf Syst, 2018, 48:12-23.

[21] DARVISH K, WANDERLINGH F, BRUNO B, et al. Flexible Human-Robot Cooperation Models for Assisted Shop-Floor Tasks[J]. Mechatronics, 2018, 51:97-114.

[22] WANG L, GAO R, VANCZA J, et al. Symbiotic Human-Robot Collaborative Assembly[J]. CIRP Ann Manuf Technol, 2019, 68:701-26.

[23] GRIEVES M. Digital Twin:Manufacturing Excellence Through Virtual Factory Replication. White paper, 2014.

[24] TAO F, ZHANG M, LIU Y S, et al. Digital Twin Driven Prognostics and Health Management for Complex Equipment[J]. CIRP Ann Manuf Technol, 2018, 67:169-72.

[25] SIERLA S, KYRKI V, AARNIO P, et al. Automatic Assembly Planning Based on Digital Product Descriptions[J]. Computer in Industry, 2018, 97:34-46.

[26] SUN X M, BAO J S, LI J, et al. A Digital Twin-Driven Approach for the Assembly-Commissioning of High Precision Products[J]. Robot Comput Integr Manuf, 2020, 61.

[27] GUO D Q, ZHONG R Y, LIN P, et al. Digital Twin-Enabled Graduation Intelligent Manufacturing System for Fixed-Position Assembly Islands[J]. Robot Comput Integr Manuf, 2020, 63.

[28] YI Y, YAN Y H, LIU XJ, et al. Digital Twin-based Smart Assembly Process Design and Application Framework for Complex Products and Its Case Study[J]. J Manuf Syst, 2020, 28.

[29] DRODER K, BOBKA P, GERMANN T, et al. A Machine Learning-Enhanced Digital Twin Approach for Human-Robot-Collaboration[J]. Procedia CIRP, 2018, 76:187-92.

[30] OYEKAN J O, HUTABARAT W, TIWARI A, et al. The Effectiveness of Virtual Environments in Developing Collaborative Strategies between Industrial Robots and Humans[J]. Robot Comput Integr Manuf, 2019, 55:41-54.

[31] MA X, TAO F, ZHANG M, et al. Digital Twin Enhanced Human-Machine Interaction in Product Lifecycle[J]. Procedia CIRP, 2019, 83:789-93.

[32] WANG T, LI J K, KONG Z N, et al. Digital Twin Improved via Visual Question Answering for Vision-Language Interactive Mode in Human-Machine Collaboration[J]. J Manuf Syst, 2020, 24.

[33] MALIK A A, BILBERG A. Digital Twins of Human Robot Collaboration in a Production Setting[J]. Procedia Manuf, 2018, 17:278-85.

[34] BILBERG A, MALIK A A. Digital Twin Driven Human-Robot Collaborative Assembly[J]. CIRP Ann Manuf Technol, 2019, 68(1):499-502.

[35] KOUSI N, GKOURNELOS C, AIVALIOTIS S, et al. Digital Twin for Adaptation of Robots' Behavior in Flexible Robotic Assembly Lines[J]. Procedia Manuf, 2019, 28:121-6.

[36] BASKARAN S, NIAKI F A, TOMASZEWSKI M, et al. Digital Human and Robot Simulation in Automotive Assembly Using Siemens Process Simulate:A Feasibility Study[J]. Procedia Manuf, 2019, 34:986-94.

[37] TELEA A. An Image Inpainting Technique Based on the Fast Marching Method[J]. Journal of Graphics Tools, 2004, 9(1):23-34.

[38] 曹家梓，宋爱国. 基于马尔科夫随机场的纹理图像分割方法研究[J]. 仪器仪表学报，2015, 36(4):776-786.

[39] QI C R, YI L, SU H, et al. PointNet++:Deep Hierarchical Feature Learning on Point Sets in a Metric Space[C]. Neural Information Processing Systems, 2017:5099-5108.

[40] 王佳倩，王晓南，郑顺义，等. 三维点云初始配准方法的比较分析[J]. 测绘科学，2018, 43(2):16-23.

[41] 王丽辉. 三维点云数据处理的技术研究[D]. 北京：北京交通大学，2011.

[42] 杨奇峰，曲道奎，徐方. 基于3D-NDT的移动机器人定位算法研究[J]. 控制工程，2020, 27(4):613-619.

[43] HERAS F, et al. Determination of SEA Loss Factors by Monte Carlo Filtering[J]. Journal of Sound and Vibration, 2020, 479(4).

[44] 刘波. 粒子群优化算法及其工程应用[M]. 北京：电子工业出版社，2010, 8:49-81.

[45] 丁根宏，曹文秀. 改进粒子群算法在水库优化调度中的应用[J]. 南水北调与水利科技，2014, 12(1): 118-121.

[46] SUTTON R S, MCALLESTER D A, et al. Policy Gradient Methods for Reinforcement Learning with Function Approximation[J]. Advances in Neural Information Processing Systems, 2000, 12:1057-1063.

[47] MNIH V, KAVUKCUOGLU K, SILVER D, et al. Playing Atari with Deep Reinforcement Learning[Z]. arXiv, 2013.

[48] MNIH V, PUIGDOMÈNECH B A, MIRZA M, et al. Asynchronous Methods for Deep Reinforcement Learning[Z]. arXiv, 2016.

[49] LILLICRAP T P, HUNT J J, PRITZEL A, et al. Continuous control with deep reinforcement learning[Z]. arXiv, 2015.

[50] OLIFF H, LIU Y, KUMAR M, et al. Reinforcement Learning for Facilitating Human-Robot-Interaction in Manufacturing[J]. Journal of Manufacturing Systems, 2020, 56:326-340.

第 4 篇 运维阶段的工业智能

　　工业过程的稳定运行及设备维护是实现智能制造的保障。

　　现实制造中的管理以生产制造结果为导向,导致人们对潜在的质量隐患毫无察觉,忽略了事前、事中的控制,以至于生产质量事故频发,管理人员不能准确地判断质量管控运行状态,过程整改驱动乏力。利用人工智能技术可以加强生产过程质量管控,实现透明化生产。工业设备是工业制造的具体执行者,设备的健康维护对产品质量至关重要。通过设备故障诊断技术,能够恢复设备的既定功能与性能,为后续提升核心部件的使用寿命和提高生产质量提供保障。

　　本部分包括两章,分别是生产作业运行智能管控和设备故障诊断与预防性维修。

第9章 生产作业运行智能管控

生产质量过程管控的实质是组织有效生产，对产品制造过程中的潜在质量隐患进行准确的识别和管理，不断提升自我持续改进的驱动力，这是管理体系不断完善的过程。利用人工智能技术可以加强生产过程质量管控，能够对由生产组织不精准、工艺秩序不协调、信息传递不及时、权责划分不清晰、分析工具不合理等带来的潜在隐患进行有效识别，从而杜绝重大、特大生产质量事故的发生，实现透明化生产。本章介绍生产过程的数据组织的知识管理方法，最后以纺纱生产为对象给出了智能管控和能耗管控方法。

9.1 生产作业运行智能管控进展与现状

复杂产品生产全过程包括生产需求、毛坯制造、结构件加工、部件组装等，全生产过程面临数字化水平高、快速响应与生产动态配置的需求。整个机加工生产线的规模较大，设备人员配备、数量和复杂性程度均较高，导致生产数据的来源广泛，生产过程状态动态多变。目前制造业在生产制造过程中面临的挑战主要包括知识管理和重用、协同化管理、质量提升和六西格玛控制、提高生产能力等。目前有较多的工艺可以用来解决此类问题，可以用捕捉工艺知识，通过可配置的工艺规划实现知识重用；采用更好的工艺规划、工艺验证、工艺文档编制与管理、制造过程管理和服务平台；在质量提升方面避免质量隐患和下游的错误，减少无价值活动造成的浪费；不断改进生产效率，提高制造的敏捷性和灵活性等措施。为了更好地解决制造生产中面临的诸多问题，数字化、智能化、信息化的生产作业运行模式会给生产线带来更大的生产效益。

融合智能制造行为的作业过程管控至少应包括3个维度的能力：一是理解、分析、解决问题的能力；二是归纳推理和演绎推理的能力；三是自适应环境而生存发展的能力。生产智能化生产包括两个层面，分别是生产工艺准备过程的智能化和加工生产过程的智能化。在生产工艺准备过程的智能化层面，国内外研发了多种虚拟仿真和先进分析软件工具，建模、仿真、分析、数据处理和决策优化等功能日趋完善。加工生产过程智能化包括产品全流程，机械产品的生产作业过程是将各种资源转化为最终产品的相关活动，在生产线中为计划调度和执行行为，即组合调度行为。零件加工过程是执行生产工艺的过程，即通过一定工序和方式将原材料、半成品转化为目标需求的过程的总称。其主体是机床等工艺装备，核心是机床或工艺装备的加工或运行过程，在机加线中为工艺装备设备运行和工况处理的自主执行行为。生产过程管控是对生产运行管理工作的总称，在现代企业中是一项软件工程，可概括为感知识别、数据获取、自动推理行为。以上所有行为通过生产过程管控系统整合后构成自动化机加线的智能行为。组合调度以机加线工艺为主线，根据设备的工作状态，按照设备负荷平衡的原则，对作业计划、物料传输、工具配送、生产运行等过程进行优化排序，按均衡生产方式和余量设计准则进行组合调配控制。自主执行将计划及调度的作业计划以动作链方式安排到设备，按照规定的顺序执行，同时监视加工零件及各设备的实时状态，并反馈到计划及调度模块，以便重新计划和调度，以保障系统的稳定运行。感知识别包括全面感知、监测机加线物料传输、机床加工、生产运行和产品状况的实时状态及信息反馈。数据获取主要通过感知的手段获取动态数据，并对获取的实时运行状态数据进行及时、快速分析，进而转化为动态知识。自动推理会按照设定的规则，根据分析结果，自主做出判断决策。

生产工艺准备和加工生产中运用到各种智能化手段来提升整个车间的加工效率。在制造装备高精度、高效与智能化中，信息技术的应用大大提高了制造装备的精度与效率，并实现自动化与智能化。制造的网络化与柔性化主要体现在经济全球化的格局下，基于网络的制造技术将得到广泛应用，制造装备和制造系统的柔性与可重组成为21世纪制造技术的显著特点。利用各种物联网与大数据采集等智能化技术,研究机加工资源互连互通方法,针对待加工过程生产特点及网络环境要求,研究不同设备、资源对象的状态数据采集方法,实现机加工车间不同类型(性能、尺寸、质量等)生产数据的采集,基于机加工过程中各生产资源的实时状态数据,研究制造过程状态感知模型,从而能够更好地适应生产车间的智能作业运行。产品智能制造结合先进的信息技术、电气自动化技术、人工智能 AI 技术,使用高科技智能设备从工厂生产第一线开始向上建造智能生产线,搭建智能生产车间,打造信息化智能工厂,开展智能管理,推进智能服务,最后实现整个制造业价值链的智能化和创新化。在智能制造业打造的过程中运用到机器学习、深度学习、认知计算、知识图谱、自然语言处理等关键性技术。

本质上,知识图谱是一种揭示实体之间关系的语义网络,可以对现实世界的事物及其相互关系进行形式化的描述。现在的知识图谱已被用来泛指各种大规模的知识库。而大规模知识库的构建与应用需要多种智能信息处理技术的支持。通过知识抽取技术,可以从一些公开的半结构化、非结构化的数据中提取出实体、关系、属性等知识要素。通过知识融合,可消除实体、关系、属性等指标项与事实对象之间的歧义,形成高质量的知识库。知识推理则是在已有的知识库基础上进一步挖掘隐含的知识,从而丰富、扩展知识库。分布式的知识表示形成的综合向量对知识库的构建、推理、融合及应用均具有重要的意义。

谷歌在 2012 年提出的知识图谱可以对大数据进行符号化处理,让机器运用知识图谱来解决产品生产过程中的各种问题,让机器具备和人一样的认知智能,通过人机交互来达到对生产数据的理解和解释。知识图谱作为一种多学科交叉的技术体系,融合了信息检索、自然语言处理、认知计算、数据挖掘、机器学习、深度学习等研究热点和应用技术。目前工业场景中的生产要素较多、制造工艺复杂,不同的制造工厂在生产时会遵循不同规则的数据库、工艺文档、视频资料等。针对制造资源构建出的知识图谱应用在工业领域,将生产要素信息以符号的形式表示出来。利用知识图谱进行资源的预测及自组织,从而增加对制造资源知识的重用,提高生产车间生产要素的利用率。知识图谱技术的出现为复杂数据的处理提供了一个新的可行方案。作为一种图谱组织形式,通过语义关联把各种实体关联起来。知识图谱把结构化、非结构化的数据通过数据抽取融合在一起,体现了数据治理、语义连接的思想,有利于大规模数据的利用和迁移。为更好地理解知识图谱技术,可从以下3个角度理解：从数据治理角度理解，知识图谱改变的是企业关于数据存储的传统方式，本质上就是改变数据组织的形式，利用知识的组织形式完成行业数据逻辑性的保存；从语义连接角度理解，深度学习学到的是事物底层特征空间，而人能理解的是事物语义空间，知识图谱能弥补这两者的鸿沟，它将人类的思维转化为机器路径思维；从智能应用角度理解，知识图谱让知识可被用户访问到（搜索），可被查询（问答），可被支持行动（决策）。

车间生产作业流程优化主要包括生产工序流程调整、车间设备规划和专职操作工调配等。其主要包含两方面的内容，一方面是对非最优化流程本身的优化，另一方面是利用信息化工具来优化作业流程。对非最优化流程的优化是在研究了基于品种和批量状况的机械生产要求及环境后，选择单元化作业流程优化调整对生产系统进行改进，从而能够适应公司生产及交付需求。基于流程智能挖掘对作业流程进行优化，主要是通过挖掘发现工作中出现的隐含不稳定因素导致的车间工作效率较低等问题，以便采取一系列优化措施对车间流程进行单元化调整。

生产过程中的能耗控制主要包括生产的各个环节和部门，所控制的原材料基本是料、工、费的支出。根据已制定的图纸、工艺方法和工艺消耗定额标准，在生产过程各环节，对原材料消耗进行控制。能源消耗是考虑生产成本中占据比重最大的部分，针对企业的技术装备水平和工艺加工水平，针对能耗控制设定不同的方案。能源消耗的控制，一方面是对各种设施的动能控制，如使用机械、生产建筑设施、运输车辆、起重设备、电器设备等动力消耗的控制。这由动力部门全面调控，构成能源的责任成本中心，尽量选用低能耗的设备，控制单位产品能耗定额，以及采取各种节能限额和措施。另一方面是热能的控制，即对各种生产设施、设备和加工工艺所需热能消耗的控制，包括对电、油、煤、焦炭、木柴、各种化学燃料和助燃剂的消耗的控制。生产能耗控制可以使机械加工实现资源合理分配。

在纺织领域，纺织生产作业流程智能管控是伴随世界新科技革命和新工业革命而发展起来的。近年来，美国、欧盟、日本等发达国家和地区在重振制造业等多重因素影响下，凭借其在互联网、计算机、工业大数据、工业机器人、增材制造、信息物理系统、虚拟现实、人工智能等技术领域的综合优势，全力发展纺织全流程智能制造技术，并处于领先水平。欧、美、日等国家和地区对纺织制造过程进行大幅度优化升级，企业建立全球化的网

络，并将机器、仓储系统和生产设施都纳入信息物理系统中，给纺织企业的制造、工程、材料使用、供应链、生命周期管理等带来根本性的改进。例如，德国工业4.0项目中的future TEX项目构建以顾客为中心的柔性价值链，并设定了未来的纺织品工厂、数字化制造过程、大规模定制和新的商业模型四大方向。

德国、英国、日本等国的纺织企业开发了纺织制造数据采集和信息管理系统。如英国克罗斯鲁尔（Crosrol）公司开发的纺织制造人机界面系统、德国特吕茨勒（Trutzschler）公司开发的纺织设备数据采集系统等，不同程度地实现了纺织设备之间的联锁控制，提高了单机运转效率，较大程度地推动了车间乃至企业信息化的发展，提升了企业在国际市场上的核心竞争力。

国外先进纺织企业大多已应用了相关智能系统来进行生产管理与制造执行。纺织行业智能执行技术应用得比较好的企业主要在美国、欧盟、日本及韩国。纺织智能执行综合系统的使用，使大多数纺织装备实现高精度运动控制，并实现了纺织生产和工艺仿真、智能物流和仓储等。

全球500强中的纺织企业有80%采用了ERP系统，使企业合理利用资源、降低库存、降低成本、提高生产效率和市场占有率。例如，德国奥伽（OrgaSystem）公司采用MEP原理和方法开发的TEXIS软件，包括合同订单、生产过程、成品原材料库存、采购计划、成本核算、成品发货等模块。

瑞士、比利时、德国等纺织机械技术先进的国家，其60%的小型企业、80%的中型企业、90%以上的大型企业已经采用信息化管理模式。这些国家使用新型的智能纺织设备实现了互连互通，设备在运转过程中产生的信息和数据可视、可传递、可读取。利用MES系统来获取和传递设备的信息数据，将其传输到云平台上。各个产品模块也能从云平台读取对自身有价值的数据，从而支持纺织行业整体高效运行。

我国生产作业智能管控应用也已经起步，主要体现在以下3点。

（1）智能纺织装备和系统集成技术有了初步基础。例如，宁波慈星公司的全自动电脑横机和针织毛衫柔性定制系统，常州五洋公司的智能化高速双针床经编机，经纬纺织机械公司从清棉到并条、粗纱、细纱、络筒纺纱生产全过程的E系统等。

（2）智能制造车间示范性试点覆盖了纺织产业链，如全流程锦纶生产智能工厂、智能化纺纱工厂，筒子纱数字化自动染色生产线等。

（3）服装企业的大规模个性化定制服务进入成长阶段，出现了青岛酷特、浙江报喜鸟、广东爱斯达等领军企业。但与国外先进水平相比，我国在纺织装备和数据互连互通，纺织产业链各制造领域的数据采集、信息融合、智能执行，以及纺织企业的智能运营等方面还存在标准缺失，尚无真正比较通用的纺织网络化数据采集与信息系统，纺织制造智能执行技术研究开发和应用还处于初级阶段，纺织装备机电集成化、信息化、智能化和可靠性不高，纺织企业智能运营尚处于初级阶段还不成熟、不完善等差距。

9.2 基于知识图谱的生产作业智能管控模型

当前工业中含有大量数据资源，但数据资源整体利用率很低，主要是由于企业积累的数据多源异构，关系复杂，且大量文档信息存在丰富知识，目前主要依靠人工处理此类信息，人工审阅处理烦琐且认知有限，长此以往，不利于推进企业数字化、智能化的发展进程。因此，对生产过程的数联与知识的高效处理和利用有了更高的需求。需要提升生产过程信息的高效利用，以引导生产并服务生产，以实现从知识层面提升生产效率，提高车间数字化水平。

9.2.1 生产全过程状态感知模型

复杂机械产品生产线的规模较大，设备的数量和复杂性程度均较高，导致生产数据的来源广泛，生产过程动态多变。因此可利用物联网与大数据采集技术，研究复杂机械产品资源互连互通方法，实现对机械产品信息的整体感知、可靠传输和智能处理。针对机械产品生产特点以及网络保密环境要求，通过各类信息传感器、射频识别技术、红外感应器、激光扫描器等实现机加工车间不同类型生产数据的采集，然后通过 5G、Zigbee、WiFi、蓝牙、LoRa、Sigfox、eMTC 和 NB-IoT 等网络遵循一定的通信协议和传输协议进行数据传输，成为计算机可识别的数字信号，方便后续数据的处理与分析。面对规模庞大、增长速度极快、种类繁多的大数据，可采用数据库将这些数据进行存储和管理，形成工艺数据库、刀具数据库、机床数据库等。机加工车间设备产生的数据不断通过物联网、各种网络和数据库等进行更新处理,从而实现对机械产品生产线实时生产状态的在线感知。图 9-1 所示为机械产品生产全过程设备状态感知过程。

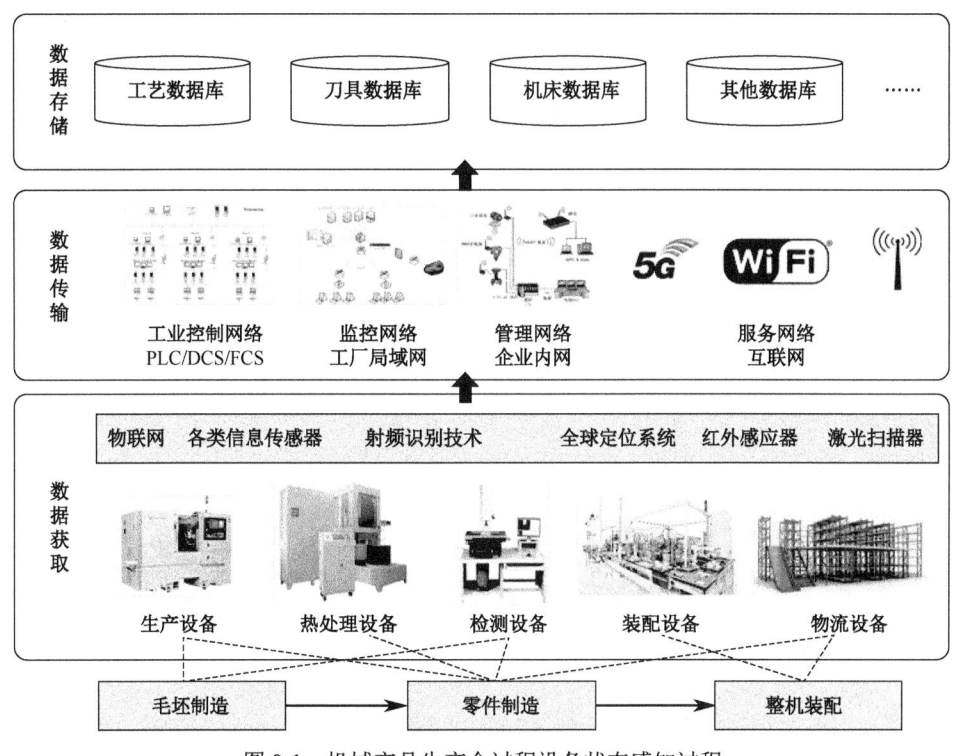

图 9-1 机械产品生产全过程设备状态感知过程

9.2.2 面向生产过程的数据建模

生产过程数据是反映生产系统本质特征和运行规律的依据,对生产过程数据的建模与研究可以推动以智能生产维护为代表的新兴制造模式的发展,在近年来引起了人们的广泛关注。在制造生产过程中,以离散制造为例,单个项目的生产中,虽然制造过程中制造资源的数据输入是间断性的,产品复杂多样,所衍生的制造过程数据量大且不统一,但整体来说,可以将数据划分为设备数据层、过程数据层、指标数据层和用户数据层 4 个层级,如图 9-2 所示。

其中,设备数据层为底层,采集毫秒级的设备状态时序数据,如设备振动、功率、切削力、切削参数等；第二层为过程数据层，采集相关物料、人员操作、传感控制数据；第三层为指标数据层，采集在线质量监测数据、生产效率、生产进度、制造消耗数据；顶层为用户数据层，采集用户对产品的反馈数据。对整个生产过程数据建模的本质是对过程中产生的数据、信息与知识的统一化组织和管理。通过获取制造实时生产数据并将其加工转换成生产信息，进一步提炼、总结出生产知识，应用知识工程方法解决生产难题。

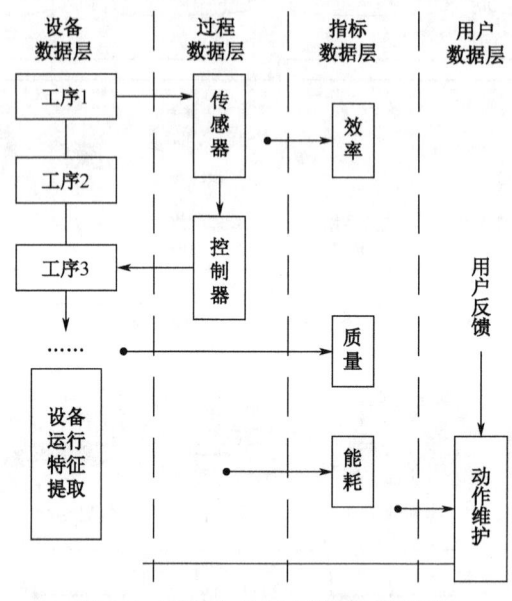

图 9-2 面向生产全过程的数据层级

面向生产全过程的数据具有动态性、离散性及时序性的特点。在这些数据中包含了丰富的实践经验、加工规律及实施方法等，在对这些数据的建模过程中，需要将存在于个体、分散在不同生产阶段的数据转变成公有的、有组织的、可以传播并共享重用的知识。面向生产全过程的数据时变空间信息模型演化过程如图 9-3 所示。

针对 4 个层级的数据，按照生产特点及数据来源，又可以具体划分为以下 4 类。

（1）产品基础与工艺数据。该数据包括基础数据和工艺数据，前者包括产品编号、名称、交货期、材质、数量等数据，后者包括产品的工艺要求、加工图纸、质量要求、加工程序和代码等数据。

（2）工序物流状态数据。该数据是指与工序物流有关的数据，如工件流转数据、工件从前道工序到当前工序的流转数据、工件装夹的开始与结束时间数据、工件在机床加工和完工时间数据、在制品实时位置数据、实时库存数据等。

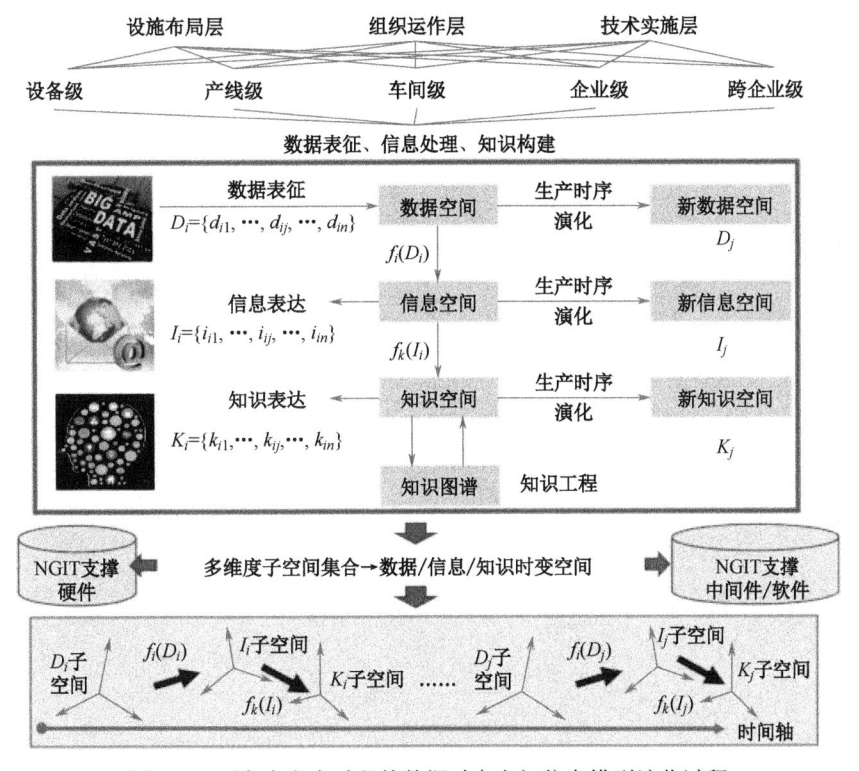

图 9-3　面向生产全过程的数据时变空间信息模型演化过程

（3）生产工艺系统工况数据。该数据是指加工过程中装备所产生的状态数据，如物料状态数据、工装刀具状态数据、人员状态数据、生产进度数据等。

（4）工件质量特征演变数据。该数据是指加工过程中与质量相关的数据，既包括加工特征、加工要素、各特征之间的关系等数据，也包括过程质量精度与表面精度、终值质量精度与表面精度等数据。

通过上述 4 类数据，构建生产过程的多维数据时变空间，实现生产资源、数据、信息、知识之间的关联，为信息、知识乃至知识工程的层面提供基础的数据保障。

生产全过程涉及的生产要素类型多样、种类复杂，具有显著的层次化关系，但是在制造时有明显顺序化和层次化的操作规范。基于知识图谱的产品建模演化过程的研究主要包括梳理和分析毛坯制造、结构件加工及零件组装过程中生产要素的分类等。

目前在制造领域中对于制造资源的建模方法不多，本体是目前最流行的知识建模和表达方式，被越来越多地应用在知识工程和人工智能等领域。利用本体与知识图谱相结合的建模方式，进一步挖掘层次化关联关系，形成如图 9-4 所示的面向生产全过程的静态资源知识图谱模型。

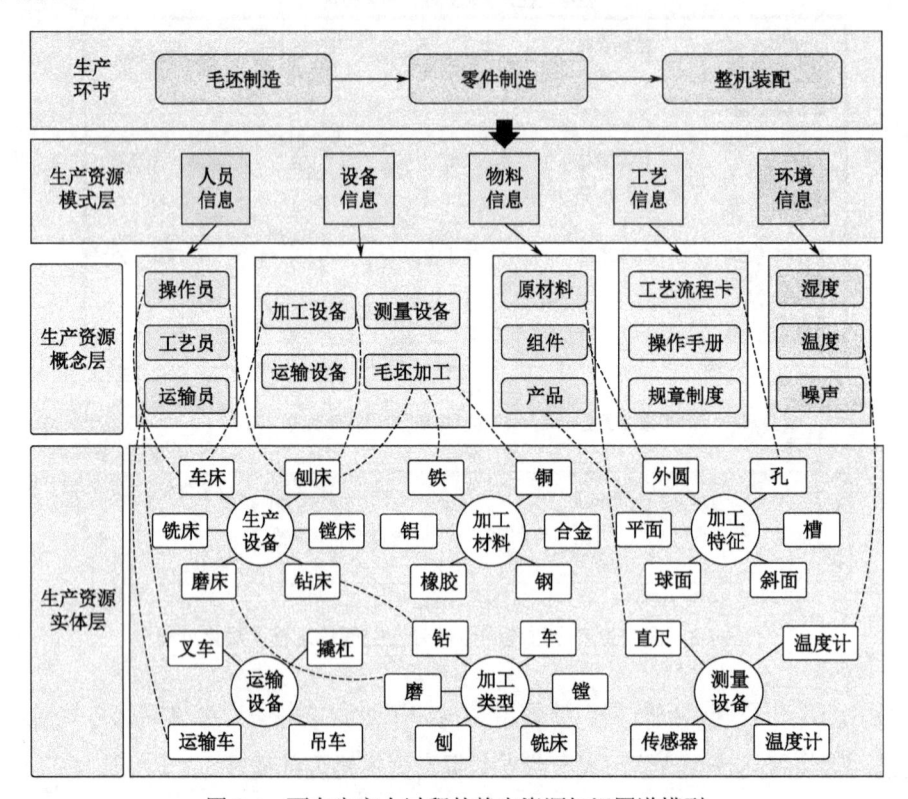

图 9-4　面向生产全过程的静态资源知识图谱模型

构建的面向生产全过程的静态资源知识图谱模型减少了生产要素分类的混乱性，有助于资源知识总图谱的形成。结合全面质量管理理论中影响产品质量的"人、机、料、法、环"五因素，该模型主要分为生产资源实体层、生产资源概念层、生产资源模式层和生产环节 4 层。该模型自顶向下对应了从数据到信息再到知识的转化，顶层为生产全过程中产生的各类被存储在数据库中的结构化数据，以及工艺文档、设计图纸等半结构化和非结构化数据。这些数据一般是未经组织和处理的，本身没有含义和价值。第二层包括人员信息、设备信息、物料信息、工艺信息、环境信息。这些数据经过一系列的分析处理，可以将其按照指定类别转化为语义信息。底层为制造资源的生产要素实例化，实例化知识是知识图谱构建的模板，同时可以为新的定制产品进行知识推理。这些资源知识是对语义信息的实例化应用，对信息进行实体、关系和属性的整理，为后期推理提供理论支撑。

针对智能物联制造所产生数据的实时性和动态性特点，除了对制造资源的静态特性进行数据模型描述之外，还需要对制造资源在生产过程中的状态数据进行描述，并通过对数据物理域、能力域和状态域的分析进行基于对象的封装和表达。以某个车间为例，构建智能制造车间数据模型可分为环境数据模型、过程任务数据模型、工艺数据模型、在制品数据模型、制造资源数据模型等。智能制造车间总体数据管理模型框架如图9-5所示。

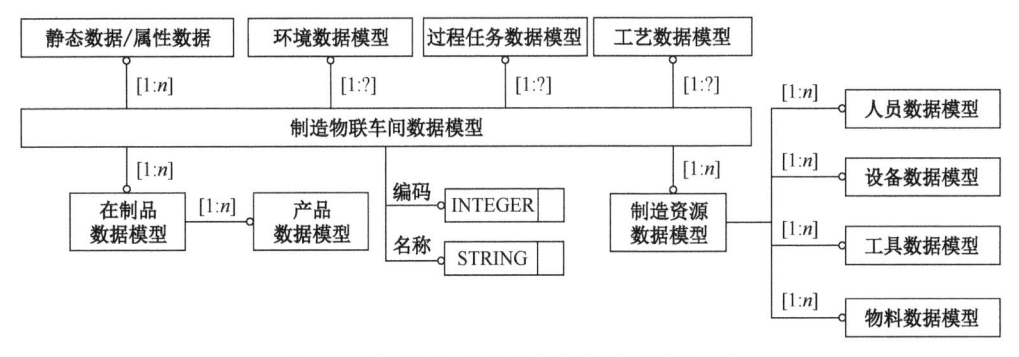

图9-5 智能制造车间总体数据管理模型框架

1. 制造资源数据模型

制造资源主要包括人员、设备、物料等。制造资源物理域、能力域及状态域的特性数据模型如图9-6所示。设备数据模型主要通过基本属性、工作状态、制造能力和维修记录等方面进行静、动态结构化描述。人员数据模型围绕员工的基本信息、职能技能方面进行描述，并进行任务状态的结构化描述，关联任务岗位设备编码及在制品编码，完成实时制造数据元与人员数据的动态映射，实现人员数据的动态描述。

2. 过程任务数据模型

将过程任务进行结构化定义，建立过程任务数据模型，如图9-7所示。该模型提供系统任务建模的结构，实现对任务数据的统一描述。通过定义工位的任务数据及检索条件，匹配工位任务的工艺文件及质量标准，提供工位任务目标实现的必要数据条件支持。任务目标包括工作效率、加工质量、目标产量及交货期等,描述了任务的目的,使工位任务关联于整个车间的过程任务数据模型。过程任务数据模型的状态域描述对在岗工人编码、设备编码、工艺编码、在制品编码进行关联,进行状态数据元的实时动态描述。

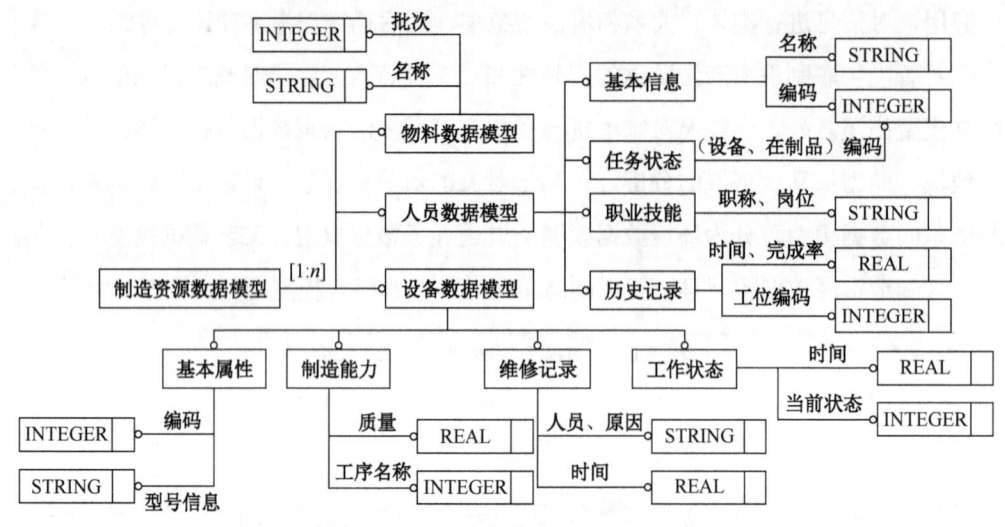

图 9-6 制造资源数据模型

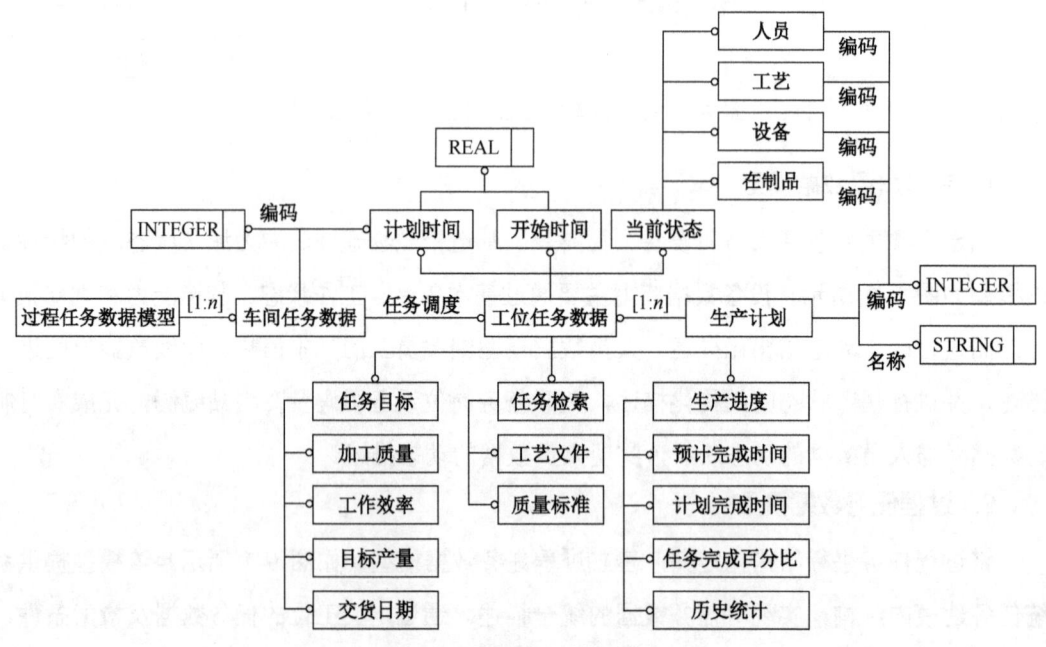

图 9-7 过程任务数据模型

3. 在制品数据模型

在制品数据模型（见图 9-8）承载了构成产品的属性数据，包括原料成分、制品名称、成品重量及比重原料等基本数据。该模型结构化描述了在制品相关的状态数据，包含生产过程中的任务状态、工艺状态、工序状态、工位状态的定义，提供在制品状态的实时监控和质量追溯需要的完整数据结构。同时进行质检标准的结构描述，定义质检标准并划定质检规则和不合格处理规则，并对检测结果进行标准化描述，实现不合格检验处理的统一数据描述。

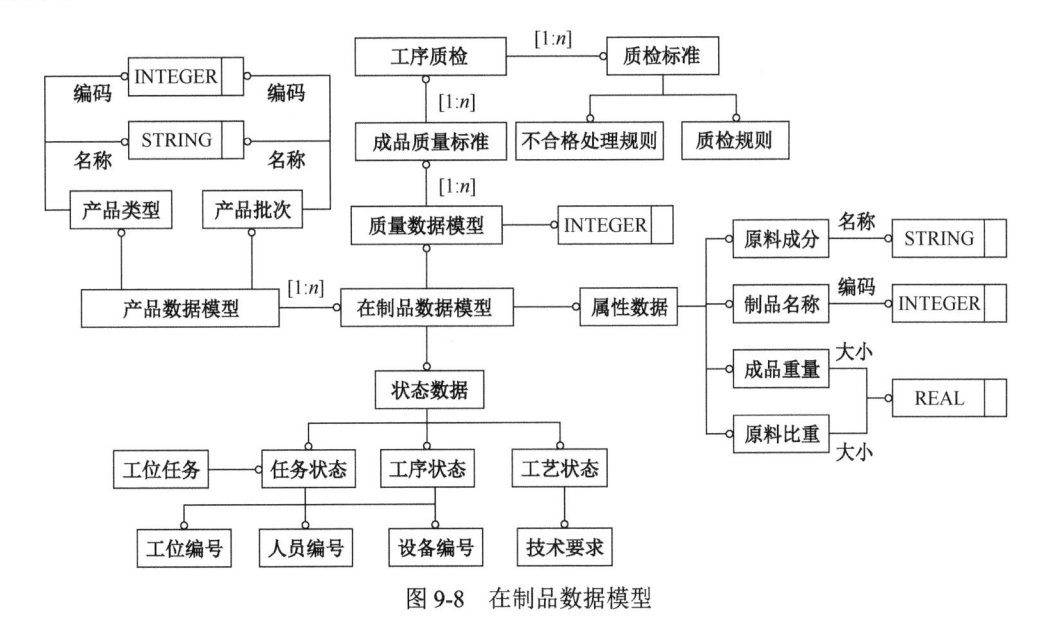

图 9-8 在制品数据模型

4. 工艺数据模型

在生产制造中，产品的生产过程是按照一定的工艺顺序完成的，表现出一种结构有序的特征，通过对多个工序进行编排，实现工艺的规划和设计。为了提高结构有序特征在表达上的灵活性和扩展性，在需要增加新工艺或增删设备时能够快速地重新设计，以本体实例之间的链接关系来表达制造工艺知识和生产设备布局。在构建工艺特征本体时，仅考虑与生产制造过程直接相关的一些元素，以这些元素为例，在工艺数据模型中设定的概念和属性关系如图 9-9 所示。

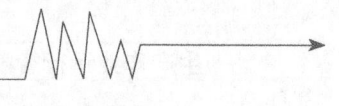

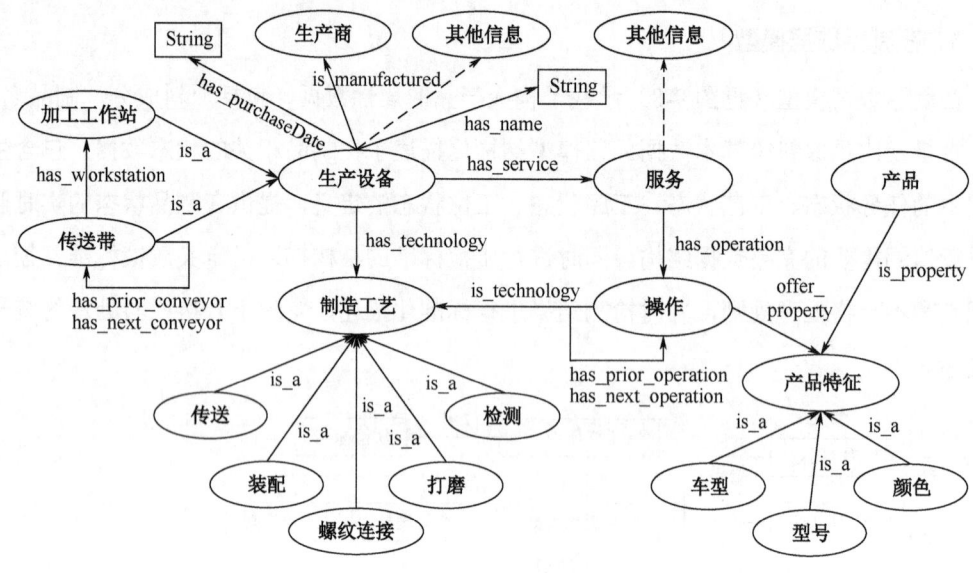

图 9-9　工艺数据模型

9.2.3　面向生产全过程的知识图谱构建

下面将从生产过程中的数据抽取、融合与知识生成、车间级知识图谱构建、工艺监控与质量评估等方面进行介绍。

1. 数据抽取

制造资源中存在的大量半结构化和非结构化数据，如工艺流程图、视频教学资料等，这些数据处理起来比较困难，数据抽取的质量将直接影响知识图谱的质量，采用符合工业场景的抽取规则，并将其进行集成化处理应用在资源实体识别阶段。依据提出的"人、机、料、法、环"的生产全过程知识图谱模型，对制造资源中的各类要素进行规范化处理，以"人、机、料、法、环"五元素作为信息基础，从而逐步扩充制造资源知识层。针对机械产品生产全过程非结构化数据处理与利用效率低的问题，基于生产全过程的知识图谱建模模型对涉及的生产要素的规范，开展面向生产全过程的实体关系抽取研究，主要包括梳理和分析毛坯制造、结构件加工及零件组装过程中对生产要素类型进行命名实体识别与关系提取。利用自然语言处理技术，采用端到端的方式处理数据，以形成实体关系数据的集成。

2. 数据融合与知识生成

机械制造过程中产品、工艺、装备、系统运行等制造数据相互的影响，使得车间生产过程呈现出复杂的运行特性，同时由于车间各制造单元之间的信息不流通，导致信息无法相互协同作用。利用知识图谱技术，将提取的制造过程中海量、多源异构、高维多尺度的数据进行分类处理，利用 D-S 理论中的组合规则进行事实型数据的融合，然后结合时间域证据折扣的可信度衰减模型进行过程型数据融合，实现全数据统一组织，便于信息的相互协同利用。

结构件生产全过程中数据的利用率低下，造成了数据的管理成本增加的问题，因此针对基于知识图谱生成中实体、关系、属性的链接进行研究。利用融合模型输出的结果构建车间静态制造知识库以及动态制造时序知识库。然后结合两个知识库建立产品、工艺、装备、系统等之间的制造数据复杂网络节点的关联模型及映射规则，形成知识网络。其中，静态知识库模型主要建立车间各单元之间各类资源的数据关联，形成结构化、规范化实体及关系集等，便于数据的追溯和共享；动态知识库模型主要构建制造过程中工艺参数、装备参数、物料流动等制造数据之间的关联关系。最后利用数据链接技术以动态时序数据存储地址作为链接实体，实现动态和静态知识库的链接及交互操作。完成整个过程数据的组织和融合。

工业时空数据融合与知识生成模型如图 9-10 所示。

3. 车间级知识图谱构建

车间级知识图谱采用自顶向下的方法构建，主要分为模式层和数据层。模式层包括本体和概念，主要通过本体构建方法实现车间本体概念分类体系的构建。数据层包括车间实体及相关属性，基于基础数据空间中静态资源数据（S）与生产过程时序数据（D）实现车间知识提取、知识融合及知识更新。其中，通过 S 可以构建人员知识图谱、设备知识图谱、物料知识图谱以及工艺知识图谱；通过 D 可以提取每一个知识图谱中的活动属性以及生成四维时变数据空间。基于四大知识图谱实体的隶属关系以及活动的唯一标识将四大知识图谱以及四维时变数据空间进行虚拟动态链接，形成车间级知识图谱。车间级知识图谱构建流程如图 9-11 所示。

工业智能方法与应用

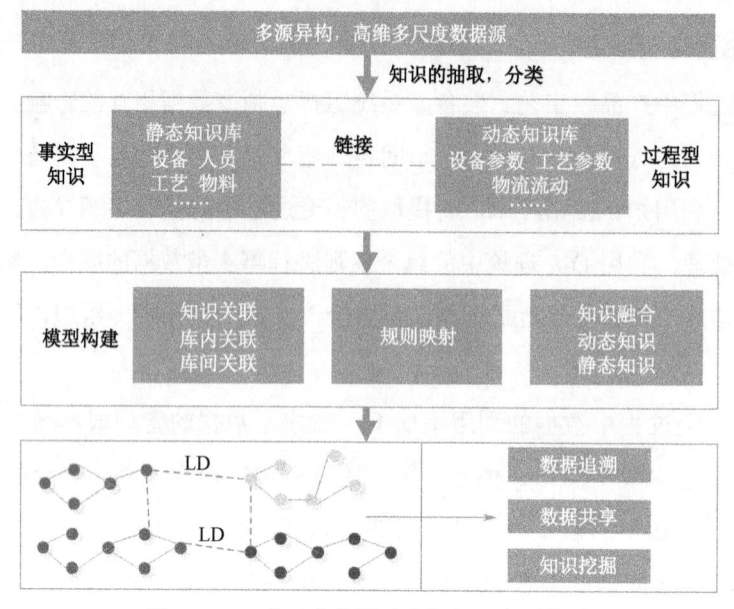

图 9-10　工业时空数据融合与知识生成模型

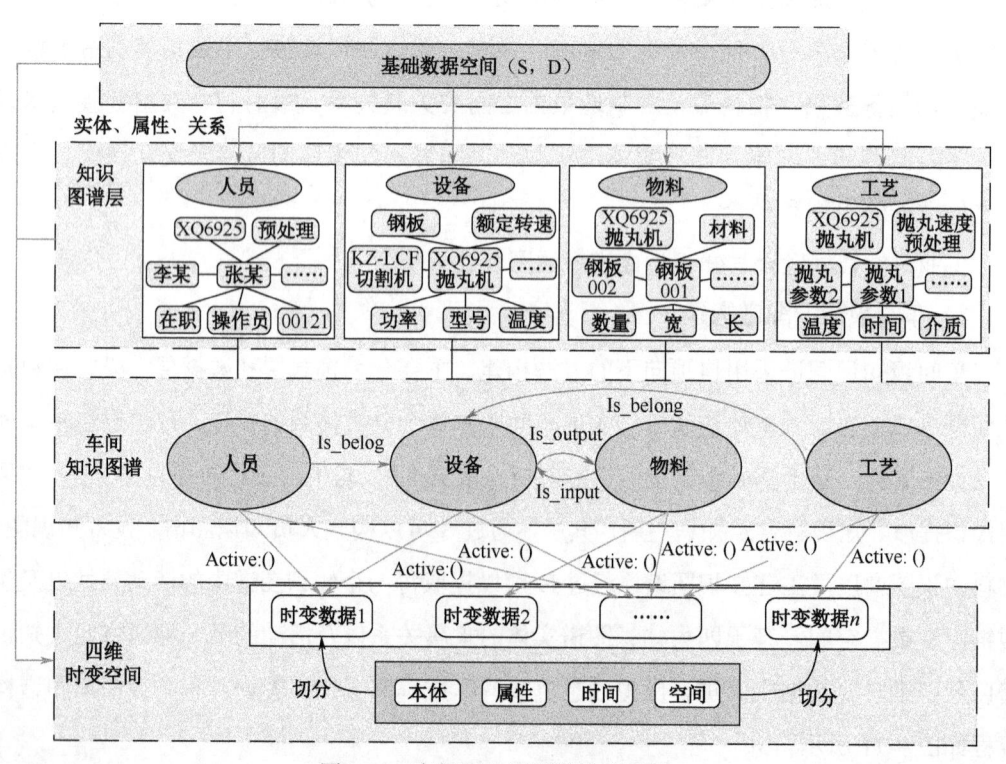

图 9-11　车间级知识图谱构建流程

308

通过定义四元组来进行四大知识图谱的知识表示，其中对于静态资源数据中的设备与人员等，根据建立的本体数据模型进行自动映射。由于对于制造车间而言，车间加工人员基本不发生改变，因此对于人员的知识图谱构建较为简单。以数据库中人员名为实体，属性列表确定静态属性，活动属性关注人员的在勤状态及任务完成量。图9-12展示了基础数据空间中知识的映射过程。

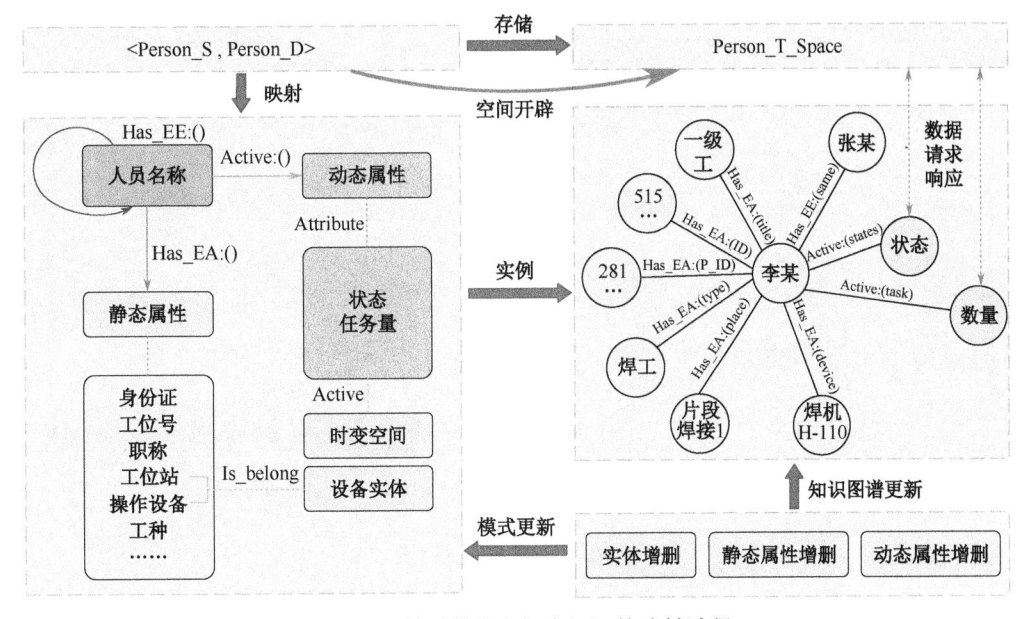

图9-12 基础数据空间中知识的映射过程

在这一过程中，首先按照模式层，将基础数据空间中的数据映射成为知识图谱，同时基于知识图谱中实体—动态属性开辟人员时变空间，将各实体动态属性的值按照时变粒度进行动态存储，知识图谱中的活动属性节点动态地绑定数据存储的地址及数据请求的事件功能。在人员知识图谱中，对于实体与实体的关系，主要分为同工位、前后工位层次关系。按照相同的构建方法，形成工艺及设备的知识图谱。虽然这3类知识图谱中的实体都为车间固有的资源，实体数量基本不发生改变，关注的属性可以预先定义，但是依然保留模式层的更新功能，可以根据数据层实例动态地添加和删除相应的实体、属性及活动，保证知识图谱的真实性及变化性。同时每一个实体的静态属性中都包含工位站及操作设备。

物料知识图谱与设备、人员及工艺知识图谱的差异较大。因为制造车间中，物料按照不同工位的需求、不同的产品设计而相应发生改变，可能出现无限实体节点，因此不能直接提取物料实体名称作为节点。将实体节点分为固定实体和动态实体，其中动态实体按照给定的规律更新，而固定实体基本不发生改变。节点定义过程如图9-13所示。

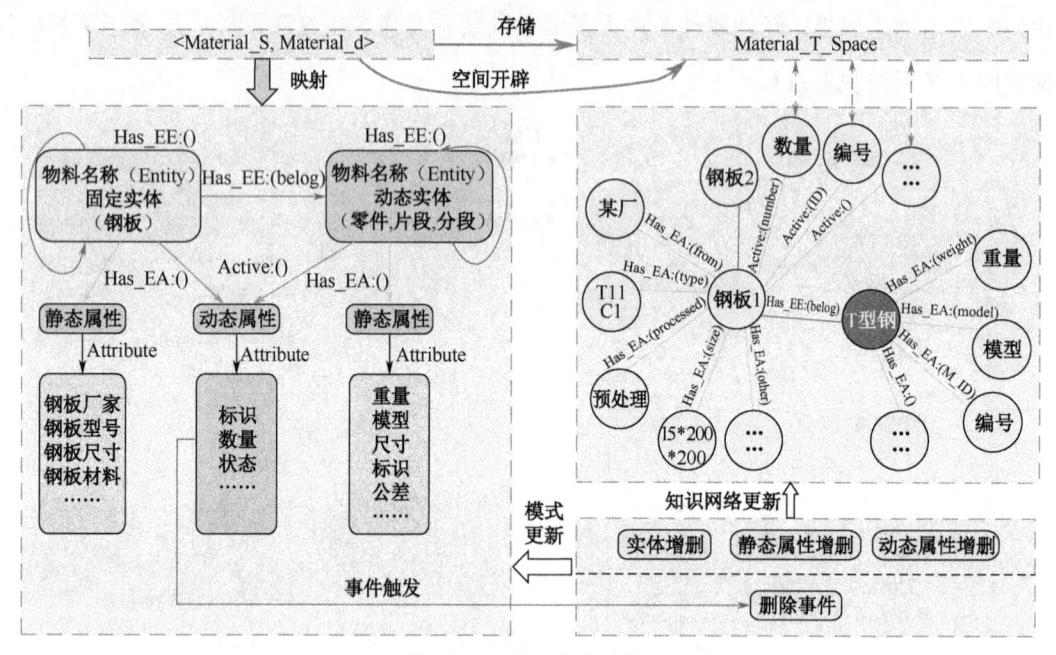

图9-13 节点定义过程

在构建过程中，动态实体主要从MBD分段设计模型中读取CATIA三维模型结构树，分别获取部件、子部件、零件的唯一名称以及它们之间的隶属关系，构建动态实体之间的连接；然后读取结构树每一个节点的属性列表，获取模型设计的要求及参数，作为动态实体的静态属性；当部件或子部件动态属性状态为完工时，将自动触发删除事件，删除物料知识图谱中零件、部件和子部件实体，时变数据空间仍然保留数据。

时变数据空间的生成，对于四维时变数据空间，以时间、空间、实体及活动属性进行展开。其中，实体及活动属性主要从4个知识图谱空间自动进行提取；而空间位置主要从设备知识图谱空间进行提取；时间轴主要以时变最小粒度进行动态延伸。数据值从基础数据空间D中进行动态的映射。

活动属性与时间平面中，各点数据从基础数据空间进行动态匹配、映射及融合；实体与空间平面主要记录从设备知识图谱中提取的设备位置信息；实体与属性平面主要记录各实体与属性的隶属关系；空间与时间平面主要记录各实体的轨迹信息。通过这4个平面维度的分析，可以锁定任意时空点的关键信息。其中时间轴的长度主要由产品的生产周期决定，动态移除时间轴尾部信息，避免超级数据体的出现。

4. 工艺监控与质量评估

针对零件不同阶段生产过程的数据类型多，各类资源间信息关联差，信息的追溯难的问题，开展基于工业知识驱动焊接质量追溯方法研究，从焊接工业知识图谱的关系与实体的联系出发，利用图论技术，对某一生产资源实体进行追溯时，可高效查询该节点的信息，并给出与当前节点有关的属性、所用设备、加工状态等信息，并可进一步深度挖掘出与该实体相关度较高的实体信息，发现更多有用的隐含关联信息，实现信息深度的资源追溯与监控。

针对零件焊接的时空数据与生产资源间关联度不高，且车间关于质量评估相关知识的积累缺失、不成体系的问题，开展基于工业知识驱动焊接质量评估方法研究。基于零件焊接涉及质量有关的知识图谱，利用知识表示学习方法，挖掘知识图谱间隐含的质量关联关系，丰富质量管控的知识体系，进而健全质量管控机制。同时，利用机器学习技术，结合工业知识图谱，建立质量评估优化策略模型，根据实时追溯生产过程数据，以知识驱动模型，实现生产过程中产品的实时预测，提高生产的零件质量。

9.3 数据驱动的生产作业智能管控优化技术

9.3.1 纺纱生产工艺流程设计与布局仿真优化技术

1. 纺纱生产工艺流程规划

参考国内先进水平的清梳联新流程，该流程配置从开松、混开到精开，由粗到细，逐步开松、除杂、混合，工艺合理，能提供优质的筵棉，为后道半成品的质量打好基础。梳棉机设计合理，筵棉经刺辊分梳区强力除杂后，进入锡林盖板分梳区，由于二者的最佳配合，可减少棉结，除去微尘，分梳成单纤维状态。锡林前后的双联固定盖板系统可根据纤维的不同灵活配置，有利于纤维的分梳和除杂。

采用先进的精梳准备工艺，并条再到精梳机，小卷横向均匀度好，无条痕，不易横向扩散，成卷质量好，精梳机产质量提高，可获得较高的精梳纱质量，有利于节约用棉，降低生产成本。智能工厂纺纱工艺流程规划如图9-14所示。

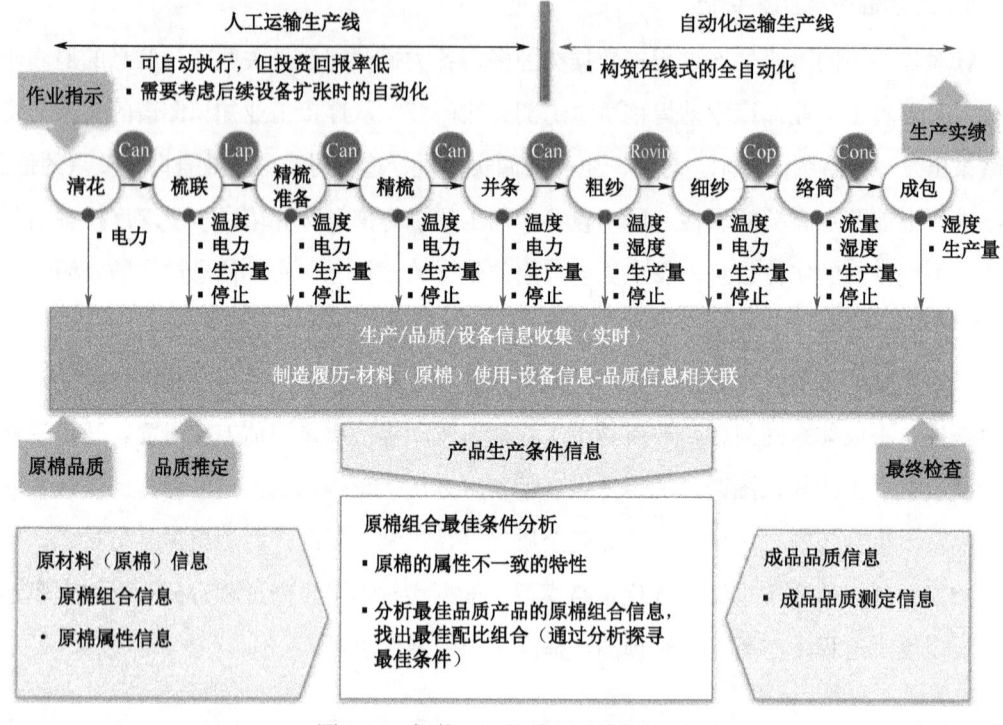

图9-14 智能工厂纺纱工艺流程规划

粗纱机为四罗拉型牵伸装置，牵伸工艺合理，对纤维控制有利，可提高纤维的平行度、伸直度，为后道工序的顺利牵伸打好基础。该设备速度快，产量大，制造加工精度好，机电一体化水平高。

该设备采用紧密纺纱技术在纺纱三角区内加装负压气流及相应部件，对纺纱三角区内纤维束进行有效控制，使纱的外观好并改进纱线结构，采用空气动力原理，在纺纱三角区位置，通过一组集聚元件，使牵伸后的松散纤维须条经过负压吸聚管表面时，利用空气导向作用使纤维紧密地抱合在一起，经导向胶辊输出加捻成纱，纺纱过程中加捻三角区变得很小，减少浮游外露纤维（即毛羽）的数量，可生产高质量的无结头纱。

该设备采用配置电子清纱、空气捻接，自动检测粗节、细节、棉结、结长和粗细等疵点的自动络筒机，接头的捻接强力达原纱强力的85%以上，捻接直径不大于原纱直径的1.15倍。纺纱工艺规划流程如图9-15所示。

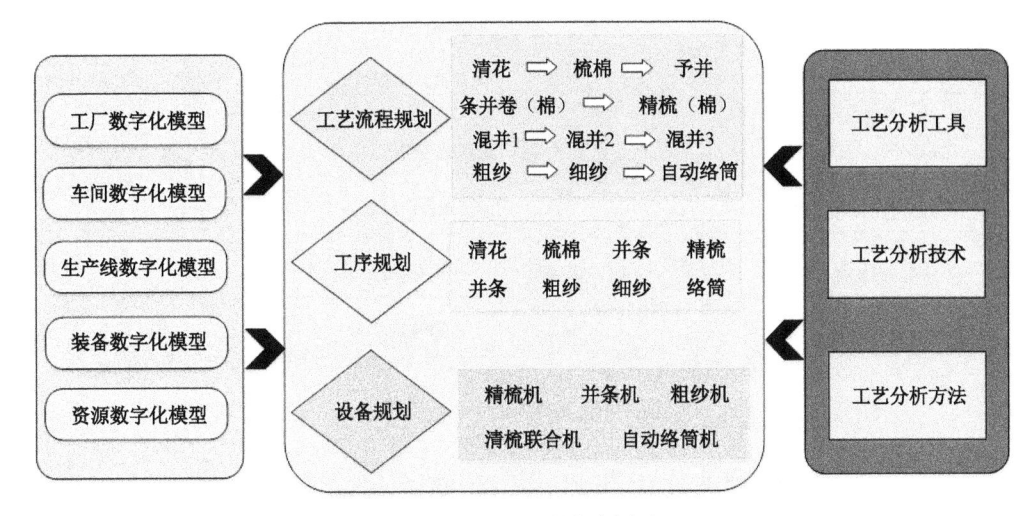

图9-15 纺纱工艺规划流程

在数字环境下对产品的工艺进行规划，就是在工厂、车间、生产线、生产装备、制造资源的数字化模型的基础上，在工艺分析方法和技术的指导下，在工艺分析工具的支持下，对产品的工艺路线、工序安排、制造设备进行合理的规划，并且通过数字化模型对工艺方案进行仿真分析，最后得到最优的工艺规划方案，使得与工厂的生产规模相适应，并且能达到工艺要求，确保产品质量。

纺纱生产工艺流程为清梳联→予并条→条并卷（棉）→精梳（棉）→混并1→混并2→混并3→粗纱→细纱→自动络筒→自动成包→自动入库，如图9-16所示。新建车间布置按照工艺流程，原料经清花、梳棉、并条、精梳、并条、粗纱、细纱、络筒等工序，成品进仓库，使得整个流程通畅无交叉运输现象，整个布置满足正常生产要求。

2. 纺纱生产布局仿真优化

先进的智能纺纱工厂必须是一个集成化的数据系统，相关数据在整个制造过程中被创建、存储与转换，如产品的需求、工艺、设备等数据资源。智能纺纱工厂是建立数字化企业的基础。根据纺纱生产的需求建立资源库，如工艺知识库、设备基本信息库、设备模型库、实例库等，根据生产需求进行工艺规划与设备选型。依据纺纱车间实际情况进行布局设计，利用仿真软件对布局设计结果进行物流仿真。

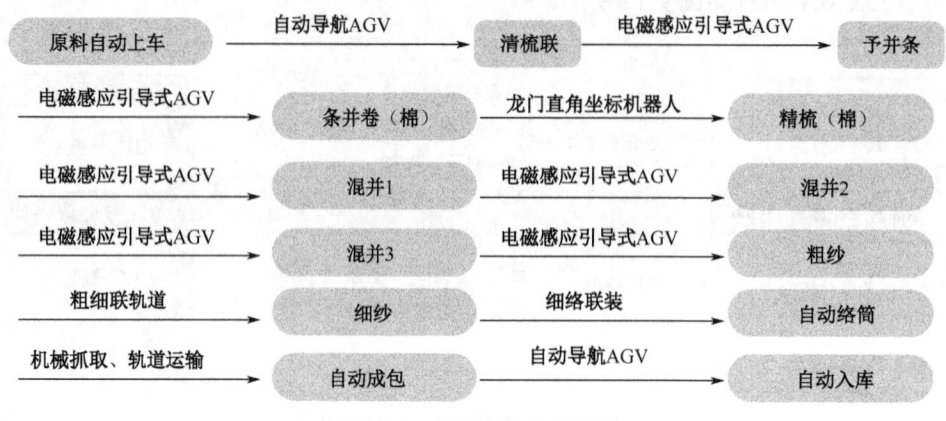

图 9-16 纺纱生产工艺流程

在虚拟环境中进行纺纱车间布局设计，根据 PDM、ERP 提供的信息，对纺纱车间的布局设计进行动态仿真过程分析和评价，对生产布局进行优化和调整，以满足企业的生产要求。

在设计过程中，图 9-17 反映了工艺知识库、设备基本信息库、设备模型库、实例库和仿真信息库与数据交换平台之间的数据关系与数据流向。数据库主要是为工艺规划服务的，它提供纺纱的基本信息、工艺流程信息、设备信息等内容，同时也为设备建模提供设备的外形尺寸与接口数据信息，并且通过设备建模，为实例库提供设备三维模型。工艺规划完成后会将工艺规划与设备选型信息传递给布局设计系统，布局设计过程需要布局模型库提供设备的布局简化模型。布局设计完成后会将布局设计结果与仿真系统关联，利用仿真系统对布局设计结果进行仿真，布局设计依据反馈回来的仿真分析建议对布局设计来进行修改。接着布局设计系统会将设备的连接与组成提供给总装设计，总装设计完成后，即完成了生产线的布局设计，最后将该生产线扩充到实例库，成为一个新实例。

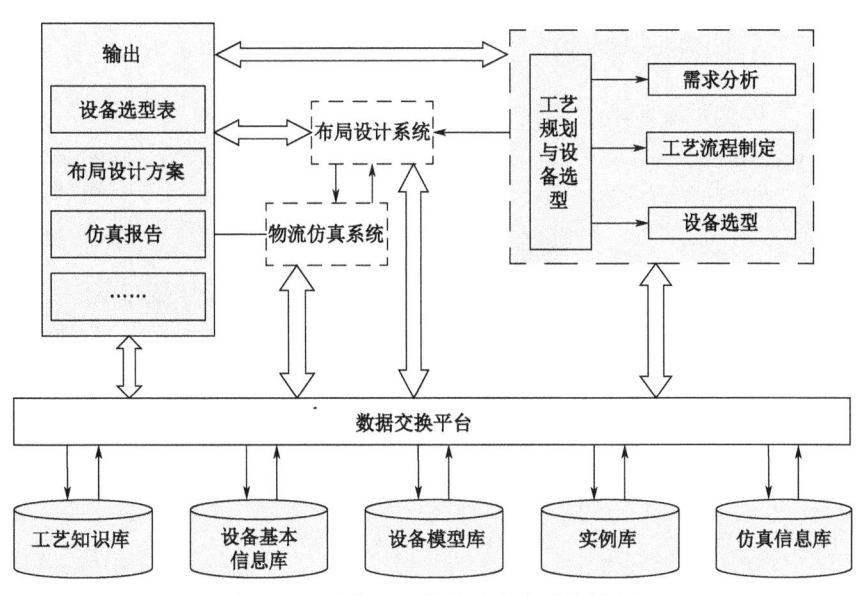

图 9-17　车间布局与物流仿真过程模型

9.3.2 基于工业互联网平台的纺纱生产全流程

工业互联网平台是面向制造业数字化、网络化、智能化需求，构建基于海量数据采集、汇聚、分析的服务体系，支撑制造资源泛在连接、弹性供给、高效配置的工业云平台。通过构建精准、实时、高效的数据采集互联体系，建立面向工业大数据存储、集成、访问、分析、管理的开发环境，实现工业技术、经验、知识的模型化、标准化、软件化、复用化，不断优化研发设计、生产制造、运营管理等资源配置效率，形成资源富集、多方参与、合作共赢、协同演进的制造业新生态。图 9-18 所示为面向纺纱生产流程互连互通的工业互联网平台。

运用互联网技术、无线网络技术、移动设备（平板电脑、手机、移动 PDA）等，构建基于移动互联网的协同共享平台，打破纺纱工厂与供应商、销售商之间的信息壁垒，支持供应链协同过程中的采购信息、质量信息、库存信息、财务及技术信息的集成共享。打通纺纱工厂与供应商、销售商之间从要货计划、送货、到货、报验、检验、入库整个供应链业务过程的协同管理。实现纺纱工厂与供应商、销售商之间从单纯的买卖关系，向基于产业链、生态链、价值链的紧密的协同依存关系转变，加快企业转型升级，支持企业发展战略目标的实现。该平台包括模型服务、数据管理、分析服务、供方协同、库存协同、移动协同等功能,实现企业全覆盖、信息全交互。

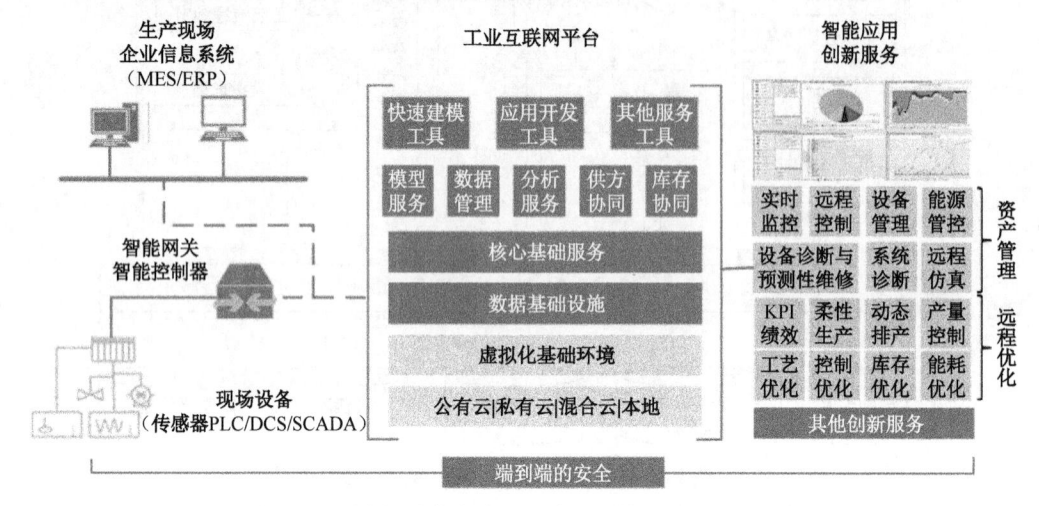

图 9-18　面向纺纱生产流程互连互通的工业互联网平台

工业互联网平台建设的关键步骤如下。

1. **通过自动化技术进行物联**

传统的纺纱工艺流程工序多,并且各工序之间都是断开的,这为实现自动化、连续化生产带来了极大的困难。虽然近几年清梳联、粗细联、细络联等连续化设备实现了纺纱生产中的自动清理、打包、输送等工作,使原来生产线的十多处间断得到了大幅度的减少,将工人从繁重的劳动中解放出来,同时也显著提高了生产效率。但仍然还有清梳联到精梳、精梳到并条、并条到粗纱以及络筒机到成包之间的间断。为此,项目参考国内外先进的纺纱生产线,升级和改造纺纱设备,包括从前至后的各工艺设备、输送线、检测设备、机械手(机器人)、自动导航小车等,利用各种连接装置及自动运输装置,将生产线全部连接起来。实现了从原料上车到成品自动入库的全自动生产线。

2. **通过工业互联网技术进行软联**

在设备之间和设备与操作者之间进行软联,通过设备系统所带的传感器或添加传感器来采集设备状态及生产数据信息,通过互联网、工业以太网、现场总线,实现了机器互连,快速进行在线数据检测,设定调整各种工艺参数,进行远程故障诊断。

3. 通过智能化技术实现主动型的运营管理

在运用大数据、云计算、互联网等技术的基础上，使用先进的传感器技术和通信技术，在纺纱生产全流程中对产品特性和生产设备状况进行实时在线监测；利用智能控制技术结合控制策略，对设备运行及工艺状况进行短信预警及自动调控；通过智能分析技术，对设备运行数据、工艺质量数据和生产能耗数据进行在线分析，为企业调整生产、优化管理及降低能耗提供数据支持，进而改进和完善纺纱生产传统质量控制方法的不足，稳定和提高产品质量，同时可实时通过互联网了解订单的进度和质量情况。同时系统可以将实时数据传递集成和分析，以数据分析反向指导生产管理，实现了集生产状态远程监控、产量报表自动生成、质量数据实时监视、订单实时跟踪、无缝集成ERP等功能为一体的管理平台，从而实现生产全流程的网络化、集成化，提高了生产效率和管理精细化水平，实现制造的智能化。将各数据状态及时反馈到信息系统，再由信息系统反馈到下位机系统，如PLC控制各执行机构，通过实现对原料、设备、人员、工艺、环境等因素的监控和大数据管理，寻找各因素、各参数之间的关系，逐步实现主动性的经营管控。可以通过原料指标快速预算出预期的产品质量水平，以精准调整原料配比，挖掘原料潜力，尽量降低原料成本；可以根据设备负荷及设备故障情况进行线性分析，查出负荷率与故障率的相关关系，以合理设定负荷率。

9.3.3 生产过程在线检测与生产状态远程监控技术

1. 纺纱生产流程在线检测技术

（1）采用机器视觉技术的棉花异性纤维的检测方法。

采用机器视觉技术的检测方法一般采用不同的图像采集设备，在不同的光谱范围采集与生成图像，然后将获取的图像发送给处理设备进行处理，判断有无异性纤维，如果有则驱动相应位置的剔除装置执行剔除动作。现在世界上主要获取图像信息的技术有可见光成像、X射线成像、红外光成像等。图像处理主要由计算机或专用的图像处理板卡来执行算法流程，具体流程如图9-19所示。

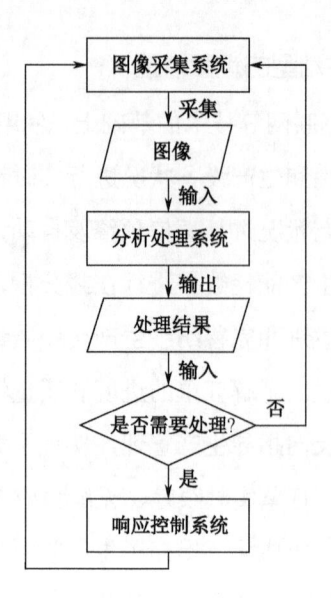

图 9-19　典型的机器视觉图像处理流程

（2）基于机器视觉的高速棉流图像采集。

在基于机器视觉的自动化棉流异纤检测技术中，相机和镜头是最为重要的硬件，选择合适的相机和镜头是一个关键性的环节。相机和镜头决定了采集到异纤图像的分辨率、图像质量等，和下一阶段的图像处理有着直接性的联系。考虑应用到工业化场景，需要相机和镜头具有较高的稳定性和抗干扰能力，因此常规的民用相机不能满足需求，需要使用工业级的高速相机。选择高速工业相机时从以下几个方面进行考虑：一是选择何种的高速工业相机；二是高速工业相机的采集速率是否可以跟得上高速棉流的传输速度；三是高速工业相机的分辨率是否足够能检测出异性纤维；四是高速工业相机的数据传输接口是否能够快速高效的传输图像数据。

工业相机根据感光芯片类型可以分为电荷耦合器件（Charge Coupled Device，CCD）相机、互补金属氧化物半导体（Complementary Metal Oxide Semiconductor，CMOS）相机。CCD 相机的成像分辨率更高、噪声更小，但随着近年来 CMOS 相机相关技术的不断发展，较之 CCD 相机，差距变得不大，而且 CMOS 相机具有良好的集成性、低功耗、高速传输和宽动态范围等特点，在机器视觉领域获得了广泛的使用。按照相机传感器的结构特性可以分为线阵相机、面阵相机。面阵相机可以一次获取二维图像，测量图像直观，但是其像元总数较多，较之面阵相机，线阵相机一次只采集一线的图像，这种采集方式可以保证高扫描频率和高分辨率。本节应用场景为高速的生产线下进行高速棉流图像采集，因此使用线阵 CMOS 相机。

与高速相机相匹配的镜头也是一个不可忽视的关键点，选择镜头时需要考虑 CMOS 的传感器大小、目标物的视场宽度、高速相机的工作距离等，使得镜头成像全部覆盖相机的传感器表面，与相机的接口形式配套。

按照检测需求对高速相机、镜头等硬件进行选型之后，最终采取的硬件设备有高速工业相机、镜头、采集卡、光源系统和背景板。集成所有选择的硬件设备后，整体结构如图 9-20 所示。

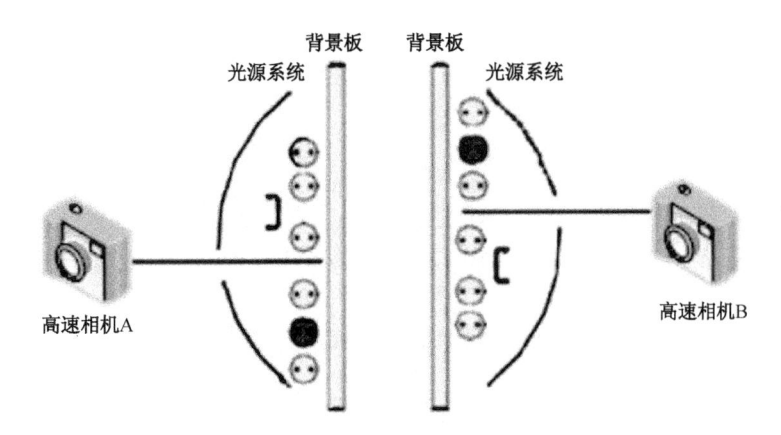

图 9-20 图像采集硬件整体结构

（3）基于机器视觉的自动化棉流异纤检测技术。

基于机器视觉的自动化棉流异纤检测流程如图 9-21 所示。

基于机器视觉的自动化棉流异纤检测技术可以划分为三大模块：棉花异纤图像采集模块（图像采集、光源系统）、棉花异纤图像处理与识别算法模块、棉花异纤清除模块。3 个模块的调用关系如图 9-22 所示。

对每一个模块内部的实现，用基于面向对象的思想进行设计，便于修改和重用，降低整体软件平台的复杂度，缩短算法的执行时间。

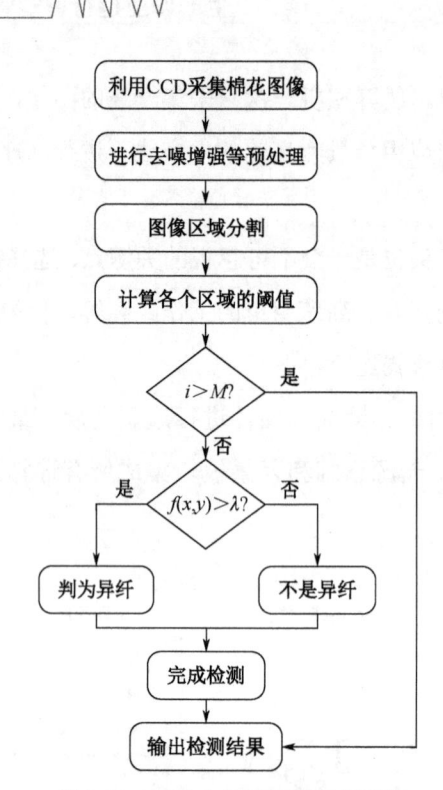

图 9-21 自动化棉流异纤检测流程

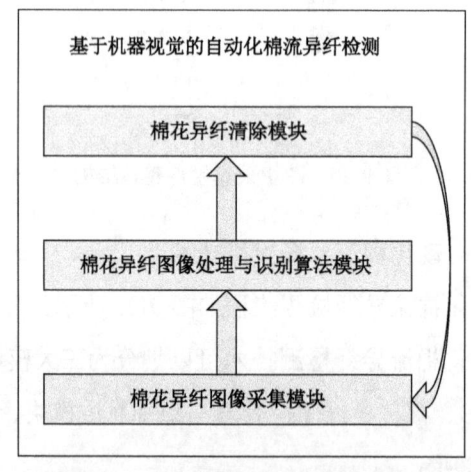

图 9-22 异纤检测技术模块调用关系

在识别算法模块，对高速棉流进行异纤检测，需要对棉流的两侧都进行图像采集，而且需要同时进行，这就要求两侧相机并行进行采集、识别的流程。但是由于控制机构只有一套，这就要求在识别出异纤之后进行排除异纤时需要两者串行工作，因此整个软件平台的执行流程如图 9-23 所示。

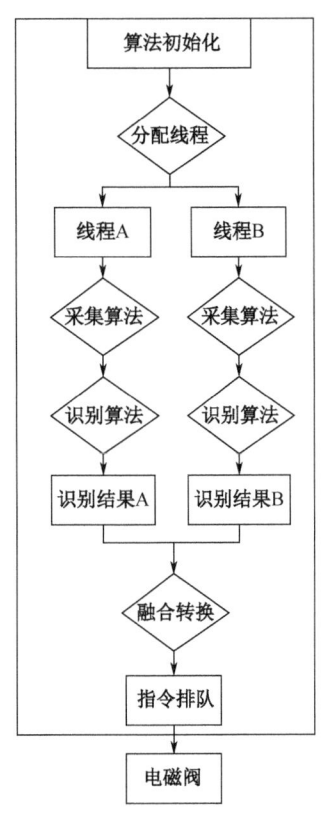

图 9-23　异纤识别算法的软件平台流程

一个整体系统的设计流程是：首先根据自身的应用需求，计算所需要的各种配置参数，再用计算好的配置参数查找相关的文献资料寻找合适的硬件；然后组合硬件部分进行测试，满足需求后通过硬件平台采集图像数据，研究相应的识别算法，进行仿真实验，设计算法的软件架构；最后通过将软硬件的平台架构集合起来，组成整体进行实验测试，修改存在的问题，直至系统完全成型。按照上述思想，现在将软硬件的架构集合起来，基于机器视觉的自动化棉流异纤检测技术的最终设计如图 9-24 所示。

其总体工作流程为：棉花纤维经过开松棉机等设备的处理，棉花变成雪花状，在传输通道内强力风机的作用下形成较薄的棉层，以 10m/s 的传输速度高速通过异纤检测系统的检测通道；在光源系统的照射下，由高速线阵 CMOS 相机扫描棉层两侧形成图像，并将图像数据经过 CamLink 接口传送至工控机中；工控机中的异纤识别算法通过一系列的流程对图像数据进行处理，在极短的时间内将异纤识别出来，并将识别的结果转换为电磁阀的响应命令，通过工控机的串口通信端口发送给电磁阀的控制系统；最后控制系统启动对应的电磁阀喷射高压气流将异纤连带一定量的棉花喷射入废棉箱内，其余部分的棉花继续通过传输通道的传送进入后续的加工处理设备。

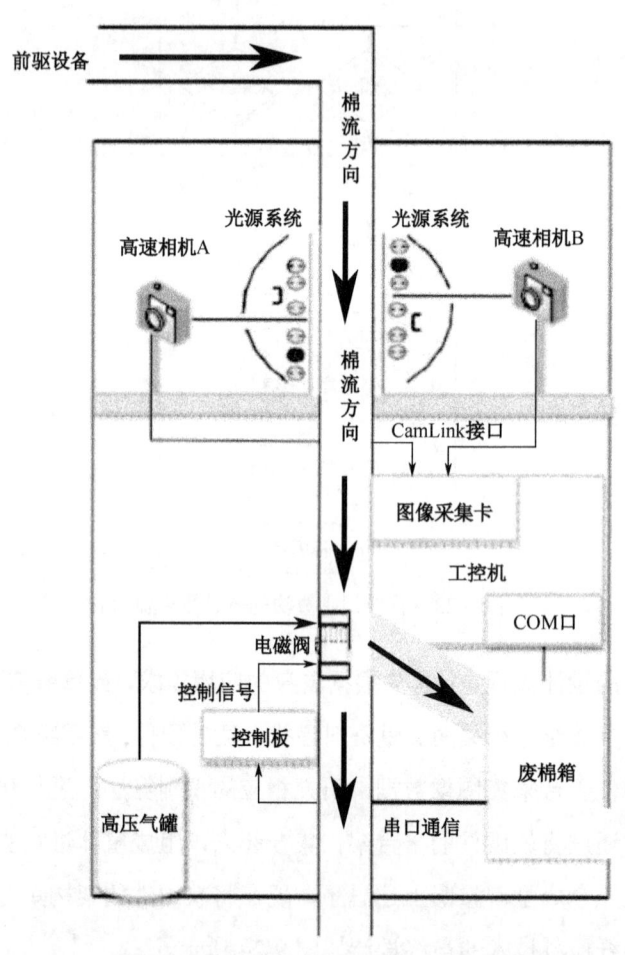

图 9-24 基于机器视觉的自动化棉流异纤检测技术的设计

2. 纺纱生产流程远程监控技术

配备完备的纺纱生产过程在线检测设备，建立基于工业互联网的纺纱生产流程远程监控中心。开发纺纱生产设备数据接口（包括梳棉机、并条机、条卷机、精梳机、粗纱机、细纱机、络筒机、智能包装物流设备及各种智能辅助设备），建设先进可靠的纺纱设备数据传输网络，配置先进的实时数据平台，通过实时数据传输和高速数据采集、存储与访问，实现纺纱生产过程的数字化。

整个系统设置一个集中控制室，集中控制室内根据需要设置采集服务器、应用服务器和操作员工作站，建立中央数据平台，设备的运行数据、设定数据、质量数据、能耗数据及产量数据，从设备、质检系统、水电风计量仪表、人工统计和检测系统中通过相应的数据接口采集到集中控制室的中央数据平台。计算机进行实时监控，同时将关键数据进行归档存储；车间一线的操作工人、工艺人员可通过无线智能终端直接接收中央数据平台发送的生产和工艺数据。

9.3.4 基于工业大数据平台的协同优化

纺纱生产过程协同优化主要表现为可以通过对历史数据的分析，为企业的生产决策提供支持，帮助执行生产计划来确定产品的需求量、原材料的需求量及产品的交货期等，从而选择合适的生产方案来实现生产设备的分配和产品的生产顺序，如根据生产设备的运行情况，合理安排计划期内企业生产的产品数量、类型，充分地利用企业资源进行优化排产，使总的生产时间最短，实现在规定的时间内生产出所需要的高质量的产品，使企业的总体效益达到最大。针对纺纱企业运营过程中不断产生的海量结构化和非结构化数据，通过建立大数据分析平台，实现数据分布式存储、快速访问和深度分析，为企业对纺纱生产过程的深入量化分析，挖掘非显见的改进生产效能的知识，实现生产能力建模和设备的状态预测及维护等提供技术支撑。

通过建立大数据平台，可以极大增加企业对内部和外部海量数据的存储和处理能力，增强企业的纺纱生产过程集成优化能力，提高企业感知外部环境和内部生产过程的能力，实现将物理生产过程虚拟化，并通过对生产要素的协同优化显著改善生产过程的组织和管理。在大数据平台的基础上，可支撑以下技术的开发和应用。

（1）根据在线检测数据和人工检验数据，实现纺纱过程质量分析和预警，辅助发现影响质量的不受控因素。

（2）基于设备的历史生产负荷数据、故障记录和点巡检数据，分析设备的状态，驱动预防式维护。

基于大数据平台，采用系统化的方法对生产过程进行科学分析和管理。通过对高品质环锭纺纱生产中间过程的在线检测数据、设备实时运行参数数据、实验室检验数据，对纺纱生产过程进行受控性分析，发现过程性能改变和产品质量是否有出现问题的征兆，进行事件追溯和模式分析，查找可能的故障根源，帮助及时排除故障或预先采取措施避免发生生产事故，改善设备的运维，提高产品质量，减少由于事故导致的物耗增加和质量降级损失。利用大数据平台，实现数据分布式存储、快速访问和深度分析，帮助企业对纺纱生产过程进行深入量化分析，实现工艺改进、运行操作优化、生产过程质量分析与控制、设备/生产状态预测和故障诊断、辅助管理决策等，最终构建基于大数据平台的高品质环锭纺纱生产过程知识自动化系统，支撑高品质环锭纺纱生产智能化分析与生产决策，提供企业运营过程的智能服务。

1. 纺纱生产过程实时数据采集技术

（1）实时数据采集平台。

实时数据采集平台的总体网络设计架构如图 9-25 所示。

（2）数据采集架构与功能。

智能工厂建设涵盖生产车间各类生产线和仓库、物料运输设备和在线检测设备等。这些设备和生产线由不同的供应商提供，本项目通过开发各类标准接口，实现异构设备数据采集。异构设备互连集成架构图 9-26 所示。

采用基于 OPCUA 统一架构的地址空间和对象化的设计模式，将各生产厂家设备转换成统一的访问服务，为各级系统提供实时监控服务，实现信息交互；同时基于 UA 的安全模型和策略，提供完整的认证、授权和安全审计，保证生产现场数据交互的可靠性，如图 9-27 所示。

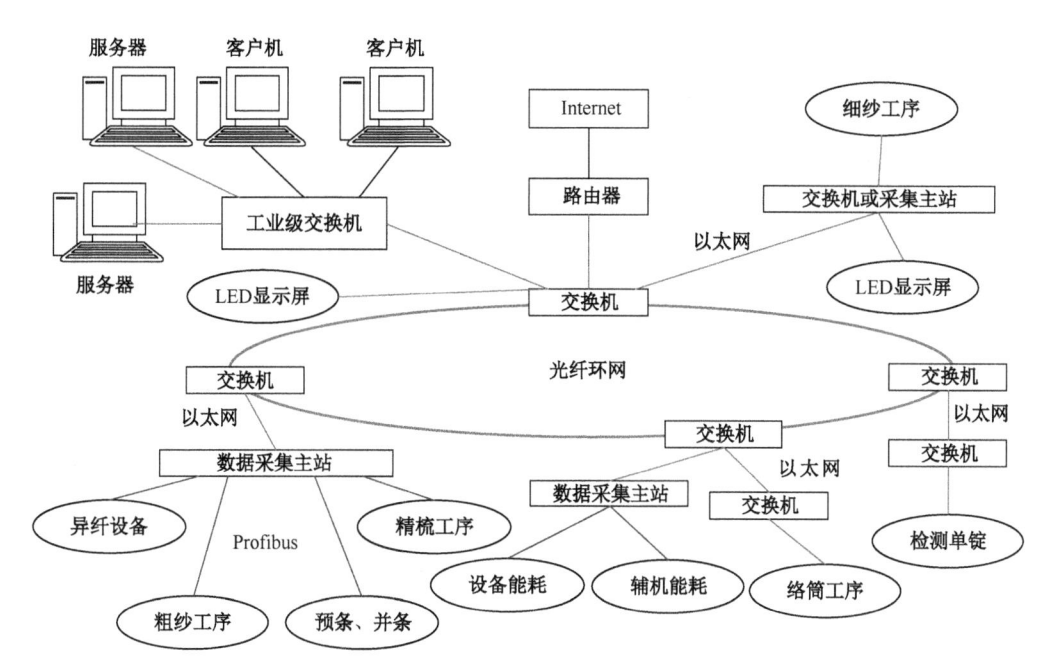

图 9-25 实时数据采集平台的总体网络设计架构

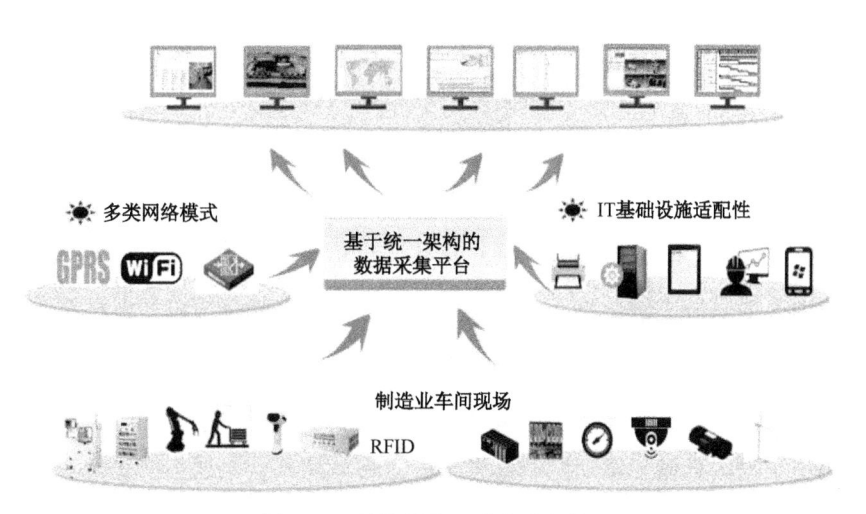

图 9-26 异构设备互连集成架构

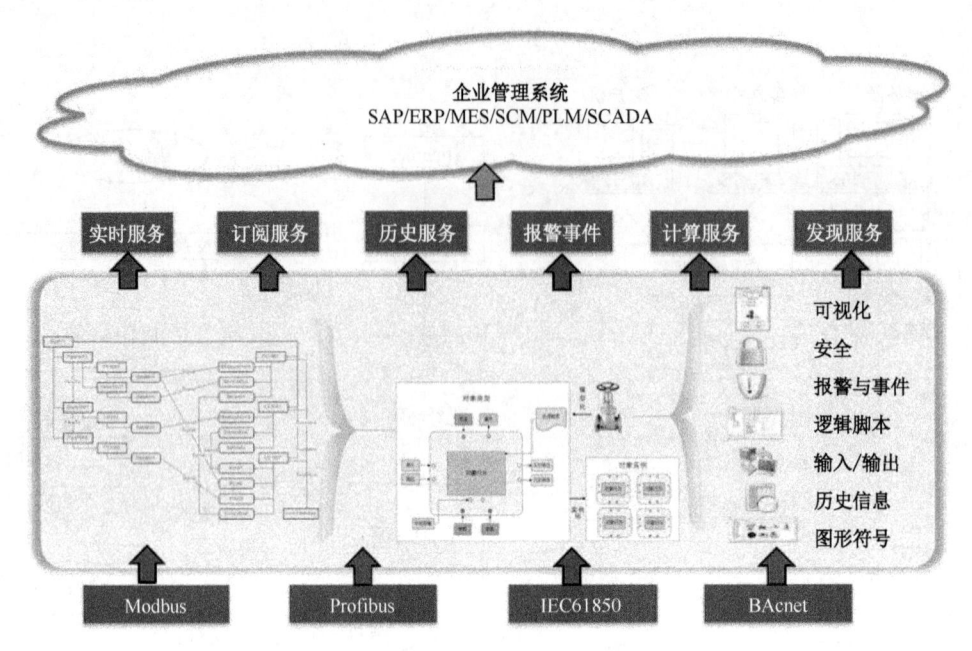

图 9-27 基于 OPCUA 统一架构的工业数据采集

（3）实时数据库平台。

分布式实时数据库平台是工业互联网数据整合的核心，它是连接自动化与信息化的桥梁，从下端的设备通信到上端的信息化系统接口，数据采集系统贯穿了整个智能制造系统。分布式实时数据库基于信息模型的中间件，通过开放接口和异构对象模型实现垂直集成应用的无缝集成，完成从工业物联网数据采集到海量工业大数据平台的管理。

实时数据库平台通过标准接口实时采集 DCS、PLC 等系统数据并为信息化系统提供数据支持。支持 ODBC 和 OPC 协议，通过这些协议可以采集其他系统的实时数据，也可以作为数据源为其他系统提供数据支持。提供丰富的接口功能，可以和多种不同厂商设备的数据接口及其他数据采集系统进行连接。提供图形化的实时数据库组态管理工具，设置状态查询、数据仿真、测点管理、用户管理、权限管理等功能模块。通过数据高效压缩，实现长期的历史数据的存储管理功能。提供分析工具支持不同层面生产管理者对这些数据的分析。提供完善、可靠的安全机制，可以实施基于实时位号的安全管理。

实时数据库平台架构如图 9-28 所示。

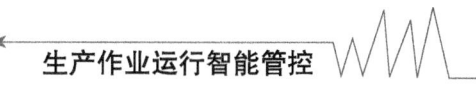

图 9-28　实时数据库平台架构

结合工厂条件和用户需求，实时数据库平台采用分布式架构。分布式地采集，分布式地存储，分布式地应用，灵活地构建和组织系统，分散对系统的性能压力，从而使系统更安全、更稳定的运行。实时数据库部署如图 9-29 所示。

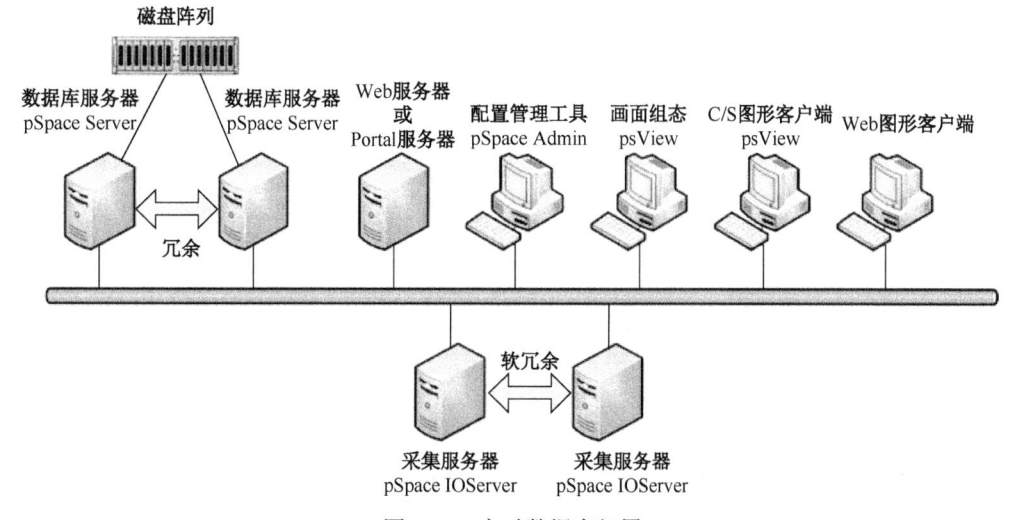

图 9-29　实时数据库部署

数据库、采集器及各种功能组件均支持远程管理和配置,用户无须登录到服务器进行操作,通过网络即可对各个功能组件进行配置管理,有效降低了工程实施的工作强度。

2. 纺纱生产过程大数据集成平台

建立高品质环锭纺纱生产过程工业大数据平台,通过存储、网络、服务器和安全虚拟化手段,将各类计算资源的逻辑属性(网络域、安全策略、路由策略等)与物理属性(设备种类、物理位置)进行分离,构建虚拟的资源池。将各种资源属性进行组合,形成各域的虚拟资源。通过建立工业大数据平台,可以极大增加企业对内部和外部海量数据的存储和处理能力,增强企业的开放意识,提高企业感知外部环境和内部生产过程的能力,实现将物理生产过程虚拟化,并通过对生产要素的协同优化来显著改善生产过程的组织和管理。

纺纱生产包括多个环节,每个环节都各有其自身的生产规律,整个过程具有多机台、多操作及生产连续化等特点。生产过程产生的数据不仅量大、样本维数多而且时刻都在变化,为了从中提取知识,首先需要防止丢失有用数据,保证存储数据的完整性。传统的数据库无论是对存储数据的数据结构还是数据量上已无法满足大数据的要求,同时针对海量数据的计算处理,传统集中式处理方法不论是在速度上还是效率上都较为低下,无法满足对生产历史数据的快速高效处理要求。考虑纺纱生产过程与数据管理模式,采用一种有效的数据处理技术帮助企业实现对生产大数据的存储和管理,其总体框架如图 9-30 所示。

大数据平台主要包括大数据存储平台和分布式计算环境。大数据存储平台解决将纺织生产环境中各种智能化设备采集到的生产数据进行存储与管理。由于纺纱生产过程中的数据实时性很强,每时每刻都在变化,因此一方面需要对这些现场监测数据进行实时显示与分析;另一方面由于数据的长年累积,数据量已达到 TB 级以上,这些生产数据是整个生产流程的一种体现,对企业的发展尤为重要,需要作为历史记录进行保存。因此可通过传统数据库与 NoSQL 大数据库相结合的数据存储策略,利用传统数据库多表架构实现实时数据的存储与查询,同时通过数据迁移技术将历史数据迁移至 NoSQL 数据库,实现海量生产历史数据的存储与管理。分布式计算环境主要解决将企业的海量生产历史数据进行计算分析,实现数据的分布式处理。纺织企业由于每天在生产过程中都会产生大量的生产数据,长年持续下来累积的历史数据是非常巨大的,传统的集中式处理方法无法实现数据的快速计算分析,通过搭建分布式计算环境,将数据切分在不同的服务器上,每台服务器只需要

第9章 生产作业运行智能管控

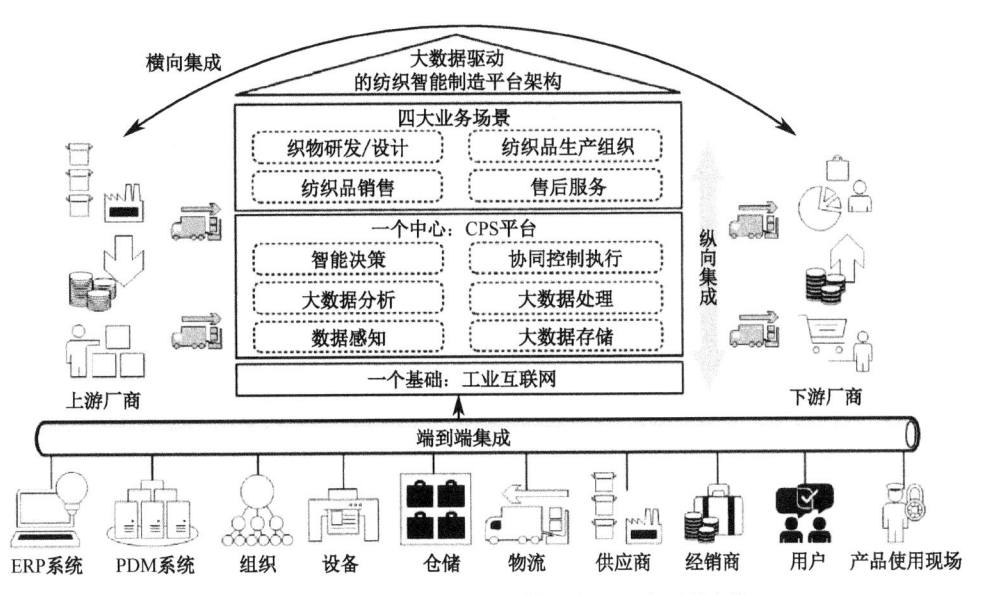

图 9-30 纺纱智能工厂工业大数据集成平台总体框架

计算固定的数据量，计算完成后将计算结果上传至同一台服务器即可。这不仅提高了计算速度，同时也避免了由于单个节点失效而使整个系统崩溃的危险。基于工业大数据平台的数据处理流程如 9-31 所示。

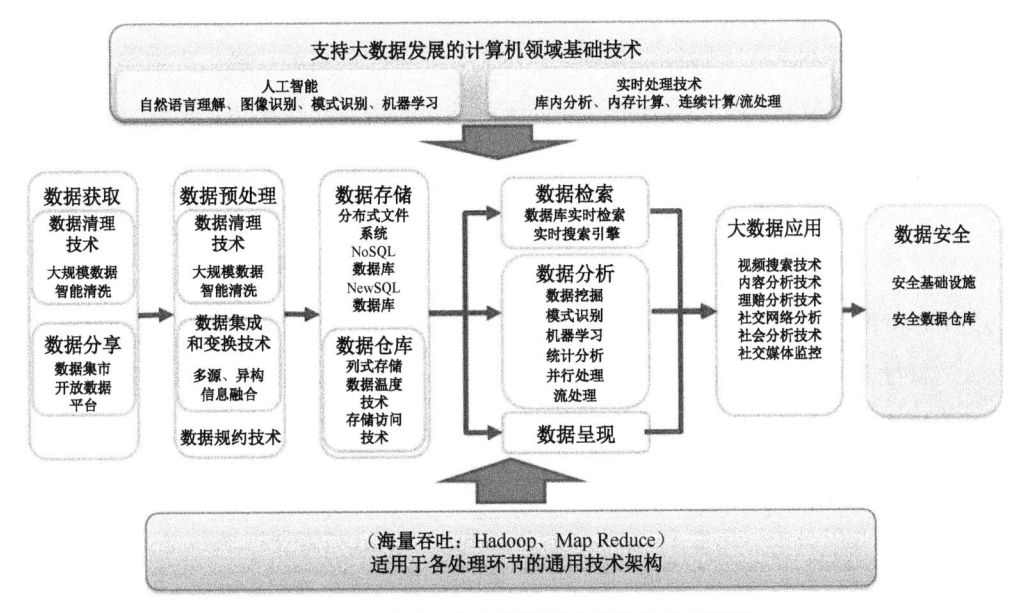

图 9-31 基于工业大数据平台的数据处理流程

9.4 生产作业智能管控案例

以环锭纺纱的生产能耗控制为例，构建基于人工智能的全流程能耗管控系统，实时采集生产数据、设备运行数据、工厂实时能耗数据、物流数据，搭建纺纱工厂能耗大数据平台。其中运用基于主成分分析的人工智能技术，对能耗实时分析，监控流程间能耗的主要影响要素。

以环锭纺纱智能工厂的工业互联网平台和工业大数据平台为背景，以监测工厂实际生产设备能耗数据的物联网传感节点为具体数据源，对基于大数据的工业能耗分析系统整体架构提出创新性的设计理念，对工业大数据的特征进行适配，设计研发一套完整的工业大数据处理系统，并根据该系统对工厂能耗大数据的分析提出了节能策略。

9.4.1 环锭纺纱能耗智能管控平台架构设计方案

纺纱能耗管控指在有效保障制造系统性能、企业经济效益的同时，对制造过程中水、电、气、热、原材料等能源消耗进行监测、分析、控制、优化等，从而实现对能耗的精细化管理，达到节能减排、降低企业成本、保持企业竞争力的目的。基于大数据与人工智能技术的纺纱能耗智能管控平台旨在物理车间中，通过各类传感技术实现能耗信息、生产要素信息和生产行为状态信息等的感知，在虚拟数字车间对物理车间生产要素及行为进行真实反映和模拟，通过在实际生产过程中物理车间与虚拟车间的不断交互，实现对物理车间制造能耗的实时调控及迭代优化。纺纱能耗智能实时调控模型如图9-32所示。

基于大数据与人工智能的纺纱能耗管控与传统技术和方法相比，具有以下特点。

（1）数据来源由单一的能耗数据向多类型的装备能耗、生产要素和生产行为等数据转变，数据来源不仅包括物理车间的多源异构感知数据，还包括虚拟数字车间的仿真演化数据。

（2）交互方式由传统的平面统计图表显示向基于虚拟/增强现实技术的沉浸式交互转变。

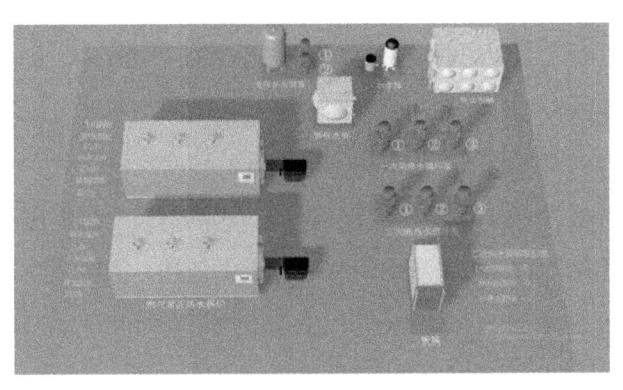

图 9-32　纺纱能耗智能实时调控模型

（3）能量有效生产过程管理由传统的经验指导管理向物理模型驱动数字模型知识演化的物理—信息融合的管理转变。

基于大数据与人工智能的纺纱能耗管控平台架构如图 9-33 所示。

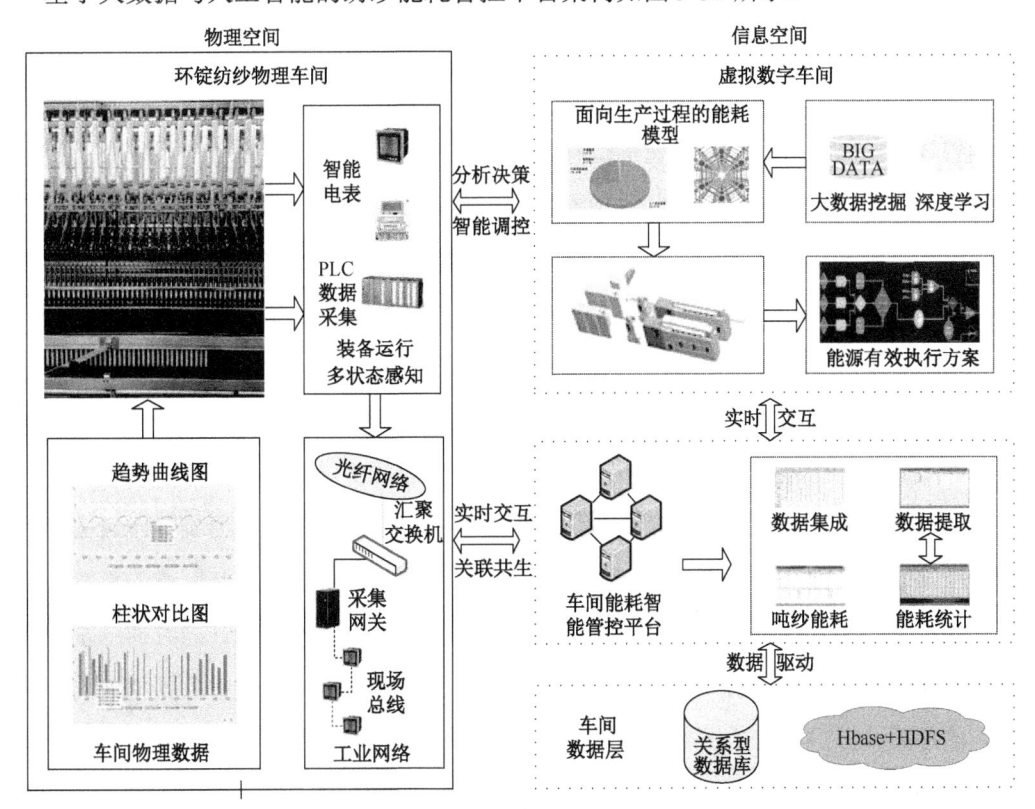

图 9-33　基于大数据与人工智能的纺纱能耗管控平台架构

围绕基于大数据与人工智能的纺纱能耗管控模式及应用研究，需解决以下难点。

（1）能量有效多状态感知方面，需要研究能够适应车间恶劣工况环境并且准确可靠的智能感知装置及分布式感知网络，为基础物理数据的获取提供保障。

（2）能量有效迭代优化方面，在数字模型的仿真测试过程中，需要研究基于孪生数据的自组织、自学习优化方法，为系统的优化运行提供依据，同时在物理车间的实际生产过程中，需要研究高效的物理—信息系统迭代交互机制，支持实现动态环境下能量有效性能的优化提升。

9.4.2 基于最小量化误差的纺纱能耗智能监控与预警

为了在保证生产的安全可靠运行、生产过程运行状况满足给定的性能指标和质量指标的前提下，实现纺纱能耗的最低化，需要对纺纱过程的能耗异常状况进行监测、诊断和消除。纺纱能耗监控的目标是通过构建能耗指标来识别不正常行为，从而确保过程按计划运行，使纺纱能耗最小化，设备运行稳定，生产成本降低。

随着计算机技术的发展，大量的过程数据被采集并存储下来，在工厂集控中心通常有数千种模拟、数字的过程数据和几百种报警信息同时显示，操作人员往往很难根据如此大量的数据了解和判断过程的运行状况，及时发现能耗的异常，即出现了所谓的"数据丰富，信息缺乏"的现象。因此，如何充分利用这些数据的深层次信息，提高纺纱能耗监控能力，是基于人工智能方法的纺纱能耗监控需要解决的问题。

纺纱能耗的统计特性从理论上来说，可以利用概率密度函数给以完整的描述，但在实际工程中要确定一个概率函数往往困难较大，需要大量的实验求出其近似的表达式。为构建这样的监控模型，需要正确地收集各种异常类型的数据，以使训练得到的学习模型具有较高的泛化性能。但在实际生产中，正确收集各种异常数据是一件相当困难的事情甚至是不可能实现的，尤其在生产系统刚启用运行时还缺乏足够的异常数据。同时训练基于有监督学习的学习模型对普通用户也是一个巨大挑战，因为需要用户对这些数据相关的背景进行深刻的理解，并进行有效的数据处理与分析，因此构建一个具有良好性能的学习模型是非常困难的。

针对纺纱能耗的监控问题，基于自组织映射（Self-Organization Mapping，SOM）的最小量化误差（Minimum Quantity Error，MQE）控制图能迅速地识别过程的微弱异常，并正确地提供相关的过程信息，从而全面地显示过程的状态，这样，才能快速地识别与消除纺纱能耗异常，恢复异常过程到全稳状态。基于 MQE 的纺纱能耗监控流程如图 9-34 所示。

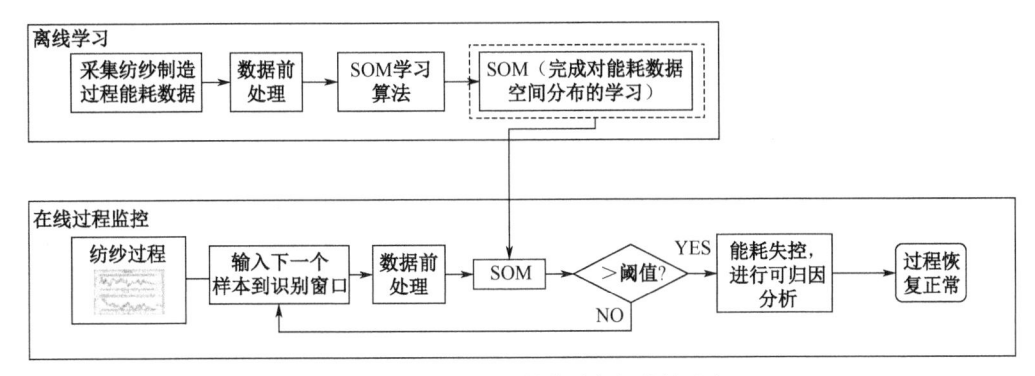

图 9-34 基于 MQE 的纺纱能耗监控流程

9.4.3 基于状态驱动的纺纱能耗智能调控

实际纺纱过程的高复杂性和多变量性对纺纱能耗监控产生巨大的影响，对这些能耗影响因素进行快速准确的检测和诊断，并及时给出能耗调整方案，解决问题根源，可以节能降耗，增加生产运行的稳定性，降低生产成本，避免企业资源的更大损失，给企业带来巨大的经济效益。

纺纱能耗智能调控策略旨在自动监测纺纱能耗情况，当能耗异常情况发生时，首先发出能耗异常预警，根据实际情况判断是否继续生产，然后自动诊断引起异常的具体因素，并对能耗异常进行评价和决策，最后针对异常原因提出调整方案，改进生产，消除能耗异常。

因此需要在精准可靠的纺纱生产过程能效预测模型的基础上研究实现动态环境下能量有效性能的优化提升策略。利用无监督学习聚类算法分析影响生产能耗的主要因素，提出大数据驱动下基于定量调控机制的能效优化决策方法。利用大数据驱动，构建纺纱生产过程中的状态参数（如设备运行参数）和能耗指标（如吨纱耗电）的关联关系网络，挖掘纺纱能耗演化规律，研究基于状态参数调控的纺纱能耗智能决策方法，利用纺纱制造大数据复杂关系网络描述模型，建立参数间关系网络，确定调控参数及调控方向，作为纺纱车间能耗调控的输入和搜索维度，求解出合适的参数调控值，利用智能车间纺纱能耗预测方法建立候选质量调控方案评价矩阵，进行统计分析，选取最佳决策方案。基于状态驱动的纺纱能耗智能调控流程如图 9-35 所示。

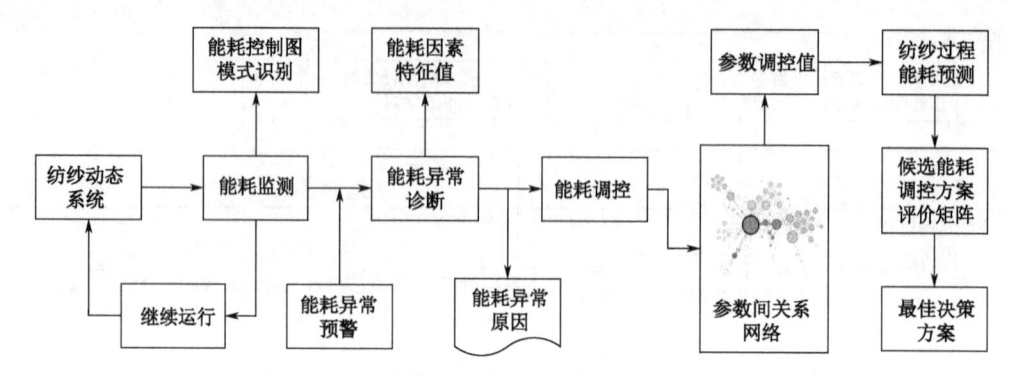

图 9-35　基于状态驱动的纺纱能耗智能调控流程

9.4.4　基于核心影响因素的纺纱能耗分析预测

能耗预测在电力、钢铁等行业中有着重要的作用，并且在国内外已有较长的研究与应用历程。但在纺织企业中却少有应用。然而，对于纺织企业来说，能源预测具有重要作用，它可以帮助合理安排能源生产（包括能耗计划、机组检修、设备负荷调节、机组经济组合等），提高能源转换效率，降低二次能源生产成本；优化能源配置与调度，减少能源浪费，降低因能源供给不足带来的生产波动。能耗预测是制定企业能源规划的重要组成部分。通过能耗预测可以把握能源消耗的趋势，减少能源的浪费，降低企业生产成本，对于提高企业产品的市场竞争力、经济效益和信息化管理水平具有极为重要的意义。

纺纱生产过程受订单排产、设备运行计划、生产调度、气候变化等因素影响，对电量、温度和湿度的需求一直处于波动状态。而作为纺纱车间能源转换与供应的中心，为提高能效，应尽可能调控机组使其在高效工况下运行。以海量的实际生产数据为基础，以能耗预测为任务目标，采用数据挖掘技术，抽取生产数据中的有用知识，对企业的生产提供分析与决策支持，实现生产与消耗的动态平衡。纺纱能耗预测流程如图 9-36 所示。

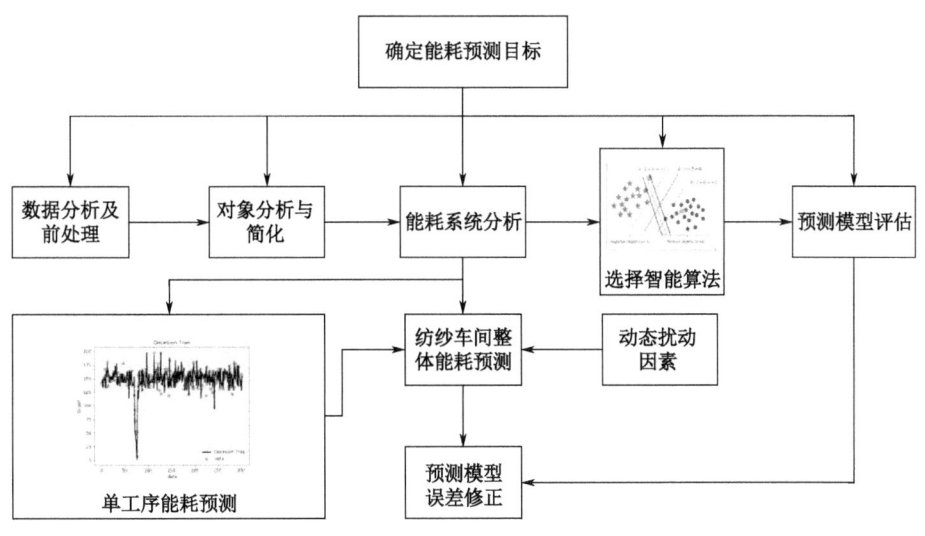

图 9-36　纺纱能耗预测流程

能耗预测主要包含以下步骤。

（1）确定能耗预测目标。

要明确预测该目标的意义，除了确定预测目标，还应对预测对象、时间、地区和具体内容等做出明确规定。

（2）对象分析与简化。

纺纱生产过程从来不是简单、明晰的过程，对预测的对象系统进行深入分析，掌握其结构、特性和动态规律，可以为选择合适的预测方法与模型提供支持，还可以为预测结果的评价提供基础参考信息，极大地方便预测模型的建立和预测结果的分析。

（3）数据准备。

准确而系统的数据是进行预测的基础。必须根据确定的预测目标，采集有关历史和当前数据，对数据进行预处理、压缩和变换、标准化等操作，以满足预测的要求。

（4）预测方法的选择与预测模型的建立。

预测有许多具体方法，实际应用中，要根据预测的目的、占有资料的情况，从预测对象本身特点出发，正确选择和运用预测方法，有时还要根据所掌握的情况，采取多种预测方法同时进行预测，然后对预测结果进行论证评价。预测模型建立以后，利用统计、机器学习等方法，结合计算机技术，实现模型参数的计算。

CART 算法通过递归构建二叉决策树，将输入空间即特征空间划分为有限个单元，并在这些单元上确定预测的概率分布，也就是在输入给定的条件下输出的条件概率分布。因此具有可以生成可理解的规则、反映能耗影响因素的重要程度等优势，非常适用于纺纱过程能耗的预测。

（5）结果分析与误差修正。

对预测结果进行认真论证，分析预测误差，判断预测模型选择是否准确，提出修正方案，改进预测模型，不断提高预测质量和水平。

参考文献

[1] 刘峤，李杨，段宏，等．知识图谱构建技术综述[J]．计算机研究与发展，2016, 53(3): 582-600．

[2] 徐增林，盛泳潘，贺丽荣，等．知识图谱技术综述[J]．电子科技大学学报，2016, 45(4): 589-606．

[3] 李涓子，侯磊．知识图谱研究综述[J]．山西大学学报（自然科学版），2017(3):454-459．

[4] 肖仰华．知识图谱与认知智能[J]．张江科技评论，2019．

[5] ZHONG R Y, XU X, KLOTZ E , et al. Intelligent Manufacturing in the Context of Industry 4.0:A Review[J]. Engineering, 2017(3):616-630.

[6] PARASCHOS P D, KOULINAS G K, KOULOURIOTIS D E . Reinforcement Learning for Combined Production-Maintenance and Quality Control of a Manufacturing System with Deterioration Failures[J]. Journal of Manufacturing Systems, 2020, 56:470-483.

[7] TAH J H M, ABANDA H F. Sustainable Building Technology Knowledge Representation: Using Semantic Web Techniques[J]. Advanced Engineering Informatics, 2011, 25(3):547-558.

[8] CHERNENKIY V, GAPANYUK Y, NARDID A, et al. Using the Metagraph Approach for Addressing RDF Knowledge Representation Limitations[C]// 2017 Internet Technologies

and Applications (ITA). 2017.

[9] ZARRI G P. ZARRI, G.P. Knowledge Representation and Inference Techniques to Improve the Management of Gas and Oil Facilities. Knowledge-Based Systems (KNOSYS) 24, 989-1003[J]. 2011, 24(7):989-1003.

[10] GAYATHRI R, UMA V. Ontology Based Knowledge Representation Technique, Domain Modeling Languages and Planners for Robotic Path Planning:A Survey[J]. Ict Express, 2018.

[11] BENAVIDES C, GARCÍA I, ALAIZ H, et al. An Ontology-based Approach to Knowledge Representation for Computer-Aided Control System Design[J]. Data & Knowledge Engineering, 2018, 118:107-125.

[12] WU Z, LIAO J, SONG W, et al. Semantic Hyper-graph-based Knowledge Representation Architecture for Complex Product Development[J]. Computers in Industry, 2018, 100: 43-56.

[13] LIN Y, LIU Z, LUAN H, et al. Modeling Relation Paths for Representation Learning of Knowledge Bases[J]. arXiv preprint arXiv:1506.00379, 2015.

[14] W.L. CHEN, S.Q. (Shane) Xie, F.F. Zeng, et al. A New Process Knowledge Representation Approach Using parameter Flow Chart[J]. Computers in Industry, 2011, 62(1):9-22.

[15] ZHANG Y, LUO X, ZHANG H, et al. A Knowledge Representation for Unit Manufacturing Processes[J]. international Journal of Advanced Manufacturing Technology, 2014, 73(5-8): 1011-1031.

[16] Zhang C, Zhou G, Lu Q, et al. Graph-based knowledge reuse for supporting knowledge-driven decision-making in new product development[J]. International Journal of Production Research, 2017, 55(23):7187-7203.

[17] 施昭, 曾鹏, 于海斌. 基于本体的制造知识建模方法及其应用[J]. 计算机集成制造系统, 2018, 024(11):2653-2664.

[18] 田桂中, 朱钰萍, 刘金锋, et al. 面向机加工艺智能生成的工艺知识建模与管理方法

[J]. 计算机集成制造系统，2019(7):1695-1705.

[19] 乔立红，朱怡心，ANWER Nabil. 几何增强的装配工艺本体建模[J]. 机械工程学报，2015，51(22):202-212.

[20] 代风，翟翔，施国强，et al. 面向航天产品研制的知识网络本体建模方法[J]. 浙江大学学报（工学版），2018, 52(10):192-203.

[21] 尹超，张云，钟婷. 面向新产品开发的云制造服务资源组合优选模型[J]. 计算机集成制造系统，2012, (7):1368-1378.

[22] HE Y, Hao C, Wang Y, et al. An Ontology-Based Method of Knowledge Modelling for Remanufacturing Process Planning[J]. Journal of Cleaner Production, 2020, 258:120952.

[23] QIANG ZHOU, PING Yan, YANG XIN. Research on a Knowledge Modelling Methodology for Fault Diagnosis of Machine Tools Based on Formal Semantics[M]. Elsevier Science Publishers B. V. 2017.

[24] OPREA M. A Knowledge Modelling Framework for Intelligent Environmental Decision Support Systems and Its Application to Some Environmental Problems[J]. Environmental Modelling and Software, 2018, 110(DEC.):72-94.

[25] 李秀玲，张树生，黄瑞，等. 基于工艺知识图谱的异构 CAM 模型结构化建模方法[J]. 计算机辅助设计与图形学学报，2018, 30(7):1342-1355.

[26] FUTIA G, VETRÒ A, DE MARTIN J C. SeMi:A SEmantic Modeling machIne to Build Knowledge Graphs with graph neural networks[J]. SoftwareX, 2020, 12:100516.

[27] R. G, Uma V. Ontology Based Knowledge Representation Technique, Domain Modeling Languages and Planners for Robotic Path Planning:A survey[J]. Ict Express, 2018: S2405959518300985.

[28] KUMAR R, KUMAR P, KUMAR Y. Time Series Data Prediction using IoT and Machine Learning Technique[J]. Procedia Computer ence, 2020, 167:373-381.

[29] CAO P, CHEN Y, LIU K, et al. Adversarial Transfer Learning for Chinese Named Entity Recognition with Self-Attention Mechanism[C]// Proceedings of the 2018 Conference on

Empirical Methods in Natural Language Processing. 2018.

[30] ZHU Y, WANG G, KARLSSON B F. CAN-NER:Convolutional Attention Network for Chinese Named Entity Recognition[J]. arXiv preprint arXiv:1904.02141, 2019.

[31] RISTOSKI P, GENTILE A L, ALBA A , et al. Large-scale Relation Extraction From Web Documents and Knowledge Graphs With Human-in-the-loop[J]. Journal of Web Semantics, 2019, 60:100546.

[32] CHEN Y, YANG H, LIU K, et al. Collective Event Detection via a Hierarchical and Bias Tagging Networks with Gated Multi-level Attention Mechanisms[C]// Proceedings of the 2018 Conference on Empirical Methods in Natural Language Processing. 2018.

[33] SMIRNOV A, LEVASHOVA T, SHILOV N . Patterns for Context-based Knowledge Fusion in Decision Support Systems[J]. Information Fusion, 2015, 21:114-129.

[34] 周亚勤,汪俊亮,鲍劲松,等.纺织智能制造标准体系架构研究与实现[J].纺织学报.2019,40(04):145-151．

[35] 殷士勇，鲍劲松，孙学民，等．基于信息物理系统的环锭纺纱智能车间温度闭环精准控制方法[J]．纺织学报．2019, 40(02):159-165．

[36] 刘义，刘晓冬，焦曼，叶春晖，周乐．基于数字孪生的智能车间管控[J]．制造业自动化，2020,42(07):148-152．

[37] 周亚勤，汪俊亮，鲍劲松，张洁．针织生产智能管控的通用数据模型研究[J]．中国机械工程,2019,30(02):143-148+219．

[38] 张月平，李从心，邹泽明，顾学军．数字化纺纱工厂的设计理念及案例分析[J]．棉纺织技术，2017,45(05):71-74．

[39] 王力民，盛守祥，王国栋．华纺纺织印染智能制造探索[J]．染整技术，2016,38(10):4-10．

[40] 易芳．经纬 e 系统：管控集成，智能生产[J]．中国纺织,2015(06):56．

[41] 高秀丽，李丹，朱进忠，郭传英．棉及混纺纱单位产品能耗计算分析[J]．上海纺织科技，2015,43(12):94-96．

[42] G. L. BARKER, J. W. Laird. Temperature Effects on Cotton Lint Moisture Regain Rates[J].

Transactions of the Asae, 1992, 35(5):1377-1380.

[43] 王艳霞. 纺织厂空调系统温湿度控制策略研究[D]. 西安工程大学，2017.

[44] 董桂芹. 纺织厂温湿度控制的系统方案设计及实现[D]. 上海交通大学，2012.

[45] 潘荣昌，李海霞，徐林岚，杨宏江. 纺织厂温湿度自动控制系统的设计与应用[J]. 现代纺织技术，2011, 19(5):10-13.

[46] 张洁，高亮，秦威，等. 大数据驱动的智能车间运行分析与决策方法体系[J]. 计算机集成制造系统. 2016, 22(5):1220-1228.

[47] 张洁，汪俊亮，吕佑龙，等. 大数据驱动的智能制造[J]. 中国机械工程. 2019, 30(2):127-133, 158.

[48] 张洁，吕佑龙，汪俊亮，王海超. 大数据驱动的纺织智能制造平台架构[J]. 纺织学报，2017, 38(10):159-165.

[49] NURWAHA, D, WANG, X. H. Using Intelligent Control Systems to Predict Textile Yarn Quality[J]. Fibres & Textiles in Eastern Europe, 2012, 90(1):23-27.

[50] TONG, YUN. Application of Sensor on Modern Sizing Machine in Term of Intelligent Control[J]. Advanced Materials Research, 2013, 712-715(2):1900-1903.

第10章 设备故障诊断与预防性维修

工业设备的故障诊断是人工智能技术最早的应用领域，之前普遍采用模式识别和信号处理的方法来展开，取得了非常好的效果。但是经典的算法也面临巨大的挑战，数据集越来越大，实时性要求越来越高，采用深度学习的方法来展开这方面的工作是当前的热点之一。

10.1 设备故障诊断与预防性维修进展与现状

工业设备故障诊断的目的在于增强设备运行的稳定性，提高设备的寿命，系统可靠性和安全性是其重要特性[1]。通过设备故障诊断技术，能够恢复设备的既定功能与性能，为后续提升核心部件的使用寿命和提高生产质量提供保障。因此，故障诊断技术是实现控制系统健康管理、确保设备安全稳定运行的关键[2]，对于保障设备的安全稳定运行具有重要意义。

设备故障诊断与健康管理总体架构如图 10-1 所示。设备的故障诊断与健康管理主要分为 4 个层次。

（1）控制层感知和分析，采集核心部件控制器、内嵌传感器数据并进行分析。

（2）环境层感知和分析，采集工作环境数据，如设计数据（核心部件正在运行的程序）、过程数据、系统集成控制数据和外部 PLC 数据并进行分析。

（3）附加层感知和分析，采集外加传感器数据，如采集加装力和扭矩传感器的数据，获得子部件有效载荷和工具安装的影响。

（4）顶层感知和分析，结合视觉进行位置识别，考虑系统架构、系统功能及相关参数评估整体系统的健康状态。

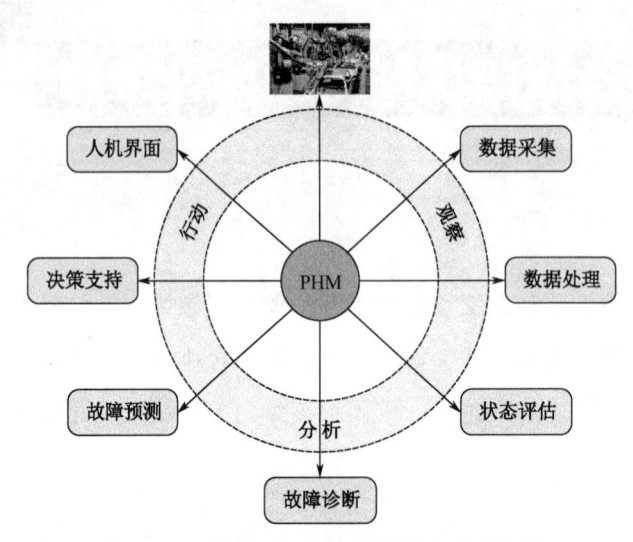

图 10-1　设备故障诊断与健康管理总体架构

随着信息技术的变革，设备故障检测技术不断进行智能化革新和发展。故障诊断技术大致经历了基于解析模型、信号处理和人工智能 3 个发展阶段[3]。其中，解析模型[4]和信号处理[5]的方法都在当时推动了设备故障诊断技术的发展。随着设备结构、工作环境复杂性的提高，这两种方法逐渐不能够完全满足当前故障诊断的要求。基于人工智能的故障诊断方法由于计算性能强和识别精度高等特点，逐渐受到人们的青睐，被应用于故障诊断技术当中。

用于故障诊断的人工智能方法包括深度学习方法、强化学习方法和迁移学习方法等。其中，用于故障诊断的深度学习方法包括卷积神经网络、深度置信网络（Deep Belief Nets，DBN）、堆叠自动编码网络（Stacked Auto Encoder，SAE）、递归神经网络（Recurrent Neural Network，RNN）等，这些深度学习模型的识别精度和准确率普遍比传统机器学习模型的好[6]。CNN 大多用于故障诊断的特征提取与识别。Mirzaei 等[7]使用 CNN 分析故障信号的小波时频谱进行故障分类，在准确性方面优于传统基于 SVM 的算法。黄海波等[8]采用

CNN 算法进行高压断路器故障识别，准确率远远好于传统故障诊断方法。

DBN 是根据生物神经网络的研究及浅层神经网络发展而来，是贝叶斯概率生成模型的一种特殊形式，其数据样本分布可以通过贝叶斯联合概率分布推断出来。DBN 由受限玻尔兹曼机（Restricted Boltzmann Machine，RBM）组成的若干层神经元构成。RBM 作为一种神经感知器，由显层和隐层共同构成，其结构如图 10-2 所示。两层之间的神经元为双向全连接，即隐层与显层互相交替，相邻的 RBM 相互形成不同 RBM 的隐层与显层，上个 RBM 的输出为下个 RBM 的输入，而同一层之间则不存在连接。

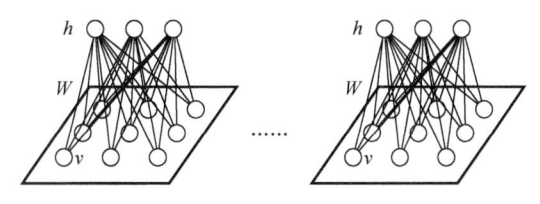

图 10-2 RBM 串联成 DBN 结构

DBN 无须太多信号技术与诊断经验来支撑，并且适应性和通用性更好。基于 DBN 故障诊断与其他故障诊断比较如图 10-3 所示。王晓丹[9]通过 DBN 提取原始数据特征，集成分类器的故障识别性能显著提高。陈保家等[10]提出了一种基于深度学习理论的齿轮传动系统故障诊断方法，首先利用 DBN 提取齿轮传动系统的振动信号，然后通过 DBN 的复杂映射表征能力对故障信号进行故障判别。

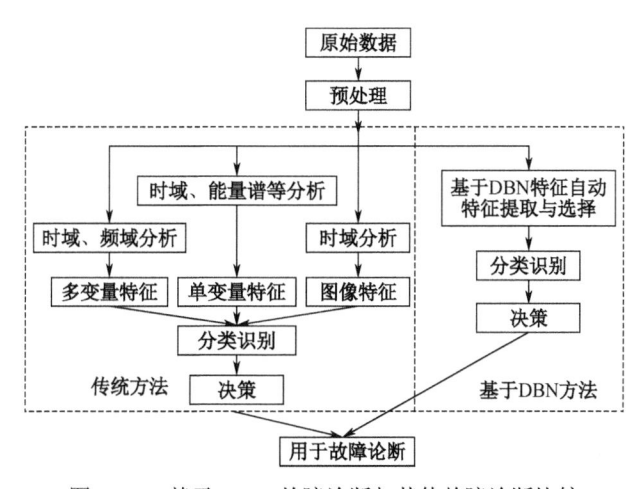

图 10-3 基于 DBN 故障诊断与其他故障诊断比较

SAE方法有强大的特征提取能力和健壮性，且需要的样本数据较少。石鑫等[11]应用SAE对变压器油中溶解气体进行辨识，诊断变压器故障类型。Luo等[12]将直流线路行波波形随距离衰减的特性作为特征，建立SAE回归模型，实现端到端的线路故障测距。SAE与DBN相似，均是由若干单元组成，然而其组成结构单元有所不同。SAE是由多个自动编码器模块单元堆叠成的多层感知器神经网络，SAE模块变换流程如图10-4所示。

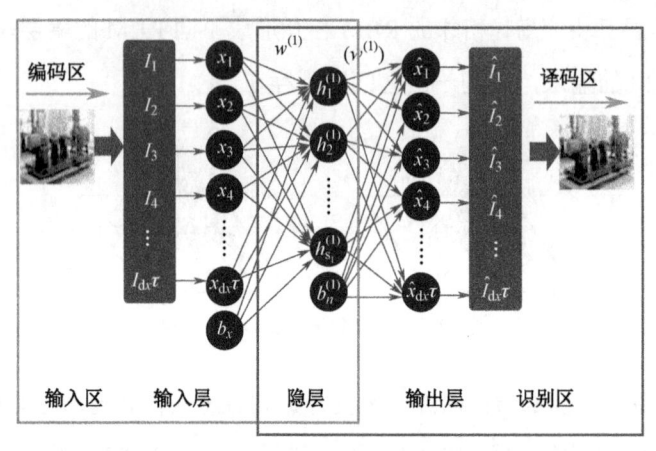

图10-4　SAE模块变换流程

RNN考虑样本之间的关联性，比较典型的RNN网络如长短期记忆（Long Short-Term Memory，LSTM）网络，能够有效提取振动信号的时间和空间特征。刘香君等[13]提出一种基于LSTM的医疗设备故障智能诊断方法，和其他深度学习方法效果相比有更高的故障诊断准确率。沈涛等[14]提出了一种批标准化的CNN-LSTM模型，能够高效准确地对滚动轴承进行多种负荷下、多种故障位置及多种故障程度的诊断。不同的深度学习方法有不同的特性，根据故障诊断的实际需求和场景，可以选择适合的方法。

强化学习方法适合应用在提取故障特征方面，或对已经获得的故障特征进行分类。李锋等[15]提出基于强化学习三态组合长短时记忆神经网络，所提出的状态退化趋势预测方法具有较高的预测精度。此外，深度强化学习为进一步提高故障诊断的智能性提供了新的思路。康守强等[16]基于深度强化学习，提出一种改进深度Q网络（Deep Q Network，DQN）的滚动轴承故障诊断方法，这种改进的诊断模型具有很好的泛化性。基于强化学习的故障诊断流程如图10-5所示。

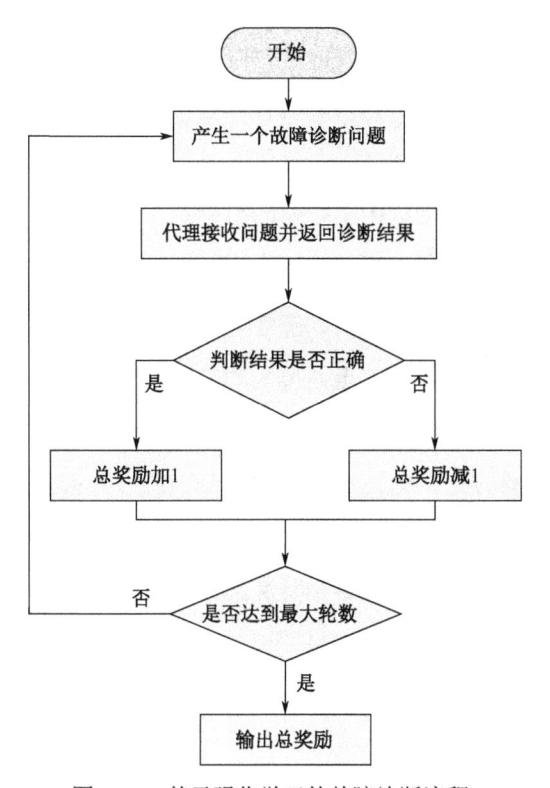

```
                    ┌──────┐
                    │ 开始 │
                    └──┬───┘
                       ▼
            ┌─────────────────────┐
       ┌───▶│ 产生一个故障诊断问题 │
       │    └──────────┬──────────┘
       │               ▼
       │   ┌─────────────────────────┐
       │   │ 代理接收问题并返回诊断结果 │
       │   └──────────┬──────────────┘
       │              ▼
       │      ╱判断结果是否正确╲
       │     ╱         ╲
       │   是╱           ╲否
       │   ▼             ▼
       │ ┌────────┐  ┌────────┐
       │ │总奖励加1│  │总奖励减1│
       │ └────┬───┘  └────┬───┘
       │      └─────┬─────┘
       │            ▼
       │    ╱是否达到最大轮数╲
       └否─╱                  ╲
                    │是
                    ▼
              ┌──────────┐
              │ 输出总奖励 │
              └──────────┘
```

图 10-5　基于强化学习的故障诊断流程

　　迁移学习可以用于相近或相似问题的解决方面，通过迁移的方式微调机器学习模型的网络参数[17]。Guo[18]将迁移学习用到电机故障识别中，解决电机故障小样本导致的训练模型效果不好的问题，提升人工智能方法在电机故障识别中的应用潜力。王毅星[19]针对电力异常数据少的问题，建立基于迁移学习的数据挖掘模型，将不同的样本数据对统一的模型进行相应的调整，提高故障数据的利用率和训练网络的效率。因此，迁移学习可以用在需要提升故障诊断计算效率和没有足够的故障标记数据时，解决难以从设备上获得标记故障数据的问题。

　　设备的预防性维修和设备的故障诊断一样，均为保障设备稳定运行的有效措施。实现设备预防性维修的典型算法有实时处理算法、离线预测算法和遗传算法等。其中，实时处理算法通过连续监测各维修单元的关键数据，实现实时评估，通过调度维修资源来实现主动维修；离线预测算法基于存储在分布式文件系统中的历史数据，结合当前设备的工作状态和历史信息，预测当前设备的剩余有效工作时间；遗传算法的个体进化搜索可以与维修策略优化目标函数联系起来，对维修策略进行搜索优化，在遗传算法中嵌套蒙特卡洛仿真模块，以解决个体适应度计算问题。

许多研究者将设备预防性维修作为研究的聚焦点。苏春等[20]研究了非等周期下预防性维修优化问题，利用隐半马尔科夫模型和多维特征变量，建立了设备性能退化评估模型，为预防性维修计划的制订提供理论依据。王红等[21]建立了一种考虑动车组故障风险的部件预防性维护模型，该模型更加经济安全，可为动车组部件的维护决策提供理论支持。也有研究者以预防性维修策略动态调整方法为研究重点。张江红等[22]提出了受临停影响设备的预防性维修策略动态调整方法，为核电厂长期临停下的设备可靠性分析提供了基础。柳创等[23]提出了役农机装备预防性成组维修策略，该策略在农机装备服役阶段有良好的应用性。除此之外，基于新一代信息技术的设备预防性维修方法也被应用在各个领域的设备稳定运行方面。刘蔚然等[24]提出了数字孪生卫星关键技术体系。Glaessgen 等[25]构建 F-15 战斗机的数字孪生，并借助战斗机全生命周期数据进行故障预测与健康管理，有效提高维护预警的准确度和维修计划的可靠性。

随着大数据、云计算、物联网、5G 等新一代信息技术的兴起和蓬勃发展，设备故障诊断与预防性维修技术迎来了智能化革新的契机。故障诊断和预防性维护从体系架构到方法模型都逐渐与智能制造理念相融合，体现出工业智能的特点。

本章将分别从设备故障诊断和设备预防性维修两个方面，对智能化的模型、方法和案例进行详细介绍。

10.2 设备故障诊断

10.2.1 基于 CNN 的设备故障诊断

可靠性一直是评估工业产品和设备的重要方面。良好的产品设计对于具有高可靠性的产品当然至关重要。但是，无论产品设计得有多好，产品都会随着时间的流逝而变质，因为它们是在实际环境中的某些压力或负载下运行的，通常涉及随机性。因此，故障诊断和健康维护已被引入为一种有效的方法，以确保在产品和设备的使用寿命期间达到令人满意的可靠性水平。与此同时，随着互联网、物联网等快速兴起与普及，当前的工业产品和设备数据规模呈井喷式增长，数据种类日渐丰富，数据结构越来越复杂。

鉴于这一显著变化，人们开始关注深度学习方法在这方面的应用。将大量的故障数据进行训练，工程师可以充分学习故障的潜在特征，实现故障的分类和预测。这不仅为结构复杂的机械提供了新的故障诊断方法，缩短了故障诊断的时间，而且设备的安全性得到了保证，降低设备的维护成本[26]。CNN在图像的识别分类方面首先得到了应用，取得了显著的成功，因此许多研究人员也将其应用到机械的故障诊断领域。早期研究人员在将CNN的模型引入旋转机械故障诊断领域中时，通常采用原始的CNN结构，即构造二维的训练网络样本，提取的也是二维数据的特征并完成诊断。

大部分CNN的架构变体非常相似。以LeCun提出的LeNet-5模型为例，其结构如图10-6所示[27]。图10-6给出了经典的CNN模型以及在训练过程的主要思想。其主要组成部分为卷积层、池化层与全连接层，是利用多个滤波器进行构建的典型前馈神经网络。这些滤波器可以提取输入数据的特征，在卷积层与池化层对所有经过滤波器的数据完成卷积与池化。经过多层神经网络的递推，输入神经网络的数据将会慢慢被隐藏其拓扑结构，数据最终被抽象化，得到输入数据的特征表示，在一定程度上具有平移、旋转及缩放不变性，获得的特征点为稀疏连接、权重共享、空间或时间上的降采样的数据信息。具体地说，首先输入的特征图或原始数据图在卷积层开始学习，卷积层由多个卷积核组成，不同的特征图谱也将在该层进行计算。特征图谱中的每个神经元都连接到上一层相邻神经元的区域，这样的领域称为一层神经元的接受区。第一层卷积层的核被设计用来检测边缘和曲线底层特征，而高层卷积层的核被设计用来编码更抽象的特征。该层首先用学习核对输入进行卷积，然后对卷积后的结果应用元素非线性激活函数，使几个不同的特内核得到完整的特征映射，最后在池化层通过降低特征图的分辨率实现该层的目的。几个卷积层和池化层不断进行叠加，逐步提取更高层次的有用特征，最后在识别层进行识别与分类。

在故障诊断方面，CNN将输入数据的有效特征加以提取，以卷积及池化方式不断抽象化数据，局部特征不断提炼为高层特征，进而可以实现故障诊断与识别目的。当前，在多数的CNN应用范畴中，特征提取与识别是基于CNN的比较常见的两种故障诊断。当旋转机组发生故障时，其重要的特征是机械表现出不正常的震动和噪声。2016年，Janssens等[28]针对旋转机械的振动模式因故障或机械状态改变而不同的问题，提出了基于卷积神经网络的状态监测特征学习模型，让数据本身自主学习轴承故障检测的有用特征，使结果明显优于基于特征工程的特征学习方法。2016年，Ince等[29]针对特征提取和分类在典型系统里通常封装在不同的块的问题，提出了基于CNN的快速、准确的电机状态监测和早期故障检测系统[29]。该系统具有固有的自适应设计，将电机故障检测的特征提取和分类阶段融合到一个学习体中。所提出的方法直接适用于原始数据，因此不需要单独的特征提取算法，从而提高了系统的速度和硬件效率。

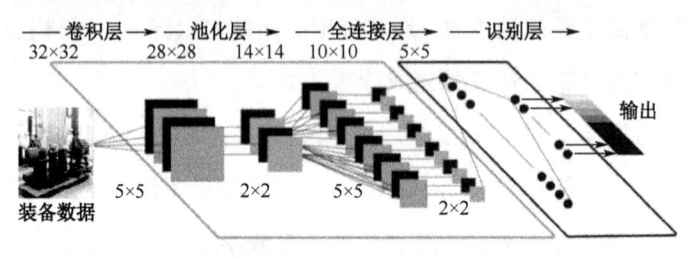

图 10-6 LeNet-5 模型结构

10.2.2 基于卷积神经网络的设备故障诊断方法

1. 雾计算平台下基于卷积神经网络的设备故障诊断方法

通常，在较高的数据流量的环境下，工业系统通常采用云计算的形式，即一种利用互联网云服务器实现随时随地、按需、便捷地使用共享计算设施、存储设备、应用程序等资源的计算模式。然而随着数以百万计的物联网连接设备大量涌现，数据爆炸式激增，云存储在数据的计算、存储和管理方面受到压力。云服务器需要更多时间来处理数据，因为它以集中式主机的方式对数据进行存储和计算，且通常离物联网端点很远。这就催生了雾计算——为云计算服务分担压力。

雾计算是一个分散式计算结构，在数据设备周围进行处理、存储和智能控制。这种弹性结构将云计算服务进行拓展。因此，缩短了跨网络距离，提高了工作效率，使需要传输到云进行处理、分析和存储的数据量得到提升[30]。

目前应用的雾架构由3层组成：终端层、雾层和云层[31]。终端层靠近物联网设备的物理环境，如传感器等。雾层由 WiFi 路由器、网关等组成，通常位于传感器网络的边缘。网关具有计算能力，能够以低延迟处理大多数采集的数据，因此只有最有用的数据才会被发送到云层进行复杂的计算。近年来，关于雾计算支持制造的研究越来越多。Wu 等[32]提出了一个制造优化的 fog 框架，嵌入随机森林算法进行刀具磨损预测。Wan 等[33]设计了一种雾结构，以优化制造车间机器的能耗和工作量。O'Donovan 等[34]设计了一个集成机器学习算法的雾架构。其在雾层上实现了粒子群优化算法，并分析了雾层和云层的执行时间，展示了设计雾层的好处。

Liang 等[35]面向数控加工领域提出了基于雾计算的 CNN 故障诊断模型。在数控加工过程中，尺寸精度和表面粗糙度的偏差会导致产品缺陷或浪费。偏差的根本原因可能是由于不良的工具或异常的设备状况，导致精度不理想，在加工部件上留下划痕，在加工过程中产生严重的振动或高温。因此，设计预测系统，对从机器和过程中获取的状态数据进行有效的分析，以便在早期发现潜在的故障，这对机器实现智能诊断和自适应优化具有重要意义。采用 CNN 预处理机制对监测数据进行去噪处理，有效提高了计算效率，另一方面，设计合适的 CNN 结构，提高预测计算效率。同时，为了优化数据传输，设备上采集的监控数据在雾层上进行处理，以便使用本地部署的经过训练的 CNN 有效地识别故障。改进的 CNN 架构如图 10-7 所示，这是一种轻量级的深度网络。

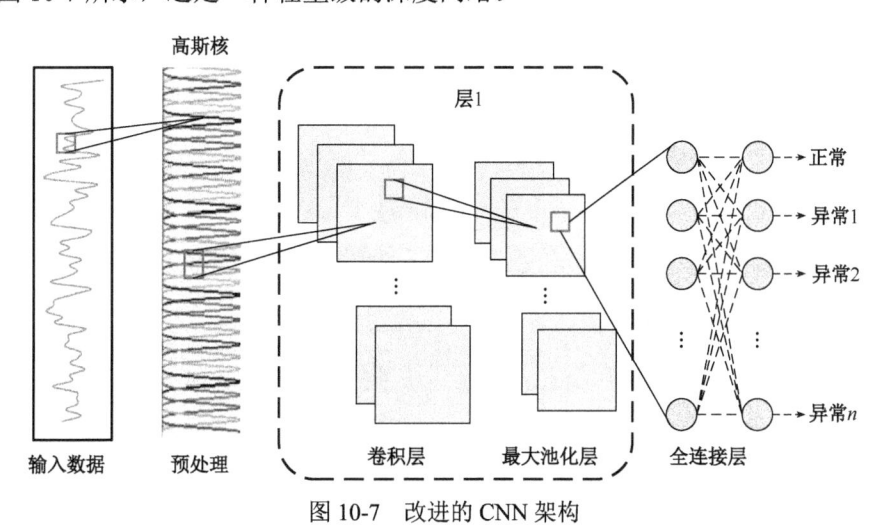

图 10-7 改进的 CNN 架构

2. 卷积神经网络和注意力机制结合的设备故障诊断方法

作为旋转机械系统的关键部件之一,滚动轴承在工业生产和应用中起着重要的作用[36]。滚动轴承的健康状况直接影响机械设备的安全可靠运行。因此,及时、准确地发现轴承故障对确保安全生产、提高效率、消除隐患具有重要意义。

传统的轴承故障诊断方法大多基于人工提取的时域、频域或时频域故障特征,仅在特定的缺陷和负荷下才能取得较好的诊断效果。现在,深度学习方法已经深刻地影响了故障诊断领域,其中具有局部连接和共享权重特征的卷积神经网络也已应用于故障诊断领域[37]。

另一方面,由于选择性地增强有用信息的特性和并行工作能力,可以提高模型的性能和训练速度,注意力机制吸引了研究人员的特别关注[38]。Wang 等[39]提出了一种利用多头注意力和 CNN 进行滚动轴承智能状态识别的数据驱动故障诊断新方法。该方法主要包括两个步骤:直接从原始振动信号创建相应的故障数据集,使用简单的信号到图像变换方法;开发一种新的智能诊断模型,将多头注意力与 CNN 相结合,实现特征的自动提取和故障模式识别,如图 10-8 所示。与其他方法相比,这种信号到图像的转换方法更简单。时间复杂度更低,并且通过使用多头注意力来优化故障识别框架,所提出的故障识别框架可以在网络参数相对较少的情况下实现更好的诊断准确性和泛化能力。为了更好地促进 CNN 模型训练并学习不同轴承故障条件的抽象时域特征,该方法使用一种新的数据预处理方法将一维原始振动信号直接转换为二维灰度图像,从而进一步完成了端到端故障检测。因此,该方法更适合在线轴承故障诊断。

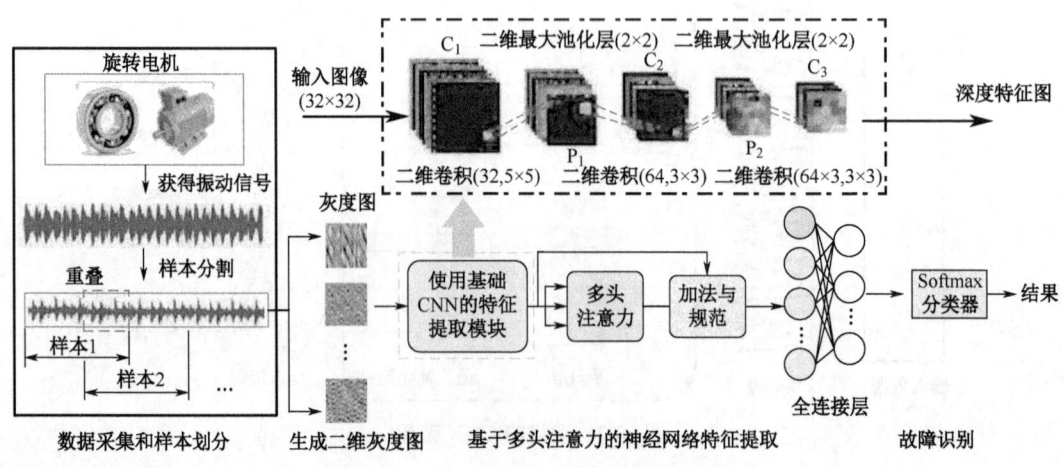

图 10-8 故障诊断新方法示意图

10.2.3 基于卷积神经网络的设备故障诊断案例

1. 雾计算平台下基于卷积神经网络的设备故障诊断案例

基于雾计算的方法为加工过程的动态预测和优化提供智能解决方案。该系统由以下 3 层组成。

（1）终端层。终端层通过传感器、电路和路由器与物理设备集成。通过功率传感器连续收集机器的功率信号，并将其传输到雾层以进行进一步处理。

（2）雾（计算）层。雾层的计算能力和存储空间通常受限。CNN 部署在该层。雾计算是由云计算衍生的概念，即将数据处理和应用转移到网络边缘的设备中。CNN 在云层进行训练，将训练好的 CNN 部署到雾层，并用于检测异常情况，从而无须将信号数据传输到云层，保证了相关数据保留在公司内部。另一方面，根据功率信号在加工过程中的明显变化（待机功率远低于加工功率），由此可以将功率信号划分为单独的切割过程，有利于提高 CNN 的预测效果。

（3）云层。云层具有计算能力和存储空间方面的优势，因而参考信号也存储在云上的数据库中。由于调度优化算法和 CNN 训练通常需要迭代来计算最佳结果，所以也都部署在云端。在每个加工周期的开始，通过使用果蝇优化算法来提供最佳调度，以最小化能耗、制造时间和机器利用率。优化的进度计划将传输到终端层以进行生产控制。当云层接收到新的参考信号时，将更新数据库，并使用更新后的参考信号对 CNN 进行重新训练，以便 CNN 能够检测和识别加工周期中的新异常情况，最后将更新后的 CNN 传输到雾层以进行异常情况检测。

基于雾计算的故障诊断系统工作流程如图 10-9 所示。

云层和雾层之间安排了系统协调器，起到了以下作用。

（1）更新云层上的知识数据库以获取新加工零件的参考信号。

（2）使用新的参考信号对 CNN 进行再训练。

（3）更新雾层上的 CNN。

（4）针对加工过程中的异常情况触发调度优化，并将优化后的调度发送至终端层进行生产调整。当发现异常情况时，机器将被暂时禁用。禁用时间基于工程师确定的问题复杂性。当生产计划重新安排在云层上时，禁用时间则被发送到终端层。雾节点通常具有有限的计算能力和存储空间。

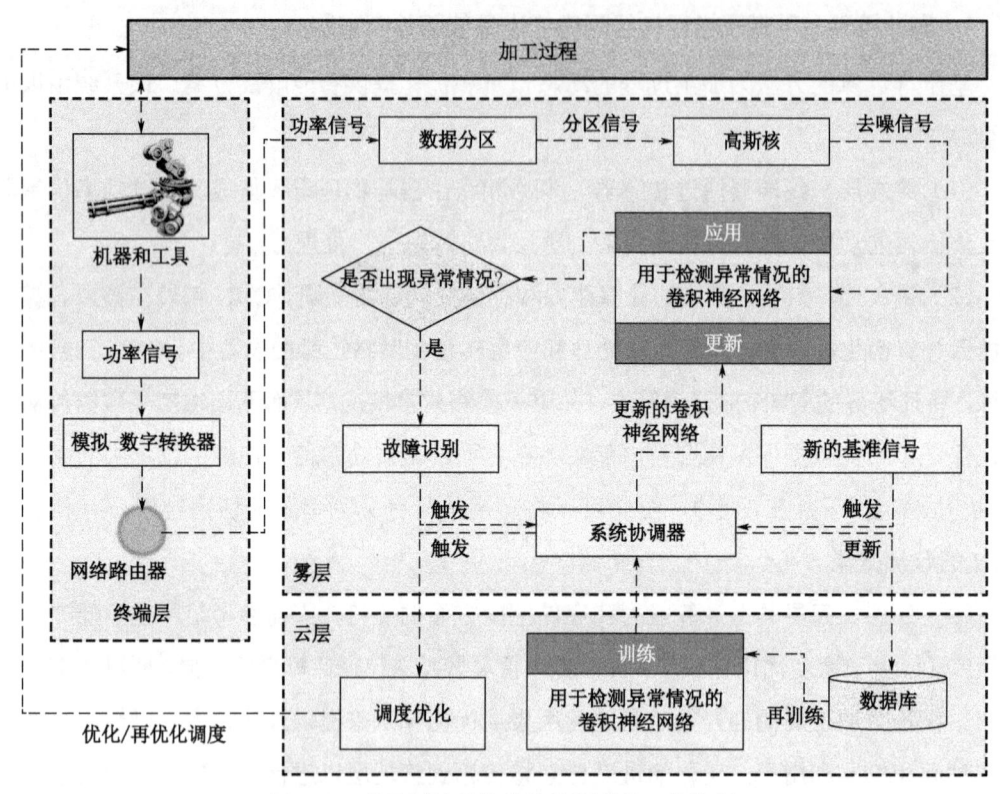

图 10-9　基于雾计算的故障诊断系统工作流程

该系统在英国的一家加工公司成绩上线。在某次工业试用期间，收集的数据总量为 12.98GB。由于采用了雾化设计，因此只有 3.36GB 的数据传输到了云层。因此，与云解决方案相比，节省了 70.26% 的带宽。对于 1MB 数据，从监视信号到雾节点的传输和处理大约需要 1.31s，而在云中心传输和处理大约需要 3.96s（云解决方案的数据传输在互联网上出现传输堵塞时，速度甚至还会大大降低）。雾系统中用于数据传输的时间减少了 47.02%。

通过与云计算的计算时间和存储情况的对比，证明了雾计算的优势。

2. 卷积神经网络和注意力机制结合的设备故障诊断方法

风能具有巨大的利用潜力，因此风力涡轮机的装机容量一直在不断增加。但是，由于恶劣、复杂和为变的工作环境，风力涡轮机的主轴承、齿轮箱和发电机等组件的故障率很高，导致风力涡轮机的维护和运营成本昂贵。因此，对风力发电机组运行状态检测方法的研究，有利于及时发现风力发电机组的潜在故障，制订合理的维修计划，减少经济损失[40]。Xiang 等[41]将 CNN 与 LSTM 结合在一起，并在网络中引入注意力机制以增强有用的信息。CNN 用于从风力发电机中提取状态空间特征，而 LSTM 可以更好地融合不同零件状态的时间特征。注意力机制通过对模型特征的输入给出不同的权重，突出显示更关键因素的影响，帮助模型做出更准确的判断。

将该模型应用于两个风电场的 SCADA 数据。一组 SCADA 数据包含 2015 年 1 月 1 日至 7 月 14 日中国北方风电场的断层。由于变速箱故障，7 月 14 日关闭了风力涡轮机。首先对数据进行预处理，然后删除异常数据点，如停止点和坏点）。同时，保存了风力发电机的运行状态，如风力发电机的启动和变速箱故障。由于太多的变量将导致数据冗余并影响预测模型的准确性，因此，通过相关性分析，选择与输出变量相关性高的变量作为输入变量。在本案例中，选择的输出变量是齿轮箱轴承的温度。通过相关性分析，选择与齿轮箱轴承温度相关性高的变量作为输入变量，并选择 11 个高相关变量。随后用 CNN 与 LSTM 及注意力机制结合的模型训练预处理数据。故障检测后的预测结果（均方根误差）如图 10-10 所示。可以看出，在第 128 天首次突破了阈值。此后，在 7 月 14 日停机之前，反复超过设置的阈值并具有较大的突变，最大值达到 4.48。这种变化可以表明风力涡轮机的潜在故障已经达到一定程度，这与故障之前检测结果的预期变化相符。预测时间与实际故障时间一致，因此可以确定风力发电机在第 128 天出现故障。所提出的模型可以有效地预测风力发电机的故障。

另一组 SCADA 数据包含 2013 年 2 月 1 日至 2014 年 5 月 2 日浙江省某风电场的断层。由于发电机故障，2014 年 6 月 4 日对风力涡轮机进行了维修。首先对数据进行预处理，然后删除异常数据点，如停止点和坏点。同时，保存了风力涡轮机的运行状态，如风力涡轮机的启动和发电机故障。由于数据冗余，输入到预测模型中的变量太多会降低预测精度，因此选择与输出变量相关性高的变量作为输入变量。本案例选择发电机轴承温度作为输出变量。经相关性分析后，选择与发电机轴承温度高度相关的 12 个变量作为输入变量，包括发电机轴承温度、平均功率、A 相温度、发电机转速和 A 相电流的变化趋势等。

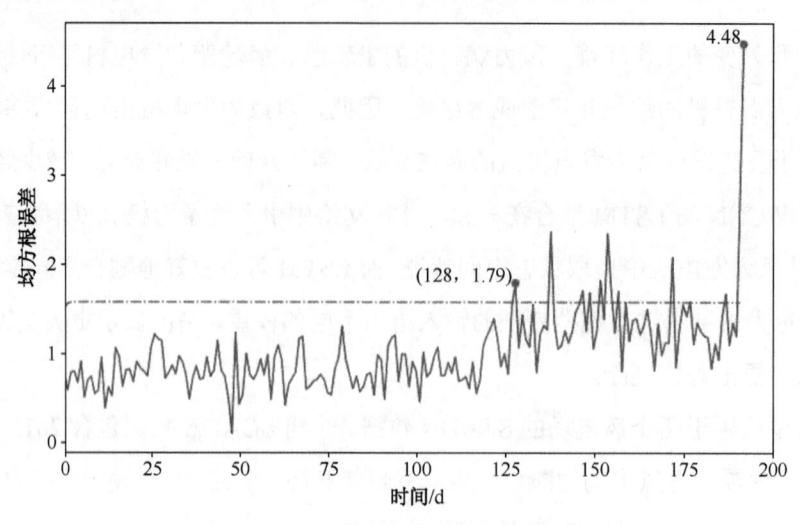

图 10-10　模型预测结果 1（均方根误差）

在风力涡轮机运行的每个阶段中，每个变量在一定范围内波动。即使在故障停机的情况下，趋势也没有明显变化，因此无法通过每个可变条件的变化直接确定风力涡轮机的运行状态。故障检测后的预测结果（均方根误差）如图 10-11 所示。可以看出，在第 109 天首次突破了阈值。

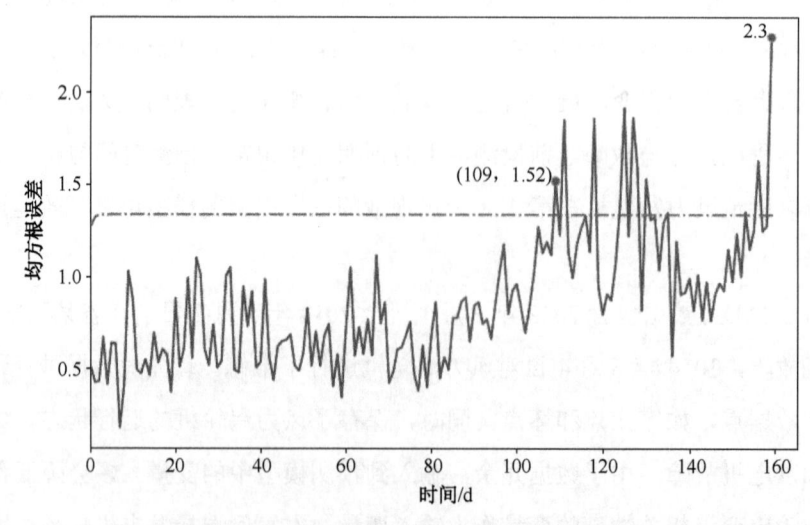

图 10-11　模型预测结果 2（均方根误差）

此后，在 6 月 4 日停机之前，反复超过设置的阈值并具有较大的突变，最大值达到 2.3，这与故障之前检测结果的预期变化相符。因此，可以说该检测方法已经在第 109 天检测到了风力涡轮机的潜在故障。

10.3 设备预防性维修

10.3.1 基于迁移学习的设备预防性维修

作为工业 4.0 的关键创新点之一，预测性维护技术是保证未来高效、可持续服务的关键[42]。当前，以人工智能为核心的机械设备预测性维护技术多依据数据驱动模型。该模型以训练样本与测试样本满足独立分布条件为前提，当面临目标样本数据量小、数据集多、不均衡等问题时，会导致模型的准确性和可靠性下降，甚至失效。迁移学习作为机器学习领域中发展起来的一种新理论，能够有效地在相似的领域或任务之间进行信息的共享和迁移，使传统的从零开始的学习变成可积累的学习，提高了历史知识和信息的重用性，为解决上述问题提供了新思路[43]。

迁移学习是运用已有的知识对不同但相关领域问题进行求解的一种新的机器学习方法。目的是迁移已有的知识，来解决目标领域中仅有少量有标记样本数据，甚至没有标记样本数据的学习问题。用于验证各种智能故障诊断方法有效性的数据集需满足以下两个条件。

（1）必须有足够带有故障信息的标记数据可用。

（2）训练和测试数据来自相同的概率分布。

在实际工程中，机器智能故障诊断的成功依赖于这两个条件。但是，对于某些机器，由于以下问题，很难满足这两个条件。其主要原因有以下两点。

（1）很难从某些机器上获得标记的故障数据。具体而言，导致缺少标记故障数据的主要原因有两个。首先，机器可能不允许运行失败，因为意外故障通常会导致机器故障甚至是灾难性事故。在这种情况下，无法获得故障数据。其次，机器通常经历从健康到失败的长期退化过程。这意味着获取机器的故障数据是耗时且昂贵的。

（2）使用从一台机器获取的标记数据训练的智能故障预测方法可能无法对从其他机器获取的未标记数据进行分类。尽管某些机器很难获得大量的标记数据，但它们仍然可以从不同但相关的机器中获得。例如，难以获得铁路机车轴承的标记数据，而电动机轴承的标记数据可以相对容易地获得。但是，从不同机器获取的数据的概率分布是不同的。因此，当分类从不同的机器获取的训练和测试数据集时，智能故障预测方法的性能退化。

如图 10-12 所示，迁移学习使用从一台机器获取的标记数据训练的模型能够推广到从其他机器获取的未标记数据。

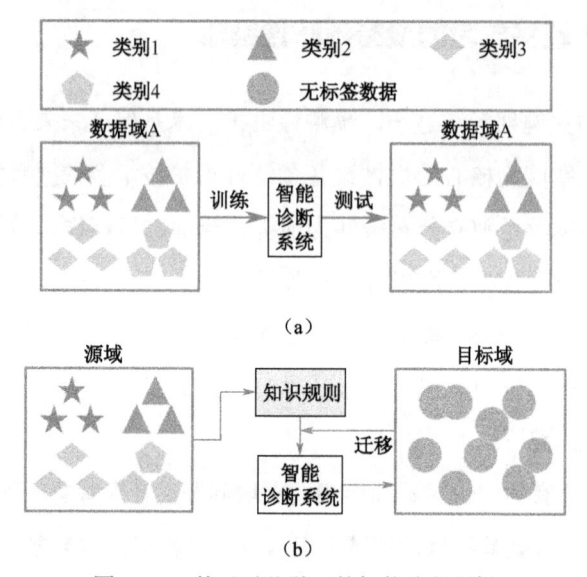

图 10-12 基于迁移学习的智能诊断逻辑

迁移学习能够使用源域的学习知识来解决目标域中新的但相关的任务。期望解决没有足够的标记数据来训练的问题。一种直观且常用的迁移学习理念是获得一个特征表示，其中不同的域彼此接近，同时保持对源数据的良好分类性能。其中域自适应方法是迁移学习的一个重要分支，其网络结构如图 10-13 所示。

通常将已学习过的领域称为源域 Ds，需应用的领域称为目标域 Dt，Ts 表示源任务，Tt 表示目标任务，Pan 等[44]根据源域和目标域的相似度，将迁移学习分为归纳式、无监督式和直推式。迁移学习与传统机器学习的比较如表 10-1 所示。

迁移学习主要解决小样本问题、数据分布不同的问题和个性化问题。目前，迁移学习典型的应用方面的研究主要包含自然语言处理、情感分类、计算机视觉、医疗健康、人工智能系统等。例如，杨洪飞[45]提出基于样本平衡化和迁移成分分析的音频场景识别系统，以提高音频场景识别的准确率；Zhu 等[46]研究了一种异构迁移学习方法，利用图像上的标签信息作为文本与图像之间知识迁移的桥梁，从而提高图像数据上的分类效果[46]。

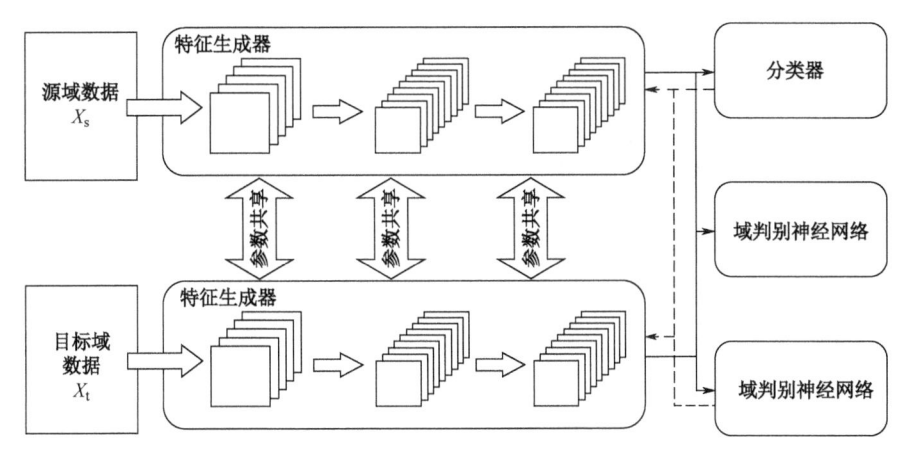

图 10-13　域自适应网络结构

表 10-1　迁移学习与传统机器学习的比较

学习方法		Ds 与 Dt	Ts 与 Tt
传统机器学习		相同	相同
迁移学习	归纳式迁移学习	相同/相关	相关
	无监督式迁移学习	相关	相关
	直推式迁移学习	相关	相同

随着迁移学习的价值不断得到挖掘，相关学者在机械设备预测性维护领域也对迁移学习的应用进行了探索。目前探索主要集中在变工况、复杂工况下设备的迁移诊断预测，以及小样本条件下的迁移诊断预测等，主要研究领域集中在石油、化工、电力、航空航天和机械制造等行业。

大型关键类机械设备如齿轮箱、往复压缩机等通常结构复杂，且常运行在环境恶劣、工况多变的条件下，导致面临的问题包括：故障特征多变，有效特征获取难；样本不再满足独立同分布，智能诊断模型构建难、普适性差；部件失效具有不确定性，故障预测预警难。因此变工况下设备的故障诊断与预测成为预测性维护领域的研究热点。目前，针对变工况下机械设备的故障诊断预测研究主要包括 3 类方法。

（1）前置过滤技术，包括离散小波变换、佛德卡曼滤波、自适应内核优化的方法等。

其优点是能够消除非稳态工况条件下信号混叠和干扰现象，提取出不受转速等工况影响的信号；缺点是难以提取出信号有效成分，且模型寻优测试难度大。

（2）重采样技术，包括阶比分析、角域重采样、时域和频域重采样等方法。其优点是角度域（等特殊域）信号稳定；缺点是难以获知未知故障下的轴转频率，无法进行重采样。

（3）数据规范化技术，包括回归差值分析、子空间识别等方法。其优点是可消除环境变化成分与工况变化成分；缺点是耗时低效、参数确定困难。

上述方法针对复杂及变工况条件建立的诊断模型存在数据需满足独立同分布要求、准确率低、泛化能力差的问题。相关学者将迁移学习应用到变工况下设备的故障诊断与预测中，大大提高了模型的准确性和泛化能力。康守强等[47]针对滚动轴承变工况条件下很难或无法获取大量带标记的振动数据，以致诊断准确率低的问题，提出基于变分模态分解及多特征构造和半监督迁移成分分析方法相结合的滚动轴承故障预测方法。陈超等[48]针对复杂工况环境导致的目标诊断数据无法直接获取、训练数据与测试数据分布特性存在差异的问题，提出基于地柜定量分析和改进 LSSVM 相结合的方法。段礼祥等[49]针对变工况下齿轮箱监测数据重用性低、受复杂工况影响大和已训练模型经常失效的问题，提出基于不同工况下辅助数据集的迁移成分分析方法用于设备故障预测。沈飞等[50]提出了一种基于自相关矩阵奇异值分解的特征提取和迁移学习分类器相结合的方法，用于变转速、变负载条件下的电机故障预测。

数据分布不同分为特征空间分布不同和概率分布不同两类。上述探索利用迁移学习算法采取诸如将源域和目标域样本映射到特征空间等措施拉近数据分布的差异，或引入与目标数据分布特性不同但相关的辅助数据，通过迭代优化提高模型的准确度和泛化能力。此外，通常会选择将迁移学习与数据过滤和特征提取算法进行组合对模型进行优化。

故障类数据的小样本现状是预测性维护领域面临的核心难点之一。在预测性维护领域中由于设备处于故障状态的时间较少导致故障样本数量稀缺；工程人员准备收集故障样本数据时，设备可能已经损坏而无法正常运行，导致收集到的故障样本数量远小于正常样本数量；同类及类间设备的结构差异、运行条件差异等因素导致某设备故障样本很难适用于其他设备，造成行业内故障数据的稀缺。相关学者针对不均衡数据集的研究本质上也是小样本问题，小样本对提高模型准确率和普适性带来了较大挑战。

相关学者将迁移学习引入到小样本条件下的设备诊断与预测，为解决难题提供了新思路。顾涛勇等[51]针对航空维修保障的故障概率预测领域提出了自适应权重的插值拟合迁移学习算法，并根据数据量和数据特征（分布相似度和信息熵）自适应调整插值、拟合迁移学习各部分的比例，规避了数据贫化所带来的预测风险，也减少了负迁移现象。胡志新[52]针对化工场景下有标记故障数据缺失这一现实特性，利用堆栈降噪自编码器，以无监督的方式实现化工过程数据的抽象特征表达。任俊等[53]针对武器装备体系效能评估在高维噪声小样本数据条件下准确性不高的问题，提出一种基于堆栈降噪自编码与支持向量回归机的混合模型，提升了在小样本噪声数据上的学习预测精度。庄城城等[54]提出一种基于迁移学习 LSSVM 的模拟电路故障诊断方法，将源域数据迁移至目标故障训练集，显著提高了诊断正确率。杨志淳等[55]针对配变故障在线诊断对计算速度的要求，以及配变单体在线监测量种类及例行试验数据量不足的问题，建立了一种基于并行化大数据流及迁移学习的配电变压器故障在线辨识—诊断模型。张振良等[56]针对航空发动机轴承故障诊断过程中预测精度不足以及过拟合的问题，提出了基于迁移学习的半监督集成学习机，将预测精度提高了 9%以上。

故障数据小样本条件即训练数据过少会导致传统的机器学习出现严重过拟合问题。迁移学习通过迁移不同目标空间具有一定相似度的样本加入源样本空间进行模型训练，或将与目标相关的源域数据有效迁移至目标故障训练集，辅助构建故障分类器，也可利用特征空间映射来训练半监督或无监督模型。利用迁移学习方法可有效解决小样本条件下引起的分类不佳问题，泛化了模型的适用性。

10.3.2 基于迁移学习的设备预防性维修方法

1. 边云协同下基于迁移学习的预防性维修方法

协同计算主要分为边云协同、边边协同、边物协同和云边物协同。其中，边缘端与云端的协同是目前研究者和产业界探索最多的一种协同形式，也是技术阶段相对成熟的协同模式，同时也是在故障诊断中应用最多的一种协同模式。

在边云协同计算中，云端和边缘有 3 种不同的协同计算方式。

(1) 训练—预测边云协同。

这种情况下，云端根据边缘端上传的数据来设计、训练智能模型并且不定期升级模型，边缘端负责搜集数据并且使用最新的模型预测实时数据。该协同方式比较成熟，已经应用于无人驾驶、视频检测等多个领域。谷歌公司推出的 TensorFlow 框架即为该种类型的协同服务。它的运行方式是先在云端使用 TensorFlow 训练模型，然后下载到边缘端，边缘端加载模型，使用优化技术完成并加速预测任务[57,58]。

(2) 云导向的边云协同。

这种情况下，云端除了承担模型的训练工作之外，还会负责一部分预测工作。具体而言，神经网络模型将会被分割，云端承担模型前端的计算任务，然后将中间结果传输给边缘端，边缘端继续执行预测工作，得出最终结果。该协同方式的重点是找到合适的切割点，在计算量和通信量之间做权衡。该协同方式目前处于研究阶段，真实场景的应用还比较少。

(3) 边缘导向的边云协同。

这种情况下，云端只负责初始的训练工作，模型训练完成之后下载到边缘端，边缘端除了实时预测之外，还会承担训练的任务，训练的数据来自边缘端自身的数据。这样得到的最终模型能够更好地利用数据的局部性，满足个性化的需求。该协同方式目前也处于研究阶段。其涉及的关键技术主要有以下几种。

1) 迁移学习。

迁移学习技术在传统边云协同计算中的应用比较广泛[59]。迁移学习的初衷是节省人工标注样本的时间，让模型可以通过已有的标记数据向未标记数据迁移，从而训练出适用于目标领域的模型。在边缘智能场景下往往需要将模型落地，即适用于不同的场景。以人脸识别应用为例，不同公司的人脸识别门禁一般使用相同的模型，然而训练模型原始的数据集与不同公司的目标数据集之间存在较大的差异。因此，可以利用迁移学习技术，保留模型的原始信息，然后加上新的训练集进行学习更新，从而得到适用于某一个边缘场景的模型。

2) 神经网络拆分。

在云导向的边云协同中，需要将神经网络模型进行拆分，一部分在云端执行，一部分在边缘端执行。因此，需要找到合适的切割点，尽量将计算复杂的工作留在云端，然后在通信量最少的地方进行切割，将中间结果传输至边缘端，实现计算量和通信量之间的权衡。Kang 等[60]在 2017 年提出的 Neurosurgeon 便是其中的代表性研究。它用一个基于回归的方法来估计深度神经网络模型中每一层的延迟，然后返回最优的分割点以达到延迟目标或能耗目标。

3）神经网络压缩。

在边缘端导向的边云协同中，边缘端的计算能力相对受限。为了实现边缘端的有效训练，减少算力是关键需求。目前，许多针对神经网络的压缩技术在解决这一问题。一般而言，通过参数共享和裁剪等方式减少不敏感的参数，可以降低存储和通信开销，减少网络规模，降低算力需求。针对权值的量化等工作也可以减少网络的计算量[61]。

在边云协同下基于迁移学习的故障预测设计框架如图 10-14 所示，云端主要进行训练样

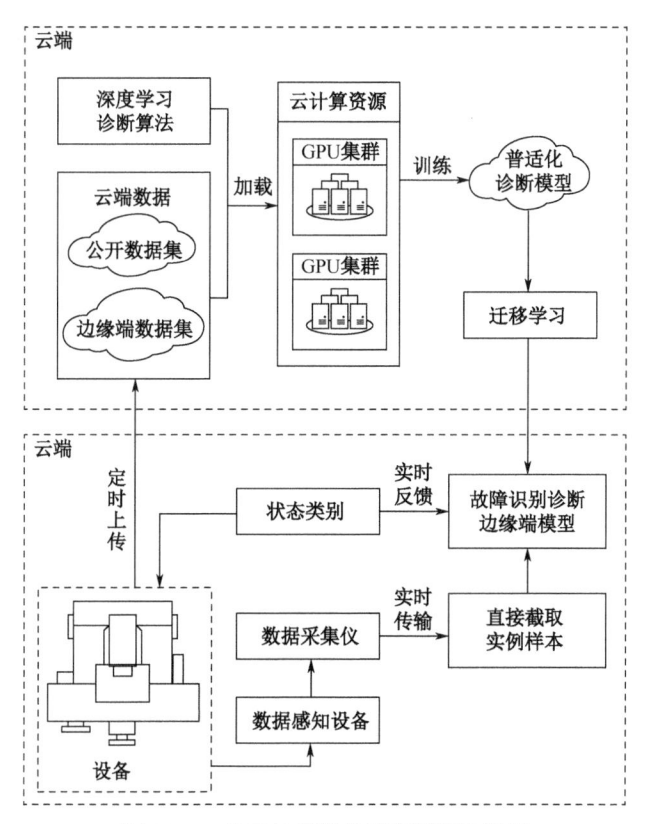

图 10-14 边云协同的故障预测设计框架

本数据的存储和普适化模型的训练。其中，训练样本数据由两部分构成：一部分为故障诊断公开数据集或相关领域数据集，另一部分为边缘端采集的设备个性化诊断样本数据集。随后，基于云端丰富的训练样本资源和计算资源，通过对设备的故障诊断普适模型进行持续训练更新，以得到普适化的训练结果，该训练结果可作为中间结果服务于不同的诊断场景。

边缘端通过数据感知设备采集个性化工况下设备的实时状态数据，将其传递给云端存储。同时在边缘端形成个性化工况的训练样本，对云端迁移至边缘端的普适化诊断模型进行个性化修正，从而提升对具体诊断任务的适用性，由此形成个性化模型以进行设备故障的实时预测。

从图 10-14 可以看出，设备故障预测任务中云端和边缘端的数据交互主要包含两种方式：一种是边缘端会定时将存储在本地的个性化样本上传到云端存储，丰富云端的训练集和验证集；另一种是随着云端存储的数据集的更新，定时通过训练完成普适诊断模型参数的优化，并将优化后的模型参数迁移到边缘端来进行模型修正。

2. 基于数字孪生模型和迁移学习融合的预防性维修方法

基于模型或基于数据驱动的单一预测性维护方法，由于未能考虑模型生命周期的一致性和数据驱动算法中设备的物理特性，造成模型方法一致性差和数据驱动算法适应性差的问题，从而导致预测精度较低。同时，目前设备预测性维护获取传感数据难、需要时间长，对传感数据进行标定会影响生产进度，可行性较低。利用数字孪生模型，可以进行多种故障注入，模拟产生传感器数据，为预测算法提供数据基础，解决数据获取难、预测可行性差的问题。

基于数字孪生的故障预测与健康管理的技术路线如图 10-15 所示。

数据采集、分析、诊断架构如图 10-16 所示。

其中，诊断功能可视计算能力部署在边缘端或云端。例如，诊断功能部署在边缘端，则边缘端应及时响应云端模型的更新，确保边缘端诊断基于最新的云端模型。云计算不断通过边缘端上报的数据训练模型或形成知识库，边缘端则根据控制器实时参数和下载的云模型实现在线诊断，具体如表 10-2 所示。

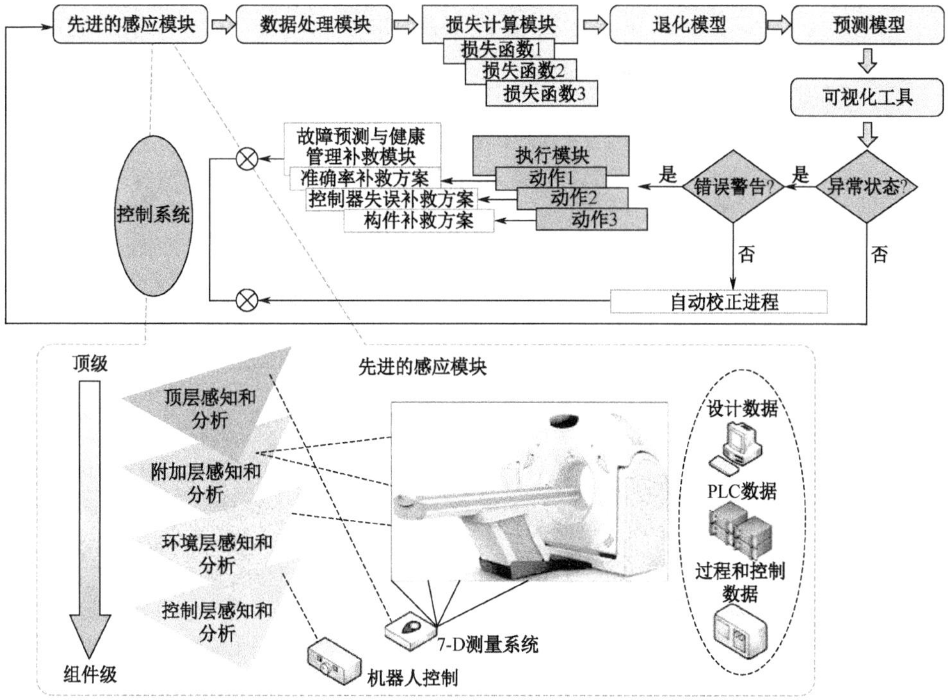
先进的感应模块
数据处理模块
损失计算模块
损失函数1
损失函数2
损失函数3
退化模型
预测模型
可视化工具
异常状态?
是
否
错误警告?
是
否
执行模块
动作1
动作2
动作3
故障预测与健康管理补救模块
准确率补救方案
控制器失误补救方案
构件补救方案
自动校正进程
控制系统
顶级
组件级
顶层感知和分析
附加层感知和分析
环境层感知和分析
控制层感知和分析
先进的感应模块
7-D测量系统
机器人控制
设计数据
PLC数据
过程和控制数据

图 10-15　基于数字孪生的故障预测与健康管理的技术路线

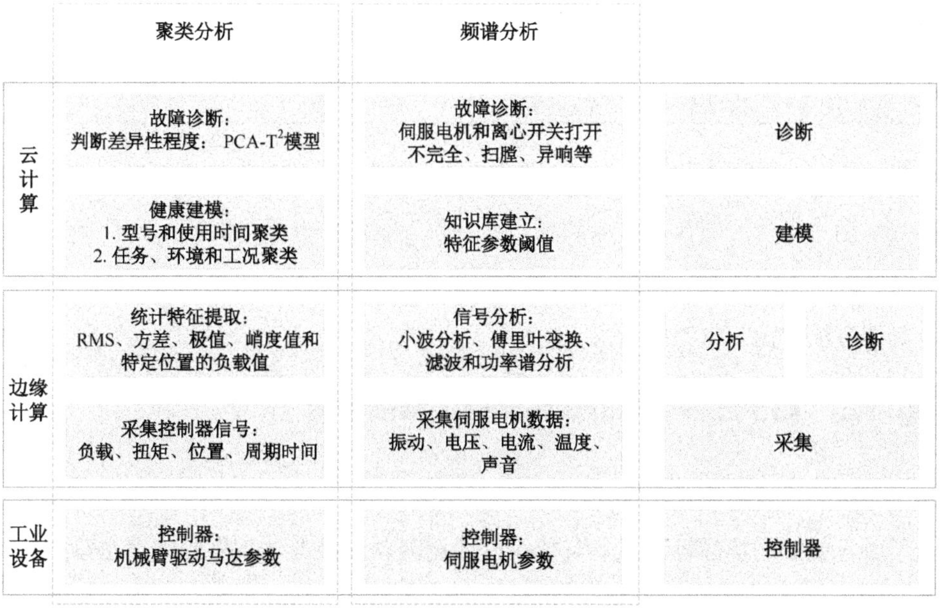
聚类分析
频谱分析
云计算
故障诊断：
判断差异性程度：PCA-T²模型
故障诊断：
伺服电机和离心开关打开不完全、扫膛、异响等
诊断
健康建模：
1. 型号和使用时间聚类
2. 任务、环境和工况聚类
知识库建立：
特征参数阈值
建模
边缘计算
统计特征提取：
RMS、方差、极值、峭度值和特定位置的负载值
信号分析：
小波分析、傅里叶变换、滤波和功率谱分析
分析
诊断
采集控制器信号：
负载、扭矩、位置、周期时间
采集伺服电机数据：
振动、电压、电流、温度、声音
采集
工业设备
控制器：
机械臂驱动马达参数
控制器：
伺服电机参数
控制器

图 10-16　数据采集、分析、诊断架构

表 10-2　诊断方法

	聚 类 分 析	频 谱 分 析
边缘计算	（1）采集控制器信号 采集控制器内的监控参数时需选择关键部位参数进行采集，如机械臂驱动马达中的负载、扭矩、位置、周期时间、机器人型号等参数 （2）统计特征提取 从控制器中获得信号的采样频率较低，因此针对一些高频采样或波形信号的特征提取方法将不再适用，取而代之的是按照每个动作循环提取固定的信号统计特征，如均方根、方差、极值、峭度值和特定位置的负载值等	（1）采集伺服电机数据 从控制器中采集伺服电机数据，包括振动、电压、电流、温度和声音 （2）信号分析 通过小波分析、傅里叶变换、滤波和功率谱分析查看电机实时和历史数据
云计算	（1）健康建模 对设备进行相似性聚类。在对设备进行聚类时，首先要根据设备的型号和使用时间进行第一轮聚类，随后则要根据设备的任务、环境和工况进行第二轮聚类。在针对机械臂的分析上，不同的动作循环造成的驱动马达扭矩是不同的，这里选择扭矩的最大值、最小值和平均值作为聚类的依据。当机械臂执行相似的动作时，上述的特征分布应该十分相似，利用 DBSCAN 等聚类模型可以进行自动识别 （2）故障诊断 判断差异性程度的算法有许多种，如 PCA-T^2 模型、高斯混合模型、自组织映射图、统计模式识别等方法。使用 PCA-T^2 的分析方法，能够判断每个驱动马达的监控参数特征与统一集群内其他设备总体分布情况的相似程度，以 T^2 值作为最终的输出结果。T^2 值所代表的含义就是当前设备与集群的偏移程度，其分布符合 F 分布的特征，可以按照 90%或 95%的置信区间确定其控制边界，当 T^2 超过控制边界并持续变大时，说明早期故障正在逐步发展验证	（1）知识库建立 选择载入信号分析数据的某一段来计算，设置数据通道和故障类型，计算特征参数的阈值，作为故障类型的知识库 （2）故障诊断 电机故障判定依据以振动信号分析为主，辅以温度、电流和声音等信号，选取电机振动频谱上最大幅值与最大幅值对应频率、电机振动频谱上波峰的数量、电机振动频谱波峰幅值之和、电机温度与温升作为故障特征

基于上述方法对核心部件的故障进行诊断、预测，对寿命进行分析后，基于历史记录数据和数字孪生本身的仿真与预测数据，结合人工智能的方法，对核心部件历史故障原因的分析，同时，生成改善后的核心部件的加工工艺，保证核心部件的质量提升，使用寿命增长。具体方法如图 10-17 所示。

10.3.3　基于迁移学习的设备预防性维修案例

1. 边云协同的轴承故障预测案例

由于轴承的振动信号较易采集且能很好地反映轴承状态，故障预测算法以采集的轴承振动信号作为故障预测模型的输入，以轴承故障类型作为故障预测模型的输出。在云端基于样本数据进行普适化诊断模型的训练后，通过迁移学习的方式在边缘端形成面向个性化工况的轴承故障预测模型，基于实时采集的轴承振动数据对轴承故障进行实时的预测。

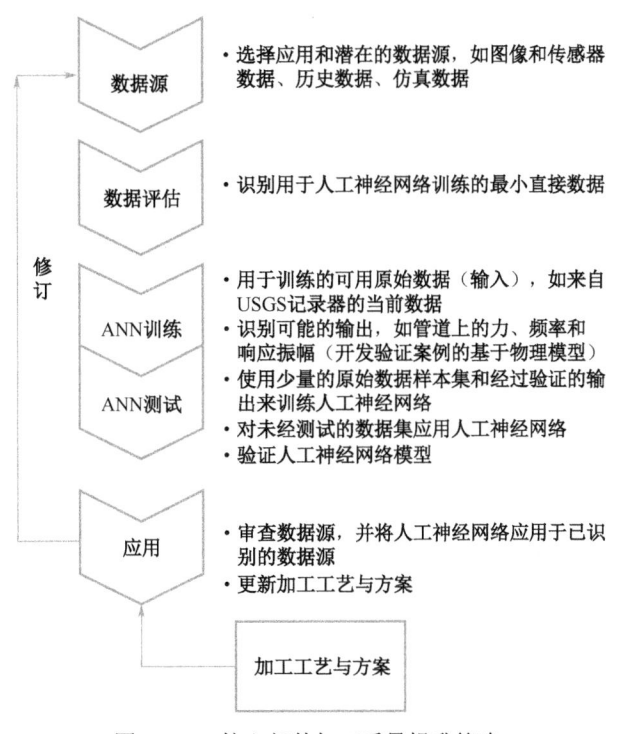

图 10-17　核心部件加工质量提升策略

上述任务场景中的预测算法需要对振动信号进行全面的特征提取，且云端的诊断模型要服务于个性化的边缘端故障预测任务，同时边缘端需具备接受云端训练模型迁移的能力。因此，神经网络预测识别模型的构建需要满足以下准则。

（1）既需要有足够大的卷积核来获取周期性变换的特性，又需要小的卷积核来获取局部特征。

（2）神经网络的深度要相对较深，以更容易获取优质的特征表示。

（3）神经网络构建的过程中应充分考虑过拟合的问题。

（4）神经网络整体参数不能太多，方便在资源不足的边缘端进行使用。

（5）边缘端与云端模型框架应相同，以满足云端训练结果向边缘端迁移的要求。

深度 CNN 算法与上述的设计准则较为符合。基于此在深度 CNN 算法基础上进行以下两点改进。

（1）使用丢弃法抑制神经网络过拟合现象，提高模型准确性。

（2）提升其神经网络的深度，从 5 层卷积层加深到 6 层卷积层，在保证训练参数总数增加较少的前提下，避免过拟合现象，提升故障诊断的准确性。改进后的算法结构如图 10-18 所示，各层参数如表 10-3 所示。云端预测模型的训练与更新流程如图 10-19 所示。

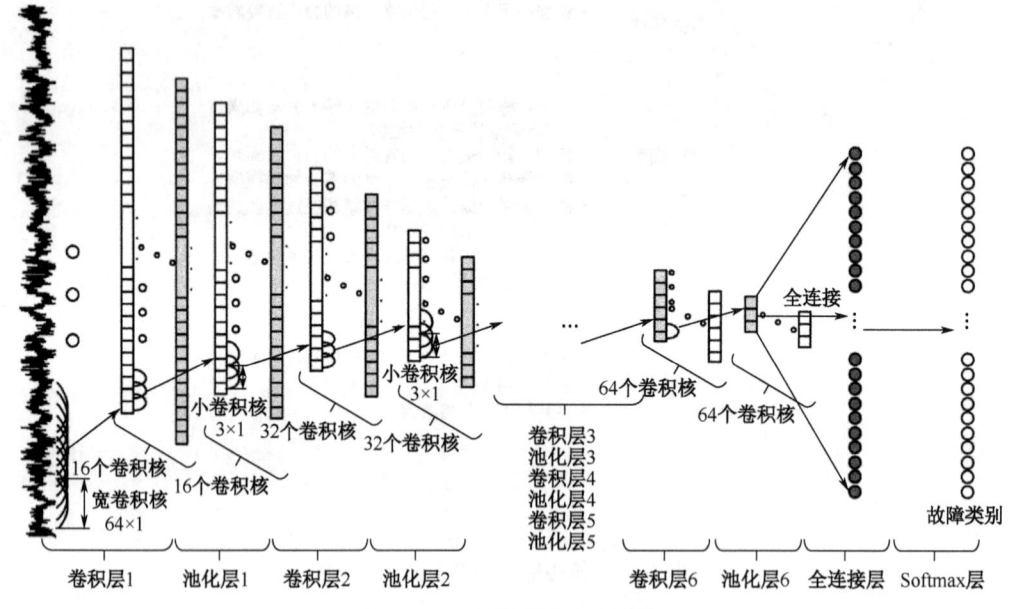

图 10-18　改进后的算法结构

表 10-3　改进后的深度 CNN 各层参数

编　号	网　络　层	卷积核大小/步长	卷积核数目	是否补零
1	卷积层 1	64×1/8×1	16	是
2	池化层 1	2×1/2×1	16	否
3	卷积层 2	3×1/1×1	32	是
4	池化层 2	2×1/2×1	32	否
5	卷积层 3	3×1/1×1	64	是
6	池化层 3	2×1/2×1	64	否
7	卷积层 4	3×1/1×1	64	是
8	池化层 4	2×1/2×1	64	否
9	卷积层 5	3×1/1×1	64	是
10	池化层 5	2×1/2×1	64	否

续表

编　号	网　络　层	卷积核大小/步长	卷积核数目	是否补零
11	卷积层 6	3×1/1×1	64	否
12	池化层 6	2×1/2×1	64	否
13	线性全连接层	101	1	否

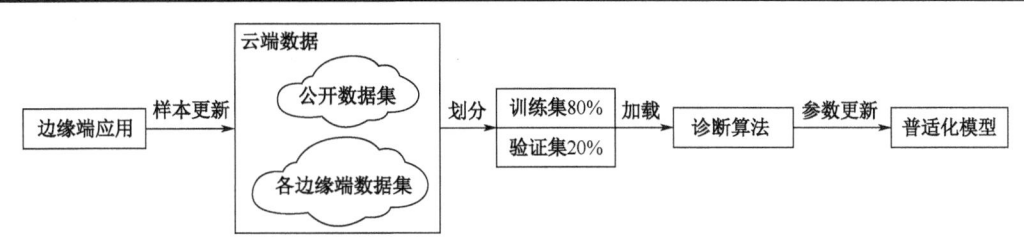

图 10-19　云端预测模型训练和更新流程

图 10-19 中，在任务初期主要是使用公开的轴承数据集来进行普适化模型训练，随着任务的进行会有边缘端应用所生成的个性化样本加入数据库中进行持续更新训练。在训练时将训练样本按比例划分为训练集与验证集，每进行一次训练均反向传播更新模型参数，以运用云端丰富的计算资源，在诊断服务全过程中，针对不同任务场景提供持续快速的普适化模型参数更新服务。

边缘端的任务主要是对轴承进行故障的实时预测，其算法沿袭云端算法的基本框架，这样就可以将云端的普适化模型参数经过迁移学习迁移到边缘端。但与此同时需要根据不同的边缘端的特性进行调整。其主要调整策略如下。

（1）根据边缘端不同的振动信号采样频率调整输入的数据长度。

（2）根据边缘端的计算资源和本地样本，选择匹配的神经网络配置。

边缘端算法的更新与预测流程如图 10-20 所示。

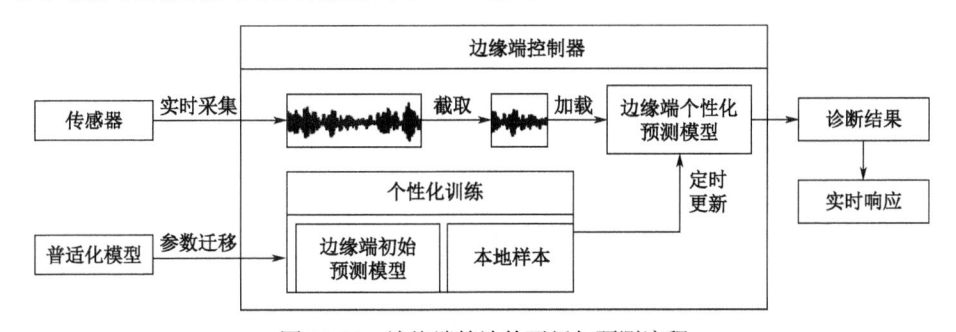

图 10-20　边缘端算法的更新与预测流程

图 10-20 中，从云端经过参数迁移得到边缘端初始化的预测模型。在边缘端控制器上使用本地样本对该诊断模型进行个性化训练，最终生成可应用于边缘端的个性化预测模型。此时将实时的振动信号采集加载在个性化预测模型上就可以实时生成预测结果，并可以根据预测结果做出相应的响应。

2. 基于数字孪生和迁移学习融合的数控机床预测性维修案例

要实现模型和数据的融合型预测性维修，首先需要构建数据驱动的算法模型，基于数字孪生的数控机床预测性维修的数据驱动算法构建流程如图 10-21 所示。从机床采集的多类型传感数据需要以领域知识作为基础进行智能的场景感知，包括数据的降噪、预处理、特征提取和特征选择等，然后将分析得到的有效特征作为机床性能的健康状态指标，存储到数据库中。利用场景感知得到的特征，分别构建并训练分类算法和回归算法来实现故障的诊断与预测。

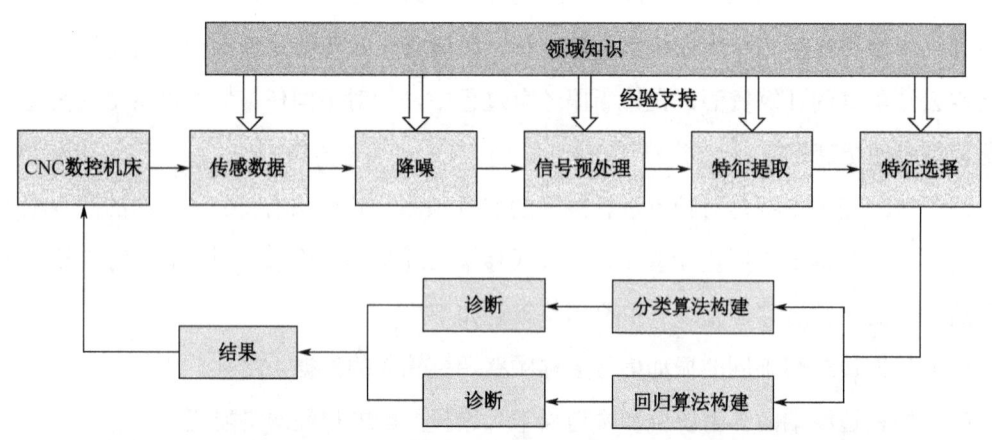

图 10-21 基于数字孪生的数控机床预测性维修的数据驱动算法构建流程

基于场景感知数据开发预测性维修模型需要以正确识别系统的健康状态指标为基础，并构建模型来分析处理这些指标。识别机床的健康状态指标和训练故障诊断与预测模型是一个不断迭代的过程，需要不断地修改状态指标和模型参数，直到预测或诊断结果符合预期。

用于故障诊断与故障预测的分类和回归算法很多，如分类算法包括支持向量机、最近邻、决策树、随机森林及卷积神经网络等，回归算法包括线性回归、决策树回归、随机森林回归、长短期记忆网络等。具体可以结合机床预测性维护的特点进行选择。

设备故障诊断与预防性维修　第10章

对于数控机床故障及性能退化数据难以获取，难以进行数据标定的情况，采用数控机床数字孪生仿真得到故障与性能退化数据，然后基于迁移学习来实现数字孪生与数据的融合型预测性维修模型。其构建流程如图 10-22 所示。

首先，将数字孪生生成的数据用于预测性维修模型的训练，之后将训练好的模型迁移到数控机床实际应用场景。由于数字孪生与数控机床之间可以保持一致性，即由数字孪生所生成数据训练好的模型与由机床实际采集的传感数据训练好的模型之间具有共享的模型结构和模型参数，因此可以将其迁移到实际生产加工环境中，实现数字孪生模型与数据融合的预测性维修。

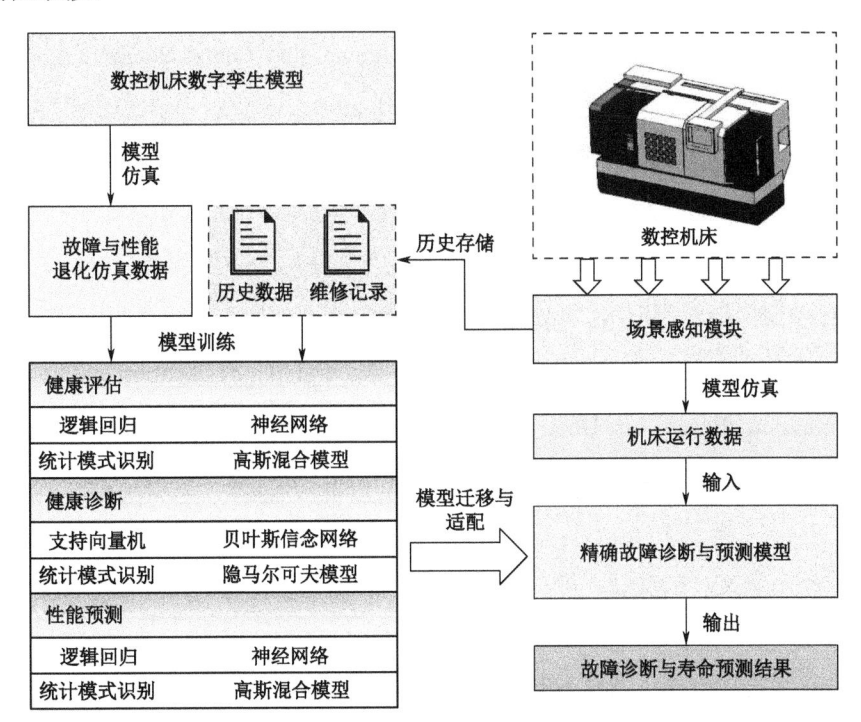

图 10-22　基于数字孪生和迁移学习融合的数控机床预测性维修模型构建流程

将训练好的预测性维修模型通过迁移学习迁移到现场设备层，实现模型的适配。将场景感知获取的实时运行数据输入迁移学习得到的预测性维修模型，从而可以实现故障原因的定位或机床剩余使用寿命的预测，可以解决机床标记数据不足和训练计算资源不足的问题。

参考文献

[1] 沈毅，李利亮，王振华. 航天器故障诊断与容错控制技术研究综述[J]. 宇航学报，2020, 41(6):647-656.

[2] 李刚，齐莹，李银强，等. 风力发电机组故障诊断与状态预测的研究进展[J]. 电力系统自动化，2021, 45(4):180-191.

[3] 袁利，王淑一. 航天器控制系统智能健康管理技术发展综述[J]. 航空学报，2021(4).

[4] FRANK P M. Fault Diagnosis in Dynamic Systems Using Analytical and Knowledge-based Redundancy a Survey and Some New Results[J]. automatica, 1990, 26(3):459-474.

[5] PATTON R J, FRANK P M, CLARK R N. Issues of Fault Diagnosis for Dynamic Systems[M]. London:SpringerVerlag, 2000:1-12.

[6] 和敬涵，罗国敏，程梦晓，等. 新一代人工智能在电力系统故障分析及定位中的研究综述[J].中国电机工程学报，2020, 40(17):5506-5516.

[7] MIRZAEI M, VAHIDI B, HOSSEINIAN S H. Accurate Fault Location and Faulted Section Determination Based on Deep Learning for a Parallel-Compensated Three-Terminal Transmission line[J]. IET Generation, Transmission & Distribution, 2019, 13(13):2770-2778.

[8] 黄新波，胡潇文，朱永灿，等. 基于卷积神经网络算法的高压断路器故障诊断[J]. 电力自动化设备，2018, 38(5):136-140, 147.

[9] 王晓丹. 基于深度学习的风力发电机故障预测研究[D]. 重庆：重庆工商大学，2019.

[10] 陈保家，刘浩涛，徐超，等. 深度置信网络在齿轮故障诊断中的应用[J]. 中国机械工程，2019, 30(2):205-211.

[11] 石鑫，朱永利，萨初日拉，等. 基于深度信念网络的电力变压器故障分类建模[J]. 电力系统保护与控制，2016, 44(1):71-76.

[12] LUO G, YAO C, LIU Y, et al. Entropy SVM-based Recognition of Transient Surges in

HVDC Transmissions[J]. Entropy, 2018, 20(6):421.

[13] 刘香君,张诗慧,肖晶晶,等.基于长短时记忆网络的医疗设备故障智能诊断研究[J].生物医学工程学,2021(2).

[14] 沈涛,李舜酩.针对滚动轴承故障的批标准化CNN-LSTM诊断方法[J].计算机集成制造系统,2021(3):1-16.

[15] 李锋,陈勇,汤宝平,等.强化学习长短时记忆神经网络用于状态预测[J].振动、测试与诊断,2020,40(5):895-903,1021-1022.

[16] 康守强,刘哲,王玉静,等.基于改进DQN网络的滚动轴承故障诊断方法[J].仪器仪表学报,2012(3):1-13.

[17] 李向荣,李滨,蔡毅,等.人工智能助力智慧电厂转型升级[J].电力设备管理,2019(12):23-24.

[18] GUO L, LEI Y, XING S, et al. Deep Convolutional Transfer Learning Network:a New Method for Intelligent Fault Diagnosis of Machines with Unlabeled Data[J]. IEEE Transactions on Industrial Electronics, 2019, 66(9):7316-7325.

[19] 王毅星.基于深度学习和迁移学习的电力数据挖掘技术研究[D].杭州:浙江大学,2019.

[20] 苏春,李乐.基于隐半马尔科夫退化模型的非等周期预防性维修优化[J].东南大学学报（自然科学版）,2021,51(2):342-349.

[21] 王红,熊律,杜维鑫,等.考虑故障风险的动车组部件预防性维护优化建模[J].机械工程学报,2016,52(24):123-129.

[22] 张江红,彭步虎,刘晓磊,等.核电机组长期临停下受影响设备的预防性维修策略动态调整方法研究[J].核动力工程,2021,42(1):172-176.

[23] 柳剑,魏枭,叶进,等.在役农机装备预防性成组维修策略研究[J].农业机械学报,2020,51(S2):316-322,448.

[24] 刘蔚然,陶飞,程江峰,等.数字孪生卫星:概念、关键技术及应用[J].计算机集成制造系统,2020,26(3):565-588.

[25] GLAESSGEN E, STARGEL D.The Digital Twin Paradigm for Future NASA and U.S. Air

Force Vehicles[C]. The 53rd AIAA/ASME/ASCE/AHS/ASC Structures, Structual Dynamics and Materials Conference, 2012:7274-7260.

[26] 吴春志，冯辅周，吴守军，等. 深度学习在旋转机械设备故障诊断中的应用研究综述[J].噪声与振动控制，2019, 39(5):1-7.

[27] LECUN Y, BOTTOUL, BENGIOY, et al. Gradient-based Learning Applied to Document Recognition[J]. Proceedings of the IEEE, 1998, 86(11):2278-2324.

[28] JANSSENS O, SLAVKOVIKJ V, VERVISCH B, et al. Convolutional Neural Network Based Fault Detection for Rotating Machinery[J]. Journal of Sound and Vibration, 2016, 377:331-345.

[29] INCE T, KIRANYAZ S, EREN L, et al. Real-Time Motor Fault Detection by 1D Convolutional Neural Networks[J]. IEEE Transactions on Industrial Electronics, 2016, 63(11).

[30] 李治．雾计算环境下数据安全关键技术研究[D]．北京：北京科技大学，2017．

[31] HU P, DHELIM S, NING H, et al. Survey on Fog Computing:Architecture, Key Technologies, Applications and Open Issues[J]. J Netw Comput Appl, 2017, 98:27-42.

[32] WU D, LIU S, ZHANG L, et al. A Fog Computing-based Framework For Process Monitoring and Prognosis in Cyber-Manufacturing[J]. J Manuf Syst, 2017, 43:25-34.

[33] WAN J, CHEN B, WANG S, et al. Fog Computing for Energy-aware Load Balancing and Scheduling in Smart Factory[J]. IEEE Trans Ind Inform 2018.

[34] O'DONOVAN P, GALLAGHER C, BRUTON K, et al. A Fog Computing Industrial Cyber-Physical System for Embedded Low-latency Machine Learning Industry 4.0 Applications[J]. Manuf Lett, 2018, 15:139-42.

[35] LIANG Y C, LI W D, LU X, et al. Fog Computing and Convolutional Neural Network Enabled Prognosis for Machining Process Optimization[J]. Journal of Manufacturing Systems, 2019, 52:32-42.

[36] CHEN Z, LI W. Multisensor Feature Fusion for Bearing Fault Diagnosis Using Sparse

Autoencoder and Deep Belief Network[J]. IEEE Trans. Instrum. Meas., 2017, 66(7): 1693-1702.

[37] WEN L, LI X, GAO L, et al. A New Convolutional Neural Network-Based Data-Driven Fault Diagnosis Method[J]. IEEE Trans.Ind.Electron., 2008, 65(7).

[38] VASWANI A, SHAZEER N, Parmar N, et al. Attention Is All You Need[Z]. arXiv, 2017.

[39] WANG H, XU J, YAN R, et al. Intelligent Bearing Fault Diagnosis Using Multi-Head Attention-Based CNN[J]. Procedia Manufacturing, 2020, 49:112-118.

[40] KUMAR A, Gandhi C, ZHOU Y, et al. Latest Developments in Gear Defect Diagnosis and Prognosis:A Review[J]. Measurement, 2020, 158(1).

[41] XIANG L, WANG P, YANG X, et al. Fault Detection of Wind Turbine Based on SCADA Data Analysis Using CNN and LSTM with Attention Mechanism[J]. Measurement, 2021, 175(8):109094.

[42] 罗兰贝格管理咨询公司．预测性维护：工业数字化领域潜在爆发点[J]．中国工业评论，2017(11):72-78．

[43] 王凯，李元辉．迁移学习在机械设备预测性维护领域的应用综述[J]．中国仪器仪表，2019(12):64-68．

[44] PAN J, YANG Q. A Survey on Transfer Learning[J]. IEEE Transactions on Knowledge and Data Engineering, 2010, (10):1345-1359．

[45] 杨洪飞．基于样本平衡化和迁移成分分析的音频场景识别[D]．哈尔滨：哈尔滨工业大学，2014．

[46] ZHU Y, CHEN Y, LU Z, et al. Heterogeneous Transfer Learning for Imageclassification. Palo Alto:AAAI Press, 2011:1304-1309.

[47] 康守强，胡明武，王玉静，等．基于特征迁移学习的变工况下滚动轴承故障诊断方法[J]．中国电机工程学报，39(3):138-146, 329．

[48] 陈超，沈飞，严如强．改进 LSSVM 迁移学习方法的轴承故障诊断[J]．仪器仪表学报，2017, 38(1):33-40．

[49] 段礼祥，谢骏遥，王凯，等．基于不同工况下辅助数据集的齿轮箱故障诊断[J]．振动与冲击，2017(10)．

[50] 沈飞，陈超，严如强．奇异值分解与迁移学习在电机故障诊断中的应用[J]．振动工程学报，2017, 30(1):118-126．

[51] 顾涛勇，郭建胜，李正欣，等．基于插值—拟合—迁移学习算法的机载设备故障概率预测[J]．系统工程与电子技术，2018, 40(1):114-118．

[52] 胡志新．基于深度学习的化工故障诊断方法研究[D]．杭州：杭州电子科技大学，2018．

[53] 任俊，胡晓峰，朱丰．基于深度学习特征迁移的装备体系效能预测[J]．系统工程与电子技术，2017(12):114-118．

[54] 庄城城，易辉，张杰，等．基于迁移学习LSSVM的模拟电路故障诊断[J]．电子器件，2019, 42(3):668-673．

[55] 杨志淳，周任飞，沈煜，等．基于并行化大数据流及迁移学习的配电变压器故障在线辨识——诊断模型[J]．高电压技术，2019, 45(6):1697-1706．

[56] 张振良，刘君强，黄亮，等．基于半监督迁移学习的轴承故障诊断方法[J]．北京航空航天大学学报，2019(11):1-15．

[57] ZHOU Z, CHEN X, LI E, et al. Edge Intelligence:Paving the Last Mile of Artificial Intelligence With Edge Computing[J]. IEEE, 2019, 107(8)1738-1762.

[58] CHEN J, RAN X. Deep Learning With Edge Computing:A Review[J]. IEEE, 2019, 107(8): 1655-1674.

[59] PAN S J, YANG Q. A Survey on Transfer Learning[J]. IEEE Transactions on Knowledge and Data Engineering, 2009, 22(10):1345-1359.

[60] KANG Y, HAUSWALD J, GAO C, et al. Neurosurgeon:Collaborative Intelligence Between the Cloud and Mobile Edge[C]. ACM SIGARCH Computer Architecture News. ACM, 2017, 45(1):615-629.

[61] HAN S, MAO H, DALLY W J. Deep Compression:Compressing Deep Neural Networks with Pruning, Trained Quantization and Huffman Coding[Z]. arXiv, 2015.

第 5 篇
工业智能热点研究

　　工业智能在制造的不同阶段以不同形式得到体现：在设计阶段主要体现在工艺的智能优化；在制造阶段主要体现在缺陷的智能识别检测；在运维阶段主要体现在车间运行优化和设备预测性维护。但是，目前各阶段的发展很不平衡，主要的原因有：不同阶段的数字化程度不一样；不同阶段涉及的人为等不确定因素不同。这导致人工智能技术在各个阶段的施展范围和条件不同。因此研究基于数字孪生技术的物理世界数字化建模方法，同时基于 AR 等辅助手段增强人对制造过程的协作程度及洞察力具有重要意义。

　　本部分包括两章，分别是数字孪生与工业智能以及 AI+AR 辅助下的制造。

第11章 设备故障诊断与预防性数字孪生与工业智能

随着德国工业 4.0、美国工业互联网战略的提出，各国制造企业逐渐朝着数字化方向发展。实现数字化转型是我国制造业未来发展的必由之路，同时也是实现工业强国弯道超车的重要途径。近年来，数字孪生（Digital Twins, DT）作为解决智能制造信息物理融合难题和践行智能制造理念与目标的关键使能技术，得到深入研究与推广。数字孪生技术与国民制造产业融合的不断深化，有力推动着制造产业数字化、网络化、智能化发展进程，成为我国制造业发展变革的强大动力。

11.1 数字孪生进展与现状

11.1.1 数字孪生发展历程

"孪生体/双胞胎"概念在制造领域的使用，最早可追溯到美国国家航空航天局（National Aeronautics and Space Administration，NASA）的阿波罗项目[1]。在该项目中，NASA 需要制造两个完全相同的空间飞行器，留在地球上的飞行器称为孪生体，用来反映（或作为镜像）正在执行任务的空间飞行器的状态。在飞行准备期间，作为孪生体的空间飞行器被广泛应用于训练；在任务执行期间，利用该孪生体在地上的精确仿太空模型进行仿真实验，并尽可能精确地反映和预测正在执行任务的空间飞行器的状态，从而辅助太空轨道上的航天员在紧急情况下做出最正确的决策。2003 年，Michael Grieves 教授在密歇根大学的产品全生命周期管理课程上提出了"与物理产品等价的虚拟数字化表达"的概念，并给出定义：一个或一组特定装置的数字复制品，能够抽象表达真实装置并可以此为基础进行真实条件或模拟条件下的测试。数字孪生三维参考模型如图 11-1 所示[2]。但是，该概念在 2003 年提出时并没有引起国内外学者的重视，主要原因是：当时在生产过程中收集产品相关信息的技术手段有限；物理产品的数字化描述尚不成熟；当时的计算机性能和算法难以实现对大数据的实时处理。

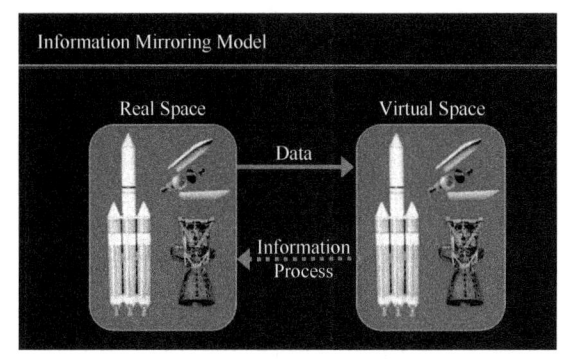

图 11-1 数字孪生三维参考模型

2011 年之后，数字孪生迎来了新的发展契机。2011 年，数字孪生由美国空军研究实验室提出并得到了进一步发展，目的是解决未来复杂服役环境下的飞行器维护问题及寿命预测问题[3]。他们计划在 2025 年交付一个新型号的空间飞行器，以及和该物理产品相对应的数字模型即数字孪生体。其在两方面具有超写实性：包含所有的几何数据；包含所有的材料数据。2012 年，美国空军研究实验室提出了"机体数字孪生"的概念[4]。机体数字孪生作为正在制造和维护的机体的超写实模型，是可以用来对机体是否满足任务条件进行模拟和判断的。此时，数字孪生从概念模型阶段步入初步的规划与实施阶段，对其内涵、性质的描述和研究也更加深入，具体表现在：①突出了数字孪生的层次性和集成性；②突出了数字孪生的超写实性；③突出了数字孪生的广泛性；④突出了数字孪生在产品全生命周期的一致性；⑤突出了数字孪生的可计算性。

面对未来飞行器轻质量、高负载，以及更加极端环境下更长服役时间的需求，NASA 和美国空军研究实验室合作并共同提出了未来飞行器的数字孪生体范例。他们针对飞行器、飞行系统或运载火箭等,将数字孪生定义为:一个面向飞行器或系统的、集成的多物理、多尺度、概率仿真模型,它利用当前最好的可用物理模型、更新的传感器数据和历史数据等来反映与该模型对应的飞行实体的状态[5]。同年,NASA 发布的"建模、仿真、信息技术和处理"路线图中,数字孪生体被正式带入公众的视野[6]。2015 年,美国通用电气公司计划基于数字孪生体,并通过其自身搭建的云服务平台 Predix,采用大数据、物联网等先进技术,实现对发动机的实时监控、及时检查和预测性维护[7]。2017 年,为实现制造车间物理世界与信息世界的交互融合,陶飞等[8]提出了数字孪生车间的实现模式,并明确了其系统组成、运行机制、特点和关键技术,为制造车间信息物理系统的实现提供了理论和方法参考。自 2018 年至今,数字孪生技术在理论层面和应用层面均取得了快速发展,其应用范围涉及从产品设计[9]到产品制造[10,11]和运维服务[12]等全生命周期。

11.1.2 相关工作

本书作者于 2005 年起承担了月球车试验平台研制任务,负责虚拟月球车的仿真,包括运动学、动力学及控制系统,和地面试验样机的实时通信,仿真和控制的数据在大型虚拟现实平台上的同步展示,如图 11-2 所示。该系统也是数字孪生的雏形。

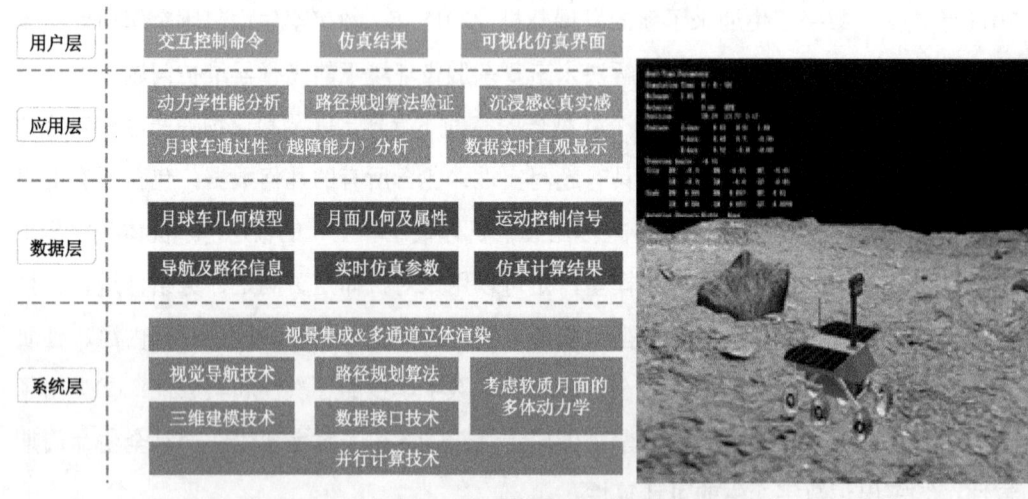

图 11-2 中国月球车移动分系统虚拟试验平台

由于信息技术条件的限制,真实物理产品的数字化表达是一个新颖但并不成熟的概念,在研究早期（大约 1999 年），被称为虚拟产品、虚拟样机、数字样机、虚拟功能样机等。严隽琪教授等承担的国家自然科学基金重点项目"虚拟制造的理论与技术基础"，首次提出环境模型。指出数字样机的功能是在不同的工况环境中展示的，这和当前数字孪生的映射模型大同小异。直到 2011 年，NASA 和美国空军研究实验室将数字孪生技术应用到航天飞行器健康维护和寿命预测中，数字孪生才逐渐引起了国内外学术界和工业界的广泛关注，同时数字孪生的概念模型也在发展和完善。

11.1.3 数字孪生定义和参考模型

近年来，国内外学者针对数字孪生的概念、内涵、实践与应用展开了深入研究，然而数字孪生的定义仍然缺少准确的、统一的定义与描述。表 9-1 所示为数字孪生的主要定义。

表 11-1 数字孪生的定义与描述

定 义	描 述	来 源
充分利用多源异构数据，集成多学科、多物理量、多尺度、多概率属性的仿真过程	过程方法	NASA
一个物理资产、过程和系统的数字化复制品，该复制品可以用于不同的目的	模型对象	通用电气公司
物理产品或过程的虚拟表达，被用来分析和预测物理对象的性能特征	虚拟表达 数据对象	西门子公司
物理实体或系统的虚拟化、数字化的表达	虚拟表达	IBM 公司
以数字化方式创建物理实体的虚拟模型，借助数据模拟物理实体在现实环境中的行为	技术方法	《数字孪生及其应用探索》[23]

由此，对"数字孪生"有两种解释：一种是将数字孪生定义为一种技术、方法；另一种是将数字孪生定义为虚拟表达、数据对象或模型。

数字孪生可以看成是实现 CPS 的技术，国际上有几个流行的数字孪生参考模型，值得在此介绍一下。

1. 通用电气（GE）数字孪生参考模型

通用电气是提出数字孪生较早的公司，它基于 Predix 系统进行数据分析，一度成为工业互联网的代言人。图 11-3 所示为 GE 数字孪生电厂，其特点是数据分析引擎作为数字孪生的核心。

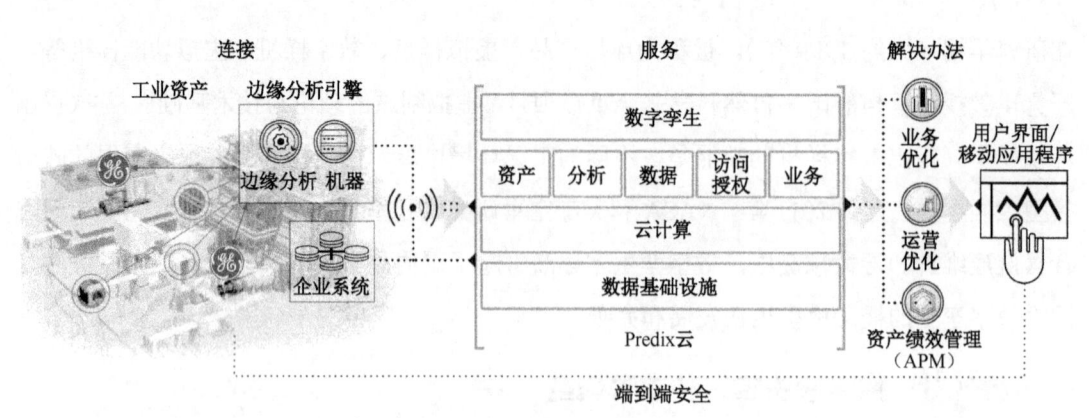

图 11-3　GE 数字孪生电厂

2. 西门子数字孪生参考模型

图 11-4 所示为西门子公司提出的螺旋结构数字孪生参考模型[14]，视角放在全生命周期，通过搭建整合制造流程的生产系统数字孪生模型，能实现从产品设计、生产计划到制造执行的全过程数字化，分为基于数字孪生的产品研发、基于数字孪生的生产制造、基于数字孪生的产品性能测试与运维，通过协同平台 Teamcenter 进行数据整合。

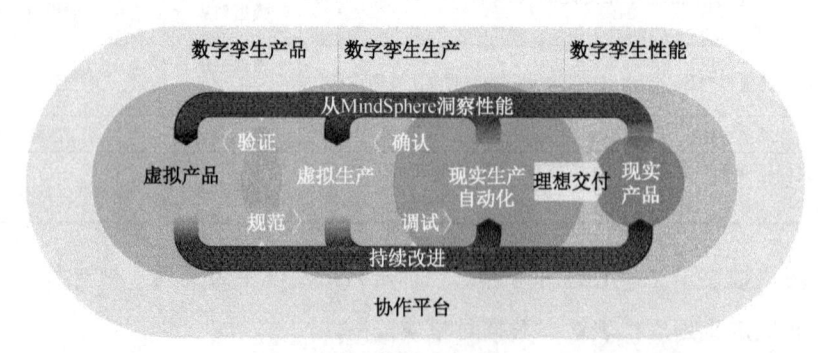

图 11-4　西门子公司提出的螺旋结构数字孪生参考模型

3. 德勤数字孪生参考模型

数字孪生架构呈现的是从物理世界到数字世界，再从数字世界回到物理世界的过程。这一"物理—数字—物理"过程或循环构成了德勤工业 4.0 的研究基础，从广义上描述了数字制造环境。先进的生产技术与物联网相结合，制造企业在实现互连互通的同时，还能开展传输和分析活动，并利用信息采取更加智能的实际行动。图 11-5 所示为德勤公司提出

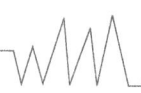

的六边形数字孪生参考模型[15]。其创建的数字孪生模型主要关注两大领域：设计数字孪生的流程和产品生命周期的信息要求——从资产的设计到资产在真实世界中的现场使用和维护；创建使能技术——整合真实资产及其数字孪生，使传感器数据与企业核心系统中的运营和交易信息实现实时流动。

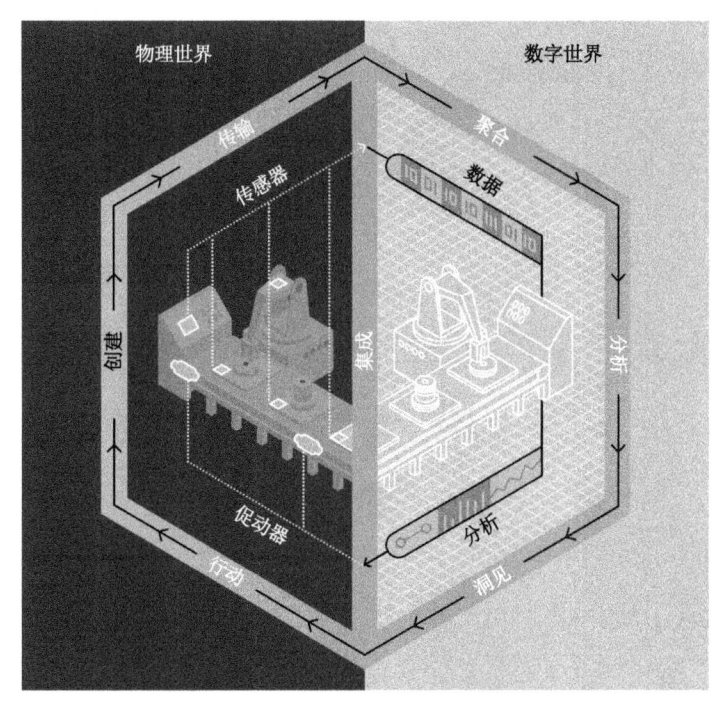

图 11-5　德勤数字孪生参考模型

4. 波音数字孪生参考模型

图 11-6 所示为波音公司提出的菱形数字孪生参考模型[16]。

5. SAP 数字孪生参考模型

图 11-7 所示为 SAP 公司提出的正方形 SAP 数字孪生参考模型[17]，模型中的每个边都是孪生接口，分别是数字孪生—设备、数字孪生—记录系统、数字孪生—智能系统，面向工业 4.0 的 3 个维度展开集成。

工业智能方法与应用

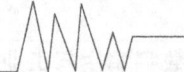

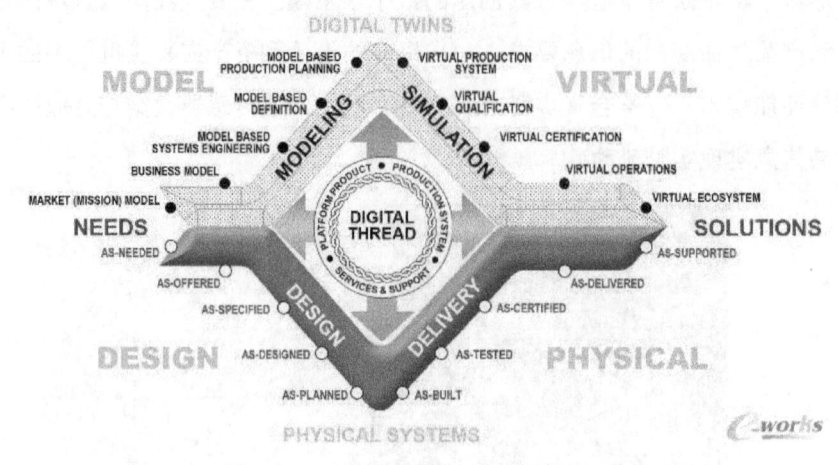

图 11-6 波音数字孪生参考模型

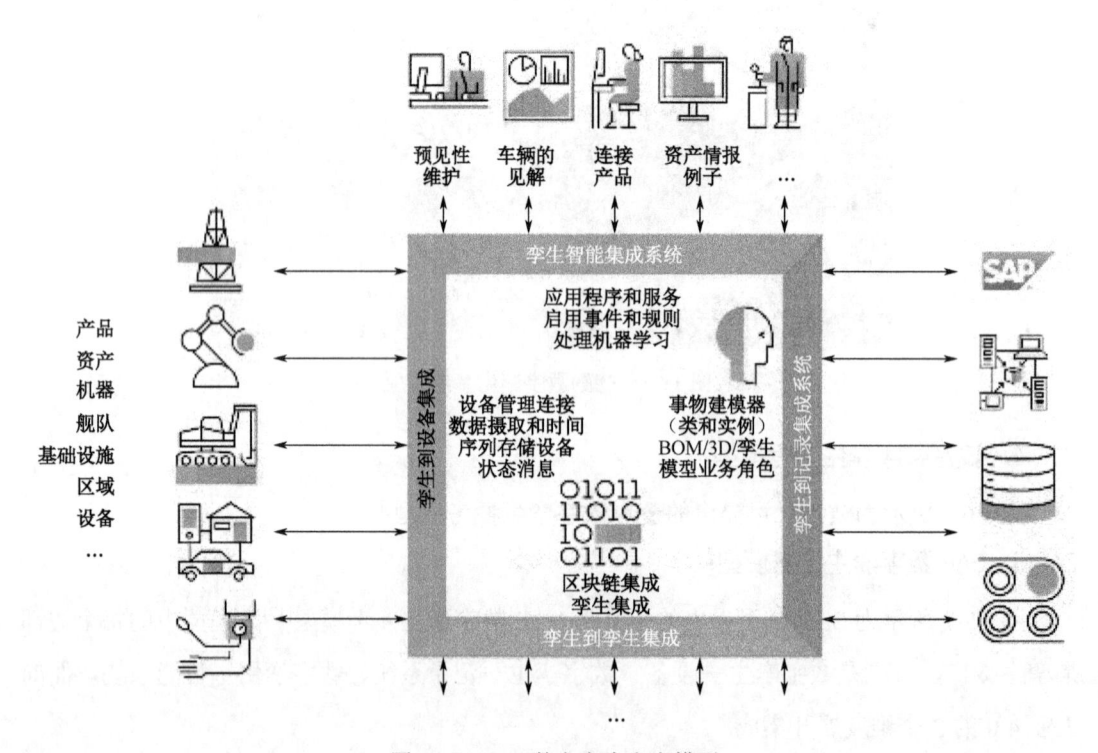

图 11-7 SAP 数字孪生参考模型

6. PTC 数字孪生参考模型

图 11-8 所示为 2018 年 PTC 公司提出的数字孪生参考模型[18]，看上去像是太极图。当产品生命周期管理流程能够延伸到产品应用的现场，再回溯到下一个设计周期，就建立了一个闭环的产品设计系统闭环流程，并且能实现在产品出现故障之前进行预测性维修。智能产品的每一个动作，都会重新返回设计师的桌面，从而实现实时的反馈，增强现实作为其主要的使能技术。

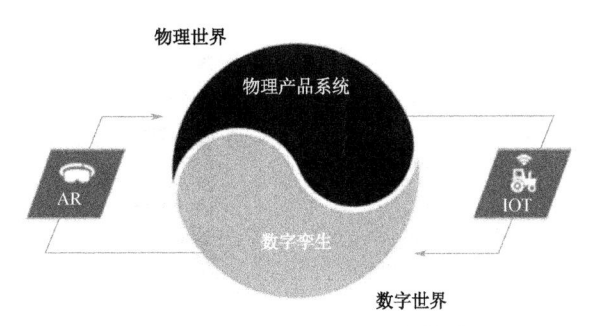

图 11-8　PTC 数字孪生参考模型

7. ANSYS 数字孪生参考模型

ANSYS 公司站在产品设计的角度，提出了如图 11-9 所示的产品数字孪生参考模型[19]，

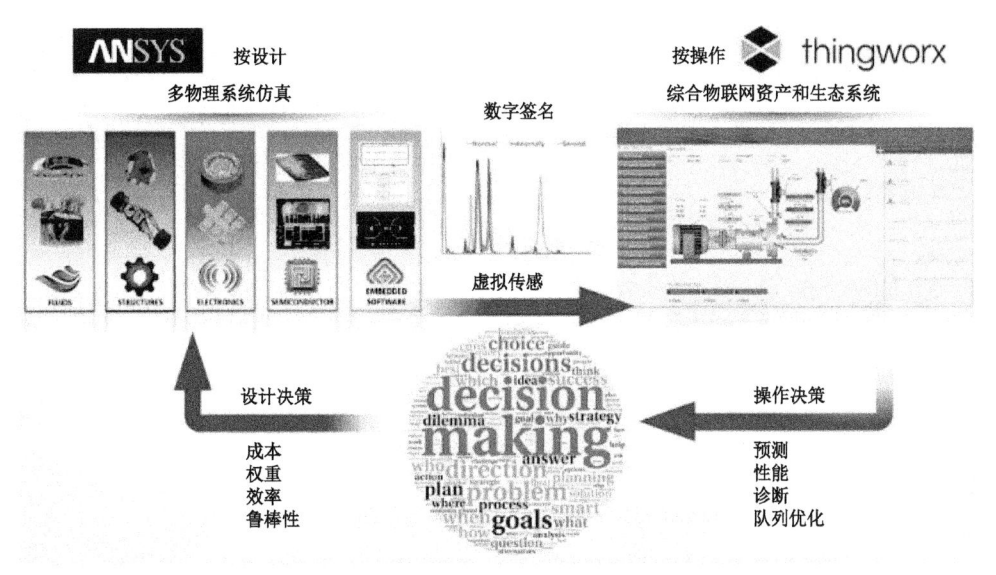

图 11-9　ANSYS 数字孪生参考模型

并且和通用电气公司的工业数据及分析云端平台 Predix 进行集成，与 Thingworx 平台（在远程传感器与仿真软件之间建立网关的物联网平台）合作，借机器学习与增强现实技术将从物联网收集到的重要数据连接到 ANSYS 分析模型中。

8. 微软数字孪生参考模型

图 11-10 所示为微软公司提出的数字孪生参考模型[20]。

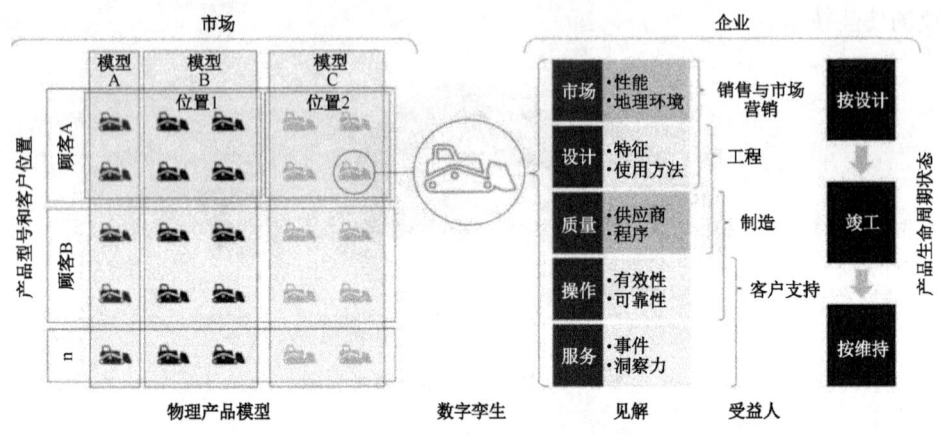

图 11-10　微软数字孪生参考模型

9. Oracle 数字孪生参考模型

如图 11-11 所示，Oracle 物联网云通过以下方式提供数字孪生：Virtual Twin（虚拟孪

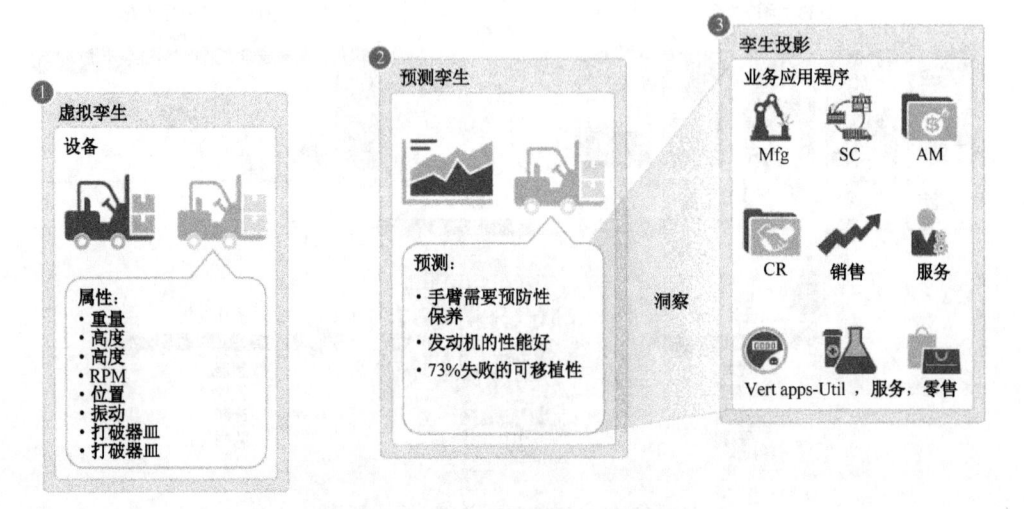

图 11-11　Oracle 数字孪生参考模型

生）通过设备虚拟化，超越简单的 JSON 文档枚举观察值和期望值；Predictive Twin（预测孪生）通过使用由各种技术构建的模型模拟实际产品的复杂性来解决问题；Twin Projections（孪生投影）将数字孪生体生成的洞察投影到用户的后端商业应用程序上，使物联网成为业务基础架构的一个组成部分[21]。

10. 弗朗霍夫数字孪生参考模型

图 11-12 所示为德国弗朗霍夫学会提出的数字孪生参考模型[22]。

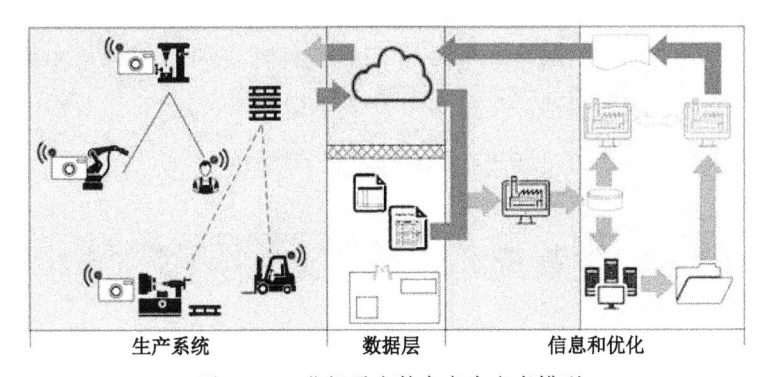

图 11-12　弗朗霍夫数字孪生参考模型

11. 北京航空航天大学

图 11-13 所示为由北京航空航天大学的陶飞团队提出的五维数字孪生参考模型[23]。

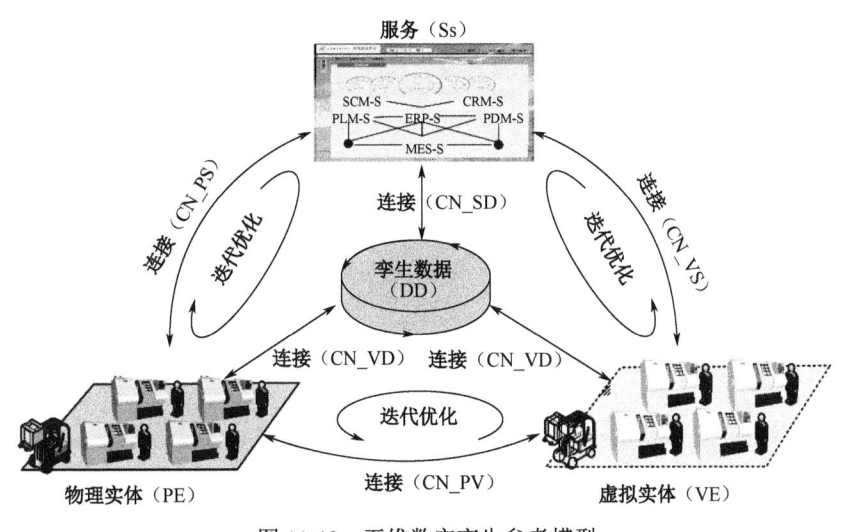

图 11-13　五维数字孪生参考模型

总体来说，数字孪生都需要创建一个高度复杂的虚拟模型，它是物理对象的精确复制（或孪生体）。在本章中，将数字孪生定义为物理对象在虚拟空间中的映射模型，它是以数字化方式表达的虚拟模型，强调物理对象与虚拟模型之间的一一对应关系。而数字孪生技术是实现虚实间交互与融合的技术、方法，强调物理空间与虚拟空间的融合过程。数字孪生概念的落地是用三维图形软件构建的"软体"去映射现实中的实体来实现的。这种映射通常是一个多维动态的数字映射，它依赖安装在实体上的传感器或模拟数据来洞察和呈现实体的实时状态，同时也承载将指令回馈到实体使其发生状态变化。数字孪生是现实世界和数字虚拟世界沟通的桥梁。数字孪生体体现了软件、硬件和物联网回馈的机制。运行实体的数据是数字孪生的营养输送线。反过来，很多模拟或指令信息可以从数字孪生输送到实体，以达到诊断或预防的目的，这是一个双向进化的过程。

11.2 数字孪生装配

11.2.1 基于数字孪生的装调理论体系

数字孪生装配技术是基于数字孪生的数字化装配。以虚拟装配信息模型为基础，借助装配上下文的孪生数据，以装配质量量化计算为核心，实现装配全过程的虚实交互、数据融合、决策分析、迭代优化。在高精密产品的数字孪生装配体系中，物理装配空间和虚拟装配空间建立虚实映射体系。针对装调紧耦合的装配需求，抽取出数字孪生在孪和已孪的科学问题。如图11-14所示，基于数字孪生的装调理论体系主要包含四部分内容：① 面向装调紧耦合的数字孪生装配理论，形成多学科、多专业、多阶段的集成理论体系；② 数字孪生装配要素模型构建方法；③ 数字孪生装配数据的融合与互操作方法；④ 基于孪生数据的可装配性预测、工艺优化的数字孪生装配操作方法。

11.2.2 体系方法

在基于数字孪生的装调理论体系中，需要实现以下方法。

1. 数字孪生装配要素建模方法

在数字孪生装配要素建模方法中，主要考虑关键装配特征的零件逆向建模方法和基于虚实融合的装配全要素数字孪生模型构建方法。

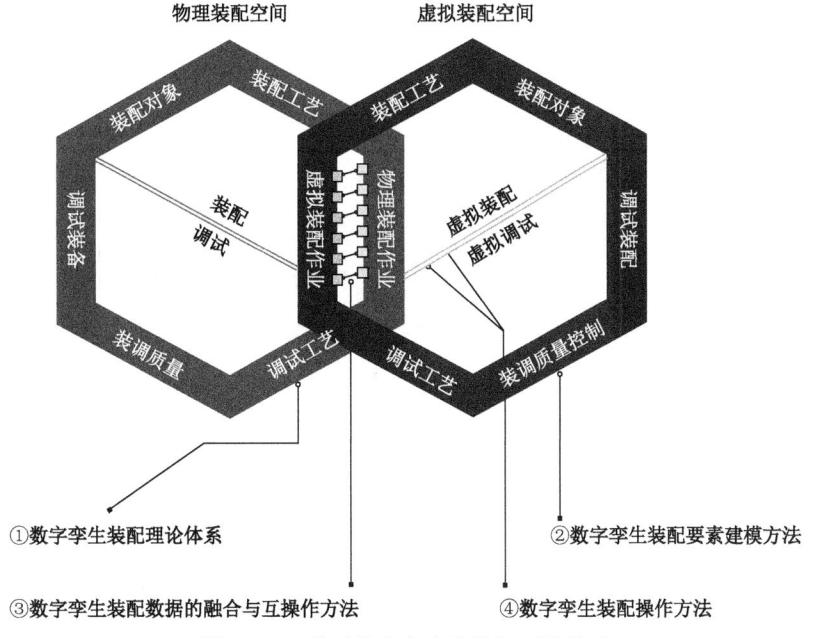

图 11-14 基于数字孪生的装调理论体系

（1）考虑关键装配特征的零组件逆向建模方法。以关键装配特征为配准点，提出构建数字孪生模型的方法。融合制造偏差的装配数据融合与偏差计算如图 11-15 所示。

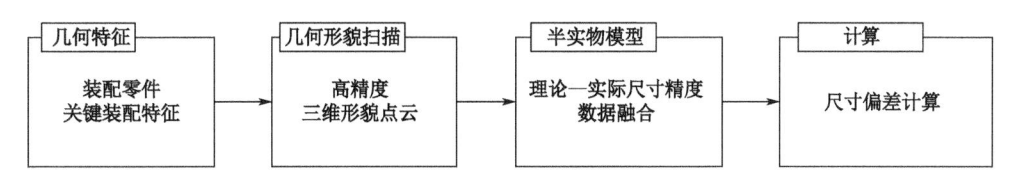

图 11-15 融合制造偏差的装配数据融合与偏差计算

① 确定装配零组件的装配特征、基准特征、边界特征等；② 根据零组件的几何外形、关键装配特征，确定高精密装配零组件激光扫描系统中的运动轨迹、转台转动、专用测量设备的扫描频率，获得高精度测量三维特征形貌点云；③ 通过专用高精度间接测量设备，获得腔体内部密闭特征形貌；④ 对于测量的间接数据，通过数理模型分析后生成密闭轮廓数据信息，最终融合在点云数据中。

对于一个装配零件，传统的点云扫描方法是对被测工件表面进行无差别的扫描，没有考虑到装配特征、基准特征等关键部分，因而导致数据量极大、数据冗余等问题。本章拟采用考虑关键装配特征的零组件逆向建模技术，针对多个装配偶件配合特征的问题，分析高精密偶件配合关系，在性能测量仪器与尺寸测量仪器配合的基础上，研究虚实映射的零组件逆向建模技术。其具体过程如图11-16所示。

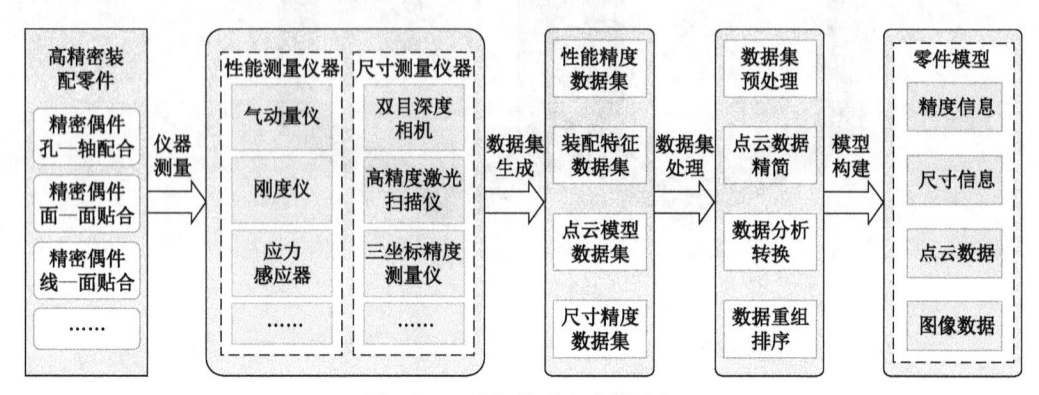

图11-16 零组件逆向建模过程

（2）基于虚实融合的装配全要素数字孪生模型构建方法。分析集成模型与实体模型之间的映射关系，构建基于虚实融合的装配全要素数字孪生模型。各装配要素数字孪生模型的构建如图11-17所示，主要包括5个部分，装配对象、装配工艺、装调设备、装调质量及装调操作数字孪生模型，其余4个模型主要为装调操作过程提供服务，便于整个装调过程不断迭代，精细调整，保证装配的高质量。

装配要素数字孪生模型与装调过程的关系如图11-18所示。从实际装配的装调过程中获取数据，对数据进行处理，构建装配要素数字孪生模型，包含模型层和操作层，通过虚拟空间的相关应用为装调过程提供指导。

2. 数字孪生装配数据的融合与互操作方法

装配数字孪生的数据融合与互操作方法的技术路线如图11-19所示。图的上端部分为电液伺服控制阀装配全过程，中间部分以其中的一道装配过程展开装配数字孪生的数据融合与互操作，下端部分为电液伺服控制阀调试全过程。

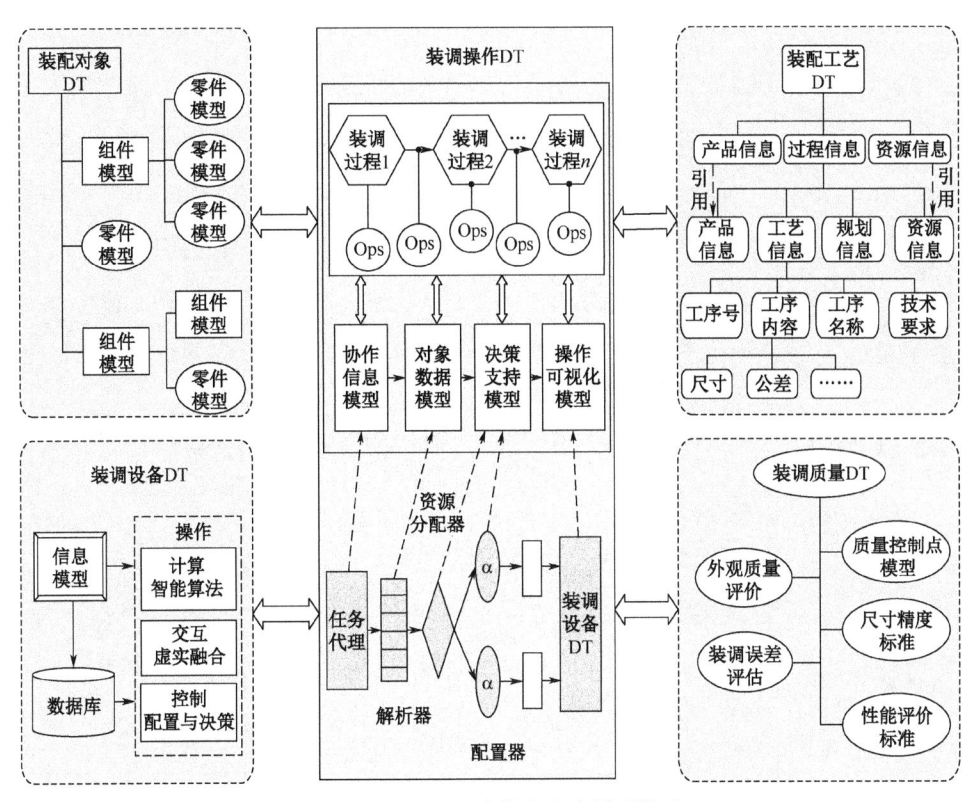

第11章 设备故障诊断与预防性数字孪生与工业智能

图 11-17 装配要素数字孪生模型构建

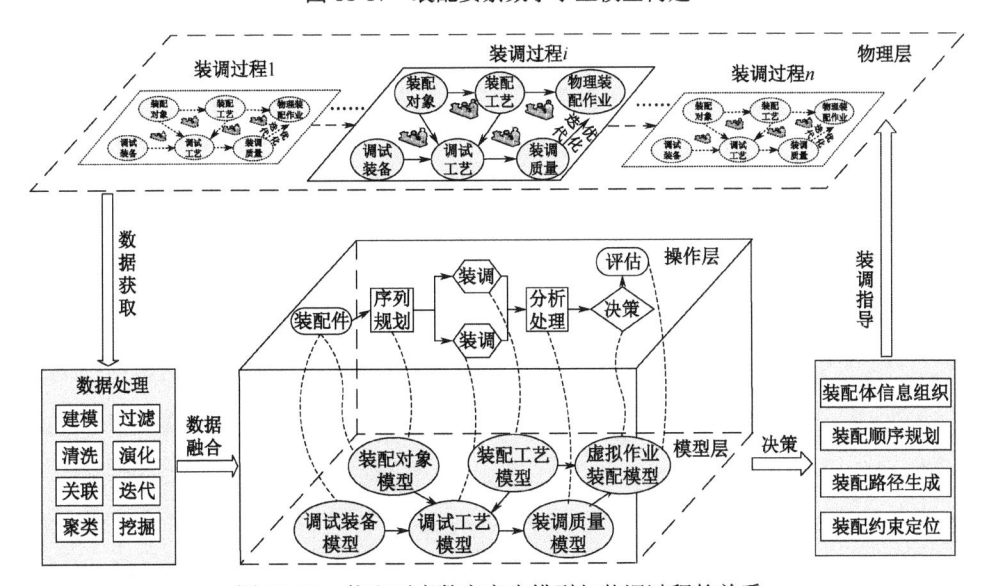

图 11-18 装配要素数字孪生模型与装调过程的关系

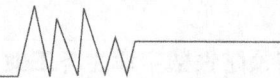

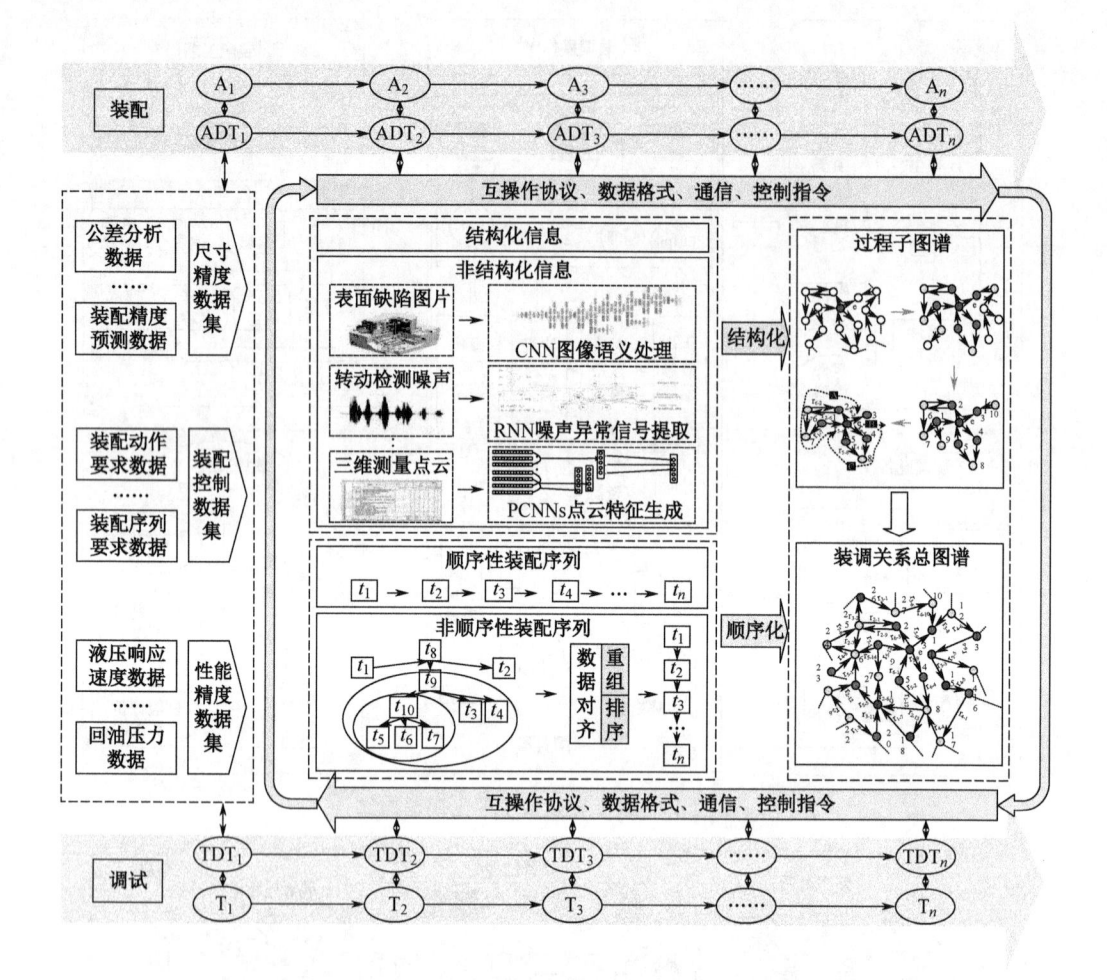

图 11-19　装配数字孪生的数据融合与互操作方法的技术路线

（1）装配数字孪生体间的数据融合方法。电液伺服控制阀在复杂的装调过程中，包含多道装配工序与调试工序。其中，物理装配过程中包含的零组件尺寸数据（形状、几何）、装配特征、装配位置、装配约束（线面贴合、面线对齐）等信息通过扫描与传感器设备将信息传递到虚拟装配过程数字孪生中，经过虚拟仿真生成大量交互数据集，获取的这些信息存在多学科、多专业的结构化、非结构化数据（表面缺陷图片、转动检测噪声、三维测量点云等），顺序性与非顺序性数据（多条作业线数据叠加、多组装调协同作业的数据叠加）等。针对非结构化数据，利用 CNN 图像语义处理模型、基于 RNN 噪声异常信号提取模型、

PCNNs 点云特征模型处理转化成结构化信息。针对非顺序性数据，通过数据对齐、数据重组、数据排序技术处理转化成顺序性数据。将获得的零散结构化与顺序性数据通过知识融合与知识加工，构建出电液伺服控制阀总装调关系图谱。通过基于知识图谱的交互和互操作接口（采用 WebService，数据类型为统一的属性、节点和边）实现与其他数字孪生体的信息交互。

（2）装配数字孪生体间的互操作方法。装配数字孪生体间通过基于知识图谱的交互和互操作接口进行信息交互。其信息交互过程如图 11-20 所示。主要通过装调的物理系统与装调的信息系统，实现装调的互操作性。在顺序性装调过程中，装配数字孪生体 ADT^1 装配完成后，依据尺寸精度数据集（公差分析数据、装配尺寸链生成数据、装配间隙数据、装配精度预测数据等）进行装配尺寸精度评估，通过调试装备 TDT^1 进行调试后，依据性能精度数据集（液压响应速度数据、电磁力矩数据、输出流量数据、回油压力数据等）进行调试尺寸性能评估，接着进行装配数字孪生体 ADT^2 的装配和调试装备 TDT^2 的调试，依

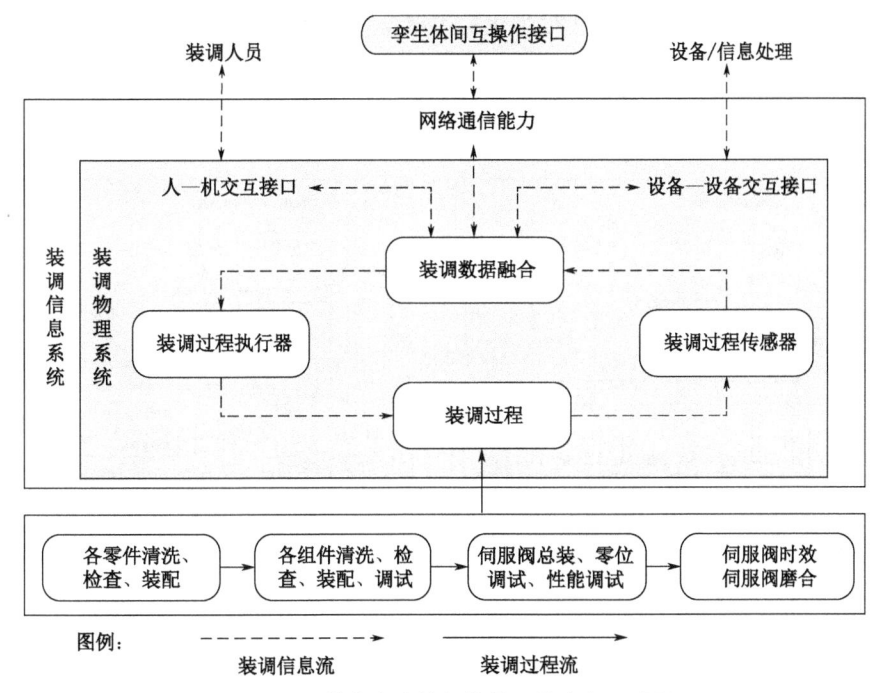

图 11-20 数字孪生体间的装调信息交互过程

次循环迭代进行装调。其中，当装调尺寸精度与尺寸性能未能达到要求时，依据装配控制数据集（装配动作要求数据、装配序列要求数据）进行重调，经过装调优化迭代，最终完成伺服阀的装调工作。

3. 数字孪生装配操作方法

装调紧耦合产品的复杂装配，其要求一边装配一边调试，需要装配过程具有高度实时性，装配质量要素约束需要高度耦合。而在实际的装配过程中，受制造工艺和测量技术的制约，精密产品零件特征参数的实际值与理想值间存在误差，直接影响装配后的产品质量与特性；与此同时，针对复杂变化的装配条件与装配对象，通用的设计工艺无法满足加工需求，应进行自适应性的变化与调整。为此，需在高度融合的孪生数据的基础上，对孪生数据进行数据挖掘与建模，将其所包含的装配过程中的实测数据、性能数据、模拟数据、仿真数据、偏差数据（如形状偏差、尺寸偏差）进行分析与推演。在装配活动实施前，根据特定的工况条件、零件的实际特征值、相应的加工工艺，预测出成品的质量特性，避免无效装配出现；在加工过程中，针对对应的工况条件、零件的实际特征值，实现装配工艺的动态调整与实时优化。两者高度融合，协同保证产品的装配质量。数字孪生装配操作方法的技术路线如图 11-21 所示。

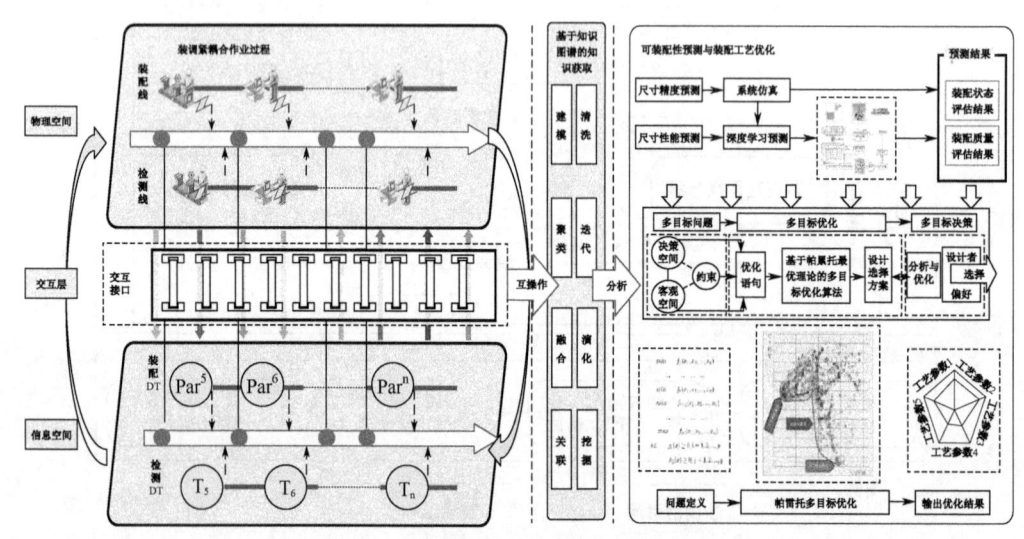

图 11-21 数字孪生装配操作方法的技术路线图

（1）孪生数据驱动的可装配性预测方法。针对目前装配技术在装配过程误差累积、零件制造误差对装配过程的影响缺乏分析和预见性的问题，利用深度神经网络预测模型，实现基于虚实融合的孪生数据的可装配性预测。在数据融合方法中将物理实测数据、虚拟仿真数据融合形成孪生数据的基础上，将其中包含的最新检验和测量数据、进度数据、性能数据、装配过程状态参数实测值等关联映射至数字孪生模型，基于已建立的集成模型、关键技术状态参数理论值及预测分析模型，实时预测和分析物理产品的装配进度、精度和性能，具体方法如图 11-22 所示。

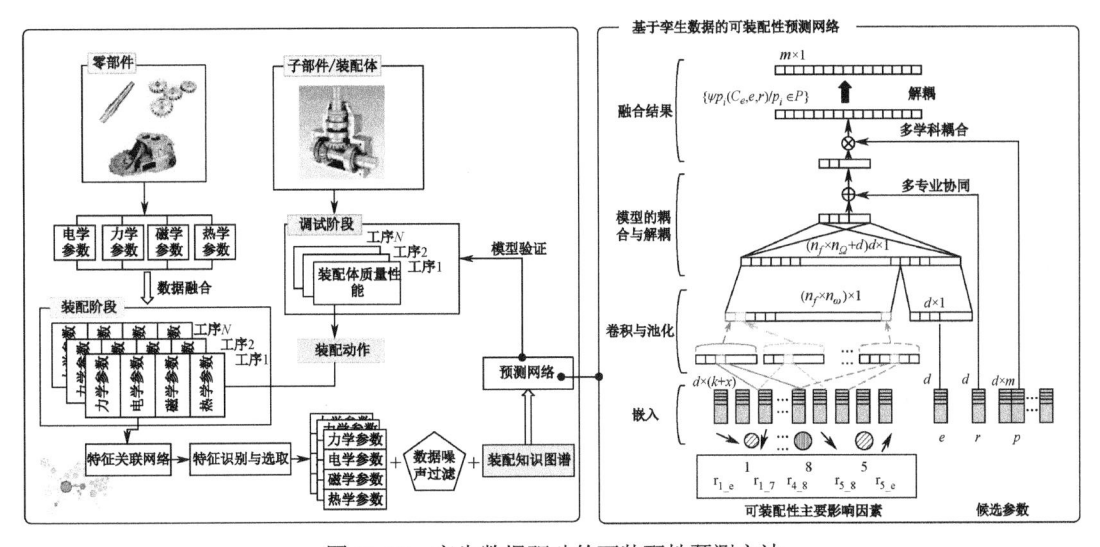

图 11-22 孪生数据驱动的可装配性预测方法

（2）基于帕雷托最优理论的装配工艺优化方法。通过分析高精密装配部件的典型装配工艺缺陷，针对零件分组选配、公差分析、装配尺寸链生成、装配路径生成等关键问题，引入人工智能技术，实现基于数据分析的工艺知识建模、知识提炼和知识优化，以及基于自主学习的自主工艺设计、工艺优化和工艺决策。总体来说，装配工艺优化问题即多目标优化问题。

一般来说，多目标优化问题是由多个目标函数与有关的一些等式以及不等式约束组成的，从数学角度可以做如下描述。

$$\min f_1(x_1, x_2, \cdots, x_n)$$

$$\vdots$$
$$\min f_r(x_1, x_2, \cdots, x_n)$$
$$\max f_{r+1}(x_1, x_2, \cdots, x_n)$$
$$\vdots$$
$$\max f_m(x_1, x_2, \cdots, x_n)$$
$$\text{s.t.} g_i(x) \geqslant 0, i=1,2,\cdots,p$$
$$\text{s.t.} h_j(x) \geqslant 0, j=1,2,\cdots,q$$

考察两个决策向量 $a,b \in X$。a 帕雷托占优（Pareto Dominate）b，记为 $a>b$，当且仅当
$$\{\forall i \in \{1,2,\cdots,n\} f_i(a) \leqslant f_i(b)\} \wedge \{\exists j \in \{1,2,\cdots,n\} f_j(a) < f_j(b)\}$$

如果在整个参数空间内不存在任何决策向量帕雷托占优某个决策向量，则称该决策向量即是帕雷托最优解，所有帕雷托最优解组成了帕雷托最优解集合。基于帕雷托最优理论的工艺优化方法的描述为：在装配工况下，对于装配加工单元，多维执行工艺，多参数耦合影响下可形成权重作用下的帕雷托可行解空间。在帕雷托最优理论的基础上，实现基于海量数据的工艺持续改进方法和工艺更改响应机制，以及基于实测数据的工艺问题预测、参数动态调整、过程迭代优化和决策制定、评估与评测的理论与方法。针对多学科耦合的装配工艺问题，通过多目标优化算法，以帕雷托最优为目标，构建出工艺参数与装配质量之间的定性映射关系数学模型，实现装配工艺的自适应优化。

11.2.3 应用案例

高精密电液伺服控制阀广泛用于武器系统，是其中的关键部件。大部分武器系统的姿态控制元件采用电液伺服控制阀。其将小功率的电信号转换为大功率的液压输出，通过液压执行机构来实现机械设备的自动化控制。电液伺服控制阀具有体积小、功放高、直线性好、死区小、响应快、运动平稳可靠，能适应模拟量和数字量调制等优点，在各种导弹武器电液伺服系统中得到广泛应用，堪比伺服控制系统的"心脏"。

针对高精密机电液产品的装配过程，以某类型武器核心关键件——高精密电液伺服控制阀为研究对象，基于数字孪生技术开展智能化装配技术研究。高精密电液伺服控制阀具

设备故障诊断与预防性数字孪生与工业智能　　第11章

有结构复杂、装调过程涉及多学科、精度高、装调难度大的特点。高精密电液伺服控制阀内部结构紧凑复杂,关键零组件可达 100 多个,代表性的产品有喷嘴挡板式、射流管式、偏转板射流式、动圈滑阀式等类型的伺服控制阀。高精密电液伺服控制阀的装调过程复杂,涉及多学科、多层次等问题,其中电磁、力学、液压和结构特征相互影响,机械、电气、液压等多学科交叉,工艺质量约束层次多,相互制约。

因此,为了实践高精密电液伺服控制阀的数字孪生装配理论,搭建了基于数字孪生的装配模拟仿真原型系统,如图 11-23 所示。

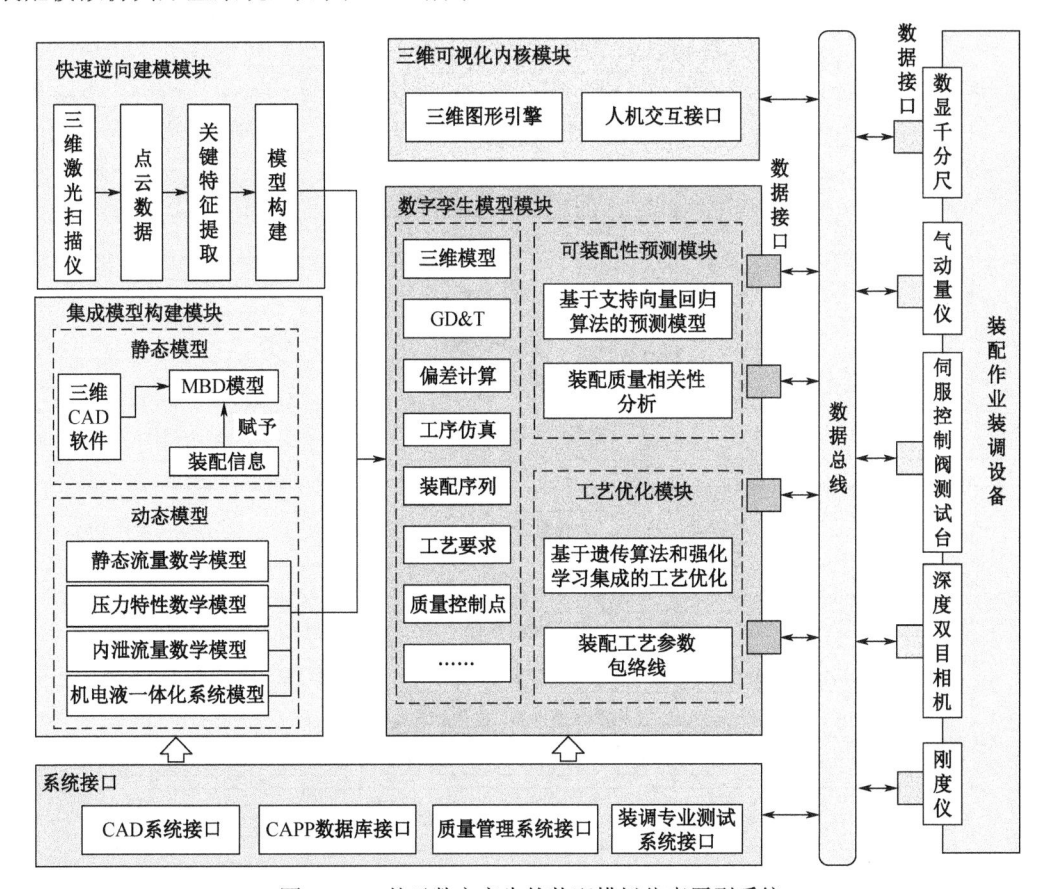

图 11-23　基于数字孪生的装配模拟仿真原型系统

基于数字孪生的装配模拟仿真原型系统分为快速逆向建模模块、集成模型构建模块、系统接口模块、三维可视化内核模块、数字孪生模型模块、可装配性预测模块、工艺优化模块、装配作业装调设备数据采集模块，各模块间依靠接口建立连接，形成一套基于数字孪生的装配模拟仿真原型系统。

11.3 数字孪生加工

11.3.1 面向加工的数字孪生模型

图 11-24 所示为面向加工的数字孪生模型。在生产制造阶段，物理现实世界将产品的

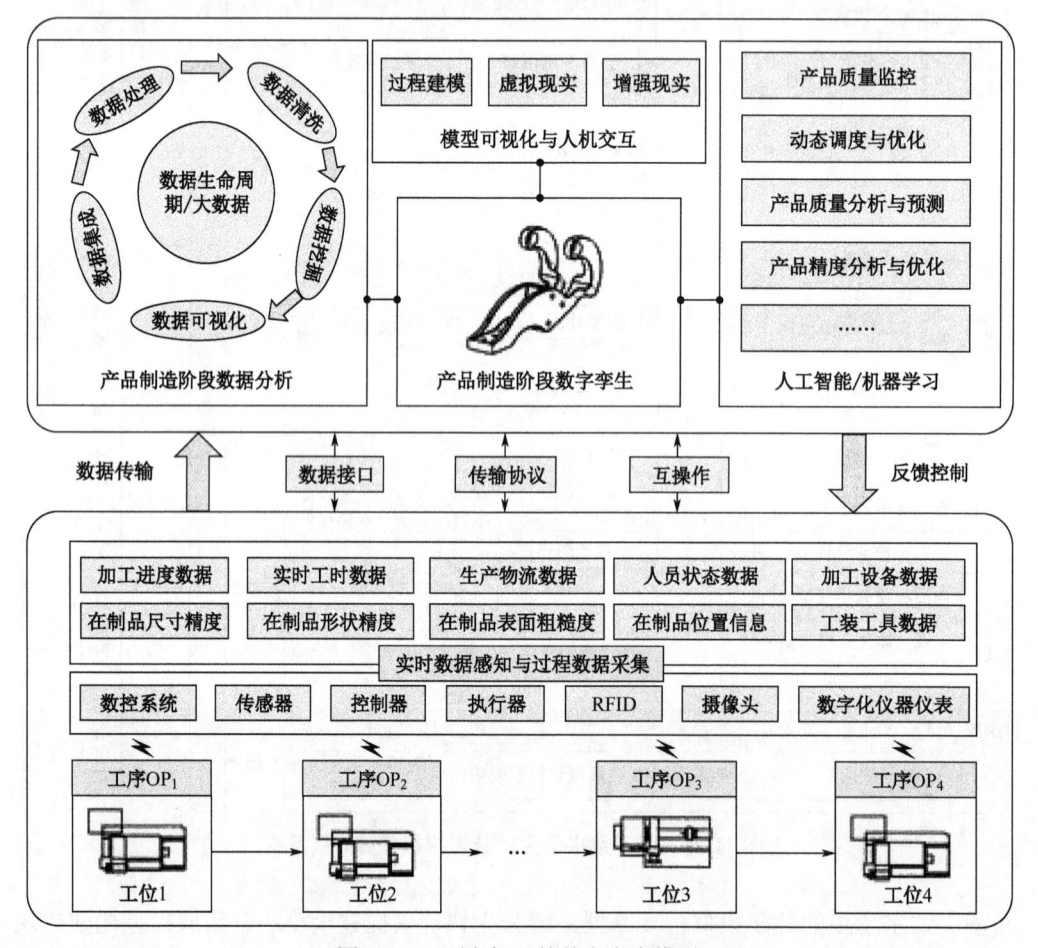

图 11-24 面向加工的数字孪生模型

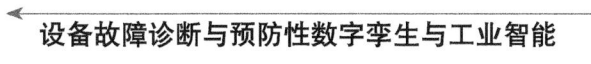

生产实测数据（如加工进度数据、加工设备数据、在制品质量数据）传递到虚拟世界中的虚拟产品并实时展示，实现基于产品模型的生产实测数据监控和生产过程监控（包括设计值与实测值的比对、实际使用物料特性与设计物料特性的比对、计划完成进度与实际完成进度的比对等）。另外，基于生产实测数据，通过物流和进度等智能化的预测与分析，实现质量、制造资源、生产进度的预测与分析；同时智能决策模块根据预测与分析的结果制定出相应的解决方案并反馈给实体产品，从而实现对实体产品的动态控制与优化，达到虚实融合、以虚控实的目的。

如何实现复杂动态的实体空间的多源异构数据实时准确采集、有效信息提取与可靠传输是实现数字孪生体的前提条件。近几年物联网、传感网、工业互联网、语义分析与识别等技术的快速发展为此提供了一套切实可行的解决方案。人工智能、机器学习、数据挖掘、高性能计算等技术的快速发展，为发挥数字孪生体在产品数据集成展示、产品生产进度监控、产品质量监控、智能分析与决策（如产品质量分析与预测、动态调度与优化）等方面的作用提供了重要的技术支持。

数字孪生系统的核心是产品数字孪生模型，产品数字孪生模型是模型和数据的动态集成[23-25]。面向数控加工的产品数字孪生模型应当满足制造过程唯一性的数据要求，基于模型的定义（Model Based Definition，MBD）技术为数字孪生模型的建立提供了一个良好的技术路径。考虑数控加工的特点，作者基于 MBD 内涵与思想，用集成的三维实体模型来完整表达产品定义信息，其包含着产品面向过程的变化情况，详细规定了三维实体模型中几何、物理和过程的表达方法[26]。

对 MBD 模型进行扩展产品的行为信息和上下文信息[27]。其中，行为信息是物理模型针对外部的环境与刺激等后反映出的产品的功能状态；上下文信息，即对于加工过程的关键要素信息进行一个完整化描述，主要包括加工前制定好的产品工序和每个工序过程中的实际加工信息，便于产品进行追溯。因此，驱动数字孪生系统的孪生模型和数据主要为产品模型的几何信息、产品的行为信息、制造过程信息，数字孪生制造需要针对上述加工过程将以上信息进行融合，构建一个完整的数字孪生模型。

因此，数字孪生模型的表达式定义如下。

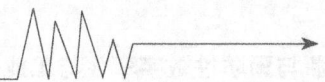

$$DTM = 3D_{Model} \cup Behaviour \cup Context$$

其中，DTM 是产品数字孪生驱动模型，由三维几何数据模型 3D_Model（见图 11-25）、产品行为信息 Behaviour、加工过程信息 Context 共同构成。

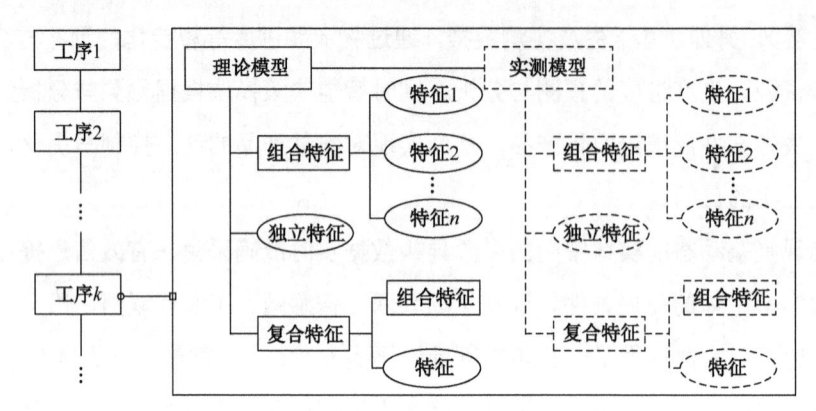

图 11-25　三维几何数据模型结构

$$3D\_Model = \{Material, Structure, Surface, Mechanical\_property\}$$

其中，3D_Model 是 MBD 孪生模型的三维几何体，由三维几何元素构成，主要包括模型几何元素和辅助几何元素。

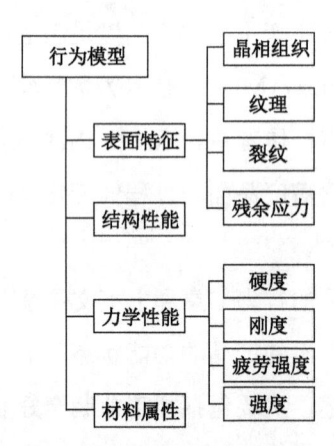

图 11-26　产品行为信息结构

$$Behaviour = \{Material, Structure, Surface, Mechanical\_property\}$$

其中，Behaviour 是行为信息集反映加工工件的功能特性，如材料硬度、结构、表面组织、力学性能等信息。产品行为信息结构如图 11-26 所示。

第11章 设备故障诊断与预防性数字孪生与工业智能

$$\text{Context} = \text{Plan\_process} \bigcup \text{Machining\_process}$$
$$\text{Plan\_process} = \{\text{3D\_Model, Dimension, Tolerance, datum, process\_info}\}$$
$$\text{Machining\_process} = \{\text{Actual\_process, machine tool\_status, detection, tool\_status}\}$$

其中，Context 是上下文信息，包含计划工艺信息和加工过程信息。计划工艺信息包括公差、工艺、基准、粗糙度、技术要求和预设工艺等信息；加工过程信息包括工件的实时信息，实时工艺部分为加工过程中加工参数信息，过程监测信息包括刀具、车床、工件信息。

数控机加的产品数字孪生驱动模型结构如图 11-27 所示。基于 OWL 建模的拟态数字孪生模型结构如图 11-28 所示。

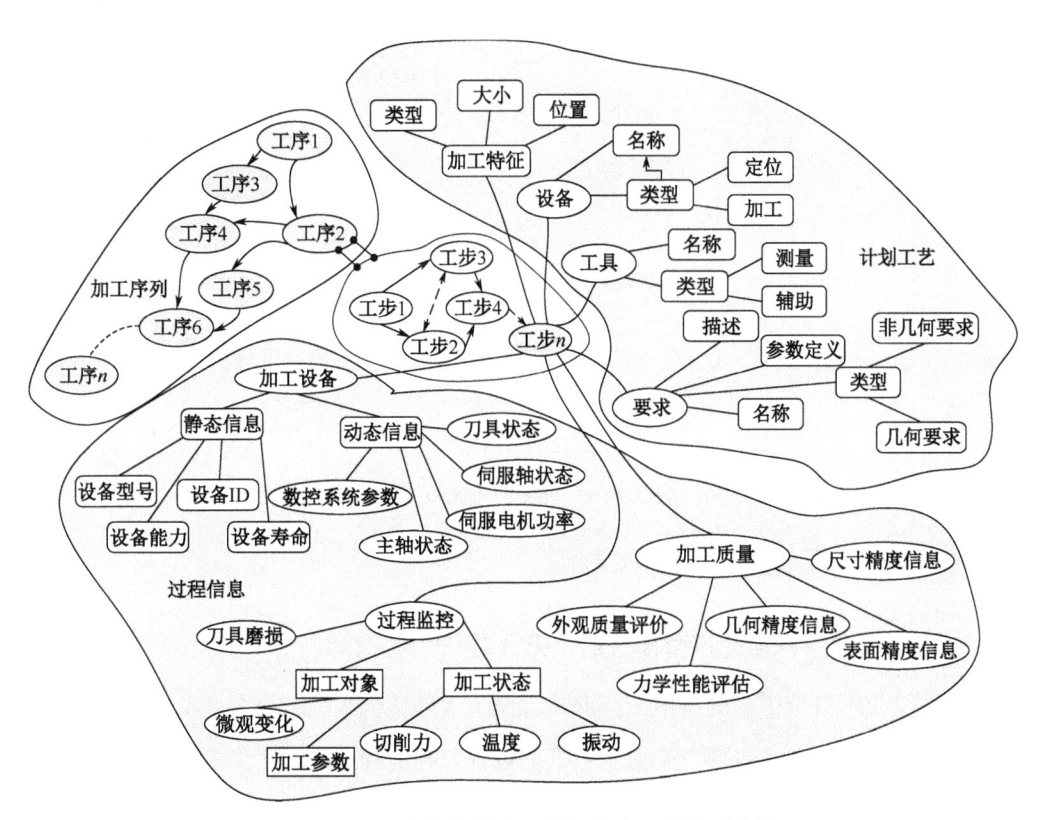

图 11-27 数控机加的产品数字孪生驱动模型结构

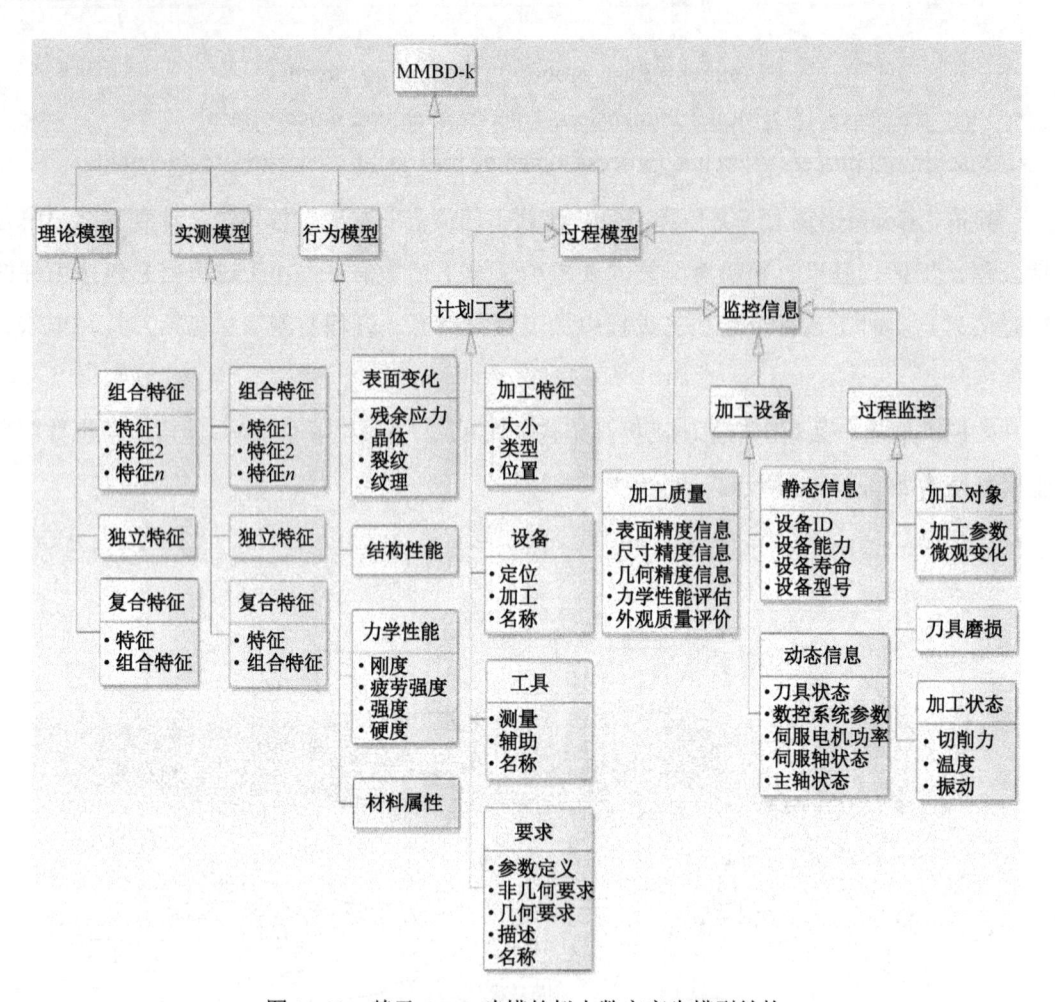

图 11-28　基于 OWL 建模的拟态数字孪生模型结构

11.3.2　加工过程中的智能方法

1. 加工产品的多尺度知识建模方法（见图 11-29）

数字孪生技术打破了传统虚拟空间向物理空间单向传输数据的壁垒，实现了物理空间与虚拟空间的双向交互[29]。数字孪生可贯穿产品设计、制造到运维的全生命周期，针对产品加工过程中虚实空间产生的海量多源异构数据，基于知识图谱进行数据处理。针对产品加工过程中工艺参数的系统决策，利用知识图谱提供的结构化数据作为数据集，采用机器学习（神经网络、遗传算法等）算法实现系统预测，同时利用知识快速检索进行工艺动态调整。

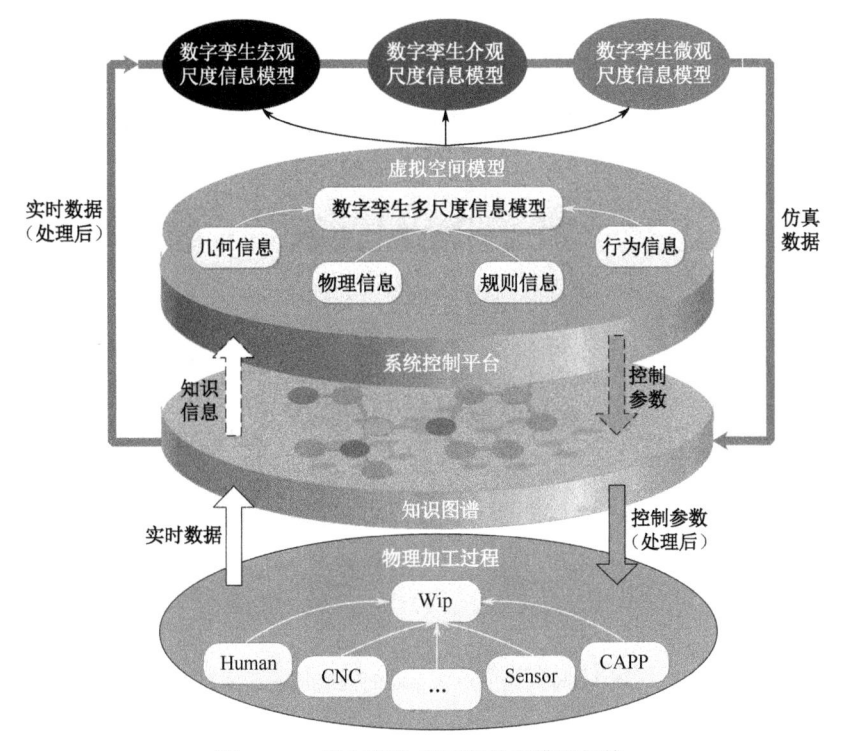

图 11-29　数字孪生多尺度信息模型架构

（1）基于知识图谱的数据处理方法。

在产品制造过程中，虚拟空间和物理空间会产生海量的数据，该类数据具有多源异构、多尺度、多维度等特征。如图 11-30 所示，在产品的制造过程中，可以将数据分成两类进行存储：实时数据库和知识库。实时数据库可存储实时采集的数据，如设备数据、表面质量数据、残余应力数据等。知识库可以存储历史加工工艺数据、加工质量数据、设备误差数据和智能算法模型等。利用数据挖掘、机器学习和自然语言处理等方法进行数据的结构化处理，并形成知识图谱，用于知识的快速检索。最后，将处理后的数据传递到多尺度可视化模型模块和系统管控平台。

（2）数据格式结构化处理。

在产品的加工制造过程中，通常采用大量传感设备来收集信息。这些信息类型种类多种多样，大致可分为结构化的数据库信息、半结构化的表格和列表，以及以文本和图片等描述的非结构化的数据，这些数据存在分散且具有异构性。如何有效地组织利用这些信息，

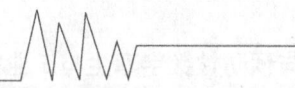

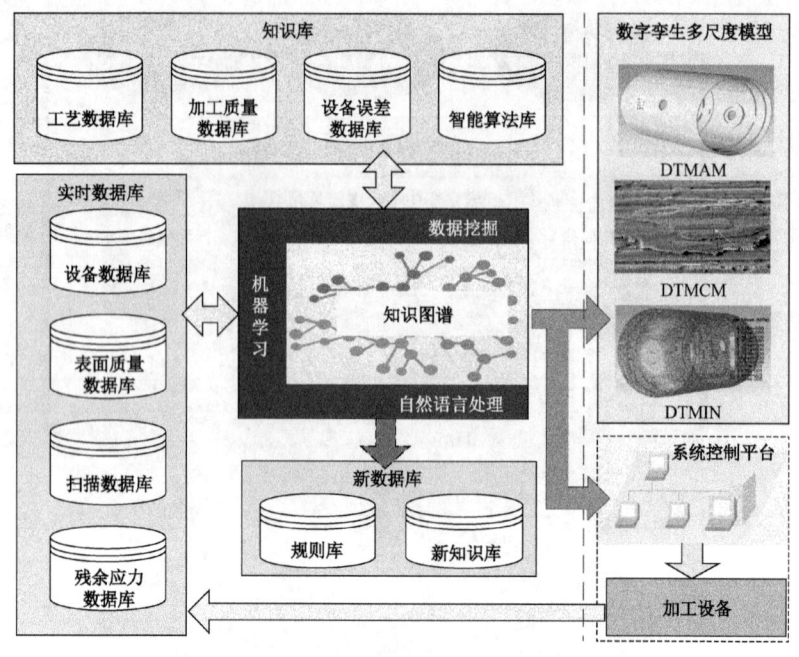

图 11-30　基于知识图谱的数据预处理框架

通常需要融合知识，从而将不同数据源的不同结构的采集数据融合成统一的知识图谱，来保证知识的一致性。因此，完成了数据的存储后，需要做的工作就是将获取到的数据进行筛选抽取，获得三元组信息并进行融合，如图 11-31 所示。

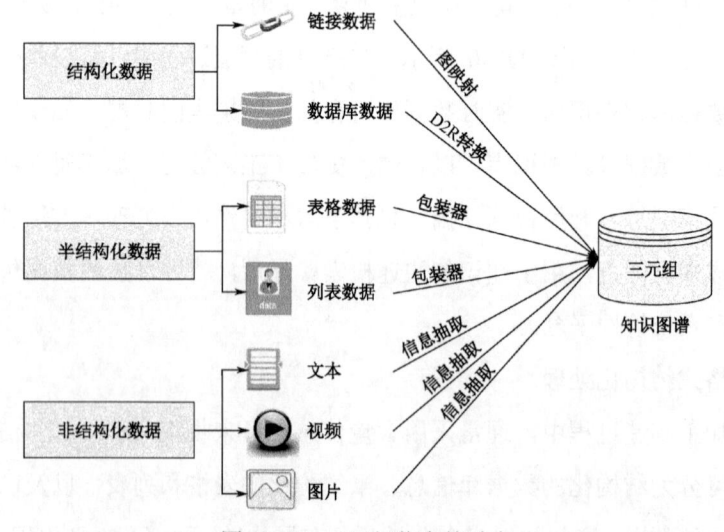

图 11-31　三元组信息的融合

（3）知识的快速检索。

知识图谱主要包含两层逻辑结构：模式层和数据层。针对数据层和模式层完成顺序的先后通常分为自顶向下和自底向上两种构建方式。自顶向下即为先构建好知识图谱模式层的本体结构，再从其他数据源中提取相关实体信息，添加到知识库中；自底向上的构建方式则是从数据层构建开始，借助于一些技术手段，将实体从大量公开链接数据中提取出来，按照置信度由高到低进行排序，将排序靠前的实体添加到知识库中，在此基础上构建顶层的本体模式。在实际的知识图谱构建过程中，这两种方式并不是孤立进行的。多尺度知识图谱是将两种构建方式融合在一起，在构建本体时采用自顶向下的方式，随之采用自底向上的方法获得新的知识来扩充现有的知识图谱。

多尺度信息知识图谱构建过程中，首先从实际生产过程中利用各类传感设备获取加工状态及产品状态信息，构建相应的本体模型；然后对其进行领域知识获取和融合，利用图数据库 Neo4j 填充本体层实体信息构建知识图谱；最后基于多尺度信息查询应用平台，实现基于知识图谱的知识快速检索。

2. 加工过程监控

为了实现对制造数字孪生驱动下的加工过程监控，需要建立方便可行的监测系统。基于 MTConnect 刀具健康状况监测与预测系统的开发需要结合计算机技术、网络技术、传感器技术等，在制造现场对数控机床进行多参数在线监测，并在监测上位机中进行数据的存储与集中分析并提供友好的人机界面[30]。

为了实现实时可靠的刀具健康状态预测，首先必须收集加工过程中产生的多源信息，这些数据的来源主要有机床本体、刀具零件信息数据库、机床加装传感器、加工日志，以及人工录入的刀具零件质检信息等。

图 11-32 所示是数字孪生驱动的机床加工过程监控，主要由基于 OPC UA 通信协议的西门子 840D 数控系统数据采集模块，即 OPC UA 客户端、OPC UA-MT Connect 适配器、MTConnect 代理，以及实现可视化监测和刀具健康状况预测功能的 MTConnect 客户端组成。首先应该与数控机床以及加装的传感器等建立可靠的连接实现数据采集，在建立连接前需要进行以下配置。

（1）配置 MTConnect 代理，主要是添加和采集设备连接的 OPC UA-MTConnect 适配器的 IP 和端口信息，以及监控设备的设备名，然后启动代理。

（2）启动 OPC UA-MTConnect 适配器，首先适配器会打开 OPC UA 客户端的连接与 OPC UA 服务器保持通信状态，并设置需要采集的数据订阅的类型和采样频率。

（3）MTConnect 客户端打开，并发送 current 请求给代理，等待数据变化传递上来的数据。

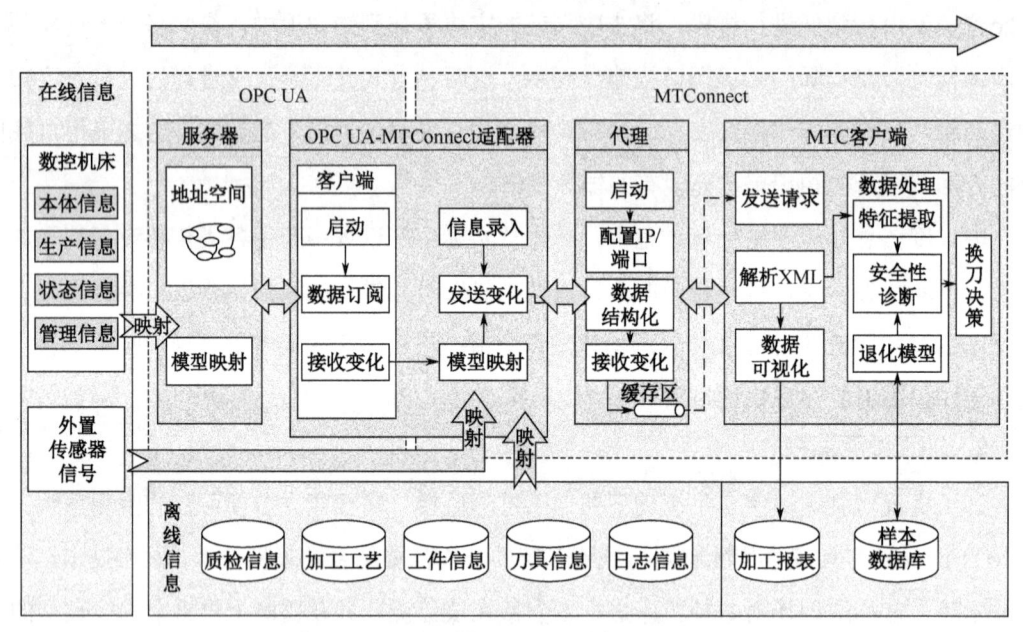

图 11-32　数字孪生驱动的机床加工过程监控

通过以上配置可以实现与制造物理实体的连接。图 11-33 所示为数控机床数据采集流程。

除了传感器和数控系统数据采用这种订阅方式采集外，对于数据库读取或人工录入的加工信息，代理会立即对读取/录入信息进行 XML 结构化处理并把数据发送至代理。

以刀具健康状况实时预测为例，在批量生产中，频繁更换刀具不仅会造成生产中断，还增加了刀具的使用成本；而刀具更换周期过长又会增加刀具故障的概率，影响工件加工质量甚至机床故障，进而增加额外的维护成本。刀具健康状况实时预测的最终目的是为了精准把握刀具换刀的时机。

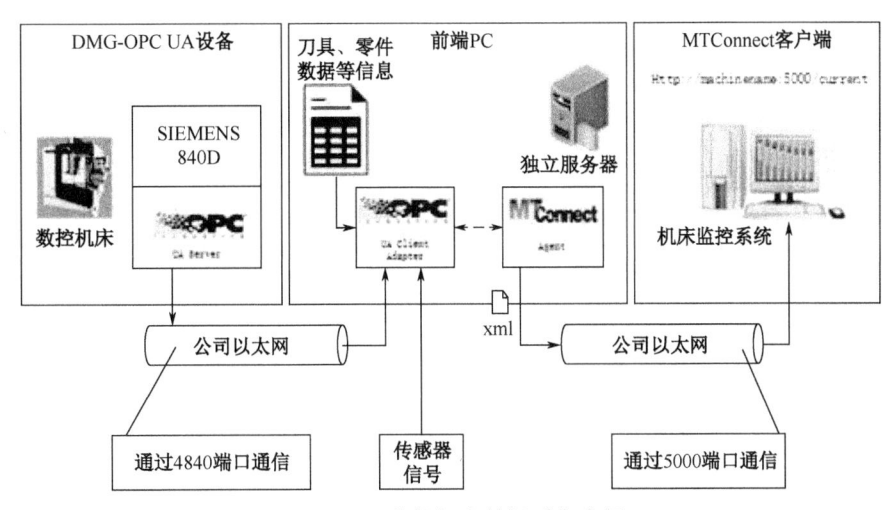

设备故障诊断与预防性数字孪生与工业智能　第11章

图 11-33　数控机床数据采集流程

鉴于不同的工件其精度要求所能承受的最大刀具磨损值不同，故对于不同的工件加工精度要求在刀具严重磨损时才进行换刀操作是不合理的。加工变形和表面粗糙度是评估钛合金关键结构件加工质量的两个主要参数。高速铣削钛合金薄壁件过程中，刀具的氧化磨损、粘着磨损和扩散磨损情况尤其严重，导致刀具寿命急剧缩短，工件的加工变形严重、表面光洁度变差、表面粗糙度变大。因此，采用刀具磨损值 VB 和工件表面粗糙度 Ra 两个指标作为刀具换刀决策的依据，来保证工艺系统的安全。

图 11-34 所示是以数据驱动的方式采用深度学习方法实现的"机床—刀具—在制品"

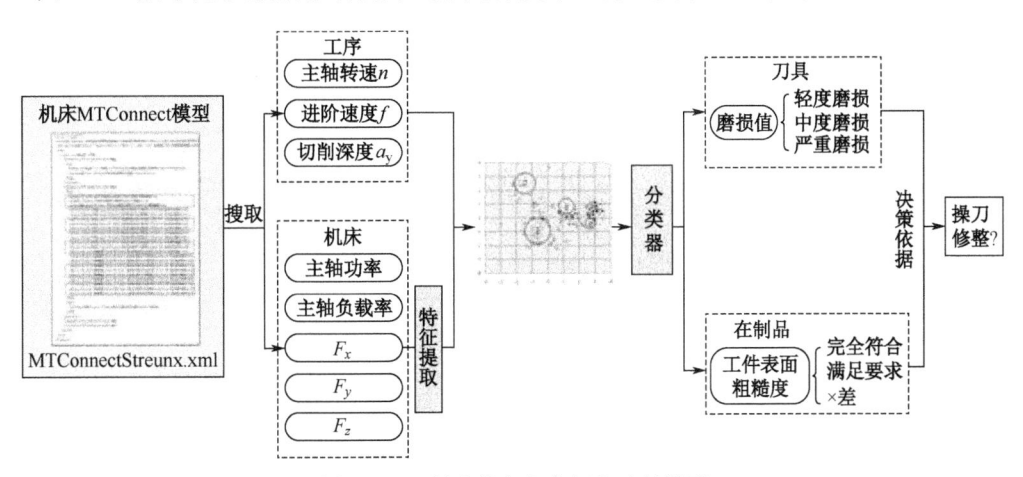

图 11-34　制造数字孪生复合映射模型

405

复合映射模型,可预测刀具健康状况及工件表面质量,最终根据预测结果做出换刀决策。金属切削试验过程中,提取机床和工序信息参数,其中机床中传感器参数经过特征提取处理得到特征集合,加上其加工时的工序信息即切削用量三要素信息,作为分类器的输入。试验中离线测量刀具和在制品质量参数即 VB 和 Ra,二者分别作为分类器的预测输出。用反映刀具健康状态的两个诊断结果 VB 值与 Ra 值作为刀具是否换刀的决策依据。

11.3.3 数字孪生加工案例

NIST 给出了一个制造数字孪生案例,在 15s 内可以仿真一个特征的加工过程,如图 11-35 所示,所有特征仿真用 80s 完成。

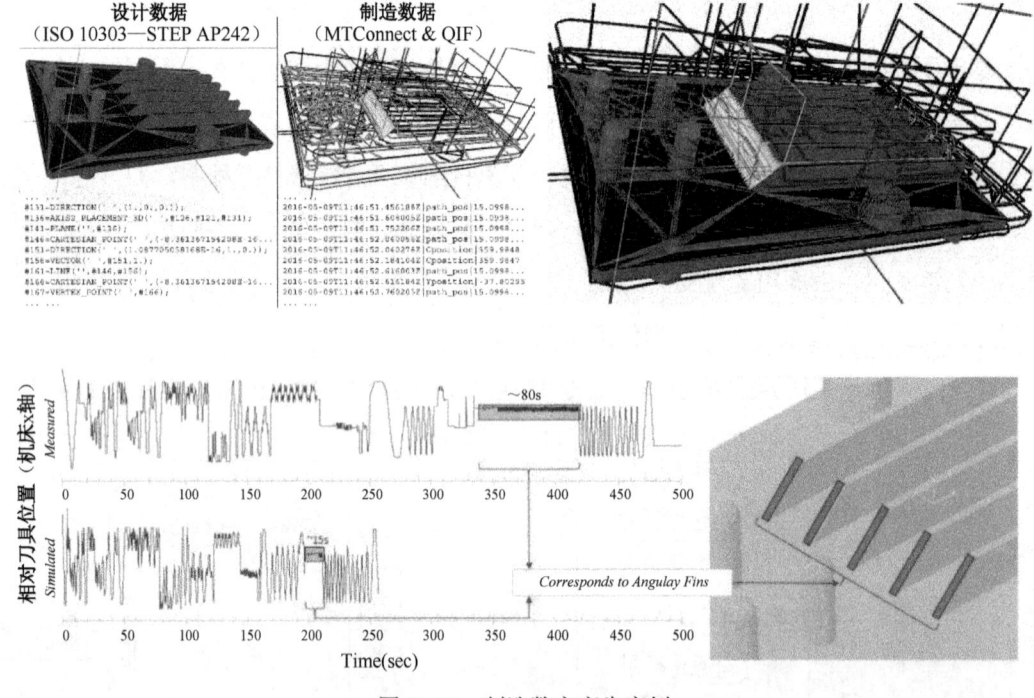

图 11-35 制造数字孪生案例

通过获取实际的加工数据,基于制造数字孪生模型,可以对加工特征进行在线分析,检测具体的加工工艺对加工特征的实际影响。

11.4 数字孪生智能评估

近年来,随着计算机、建模与数字孪生技术的快速发展,数字孪生技术在军事、工业、经济、环境和社会等领域得到了广泛应用。随着工业信息化与数字化的不断发展,加工数字孪生的应用范围和需求不断扩大,构建的虚拟模型越来越精细和复杂。与此同时,随着数字孪生在不同领域深入广泛地应用,促使人们逐渐关注基于数字孪生技术构建的虚拟模型能否真实反映物理世界状态的问题。如果构建的数字孪生模型不准确、保真度不高,可能会对决策者产生误导,甚至酿成无法挽回的损失。因此,数字孪生模型的智能评估在明确和提高数字孪生模型保真程度和适用范围方面具有至关重要的作用。

数字孪生模型智能评估面临诸多挑战,因为随着仿真模型的功能需求不断增加、应用范围不断扩大,仿真模型的结构越来越复杂,输出特性越来越多样。因此,数字孪生模型智能评估包含对大量的定性指标和定量指标的测量与评估,通常还要依赖领域专家的经验知识,并且需要综合不同的方法和度量结果。数字孪生模型智能评估是一项复杂的多指标综合评估问题。鉴于此,许多研究者提出了基于层次分析法、模糊综合评判、相似理论、贝叶斯网、熵权法等综合评估方法,可获得更加鲁棒和可靠的综合评估结果[31]。其面临的主要挑战如表 11-2 所示[32]。

表 11-2 数字孪生模型评估面临的挑战

挑 战	基 本 含 义
输入变量的组合爆炸及不确定性	数字孪生模型中存在多项输入,每项输入可能存在多种取值,用来分析研究不同情况下的系统响应。那么,多项输入变量的组合将会导致组合爆炸,在有限时间和资源的限制下,不可能对每种输入组合进行全面的测试与验证
功能输出的多样性与耦合性	数字孪生模型在同一输入条件下具有多项功能输出,并且多项功能输出之间具有一定的关联关系和耦合特性,因此对输出域进行准确完备地界定和分析是很困难的
评估数据的多源异构性	对数字孪生模型进行智能评估的数据来源和类型多种多样,包括确定性数据、随机数据、非周期性时间序列、周期性时间序列以及描述性的功能特性等,不同类型的数据需要采用不同的分析验证方法
不同类型的可信度评估结果聚合的困难性	数字孪生模型智能评估涉及大量的参数和指标,有些可测量得到准确的数值,有些可用概率统计或区间估计表示,还有一些则没有确切的数据,需要领域专家的经验估计或定性评估。充分利用各种类型数据,研究有效的多类型数据聚合方法,是提高评估结果的合理性和可靠性的关键
可信度评估指标关联关系的复杂性	数字孪生模型智能评估是一项多指标综合评估与决策问题,往往需要建立评估指标体系。然而,实际中很难实现评估指标间完全相互独立,可能存在部分冗余、弱相关等复杂关系

11.4.1 模型智能评估思想

1. 基本概念

数字孪生模型的智能评估就是对模型的保真度进行度量。保真度是模型再现真实世界物理实体的结构、功能及行为的程度，其衡量的是数字孪生虚拟模型与物理实体之间的总体绝对差异。数字孪生模型由若干个子模型构成，仅对模型的单一行为、单一应用的数据一致性分析结果或定性评估结果难以完全满足保真度评估的需求。另外，加工数字孪生模型随产品加工状态不断演变，数字孪生模型保真度的评估应该不仅仅关注模型在特定阶段或条件下的静态状态或性能，还应关注模型在使用和管理过程中的状态和性能。因此，对于静态状态，应从模型相似度、置信度及精度 3 个层面进行评估；对于动态状态，应从模型成熟度这个层面进行评估。具体定义如下。

（1）基于相似度的定义。数字孪生模型相似度是由虚拟模型与物理实体之间的相似度决定的，是两者在几何结构、加工行为、功能上的相似程度。

（2）基于置信度的定义。数字孪生模型置信度是指虚拟模型输出结果处于置信区间内的概率。

（3）基于精度的定义。数字孪生模型精度是指模型输出结果的正确程度。

（4）基于成熟度的定义。数字孪生模型成熟度是指随着物理实体加工状态的不断变化，虚拟模型满足预期效果和应用需求的程度，它描述了虚拟模型随着物理空间被建模对象的演变状况。

2. 模型保真度的 5 个层次

参照其他领域的保真度等级分类方法，模型保真度可分为 5 个层次，如图 11-36 所示。这 5 个层次描述如下。

（1）初始层次

初始层次的建模过程是不规范的，没有或几乎没有示范文件。该模型未经验证，存在许多误差，且模型使用时有许多不确定因素。

（2）核实层次

核实层次的建模过程规范化程度低，示范文件不完整，也不标准。该模型经过了初步的验证，虽然模型的误差很小，但是仍然存在很多问题。

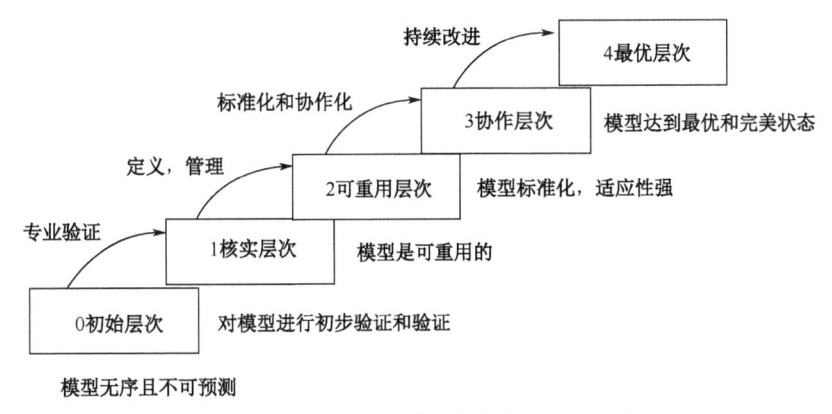

图 11-36　数字孪生模型保真度的 5 个层次

（3）可重用层次

可重用层次的建模过程组织良好，示范文件完整、标准。该模型经过专业验证和认可，具有可接受的信誉，没有任何错误或问题会导致失败或故障。

（4）协作层次

协作层次的建模过程具有很高的标准化程度，模型具有较高的可信度。该模型对异构环境具有一定的适应性，在使用过程中几乎没有什么问题。

（5）最佳层次。最佳层次的建模过程具有很高的标准化程度，模型具有较高的可信度、置信度和精度。该模型对异构环境具有较强的适应性，在使用过程中没有问题。

3. 模型保真度定性定量化分析主要思想

在构建好模型保真度评价指标体系后，要进行模型保真度定性定量化分析。

该模型的基本思想是分层次确定各指标的权重。首先，通过对每个因素和阶段（抽象指标是一种虚拟指标，其值不直接来自实际数据）定义一个"抽象指标"来"量化"第一层的因素和第二层的阶段（抽象指标是一种虚拟指标，其值不直接来自实际数据），然后对每个层次采用不同的方法确定每个抽象指标的权重，并从下一层获得每个层次的抽象指标值，底层的指标值来自实际比对，是模型数据与实际加工数据比对后得到的结果值。

不同指标因素对模型保真度的影响是不同的，因此，将所有指标视为相等，不能正确反映各指标对模型保真度的实际影响，需要确定每个指标因素的影响权重。通常，第一层评价指标的权重可以通过专家经验设置，因为对于特定类型的模型，领域专家对于模型保真度的影响有一定的共识。中间层评价指标的权重可以通过定性和定量相结合的方法来确定，如层级分析法或模糊分析—层次结构过程。底层评价指标的权重则根据实际数据需要采用不同的定量方法来确定，如熵权法、神经网络法等。

这种层次评价方法考虑了不同层次的阶段和因素的影响，同时减少了由于数据不完整或不准确而导致的底层指标组合的不确定性对总体保真度评价结果的影响，适用于指标体系复杂、层次多样的模型保真度评价。

4. 原则

在构建数字孪生模型保真度指标体系时，除了考虑评价指标体系的一般原则外，还应考虑仿真系统的特点。尽可能多地选择独立于领域的索引，客观地评价模型在跨领域重用和可扩展性方面的性能。更重要的是，随时间、模型使用而变化的索引将在索引系统中发挥关键作用，从而突出模型的演化过程。总之，模型保真度评价指标体系的构建应遵循以下原则。

（1）基本原则，包括完备性、可计算性、无约束性和客观性等。

（2）使用和时间相关原则，选择随使用和时间更改的索引，以反映正在使用和管理的模型过程中的状态。

（3）领域无关原则，尽可能选择独立于领域的索引，保证了索引系统的通用性和可扩展性。

5. 模型保真度评估方法

针对数字孪生模型的保真度的评估，通常需要建立保真度评估指标体系，综合采用多种定性和定量的评估方法，根据各项评估指标的特点选择合适的验证与评估方法[33]。这些方法可分为定性方法、定量方法与综合性方法 3 大类，详见表 11-3。

表 11-3　数字孪生模型保真度评估方法

方法分类			方法名称
定性方法			图灵测试、图示法、表面验证、曲线法
定量方法	静态		点估计、区间估计、贝叶斯估计、游程检验、置信区间法、回归分析
	动态	时域	灰色关联分析、误差分析、特征匹配、相似系数法
		频域	傅里叶谱分析、窗谱分析、交叉谱分析、瞬时谱分析
		时频域	时频域离散小波变换、离散短时傅里叶变换
综合性方法			层次分析法、模糊综合评判、神经网络、支持向量机

6. 模型保真度评价指标体系框架

在数字孪生模型组成及工作原理分析的基础上，提出图 11-37 所示的模型保真度评价指标体系[34]。该指标体系有多层，第一层是几何模型、机理模型、数据模型的评价指标，中间层是相应阶段中影响模型保真度的指标因素，底层是各指标因素所对应的指标。在某些情况下，可能有多个中间层。另外，该指标体系的框架是开放的，可以根据特定应用领域中模型的特点进行调整。

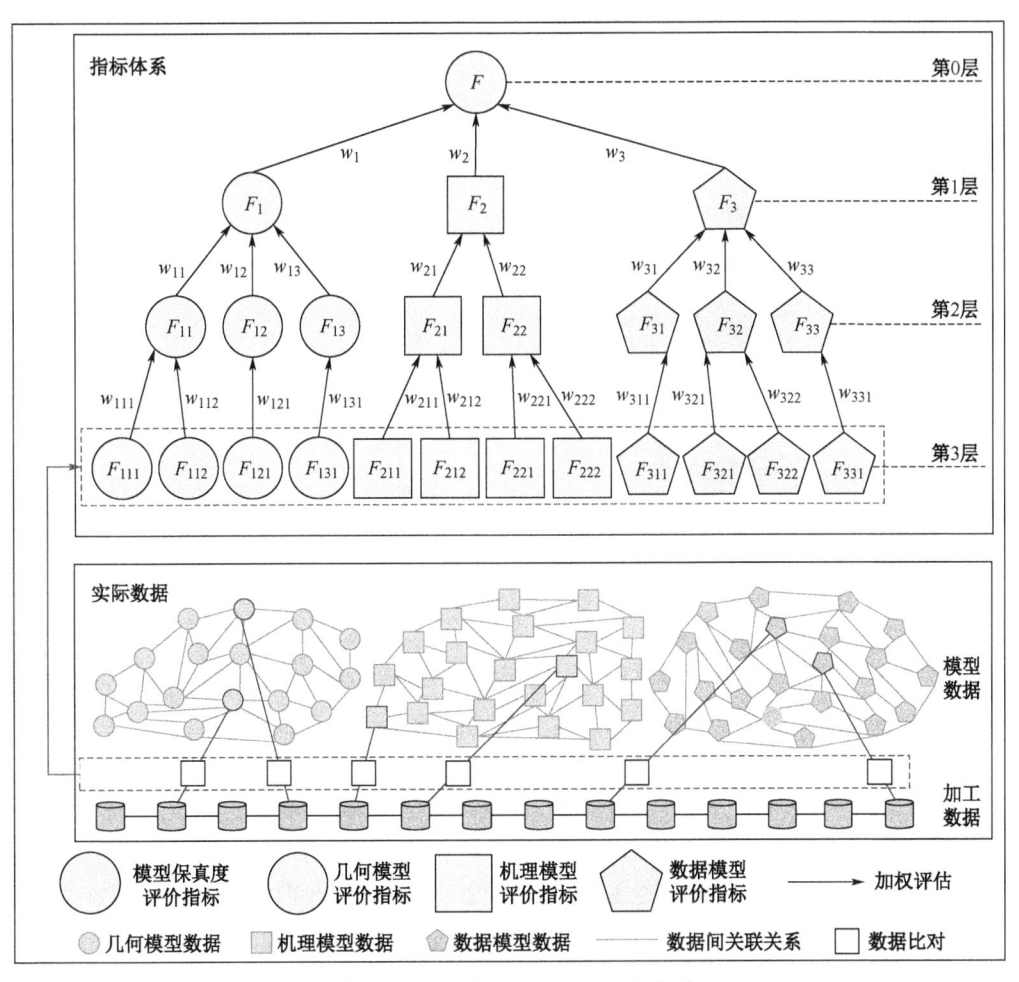

图 11-37 模型保真度评价指标体系

在指标体系中，F 为数字孪生模型综合评估指标，其值越接近于 1，说明保真度越高，反之则保真度越低。几何模型保真度 F_1、机理模型 F_2 和数据模型保真度 F_3 为初步建立的一级评价指标。对这 3 个独立的模块分别进行细化分解，得到了多层次的指标因子集。其中，低层次指标对高一层次指标的评估采用加权平均的方式。

7. 模型保真度评价流程

图 11-38 所示是数字孪生模型保真度度评价的一般过程。具体评价过程描述如下。

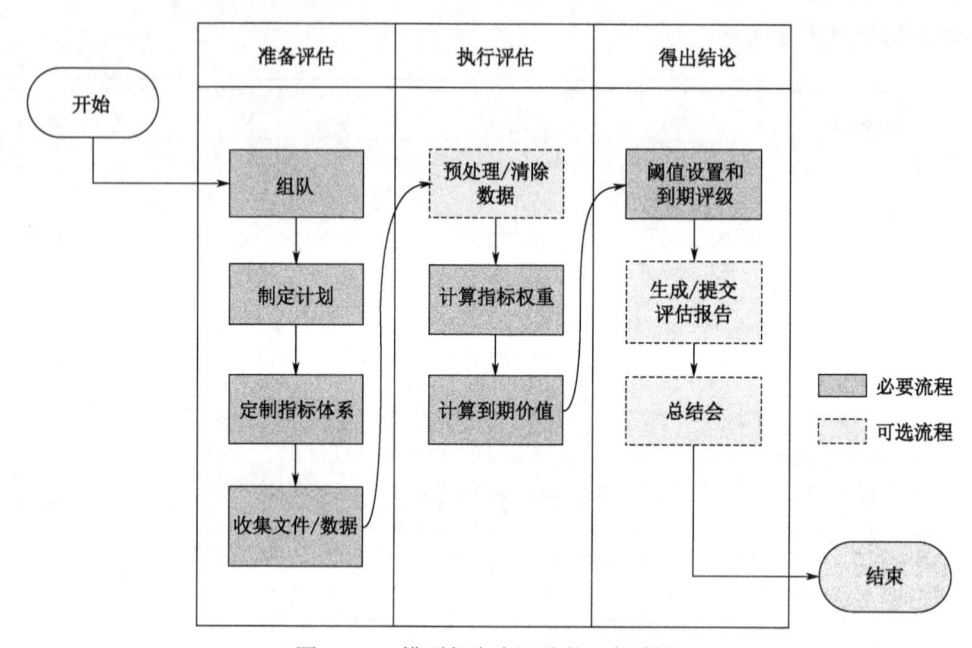

图 11-38　模型保真度评价的一般流程

（1）组成一个团队。模型保真度可以由数字孪生模型用户或第三方组织进行评估。团队通常由智能制造领域的评估工程师和数字孪生所属领域的行业专家组成。

（2）制订一个计划。根据被评估模型的复杂性和规模、评估团队的能力和约束条件，制订详细的评估计划。

（3）设计指标体系。根据模型的性质和评价的可行性，在前文提到的指标体系中增加新的指标因素。

（4）计算底层指标。根据每个指标的定义，实际比对模型数据与实际加工数据。

（5）确定指标权重。采用定性与定量相结合的方法确定各层的权重值。上层的权值更多地依赖专家的经验,下层的权值更多地依赖基于数据的计算。

(6) 计算模型的成熟度。

11.4.2 模型保真度评估方法

1. 数字孪生高保真建模

构建数字孪生高保真模型的前提是创建高保真的数字信息模型[35]。图 11-39 所示是加工数字孪生高保真模型建模架构,首先从几何结构、变形机理、加工行为等方面构建数字信息模型;利用本体[36]技术对各模型进行统一数字化描述,通过语义匹配、语义映射对各模型进行关联、组合与集成;接着将本体实例化形成关系网络,即知识图谱[37],从而获取知识;这种关系网络会随加工过程不断变化"关系"和"实体",在进行新增、修改、删除字段时,不用重新导入数据。此外,随着产品的加工过程,物理加工数据会不断与数字孪生模型数据进行比对,用以验证所构建的数字孪生模型。

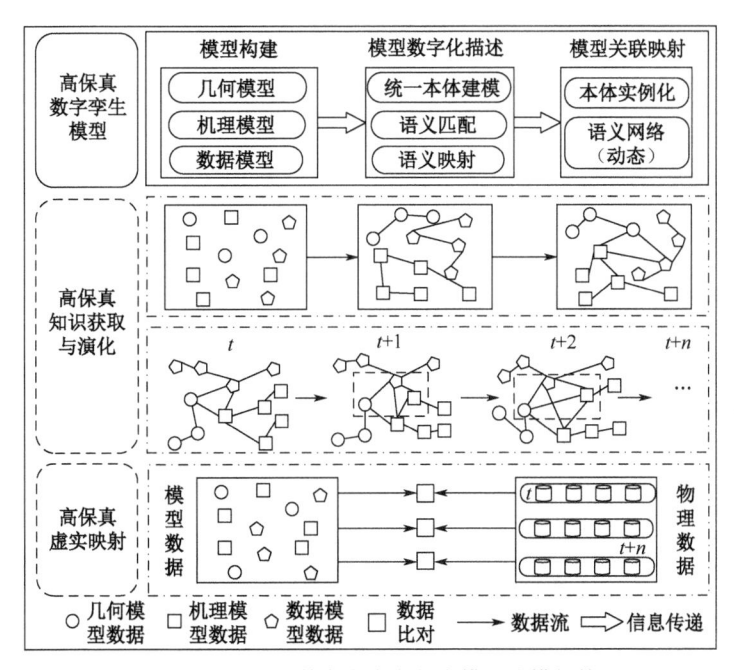

图 11-39 加工数字孪生高保真模型建模架构

（1）高保真几何模型。

数字孪生几何模型实质上是一种包含真实几何形貌的三维实体模型，其随着加工件演变过程的变化而不断迭代更新。为准确反映物理空间的真实几何状态，采用基于模型定义（Model Based Definition，MBD）的技术对几何模型进行完整描述。MBD 技术在三维模型上增加了标注信息，实现了计算机辅助设计（Computer Aided Design，CAD）到计算机辅助制造（Computer Aided Manufacturing，CAM）的集成。所增加的标注信息包括几何信息和非几何信息。几何信息包含三维空间实体模型的加工特征、尺寸、公差信息；非几何信息为工程注释信息。薄壁件高保真几何模型的表达形式如下。

$$Geo = \{Pr\_Feat, Mo\_Enti, Di\_Tole, En\_Note, Ot\_Info\}$$

$$Mo\_Enti = \{Mo\_Geom, Ai\_Geom\}$$

$$En\_Note = \{St\_Note, Pa\_Note, Ma\_Note\}$$

其中，Pr_Feat 为加工特征，Mo_Enti 为实体模型，Di_Tole 为尺寸与公差，En_Note 为工程注释，Ot_Info 为其他信息，Mo_Geom 为模型几何信息，Ai_Geom 为辅助几何信息，St_Note 为标准注释，Pa_Note 为零件注释，Ma_Note 为材料说明。

（2）高保真机理模型。

数字孪生机理模型包括物理模型、数据模型及仿真模拟。在仿真前，需对薄壁件变形现象的机理进行理论分析，并在理论分析的基础上建立简化的变形状态物理模型，根据该物理模型推导出影响变形现象的各主要参数表示的数学模型。为精确地反映物理实体在真实环境中的状态和行为，采用仿真软件进行旋压运动学仿真，对数学模型中的各个参数进行调试，验证各主要参数之间的相互影响关系。通过高效仿真，在加工过程中对成形缺陷进行控制。

（3）高保真数据模型。

数字孪生数据模型根据薄壁件加工过程中采集到的实时/历史数据，利用机器学习、深度学习等智能算法，对旋压成型加工未知的物理规律进行分析及预测。为实现物理空间到虚拟空间的真实完全镜像，构建数据模型时需考虑旋压成型加工过程行为、规则、约束等因素。其中，行为模型涵盖旋压加工工艺行为模型、与制造空间中其他实体间的竞争协作行为模型及故障行为分析模型；规则模型涵盖薄壁件成型过程中的各类推理、关联与决策规则模型；约束模型涵盖制造环境中的各类约束模型。

上述模型均可采用形式化建模语言在虚拟空间进行统一建模，具体表示如下：

$$TP_i, SE ::= gMHf \infty mMHf \infty dMHf$$

其中，TP_i 和 SE 分别表示薄壁加工件、旋压加工设备的数字信息模型，i 表示薄壁加工件数量，gMHf 表示其几何模型集，mMHf 表示其机理模型集，dMHf 表示其数据模型集，∞ 为自然连接符。

2. 高保真知识获取与演化

（1）高保真模型数字化描述。

在获取知识前，首先要解决异构模型间数据格式不统一造成的知识生成不畅等问题。借助本体概念和技术节构建的高保真模型进行统一描述建模，为后续的知识获取、知识演化提供支撑。本体能够清晰地描述模型概念及其语义关系，基于领域本体的规则推理，消除术语之间的语义异构，实现概念之间的语义匹配。高保真模型的本体描述主要包括几何描述（产品设计信息、定义信息）、属性描述（基本元数据信息、功能信息、参数信息）以及行为描述（静态结构、动态行为信息）。

（2）高保真模型语义匹配与映射。

高保真模型间存在关联关系，将本体与几何、机理、数据元模型结合，构造各元模型元素与本体概念间的语义匹配与映射，实现异构模型间信息共享和交互[40]。图 11-40 所示是高保真模型语义匹配与映射机制，其中，元模型 G、M、D 是对象模型的统一数字化描述，是一种建模语言，分别表达了模型 GM、MM、DM 的建模规范；元本体、领域本体是不同（元）模型间映射的参照，赋予了元模型、领域模型内各元素语义信息；关系网络本质上是语义网络，是基于本体的知识库。

实现异构模型间信息共享需要考虑元模型和对象模型层两个层次的语义映射问题，对象模型间的语义映射以元模型间的语义映射为基础。

① 元模型的语义匹配与映射。

假定 g3、m2 是元模型 G、M 的共有元素，则 g3 与 m2 具有相似的"类型语义"，且

g3、m2 与元本体中的概念 S 存在语义映射，所以 g3 与 m2 的语义是等价的，表示为 g3，m2∈a'，S∈C'A，若 mapping(g3→S & &m2→S)，则 g3=M(m2)。其中，a'=表示所有元模型的交集，C'A 表示元模型间的语法规则和关系规约，M 表示语义等价关系。

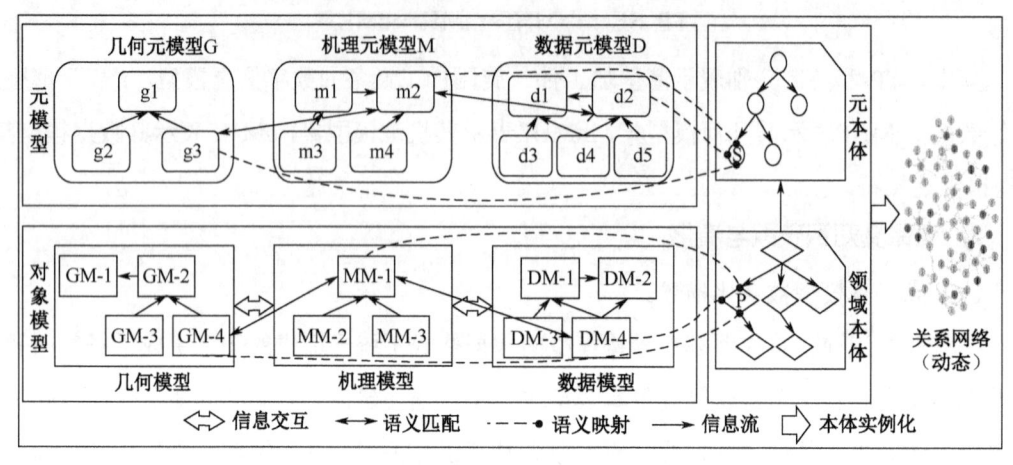

图 11-40　高保真模型语义匹配与映射机制

② 对象模型的语义匹配与映射。

与元模型和元本体间的关系类似，几何模型中的 GM-4、机理模型中的 MM-1 与领域本体中的概念 P 均存在语义映射，所以 GM-4 与 MM-1 的语义等价，表示为 GM-4∈几何模型∧MM-1∈机理模型，Syn_{GM-4}=transformation(Syn_{MM-1})，若 mapping(GM-4→P & & MM-1→P)，则 GM-4=M(MM-1)。其中，Syn 表示对象模型间的语法规则和关系规约。

③ 高保真模型知识演化。

将各本体模型实例化，构成旋压加工关系网络，通过分析"实体"间的关系来获取知识。获取到的知识可用于降低数字孪生虚拟环境运行出错的概率，提高孪生模型和孪生数据的可信度。为了全面获取知识，需要搭建动态关系网络，在截面数据中加入时间维度，利用时序分析技术和图相似性计算技术，分析图谱结构随时间的变化和趋势，从而扩展知识，掌握关键信息。

3. 虚实映射下的评估过程

数字孪生高保真虚实映射是实现高保真模型自反馈、自完善的基础。虚拟模型通过传

设备故障诊断与预防性数字孪生与工业智能　　第11章

感器、数控旋压机、测量仪器等设备所收集的旋压加工信息（坯料信息、工装信息、设备运行信息、薄壁件几何信息）的同步更新来感知其状态，预测将要发生的情况，再根据对历史数据和当前数据的分析做出决策，实现动态虚实映射。

图 11-41 所示是薄壁件旋压成型加工高保真虚实映射过程。薄壁件由初始状态（坯料）转换为最终状态（半成品件）的成型过程是一个随时间变化的过程，所产生的加工数据是使用数字化测量仪器按工步实测得到的时序数据。薄壁件的加工过程分为 k 个时间段，表示为 $\{t_1,t_2,\cdots,t_k\}$，一个时间段又分为 i 个时刻，表示为 $\{t_{11},t_{12},\cdots,t_{1L}\}$。在 t_1 时间段内，模拟仿真数据与加工数据实时比对，以确定模型机理准确性；同时，预测模型根据历史数据预测出 t_2 时间段的形变值，如壁厚；在 t_2 时间段内，除了确定机理准确性和预测 t_3 时间段的形变值，还要比对实际形变值与 t_1 时间段预测形变值，以确定模型预测准确性；以此类推，直至完成加工；再比对半成品件与设计模型，确定完整模型的准确性；最后将比对结果生成决策，用以指导实际加工过程。数据具体映射过程可参见算法1伪代码。其中，Mc 表示机理准确性比对结果，Pc 表示预测准确性比对结果，Dc 表示完整模型的准确性比对结果。

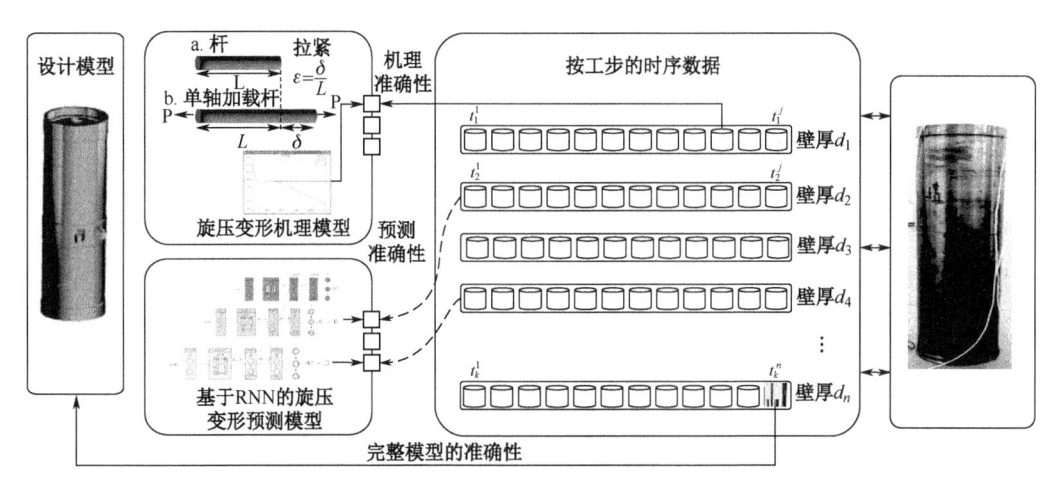

图 11-41　薄壁件旋压成型加工高保真虚实映射过程

算法 1：薄壁件旋压成型加工虚实映射

输入：薄壁件加工时间段 $T = \{t_1,t_2,\cdots,t_k\}$，时间段对应时刻集 $t = \{t_j^1,t_j^2,\cdots,t_j^i\}$，$j = 1,2,\cdots,k$，旋压加工过程数据集 $X=X(t)$，模拟仿真数据集 $S=S(t)$，预测数据集 $P=P(t)$，设

417

计公称数据集 $D=D(t)$。

输出：比对结果。

（1） for each t_k in T do

（2） $\quad Mc = 0$;

/* 仿真数据和过程数据比对 */

（3） $\quad$ for each t_k^i in t do

（4） $\quad\quad Mc = abs(X(t) - S(t))$

（5） $\quad\quad P'(t) = P(t)$;

（6） $\quad$ end

（7） $\quad Pc = 0$;

/* 预测数据和过程数据比对 */

（8） $\quad$ for each t_{k+1}^i in t do

（9） $\quad\quad Pc = abs(X(t) - P'(t))$;

（10） $\quad$ end

/* 设计公称数据和成品完工数据比对 */

（11） $\quad Dc = abs(X(t_k^n) - D(t_k^n))$

（12） return Mc，Pc，Dc

11.4.3 评估案例

某航天企业使用强力旋压工艺加工燃烧室薄壁壳体件，成型过程中加工件发生剧烈弹塑性形变，存在较大的加工硬化现象以及回弹现象，使得薄壁件整体成型难以控制，为此需要数字孪生技术来改进旋压加工过程、提高旋压件加工质量。

图 11-42 所示为某航天薄壁件 MBD 模型，包括三维实体几何、公差尺寸、表面材料等属性信息。图中工件外径为 195.2mm，内径为 174.6mm，三旋轮绕芯模轴线呈 120°均匀分布，减薄量呈逐渐递减，分别占总减薄量的 42%、34%、24%。

薄壁件 MBD 模型构建完成后，使用 Protégé 作为本体建模工具，基于薄壁件实际旋压加工过程建立其本体模型，描述薄壁壳体件设计几何形状、微观组织结构、旋压成形加工过程、尺寸检测等信息，为关系网络建立提供了框架基础，如图11-43所示。

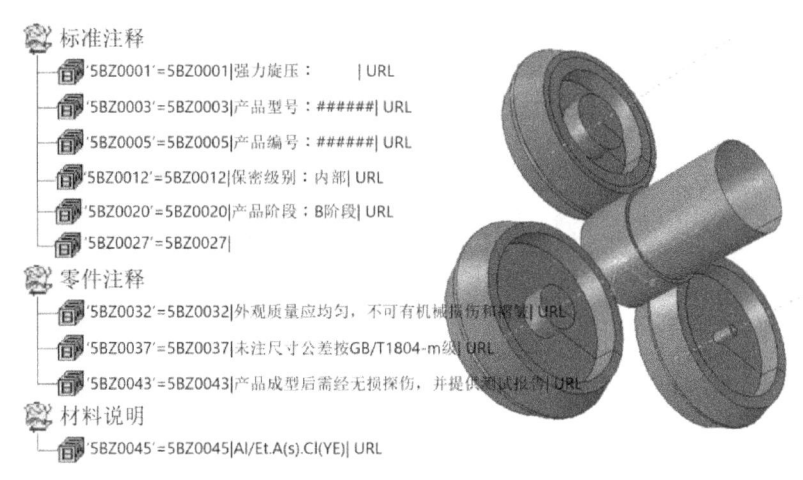

图11-42 某航天薄壁件MBD模型

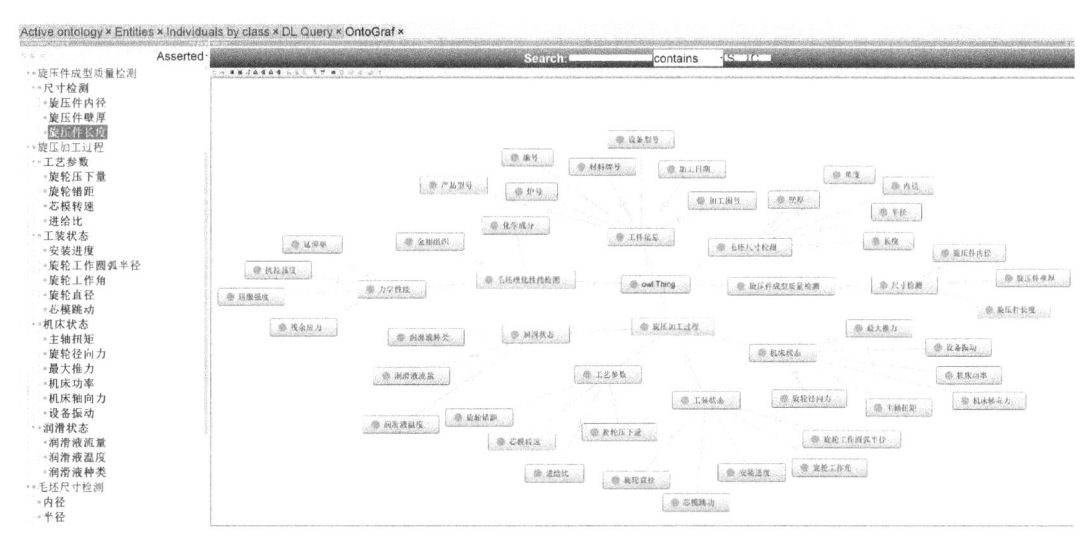

图11-43 某航天薄壁件旋压数字孪生本体模型

本体模型构建完成后，采用网络本体语言（Web Ontology Language，OWL）描述领域本体。根据领域本体中的基本概念<几何模型，机理模型，数据模型，壁厚>，以及它们之间的关系Relationship{壁厚|几何模型→机理模型，机理模型→数据模型}，可以推理出3个

异构模型共享对象模型间的信息交互关系，如图 11-44 所示。

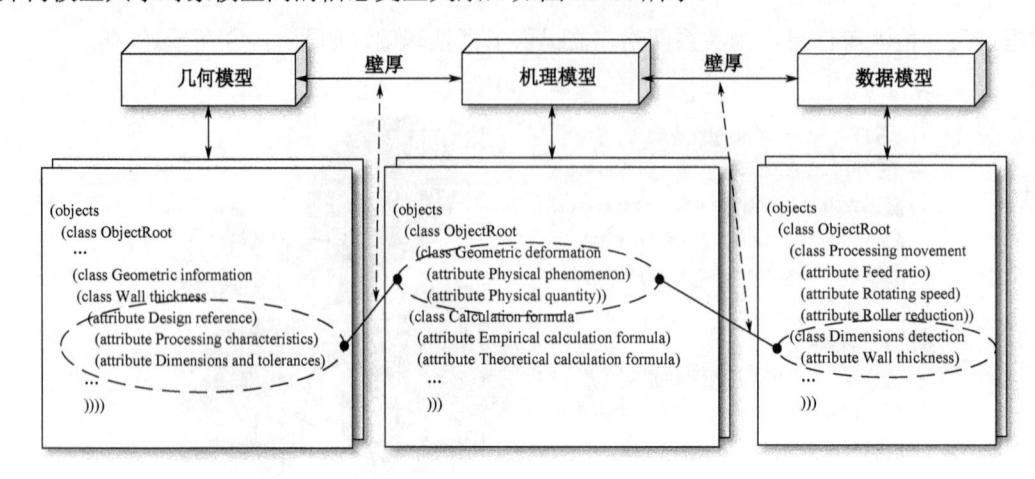

图 11-44 基于本体的异构信息共享

异构模型间的信息共享后，使用基于数据操作文档的 JavaScript 库（Data-Driven Documents，D3.js）来构建旋压加工关系网络，如图 11-45 所示。关系网络将本体模型中的信息抽象为各种实体，以节点代表实体，节点间的连线代表实体间的关系，通过"节点—

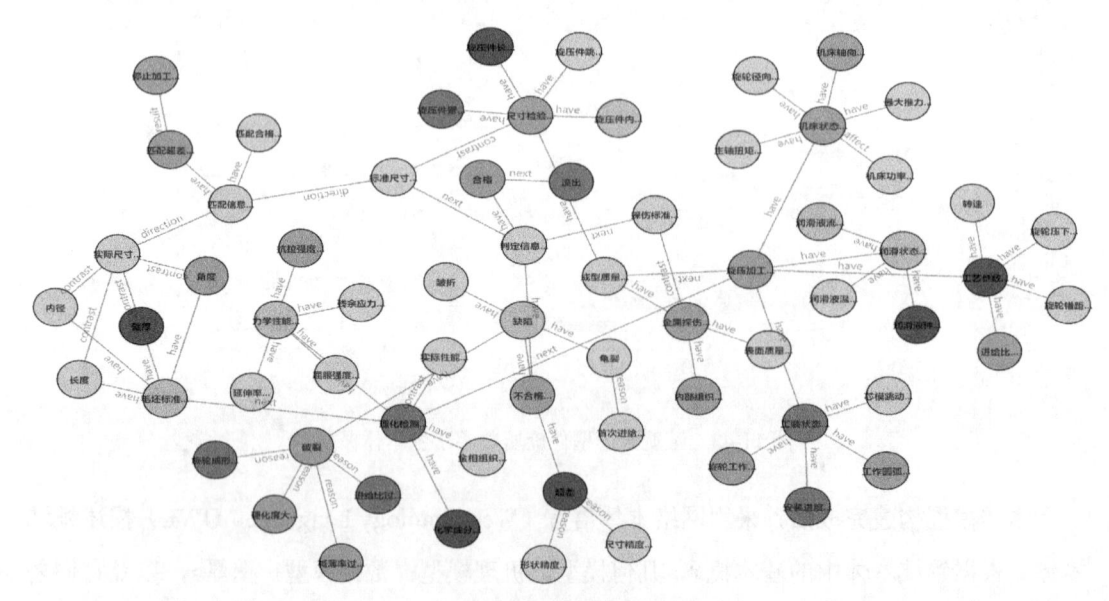

图 11-45 旋压加工关系网络

关系—节点"来描述其相关属性。例如,"尺寸匹配超差—result—停止加工""旋压件龟裂—reason—首次进给比过大"。

在构建好旋压数字孪生模型后,需要对模型的保真度进行度量和评估。指标体系底层指标是通过数据比对直接量化的值。例如,图 11-46 所示是有限元仿真中网格划分后的薄壁件模型,根据提取到的结果坐标,可计算相应截面的壁厚值。

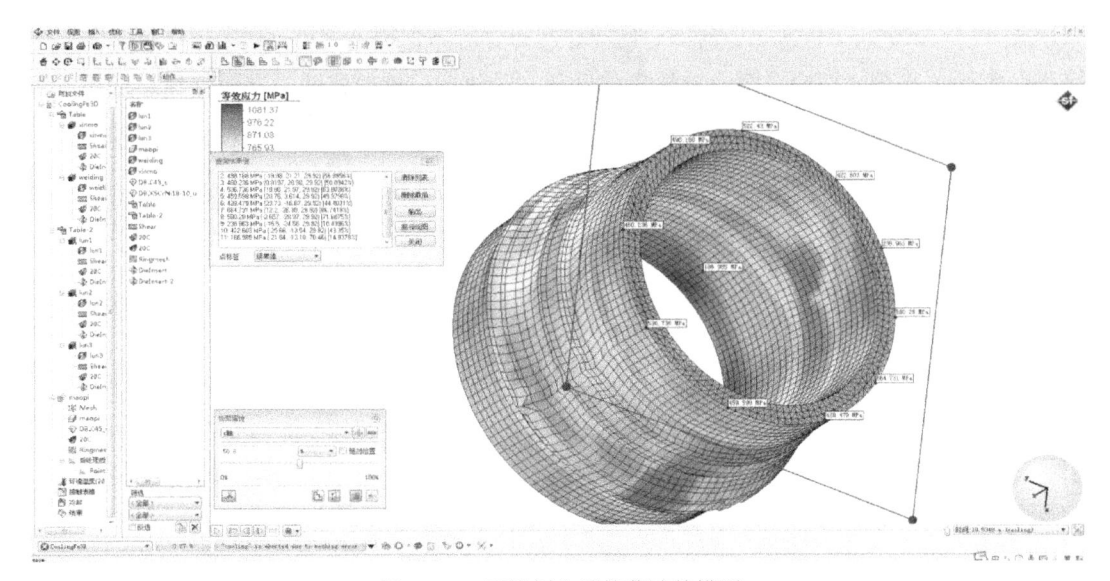

图 11-46 网格划分后的薄壁件模型

选取 3 组旋压工艺参数组合进行仿真模拟,并进行强力旋压试验验证。用超声测厚仪检测实际壁厚,根据壁厚值计算回弹量,结果如表 11-4 所示。

表 11-4 某薄壁件旋压工艺参数组合

试验序号	工作角 /°	旋轮直径 /mm	旋轮工作圆弧半径/mm·s^{-1}	进给比 /mm	旋轮错距 /mm	芯模转速 /r·min^{-1}
1	20	125	2	0.5	2	60
2	22.5	145	7	1.25	6	60
3	25	165	12	0.75	5	60

通过比对仿真值和试验值得到薄壁件壁厚仿真输出相似度评价指标值,结果显示相似度基本在 95%以上,说明具有良好的保真度。

表 11-5　某薄壁件旋压仿真值与试验值

试验序号	仿 真 值	试 验 值	相 似 度
1	0.424	0.437	97.1%
2	0.381	0.402	94.9%
3	0.439	0.451	97.4%

在数据模型中，选用多元线性回归模型来预测壁厚值，并采用均方误差法进行评价。收集了 50 组某薄壁件旋压加工数据，将其分为训练数据和测试数据，训练数据包括 7 个字段，分别为工作角、旋轮直径、旋轮工作圆弧、进给比、旋轮错距、芯模转速、壁厚；测试数据包括 6 个字段，不包括壁厚值。图 11-47 所示为壁厚预测值与目标值对比图，图中两条折线变化趋势基本一致，说明所构建的模型能够较准确地预测壁厚值；另外，模型输出的均方误差值为 0.0043，小于 0.005，说明具有较好的保真度。

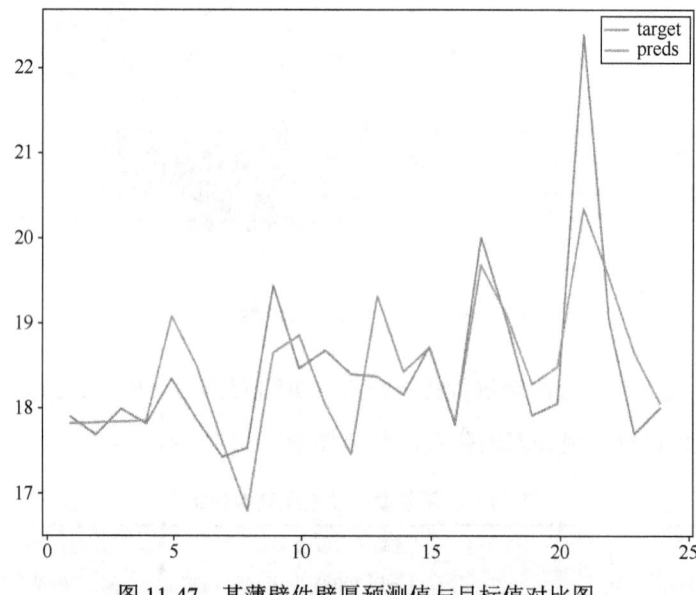

图 11-47　某薄壁件壁厚预测值与目标值对比图

参考文献

[1]　ROSEN R, Von WG, LO G, et al. About the Importance of Autonomy and Digital Twins for

the Future of Manufacturing[J]. IFAC-Papers, 2015, 48(3):567-572.

[2] GRIEVES M. Product Lifecycle Management:the New Paradigm for enterprises[J]. International Journal Product Development, 2005, 2(1/2):71-84.

[3] TUEGEL E J, INGRAFFEA A R, EASON TG, et al. Reengineering Aircraft Structural Life Prediction Using a Digital Twin[J]. International Journal of Aerospace Engineering, 2011.

[4] TUEGEL E J. The Airframe Digital twin:Some Challenges to Realization[C]. The 53rd AIAA/ASME/ASCE/AHS/ASC Structures, Structural Dynamics and Materials Conference 20th AIAA/ASME/AHS Adaptive Structures Conference 14th AIAA.2012:1812.

[5] GLAESSGEN E, STARGEL D. The Digital twin Paradigm for Future NASA and US Air Force Vehicles[C]. The 53rd Structures, Structural Dynamics and Materials Conference 2012:1-14.

[6] SHAOFTOM M, CONROY, DOYLE R, et al. Modeling, Simulation, Information Technology & Processing Roadmap[R]. Washington:NASA, 2012.

[7] GRAHAM W. GE Advances Analytical maintenance with Digital Twins[J]. Aviation Week & Space Technology, 2015(10).

[8] TAO F, ZHANG M, CHEN J F, et al. Digital Twin Workshop:A New Paradigm for Future Workshop[J]. Computer Integrated Manufacturing Systems, 2017, 23(1):1-9.

[9] LI H, TAO F, SONG W, et al. Integration Framework and Key Technologies of Complex Product Design-Manufacturing Based on Digital Twin. Computer Integrated Manufacturing Systems, 2019, 25(6):1320-1336.

[10] LIU S M, BAO J S, LU Y Q, et al. Digital Twin Modeling Method Based on Biomimicry for Machining Aerospace Components[J]. Journal of Manufacturing Systems, 2020, 58:180-195.

[11] ZHUANG C B, LIU J H, XIONG H. Digital Twin-based Smart Production Management and Control Framework for the Complex Product Assembly Shop-Floor[J]. The International Journal of Advanced Manufacturing Technology, 2018, 96(1-4):1149-1163.

[12] MERAGHNI S, TERRISSA L, YUE M, et al. A Data-Driven Digital-Twin Prognostics

Method for Proton Exchange Membrane Fuel Cell Remaining Useful Life Prediction[J]. International Journal of Hydrogen Energy, 2021, 46(2):2555-2564.

[13] GE. Digital Twin:Analytic Engine for the Digital Power Plant[EB/OL]. [2021-4-1]. http://www.ge.com.

[14] SIEMENS. Digital Twin[EB/OL]. [2021-4-1]. https://www.plm.automation.siemens.com/global/ en/our-story/glossary/digital-twin.

[15] DELOITTE. Digital Twin[EB/OL]. [2021-4-1]. https://www.deloitte.com.

[16] BOEING. Digital Twin[EB/OL]. [2021-4-1]. https://gpdisonline.com/wpcontent/uploads/2017 /11/Siemens-OHERON_Chown-DigitalTwin-MBSE-Open_9_14_2017.pdf.

[17] SAP. Digital Twin[EB/OL]. [2021-4-1]. https://www.sap.com.

[18] PTC. Digital Twin[EB/OL]. [2021-4-1]. www.ptc.com.

[19] Ansys. Digital Twin Framework[EB/OL]. [2021-4-1]. www.ansys.com.

[20] Microsoft. Digital Twin[EB/OL]. [2021-4-1]. www.microsoft.com/digital twin.

[21] Oracle. Digital Twin[EB/OL]. [2021-4-1]. www.oracle.com.

[22] Fraunhofer. Digital Twin[EB/OL]. [2021-4-1]. https://www.hhi.fraunhofer.de.

[23] 陶飞，刘蔚然，刘检华，等．数字孪生及其应用探索[J]．计算机集成制造系统，2018, 24(1):1-18.

[24] TAO F, LIU W R, LIU J H, et al. Digital Twin and Its Potential Application Exploration [J]. Computer Integrated Manufacturing Systems, 2018, 24 (1):1-18.

[25] TAO F, CHENG J F, QI Q L, et al. Digital Twin-Driven Product Design, Manufacturing and Service with Big Data[J]. International Journal of Advanced Manufacturing Technology, 2018, 94(9-12):3563-3576.

[26] ZHUANG C, LIU J, XIONG H, et al. Connotation, Architecture and Trends of Product Digital Twin[J]. Computer Integrated Manufacturing Systems, 2017, 23(4):753-768.

[27] HEDBERG J T D, HARTMAN N W, ROSCHE P, et al. Identified Research Directions for Using Manufacturing Knowledge Earlier in the Product Life Cycle[J]. International Journal of Production Research, 2017, 55(3):819-827.

[28] MILLER A M D, ALVAREZ R, HARTMAN N. Towards an Extended Model-based Definition for the Digital Twin[J]. Computer-Aided Design and Applications, 2018, 15(6): 880-891.

[29] LIU S, BAO J, LU Y, et al. Digital Twin Modeling Method Based on Biomimicry for Machining Aerospace Components[J]. Journal of Manufacturing Systems, 2021, 58:180–95.

[30] LIU S, LU Y, LI J, et al. Multi-scale Evolution Mechanism and Knowledge Construction of a Digital Twin Mimic Model[J]. Robotics and Computer-Integrated Manufacturing, 2021, 71(5):102123.

[31] 袁广超，鲍劲松，郑小虎，等．基于 CNC 实时监测数据驱动方法的钛合金高速铣削刀具寿命预测[J]．中国机械工程，2018, 29(4):457-462, 470．

[32] 翟慎涛，顾健，占科鹏．仿真模型可信度评估指标体系研究[J]．系统仿真学报，2011, 23(B07):26-29．

[33] 徐忠富，杨小军，唐见兵，等．复杂仿真模型可信度评估:挑战与方法[J]．科学技术与工程，2020(17)．

[34] 李伟，林圣琳，周玉臣，等．复杂仿真系统可信度评估研究进展[J]．中国科学：信息科学，2018, 48(7):767-782．

[35] 胡富琴，杨芸，刘世民，等．航天薄壁件旋压成型数字孪生高保真建模方法[J]．计算机集成制造系统，2020(12)．

[36] 杨林瑶，陈思远，王晓，等．数字孪生与平行系统：发展现状、对比及展望[J]．自动化学报，2019, 45(11):2001-2031．

[37] 朱杰，张宏军．基于本体的仿真想定空间知识表达模型[J]．系统仿真学报，2020, 6(11)1-10．

[38] 袁芳怡．面向制造业的知识图谱表示模型与构建技术研究[D]．哈尔滨：哈尔滨工业大学，2019．

[39] 于勇，周阳，曹鹏，等．基于 MBD 模型的工序模型构建方法[J]．浙江大学学报（工学版），2018, 52(6):1025-1034．

[40] 于勇，顾黎，印璞，等. MBD 模型本体建模及检索技术研究与应用[J]. 北京航空航天大学学报，2017, 43(2):260-269.

[41] 董志华，朱元昌，邸彦强，等. 仿真体系结构语义互操作研究[J]. 系统仿真学报，2014, 26(9):1889-1895.

第12章 设备故障诊断与预防性 AI+AR 辅助下的制造

12.1 AR 概述

12.1.1 AR 的定义及发展

美国巴特尔研究机构的一项调查报告结果显示,增强现实(Augmented Reality,AR)及其应用研究是未来年内极具战略意义的发展趋势,将会影响全球范围内一定时期的社会发展特征。增强现实自 1992 年被 Thomas 等人提出后[1],其相关领域的研究已成为国内外相关商业机构、专家学者和科研单位积极投入的一项热点课题。目前学术界对于增强现实的概念还没有较为权威的定义。维基百科给出的定义是,增强现实是一种真实物理世界环境实时的直接或间接的视图,在这种视图中,一些基于计算机生成的感官信息,如声音、视频、图像或数据等,输入至真实的物理世界环境中,从而增加或增强了真实环境的组成元素。百度百科给出的定义是,把原本在现实世界的一定时间和空间范围内很难体验到的实体信息,如视觉、声音、味道、触觉等,通过科学技术模拟仿真后再叠加到现实世界被人类感官所感知,从而达到超越现实的感官体验,这种技术就是增强现实技术。维基百科和百度百科给出的增强现实的定义的含义在本质上是相同的,本章综合以上定义和学术界相关阐述,将增强现实的概念总结为,增强现实是指借助信息技术、多种传感技术、计算机视觉技术及多媒体技术,把计算机生成的二维或三维的虚拟数字信息(虚拟三维物体、动画、影像、图形、声音、文本等）准确地"叠加"到用户所在的真实环境中的一种技术。其目的在于通过把计算机生成的虚拟数字内容信息与真实环境融为一体的方式来增强用户对真实环境的感知，增强现实是将计算机生成的各类虚拟信息无缝集成在真实环境中的一种技术手段。1994 年，多伦多大学研究增强现实的学者根据现实环境与虚拟环境的变化过程，提出了一种现实—虚拟的连续介质理论模型，如图 12-1 所示。

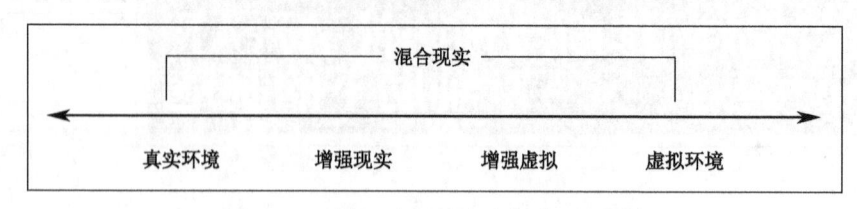

图 12-1　现实—虚拟的连续介质理论模型

12.1.2　AR 关键技术

增强现实系统在运行过程中，一般需要经历几个基本的流程。首先系统通过摄像机采集真实场景视频图像，系统根据获取的现实场景图像进行图像分析与处理，通过世界坐标系、摄像机坐标系、成像平面坐标系与图像坐标系之间的转换计算，获取摄像机外部参数数据，即确定摄像机在真实场景中的相对位置与姿态信息，从而将虚拟的三维模型、动画、影像、声音、文本等虚拟数字内容信息实时渲染生成，通过虚实融合叠加在现实场景中，经过显示设备显示输出。典型的增强现实系统基本流程如图 12-2 所示。

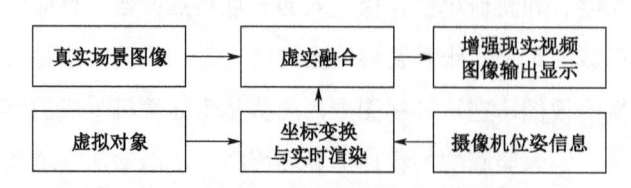

图 12-2　典型的增强现实系统基本流程

增强现实系统具有 3 个方面的特征：虚实融合、实时交互与三维注册。系统最终要实现的目标是将虚拟数字内容信息与系统摄像机捕获到的周围环境现实场景实时地叠加，完美地融合为一体，并通过显示设备将增强的信息实时地显示输出，并能实现与用户的人机交互功能。在这一过程中，三维跟踪注册是系统实现虚实融合的关键环节。三维跟踪注册是指系统在运行过程中，需要实时地检测、识别现实环境的图像特征，根据获取的现实环

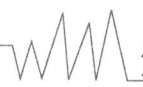

境视频图像帧的特征确定三维空间中摄像机相对于真实环境的位置和方向，从而将虚拟对象准确地放置在现实场景中的正确位置。

要实现虚拟对象与现实场景的无缝融合，三维跟踪注册技术是系统最核心的关键技术。

在增强现实系统中，大量使用人工标记来实现注册和跟踪，人工标记是具有规则形状的高对比度图案，具有高效稳定的识别效果。因为它的计算成本低，即使在恶劣的光照条件下也具有良好的性能[2,3]。由于人工标记在复杂环境中存在各种各样的问题，近年来无标记注册跟踪逐渐成为研究的重点。无标记识别是一个具有挑战性的问题，尤其是当识别对象表面没有纹理时。一些研究人员试图通过计算机视觉的方式来寻求解决方案。梯度直方图算法[4]通过计算图像局部区域的梯度方向，在梯度变化大的图像识别中，获得了不错的效果。优势方向模板[5]算法是另一种性能优异的对象检测算法，基于局部优势梯度方向的二进制模板表示，适用于无纹理物体检测和姿态估计。Linemod 算法[6]是一种实时 3D 对象检测方法，模型训练时间短，并且可以识别无纹理对象。它采用 2D 渐变和 3D 表面法线进行对象检测。实验表明，即使在杂乱无章的环境下，该算法也具有快速性、健壮性。Park 等[7]提出了一种使用深度相机进行在线训练的无纹理对象跟踪方法。使用优势方向模板算法计算对象的粗略姿态，然后通过深度信息与对象轮廓进行姿态估计。Nguyen 等[8]使用点云进行 3D 对象姿态估计。将点对功能用于匹配和投票过程，以提高性能。最近，Newcombe 等[9]提出了一种全新的跟踪方法，开发了 Dynamic Fusion 系统。该系统使用 RGB-D 传感器联合跟踪传感器的姿势和场景几何图形的映射，该传感器的姿势是通过使用粗—精细迭代最近点算法。Mur-Artal 等[10]提出了基于关键帧的 SLAM 系统用于摄像机跟踪和映射，提高了地图的可重用性。该系统可以实时执行重新定位和闭环操作，视点不变性高。Engel 等[11]提出了一种无特征的单眼 SLAM 算法。该算法允许基于直接图像对齐和实时重建的 3D 环境进行高精度的姿态估计。Nuernberger 等[12]提出了一个系统，该系统可以自动、实时地将虚拟对象与根据现实世界计算出的物理约束对齐，他们提取了 3D 边缘和平面约束以进行虚拟—真实对齐。

综上所述，基于人工标记的方法难以直接应用于工件加工环境中，表面缺乏纹理信息的工件不能使用基于特征点的物体检测方法，使用 LINE-MOD 模板匹配的方法可以解决虚实融合时初始化注册的问题，融合多传感器的姿态估计方法可以解决视角大范围移动的情况。因此可以充分发挥各个方法的优势，研究多阶段的虚实融合方法，以满足加工过程中虚实融合的要求。

12.2 面向 AR 的加工过程信息多视图构建与交互

增强现实为人们提供了与智能工厂的数字世界进行交互的界面[13]。一旦操作员依靠（实时）信息，就可以使用 AR 在现场直观地显示此信息，从而使操作员沉浸于工业 4.0[14]解决方案的数字世界中，而多视图的构建则让信息更加系统地呈现。

通过物联网技术，系统可以收集到海量的来自工件、刀具和各类设备的实时信息。这些数据信息经过收集和整理，仍然不能直接用于工人监控加工状态。其主要问题在于，数据库中数据的存储方式利于计算机存储和压缩，但是并不适合工人直接阅读。因此，需要通过一定的方法将加工系统中的信息转换成能够直观读取的视图，如表现零件加工质量的表面形变三维云图、表示当前主轴转速或进给速度的折线图等。与此同时，海量数据给加工过程管理带来便利的同时，也带来了数据冗余的问题，因此需要提取出与当前加工状态最相关的数据；为了人与增强现实系统的高效交互，还需要提供高效的人机交互方法。

12.2.1 基于 AR 的加工过程信息集成模型描述与定义

对于加工过程信息来源，主要有刀具信息、机床信息和工件信息。这些信息根据自身是否随加工进行发生变化又可以分为静态数据、实时动态数据。为了对加工过程实施更精细的控制，还应该包含对这些信息的合理估计，即推理数据。因此根据本体理论可以构建面向 AR 的加工过程信息集成模型，包括静态数据 PSD（工件在加工过程中保持不变的数据）、实时动态数据 RTD 和推理数据 RD，即

$$DT\text{-}MPM = (PSD, RTD, RD) \tag{12-1}$$

其中

$$PSD = (GDD, PDD, TP, MP) \tag{12-2}$$

其中，GDD 表示工件的几何模型数据，PDD 表示工艺设计数据，TP 表示刀具属性数据，MP 表示机床属性数据。

$$RTD=(PQD,RTS,RMS) \qquad (12-3)$$

其中，PQD 表示产品质量数据，RTS 表示刀具实时状态数据，RMS 表示机床实时状态数据。

$$RD=(PQP,MSP,TLP,CPR) \qquad (12-4)$$

其中，PQP 表示产品质量预测值，MSP 表示机床状态预测值，TLP 表示刀具寿命预测值，CPR 表示当前加工建议。

面向 AR 的加工信息，集成模型如图 12-3 所示。

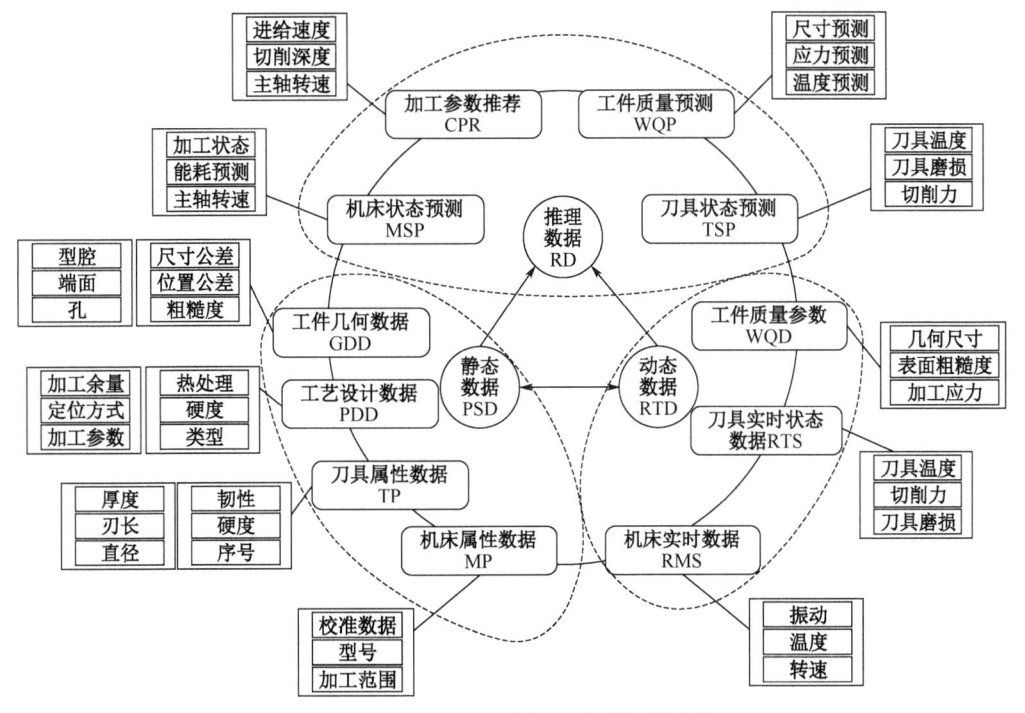

图 12-3 面向 AR 的加工信息集成模型

12.2.2 面向 AR 的加工过程信息多视图构建方法

基于 AR 的加工过程信息集成模型，可以利用 AR 可视化技术进行数据信息可视化。加工系统中数据呈多样性、复杂性，且在不同加工工步中，需要选择不同数据来观察加工过程。传统的 AR 界面视图内容都是事先设定、布局静态，无法自主选择感兴趣的数据，难以满足复杂加工系统中的应用需求。通过多视图动态生成与融合两方面出发，实现模型信息的多视图生成能够很好地解决这一问题。

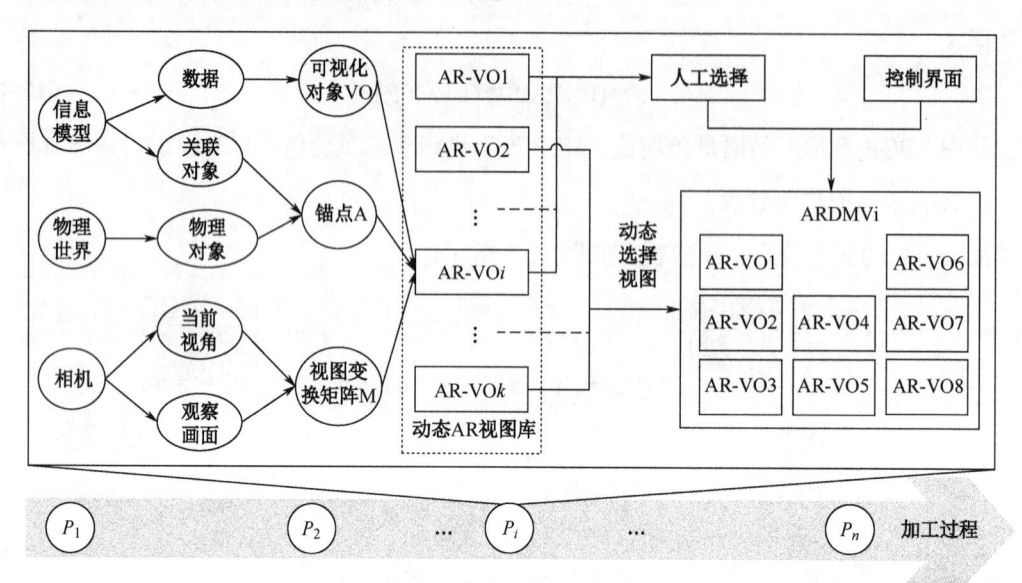

图 12-4 基于 AR 的多视图动态生成方法

每个 AR 多视图（ARDMV）中所包含的 AR 视图对象(AR-VO)并不固定，根据工序的不同，实际加工情况的变化视图对象的选取也不相同。系统通过动态选择 AR 视图对象，组成 AR 多视图，同时用户可以对生成的 AR 多视图内容进行调整。

$$ARDMV \subseteq (ARVO_{fixed}, ARVO_{select}, ARVO_{recommend}) \quad (12-5)$$

式（12-5）表示增强现实动态多视图 ARDMV 由固有视图 $ARVO_{fixed}$、选择视图 $ARVO_{select}$ 和系统推荐视图 $ARVO_{recommend}$ 构成。

其中，$ARVO_{recommend}$ 与视图对象 VO、系统上下文状态 Context 和工序 Process 相关。

$$R: VO \times Context \times Process \rightarrow Rating \quad (12-6)$$

在不考虑 Context 对推荐的影响时，可以通过协作过滤算法进行视图推荐。假设在工序 p 中，特定视图 v 的评分为 $r_{v/p}$。将视图 v 评分与其他已计算工序视图 P_v 的评分进行比较，然后将其他工序评分的加权平均值用于预测。如果视图 P_v 是工序 p 中已经评过分的一组视图，则可以通过式（12-7）定义视图 v 的平均评分 $\bar{r}_v$。

$$\overline{r}_v = \frac{1}{|P_v|} \sum_{p \in P_v} r_{v,p} \tag{12-7}$$

协作过滤算法基于相似工序对视图 v 的评分来预测特定工序对视图 v 的评分。使用皮尔逊相关系数计算工序之间的相关性，根据工序 p 和其他工序 a 的评级向量的相关性，相似性 $w(p,a)$ 可以通过式（12-8）确定。

$$w(p,a) = \frac{\sum_{i \in I_p \cap I_a} (r_{p,i} - \overline{r}_p)(r_{a,i} - \overline{r}_p)}{\sqrt{\sum_{i \in I_p \cap I_a} (r_{p,i} - \overline{r}_p)^2 \cdot \sum_{i \in I_p \cap I_a} (r_{a,i} - \overline{r}_p)^2}} \tag{12-8}$$

其中，I_p 表示工序 P 的视图集合，I_a 表示工序 a 的视图集合。

$w(p,a)$ 的值用于衡量两个工序的评分向量之间的相似度，高绝对值表示高相似度，且 $w(p,a) \in [-1,+1]$。可以得到某工序 P 中视图 v 的推荐评分 $p^{\text{collab}}(v,i)$，其中因子 k 为标准化权重。

$$p^{\text{collab}}(p,v) = \overline{r}_p + k \sum_{a \in p_i} w(p,a)(r_{a,i} - \overline{r}_p) \tag{12-9}$$

$$k = \frac{1}{\sum_{a \in P_i} w(p,a)} \tag{12-10}$$

在信息融合计算中，系统上下文信息定义如式（12-11）。

$$\text{Context} = (C_1, C_2, \cdots, C_k) \tag{12-11}$$

其中，$C_i \subset C(i \in [1,k])$ 表示任意类型中某维度的上下文信息，包括如机床状态信息、刀具状态信息、工件加工几何状态、工件加工物理状态等因素。通过灰色关联度算法求出系统中的上下文关系与视图关联度矩阵的值

$$r_{m,v} = \begin{pmatrix} r_{11} & \cdots & r_{1n} \\ \vdots & \ddots & \vdots \\ r_{m1} & \cdots & r_{mn} \end{pmatrix} \tag{12-12}$$

最后，$VO_{\text{recommend}}$ 中视图对象的选择由式（12-13）、式（12-14）决定。

$$p^{\text{collab}}(p,v) = \overline{nr}_p + k \left\{ (nr_{m,i} - \overline{nr}_m) + \sum_{a \in v_i} w(m,a)(r_{a,i} - \overline{r}_a) \right\} \tag{12-13}$$

$$k = \frac{1}{\sum_{a \in V_i} w(m,a)} \tag{12-14}$$

通过该方法，可以根据需要取评分排名前 N（N 由使用者决定）的视图，与固定视图和用户选择视图共同组成 AR 多视图。

12.2.3　面向 AR 的加工过程信息多视图交互方法

人机交互是增强现实系统的重要组成部分，人机交互模式是否高效合理是检验增强现实系统成功与否的关键。在基于传统显示器的增强现实系统中，人机交互方式也仅限于鼠标操作，显示和交互方式都相对落后。而在以往的基于眼镜的增强现实研究中，交互方式也比较单一，主要还是以手势操作为主[15]，且缺少成体系的交互流程，没有发挥出增强现实系统的优势。为了在基于增强现实的加工系统中实现简单的、符合直觉的交互方式，可以融合眼球追踪、手势识别、语音识别 3 种交互方式，设计了如图 12-5 所示的人机交互模型，主要包括交互输入、意图识别、应用 3 个部分。其中，应用部分的具体内容如图 12-6 所示。

图 12-5　人机交互模型

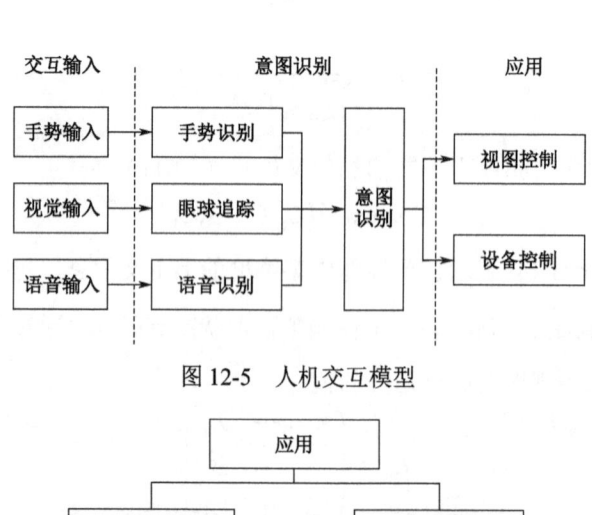

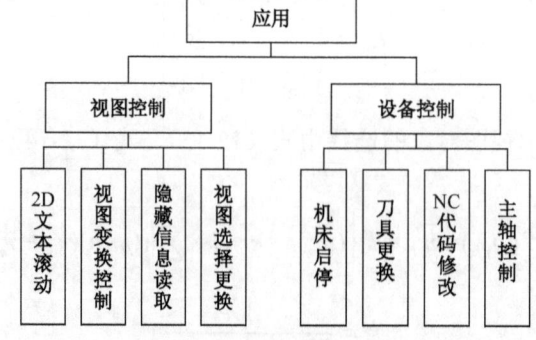

图 12-6　应用的具体内容

结合现有技术和实际需求，本章主要实现了以下 3 种交互方法。

1. **基于视觉的交互方式**

Hololens 上配备了两个红外相机作为眼球追踪传感器，通过这个传感器可以获取当前用户视线方向。图 12-7 所示为通过其读取到的用户视线关注点数据，绿色表示用户视线在该位置停留的时间较短，大范围红色表示用户视线在此停留的时间较长。

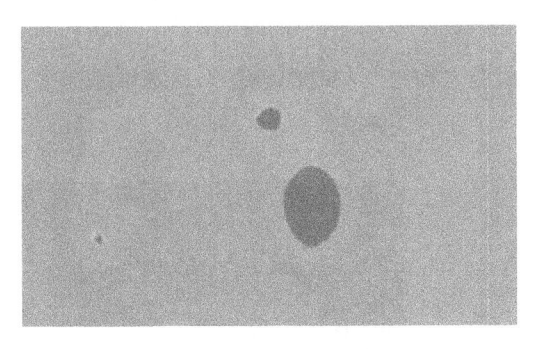

图 12-7 视线追踪示意图

视线追踪的应用场景主要有以下几个方面。

（1）作为手势输入和语音输入的辅助，为其提供上下文信息支持。通过注视目标，可以辅助系统确定用户语音或手势输入的对象。

（2）作为一种隐式操作减少用户和系统间的主动交互。用户在浏览长文本信息或具备多级信息的内容时，系统通过视线落点可以主动进入文本滚动模式或主动显示下一级信息。

（3）作为系统评估某 AR 视图对当前加工状态的有用程度的输入。系统通过对视线落点数据的分析同时借助多视图构建方法可以进一步地优化下一次相似工况下视图推荐的准确度和有效性。结合视线追踪在这 3 方面的应用和加工系统的实际需求，设计如表 12-1 所示的视线交互方法。

表 12-1 视线交互方法

操作分类	操作方法	辅助输入	功能
视图控制	记录数据	无	优化视图推荐系统
	凝视 1 秒	无	显示对象包含的次级信息
	凝视文本信息底部	无	自动滚动文本实现滚动翻页效果
	凝视对象并做出操作指令	手势或语音输入	辅助选择操作指令作用对象

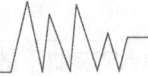

2. 基于手势的交互方式

手势交互一直是增强现实系统中最重要的交互方式之一，是最接近用户使用直觉的输入方式。通过用手或从手掌中发出的射线直接接触视图对象，和对象发生相应的交互。例如，点击按钮可以触发按钮代表的动作；抓取对象可以拾取对象，将其移动、缩放或旋转；在文本内容上可以实现类似于在触摸屏的一些操作。通过 Hololens 的 RGB 摄像头及手部关节识别算法，可以得到如图 12-8 所示的手部关节图。可以看到手掌关节模型中总共包含 25 个关键点，利用这些关键点的空间和时序信息，系统可以捕捉手掌的运动也可以定义各种操作。

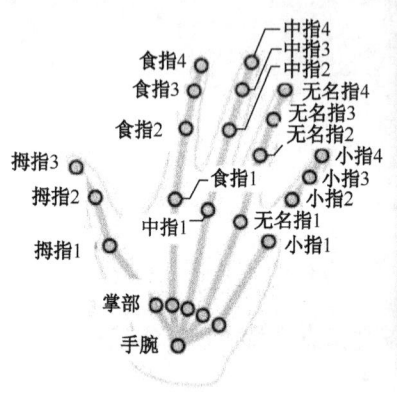

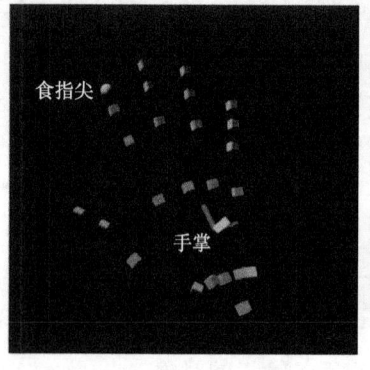

(a) 手掌关节模型　　(b) 虚拟手掌模型　　(c) 手掌识别效果

图 12-8　手势识别示意图

本节结合系统和用户体验需求，设计并定义了如表 12-2 所示的手势交互方法。

表 12-2　手势交互方法

操作分类	操作方法	辅助输入	功　能
视图控制	抓取控制点并拖动	无	视图缩放、移动、旋转
机床控制	点击视图	无	视图选择机床启停、刀具更换
	点击控制按钮	无	NC 代码修改、主轴控制

3. 基于语音的交互方式

语音被认为是增强现实中一种重要的输入方式。在 Hololens 系统中，可以通过设置指定的关键词作为动作命令，当系统识别到正确的语音就会执行相应的动作命令；还可以通过给对象绑定关键词来实现用语音代替手势的功能，如图 12-9 所示。

图 12-9　按键绑定关键词示意图

但是目前语音识别技术的发展还不足以支撑其作为系统最主要的输入方式，更多是作为系统交互的辅助手段，如在手势不方便操作时，通过视觉和语音结合的方式对系统进行控制。

12.3　基于多元信息融合的模型虚实融合方法

虚实融合即场景中虚实信息的正确叠加显示，它是增强现实系统是否可用的主要指标。针对虚实融合问题，国内外学者都展开了大量的研究，并取得了很多成果。传统虚实融合中，大量使用人工标识来实现，这可以用于系统中机床信息的虚实融合。但是，对于工件的虚实融合则存在一些缺陷，因为加工过程中，会产生大量的切削材料和切削液，这些产物会污染人工标识，使其无法准确注册；同时不同工件具有不同的尺寸，有些零件可能难以布置人工标记，从而影响注册。基于模型自然特征的识别是主要的无标识识别方法，如基于模型的跟踪[16]；基于表面纹理的跟踪[17]；基于边缘的跟踪[6,18]。基于表面纹理的方法使用 2D 纹理特征进行相机姿态估计，仍然有被切削成废料影响的可能。而且，这种方法只有在纹理复杂的对象上才能取得较好的效果，而工件一般都是无纹理对象。基于边缘的方法通过轮廓提取算法（如 Canny）获得的二值边缘图像，对光照变化、噪声和模糊非常敏感。同时，随着传感器技术的进步，基于多传感器融合的跟踪方法也得到了广泛的应用[20,21]。考虑实际加工环境和目前的技术手段，通过在注册阶段采用基于 Linemod 模型的注册方法，并结合视觉和惯性传感器数据进行在线追踪，即可以处理无纹理的目标检测，也能够在加工进行时保证稳定的跟踪。

12.3.1 虚实融合基本思想与流程

虚实融合注册可以分为离线模板训练和在线注册追踪两个阶段。在离线阶段，通过生成工件多工序多视角图像样本，并计算梯度方向描述符和相机姿态，保存为匹配模板。在线阶段，根据相机采集到的图像实时计算梯度方向描述符。并使用 Linemod 模板匹配的方法进行匹配。匹配成功后，将集成表示模型视图注册到相应位置。在追踪时则利用摄像头和惯性传感器数据利用多状态卡尔曼滤波算法进行融合计算估计设备姿态，从而实现稳定的追踪效果。虚实融合注册追踪过程如图 12-10 所示。

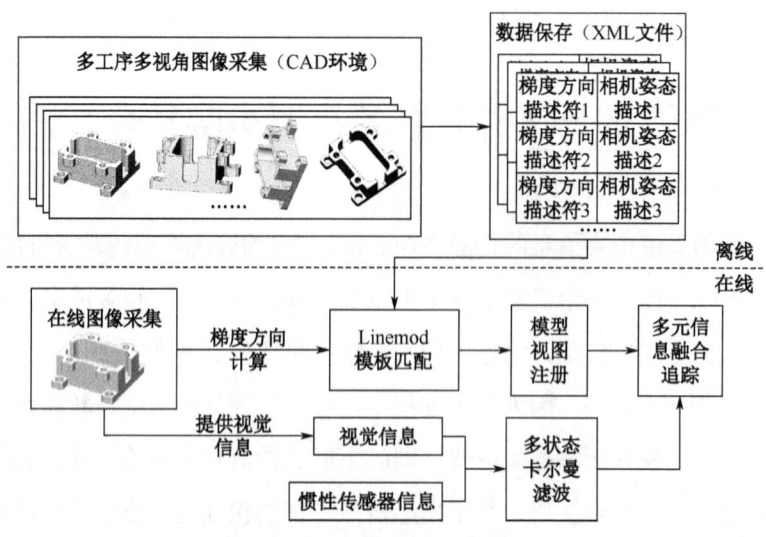

图 12-10 虚实融合注册追踪过程

12.3.2 梯度描述符离线学习

1. 多工序及多视角零件图像采集

在离线阶段，通过系统中工件在不同工序时的 3D 模型来生成模板，如图 12-11 所示。与在线学习方法相比，它更加方便和高效。因为，不需要花费时间和精力来手动制作良好采样的训练集，并且在线学习方法所采用的贪婪方法很难在效率和健壮性之间获得良好的平衡。本章为了有效地生成所有模板，使用 Unity3D 开发了一个自动模板生成器。利用 Unity

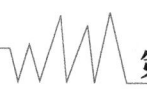

虚拟相机采集工件在不同工序及不同视角下的模板视图，由于基于半球采样[22]的方法会导致在半球极点处采样密度过大，而赤道附近采样密度过小的问题，如图 12-12 所示，点 1、2、3 明显要比 7、8、9 更为密集。

图 12-11　工件在不同工序时的 3D 模型示意图

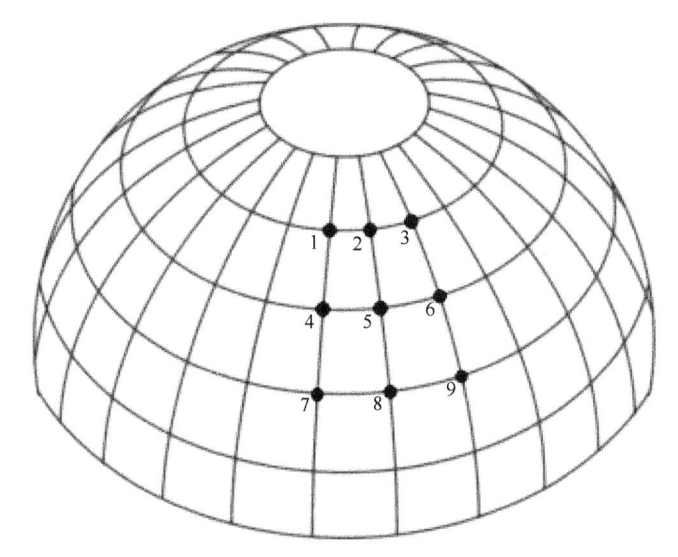

图 12-12　基于半球采样示意图

因此本章在以工件为中心的正二十面体表面上，将正二十面体的每个面进一步划分，通过迭代，最后得到如图 12-13 所示的空间网格。摄像机的轴始终对准中心，让虚拟相机在网格交点上移动和采样。为每个对象在当前距离形成 162 个模板，每个采样点位置相差约为 15°。除此之外，还以 15cm 为步长，使用不同半径的正多面体，从而生成在不同尺度下的匹配模板。

通过上述采样方法，可以得到工件全工序、多视角、多尺度模板。但是由于工件在设计过程存在大量对称结构。对于这种特殊情况，可以通过减少对称工件采样点，删除图像极为接近的模板，来提高识别效率。如图 12-14（a）、(b) 所示，对于这类中心对称的零件，在保证精度的前提下，只需要在不同经度、纬度 0°～45° 区间获取工件采样图像。如图 12-14（c）、(d) 所示，对于这类轴对称零件，只需要在不同经度、纬度 0°～90° 区间获取采样图像。最后提取对应视图模板和对应相机姿态保存到 XML 文件中。

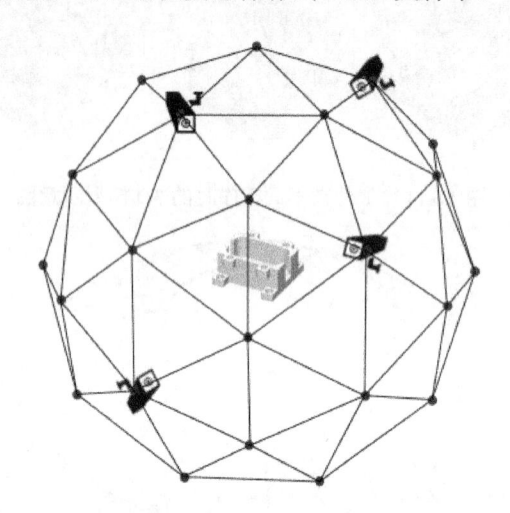

图 12-13　虚拟摄像头采样示意图

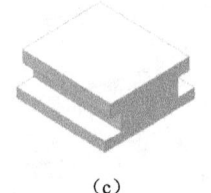

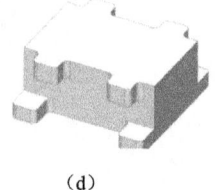

(a)　　　　(b)　　　　(c)　　　　(d)

图 12-14　零件示意图

2. 梯度向量描述符提取

在提取梯度向量描述符之前，先简单讨论为什么使用梯度向量作为模板描述符。与其他形式的模板描述符相比，向量梯度具有更好的判别性，且对光线方向、强弱变化及噪声都具有良好的健壮性。此外，对于没有复杂纹理的工件，图像梯度一般是最可靠的图像特征。仅考虑梯度方向而不考虑其范数还会使其对对比度变化具有健壮性。另外取余弦绝对值可以正确处理工件的遮挡边界：即使工件在黑暗或明亮的加工环境中，也不会受到影响。为了提高健壮性，分别计算输入图像的每个颜色通道（红、绿、蓝）上的梯度方向，并且对于每个图像位置，使用绝对值最大的通道作为该位置的梯度方向。

$$I_g(x) = \text{ori}(\hat{C}(x)) \tag{12-15}$$

其中

$$\hat{C}(x) = \underset{C\varepsilon\{R,G,B\}}{\text{argmax}} \left\|\frac{\partial C}{\partial x}\right\| \tag{12-16}$$

其中，R,G,B 表示 3 个颜色通道，$\hat{C}(x)$ 表示位置 x 处的梯度向量。图 12-15（a）为工件在某一视角下的视图，（b）为采用上述方法提取的物体轮廓梯度。

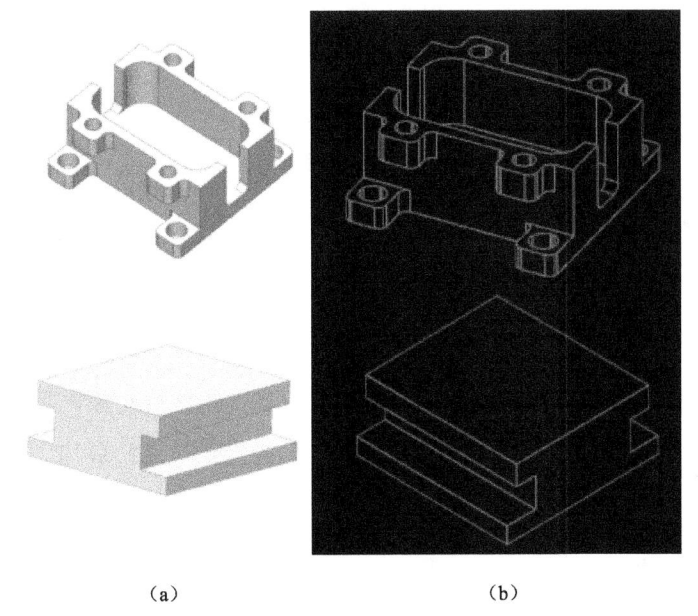

(a)　　　　　　　　(b)

图 12-15　不同模型梯度方向计算示意图

为了量化梯度方向图，同时提高梯度向量对于系统噪声的健壮性。将共线梯度方向向量作为同一个向量，因此梯度向量空间被压缩到 0°～180° 区间内。同时将角度空间划分为 8 个等间距角度。如图 12-16 所示，箭头代表梯度向量投影处于第二个投票箱范围内，属于第二个投票箱。同时为了使量化后的梯度向量对噪声具有健壮性，将每个位置上量化方向在 3×3 像素邻域中出现频率最高的梯度分配给该位置。同时保留那些规范大于一个小阈值的梯度。

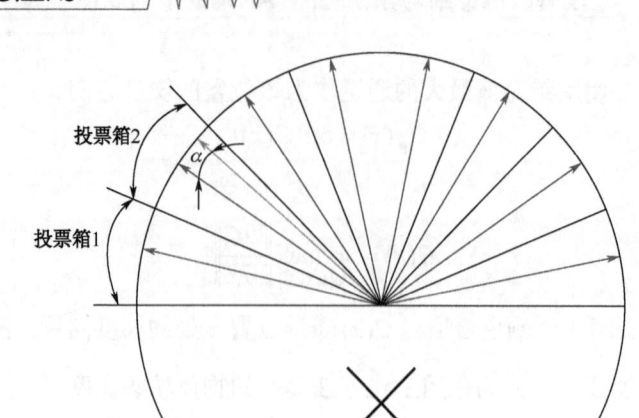

图 12-16 投票箱示意图

3. 梯度方向扩散

在实际匹配过程中，采集图像可能会发生一些畸变和位移，实际图像梯度和离线阶段生成的模板图像梯度存在差异，导致匹配失败。为了提高在线匹配的健壮性，降低匹配耗时，可以对模板图像梯度进行扩散处理。梯度扩散方法是通过对原模板梯度图像进行上、下、左、右 4 个方向的移动，将这些移动后得到的梯度图像进行叠加，生成新的模板梯度图像。图 12-17（a）为原模板梯度方向，（b）为经过扩散后得到的模板梯度方向。其中，实线箭头表示原始梯度描述符，虚线箭头表示梯度扩散生成的梯度描述符。

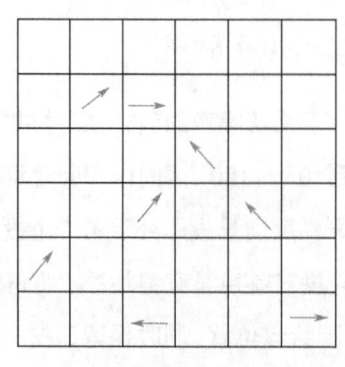

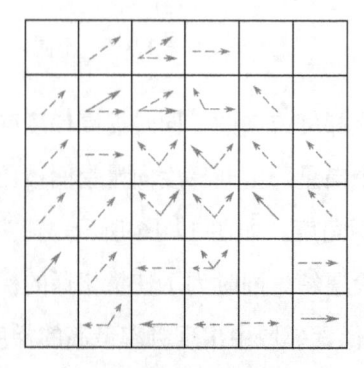

（a）原模板梯度方向　　　　（b）扩散后的模板梯度方向

图 12-17　离线训练模板梯度示意图

图 12-18（a）为在线过程提取到的同一物体同一视角的梯度方向。由图 12-18（a）可以看出，由于透视形变或视角微小偏差，提取到的轮廓梯度方向与离线阶段提取到的物体轮廓梯度方向不一致。但由于采用了梯度方向发散的方法，当输入图像在模板图像上进行滑动时，仍能与模板图像获得良好的匹配效果，如图 12-18（b）所示。其中，圆圈表示匹配成功的梯度方向，其既有原始梯度，也有扩散生成的梯度。从而提高了图像采集方法对微小形变和位置偏移的健壮性。

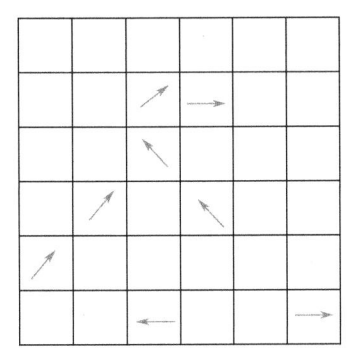

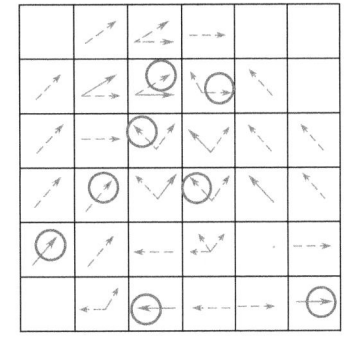

（a）在线采集梯度方向　　　　　　　　　（b）在线匹配结果

图 12-18　在线模板匹配示意图

12.3.3　多元信息融合的在线识别与追踪

获得模板梯度描述符后，即可以对实时图像进行注册，但是在加工过程中，难以保证注册目标始终保持在视野中；且工件在切削加工过程中会产生大量的切削废料，对基于图像的注册造成极大的干扰。仅依靠模板注册方法难以保证持续的追踪效果，因此需要在注册完成后使用融合其他传感器的在线追踪方法。由于单纯的加速度传感器或角度传感器都无法构建准确的实时姿态估计。为了发挥各个传感器的优点，同时消除传感器的局限性，本章采用视觉和惯性传感器融合的在线追踪方法。

1. 基于视觉信息的在线识别

在线工件姿态估计流程如图 12-19 所示。首先根据当前相机画面提取实时梯度与离线阶段训练工件模板梯度向量进行匹配，可以获得模板中与当前视角最接近的模板视图以及相应的相机空间姿态。

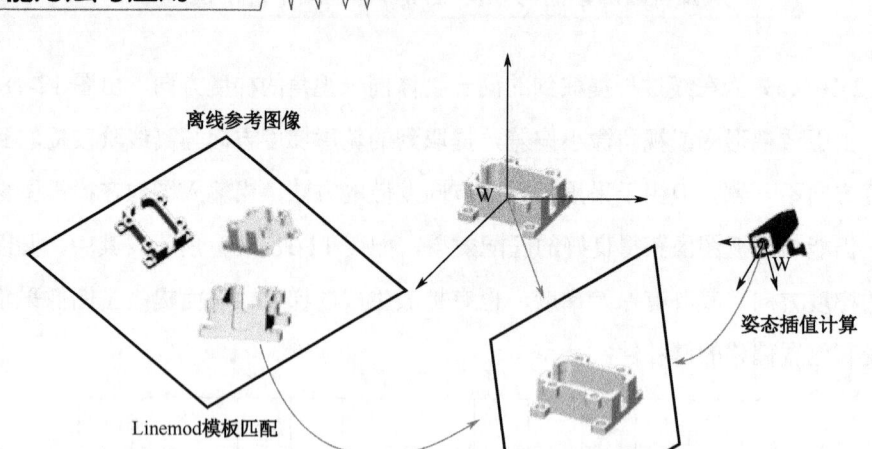

图 12-19 在线工件位姿估计流程

由于采样模板密度有限,并不能完全覆盖所有可能视角,因此相机视点很可能落在多个采样点中间,如图 12-20 所示。此时需要根据周围模板所代表的相机空间姿态对其进行插值计算,以获得当前相机的精确空间姿态。

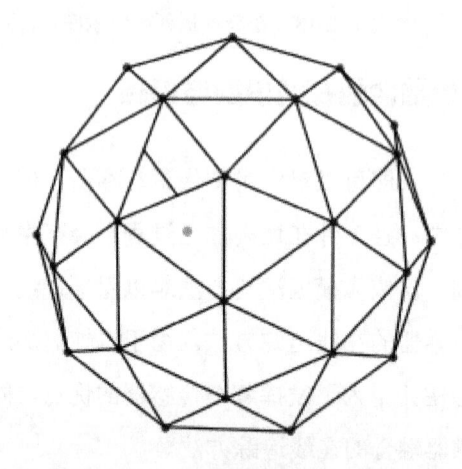

图 12-20 视角位置关系示意图

本章采用 Hinterstoisser 等[6]提出的一种相似性度量方法对在线阶段获得的工件表面梯度向量和离线阶段中获取的模板梯度向量进行对比。

$$\varepsilon(/,T,C) = \sum_{r \in p} \max_{t \in R(c+r)} |\cos(ori(O,r) - ori(/,t))| \qquad (12-17)$$

其中，ε 为待识别零部件与离线训练阶段获得的零件训练模板之间的相似性；$ori(O,r)$ 为参考图像 O 位置 r 点处的梯度方向；$ori(I,r)$ 为输入图像 I 位置 t 点处的梯度方向。$t \in R(c+r) = \left[c+r-\dfrac{\tau}{2}, c+r+\dfrac{\tau}{2} \right] \times \left[c+r-\dfrac{\tau}{2}, c+r+\dfrac{\tau}{2} \right]$ 表示 $c+r$ 为中心，τ 为邻域的区域；P 是位置 r 的列表；$T=(O,p)$ 表示物体的模板。

在在线匹配时，首先从实时采集图像中提取梯度描述符 D'，然后将其与离线阶段生成的所有模板梯度描述符 $N(D,K)$ 进行匹配。如图12-21所示，深色点位置是当前相机视角所在位置，浅色点位置是与当前视角图像形状描述符最相似的离线训练视角位置，其他位置点为相邻节点，则相机位置目标优化函数为

$$\varepsilon = \min \| D' - \omega_i D_i - \sum_{j=0}^{k} D_j w_{ij} \| \quad (12\text{-}18)$$

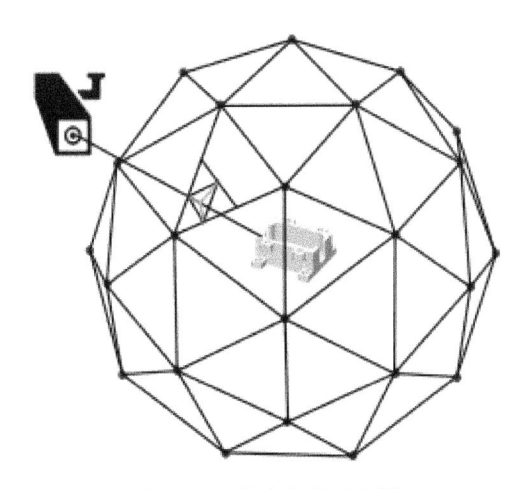

图 12-21 位姿插值示意图

其中，$(k=1,2,3,\cdots,n)$ 表示模板图像梯度描述符集合；K 表示视点之间的拓扑关系；D_i 表示与 D' 最相似的梯度描述符；D_j 表示相邻节点梯度描述符。

$\omega_i D_i$、w_{ij} 表示 N 中与 D' 最接近的梯度描述符 Di 的中心坐标数据，又因为加权因子 ω_i 及 ω_{ij} 的值可以由 $\omega_i + \sum_{j=0}^{k} \omega_{ij} = 1$ 解得，我们可以通过 ω_i 及 ω_{ij} 的值来完成相机位置的插值计算，因此式（12-18）能被写成

$$\varepsilon = \min\left((D'-D_i) - \sum_{j=0}^{k}(D_j - D_i)\omega_{ij}\right)^2 \tag{12-19}$$

其中，$\partial \varepsilon / \partial \omega_{ij} = 0$，因此可以解出加权因子 ωi 和 ω_{ij}。最后，当前相机在正二十面体表面的位置姿态 P 可以由 ω_i 和 ω_{ij} 来完成计算。

2. 基于惯性传感器数据的姿态估计

传感器融合的目的是提高单个传感器的性能，并对其信息进行整合。单独使用惯性传感器不能提供准确的信息，所以还需要使用相机。单独使用相机不能处理遮挡和快速运动。因此，考虑到各传感器的不足，将惯性传感器数据与相机数据融合可以得到更好的位姿估计结果。惯性传感器给出速度、位置、角速度和方向，相机给出位置和方向。利用多状态约束卡尔曼滤波算法实现相机与惯性传感器的融合。然后计算相机相对于世界坐标系的整体位姿。在使用相机和惯性传感器进行融合追踪之前，需要介绍几个参考坐标系统。4 种主要的参考坐标系如图 12-22 所示。

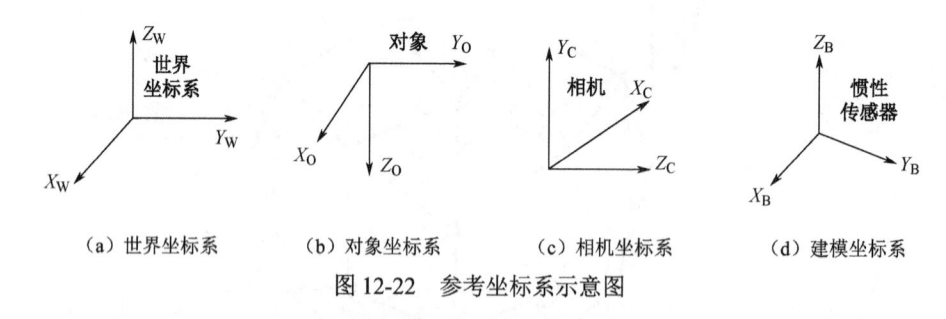

（a）世界坐标系　　（b）对象坐标系　　（c）相机坐标系　　（d）建模坐标系

图 12-22　参考坐标系示意图

世界坐标系用于描述对象的实际位置，并确定相对于惯性传感器和相机帧的姿态估计。对象坐标系用于描述绑定与该对象上的虚拟信息的位置；建模坐标系表示惯性传感器（加速度计和陀螺仪）自身坐标系。相机坐标系表示相机自身坐标系。惯性传感器提供了相机坐标系相对于世界坐标系的变换方法，视觉图像提供了对象坐标系相对于相机坐标的变化方法。

3. 基于卡尔曼滤波算法的姿态融合追踪

多状态约束卡尔曼滤波本质上也是一种扩展的卡尔曼滤波，但它与作为滤波算法的扩展卡尔曼滤波算法进行状态估计的过程有很大的不同。扩展卡尔曼滤波算法是将环境中地

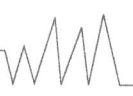

标的三维坐标信息和惯性传感器的状态同时添加到状态向量中进行估计。如果观测到的特征点越来越多，状态向量的维数就会急剧增加。多状态约束卡尔曼滤波算法没有将特征点的信息添加到状态向量中，而是将不同时刻的相机姿态加入状态向量。多个相机可以同时观察到相同的特征点，因此相机姿态之间存在几何约束。由于相机位姿的个数会远小于特征点的个数，多状态约束卡尔曼滤波的状态向量的维度远小于扩展卡尔曼滤波，同时通过滑动窗口对历史相机状态不断移除，维持固定个数的相机位姿，对多状态约束卡尔曼滤波计算量进行控制。

多状态约束卡尔曼滤波算法的过程如图 12-23 所示。

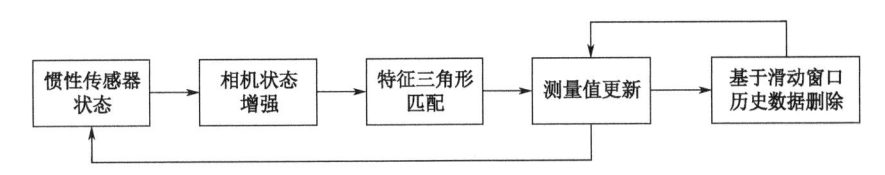

图 12-23 多状态约束卡尔曼滤波算法的过程

多状态约束卡尔曼滤波算法的过程包含两个部分：状态预测和状态更新。状态预测过程由惯性传感器独立完成。它集成了加速度计的输出和陀螺仪的输出。式（12-20）表示惯性传感器的状态预测向量。

$$X_{\text{IMU}} = \begin{bmatrix} {}_G^I q^{\text{T}} & b_g^{\text{T}} & G_{v_I}^{\text{T}} & b_a^{\text{T}} & G_{P_I}^{\text{T}} \end{bmatrix}^{\text{T}} \quad (12\text{-}20)$$

其中，${}_G^I q$ 表示世界坐标系到建模坐标系的四元数旋转；b_g 是加速度计的误差值；G_{v_I} 是在世界坐标系中惯性传感器的位置。状态预测后的部分是状态更新。观察模型可以解释状态更新的过程。

多状态约束卡尔曼滤波算法的观测模型表征了不同相机姿态之间的几何约束关系。其实质是使光束法平差中的重投影误差最小。利用相机坐标系与世界坐标系的变换矩阵求解对象的投影坐标，重投影误差是指计算坐标与真实坐标之间的差。观测模型用式（12-21）和式（12-22）表示。

$$r_i^{(j)} = z_i^{(j)} - \hat{z}_i^{(j)} \quad (12\text{-}21)$$

$$\hat{z}_i^{(j)} = \frac{1}{c_i\hat{z}_j}\begin{bmatrix}c_i\hat{X}_j\\c_i\hat{Y}_j\end{bmatrix}, \begin{bmatrix}c_i\hat{X}_j\\c_i\hat{Y}_j\\c_i\hat{Z}_j\end{bmatrix} = C\left(c_i\hat{\bar{q}}\right)\left(G\hat{p}_{f_j} - G\hat{p}_{c_j}\right) \qquad (12-22)$$

为了计算重投影误差，需要知道特征点的坐标，通过三角剖分得到当前图像特征点的三维坐标。采用光流法对特征点进行跟踪。图 12-24（a）中的点代表环境中的特征点，（b）表示运动产生的光流场。

（a）　　　　　　　　　　　　（b）

图 12-24　特征点检测和光流计算示意图

图 12-25 给出了基于滑动窗口的多状态卡尔曼滤波器更新机制。滑动窗口中总是有两种相机状态。当一个新的相机状态进入时，最早的相机状态将从滑动窗口中消失。此时，利用丢弃相机状态中的特征点进行观察和更新。首先对其进行三角剖分，然后使用三角剖分的结果更新删除的相机状态。在执行观察更新之后，惯性传感器的状态也将被更新。

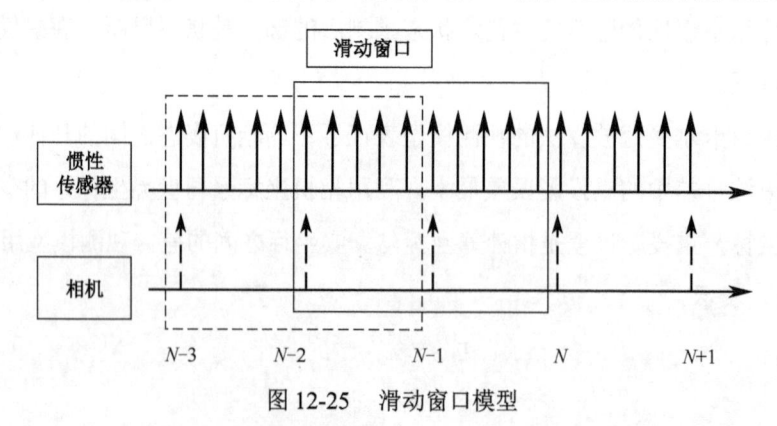

图 12-25　滑动窗口模型

12.3.4 方法验证与讨论

为了测试本章所提算法的有效性和可靠性，需要对算法性能进行测试实验。硬件上采用了 Intel 酷睿 i5-8400 四核八线程微处理器，CPU 频率为 3.8GHz，显卡为 NVIDIA Geforce GTX 1060。传感器使用了 Intel RealSense D415i 双目深度摄像头。其 RGB 和深度传感器分辨率分别为 1080p 和 720p。硬件还集成了惯性传感器，包含加速度计和陀螺仪，可以通过应用程序接口读取相关数据。软件系统由 Unity3D 引擎和 .Net 框架开发。

1. 算法执行精度分析

为了对本章所提算法的虚实融合注册精度进行评估，分别对同一对象进行了多次注册追踪实验。由于无法针对所有方向和距离进行实验，同时零件注册距离与零件本身尺寸有关，因此选择在 20～50cm 的距离范围和 0°～90° 的角度范围内测量位置和方向误差，如图 12-26 所示。在注册成功后，测量并记录不同注册位姿时，模型和实物的偏差。

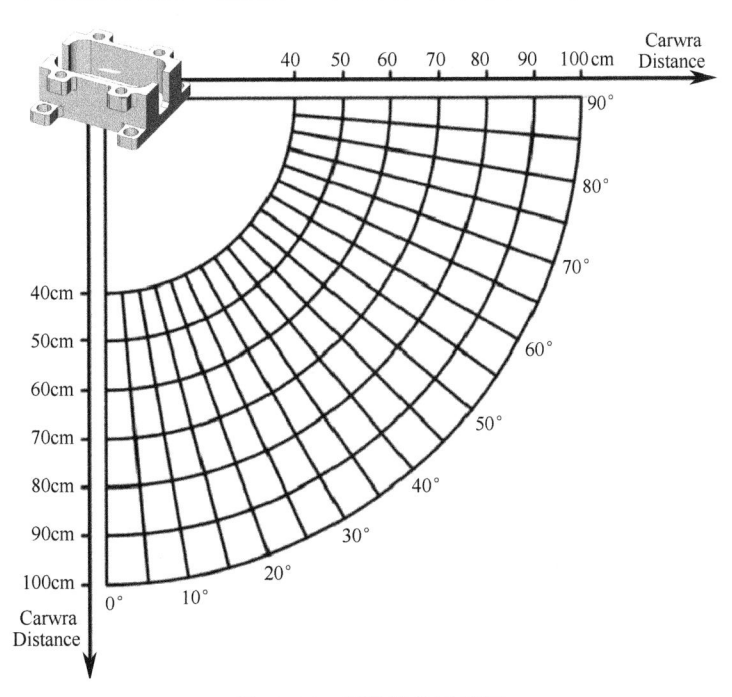

图 12-26 实验条件示意图

图 12-27 显示了在不同角度和距离情况下，模型与实物之间的注册角度误差关系。从

图中可以看出，注册距离保持不变时，不同注册角度的误差都在 2°~3° 之间变化，但是不同注册距离时，误差大小和注册角度并不存在明显的关系。可以认为并不存在绝对优势的注册角度，也说明基于数字孪生模型的匹配模板生成方法能够覆盖不同的注册情况。注册角度保持一定时，随着注册距离的增加，注册角度的误差也存在增加的趋势。

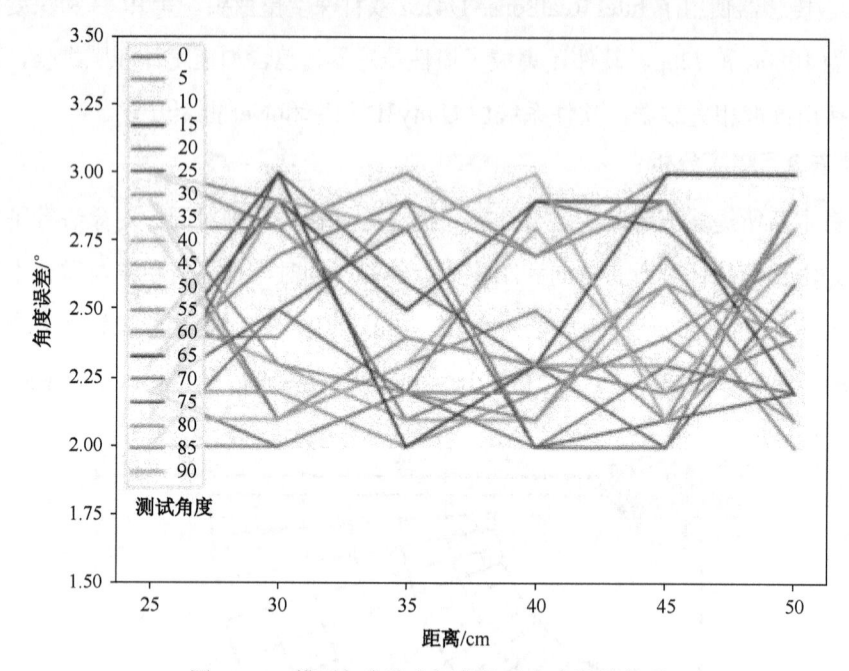

图 12-27　模型与实物之间的注册角度误差关系

图 12-28 显示了在不同角度和距离情况下，模型与实物之间的注册距离误差关系。从图中可以看出，注册距离保持不变时，不同注册角度的注册距离误差基本不存在差异。注册角度保持一定时，随着注册距离的增加，注册距离误差存在明显增加的趋势，且近似于线性变化。

综合注册角度误差和注册距离误差分析，可以发现，在保证注册成功的前提下，当注册距离越近时，注册精度越高。

2. 算法执行效率分析

为了验证本章所提算法的注册效率和跟踪稳定性，在模拟加工的复杂环境中，分别对不同识别对象进行了多次注册追踪实验，如图 12-29 所示。

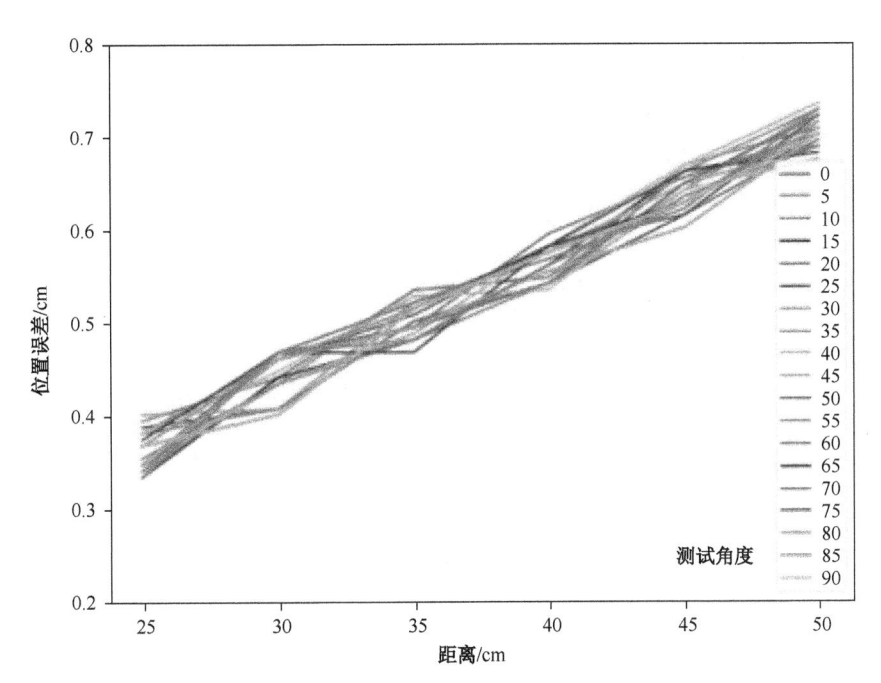

图 12-28　模型与实物之间的注册距离误差关系

图 12-29　模拟环境示意图

由于无法针对所有方向和距离进行实验，同时零件注册距离与零件本身尺寸有关，因此选择同一个工件不同工序的模型重复上一节实验，并在注册成功后，原地模仿加工时动作，自由活动 1 分钟。然后统计注册消耗时间和活动后注册结果是否稳定。

不同对象注册时间结果如图 12-30 所示，可以发现不同目标在同一注册距离下的注册所需时间基本相同；而随着注册距离的增加，注册消耗时间也呈上升趋势，这可能与距离增加后，图像中提取到的有效梯度变少导致的。

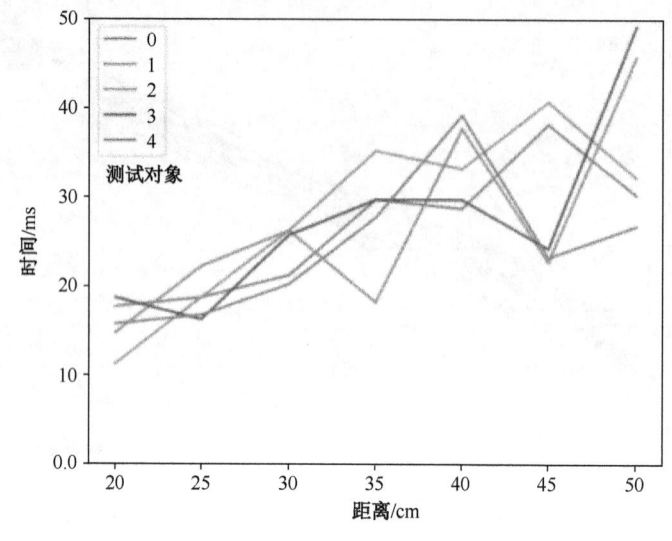

图 12-30　不同对象注册时间结果

不同模型注册追踪结果如表 12-3 所示。由表可以看出，所有模型在经过模拟运动甚至是丢失目标后都能够保持正确的注册状态。证明了本章提出的在线追踪方法能够有效地进行相机姿态估计和保持追踪稳定性。

表 12-3　不同模型注册追踪结果

模　型	识 别 距 离	注 册 时 间	跟踪稳定性	能否跟踪丢失目标
	40cm	12.3ms	稳定	能
	30cm	13.7ms	稳定	能
	40cm	14.3ms	稳定	能

3. 与 Linemod 算法对比

为了比较本章提出的算法与 Linemod 算法的差异，使用这两种算法对目标进行注册和追踪，结果如图 12-31 所示。由结果可知，两种算法在注册阶段都取得了较好的效果。

但是，当用手遮挡模型并离开，模拟丢失工件视野后，Linemod 算法出现了明显的注册失误，而本章提出的算法依然保持稳定，如图 12-32 所示。

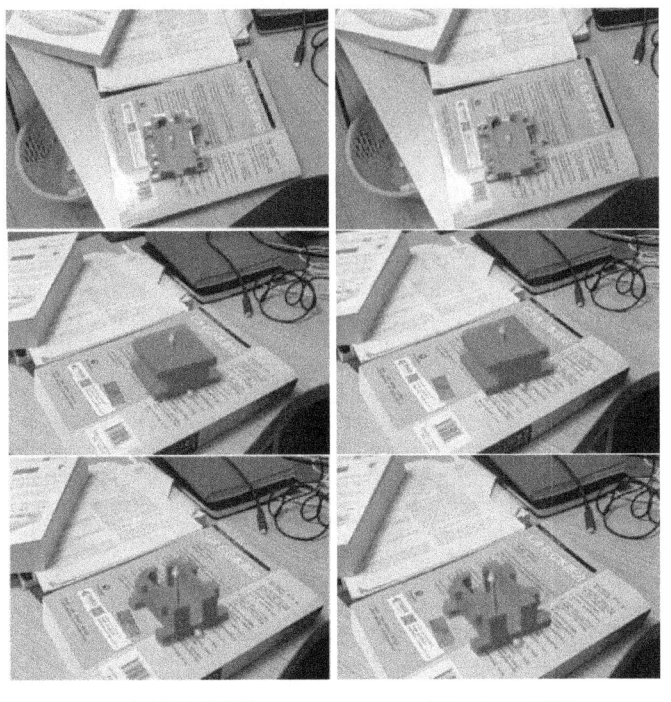

（a）本章提出的算法　　　　（b）Linemod 算法

图 12-31　算法对比结果

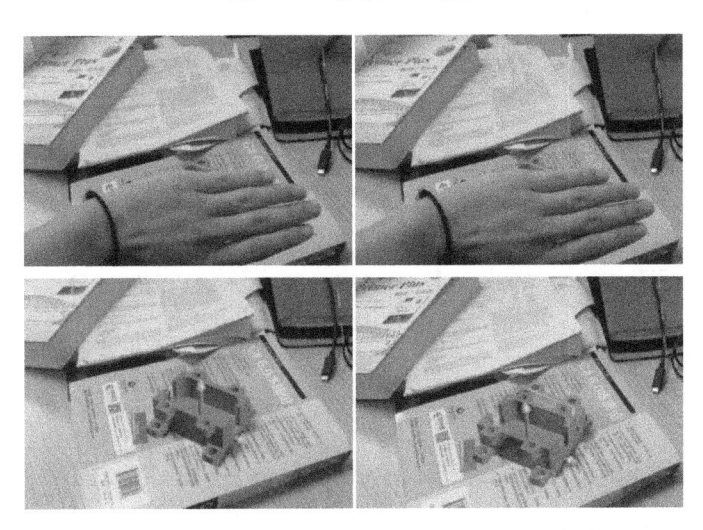

（a）本章提出的算法　　　　（b）LENMOD 算法

图 12-32　模拟视野丢失对比结果

12.4 基于 AR 的加工原型系统开发与案例分析

12.4.1 原型系统开发与实现

1. 基于 AR 的加工系统架构

面向 AR 的加工过程信息系统架构，包含数据监测和控制两个部分，如图 12-33 所示。在监测部分，系统通过多种设备和传感器采集加工过程中的数据，包含工件几何、物理、

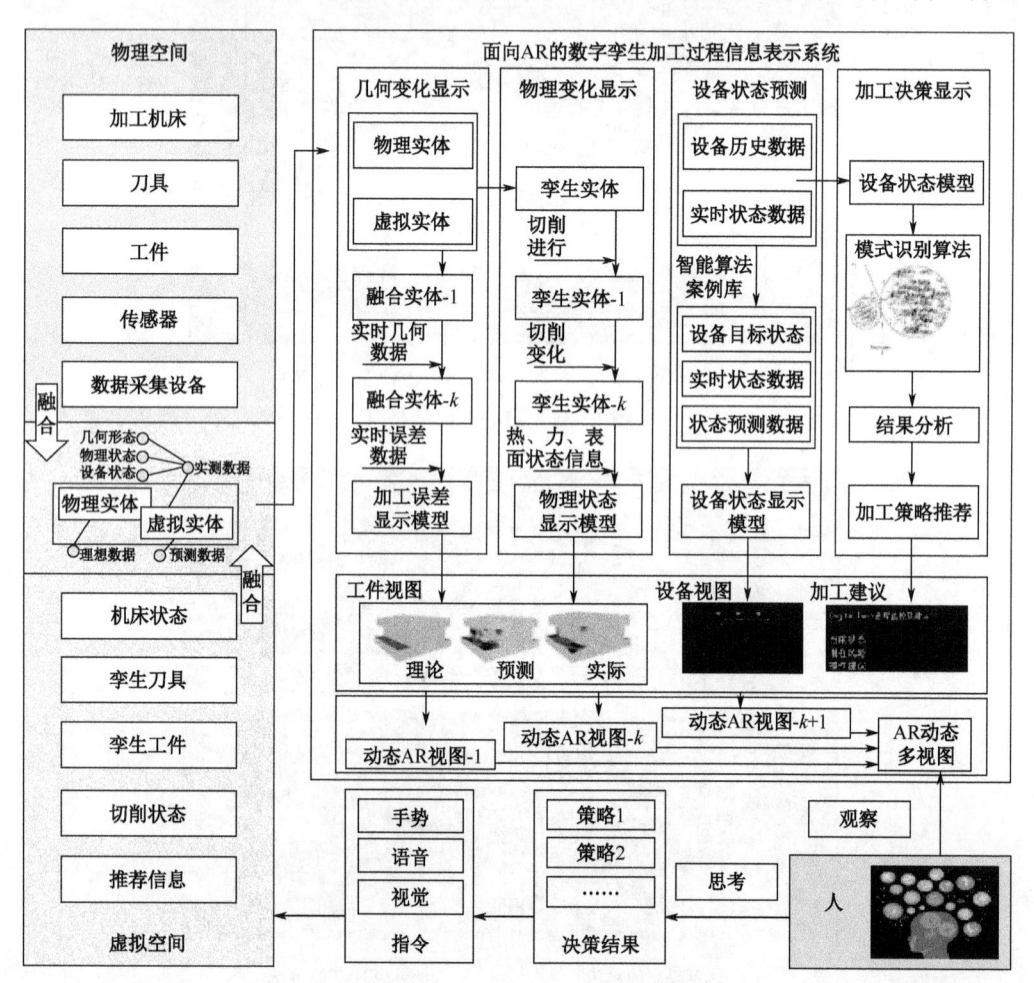

图 12-33 面向 AR 的加工过程信息系统架构

设备状态信息，并根据这些信息生成加工状态预测和加工建议。最后将这些内容实时转换为 AR 视图并显示。控制部分允许用户与加工系统的物理部分和虚拟部分进行交互。从加工系统 AR 视图中获得直观、全面的加工过程信息后，用户可以利用这些信息做出决策，并通过 AR 系统直接控制数字空间和物理空间。用户可以通过手势和语音命令来控制虚拟部分，从而影响物理世界。

2. 数据采集

面向 AR 的加工过程信息系统的数据采集过程如图 12-34 所示。系统在运行过程中，静态数据根据需要直接从数据库中读取。动态数据分为机床状态数据和安装在机床上的外挂传感器数据两种。机床状态数据可以直接从机床控制器中通过 OPC-UA 协议读取。外挂传感器数据则根据其通信方法不同，采用相应的通信协议先读取至终端，然后对数据进行清洗和整理，剔除空值和异常值等，最后整合到信息集成模型。

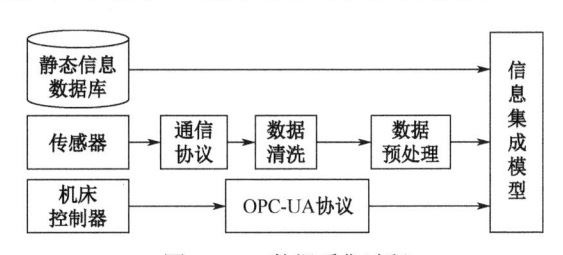

图 12-34 数据采集过程

表 12-4 对本系统涉及数据的来源、类型及相关技术指标进行了说明。

表 12-4 数据来源、类型及相关技术指标

对象	数据内容	数据类型	采集方式	采样频率	精度	稳定性	可靠性
机床	运行状态；警报；程序	动态；结构化；离散	机床控制器	50Hz	高	√	√
	刀架位置；主轴状态	动态；结构化；连续	机床控制器	50Hz	高	√	√
	振动	动态；结构化；连续	压电加速度计；声传感器	100Hz	≤±1.5%	√	√
	机床编号；额定参数	静态；结构化	机床数据库			√	√

续表

对象	数据内容	数据类型	采集方式	采样频率	精度	稳定性	可靠性
刀具	刀具编号；刀具设计参数	静态；结构化	刀具数据库			√	√
	温度；切削力；磨损	动态；结构化；连续	测力计；温度探头	100Hz	≤±0.1℃	√	√
	材料信息；工艺信息	静态；结构化	CAM 数据库			√	√
工件	表面温度	动态；半结构化；连续	红外温度传感器	1Hz	≤±0.3℃	√	√
	尺寸；表面精度	动态；半结构化；连续	激光扫描仪	1Hz	≤0.05mm	√	√
	CAD 设计模型	静态；非结构化	CAD 数据库			√	√

现场数据采集环境如图 12-35 所示。

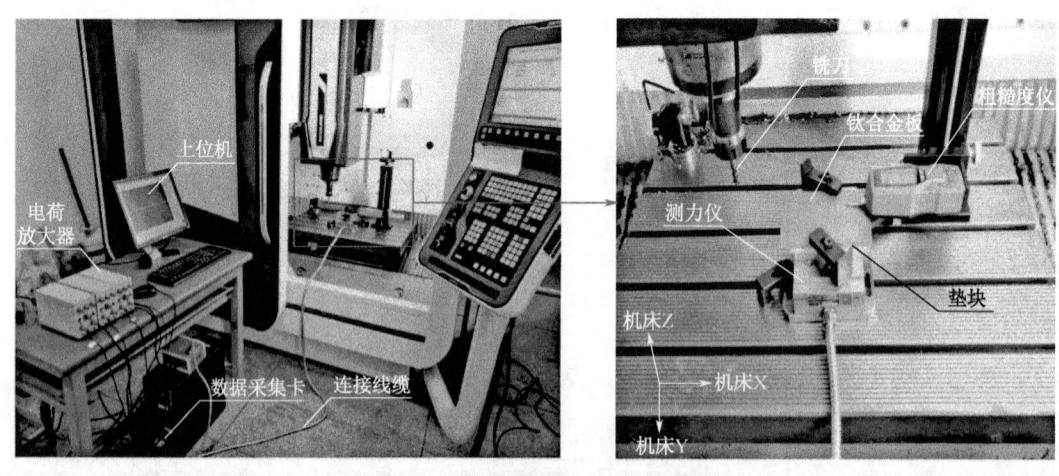

图 12-35 数据采集环境示意图

3. AR 系统发布

增强现实系统的建立与发布主要包含配置 Hololens 开发环境、设置画面质量、导入软件开发包、系统部署与测试 4 个环节，如图 12-36 所示。

（1）配置 Hololens 开发环境。

Hololens 应用开发需要使用 UWP 通用平台。在系统设置视图中选择 UWP 平台作为系统开发平台，SDK 选择最新的 Windows 10 SDK，目标架构为 X64，目标设备为 Hololens。

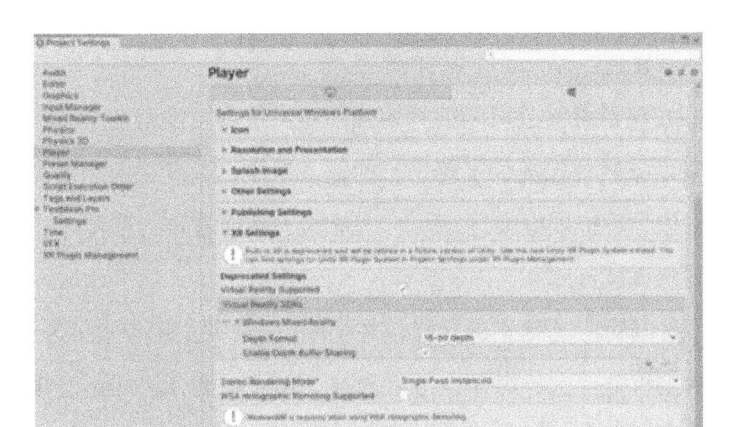

(a）导入软件开发包

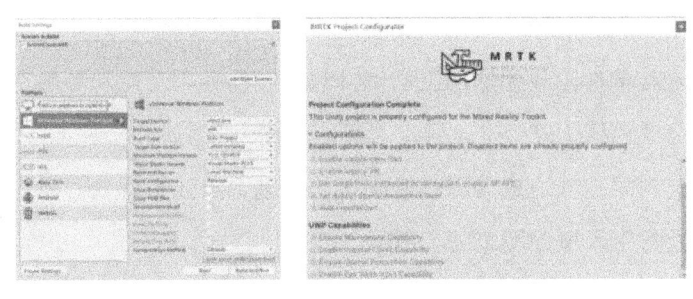

(b）配置 Hololens 开发环境选择　　(c）设置画面质量

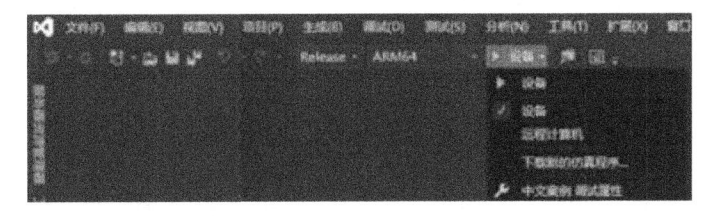

(d）系统部署与测试

图 12-36　系统建立和发布

（2）设置画面质量。

为了实现全面的增强现实体验，需要在 Unity 设置中导入 Windows Mixed Reality 包，并选择 16 bit 画面渲染深度，以降低渲染开销。Hololens 作为最新的增强现实开发设备与计算机相比还是有一定的性能差距，需要谨慎地控制性能开销。

(3) 导入软件开发包。

MRTK 软件开发包是微软公司专门为增强现实系统开发推出的一套应用工具，完全支持 Hololens 的开发。该软件包提供了跨平台的输入系统，以及用于空间交互和用户界面设计的模块，还可以作为可扩展框架运行，大大降低了系统的开发难度。

(4) 系统部署与调试。

在 Unity3D 中选择对应的场景进行打包并生成 .sln 文件。用 Visual Studio 2019 打开工程文件，即可以对工程文件进行编译。最后选择 ARM64 和 Release 选项，连接 Hololens 即可以完成系统部署，并在 Hololens 中对系统进行测试。

12.4.2 系统功能验证与应用实例

以某典型航天结构件带载体盒加工为例，对系统的各项功能和参数进行实验验证。工件材料为高体积分数铝碳化硅（SiC_p/Al），具备高强度、低密度和极好的尺寸稳定性等优点。在加工时，由于材料熔点低造成的刀具磨损快的问题，导致工件表面质量和加工精度难以保证。工件实物及数字模型如图 12-37 所示。

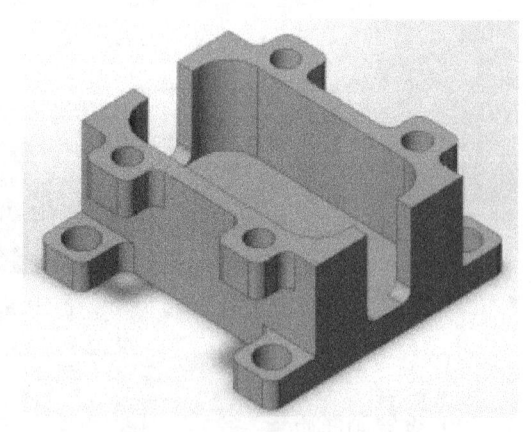

图 12-37 带载体盒工件实体与数字模型

1. 动态视图构建与多视图生成功能验证

根据 12.4.1 节中所采集数据的类型特点，构建不同的动态 AR 视图对象，包含设备信息、工件信息、刀具信息、工件加工质量、表面温度、切削力和预测值等 AR 视图对象，

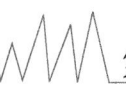

如图 12-38 所示。

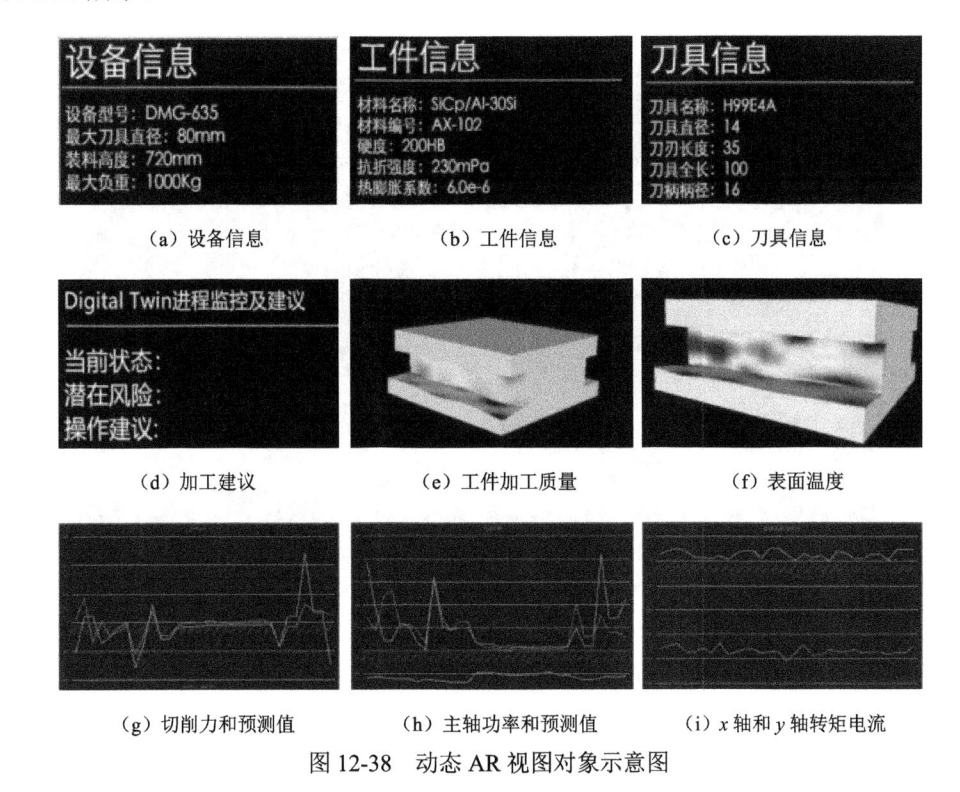

(a) 设备信息　　　　　　(b) 工件信息　　　　　　(c) 刀具信息

(d) 加工建议　　　　　　(e) 工件加工质量　　　　(f) 表面温度

(g) 切削力和预测值　　　(h) 主轴功率和预测值　　(i) x 轴和 y 轴转矩电流

图 12-38　动态 AR 视图对象示意图

采用 12.2.2 节所提出的方法，对当前工序状态下所有动态 AR 视图进行评价，如表 12-5 所示为部分 AR 视图得分。

表 12-5　部分 AR 视图得分

视　图	得　分	视　图	得　分
工件加工质量视图	0.9236	加工参数视图	0.6113
加工建议视图	0.8626	工件表面温度视图	0.4936
刀具温度视图	0.8232	工件信息视图	0.4800
主轴转速视图	0.8210	刀具信息视图	0.4390
程序控制视图	0.7670	设备信息视图	0.4270

根据得分结果，系统选择排名前 6 的视图作为推荐视图。然后，加上固定视图（控制选项视图和工序进程视图）生成如图 12-39 所示的加工过程的 AR 多视图，包含加工静态信息视图、工序进程视图、程序控制视图、工件加工质量视图、刀具温度视图、主轴转速

视图、加工建议视图和控制选项视图。

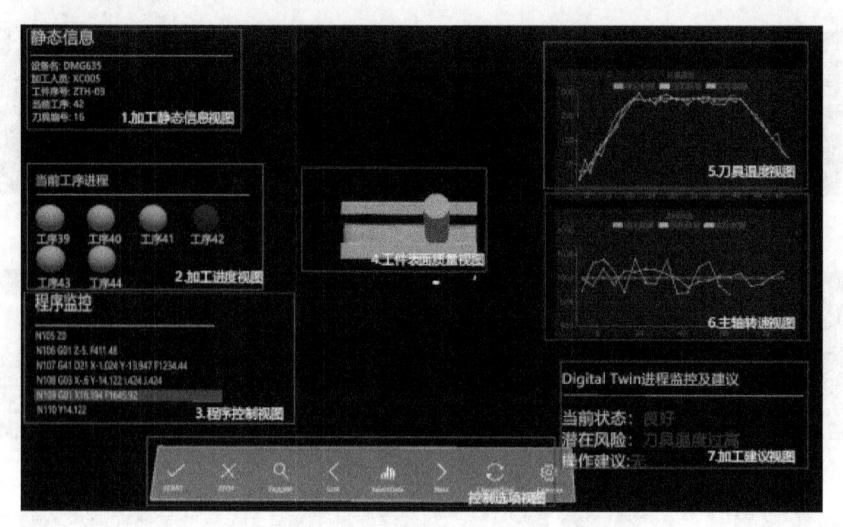

图 12-39　加工过程的 AR 多视图示意图

2. 人机交互功能验证

操作人员可以通过手势、语音等多种方式，和系统进行深度交互及控制。如图 12-40 所示，通过手势和语音可以与系统中大部分视图交互，交互行为包括但不限于，调整视图对象的缩放、位置、角度；从视图库中选择不同的视图对象；通过视图对象控制加工设备，如选择当前工序、调整 NC 代码、更换刀具等。同时操作人员凝视（系统可以捕捉操作人员的视线）视图中的元素时，系统将自动弹出该元素的具体数值，从而实现更为精细的状况感知。

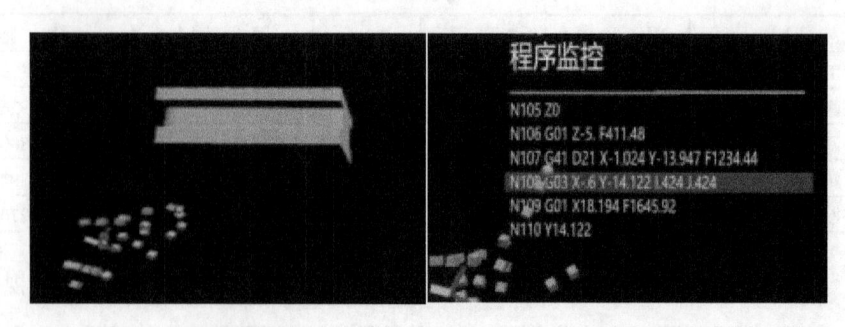

（a）调整视图　　　　　　　　　　（b）调整 NC 代码

图 12-40　实时交互示意图

(c) 更换视图对象　　　　　　　　(d) 凝视视图元素

图 12-40　实时交互示意图（续）

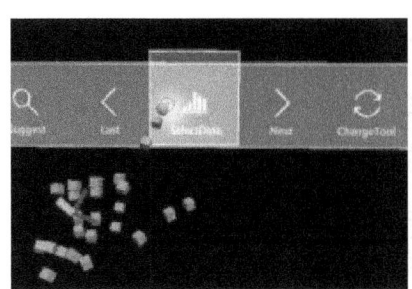

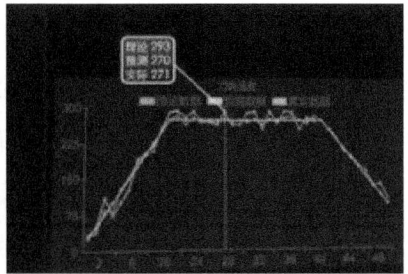

3. 系统应用与分析

最后，将面向 AR 的加工系统，应用到带载体盒实际加工过程中。图 12-41 显示了在机器加工过程中该系统的操作人员视角即操作人员实际看到的内容和视图内容细节。从图中可以看出，通过 Hololens 眼镜可以直观、全面地看到制造环境中的数据信息。同时，操作人员可以通过该系统选择工序、控制机床。

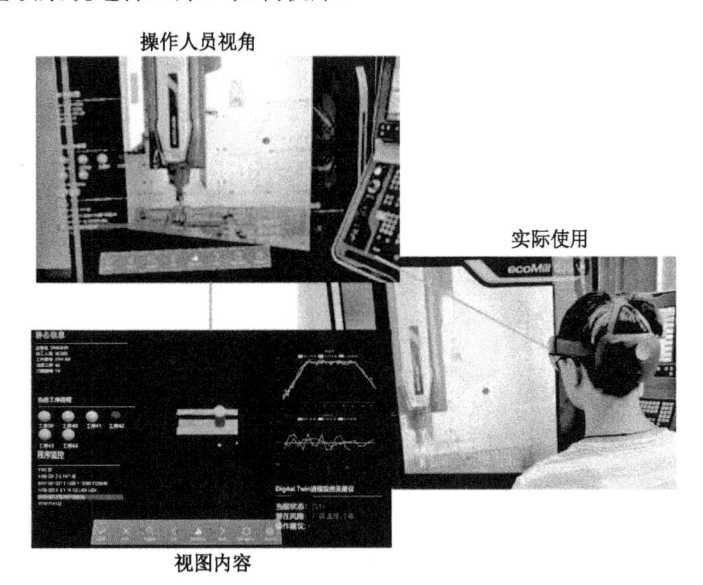

图 12-41　实际使用场景

表 12-6 对比了传统方法、现有的结合 AR 的方法和本章提出的方法。与传统方法相比，现有的结合 AR 的方法可以实时感知和预测产品的几何和物理变化，并推荐相关的决策方

法，但和本章提出的方法相比，缺少高效、直观的信息可视化及交互。

为了验证系统在实际使用过程中的有效性，邀请了 20 名志愿者，从视图系统和虚实融合两个方面，加工信息丰富度、视图推荐满意度、视图交互流畅性、系统使用舒适度、虚实注册速度、虚实跟踪准确性、虚实跟踪稳定性、视图清晰程度 8 个维度对系统进行打分，打分标准为 0~10 分，得分越高，系统满意度越高。系统得分结果如图 12-42 所示。

表 12-6 各种方法的对比结果

内　　容	传　统　方　法	现有的结合 AR 的方法	本章所提出的方法
机床数据	√	√	√
加工技术要求	√	√	√
产品物理状态	×	√	√
产品几何状态	×	√	√
设备状态分析	×	√	√
简单决策建议	×	√	√
AR 可视化	×	×	√
实时互动控制	×	×	√

从评估结果可以发现，在视图系统方面，测试者对于视图推荐结果和交互方法都比较满意，但是系统使用的舒适度上稍有欠缺。这主要是由于 Hololens 在使用时佩戴在头上，所有质量都集中在头部，对于长时间使用带来了一些不便。在虚实融合追踪部分，系统注册和跟踪的性能得到了测试者的认同，但是在视图清晰程度上还有一定的提升空间。这主要是由于目前眼镜类的增强现实设备在显示亮度和清晰度上受光线影响比较大。

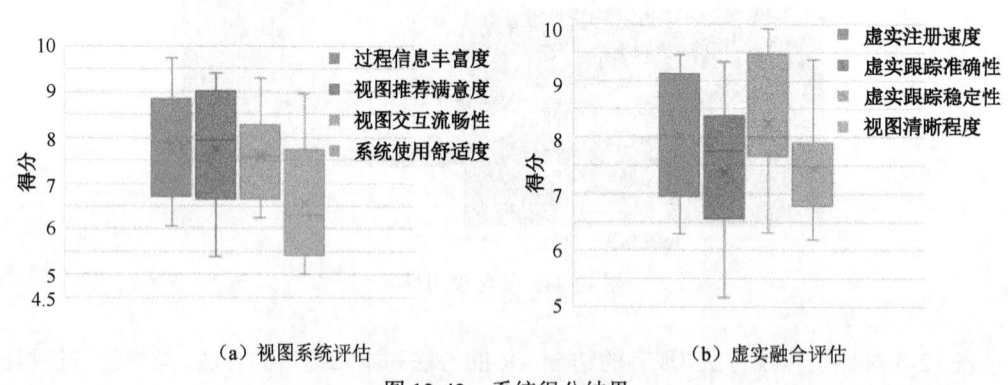

(a) 视图系统评估

(b) 虚实融合评估

图 12-42 系统得分结果

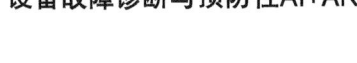

参考文献

[1] [1] Ou Y, Liu G, Xu T. A learning-from-demonstration based framework for robotic manipulators sorting task[C]. 2018 IEEE International Conference on Cyborg and Bionic Systems (CBS). IEEE, 2018: 42-47.

[2] CHEN C J, HONG J, WANG S F. Automated Positioning of 3D Virtual Scene in AR-based Assembly and Disassembly Guiding System[J]. International Journal of Advanced Manufacturing Technology, 2015,76(5-8):753-764.

[3] FANG H C, ONG S K, NEE A Y C. Orientation Planning of Robot End-Effector Using Augmented Reality[J]. International Journal of Advanced Manufacturing Technology, 2013,67(9-12):2033-2049.

[4] DALAL N, TRIGGS B. Histograms of Oriented Gradients for Human Detection[C], IEEE, 2005:886-893.

[5] HINTERSTOISSER S, LEPETIT V, Ilic S, et al. Dominant Orientation Templates for Real-Time Detection of Texture-less Objects[C]. IEEE Conference on Computer Vision and Pattern Recognition, IEEE, 2010:2257-2264.

[6] HINTERSTOISSER S, CAGNIART C, Ilic S, et al. Gradient Response Maps for Real-Time Detection of Textureless Objects[J]. IEEE TRANSACTIONS ON PATTERN ANALYSIS AND MACHINE INTELLIGENCE, 2012,34(5):876-888.

[7] PARK Y, LEPETIT V, WOO W. Texture-less Object Tracking with Online Training Using an RGB-D Camera[C]. IEEE International Symposium on Mixed & Augmented Reality, 2011.

[8] NGUYEN D D, KO J P, Jeon J W. Determination of 3D Object Pose in Point Cloud with CAD Model[C], IEEE, 2015:1-6.

[9] NEWCOMBE R A, FOX D, SEITZ S M. DynamicFusion:Reconstruction and Tracking of Non-rigid Scenes in Real-Time[C]. IEEE Conference on Computer Vision and Pattern

Recognition, 2015:343- 352.

[10] MUR-ARTAL R, MONTIEL J M M, Tardos J D. ORB-SLAM:a Versatile and Accurate Monocular SLAM System[J]. IEEE transactions on robotics, 2015,31(5):1147-1163.

[11] ENGEL J, SCHÖPS T, CREMERS D. LSD-SLAM:Large-Scale Direct Monocular SLAM[C]. Lecture Notes in Computer Science, Cham, Springer International Publishing, 2014:834-849.

[12] NUERNBERGER B, OFEK E, BENKO H, et al. SnapToReality:Aligning Augmented Reality to the Real World[C]. Proceedings of the 2016 CHI Conference on Human Factors in Computing Systems, 2016:1233-1244.

[13] EGGER, J. and T. MASOOD, Augmented Reality in Support of Intelligent Manufacturing– A Systematic Literature Review. Computers and Industrial Engineering, 2020. 140.

[14] MASOOD, T. and J. EGGER, Augmented Reality in Support of Industry 4.0—Implementation Challenges and Success Factors[J]. Robotics and Computer-Integrated Manufacturing, 2019. 58:p. 181-195.

[15] 吴悦明，何汉武，张帆，等．增强现实车间布局设计的交互操作方法[J]．计算机集成制造系统，2015,21(05):1187-1192．

[16] PAUL W, VINCENT L. Learning Descriptors for Object Recognition and 3D Pose Estimation[C]. 2015 IEEE Conference on Computer Vision and Pattern Recognition (CVPR), 2015:3109-3118.

[17] WAGNER D, REITMAYR G, MULLONI A, et al. Real-Time Detection and Tracking for Augmented Reality on Mobile Phones[J]. IEEE Trans Vis Comput Graph, 2010,16(3): 355-368.

[18] NGUYEN D D, KO J P, JEON J W. Determination of 3D Object Pose in Point Cloud with CAD Model[C]. 2015 21st Korea-Japan Joint Workshop on Frontiers of Computer Vision (FCV), IEEE, 2015:1-6.

[19] HINTERSTOISSER S, CAGNIART C, ILIC S, et al. Gradient Response Maps for Real-

Time Detection of Textureless Objects[J]. IEEE TRANSACTIONS ON PATTERN ANALYSIS AND MACHINE INTELLIGENCE, 2012.

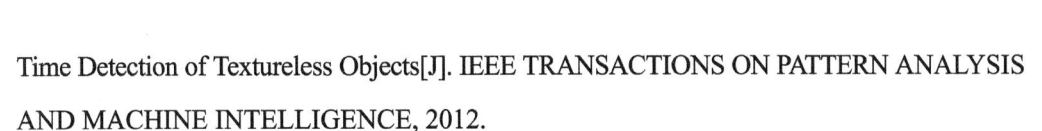

[20] 郭嘉斌. 移动设备上基于单目视觉与 IMU 的姿态跟踪[D]. 华中科技大学，2017.

[21] 肖斌. 基于自然特征和传感信息的移动增强现实技术研究[D]. 厦门大学，2014.

[22] WANG Y, ZHANG S, YANG S, et al. A LINE-MOD-based Markerless Tracking Approachfor AR Applications[J]. The International Journal of Advanced Manufacturing Technology, 2017,89(5-8): 699-1707.

[23] HINTERSTOISSER S, CAGNIART C, ILIC S, et al. Gradient Response Maps for Real-Time Detection of Texture-Less Objects[J]. IEEE transactions on pattern analysis and machine intelligence, 2012,34(5):876-888.

反侵权盗版声明

电子工业出版社依法对本作品享有专有出版权。任何未经权利人书面许可，复制、销售或通过信息网络传播本作品的行为；歪曲、篡改、剽窃本作品的行为，均违反《中华人民共和国著作权法》，其行为人应承担相应的民事责任和行政责任，构成犯罪的，将被依法追究刑事责任。

为了维护市场秩序，保护权利人的合法权益，我社将依法查处和打击侵权盗版的单位和个人。欢迎社会各界人士积极举报侵权盗版行为，本社将奖励举报有功人员，并保证举报人的信息不被泄露。

举报电话：（010）88254396；（010）88258888

传　　真：（010）88254397

E-mail：dbqq@phei.com.cn

通信地址：北京市万寿路 173 信箱
　　　　　电子工业出版社总编办公室

邮　　编：100036